1949—1976年的中国

之三

大动乱的年代

(1966—1976)

王年一　著

人民出版社

目　录

1

再版前言

    《凯歌行进的时期》、《曲折发展的岁月》、《大动乱的年代》是 1989 年河南人民出版社出版的《1949—1989 年的中国》中的三本，承蒙广大读者的厚爱，这几册曾多次印刷，常销不衰。这套书在当年引起的社会反响，曾被龚育之先生誉为"当时是名声很大的书"。龚先生在《读林蕴晖〈走出误区〉》一文中如是说："林蕴晖同志是研究建国以来中国共产党历史的一位专家。我最初知道他的名字，是在读那四卷一套的《1949—1989 年的中国》（河南人民出版社）的时候。我那时准备参加写作《中国共产党的七十年》，几乎读遍了已经出版的写建国以来历史的书。那四卷书，当时是名声很大的书，也是我划了很多铅笔记号作了不少简单批注的书。"①

    1989 年至今已过了二十个年头，鉴于市场仍有一定需求，承人民出版社热情襄助，经中共中央党史研究室专家的审读，由国家新闻出版总署批准，使这三本书在中华人民共和国建国六十周年之际得以再版，作为作者是深感庆幸的。在此，我们谨向中共中央党史研究室的专家，国家新闻出版总署的领导，人民出版社的领导和编辑，表示衷心的感谢。需要说明的是，为保持书的原貌，新丛书仍按 1989 年本付排。书中的不足之处，恳请读者批评指正。

作者
2009 年 2 月

---

① 原载中共中央党校主管主办：《学习时报》2005 年 9 月 26 日，第 3 版。

前　言

　　"文化大革命"是中国革命史上非常特异的事件，说它"史无前例"，是一点儿也不夸张的。"文化大革命"是一场浩劫，也是极好的反面教材。没有"文化大革命"，也就没有从党的十一届三中全会以来的巨大进步。胡绳说："作为伟大的民族英雄，毛泽东是一心想中国富强的。问题是他过分相信了革命可以解决一切。不断革命，继续革命，一直到'文化大革命'，这条路走到了尽头。如果没有'文革'，中国的改革不可能来得这么快，这也许是'文革'的一点'历史意义'吧？"①"文化大革命"有一个很重要的特色，就是把我们的失误、弊端、缺点、弱点发展到极端，暴露得淋漓尽致，许多假、丑、恶的现象以赤裸裸的形态表现出来。它正是以它的千错万错教育了人们。科学地研究"文化大革命"，正确地总结"文化大革命"的历史教训，是很有意义的事。

　　在这个"前言"里，我们要与尊敬的读者讨论的问题是："文化大革命"的发生是偶然的吗？它是怎样形成的？毛泽东是非常伟大的人物，他在中国共产党历史上的功绩，无出其右，如此伟大的人物何以要发动"文化大革命"？发动"文化大革命"仅仅是一个人的错误吗？怎样认识"文化大革命"的准备阶段？这些都是关键问题，是研究"文化大革命"不能不首先予以回答的。不回答这些问题，"文化大革命"看来就是混沌一团。只有先弄清楚了"来龙"，才有可能弄清楚"去脉"。这里，限于篇幅和体例，我们只能作简要的说明。

---

① 转引自《一个民族在这里沉思——访人大、政协会上的三代知识分子（之二）》，载 1988 年 4 月 7 日《人民日报》。

毛泽东要创造一个"新世界"①

毛泽东发动"文化大革命"，是要惊天动地、改天换地的。不了解这一点，就不能认识"文化大革命"的发动。

在党的八大以后，毛泽东对中国社会的现实、对党中央第一线②的工作越来越不满意，他要通过"文化大革命"彻底改变现状。1966 年 7 月 8 日，毛泽东在致江青的信中说："天下大乱，达到天下大治。"他在姚文元发表于《红旗》杂志 1967 年第 1 期的一篇长文中加了一段话："无产阶级文化大革命是触及人们灵魂的大革命。它触动到人们的根本的政治立场，触动到人们世界观的最深处，触动到每个人走过的道路和将要走的道路，触动到整个中国革命的历史。这是人类从未经历过的最伟大的革命变革，它将锻炼出整整一代坚强的共产主义者。"这两段话充分说明，毛泽东要大破大立。问题的症结在于：在党领导人民全面建设社会主义的幼年时期，在全党对于社会主义时期各种问题的认识都还不成熟的背景下，在国内"反修防修"的迷误中，毛泽东作为一种思潮的代表，在建设什么样的社会主义、如何建设社会主义这个重大问题上逐渐形成自己的主张。他要建设一个以阶级斗争为纲的、限制和批判"资产阶级权利"的、"一大二公三纯"的、亦工亦农亦文亦武的、限制商品经济发展的、在分配上大体平均的、封闭式的社会主义，他要以开展"两个阶级、两条路线、两条道路的斗争"建设这样的社会主义。他的建设一个什么样的社会主义的主张，实际上是幻想、空想，是在解决不好社会主义社会层出不穷的新问题的情况下对往昔的缅怀，是企图用过去在战争年代的成功经验解决大大不同于过去的社会主义社会的新问题，其本质是保守的、落后的、倒退的，确实是对社会主义国家改革潮流的抵抗；而他的如何建设社会主义（亦即推行上一主张的手段、实现上一主张的途径）的主张，却是异常激烈的。如果说他的前一主张是"立"，那么后一主张就是"破"，他认为不破不立，要通过激烈的斗争来实现他在建设一个什么样的社会主义上的主张。毛泽东认为他的主张不仅是马克思主义的，而且创

---

① "新世界"借用自毛泽东所肯定的清华大学附属中学红卫兵的《无产阶级的革命造反精神万岁》，载《红旗》杂志 1966 年第 11 期。

② 根据毛泽东的建议，党中央在八大后分第一线、第二线，刘少奇、周恩来、朱德、陈云、邓小平在第一线，主持中央工作，毛泽东退居第二线。事实上，毛泽东始终未真正退居第二线。

造性地发展了马克思主义。中央第一线总的说来实际上不同意他的主张，他就认为"中央出了修正主义"。回过头来看，当时毛泽东和全党都没有真正弄清楚什么是修正主义。毛泽东为了扫除实现他的主张的"障碍"，更为了实现他的主张，毅然发动了"文化大革命"。

毛泽东发动"文化大革命"的动机，说复杂也复杂，说简单也简单。李泽厚说："把文化大革命简单归结为少数野心家的阴谋或上层最高领导的争权，是肤浅而不符合实际的。""就这场'革命'的发动者、领导者毛泽东来说，情况也极为复杂。既有追求新人新世界的理想主义一面，又有重新分配权力的政治斗争的一面；既有憎恶和希望粉碎官僚机器，改煤炭'部'为煤炭'科'的一面，又有怀疑'大权旁落'有人'篡权'的一面；既有追求永葆革命热情、奋斗精神（即所谓'反修防修'）的一面，又有渴望做'君师合一'的世界革命的导师和领袖的一面。既有'天理'又有'人欲'；二者是混在一起的。"① 这里正确地指出了情形的复杂，而其核心是"追求新人新世界的理想主义"，其他或居于从属地位，或由此派生。即以渴望做世界革命的导师和领袖而言，也与自认为把马克思主义发展到一个崭新的阶段紧密关联。

我们现在再读一读有关论断，对于理解毛泽东何以发动"文化大革命"是很有益处的。邓小平说："如果说，我们总结的经验有很多条，那末很重要的一条经验就是：要搞清楚什么是社会主义，如何建设社会主义。"② 又说："最根本的一条经验，就是要弄清什么叫社会主义和共产主义，怎么搞社会主义。"③ 胡乔木、于光远、吴冷西1981年1月12日在内部讨论问题时一致认为："毛泽东晚年在怎么样建设社会主义和建设什么样的社会主义这个问题上犯了错误。"习仲勋说过，过去的一大教训就是"要搞纯而又纯的社会主义"。④ 胡绳在《马克思主义和中国国情》⑤中说："'文化大革命'既对现状作了错误的估计（似乎到处都是资产阶级反动势力），又似乎认为，只要靠群众的一次两次冲锋就能全部改变现状，创造出最'纯洁'最'完美'的社会主义社会，这当然是有百害而无一利的空想。"南斯拉夫布兰科·普里比切维奇博士说："中国的危机持续了将近整整十年，其基础是党的领

---

① 李泽厚：《中国现代思想史论》，东方出版社1987年版，第192—193页。

② 邓小平：《建设有中国特色的社会主义》，人民出版社1984年版，第103页。

③ 《邓小平同志重要谈话》，中央文献出版社1987年版，第21页。

④ 1986年10月14日《人民日报》。

⑤ 载《红旗》杂志1983年第6期。

导内的深刻的冲突，这涉及这个国家进一步发展的许多实质性问题。"①美国斯图尔特·施拉姆教授说："1966 年的事件是毛五年来努力想再次证明其大跃进政策正确的高潮。""……为什么决定要发动这次运动呢？相当明显，这是为了对付中国共产党内部的反对派，以利于执行激进的政策。"②施拉姆在 1967 年说："过去一年里的事态发展，在我看来首先是企图改变中国和中国人民的面貌。"③

这能不能完全归咎于毛泽东个人呢？不能。任何伟大人物的思想，都有他那个时代的深深印记，都有其深厚的社会历史根源，毛泽东也是这样。在经济、文化落后的贫瘠土壤上，结出了离开生产力的发展而追求公平、平等、正义的无果之空花。毛泽东的若干意见，曾为中央第一线违心地或不违心地同意，曾为全党所拥护。毛泽东要在有生之年干一番更加伟大而壮丽的事业：通过"文化大革命"，消除其他国家没有消除的弊端，创立一个独树一帜的社会主义，挽"修正主义"狂澜之既倒。胡乔木说："文化大革命"是毛泽东的宗教和陷阱。这话非常深刻。毛泽东迷信"文化大革命"，"文化大革命"就成了毛泽东的陷阱。

三个重大错误

"冰冻三尺，非一日之寒。""文化大革命"的发生不是偶然的。它不是历史发展的必然，却是党的八大后"左"倾错误和其他错误长期积累并急剧发展的必然。

在我国进入社会主义社会以后，国际国内都出现了一些难以预料的新的情况，产生了一些难以解决的新的问题。匆忙进入社会主义社会，思想上、理论上都缺乏足够的准备，对于全面地建设社会主义经验不足。社会主义运动的历史不长，社会主义国家的历史更短，社会主义社会的发展规律有些已经清楚，更多的还有待于探索。如果可以把这些算作客观情况的话，主观情况则是：经过自 1947 年的大反攻至 1956 年的社会主义改造基本完成的十年间的超出意料的大胜利，毛泽东、中央和地方不少领导同志滋长了骄傲自满情绪。邓小平加以概括说："总的说来，我们还是经验不够，自然也有胜利之后不谨慎。"④这是一个大背景。在这个大背景下，

---

① [南] 布兰科·普里比切维奇：《社会主义是世界进程》，新华出版社 1984 年版，第 213 页。

② [美] 斯图尔特·施拉姆：《毛泽东》，红旗出版社 1987 年版，第 293、295 页。

③ 同上书，第 296 页。

④ 《邓小平文选》第 2 卷，人民出版社 1994 年版，第 302 页。

毛泽东犯了三个重大错误：一是关于社会主义社会阶级斗争的理论和实践上的错误；一是在建设社会主义上的错误；一是个人专断。

关于阶级斗争方面的"左"倾错误。

错误的发生和发展，大体上有这么几步。

第一步，1957年反右派斗争扩大化。当时反右派的确有必要，不能否定。①反右派斗争扩大化，后果十分严重，不仅把54万②多名自己的同志打成敌人，更值得注意的是由此产生了政治上、理论上的一系列严重失误。政治上最大的失误是改变了党的八大关于国内主要矛盾的正确提法，认为："无产阶级和资产阶级的矛盾，社会主义道路和资本主义道路的矛盾，毫无疑问，这是当前我国社会的主要矛盾。"③理论上最大的失误是：一反过去关于"阶级"的正确理论，认为中国存在"政治上思想上的剥削阶级"，不仅把不占有生产资料的"右派分子"而且把不占有生产资料的"资产阶级知识分子"列为"政治上思想上的剥削阶级"④；一反过去关于"社会主义革命"的正确说法，认为："单有1956年在经济战线上（在生产资料所有制上）的社会主义革命，是不够的，并且是不巩固的。……必须还有一个政治战线上和一个思想战线上的彻底的社会主义革命"⑤。马克思主义认为"社会主义革命"就是改变生产资料私有制，剥夺剥夺者；而这里新造了"政治上思想上的社会主义革命"的概念，阶级斗争的缓和以至结束就是遥遥无期了。这理论上的两大失误，是相通的，当时认为都是对马列主义的发展。以上这些，奠定了阶级斗争扩大化的基础，对后来有着深刻的消极影响。

第二步，1959年庐山会议上错误地批判彭德怀和随后的"反右倾"。毛泽东1959年8月16日说："庐山出现的这一场斗争，是一场阶级斗争，是过去十年社会主义革命过程中资产阶级与无产阶级两大对抗阶级的生死斗争的继续。"⑥把阶级斗争扩大化的错误进一步引入党内，认为党内也有阶级斗争，这是阶级斗争"左"倾

---

① 《邓小平文选》第2卷，人民出版社1994年版，第390页。

② 李维汉：《回忆与研究》下卷，中共党史资料出版社1986年版，第840页。

③ 毛泽东：《做革命的促进派》，1957年10月9日。

④ 参见党的八届四中全会和八大二次会议通过的《中国共产党中央委员会向第八届全国代表大会第二次会议的工作报告》（1968年5月5日）。

⑤ 毛泽东：《一九五七年夏季的形势》，1957年7月。

⑥ 转引自1967年8月16日《人民日报》。

大动乱的年代（1966—1976）

错误的升级。认为党内也有"阶级"和"阶级斗争"，这是"政治上思想上的剥削阶级"和"政治上思想上的社会主义革命"理论上的错误的合乎逻辑的发展。

第三步，在党的八届十中全会上进一步断言在整个社会主义历史阶段资产阶级都将存在和企图复辟，并且成为党内产生修正主义的根源。毛泽东在全会上的讲话中把社会主义社会中仍在一定范围内存在的阶级斗争作了扩大化和绝对化的论述，指出阶级斗争必须"年年讲、月月讲、天天讲"，亦即提出了"以阶级斗争为纲"。他还针对中央第一线，严厉指责了所谓"黑暗风"（即指对当时严重困难形势作充分估计的观点）、"单干风"（指包产到户）、"翻案风"（指甄别平反），说：中国的右倾机会主义还是改个名字好，叫做中国的修正主义。国内"反修防修"运动由此开始，阶级斗争扩大化的迷误日益深入到党内。

第四步，提出"中央出修正主义"的问题。1964 年 2 月，毛泽东批评"三和一少"和"三自一包"①，说："三和一少"是他们的国际纲领，"三自一包"是他们的国内纲领。这些搞修正主义的人，有中央委员、书记处书记，还有副总理。除此以外，每个部都有，每个省都有，支部书记里头更多。毛泽东此后多次讲这个问题，越讲越尖锐。1964 年 12 月 12 日，他提出了所谓"官僚主义者阶级"和"走资本主义道路的领导人"的概念。1965 年 1 月，又提出了所谓"党内走资本主义道路的当权派"的概念。1965 年 10 月 10 日，毛泽东同大区第一书记谈话，说：如果中央出了修正主义，你们就造反，各省有了小三线，就可以造反嘛。

从以上四步可以看出，阶级斗争"左"倾错误逐步发展——阶级斗争的范围越来越广，阶级斗争存在的时间越来越长，阶级斗争的战场越来越在党内，阶级斗争的矛头越来越指向党内上层。意见都是毛泽东提出的，中央第一线小半不违心、大半违心地接受了（从 1957 年起党中央的政治生活就不正常了），全党没有异议。阶级斗争"左"倾错误何以发生与发展呢？有三点很值得注意：一是反右派犯了严重扩大化错误而不自觉，由此引起的政治上、理论上的严重失误奠定了阶级斗争"左"倾错误的基础；二是把党内上层在建设社会主义问题上的不同意见看成两个阶级、

---

① 中共中央联络部部长王稼祥等 1962 年 2 月 27 日向中央负责同志建议：为有利于国民经济的调整和恢复工作，争取时间克服困难，党应该在对外政策上采取和缓的方针；在困难形势下，我国对外援助应量力而行。这项正确的建议被歪曲地概括为"三和一少"，即：对帝国主义要和，对修正主义要和，对各国反动派要和，对亚、非、拉美一些国家的物质援助要少。"三自"是自留地、自由市场、自负盈亏，"一包"是包产到户。

两条道路的斗争，这是阶级斗争"左"倾错误发展的一个重要原因；三是既没有弄清楚什么是社会主义，也没有弄清楚什么是资本主义，更没有弄清楚什么是修正主义。重复地说，这不仅仅是一个人或少数人的失误。灾难性的后果集中地表现在否定中央第一线的工作。

关于在建设社会主义问题上的错误。

这就是在"三面红旗"问题上的错误。"三面红旗"指社会主义建设总路线、"大跃进"、人民公社。《中国共产党中央委员会关于建国以来党的若干历史问题的决议》中指出："1958 年，党的八大二次会议通过的社会主义建设总路线及其基本点，其正确的一面是反映了广大人民群众迫切要求改变我国经济文化落后状况的普遍愿望，其缺点是忽视了客观的经济规律。"不能否认社会主义建设总路线有正确的方面，但是"忽视了客观的经济规律"带有根本的性质，因而社会主义建设总路线基本上应予否定。社会主义建设总路线是"鼓足干劲、力争上游、多快好省地建设社会主义"，"鼓足干劲、力争上游"是 1956 年反冒进的一个反命题，即反反冒进。这条总路线正是在 1957 年 1 月至 1958 年 5 月间多次会议上愈来愈猛烈地批判反冒进的背景下提出来的。历史已经证明，1956 年由周恩来、陈云提出而为中央集体所同意的反冒进是完全正确的，毛泽东提出而为党的八届四中全会和八大二次会议所批准的批判反冒进是完全错误的。作为批判反冒进的产物的社会主义建设总路线，是否定反冒进而主张"大跃进"的，带有浓厚的"左"的色彩。实践是检验真理的唯一标准，1958 年至 1960 年的实践已经基本上否定了它。关于"大跃进"，《人民日报》1982 年 10 月 18 日社论《回答一个问题》中有一段精彩的述评，照录如下："1958 年的'大跃进'，是当时中央领导工作中'左'倾错误的产物，是被作为 1957 年整风运动之后必然要出现的'经济建设高潮'提出来的。而正是在这次整风运动中，反右斗争被严重地扩大化了，全国经历了一场猝不及防的大规模的阶级斗争，党和国家的民主集中制已经开始受到破坏。在那种情况下，全党工作的重心实际上并没有放在经济建设上，对国民经济的'跃进'是从政治的推测和政治的需要提出来的，对经济发展规律和我国经济的基本情况的认识很不足。尽管后来动员了全国的人力物力去'大炼钢铁'，那也不是认真的经济建设。固然，1958 年的'大跃进'，在经济上并不是完全没有成绩，许多新的工业基地、工业部门和工业技术确是在'大跃进'中开始产生的，但是究竟不能不承认，像'大炼钢铁'那样的做法，的确是一场包含着很多层层高压和层层虚报的政治运动。""大跃进"简直可

大动乱的年代（1966—1976）

以用"好大喜功，急功近利"八个字来概括，伴随着它的是高指标、瞎指挥和浮夸风。固然我们不能否定一切，但是后来那么多人的非正常死亡，已经给它作了鉴定。农村人民公社化运动也是毛泽东轻率地发动的。在中共中央于 1958 年 8 月 29日作出《关于在农村建立人民公社问题的决议》以前，陈伯达在《在毛泽东同志的旗帜下》①中说："毛泽东同志说，我们的方向，应该逐步地有次序地把'工（工业）、农（农业）、商（交换）、学（文化教育）、兵（民兵，即全民武装）'组成为一个大公社，从而构成为我国社会的基本单位。"在《关于在农村建立人民公社问题的决议》中说："看来，共产主义在我国的实现，已经不是什么遥远将来的事情了"。人民公社化运动的最大特色是自上而下地在全国农村刮起"共产风"。人民公社这个"一大二公"的组织形式，则寄托着毛泽东关于社会主义社会的空想。施拉姆说："至于公社的思想方面，则具有动人但天真的空想社会主义的特点。"②在 1958 年，毛泽东关于建设社会主义的空想已经开始产生，它不仅表现在人民公社这个组织形式方面，也表现在以顽强的主观意志追求脱离实际的高速度方面。"三面红旗"是"表"，空想是"里"。空想是"三面红旗"的灵魂。

关于个人专断。

毛泽东的个人专断，无非为了维护他的意见、他的主张。在长期的革命生涯中，毛泽东并不专断，而是模范地坚持了民主集中制和集体领导的原则。即使在20 世纪 50 年代末期以后，他在一些问题上也不专断。专断常常表现在 1958 年以后他和中央集体在重大问题上意见不一致的时候。也只有这时才需要专断。他当然知道民主集中制和集体领导的重要，他在这方面有一系列的重要论述。但是他认为坚持他自以为正确的意见更重要，错就错在这里。在坚持组织原则和坚持他的意见二者不可兼得的时候，他放弃了组织原则，认为组织原则要服从政治原则。长期的正确使他过于自信，长期的领袖地位和长期受拥戴的状况使他感到有责任指导党，他又有可能机械搬用了他在历史上独排众议而取得伟大成功的经验。毛泽东并不认为个人专断好得很，个人专断在他是不得已而为之，所以他想方设法让中央集体同意他的意见，使他的意见成为中央集体的意见，可见他不是从根本上不要民主集中制和集体领导的原则。毛泽东的个人专断是很特别的，就是在程序或手续上一般都

---

① 载《红旗》杂志 1958 年第 4 期。

② [匈] 巴拉奇·代内什:《毛泽东》，解放军出版社 1988 年版，第 260 页。

经过集体。由于种种复杂的原因（如对毛泽东的信赖，在毛泽东造成既成事实的情况下不得不顾全大局，对某个问题没有成熟的见解，党内生活不正常），中央集体常常无条件地同意毛泽东的意见，就使得毛泽东的个人专断显得不那么突出。邓小平说："有些问题我们确实也没有反对过，因此也应当承担一些责任。当然，在那个条件下，真实情况是难于反对。"①号召成立人民公社，批判1956年的反冒进，批判彭德怀，在1962年北戴河中央工作会议上把阶级斗争问题作为会议的主题等等，本来都是个人专断，却都成了中央集体的意见。这不仅使少数人更难于反对不正确的意见，而且使毛东泽更有理由坚持自己的意见。这种看起来是集体决定、实际上很大程度上为个人决定的奇特现象，是独特的历史条件造成的，毛泽东以前长期代表正确因而具有极高威望就是一个很重要的条件，领导制度不健全也是一个重要条件。总之，毛泽东的个人专断，情形相当复杂。把它简单地归咎于封建主义的影响，是想当然的看法，与实际情况相去甚远。

　　上述三大错误是有内在的关联的，症结是第二条。毛泽东对于"三面红旗"的失误，有所觉察，他曾经努力领导全党纠正已经觉察到的失误；但是从根本上说来，他不仅捍卫了"三面红旗"，而且把1958年的空想发展为在建设一个什么样的社会主义社会上的空想主张。党内上层对于毛泽东的错误有所抵制，毛泽东就开展"阶级斗争"，就"反右倾"，就反"修正主义"。1959年，党内对"三面红旗"议论纷纷，党内上层对"三面红旗"也有自己的看法。彭德怀在1959年庐山会议上提出意见，实际上是代表广大群众和党内上层不少人提出的。批判彭德怀，实际上是抓个"典型"，用以开展"阶级斗争"，反击"右倾"。1962年，中央第一线在非正常死亡不断出现的情况下，既然要领导经济工作，就无可回避地要对现实状况作出估量，也就在实际上评价了"大跃进"的后果；毛泽东因其估量、评价与自己不同而提出反对"修正主义"。严格说来，在1957年以后，除了反右派斗争扩大化确系扩大化而外，其他的阶级斗争扩大化并不只是什么扩大化，而是人为地制造阶级斗争。施拉姆说："'阶级斗争'则主要是指与党内反对毛的分子作斗争。""1966年的事件是毛五年来努力想再次证明其大跃进政策正确的高潮。"②事实就是这样。1957年以后在阶级斗争问题上的错误，可以说是在建设什么样的社会主义社会上的错误的派生

---

① 《邓小平文选》第2卷，人民出版社1994年版，第309页。

② ［匈］巴拉奇·代内什：《毛泽东》，解放军出版社1988年版，第302、293页。

物。至于个人专断，如上所述，归根结底是为了维护自己的意见、自己的主张。

毛泽东坚持自己的主张，中央第一线总的说来实际上不同意这样的主张。1967年5月，毛泽东会见外宾时回顾1962年七千人大会后的历史说：自这次大会以后，两个阶级、两条道路在我们党内的斗争表现是：形"左"实右①与反形"左"实右，反对阶级斗争存在与强调阶级斗争存在，折中主义与突出无产阶级政治，等等。这里说明了毛泽东与中央第一线的分歧。矛盾是实际存在的，深刻的。毛泽东又不仅夸大了而且歪曲了这种矛盾，认为自己是正确的而中央第一线搞了"修正主义"，乃有"文化大革命"的发动。他要通过"无产阶级专政下继续革命"这个异常激烈的手段、途径来实现自己的主张。

毛泽东迟早是要发动"文化大革命"的。"文化大革命"在1965年11月进入准备阶段，有没有偶然性呢？回答是肯定的。"文化大革命"的发动是必然性和偶然性的交会。这里举偶然性的一例。1964年10月16日。赫鲁晓夫下台，勃列日涅夫接任苏共中央第一书记职务。11月，以周恩来为团长、贺龙为副团长的中国党政代表团赴苏，参加莫斯科纪念十月革命47周年的庆祝活动。据伍修权在其回忆录②中说，苏方有人恶意煽动。11月7日晚上，在苏联政府举行的招待会上，苏联国防部长、元帅马林诺夫斯基竟对贺龙说："我们现在已经把赫鲁晓夫搞掉了，你们也应该仿效我们的榜样，把毛泽东搞下台去。这样我们就能和好。"贺龙立即很严肃地对他说："这是根本不能相比的两件事，我们党和你们的情况是完全不一样的，你的想法是根本不会实现的，而且是错误的。"贺龙向周恩来反映了这一情况，周恩来向苏方提出严重抗议，直到勃列日涅夫表示道歉才未再加追究。我们当时认为，搞掉赫鲁晓夫得力于军方的支持。马林诺夫斯基如此猖狂挑衅，对毛泽东有何影响与影响大小，不得确知；但有充分的事实证明，毛泽东此后作出了北京可能发生反革命政变的估计。毛泽东问过军队和地方的几位领导同志：如果北京发生政变，你怎么办？作出这样不符合事实的灾难性的估计，无疑与"文化大革命"的发动有着关联。

---

① "形'左'实右"，毛泽东指领导社教运动而言。应该说，刘少奇领导社教运动是有错误的，但是归根到底错在贯彻了中共八届十中全会关于阶级斗争的"左"倾理论，而且关于社教的"后十条"修正草案是中央同意并经毛泽东审定的，所以是集体的错误。错误不是什么"形'左'实右"，而是"左"了。反"形'左'实右"，总的说并不正确。
② 《伍修权同志回忆录（之四）——中联部八年（1958.10—1966.12）》，载《中共党史资料》第7辑。

个人反对中央集体

　　1965 年 11 月到 1966 年 4 月，是"文化大革命"的准备阶段，也是"文化大革命"的初步发动阶段。

　　"文化大革命"是毛泽东个人发动的。毛泽东对此从不隐讳，在他审定的文章、社论、文件里，多次提及这一事实并加以颂扬。毛泽东发动"文化大革命"，是在"开始全面建设社会主义的十年"中个人专断的登峰造极。说它是个人专断的登峰造极，不仅因为它在如此重大问题上实际上违反了民主集中制，而且因为它的矛头是对着中央集体的。毛泽东既要实现他的主张，就要首先扫除实现他的主张的"障碍"——否定中央第一线。这不是什么推理，而是事实。在准备阶段里，姚文元的《评新编历史剧〈海瑞罢官〉》发表。此文不过是借题发挥。它固然是打击、诬陷吴晗的，但更是在所谓"单干风"、"翻案风"问题上严厉谴责中央第一线。此文的要害，正是无理指责中央第一线。在准备阶段里，林彪把"突出政治"提到合乎建设社会主义社会的规律的高度，提到关系到中国和世界的命运和前途的高度，毛泽东予以批准，由此刮起了"突出政治"的旋风，这也是用以反对不同意突出政治的中央第一线的。在准备阶段里，《林彪同志委托江青同志召开的部队文艺工作座谈会纪要》经毛泽东三次修改后批发全党。这个文件，提出了"文艺黑线专政"论。这既是对文艺界的指责，更是对中央第一线的责难；既是文艺路线问题，更是政治路线问题。在准备阶段里，错误地批判了彭真、罗瑞卿、陆定一、杨尚昆。这个错误批判，既是对着彭真等四位老革命家的，又不止是对着四个人的，而是带有"扫清外围"的性质，后来发生的事件雄辩地说明了这一点。总而言之，准备阶段里的一切挞伐都有对着中央第一线这个特点，都有个人反对中央集体这个特点；不过因为还在准备阶段，只是旁敲侧击罢了。只有认清这一点，才是捉住了隐蔽在现象后面的问题的本质。早在 1964 年 5、6 月间，毛泽东就在一次会上说，中国如果出了修正主义的中央，各个省要顶住。6 月 14 日又说：传下去，传到县，如果出了赫鲁晓夫怎么办？中国出了修正主义中央怎么办？要县委顶住修正主义中央。这说明对中央状况已经作了严重的估计；但是毕竟只说了"如果"，并未肯定。在准备阶段里则不同。1966 年 3 月底，毛泽东在与康生等人谈话时，赫然号召"向中央进攻"。谈话要点 5 月间上了中共中央文件，其中就有"向中央进攻"的字样。

　　正因为是以个人反对中央集体，在准备阶段里出现了极其反常的扑朔迷离的事

大动乱的年代（1966—1976）

件。江青何以胆敢组织撰写把矛头暗指中央第一线的《评新编历史剧〈海瑞罢官〉》？这样一个违反党纪的行径何以得到了毛泽东的首肯？毛泽东批准发表《评新编历史剧〈海瑞罢官〉》为什么不与中央第一线商量？为什么不告诉中央有关部门？江青既未受中央委托，又未受中央军委委托，为什么极端秘密地在上海召开所谓"部队文艺工作座谈会"？"座谈会"为什么要对北京"保密"？"座谈会"为什么只是江青的"一言堂"？所议为什么远不止是"部队文艺工作"，而是全国文艺工作？江青的非组织活动为什么又得到了毛泽东的承认？如此等等。这些问题似乎难解，其实只要认清个人反对中央集体，这些问题就迎刃而解。既然是以个人反对中央集体，就不便于把问题和盘托出，摆在桌面上，就必然要发生种种极其反常的事件。著名史学家黎澍说："江青那些年的地位，其实是个探测器。《清宫秘史》、《武训传》、《红楼梦》、《海瑞罢官》都是她先出面，说她认为应该批判，大家从来不认为她有多高明，所以听过也就罢了。然后回去报告——'他们不听你的！'然而，就算她这个位置上换个人，老实本分，不会干这些事，也会换个形式出现的。"① 这个评论是入木三分的。为什么在另一条件下会"换个形式出现"呢？这是为个人反对中央集体所决定的。

正因为是以个人反对中央集体，在准备阶段里就不得不采用迂回战术，曲折地提出问题。以个人反对中央集体，不是简单的事。贸然提出重大政治问题，贸然打击中央集体，和者必寡。就发表一篇文艺评论文章，拐弯抹角地提出政治问题。就正面肯定"突出政治"问题，要求分清"两条路线"，批判"折中主义"，指槐骂柳。就制造出关于文艺问题的"座谈会纪要"来，委婉曲折地指责中央。由评论文艺而裁判政治，由批判下层而敲打上层，层层递进，逐步深入。凭借个人崇拜，通过反对"修正主义"的舆论，把人们弄得晕头转向。

正因为是以个人反对中央集体，就借用军队力量。江青在《为人民立新功》里说她召开"部队文艺工作座谈会"是请了解放军"尊神"，"攻那些混进党内的资产阶级代表人物"。其实不只是江青如此。美国费正清说："到了 1965 年，毛已经准备要指控他那些最密切的同僚在搞'复辟资本主义'的'阴谋'。他对党感到失望，已经求助于军队。""他这样做的时候，甚至利用了解放军报作为他的喉舌。"② 事情

---

① 《通向"文化革命"之路——关于"文革"产生的文化背景的一场对话》，载 1986 年 9 月 22 日《世界经济导报》。

② ［美］费正清：《美国与中国》，世界知识出版社 2003 年版，第 318、320 页。

大体上是这样。毛泽东在对《林彪同志委托江青同志召开的部队文艺工作座谈会纪要》作了第二次修改后，于 1966 年 3 月 17 日批示"此件用军委名义"，就是一个例证。毛泽东三次修改于前，林彪和军委常委其他同志一致同意于后，中央就很难拒绝。借用军队力量，是后来在党的八届十一中全会期间确定林彪为接班人的一个重要原因。《解放军报》当时在制造舆论方面确实最为突出。林彪 1967 年 8 月 9 日在对刘丰等人谈话①中说："我们发动文化大革命靠两个条件：一是靠毛泽东思想和毛主席的崇高威望；再就是靠解放军的力量。"这个判断大体上符合事实(这里的"毛泽东思想"其实是毛泽东晚年的思想)。中国人民解放军是伟大的，军队历来是紧跟毛泽东的，认为这与紧跟中央是一致的。军队的高级将领，除林彪等极少数人而外，并不了解中央领导核心内部的情形。②

正因为是以个人的错误反对中央集体的正确，所以特别明显地表现为武断和专横。《评新编历史剧〈海瑞罢官〉》是蛮不讲理的。1961 年年初写成《海瑞罢官》的吴晗绝不可能预见到 1962 年会出现所谓"单干风"和"翻案风"；毛泽东断言《海瑞罢官》的"要害问题是'罢官'"，毫无根据；吴晗明明在《论海瑞》中不指名却是严厉地指责过彭德怀。《林彪同志委托江青同志召开的部队文艺工作座谈会纪要》是乱打棍子的。把彭真等打成"修正主义分子"，更是混淆了是非和敌我。在准备阶段里，形式上中央也开过几次会议，实际上是个人决策，没有民主集中制。毛泽东既主观地认定中国要大破大立，又在受到阻遏时刚愎自用，这就谈不到摆事实、讲道理，而只能乞助于武断、专横。

所谓"彭、罗、陆、杨反党集团"，本来是臆造出来的。而所谓"彭、罗、陆、杨反党集团"的出现，又使毛泽东对党中央的状况作出更加违反实际的估计，认为资本主义复辟迫在眉睫。他既要实现他的主张，又为心造的幻影(即出现了所谓"赫鲁晓夫式的人物")所欺骗，决心全面发动一场"文化大革命"。对彭、罗、陆、杨的批判在党中央得到实现，为"文化大革命"的全面发动提供了"理由"。毛泽东既对中央第一线失去信任，就重用林彪、江青、康生这伙野心家、阴谋家，这也就注定了"文化大革命"是一场灾难。

---

① 这个谈话，中共中央曾加以转发。

② 后来，军队许多高级将领对"左"倾错误作了抵制。

第一篇
全面内战　打倒一切

通知

中国共产党中央委员会

（一九六六年五月十六日）

新华社北京十六日电 通知

中国共产党中央委员会

（一九六六年五月十六日）

各中央局，各省、市、自治区党委，中央各部委，国家机关各部门和各人民团体党组、党委，人民解放军总政治部：

中央决定撤销一九六六年二月十二日批转的《文化革命五人小组关于当前学术讨论的汇报提纲》，撤销原来的"文化革命五人小组"及其办事机构，重新设立文化革命小组，隶属于政治局常委之下。所谓"五人小组"的汇报提纲是根本错误的，是违反中央和毛泽东同志提出的社会主义文化革命的路线的，是违反一九六二年党的八届十中全会关于社会主义社会阶级和阶级斗争问题的指导方针的。这个提纲，对毛泽东同志亲自领导和发动的这场文化大革命，对毛泽东同志在一九六五年九月至十月中央工作会议上（即在一次有各中央局负责同志参加的中央政治局常委会议上）关于批判吴晗的指示，竭力加以抵制，妄图扑灭。

所谓"五人小组"的汇报提纲，实际上只是彭真一个人的汇报提纲，是彭真背着"五人小组"成员康生同志和其他同志，按照他自己的意见制造出来的。对待这样一个关系到社会主义革命全局的重大问题的文件，彭真根本没有在"五人小组"内讨论、商量过，没有向任何地方党委征求过意见，没有说明要作为中央正式文

件提请中央审定，更没有征得中央主席毛泽东同志的同意，采取了极不正当的手段，武断专横，滥用职权，盗窃中央的名义，匆匆忙忙发到全党。

这个提纲的主要错误如下：

（一）这个提纲站在资产阶级的立场上，用资产阶级世界观来看待当前学术批判的形势和性质，根本颠倒了敌我关系。我国正面临着一个伟大的无产阶级文化革命的高潮。这个高潮有力地冲击着资产阶级和封建残余保存的一切腐朽的思想阵地和文化阵地。可是这个提纲，不是鼓舞全党放手发动广大的工农兵群众和无产阶级的文化战士继续冲锋前进，而是力图把这个运动拉向右转。这个提纲歪曲当前文化思想战线上的尖锐的阶级斗争，特别是歪曲这场大斗争的目的是对吴晗及其他一大批反党反社会主义的资产阶级代表人物（中央和中央各机关，各省、市、自治区，都有这样一批资产阶级代表人物）的批判。这个提纲不提毛主席一再指出的吴晗《海瑞罢官》的要害是罢官问题。

（二）这个提纲违背了一切阶级斗争都是政治斗争这一马克思主义的基本论点。当报纸上刚刚涉及吴晗《海瑞罢官》的政治问题的时候，提纲的作者竟然提出"在报纸上的讨论不要局限于政治问题，要把涉及到各种学术理论的问题，充分地展开讨论"。他们又在各种场合宣称，对吴晗的批判，不准谈要害问题，不准涉

及一九五九年庐山会议时右倾机会主义分子的罢官问题。他们急急忙忙跑出来告诉我们，同资产阶级在意识形态上的斗争，是长期的阶级斗争，不是匆匆忙忙做一个政治结论就可以解决。多具有意识遮谎，对许多人说，主席认为对吴晗的批判可以在两个月后做政治讨论。又说，两个月后再谈政治问题。他的目的，就是要把文化领域的政治斗争，纳入资产阶级经常宣扬的所谓"纯学术"讨论。说明吴晗是反对突出无产阶级的政治，而要突出资产阶级的政治。

（三）提纲特别强调所谓"放"，但是却用偷天换日的手法，根本歪曲了毛泽东同志一九五七年在全国宣传工作会议上所讲的放的方针，抹煞敌我的阶级内容。毛泽东同志正是在讲这个问题的时候指出，"我们同资产阶级和小资产阶级的思想还要进行长期的斗争。不了解这种情况，放弃思想斗争，那就是错误的。凡是错误的思想，凡是毒草，凡是牛鬼蛇神，都应该进行批判，决不能让它们自由泛滥。"又说，"放，就是放手让大家讲意见，使人们敢于说话，敢于批评，敢于争论。"这个提纲却把"放"同无产阶级对于资产阶级及幼业的揭露对立起来。它的所谓"放"，是资产阶级的自由化，只许资产阶级放，不许无产阶级放，不许无产阶级反击资产阶级，也包庇吴晗这一类的反动的资产阶级代表人物。这个提纲的所谓"批"，是反毛泽东思想，是适应资产阶级需要的。 （下转第二版）

1966 年 5 月，中共中央政治局扩大会议通过了《五·一六通知》，这是"文化大革命"全面发动的标志。

第一章
打开"文化大革命"之锁的两把钥匙

在全面发动"文化大革命"的时候，毛泽东于1966年5月7日给林彪写了一封信，这封信过去通称《五·七指示》；又于1966年7月8日致江青一封信。如果说《五·七指示》代表了毛泽东的"立"的主张，那么可以说致江青的信代表了毛泽东的"破"的意见。我们首先来了解和研究这两个纲领性的文献，对于理解"文化大革命"很有益处。

一 《五·七指示》

1966年5月6日，林彪给毛泽东送去中央军委总后勤部的《关于进一步搞好部队农副业生产的报告》。这是总后勤部长邱会作以总后勤部的名义送给林彪、夸大部队农副业生产成绩的报告，作为一个寻常的工作报告，本身并无价值。毛泽东借题发挥，于5月7日致林彪信，全文如下：

林彪同志：

你在5月6日寄来总后勤部的报告，收到了，我看这个计划是很好的。是否可以将这个报告发到各军区，请他们召集军、师两级干部在一起讨论一下，以其意见上告军委，然后报告中央取得同意，再向全军作出适当的指示。请你酌定。只要在没有发生世界大战的条件下，军队应该是一个大学校，即使在第

3

大动乱的年代（1966—1976）

三次世界大战的条件下，很可能也成为一个这样的大学校，除打仗以外，还可做各种工作，第二次世界大战的八年中，各个抗日根据地，我们不是这样做了吗？这个大学校，学政治、学军事、学文化。又能从事农副业生产。又能办一些中小工厂，生产自己需要的若干产品和与国家等价交换的产品。又能从事群众工作，参加工厂农村的社教四清运动；四清完了，随时都有群众工作可做，使军民永远打成一片；又要随时参加批判资产阶级的文化革命斗争。这样，军学、军农、军工、军民这几项都可以兼起来。但要调配适当，要有主有从，农、工、民三项，一个部队只能兼一项或两项，不能同时都兼起来。这样，几百万军队所起的作用就是很大的了。

同样，工人也是这样，以工为主，也要兼学军事、政治、文化。也要搞四清，也要参加批判资产阶级。在有条件的地方，也要从事农副业生产，例如大庆油田那样。

农民以农为主（包括林、牧、副、渔），也要兼学军事、政治、文化，在有条件的时候也要由集体办些小工厂，也要批判资产阶级。

学生也是这样，以学为主，兼学别样，即不但学文，也要学工、学农、学军，也要批判资产阶级。学制要缩短，教育要革命，资产阶级知识分子统治我们学校的现象，再也不能继续下去了。

商业、服务行业、党政机关工作人员，凡有条件的，也要这样做。

以上所说，已经不是什么新鲜意见、创造发明，多年以来，很多人已经是这样做了，不过还没有普及。至于军队，已经这样做了几十年，不过现在更要有所发展罢了。

毛泽东

1966 年 5 月 7 日

5 月 15 日，中共中央向全党转发了《五·七指示》，予以高度评价，认为"这是马克思列宁主义划时代的新发展"。8 月 1 日，《人民日报》经毛泽东审定过的社论《全国都应该成为毛泽东思想的大学校——纪念中国人民解放军建军三十九周年》摘要公布了《五·七指示》①，并对《五·七指示》加以阐发，说："毛泽东同志提出的各行各业都要办成亦工亦农，亦文亦武的革命化大学校的思想，就是我们

---

① 在文字上略有改动。

的纲领。按照毛泽东同志所说的去做，就可以大大提高我国人民的无产阶级意识，促进人们的思想革命化……按照毛泽东同志所说的去做，就可以促进逐步缩小工农差别、城乡差别、体力劳动和脑力劳动的差别……按照毛泽东同志说的去做，就可以实现全民皆兵……按照毛泽东同志说的去做，我国七亿人民就都会成为旧世界的批判者，新世界的建设者和保卫者。他们拿起锤子就能做工，拿起锄头犁耙就能种田，拿起枪杆子就能打敌人，拿起笔杆子就能写文章。这样，全国就都是毛泽东思想的大学校，都是共产主义的大学校。"

毛泽东在《五·七指示》里，勾勒出他所向往的、憧憬的社会。这是怎样一个社会呢？这是以阶级斗争为纲的、限制和逐步消灭分工的、限制和逐步消灭商品的、在分配上大体平均的社会，是自给自足或半自给自足的、小而全的、封闭式的社会。毛泽东的构想，大体上是军事共产主义的模式。^① 这种模式，与《共产党宣言》里所说的"小资产阶级的社会主义"有若干相同之点或相似之处。这不是欧洲历史上的、马克思主义产生以前的空想社会主义，而是有中国特色的空想社会主义。幻想不发展社会主义的生产力和商品经济就能到达理想境界，这实际上也是几千年来的与自然经济相适应的原始的集体主义和平等观念在当代的一个变奏曲。正如马克思所批评的："留恋那种原始的丰富，是可笑的，相信必须停留在那种完全空虚之中，也是可笑的。"^② 如果说这在以前"抗日根据地"是十分必要的话，在生产资料私有制的社会主义改造基本完成以后则弊端丛生。中国已经进入社会主义社会，时代已经到了20世纪60年代，怎么可以以"抗日根据地"为理想境界呢？如果说这在军队中或许可以实行的话，那么怎么可以要求全国与军队一律呢？但是毛泽东无疑认为他对社会主义社会的如此构想不仅是正确的，而且是伟大的。他通过《五·七指示》向全党全军全国宣布了他的建设"新世界"的纲领，也就在根本上说明了为什么要发动"文化大革命"这个问题。中央第一线的同志不难从中发现他们与毛泽东之间的距离是何等遥远。当时中央的政治生活已经极不正常了，迫于形势，中共中央不得不转发这个文件。

《五·七指示》在党内外公布后，一无异议。这当然与当时的政治空气有关，与个人崇拜从较大的自觉性发展到更多的强制性有关，与全党马列主义水平不高有

---

① 参见王禄林：《五·七指示初探》，载《党史研究》1987年第2期。

② 《马克思恩格斯全集》第46卷，人民出版社1979年版，第109页。

关；但也说明毛泽东的主张是有社会基础的。经济文化的落后与长期的闭关锁国，限制了中国人民的眼界。

二　毛泽东致江青的信

1966 年 7 月 8 日，毛泽东在武汉致江青信。毛泽东在信中说：

"天下大乱，达到天下大治。过七八年又来一次。牛鬼蛇神自己跳出来。他们为自己的阶级本性所决定，非跳出来不可。"

"我的朋友的讲话①，中央催着要发，我准备同意发下去，他是专讲政变问题的。这个问题，像他这样讲法过去还没有过。他的一些提法，我总感觉不安。我历来不相信，我那几本小书，有那样大的神通。现在经他一吹，全党全国都吹起来了，真是王婆卖瓜，自卖自夸。我是被他们逼上梁山的，看来不同意他们不行了。"

"我猜他们的本意，为了打鬼，借助钟馗。我就在 20 世纪 60 年代当了共产党的钟馗了。"

"我是自信而又有些不自信。我少年时曾经说过：自信人生二百年，会当水击三千里。可见神气十足了。但又不很自信，总觉得山中无老虎，猴子称大王，我就变成这样的大王了。但也不是折中主义，在我身上有些虎气，是为主，也有些猴气，是为次。"

"全世界一百多个党，大多数的党不信马、列主义了，马克思、列宁也被人们打得粉碎了"。

"有些反党分子……他们是要整个打倒我们的党和我本人"。"现在的任务是要在全党全国基本上（不可能全部）打倒右派，而且在七、八年以后还要有一次横扫牛鬼蛇神的运动，尔后还要有多次扫除"。

"中国如发生反共的右派政变，我断定他们也是不得安宁的，很可能是短命的，因为代表 90% 以上人民利益的一切革命者是不会容忍的。那时右派可能利用我的话得势于一时，左派则一定会利用我的另一些话组织起来，将右派打倒。这次文化大革命，就是一次认真的演习。有些地区（例如北京市），根

---

① 指林彪 1966 年 5 月 18 日在中共中央政治局扩大会议上的讲话。

深蒂固，一朝覆亡。有些机关（例如北大、清华），盘根错节，顷刻瓦解。凡是右派越嚣张的地方，他们失败就越惨，左派就越起劲。这是一次全国性的演习，左派、右派和动摇不定的中间派，都会得到各自的教训。"

这封信是写给江青的，与远非中央领导人的江青谈论党内如此重大的问题，极不正常。这封信写成后，在武汉给周恩来、王任重看过，却没有给中央第一线的其他同志看过。信中对林彪有所批评，周恩来经毛泽东同意曾转告林彪，林彪不安而又有悔改的表示，毛泽东将原件销毁。以上引自毛泽东校阅过的抄件。

1979 年 9 月 27 日，叶剑英在中共十一届四中全会通过的《庆祝中华人民共和国成立三十周年大会上的讲话》中说："……发动文化大革命的时候，对党内和国内的形势作了违反实际的估计，对什么是修正主义没有作出准确的解释，并且离开了民主集中制的原则，采取了错误的斗争方针和方法。"如果要提供一个代表作，那就是毛泽东的这封信。毛泽东首先对形势特别是党内上层的状况作了完全违反实际的估计。他虽然批评了林彪的"吹"，但又肯定了林彪的"打鬼"。他虽然对林彪关于"政变"的"提法"不安，但并未否定林彪在政变问题上对彭真、罗瑞卿、陆定一、杨尚昆的污蔑。他认为"有些反党分子……他们是要整个打倒我们的党和我本人"，对形势作了极其严重的估量，而这是毫无根据的。决策的根据是对形势的估量，对形势估量的严重错误造成决策的严重错误。值得注意的是毛泽东对全世界的党的估量也是错误的，这也深刻地影响了他的决策。其次，毛泽东对修正主义没有作出准确的解释。他在晚年所说的"马克思主义"和"修正主义"、"社会主义"和"资本主义"、"左派"和"右派"常常是混淆是非的，乃至有人认为"不能以通常的意义去理解毛泽东在简述自己的思想时所使用的那些语词。如'无产阶级'与'资产阶级'、'社会主义'与'资本主义'、'修正主义'、'阶级斗争'等"[①]。诚然，当时许多人都没有弄清楚什么是修正主义，但首先是毛泽东没有弄清楚，甚至把社会主义国家的改革潮流看作"修正主义思潮"，这就影响了许多人。对修正主义没有弄清楚，这是对形势作出错误估量的一个极为重要的原因。再次，毛泽东离开了民主集中制的原则。写这封信本身就是离开了民主集中制的原则，发动"文化大革命"本身就是离开了民主集中制的原则。如果真正由中央来决策，那是断然不会发动"文化大革命"的。最后，采取了错误的斗争方针和方法。错误的斗争方针是"天

---

① 沉扬：《毛泽东的晚年与"文化大革命"》，载《青年论坛》1987 年第 2 期。

下大乱"，错误的方法是"五大"（大鸣、大放、大辩论、大字报、大串连）。正因为存在以上种种问题，才以"天下大乱"为斗争方针；"天下大乱"是毛泽东致江青的信的核心和要害。

如果说《五·七指示》回答了建设一个什么样的社会主义社会的问题，毛泽东致江青的信则回答了如何建设社会主义社会的问题。这两个纲领性的文献是姊妹篇。

　　刘少奇被认为是所谓"资产阶级反动路线"的主要代表，受到重点批判。图为陕西延安地区群众张贴大字报，批判刘少奇写的《论共产党员的修养》。

第二章
全面发动和再全面发动

《中国共产党中央委员会关于建国以来党的若干历史问题的决议》指出:"1966年5月中央政治局扩大会议和同年8月八届十一中全会的召开,是'文化大革命'全面发动的标志。"为什么全面发动的标志是两个会议的召开呢? 5月中央政治局扩大会议全面发动"文化大革命","左"倾指导思想在会后50多天时间里遭到了抵制,8月八届十一中全会再全面发动。《历史决议》的表述是准确的。

一 中共中央政治局扩大会议

为了全面发动"无产阶级文化大革命",中共中央政治局扩大会议1966年5月4日至26日在北京召开。毛泽东在外地,没有出席会议,但会议是按照毛泽东4月在杭州主持的中央政治局常委扩大会议的部署和毛泽东在会前的安排进行的。会议由刘少奇主持,却由康生负责向毛泽东汇报请示。出席会议的有中央政治局委员、候补委员和有关方面负责人约80人[①]。全是在北京工作的和临时抽调在北京工作的。请注意,各中央局、各省市自治区负责人都没有参加。会议发了七个文件。

[①] 一说"76人",参见《中国共产党历次重要会议集》下册,上海人民出版社1983年版,第209页;事实上,有时不止76人,最多时达80人。

这次会议的开法，相当奇特。会议的第一项主要活动就是召开"介绍情况的座谈会"。名曰"座谈"，实际上并不"座谈"，而是主要由康生、张春桥、陈伯达讲话。

5月5日下午、6日上午，康生在"座谈会"上讲了约8个小时。他传达了毛泽东1962年9月以来，特别是1965年11月以来关于批判彭真和陆定一、要解散中央宣传部和中共北京市委、提出开展文化大革命、号召向中央进攻的一系列指示，介绍了这次会议通过的《中国共产党中央委员会通知》的起草经过，也谈了自己的认识和体会。他在传达毛泽东1966年3月底的三次谈话后说：我个人体会，毛主席这三次谈话，概括起来是两条：第一条是批评彭真、中宣部，包庇右派，压制左派，不准革命；第二条是给任务，要支持左派，建立新的文化学术队伍，进行"文化大革命"。贯穿一个中心问题是中央到底出不出修正主义？出了怎么办？现在已经出了，罗瑞卿是一个，彭真是一个，杨献珍是一个，杨尚昆是一个，田家英、邓拓、廖沫沙也是。他在讲到《中国共产党中央委员会通知》时说：林总① 说，《通知》的后一段，"这些人物，有些已被我们识破了……"这是惊心动魄的一段。中央的《通知》，不仅关系到文化革命问题，而且关系到粉碎睡在我们身边的赫鲁晓夫那样的人物篡党夺权问题。这个文件的通过，不是斗争的结束，而是运动的开始。

5月6日下午，张春桥在"座谈会"上讲话。他从中共八届十中全会讲起，一直讲到1966年，重点也放在1965年11月以后。矛头对着陆定一、周扬、林默涵、邵荃麟，而主要对着彭真和中共北京市委。他在第三部分"姚文② 发表以后"里说道：姚文发表前三天，先请周谷城、周予同、李平心等十几个人提意见。他们对最后一部分（关于政治问题部分），统统反对。我们这时估计到，斗争将是激烈的。文章发表后，反映强烈。除西藏外，全国各地来稿来信达到1万多件。意外的是三件事：（1）范瑾、沙英问"背景"③ ；（2）北京各报都不登，这是谁向谁专政？（3）12月20日决定印小册子，24日印出，北京新华书店不表态。总之，封锁得严严的，姚文进不了北京。不是彭真统一布置，又有谁有这么大的权力，可以这样布置？——事实说明，彭真并未统一布置。

5月7日上午，陈伯达在"座谈会"上讲话。他用"新帐老帐一齐算"的办

---

① 即林彪。

② 指姚文元的《评新编历史剧〈海瑞罢官〉》。

③ 北京日报社范瑾等在姚文发表后曾给文汇报打电话问发表姚文的背景。这本来是正常活动，范瑾等却被强加以"罪名"。

法，着重"揭露"彭真历史上的"问题"。这种办法特别恶劣。按照这种办法，参加革命的时间越长过错越多；加之添油加醋、混淆是非、不容申辩，故意把人搞臭。

这三天的活动显然是精心安排的。这些讲话给了与会者以强烈的印象，使与会者震惊。特别是康生传达的毛泽东的一系列指示，为会议定下了基调。当时全党对毛泽东都有着个人崇拜，上层也只有极少数的例外。在特定的历史条件下，毛泽东的言论"句句是真理"，即使认为不妥也难以抗拒。彭真身为中央政治局委员，稍有抵制，就受到如此的惩罚，这本身就是活生生的例子。

会议的第二项活动是通过《中国共产党中央委员会通知》。5 月 16 日上午，大会通过了这个通知（即《五·一六通知》）。毛泽东多次修改过这个通知。下面的文字出自毛泽东亲笔：

> 撤销原来的"文化革命五人小组"及其办事机构，重新设立文化革命小组，隶属于政治局常委之下。

> ……一大批反党反社会主义的资产阶级代表人物（中央和中央各机关，各省、市、自治区，都有这样一批资产阶级代表人物）……

> 无产阶级对资产阶级斗争，无产阶级对资产阶级专政，无产阶级在上层建筑其中包括在各个文化领域的专政，无产阶级继续清除资产阶级钻在共产党内打着红旗反红旗的代表人物等等，在这些基本问题上，难道能够允许有什么平等吗？几十年以来的老的社会民主党和十几年以来的现代修正主义，从来就不允许无产阶级同资产阶级有什么平等。他们根本否认几千年的人类历史是阶级斗争史，根本否认无产阶级对资产阶级的阶级斗争，根本否认无产阶级对资产阶级的革命和对资产阶级的专政。相反，他们是资产阶级、帝国主义的忠实走狗，同资产阶级、帝国主义一道，坚持资产阶级压迫、剥削无产阶级的思想体系和资本主义的社会制度，反对马克思列宁主义的思想体系和社会主义的社会制度。他们是一群反共、反人民的反革命分子，他们同我们的斗争是你死我活的斗争，丝毫谈不到什么平等。因此，我们对他们的斗争也只能是一场你死我活的斗争，我们对他们的关系绝对不是什么平等的关系，而是一个阶级压迫另一阶级的关系，即无产阶级对资产阶级实行独裁或专政的关系，而不能是什么别的关系，例如所谓平等关系、被剥削阶级同剥削阶级的和平共处关系、仁义道德关系等等。

毛主席经常说，不破不立。破，就是批判，就是革命。破，就要讲道理，讲道理就是立，破字当头，立也就在其中了。

其实，那些支持资产阶级学阀的党内走资本主义道路的当权派，那些钻进党内保护资产阶级学阀的资产阶级代表人物，才是不读书、不看报、不接触群众、什么学问也没有、专靠"武断和以势压人"、窃取党的名义的大党阀。

……绝大多数党委对于这场伟大斗争的领导还很不理解，很不认真，很不得力……

他们对于一切牛鬼蛇神却放手让其出笼，多年来塞满了我们的报纸、广播、刊物、书籍、教科书、讲演、文艺作品、电影、戏剧、曲艺、美术、音乐、舞蹈等等，从不提倡要受无产阶级的领导，从来也不要批准。这一对比，就可以看出，提纲的作者们究竟处在一种什么地位了。

高举无产阶级文化革命的大旗，彻底揭露那批反党反社会主义的所谓"学术权威"的资产阶级反动立场，彻底批判学术界、教育界、新闻界、文艺界、出版界的资产阶级反动思想，夺取在这些文化领域中的领导权。而要做到这一点，必须同时批判混进党里、政府里、军队里和文化领域的各界里的资产阶级代表人物，清洗这些人，有些则要调动他们的职务。尤其不能信用这些人去做领导文化革命的工作，而过去和现在确有很多人是在做这种工作，这是异常危险的。

混进党里、政府里、军队里和各种文化界的资产阶级代表人物，是一批反革命的修正主义分子，一旦时机成熟，他们就会要夺取政权，由无产阶级专政变为资产阶级专政。这些人物，有些已被我们识破了，有些则还没有被识破，有些正在受到我们信用，被培养为我们的接班人，例如赫鲁晓夫那样的人物，他们现正睡在我们的身旁，各级党委必须充分注意这一点。

除此，《五·一六通知》还有以下重要内容："中央决定撤销1966年2月12日批转的《文化革命五人小组关于当前学术讨论的汇报提纲》"。"所谓'五人小组'的汇报提纲，实际上只是彭真同志一个人的汇报提纲，是彭真同志背着'五人小组'成员康生同志和其他同志……盗窃中央的名义，匆匆忙忙发到全党。""提纲特别强调所谓'放'，但是却用偷天换日的手法，根本歪曲了毛泽东同志 1957 年 3 月在党的全国宣传工作会议上所讲的放的方针，抹煞放的阶级内容。""在我们开始反击资产阶级猖狂进攻的时候，提纲的作者们却提出，'在真理面前人人平等'。这个口号是资产阶级的口号。""当前的斗争，是执行还是抗拒毛泽东同志的文化革命的路线的问题。……提纲是企图打着'在毛泽东思想的指导下'这个旗帜作为幌子，开辟一条同毛泽东思想相反的道路，即现代修正主义的道路，也就是资产阶级复辟的道路。""总之，这个提纲是反对把社会主义革命进行到底，反对以毛泽东同志为首的党中央的文化革命路线，打击无产阶级左派，包庇资产阶级右派，为资产阶级复辟作舆论准备。这个提纲是资产阶级思想在党内的反映，是彻头彻尾的修正主义。同这条修正主义路线作斗争，绝对不是一件小事，而是关系我们党和国家的命运，关系我们党和国家的前途，关系我们党和国家将来的面貌，也是关系世界革命的一件头等大事。"

《五·一六通知》是一个很值得认真研究的文献。它说"彭真同志背着'五人小组'成员康生同志和其他同志……盗窃中央的名义"，纯系子虚乌有。它列出十条，一再指出"吴晗《海瑞罢官》的要害是罢官问题"，全面批判了汇报提纲，很像一个"革命大批判"的纲要。它的批判强词夺理，以势压人，无限上纲，实际上是指责。它是一个"左"倾的纲领，但又没有写全一个纲领应该具备的内容，使人有所遵循，而且有些地方语意含混，闪烁其词（如"赫鲁晓夫那样的人物"是含混的，当时人们包括张春桥这样的人都弄不清楚指的是谁[①]），所以又不是一个很完整的纲领。它处处以彭真为对立面，实际上矛头指向中央集体。它反映了毛泽东关于"文化大革命"的主要论点，标志着'文化大革命"的全面发动。《五·一六通知》的制定和通过集中地说明了：社会主义社会阶级斗争理论上的错误急剧发展，个人专断作风和个人崇拜现象严重地损害了党的民主集中制。这就使得党和国家难于制

---

① 张春桥 1967 年 5 月 19 日在上海市革命委员会常委扩大会议上说："运动开始时……对'例如赫鲁晓夫那样的人物……'这一段，我当时就不太理解，只想到彭真，没完全想到刘少奇。"戚本禹 1967 年 4 月 30 日在中直礼堂作报告时说："去年主席提出睡在我们身边的赫鲁晓夫式的人物正被培养为接班人，我们很不理解。"

止"文化大革命"的全面发动。

5月16日，中共中央批转中央工作小组4月30日《关于罗瑞卿同志错误问题的报告》。中央在批语中指出："中央认为，罗瑞卿同志的错误，是用资产阶级军事路线反对无产阶级军事路线的错误，是用修正主义反对马克思列宁主义、毛泽东思想的错误，是反对党中央、反对毛主席、反对林彪同志的错误。是资产阶级个人主义野心家篡军反党的错误。""鉴于罗瑞卿同志的错误极端严重，中央决定停止罗瑞卿同志的中央书记处书记、国务院副总理的职务，以后再提请中央全会决定。"

会议的第三项活动，是林彪5月18日上午在大会讲话。这个讲话曾经是很有名的，人们称之为"五·一八讲话"。林彪的讲话，主要内容有三：（1）大讲"政变"。他以古今中外的大量事例，说明"世界政变成风"，证明毛泽东的正确："现在毛主席注意这个问题，把我们一向不注意的问题提出来了，多次找负责同志谈防止反革命政变问题。"他接着顺水推舟地诬陷彭真、罗瑞卿、陆定一、杨尚昆要搞反革命政变。他说："最近有很多鬼事，鬼现象，要引起注意。可能发生反革命政变，要杀人，要篡夺政权。要搞资产阶级复辟，要把社会主义这一套搞掉。有很多现象，很多材料，我在这里不去详细说了。你们经过反罗瑞卿、反彭真、反陆定一和他老婆，反杨尚昆，可以嗅到一点味道，火药的味道。""他们现在就想杀人，用种种手法杀人。陆定一就是一个，陆定一的老婆就是一个。……罗瑞卿就是一个。彭真手段比他们更隐蔽更狡猾"。毛泽东提出过防止反革命政变的问题，这是不正确的，但他既然作出了完全违反实际的估计，防止政变的发生就不是不可以理解的了。而林彪虚晃一枪，说什么"很多材料，我在这里不去详细说了"，把"防止"改成了彭真等人"要杀人，要篡夺政权！"（2）大讲"反复辟"。他说："有了政权，无产阶级，劳动人民，就有了一切。没有政权，就丧失一切。""永远不要忘记了政权。要念念不忘政权。""我想用自己的习惯语言，政权就是镇压之权。""我们取得政权已经十六年了，我们的无产阶级的政权会不会被颠覆，被篡夺？不注意，就会丧失。"他以大量篇幅讲了"要严重注意资本主义复辟这个重要问题"。显然，这是"以阶级斗争为纲"的极左的发展。（3）大讲毛泽东个人的"天才"。他说："毛主席广泛运用和发展了马克思列宁主义理论，在当代世界上没有第二个人。""毛主席是天才。""毛主席的话，句句是真理，一句超过我们一万句。""毛主席……他的话都是我们行动的准则。谁反对他，全党共诛之，全国共讨之"。林彪讲到这个问题，一套又一套，突出又突出。当时许多人都没有意识到，这是公然践踏集体领导的原则，又是公然破坏党内民主生活，也是公然鼓吹历史唯心主义。

林彪的讲话，不仅为与会的大多数人所接受，而且得到好评。会后不久就在党内传达，并在社会上广为流传，又在党的八届十一中全会上印发。党的八届十一中全会以后的党中央，于 9 月 22 日批转了这一讲话。中央批转时指出："林彪同志 1966 年 5 月 18 日在中央政治局扩大会议上的讲话，是一个极为重要的马克思列宁主义的文件。林彪同志根据毛泽东同志关于社会主义时期阶级和阶级斗争的理论，根据党内两条路线斗争的严重事实，根据国际无产阶级专政的历史教训，特别是苏联赫鲁晓夫修正主义集团篡党、篡政、篡军的教训，对如何巩固无产阶级专政、防止反革命政变、反革命颠覆的问题作了系统的精确的阐述。""林彪同志这个讲话，是活学活用毛泽东思想的典范，是指导无产阶级文化大革命的一个重要文件。"林彪的讲话既为中共中央所充分肯定，它的消极影响就更为广泛。它所宣扬的历史唯心主义和造谣污蔑，曾经蒙骗了许多干部和群众。

会议的第四项活动是彭真、陆定一等作检查。5 月 19 日上午，彭真在大会作检查，讲了约 5 分钟。彭真在检讨中说："至于搞政变、颠覆中央、里通外国等罪恶活动，我连做梦也没有想到。至于我同罗瑞卿、同陆定一有没有反党的联系，请中央审查。"康生说：这个话就是反对《五·一六通知》！《五·一六通知》说："这些人物，有些已被我们识破了……"这段话是毛主席特别加的，是最要害的，是通知的主要内容。林总昨天特别发挥了主席这个思想。你怎么回答呢？你尖锐地同党、同主席、同林总对立。林彪说："其实是做梦也没有忘掉。"如此批判，令人齿冷！5 月 20 日，陆定一作检讨。会前，在每个席位上放了一张林彪亲笔的复印件："叶群是处女。林彪"[①]。散会时由工作人员取走。在庄严的党的会议上，出现如此不伦不类的东西，实在奇特。陆定一的检讨也没有多少内容。他在 1966 年 4 月 18 日就给中央政治局常委、中央政治局、中央书记处写信，声明他不知道严慰冰写匿名信一事。在陆定一检讨后，林彪对陆定一说："天天在想变天，天天在想变天！"如此批判，完全是信口雌黄。据说，林彪会议期间在小组会上问陆定一："你跟你老婆勾结在一起，用写匿名信的办法，长期诬陷叶群同志和我的全家，目的是什

---

① 此处据参加这次会议的刘志坚的回忆。黑雁男在《十年浩劫》（载《人世间》1985 年第 1 期）中的说法与此不同，他说林彪写的是："我证明（一）叶群和我结婚时是纯洁的处女，婚后一贯正派；（二）叶群与王实味根本没有恋爱过；（三）老虎、豆豆是我与叶群的亲生子女；（四）严慰冰的反革命信，所谈的一切全系造谣。林彪 1966 年 5 月 14 日"。

么？讲清楚！"陆定一说："严慰冰写匿名信，我不知道，她既没跟我商量过，也没给我看过，我本人也没有发现过。"林彪并不罢休，又问陆定一："你老婆的事，你会不知道?!"陆定一答："丈夫不知道老婆的事，不是很多吗？"林彪恼羞成怒脱口而出："我恨不得一枪毙了你！"

会议的第五项活动是通过对彭真、罗瑞卿、陆定一、杨尚昆的决定。5月23日上午，会议通过《政治局扩大会议决定》。全文如下："（一）停止彭真同志、陆定一同志、罗瑞卿同志的中央书记处书记的职务，停止杨尚昆同志的中央书记处候补书记的职务，以后提请中央全会追认和决定。（二）撤销彭真同志的北京市委第一书记和市长的职务；撤销陆定一同志的中央宣传部部长的职务。（三）调陶铸同志担任中央书记处常务书记，并兼任中央宣传部部长；调叶剑英同志担任中央书记处书记，并兼任中央军委秘书长。（按：叶剑英是中央军委副主席。中央于1966年1月8日决定：增加陈毅、刘伯承、徐向前、叶剑英为中央军委副主席。）他们的中央书记处书记的职务，以后提请中央全会追认和决定。（四）李雪峰同志兼任北京市委第一书记。（五）上述决定，地方通知到县委以上，军队通知到团级以上。"

5月24日，中共中央发出《关于陆定一同志和杨尚昆同志错误问题的说明》。同日，中央政治局常委决定成立审查委员会，对彭真、罗瑞卿、陆定一、杨尚昆进行专案审查。

会议期间，一些人在大会上或小组会上违心地或不违心地批评了彭真等人，有的同志作了自我批评。对于批判彭真等重大问题，事实上有不同意见，但是没有公开表达不同意见的，浓烈的"左"倾气氛不允许表达不同意见。由于种种原因，会议难于制止"文化大革命"的全面发动——但是会议是十分勉强地接受"文化大革命"的。

对彭真、罗瑞卿、陆定一、杨尚昆的批判和组织处理，是完全错误的。整个批判，具有蛮不讲理、以势压人的特点。批判无非下列四种情形：第一，从"左"倾的观点和个人崇拜的观点出发，把正确的硬说成错误的。对《关于当前学术讨论的汇报提纲》的批判，对反对"突出政治"的批判，对反对把毛泽东言论教条化的批判，都属于这种情形。第二，无中生有，牵强附会。指责罗瑞卿"擅自决定全军大比武"，指责杨尚昆"私设窃听器"，完全于事实不合。根据武断的"他们反对毛主席是共同的"、"他们反对林彪同志是共同的"、"他们篡军反党是共同的"、"他们都是党内的资产阶级当权派"等所谓"理由"，荒诞无稽地把彭真、罗瑞卿、陆定一、杨尚昆打成"反党集团"。第三，把生活问题说成"反革命"，又株连别人。严慰冰写匿名信，不足为法，但是反对的是叶群，讲的是生活问题，根本不是什么"反革命"。断定"陆定一同严慰冰的反革命案件是有密切牵连的"，更属荒唐。第四，所谓"新帐老帐一齐算"。"新帐"、"老帐"本来是不存在的，即使过去有错误也早已改正了。但是任意牵连，铺陈一大片，给人以过错累累的假象，把人搞臭。整个批判集中地说明了党中央政治生活已经很不正常，反映了远非一旦形成的"一言堂"和"一边倒"的弊病。彭真、罗瑞卿、陆定一、杨尚昆都是身负重任的中央领导干部，对他们的错误批判和处理造成极大危害。它证明了中央果然出了"修正主义"，使毛泽东更加相信自己的判断，使全党产生了严重的错觉。

上述是这次会议的情形，下面略说会外的情形。

5 月 4 日，即政治局扩大会议的第一天，《解放军报》发表社论《千万不要忘记阶级斗争》中说："当前在文化战线上开展的大论战，绝不仅仅是几篇文章、几个剧本、几部电影的问题，也不仅仅是什么学术之争，而是一场十分尖锐的阶级斗争，是一场捍卫毛泽东思想的大是大非的斗争，是意识形态领域中无产阶级和资产阶级谁战胜谁的激烈而又长期的斗争。这是现阶段我国社会主义革命深入发展的关键问题，是关系全局的问题，是关系到我们党和国家命运和前途的头等大事，也是关系到世界革命的一件头等大事。"

5 月 8 日，《解放军报》发表署名"高炬"的《向反党反社会主义的黑线开火》，《光明日报》发表何明（即关锋）的《擦亮眼睛辨别真假》。这两篇刊登于头版显著位置的文章，都是批判 4 月 16 日《北京日报》对"三家村"的批判的。报纸批判报纸，引人注目。毛泽东 3 月中旬在中央政治局常委扩大会议上批评了"三家村"。邓拓的《燕山夜话》和用"吴（即吴晗）南（马南即邓拓）星（繁星即廖沫沙）"署名写的《三家村札记》，知识性强，文笔生动，针砭时弊，批评过高指标、瞎指挥、浮夸风，为广大读者所喜爱，不料却被认为"恶毒攻击总路线、大跃进"、"竭力为罢了官的右倾机会主义分子喊冤叫屈"。4 月 16 日，《北京日报》被迫批判"三家村"。它以三个版的篇幅，发表了关于邓拓、吴晗、廖沫沙三人的材料，它和《前线》杂志加了一个批判邓拓、吴晗、廖沫沙的编者按。编者按很不实事求是，把正确说成错误，却被认为是"假批判、真包庇"。中央人民广播电台和新华社当天播发了《北京日报》和《前线》的编者按，当晚新华社奉命通知撤销。高炬的文章说："邓拓是他和吴晗、廖沫沙开设的'三家村'黑店的掌柜，是这一小撮反党反社会主义分子的一个头目。他们把持《前线》、《北京日报》以及《北京晚报》作为反党工具，射出了大量毒箭，猖狂地向党向社会主义进攻。""我们一定不放过你们，一定不会放过一切牛鬼蛇神，一定要向反党反社会主义的黑线开火，把社会主义文化大革命进行到底，不获全胜，决不收兵。"这篇文章以至高无上的口吻，宣判了邓拓、吴晗、廖沫沙和《燕山夜话》、《三家村札记》、《前线》、《北京日报》、《北京晚报》政治上的死刑。① 何明的文章污蔑《前线》、《北京日报》搞了"假批判、真掩护，假斗争、真包庇"，是"宣扬复辟资本主义的工具"。这一天，《解放军报》、《光明日报》还刊登了林杰等人摘编并加按语的长达 2 万字的《邓拓的〈燕山夜话〉是反党反社会主义的黑话》。

5 月 10 日，《解放日报》和《文汇报》同时发表姚文元的长达 2.3 万字的《评"三家村"——〈燕山夜话〉〈三家村札记〉的反动本质》。新华社当天转发，第二天全国报纸转载。（各报社得到通知，转载时错一字唯总编辑是问。）文章竭尽穿凿附会之能事，宣称："在《燕山夜话》和《三家村札记》中，贯穿着一条同《海瑞骂皇帝》《海瑞罢官》一脉相承的反党反人民反社会主义的黑线，诬蔑和攻击以毛泽东同志为首的党中央，攻击党的总路线，极力支持被'罢'了'官'的右倾机会主义分子的翻案进攻，支持封建势力和资本主义势力的猖狂进攻。""凡是反对毛泽东思想的，凡是阻碍社会主义革命前进的，凡是同中国和世界革命人民利益相敌对的，不管是'大师'，是'权威'，是三家村或四家村，不管多么有名，多么有地位，是受到什么人指使，受到什么人支持，受到什么人吹捧，全都揭露出来，批判它们，踏倒它们。"文章还说：要挖出"最深的根子"。

5 月 11 日，《红旗》杂志发表戚本禹的《评〈前线〉〈北京日报〉的资产阶级立场》。5 月 14 日，《人民日报》发表林杰的《揭破邓拓的反党反社会主义的面目》。

这些文章的特点是：第一，来势汹汹，咄咄逼人，火药味浓烈。如果说《评新编历史剧〈海瑞罢官〉》只是隐伏着一派杀机，这时锋芒已经露出。这些文章使人们感到它们都是有来头的，是有计划发表的，一场大的政治风暴即将到来。第二，断章取义，穿凿附会，指鹿为马，颠倒黑白，陷人于罪，不容争辩。第三，还是在捍卫"大跃进"问题上做文章。要把对"大跃进"有过不同意见的人一棍子打死，

---

① 参见《反革命发起夺权攻势的一枚信号弹——批判高炬的〈向反党反社会主义的黑线开火〉》，载 1979 年 2 月 22 日《解放军报》。

曲折地说明了"大跃进"与"文化大革命"有着内在的联系。第四，直接配合林彪、康生等人在政治局扩大会议上的进攻，矛头归根结底指向中央集体。

5月14日，中共中央华北局派出的工作组进入中共北京市委，协助市委开展"文化大革命"。

5月18日凌晨，邓拓宁为玉碎，不为瓦全，离开了人间，以死表示了他的抗争。在解放战争时期，他主持编辑出版了中国革命出版史上第一部《毛泽东选集》，建国后曾任《人民日报》总编辑、社长，中华全国新闻工作者协会主席、中共中央华北局候补书记、中共北京市委书记、中国科学院哲学社会科学部委员，是卓越的马克思主义宣传家、历史学家、新闻学家、诗人、杂文家、书法家。他作为一位忠诚的共产党人，在临终前写下的遗书中，发出了披肝沥胆的呼喊："……文章的含意究竟如何，我希望组织上指定若干人再做一番考核。《燕山夜话》和《三家村札记》中，我写的文章合计171篇，有问题的是多少篇？是什么性质的问题？我相信这是客观存在，一定会搞清楚的……""只要对党对革命事业有利，我个人无论经受任何痛苦和牺牲，我都心甘情愿。过去是这样，现在是这样，永远是这样。""我的这一颗心，永远是向着敬爱的党、向着敬爱的毛主席。我在离开你们的时候，让我们再一次高呼：伟大、光荣、正确的中国共产党万岁！我们敬爱的领袖毛主席万岁！伟大的毛泽东思想胜利万岁！社会主义和共产主义的伟大事业在全世界的胜利万岁！"

5月23日，田家英悲愤地离开了人间，终年44岁。强加给他的主要罪名是"一贯右倾"等，要他搬出中南海。① 田家英1938年加入中国共产党，历任毛泽东的秘书、中华人民共和国的主席办公厅副主任、中共中央政治研究室副主任等职，参加过《毛泽东选集》1—4卷和毛泽东其他著作的编辑、注释和出版工作。

5月25日，总政治部下发《关于执行中央5月16日通知的通知》，指出"文化大革命"运动要在各级党委领导下进行，只在"五界"（学术界、教育界、新闻界、文艺界、出版界）中开展，规定在报刊上和在内部点名批判都要经过批准。

《五·一六通知》规定"重新设立文化革命小组，隶属于政治局常委之下"。为了成立这个小组，中央要求中央党、政、军领导机关和各中央局提出适当人选（主要在主管宣传、文化工作的领导干部中考虑）。中央机关提出了陈伯达、康生、江

---

① 详见《文摘周报》1988年4月29日所载田家英夫人董边的信。

青、王力、关锋、戚本禹、穆欣、尹达，中南局提出了王任重，华东局提出了张春桥、姚文元，军队系统叶剑英提名刘志坚、谢镗忠。5月28日，中共中央发出关于中央文化革命小组名单的通知。全文如下：

中央决定设立中央文化革命小组，隶属于政治局常委领导。现将中央文化革命小组名单通知你们。

组长：陈伯达

顾问：康生

副组长：江青、王任重、刘志坚、张春桥

组员：谢镗忠、尹达、王力、关锋、戚本禹、穆欣、姚文元。

华北、东北、西北、西南四大区参加的成员（四人）①

确定后，另行通知。

8月2日，中共中央通知：陶铸兼任中央文革小组顾问。8月30日，中共中央通知："陈伯达同志因病经中央批准休息。在陈伯达同志病假期间或今后离京外出工作期间，他所担任的中央文化革命小组组长职务，由第一副组长江青同志代理。"

成立隶属于中央政治局常委的中央文革小组，本质上是夺了中央政治局、中央书记处领导"文化大革命"的权力。②中共八届十一中全会通过的中共中央《关于无产阶级文化大革命的决定》又规定它为"无产阶级文化革命的权力机构"，更肯定了这种夺权，使它得以取代中央政治局和中央书记处。尹达6月间就被原单位（中国科学院哲学社会科学部）造反派揪走，陈伯达7月30日在中国科学院辩论大会上说他是"保皇派"，他最早离开了中央文革小组。陶铸、王任重、刘志坚、谢镗忠、穆欣受到迫害而离开了这个小组。陈伯达虽然身为组长，并无实权，唯江青马首是瞻。江青、张春桥等人控制了中央文革小组。这个小组掌握了中央的很大部分权力，利用和助长"左"倾错误，残酷迫害广大干部和群众，成为极大的祸害。

---

① 华北局、东北局、西北局、西南局报得较晚。华北局提出了郭影秋（中共北京市委文教书记），东北局提出了郑季翘（中共吉林省委文教书记），西北局提出了杨植霖（中共青海省委第一书记），西南局提出了刘文珍（西南局宣传部部长）。中央未确定他们四人为中央文革小组成员。

② 戚本禹1966年7月28日与几个学院和育英中学的学生谈话，明确指出各校成立文革小组之类的组织是"夺领导权"。

二　中央第一线与毛泽东的分歧

5月，中央政治局扩大会议没有也绝不可能真正统一思想。《五·一六通知》既是批判彭真的，又是批判中央第一线的，中央第一线的同志当然会清醒地意识到这一点。《五·一六通知》笼而统之，大而化之，没有方针、步骤、要求、政策界限，可以有不同的理解，难于贯彻执行。这样，《五·一六通知》通过和下达以后，首先在党中央内部开始出现复杂而混乱的情况。

基本事实是：毛泽东确认中央出了修正主义，有反革命政变发生的可能，不仅彭真、罗瑞卿、陆定一、杨尚昆有严重问题，而且中央第一线有严重问题，种种问题的根子就在中央第一线；既然出现了非常事态，就要非常地发动群众，在全党全国横扫牛鬼蛇神。毛泽东既要搞掉中央第一线，又要彻底改变社会面貌，建设他所憧憬的社会主义，就觉得唯有诉诸群众，唯有大乱一场。他要在有生之年，排除万难，把中国搞好，使中国永远保持鲜艳的红色，他也就极大地发展了马克思列宁主义，为世界人民作出了贡献。他觉得凭他的威望，依靠中国人民解放军，他可以达到目的。他对自己的主意没有想得很清楚，不可能想得很清楚，甚至觉得不必想得很清楚，因为他历来认为阶级斗争只能因势利导。他的意图，除了讲出的而外，若干问题不能公开讲出，若干问题讲不清楚。他先后给江青、康生、林彪交过"底"[1]，估计要言不烦，未必是长篇大论。刘少奇、邓小平等中央领导人，深深感到党内生活极不正常了，无可奈何。他们不了解毛泽东的真实意图，也不理解、不同意毛泽东的若干言论，又不得不实施领导，处于矛盾、惶惑之中，因而除加强集体领导外，凡重大问题都请示毛泽东。他们认为"文化大革命"必须在党的领导下进行，不要党的领导对他们说来是不可想象的，他们设想通过"文化大革命"解决干部脱离群众问题和文化领域的若干问题。他们以为，彭真、罗瑞卿、陆定一、杨尚昆已经受到错误的批判和处理，大的风浪或许已经过去，将来有机会还可以为彭、罗、陆、杨作解脱。江青、康生等人知"底"，怀着天将降大任于他们的喜悦

---

[1] 林彪1967年5月在毛泽东与外宾谈话时插话说："有人说毛泽东同志就是拉一派打一派，现在中央领导同志凡是在群众中有威信的，全是毛主席事先将文化大革命的底交给他们了，所以他们未犯错误。"

心情，抱着"舍我其谁"的志向，唯恐天下不乱。基于对现实状况的估计、运动目标的设想、打击对象的确定等的不同，中央实际上存在两个不同的方针：毛泽东的"天下大乱"的方针和中央第一线的坚持党的领导、有领导有计划有秩序地开展运动的方针。这样就形成了"支持革命"和"压制革命"的斗争。

6月30日，刘少奇、邓小平给毛泽东送去《中共中央、国务院关于工业交通企业和基本建设单位如何开展文化大革命运动的通知》稿，并在致毛泽东信中说明了这个通知的基本点："在文化革命运动的部署方面，重点放在文化教育部门、党政机关。对于工业交通、基建、商业、医院等基层单位，仍按原定的四清部署和二十三条结合文化大革命进行（上海正在进行四清的40万职工的企业，决定用以文化革命运动为中心的方法进行，我们已答复同意，看看他们的经验如何，再行推广）。"又说："这是一个重要的决定，请主席考虑决定。"7月2日，毛泽东复信表示同意。当日，下发了这个通知。7月22日，中共中央、国务院又发出《关于工交企业和基本建设单位如何开展文化大革命运动的补充通知》，再次指出："这次文化大革命的重点是文教部门和党政机关。""在县以下单位、基本建设单位、设计单位以及科研单位，应把文化大革命和四清结合起来，分期分批进行。"

全党对"彭、罗、陆、杨"事件的发生感到骇然。在个人崇拜盛行、不可能不听信种种造谣污蔑的情况下，对彭、罗、陆、杨愤恨，既深感毛泽东、林彪揭露了他们的英明、伟大，又深感反对修正主义、防止资本主义复辟的极端重要。在那种历史条件下，全党拥护《五·一六通知》，也绝不可能不拥护。在《五·一六通知》、林彪"五·一八"讲话和姚文元、高炬、何明等人的文章的直接影响下，在康生、曹轶欧的支持下，北京大学哲学系聂元梓、宋一秀、夏剑豸、杨克明、赵正义、高云鹏、李醒尘[①] 5月25日下午2时在北京大学贴出一张题为《宋硕、陆平、彭佩云在文化革命中究竟干些什么?》的大字报。大字报尖锐地指责了陆平（北京大学校长、党委书记）、宋硕（北京市委大学部副部长）、彭佩云（北京市委大学部干部、北京大学党委副书记）的如下言论：现在运动"急切需要加强领导，要求学校党组织加强领导，坚守岗位"；"群众起来了，要引导到正确的道路上去"；"这是一场意识形态的斗争"，"必须从理论上彻底驳倒反党反社会主义的言论"，"坚持讲道理"，

---

① 除聂元梓以外的6人，后来都改变了与聂元梓合作的关系，其中杨克明、李醒尘最早与聂元梓分道扬镳。

大动乱的年代（1966—1976）

"要作的细致"。大字报说："打倒修正主义的种种控制和一切阴谋鬼计，坚决、彻底、干净、全部地消灭一切牛鬼蛇神、一切赫鲁晓夫式的反革命的修正主义分子"。这张大字报是在聂元梓的组织下写成的。聂元梓，河南滑县人，1921 年生。1938 年加入共产党。1963 年调入北京大学，1964 年任哲学系党总支书记，时年 42，是行政 12 级干部。陆平说过："此人一贯'左'得可爱。"① 邓拓说她是"害群之马"②。

在聂元梓等人的大字报贴出以前，周恩来明确指示过：北大有几十个国家的留学生，搞运动一定要慎重，一定要注意内外有别。③ 在大字报贴出以后，大字报受到了北大广大学生和教职员工的普遍反对，反对的大字报很多；好几百人质问聂元梓为什么要贴反对党委的大字报。当晚，李雪峰到北大讲话，指出，党有党纪，国有国法，要遵守纪律，内外有别。他说："我们惊动你们，但你们也惊动了我们。你们贴出了大字报"，"斗争要有组织纪律，不要弄得乱七八糟"，"大小字报内外要分开，国内外党内外要分开"。翌日，周恩来派张彦到北大，强调指出贴大字报要严格遵守内外有别的原则，实际上是批评了聂元梓等人的做法。④ 而曹轶欧派人要走了大字报底稿，康生把它密报给在杭州的毛泽东。

5 月 30 日，刘少奇、周恩来、邓小平给毛泽东写信请示："拟组织临时工作组，在陈伯达同志直接领导下，到报馆（按指人民日报社）掌握报纸的每天版面，同时指导新华社和广播电台的对外新闻。"毛泽东当日批示："同意这样做。"5 月 31 日，陈伯达率临时工作组进驻人民日报社。6 月 1 日，《人民日报》发表陈伯达授意和审定的社论《横扫一切牛鬼蛇神》。社论初稿的题目是《再接再厉，把无产阶级文化大革命进行到底》，陈伯达审定时改为《横扫一切牛鬼蛇神》。这篇社论给人印象最深的，就是它的标题。社论要求"横扫盘踞在思想文化阵地上的大量牛鬼蛇神……把所谓资产阶级的'专家'、'学者'、'权威'、'祖师爷'打得落花流水，使他们威风扫地"，并且号召"彻底破除几千年来一切剥削阶级所造成的毒害人民的旧思想、旧文化、旧风俗、旧习惯"。总的看来，这篇社论说的是思想文化领域的"文化大革命"，它号召"横扫"的是思想文化界的"一切牛鬼蛇神"。从发表《横扫一切牛鬼蛇神》起，《人民日报》连续发表了几篇社论，把《五·一六通知》的

---

① 《为了忘却的回忆——访北京大学前校长陆平》，载《中国青年》1986 年第 4 期。

② 转引自《忆邓拓》一书所收《战斗在思想理论战线的最前线——悼邓拓同志》一文。

③ 转引自《为了忘却的回忆——访北京大学前校长陆平》，载《中国青年》1986 年第 4 期。

④ 这一史料据《名人传记》1986 年第 6 期所载艾群《乱世狂女——聂元梓》。

精神和林彪"五·一八"讲话的若干内容捅向全国。

6月1日晚，中央人民广播电台全文广播了聂元梓等人的大字报，全国为之震动。毛泽东1967年2月3日同卡博·巴卢库谈话时说：聂元梓等人的大字报，"到6月1日中午我才看到，我就打电话给康生、陈伯达，我说要广播"。毛泽东为什么要专断地支持造反大字报呢？他要天下大乱。他在6月1日对聂元梓等人的大字报写了批语："此文可以由新华社全文广播，在全国各报刊发表，十分必要。北京大学这个反动堡垒从此可以开始打破。"很可能，6月1日下午4时从杭州传给康生、陈伯达的，就是这个批语。广播这张大字报不仅使北大师生感到意外，就连中共中央政治局委员、国务院副总理陈毅也感到意外非常。他去询问周恩来，这么大的举动为什么事先不给个通知？周恩来说："我也是在临近广播前才接到康生的电话，通知今晚由中央台向全国播出。"而康生6月2日在北大30楼和32楼之间的空场上，向师生讲演："大字报一广播，聂元梓解放了，我也解放了！"聂元梓同她的伙伴弹冠相庆，北大广大师生不了解背景，愤愤不平。

6月2日，《人民日报》以《北京大学七同志一张大字报揭穿一个大阴谋》为题，全文刊登这张大字报，并配发了评论员文章《欢呼北大的一张大字报》。评论员文章把无可非议的"加强领导"说成"负隅顽抗"，把不可指责的"坚守岗位"说成"'坚守'的是他们多年来一直盘踞的反动堡垒"，如此等等。评论员文章武断地宣称："为陆平、彭佩云等人多年把持的北京大学，是'三家村'黑帮的一个重要据点，是他们反党反社会主义的顽固堡垒。""你们的'党'不是真共产党，而是假共产党，是修正主义的'党'。你们的'组织'就是反党集团。你们的纪律就是对无产阶级革命派实行残酷无情的打击。"文章又语意双关地说："凡是反对毛主席，反对毛泽东思想，反对毛主席和党中央的指示的，不论他们打着什么旗号，不管他们有多高的职位、多老的资格，他们实际上是代表了被打倒了的剥削阶级的利益，全国人民都会起来反对他们，把他们打倒，把他们的黑帮、黑组织、黑纪律彻底摧毁。"6月2日《人民日报》又发表社论《触及人们灵魂的大革命》，社论说："你是真赞成社会主义革命，还是假赞成社会主义革命，还是反对社会主义革命，必然要在怎样对待无产阶级文化革命这个问题表现出来。"6月3日，《人民日报》发表社论《夺取资产阶级霸占的史学阵地》，社论说："无产阶级文化大革命，猛烈地冲击着意识形态各个领域里的反动堡垒，也猛烈地冲击着史学界的反动堡垒。"6月4日，《人民日报》刊载新华社6月3日电讯："中共中央决定：由中共中央华北局第一书记李

大动乱的年代（1966—1976）

雪峰同志兼任北京市委第一书记，调中共吉林省委第一书记吴德同志任北京市委第二书记，对北京市委进行改组。李雪峰、吴德两同志业已到职工作。北京市的社会主义文化大革命的工作，由新市委直接领导。"同日又刊载新华社 6 月 3 日电讯《北京新市委决定改组北京大学党委》："中共新改组的北京市委决定：（一）派以张承先为首的工作组到北京大学对社会主义文化大革命进行领导；（二）撤销中共北大党委书记陆平、副书记彭佩云的一切职务，并对北京大学党委进行改组；（三）在北京大学党委改组期间，由工作组代行党委的职权。"（这个电讯的送审稿经毛泽东阅过，他表示同意。）为了配合这两条重要消息的发表，《人民日报》6 月 4 日发表社论《毛泽东思想的新胜利》。社论说："前北京市委的领导，贯穿着一条反党反社会主义的黑线。前北京市委的一些主要负责人，并不是马克思主义者，而是修正主义者。"6 月 4 日，《人民日报》又发表社论《撕掉资产阶级"自由、平等、博爱"的遮羞布》，批判了《关于当前学术讨论的汇报提纲》。6 月 5 日，《人民日报》发表社论《做无产阶级革命派，还是做资产阶级保皇派？》。社论说："陆平等这一小撮保皇党，拼命抵制和破坏社会主义教育运动。……他们对一批积极分子进行的这种残酷斗争，竟长达 7 个月之久。这是 1965 年发生的一个极端严重的反革命事件。"这里所说的"积极分子"，就是包括聂元梓在内的、在四清中否定北大校党委的积极分子。"残酷斗争"云云，都是夸大其词。6 月 6 日，《解放军报》发表《高举毛泽东思想伟大红旗把无产阶级文化大革命进行到底——关于文化大革命的宣传教育要点》。《人民日报》同日转载。6 月 7 日，《人民日报》刊登新华社 6 月 6 日发布的中共北京市委 5 月 25 日的决定和 6 月 3 日的决定。中央北京市委 5 月 25 日决定："（一）撤销《北京日报》《北京晚报》原来的编委会；撤销范瑾的社长职务。（二）成立新的《北京日报》《北京晚报》编委会，领导《北京日报》《北京晚报》的工作。新的编委会由翟向东、吴象、林青等七同志组成，翟向东任总编辑，吴象、林青任副总编辑。（三）撤销《前线》编委会，《前线》暂时停刊，进行整顿。"中共北京市委 6 月 3 日决定："撤销北京市委大学科学工作部副部长宋硕的一切职务。"

　　6 月 1 日以来发生的一切，惊心动魄。影响最大的，是中央电台和报纸肯定了聂元梓等人的造反大字报。《欢呼北大的一张大字报》号召造党委的反，号召彻底摧毁"黑帮、黑组织、黑纪律"，十分引人注目。康生 1966 年 9 月 8 日在人民大会堂接见来京串连者时说："这张大字报不仅是揭开了北大文化大革命的火焰（按：原话如此），而是点起了全国文化大革命的火种。"聂元梓 1966 年 8 月 2 日在中共八届十一中全会华北组会议上说："毛主席在全国公布了这张革命的大字报。这天北京大学爆炸了！北京城爆炸了！全国也爆炸了！一场无产阶级文化大革命进入了高潮。"毛泽东1966年10月25日在中央工作会议上说："一张大字报（北大的大字报）一广播，就全国轰动了。"

学校的动乱，就是在6月1日晚以后出现的。各地少数青年学生在上述一系列事件的直接影响下，响应号召，起来造反。造反者总的说来虽是少数，但是有恃无恐。个别学校还不一定是少数，如西安交大师生员工6月2日贴出了大字报万余张，矛头主要针对校党委。反对学校党委或党支部，批判专家、学者、权威，这些"革命行动"在高等学校中普遍发生，波及一些中等学校，不几日就使许多学校的领导和教学工作瘫痪或基本瘫痪。运动的情况一天比一天恶化，斗争的方式越来越出格。继北大"揪出"陆平之后，南京大学"揪出"了匡亚明，上海音乐学院"揪出"了贺绿汀……无数悲剧迅速拉开了帷幕。

在非常情况之下，工作组问题随之而来。6月初，刘少奇主持的中央会议①，作出了向大、中学校派出工作组的决定。这个决定是与会者一致作出的，不是一两个人专断作出的。派出工作组的依据是：第一，大、中学校领导已经瘫痪或将要瘫痪，情况混乱。这是最现实的情况。为了坚持党的领导，工作组非派不可。与会者纷纷说："原学校领导不起作用了，谁来代替党的领导？工作组就代表党的领导，只有派工作组。""派工作组要快，要像消防队救火一样快。"第二，广大师生员工要求派工作组。如北京各校向北京新市委要求派工作组。工作组去时，学生很欢迎，敲锣打鼓。第三，有例可援。毛泽东批准了派工作组进驻人民日报社和北大。第四，派工作组是传统的、惯常使用的工作方式。尚未结束的四清运动中派出了数以万计的工作队。以上四点，主要是第一点，客观情势决定了非马上派出工作组不可。6月3日的中央政治局常委扩大会议，作出了"八条规定"，大意是：内外有别；大字报不要上街；开会要在校内开，不要开大规模的声讨会，不要在校外开，不要上街游行示威；不要串连；不要包围黑帮住宅；防止坏人破坏；注意保密。派工作组和"八条规定"的实质是：有领导地、有限制地、有秩序地开展运动。八条没有形成成文的指示，口头传达下去。这一期间，毛泽东在杭州②。刘少奇多次给毛泽东

---

① 那时中央经常开会，有时叫中央政治局常委扩大会议，有时叫文化革命情况汇报会。

② 毛泽东在1966年7月18日回北京以前，在外地的时间在八个月以上。

打电话请示汇报，没有得到明确的回复。约在 6 月 4 日，刘少奇、邓小平乘专机去杭州向毛泽东汇报情况，并请毛泽东回京主持工作，毛泽东委托刘少奇相机处理运动问题。

北京先后派出工作组员近万人。全国各大城市，除极少数者外，都派出了工作组。上海对 29 所大学和 11 所半工半读大学派出了工作组，对中学派出了 160 几个工作组；未派工作组的，派出了联络员。

工作组的工作，注定了要遇到莫大的困难。有了《五·一六通知》，《五·一六通知》讲清楚了一些问题，又没有讲清楚许多问题，没有讲清楚什么叫"毛泽东同志为首的党中央的文化革命路线"，什么叫"无产阶级左派"，什么叫"资产阶级代表人物"、"反革命的修正主义分子"、"反党反社会主义的所谓'学术权威'"，没有讲清楚怎么开展"文化大革命"。除"八条规定"外，毛泽东和中共中央对如何开展"文化大革命"都没有什么明确指示。学生们中已有拥护和反对党委或党支部的两种观点，意见分歧，争论激烈，思想混乱，情绪激昂。中央报刊鼓动造反，但不讲如何开展"文化大革命"。工作组员来自四面八方，仓促上阵，既不熟悉学校和知识分子，也不理解"文化大革命"，认识各各不一。有一个重大问题工作组是明确的，就是要坚持党的领导，按"八条规定"办事。有一件事是工作组不敢忽略的，就是"放手发动群众"。工作组努力使二者一致起来，实际上常常是不可调和的。中央第一线与毛泽东在指导思想上存在分歧，又注定了工作组要犯"错误"。

工作组进校之后，既受到了大多数师生员工的欢迎，又受到了少数人的反对。大多数人或者由于长期接受党的教育，或者由于吸取了 1957 年"右派"倒霉的教训，不反对学校党委或党支部，拥护工作组。当时许多人未必对党委或党支部没有意见（有意见是很正常的），但是或者认为党委或党支部总的还是好的，或者估计到这一回很可能又是"引蛇出洞"，迟早要再来一次"反右派"，所以不愿或不敢反对党委或党支部。工作组是上级党组织派来的，不少是或明或暗地在不同的程度上维护党委或党支部的，所以人们也就拥护工作组。能量很大的少数造反者，认为他们的造反行动是无可非议的，他们或迟或早地觉察到工作组的政治倾向，又对"八条规定"之类的制约不满，因而或迟或早地反对工作组。拥护工作组者和反对工作组者之间的尖锐斗争迅速展开。拥护工作组者仗着人多势众，反对工作组者仗着《人民日报》社论的支持，各不相让。他们双方都引用毛泽东语录，证明自己的正确。他们也有一致的地方，那就是批斗"反动的'学术权威'"和不包括当权者在内的"牛鬼蛇神"。工作组自然地站在拥护工作组的一边，压制或者打击（甚至过重地打击）反对工作组者，犹如火上加油，反对工作组者就更加反对工作组。反对工作组者有"尚方宝剑"，人少、受压而毫无畏惧。中央报刊不间断地鼓动造反，使造反者扬眉吐气。工作组和大多数人指望中央会判明造党的领导的反者是错误的，这一天却不到来，他们越来越觉得不可理解。造反者对大多数人无可奈何，就把一切怨恨倾泻于工作组，他们甚至驱赶工作组。生活是复杂的，实际的情况比这里说明的要复杂得多。

一个又一个事件发生了，千言万语难以尽述。举例略说如下：

上海发生了所谓"围攻少数派"的事件。6 月 2 日至 3 日，上海同济、交大、复旦、科大等高等学校，纷纷贴出大字报，揭发党委和党委书记的"问题"。绝大部分党员和党外群众，认为党委基本上是正确的，不同意贴这种大字报，发生争论。这就是所谓"围攻少数派"的事件。

上海华东师范大学发生了"六·三"事件。华东师大 6 月 2 日召开声援北大聂元梓的大会，党委书记姚力在大会上讲话，他说："过去我们没有提倡大字报，以后大字报可以贴在室内。""不要放弃必要的业务学习。"少数人对姚力的讲话不满。6 月 3 日，物理系三年级 11 个同学贴出《姚力的居心何在？》的大字报，公然要揪党委领导人中的"黑帮"。教育、外语、地理、历史等系相继贴出类似的大字报。

北京邮电学院发生了驱赶工作组的事件。造反者 6 月 4 日因工作组保护院党委而赶走了进院才 4 天的工作组。新的工作组进院，不到 4 天，又要被赶。工交政治部副主任陶鲁笳 13 日到北邮讲话，说明工作组是革命的。造反者给陶鲁笳贴出一批大字报。

西安交大发生了"六·六"事件。6 月 3 日工作组进校。学生们的注意力集中在校党委，对批判"三家村"不积极，工作组加以引导，学生们不满。工作组接受学生们的意见，决定集中力量搞校党委，省委批准了工作组的决定。6 月 5 日上午，工作组根据西北局的指示，通过广播向全校师生讲话，主要内容：运动的矛头针对校党委；校党委是黑线还是红线可以讨论；试办文化革命委员会。学生们对这个讲话不满，对工作组成员不放心，纷纷发电报给中共中央和毛泽东，要求中央派工作组来交大。工作组打电话给电报局，查问电报内容，学生的不满更为强烈。6 月 6 日，学生们要赶走工作组，并贴出认为省委有黑帮的大字报。几十个学生分别到西北局、省委、新华分社、陕西日报社提出省委工作组有黑线、省委有黑线等问题，并到电报大楼贴大字报。西北局办公厅副主任明确宣布：西北局是中央代表机关，陕西省委是西北局领导的，是正确的，省委工作组是革命的。他们要擦亮眼睛，辨别真假，不要上当。6 日晚，工作组开会，认为漂上来一批"闹事"的"尖子"，出笼一批牛鬼蛇神，要组织队伍追根子。这就是"六·六"事件。事件发生后，刘少奇、陶铸要人民日报社写一篇社论揭露"假左派、真反革命"，陈伯达不同意。7、8、9 日三天，全校各系对"尖子"开了大小斗争会，并把学生李世英等人戴上高帽子游校。9 日中午，李世英自杀，未遂。后来，毛泽东称李世英为"学生领袖"。

北京大学发生了"关门"事件。6 月 1 日以后，北大校园熙熙攘攘，比王府井还要热闹，6 月 7 日，工作组组长张承先规定：校外人员不得自由出入北大校门。北大校门口贴出公告，大意是：凡校外单位声援的代表或队伍，一律在学校门口接待室接待，请不要进入学校内部。校内大字报正在整理，暂停开放。造反者对此大为不满。后来毛泽东对此作了严厉批评。

清华大学发生了"六·七"事件。6 月 7 日，清华造反者贴出大字报反对蒋南翔和校党委。绝大多数党员和党外群众（约 1 万人）愤慨，与造反者（约 700 人）辩论。北大造反者不顾工作组的劝阻，到清华支持造反者"揭露"蒋南翔在北大历史系半工半读班开学典礼上颂扬邓拓的"罪行"，又引起清华学生与他们的辩论。清华派人把北大造反者护送出校，又被说成"押送"出校。6 月 10 日，中共中央书记处决定高教部部长、清华大学校长兼党委书记蒋南翔停职反省。清华造反者欢呼雀跃，广大党员和党外群众大惑不解。

6 月 12 日，南京大学造反者举行大会揪斗了校党委书记兼校长匡亚明，污蔑他是"镇压群众运动的刽子手"，工作队、广大党员和党外群众不满。根据康生的意见，《新华日报》6 月 13 日对这次大会作了肯定的报道。广大群众包围了新华日报社，加以斥责，南大校内则开展了关于《新华日报》报道的大辩论。根据中央文化革命小组的意见，中共江苏省委作出了撤销匡亚明一切职务的决定。工作队员感到"风波频起，枝节横生，局势难以控制"，"左右为难"。6 月 16 日，《人民日报》发表社论《放手发动群众彻底打倒反革命黑帮》。社论混淆是非和敌我，欢呼"揪出了反党反社会主义的反革命分子匡亚明"，欢呼"改组共青团北京市委"，高度赞扬"罢了那些反党反社会主义分子的官"，声称"文化大革命""对于那些被资产阶级代表人物篡夺了领导权的部门和单位来说，是一个夺权的斗争"，号召"把一切牛鬼蛇神统统揪出来，把他们斗臭、斗垮、斗倒"。匡亚明是 1926 年入党的老干部，转瞬间由被撤职变为被定为"反革命分子"，广大干部和群众当然难以理解。

北京大学发生了"六·一八"事件。6月18日上午9时至11对，全体工作组员正在开会时，化学系、生物系、东语系、西语系、中文系、无线电系等单位发生乱斗现象。40多名校系干部和教授、学者被带上"斗鬼台"，揪上去，轰下来，挂牌子、抹黑脸、戴高帽、扣字纸篓、搞"喷气式"、游斗，个别女性被斗者遭到猥亵污辱。工作组闻讯后赶到现场，予以制止。下午以系为单位召开全体师生员工大会，工作组指出事件的"阶级斗争的本质"，号召大家警惕。当晚10时又召开全体师生员工大会，由张承先讲话，表示工作组坚定地支持真正左派的革命行动，明确指出避开工作组乱打乱斗的做法是有害于革命运动的行为，这种做法会被而且已被坏人利用，今天事件的发生本身就是一场复杂的阶级斗争。绝大多数师生员工同意工作组的看法，聂元梓则认为"六·一八"事件是革命行动。工作组将此事件写成《北京大学文化革命简报》（第9号）。刘少奇20日批准转发这一期简报，中共中央批语全文是："现将北京大学文化革命简报（第9号）发给你们。中央认为北大工作组处理乱斗现象的办法，是正确的，及时的。各单位如果发生这种现象，都可参照北大的办法处理。"在武汉的毛泽东，认为"六·一八"事件不是反革命事件，而是革命事件。这一信息传给了江青、陈伯达。7月23日，陈伯达在北大群众大会上说："我们的意见是，说'六·一八'是反革命事件①是不对的，是错误的。"7月26日，江青在北大群众大会上说："有同学问：'六·一八'事件是什么事件？陈伯达同志已经代表我们说了，'六·一八'事件是革命事件！"

北京地质学院发生了"六·二〇"事件。6月20日凌晨，地质学院党委常委李×和一些干部、教师上书党中央、国务院，指责工作组压制群众运动，提出"夺回我院无产阶级文化大革命领导权"的口号。党委常委站出来公开指责工作组，十分罕见，为造反者所欢迎。造反者举行了支持他们的示威游行，多数党员和党外群众不以为然。陶鲁笳、何长工（地质部副部长兼党委书记）指示工作组"要沉着顶住"。6月21日，何长工、胥光义（地质部副部长）、李人林（工交政治部副主任）到地院讲话，批评少数人闹事、围攻工作组，指出工作组是革命的。拥护党委和工作组的一派也示威游行。这在当时被造反者叫作"六·二一反扑"。

北京师范大学也发生了"六·二〇"事件。6月20日晨，谭厚兰等17人贴出

---

① 北大工作组从未说过"六·一八"事件是反革命事件。

大动乱的年代（1966—1976）

大字报《孙友余把运动引向何方？》，反对工作组长孙友余。又有3人贴出大字报《郭影秋你是什么人？》，就北京卫戍部队准备在暑假中暂住人民大学一事质问郭影秋此举是否彭真的阴谋。[①] 孙友余作广播讲话，澄清了事实，批评了错误意见，认为反对工作组就是反对新市委，也就是反对党中央，提出了"反对干扰"的意见。中午，又有人贴出了《孙友余为何如此恐慌？》的大字报，继续反对工作组。晚上，北京新市委武振声、袁智平代表新市委接见北师大师生，作了三点指示，即要求"信任工作组，支持工作组，帮助工作组"。此后，有少数反工作组的学生受到批评，有的甚至受到批判斗争。7月12日，中央文革小组派曹轶欧等人到北师大调查"六·二〇"等事件。7月13日，中央文革小组严厉指责孙友余，要求他向北师大全体师生员工作检查。孙友余拒绝检查。7月16日，中央文革小组撤销孙友余的工作组组长职务。7月21日，签名要求留下孙友余者达3000多人。

清华大学发生了"六·二一"事件。20岁的学生蒯大富6月21日在一张大字报上写下批语："革命的首要问题是夺权斗争，从前权在校党委手里，我们和他们斗，把它夺过来了。现在，权在工作组手里，那我们每个革命左派就应该考虑，这个权是否代表我们，代表我们则拥护，不代表我们，则再夺权。"蒯大富在前几天就提出要赶走工作组，薄一波（国务院副总理、工交党委第一书记、国家经委主任）6月19日去清华曾耐心帮助蒯大富，蒯大富与薄一波进行辩论。21日，这一天参加清华工作组的王光美明确指出：蒯大富要夺权。薄一波打电话给工作组指示反击。6月24日，清华造反者在工作组召开的声讨会上批判工作组。工作组组长叶林讲话，给以批驳，指出：蒯大富要向工作组夺权，这是一种反革命行为。会场秩序一片混乱。6月26日，广大师生员工在清华园举行了"拥护工作组"的示威游行，高呼"无限信赖工作组"、"反对工作组就是反党"的口号。根据刘少奇的指示，清华工作组进行"反蒯斗争"，多次斗争蒯大富等造反者，被斗者有一人自杀身亡。

在6月20日前后，反工作组在学校的造反者中成为时尚。原因是复杂的，这既与他们反对"压制"有关，与年轻人追求惊心动魄有关，更与他们要求"革命"有关。就造反者中的大多数人来说，他们感到工作组的表现与《人民日报》社论、

[①] 康生制造、散布了"二月兵变"的谣言，详见李志坚：《"二月兵变"之谜——揭露康生对彭真、贺龙等同志的一大诬陷》，载1980年12月10日《北京日报》。1966年8月2日，邓小平在中国人民大学群众大会上就所谓"二月兵变"问题作了澄清。

评论所号召的不一样而对工作组不满。在几天的时间里，北京30多所高等学校的工作组被赶。

北京市委及时召开了工作会议，研究这些问题。李雪峰6月23日在会议上作报告，主要内容之一是反对反工作组。他指出，多数反工作组者是人民内部矛盾，但是确有坏人"与工作组争夺领导权"，是"打着'红旗'反红旗，利用群众的革命积极性和对黑帮的仇恨，企图反对无产阶级专政"。他说："对右派赶工作组一定要清理。在这紧要关头，共产党员一定要站起来保卫党：不站起来，纳吉就要上台了。"他要求"反干扰"。他的报告，是代表北京市委作的。不反干扰，不反对反工作组，学校情况一片混乱，工作组难以立足，运动失去领导。当时习惯于用"阶级斗争观点"看问题，认为反工作组者其中有"坏人"的看法是不奇怪的，但是这种看法总的说来不符合事实。

北京各高等学校传达了李雪峰6月23日的报告，先后"反干扰"，局势稳定了下来。学校的大多数人是满意的。在"反干扰"中成立了学校的"文化革命委员会"或"文革筹委会"，其成员自然是拥护工作组的。中学教师按四清办法，集中交代问题，使中学教师感到压抑。高等学校打击了一些造反者，有的学生遭受过重的打击，被称为"反党干将"、"右派"或"反革命分子"。其他大城市有些也有类似的情况。蒯大富被开除了团籍，并被关押18天。北京林学院开除2名"右派学生"的中共党籍，取消2名"右派学生"的中共预备党员的资格。王力1966年8月10日在中共八届十一中全会中南组会议上说到北京那时的情况："一百几十个学生被打成反革命。"① 武汉大学一学生批判一领导人为《湖北通讯》写的一个按语，被大会批斗七次，开除团籍，送农村劳动。西安交大"六·六"事件被说成反革命事件，在《陕西日报》上点名批判。中央文革小组和造反者感到"革命的烈火有被扑灭下去的危险"。

从以上所述可以看出，工作组体现了党的领导，坚持了"内外有别"等正确原则，遏制了造反，这是正确的方面，也是主流。不少工作组也有错误的方面，就是在不同程度上人为地制造阶级斗争，领导批斗了"反动权威"。错误的方面是由多

---

① "首都红代会部分大中学校毛泽东思想学习班"1967年编印的《天翻地覆慨而慷——无产阶级文化大革命大事记（1962.9——1967.10）》在"6月23日"这一天说："仅在首都24所高等院校里统计，反革命工作组把10211个革命小将打成'右派'，把2591个革命教师打成'反革命'"。这里的数字与事实出入很大。有的出版物中沿用了这个极不准确的说法。

种原因造成的。主要原因之一是受了从 1957 年反右派斗争扩大化开始的"左"倾错误的影响。当时不反对反工作组者无法领导运动，反对是对的，但是失之上纲过高、打击过重。北大工作组处理"六·一八"事件也有上纲过高的支流。结果不仅压而不服，而且授人以柄。主要原因之二是不知道（也不可能知道）"文化大革命"怎样开展而又受了毛泽东关于开展"文化大革命"的某些言论（这些言论一般是概念不明、界限不清的）的影响。毛泽东 3 月下旬的谈话，重要精神之一是反对"右派"，一些工作组按照自己对"右派"的理解，过分严重地打击了向党委、向工作组发难者。毛泽东主张"横扫一切牛鬼蛇神"，一些工作组把有这样那样问题或所谓"问题"的同志看成"牛鬼蛇神"而加以打击。毛泽东号召批判所谓"反动学术权威"，一些工作组就狠狠打击所谓"反动学术权威"。工作组在若干问题上是根据毛泽东的言论、《五·一六通知》、《人民日报》社论行事的。主要原因之三是贯彻执行了中共中央批转的文件。6 月 26 日，中共中央批转《文化部为彻底干净搞掉反党反社会主义反毛泽东思想的黑线而斗争的请示报告》。这是贯彻《林彪同志委托江青同志召开的部队文艺工作座谈会纪要》和《五·一六通知》的一个报告，这个报告说："文化部十几年来，一直被以周扬为首的又长、又粗、又深、又黑的反党反社会主义反毛泽东思想的黑线专了政。""把斗争的主要锋芒，对准反党反社会主义反毛泽东思想的资产阶级代表人物，反共反人民的资产阶级'权威'。""把他们连同暗藏的一切反革命分子……全部清洗掉，来一个'犁庭扫院'。"从 7 月 6 日起，在十几天中，中共中央批转了中共北京市委和各中央局为贯彻《五·一六通知》而提出的关于"文化大革命"的报告。这些报告无一例外地有"左"倾错误，不过程度不同而已。华东局、中南局等处的报告还错误地点名、定性，如中共中央中南局 6 月 28 日在《关于文化大革命的情况和意见的报告》中说："目前，各地已经揪出了一批反党反社会主义的头面人物，例如广东省作协副主席、羊城晚报副总编辑秦牧，中山医学院党委书记兼院长柯麟、副书记兼副院长刘志明，武汉大学校长李达[①]、副校长何定华、前党委书记朱劭天，武汉市文化局党委书记程云、文联副主席武克仁，湖南省文联副主席康濯，河南省郑州大学副校长、省社联主席郭晓棠，广西区党委宣传部副部长陆地，等等。各地的运动正迅速地广泛深入地向前发

[①] 林彪在"五·一八"讲话中点名指责了李达。中共中央印发的林彪"五·一八"讲话中删去了"李达"。

展。"各中央局、中共北京市委既要贯彻执行《五·一六通知》，在他们的报告中就不可能没有"左"倾错误。总括说来，既要看到工作组的错误方面，更要看到工作组的正确方面。在一定的历史条件下，中央第一线不可能完全抵制错误。而工作组的正确方面，正反映了党内上层指导方针上的分歧。在指导方针上，坚持党的领导，坚持"内外有别"等原则，遏制造反，是完全正确的。

谁也没有想到，在派与不派工作组问题上，党内上层进行了尖锐的斗争。

工作组派出之时，谁也没有说过派工作组有什么不对，参加讨论决定派出的中央文革小组没有说过，毛泽东也没有说过。在工作组派出之后，中央形成两种意见的对立。6月20日，即在北京不少院校驱逐工作组之时，中央文革小组向中央第一线提出书面的建议，其中说道："建议全国大中学校、机关单位在适当时候成立文化革命小组，领导文化革命运动。""在最必要的地方，最必要的时候，可以由上级派工作组。"7月13、19、22日，陈伯达在中央会议上又三次提出撤出北大工作组的问题。这些意见，为参加中央会议的多数人所拒绝。薄一波6月22日在给北京地质学院反对工作组的同学信中说："工作组是上级党委派来的，它是代表组织工作的。""如果院党委有问题，派工作组去行使职权，这就等于夺回了党的领导权。如果有人非赶工作组不可，那势必夺工作组之权，亦即夺党的权，那谁来掌权呢？工作组有缺点错误，可以改进，但不可以随便给工作组扣什么'保皇党'之名称。"薄一波所说，也就是当时参加中央会议的多数人的观点。刘少奇、邓小平是坚决不同意撤工作组的。刘少奇7月22日在中央会议上说："现在工作组还是要的。实在不行的，撤了，撤了还要换，因为没有其他力量领导。"邓小平22日在会上说："撤工作组我不赞成。"当时代表军队参加中央会议的叶剑英和刘志坚，也不赞成撤工作组。

7月18日，毛泽东从武汉回到北京。回京的当天即听取了江青等人关于工作组的汇报，看了北大、北师大、清华、人大等校反工作组的材料。7月19日至23日，刘少奇根据毛泽东的意见主持了"文化大革命情况汇报会"，中央文革小组的成员在会上抨击派工作组，指责工作组"镇压学生运动"。在这期间，毛泽东说，回到北京后感到很难过，冷冷清清，有些学校大门都关起来了，甚至有人镇压学生运动。谁才镇压学生运动？只有北洋军阀！又说，"内外有别"是怕革命，大字报贴出来又盖起来，这种情况不能允许。这是方向错误，赶快扭转。把一切条条打个稀巴烂，给群众定框框不行。北京大学看到学生起来，定框框，美其名曰"纳入正轨"，其实是纳入邪轨。7月23日下午，刘少奇等人在汇报会上说：这么大的运动，依靠谁去抓？党的领导总得通过一定的形式。工作组大多数是好的。现在谁也没有经验，新工作拿不出章程，对工作组是帮助问题而不是撤换问题。工作组不能不要，人不要那么多是可以的。直到7月23日，毛泽东还没有下决心撤工作组。根据是：经毛泽东同意，中共中央7月23日批转总政治部《关于抽调军队干部支援地方文化大革命的请示》。总政治部在请示报告中提出的第一条意见就是："采取抽调干部参加地方四清的办法组织工作队，支援地方文化革命。"

从7月22日起，陈伯达、江青等人根据毛泽东的指示去北大等校调查（此后中央一些领导人也根据毛泽东的指示去北京各高等学校，或看大字报，或指导运动），他们支持反工作组的态度十分鲜明，他们的调查就是搜集反中央第一线的材料。江青7月22日在北大群众大会上说："我代表毛主席来看看你们。"此后她频繁地在公众场合代表毛泽东向大家问好。以7月22日去北大为开端，中央文革小组成员频繁地在公众场合讲话。他们的个人讲话，极不正常地成了指导"文化大革命"的重要方式之一。这种方式，显然为毛泽东所承认。

7月24日上午，毛泽东召集中央常委和中央文革小组成员开会，批评了刘少奇、邓小平，作出了撤销工作组的决定。毛泽东说，不要搞工作组，不要发号施令，可以搞点观察员进行调查研究。由学生、老师的左派组成革命委员会自己来搞。只有让他们自己搞，才能搞好，我们都不行，我也不行。现在不只是一个北大的问题，而是一个全国的问题。如果照原来那样搞下去，是搞不出什么名堂来的。同日，陈伯达、康生、江青在北京广播学院群众大会上讲话，肯定了"一切权力属于文化革命委员会"的口号。7月25日，毛泽东在接见各中央局书记和中央文革小组成员时说：工作组"起坏作用，阻碍运动"，"不要工作组，要由革命师生自己闹革命"。当天，康生、江青等人又去北大，在万人大会上讲话。康生说："毛主席一个工作组也没有派。"7月26日，陈伯达、康生、江青在北大万人大会上提出：撤销工作组，罢张承先的官。

毛泽东否定了中央集体的决定。工作组的错误当然可以批评，问题在于毛泽东恰恰否定了工作组正确的方面，从根本上否定了派工作组。他把工作组的"左"看作"右"，认为工作组"阻碍运动"，要"统统驱逐之"，所以总的说来是以更"左"的观点来批评的，并不是批评了真正的错误。究竟为什么既否定工作组又否定派工作组呢？为什么否定工作组坚持党的领导、坚持"内外有别"等原则这些正确方面呢？毛泽东的回答很清楚：工作组"阻碍运动"。否定了工作组和派工作组，党如何领导运动呢？学校中对一些重大问题的看法很不一致，混乱已经发生，没有领导又怎么成立"文化革命委员会"之类的组织呢？答案只能是：毛泽东要打破常规地使学校中"天下大乱"，而根本不顾及坚持党的领导问题，根本不同意"内外有别"等原则。由此可见，毛泽东与中央集体在工作组问题上的分歧，实质上是要"天下大乱"与有领导、有限制、有秩序地开展运动（这时已经不得不开展了）的分歧。

　　7月28日，中共北京市委作出《关于撤销各大专学校工作组的决定》（适用于中等学校）。《决定》说："在工作组撤销之后，大专学校的文化大革命由全校师生员工分别选举，成立各级文化革命的群众组织，负责领导。"当时在造反者中流行"踢开党委闹革命"、"踢开工作组闹革命"的口号，这个"根据中共中央指示"作出的《决定》事实上完全肯定了这些口号。7月29日。中共北京市委在人民大会堂召开全市大专院校和中等学校师生文化大革命积极分子大会。李雪峰在大会上宣读了北京市委7月28日的决定。邓小平在大会上讲话，他说："必须说明，在党的北京新市委建立以后，以新市委名义向各大中学校派出工作组，这是根据中央的意见办的。""现在市委根据毛主席、党中央的指示，撤销工作组。""有同志说，老革命碰到新问题，的确是这样。"周恩来在大会上的讲话中也说了"老革命遇到新问题"。刘少奇最后讲话。他说："党中央热烈支持北京高等、中等学校革命学生、老师和革命员工进行无产阶级文化大革命！""怎样进行无产阶级文化大革命，你们不大清楚，不大知道。你们问我们怎么革，我老实回答你们，我也不晓得，我想党中央其他许多同志、工作组的成员也不晓得。""过去派工作组，是中央决定的，中央同意的。现在看来工作组的方式已经不适应于当前文化大革命形势的需要，中央决定撤出工作组。"又说："中央决定半年不上课。"毛泽东在大会结束前走上主席台，同与会者见面。会场上高呼"毛主席万岁！万岁!! 万万岁!!!"等口号，情绪热烈。

　　会后，北京和全国都迅速撤销了工作组。造反者受到极大的鼓舞，采取了更为激烈的造反行动，反学校党委、工作组最坚决者和最早造反者（如蒯大富、谭厚兰）成为"英雄"；而学校中的多数人尽管热爱毛泽东，却依然认为对工作组不能一概地完全否定。学校中因观点不同而迅速形成少数人的"造反派"（当时又称"少数派"）和与之对立的多数人的"保守派"（当时又称"多数派"）。7月29日以前成立的"文化革命委员会"、"文革筹委会"之类的组织是拥护工作组的，它从来不被造反者所信任，在7月29日以后纷纷垮台；陈伯达、江青等人从6月21日起在高等学校中反复宣传要成立"文化革命小组"、"文化革命委员会"，由于学校中一片混乱而始终成立不起来，极个别学校在中央文革小组支持下成立了（如北京大学成立了"文化革命委员会"），因其实际上是一派的组织，又不为全校师生员工所信任和拥护。总而言之，"踢开工作组闹革命"既为中共中央所肯定，7 月 29 日以后各大中学校就处于无领导状态，无组织无纪律的无政府主义盛行起来。这种无政府状态，正符合"天下大乱"的要求。

7 月 20 日，中共中央通知：中央宣传部已经改组，新部长陶铸，顾问陈伯达（仍挂副部长名义）。中央宣传部连同前已改组的国务院文化部和中共北京市委，被诬为"三旧"。7 月 24 日，中共中央、国务院发出《关于改革高等学校招生工作的通知》。通知说："从今年起，高等学校招生，取消考试，采取推荐与选拔相结合的办法。"因"停课闹革命"，这一通知未能执行。从这年起，全国高等学校停止按计划招生达六年之久。

三　中共八届十一中全会

中共八届十中全会是 1962 年 9 月 24 日至 27 日在北京召开的。八大通过的《中国共产党章程》规定："党的中央委员会全体会议由中央政治局召开，每年至少两次。"可是，八届十中全会闭幕以后过了近四年，才召开八届十一中全会。

《五·一六通知》下达以后，"文化大革命"被认为压下去了。为了再全面发动"文化大革命"，使"文化大革命"更加合法化，决定召开全会。八届十一中全会是仓促召开的，1966 年 7 月 24 日才发出召开全会的通知。中央委员、候补中央委员141 人到会，有关负责人和首都高等学校"革命师生"代表（包括聂元梓）47 人列席会议。从 7 月 27 日开始，开了几天预备会，主要内容是传达毛泽东 7 月 24 日、25 日的讲话。

8 月 1 日，八届十一中全会开幕。毛泽东主持，邓小平、刘少奇、陈伯达先后讲话。邓小平说："会议的开法刚才主席讲了，要开五天，今天算第一天，正式开会的第一天，以后开三天小组会；最后一天再议一下，通过文件。""这次会议主要的工作是：一、通过关于无产阶级文化大革命的决定。二、讨论和批准十中全会以来中央在国内、国际问题上的重大措施。三、全会要搞公报，最后要通过公报。……四、就是法律手续的问题。中央政治局曾经决定撤销彭、罗、陆、杨中央书记处和政府的职务，决定补充陶铸同志为中央书记处常务书记，叶剑英同志为中央书记处书记，按法律手续要在这一次全会上决定。"刘少奇主要讲了两大问题：一是工作组问题。他叙述了陈伯达提出意见、多数人不同意他的意见的经过，然后说："在文化大革命时期，北京的情况，一星期向主席汇报一次。这一段我在北京文化革命中有错误，特别是工作组问题上出了问题，责任主要由我负。"二是简要地叙述了十中全会以来中央在国内、国际问题上的重大措施。陈伯达主要讲了两点：一是工作组做了坏事；二是官做大了不要脱离群众。

在这次全会上，有五件大事。

第一件，毛泽东支持红卫兵。

8月1日，全会印发了毛泽东给清华大学附属中学红卫兵的信，附清华附中红卫兵的两份大字报。1966年5月29日，清华附中一些学生为保卫毛泽东、保卫红色政权而组织了全国第一支红卫兵。① 6月初，北大附中、地质附中、石油附中、北京二十五中、矿院附中也相继成立了类似的组织。6月24日，清华附中红卫兵贴出大字报《无产阶级的革命造反精神万岁》，认为："革命就是造反，毛泽东思想的灵魂就是造反。"宣称："我们就是要抡大棒、显神通、施法力，把旧世界打个天翻地覆，打个人仰马翻，打个落花流水，打得乱乱的，越乱越好！对今天这个修正主义的清华附中，就要这样大反特反，反到底！搞一场无产阶级的大闹天宫，杀出一个无产阶级的新世界！"7月4日，又贴出大字报《再论无产阶级的革命造反精神万岁》。② 这张大字报引用了毛泽东1939年12月21日《在延安各界庆祝斯大林六十寿辰大会上的讲话》中的一段话："马克思主义的道理千条万绪，归根到底，就是一句话：造反有理。……根据这个道理，于是就反抗，就斗争，就干社会主义。"工作组是反对这两张大字报的。7月28日，清华附中红卫兵在海淀区的一次文化革命工作大会上，请那天到会的江青把两张大字报转给毛泽东。毛泽东8月1日在给清华附中红卫兵的信中肯定了"对反动派造反有理"，说："……我向你们表示热烈的支持。同时我对北京大学附属中学红旗战斗小组说明对反动派造反有理的大字报和由彭小蒙同志于7月25日在北京大学全体师生员工大会上，代表她们红

---

① 参见《一个红卫兵发起者的自述》，载《中国青年》1986年第10期。

② 7月27日又写出《三论无产阶级的革命造反精神万岁》。《红旗》杂志1966年第11期发表了这三张大字报。

旗战斗小组所作的很好的革命演说，表示热烈的支持。……不论在北京，在全国，在文化大革命运动中，凡是同你们采取同样革命态度的人们，我们一律给予热烈的支持。""我们支持你们，我们又要求你们注意争取团结一切可以团结的人们。"8月3日，王任重把清华附中红卫兵召到钓鱼台，让他们看了这封信，清华附中红卫兵惊喜万分。此后这封信在全国不胫而走。毛泽东支持红卫兵，支持造反，显然也是为了要天下大乱。

第二件，毛泽东指责中央。

在8月2日下午、3日下午大会上，有的同志在发言中就工作组问题勉强地作了自我批评；更多的同志在发言中谈了自己对工作组问题的认识，实际上对撤工作组搞不通。8月4日，全会发生了异常情况。原定下午召开大会，与会者到会后改开小组会。下午召开了中央政治局常委扩大会议，毛泽东在会上讲话，主要内容是：在前清时代，以后是北洋军阀，后来是国民党，都是镇压学生运动的。现在到共产党也镇压学生运动。中央自己违背自己命令。中央下令停课半年，专门搞"文化大革命"，等到学生起来了，又镇压他们。说得轻一些，是方向性的问题，实际上是方向问题，是路线问题，是路线错误，违反马克思主义的。这次会议要解决问题，否则很危险。所谓走群众路线，所谓相信群众，所谓马列主义，等等，都是假的。已经是多年如此，凡碰上这类事情，就爆发出来。明明白白站在资产阶级方面反对无产阶级。说反对新市委就是反党，新市委镇压学生群众，为什么不能反对！我是没有下去蹲点的，有人越蹲越站在资产阶级方面反对无产阶级。规定班与班、系与系、校与校之间一概不准来往，这是镇压，是恐怖，这个恐怖来自中央。有人对中央6月20日的批语有意见，说不好讲。北大聂元梓等七人的大字报，是20世纪60年代的巴黎公社宣言——北京公社。① 贴大字报是很好的事，应该给全世界人民知道嘛！而雪峰报告中却说党有党纪、国有国法，要内外有别。团中央不仅不支持青年学生运动，反而镇压学生运动，应严格处理。当刘少奇说到我在北京，要负主要责任时，毛泽东说：你在北京专政嘛，专得好！当叶剑英说到我们有几百万军队，不怕什么牛鬼蛇神时，毛泽东说：牛鬼蛇神，在座的就有。

---

① 伍修权在《往事沧桑》第274页上说：1966年8月18日，在天安门城楼上，刘少奇"他说自己把北大聂元梓的大字报反复看了几遍，实在看不出它的意义为什么比巴黎公社宣言还要重大"。

　　毛泽东的讲话，使人感到震惊。这番话显然不是摆事实、讲道理的。他如此严厉指责中央集体，与他认为"已经是多年如此"密切关联，也与与会者多数人实际上对全盘否定派工作组很不理解密切关联。

　　毛泽东在会上提出，各组传达、讨论他的讲话。全会议程为之改变。

　　8月5日，根据毛泽东的意见，中共中央发出文件宣布："中央1966年6月20日批发北京大学文化革命简报（第9号）是错误的，现在中央决定撤销这个文件。"同日，毛泽东对《人民日报》评论员文章《欢呼北大的一张大字报》作了如下批注："危害革命的错误领导，不应当无条件接受，而应当坚决抵制，在这次文化大革命中广大革命师生及革命干部对于错误的领导，就广泛地进行过抵制"。这个批注，也是全会的一个文件。（《红旗》杂志1966年第11期转载《欢呼北大的一张大字报》，加上了："对一切危害革命的错误领导，不应当无条件接受，而应当坚决抵制。"）

　　第三件，毛泽东在全会上发表了《炮打司令部——我的一张大字报》。

　　8月4日至6日，小组会上没有重要的发言——没有有分量的自我批评、批评、评论，没有对毛泽东8月4日讲话的热烈拥护。8月7日，全会印发了使与会的大多数感到骇然的毛泽东的《炮打司令部——我的一张大字报》，并附聂元梓等七人的大字报。毛泽东的大字报全文如下：

　　　　全国第一张马列主义的大字报和人民日报评论员的评论写得何等好呵！请同志们重读一遍这张大字报和这个评论。可是在五十多天里，从中央到地方的某些领导同志，却反其道而行之，站在反动的资产阶级立场上，实行资产阶级专政，将无产阶级轰轰烈烈的文化大革命运动打下去，颠倒是非，混淆黑白，围剿革命派，压制不同意见，实行白色恐怖，自以为得意，长资产阶级的威风，灭无产阶级的志气，又何其毒也！联系到1962年的右倾和1964年形"左"而实右的错误倾向，岂不是可以发人深醒的吗？

　　这张大字报是毛泽东8月5日写的，写在6月2日《北京日报》头版转载的《人民日报》社论《横扫一切牛鬼蛇神》的左面，下书"1966年8月5日"，无标题。毛泽东的秘书徐业夫作了誊清。毛泽东在誊清稿上加了标题，并把"长资产阶级的志气，灭无产阶级的威风"改为"长资产阶级的威风，灭无产阶级的志气"，又在"左"字的前后加上引号。在铅印件上，毛泽东又作了修改和添加："是何等写得好呵"改为"写得何等好呵"，"可是在五十多天里，中央到地方的某些大领导人"改为"可是在五十多天里，从中央到地方的某些领导同志"，加"请同志们重读一遍这张大字报和这个评论"，加"压制不同意见"。

在这张大字报印发给与会者的前夕，即 8 月 6 日晚，毛泽东要徐业夫通知在大连养病的林彪到会。林彪在吴法宪陪同下，乘专机返京。

毛泽东的大字报，把党中央内部关于"文化大革命"指导思想的分歧，以及 1962 年、1964 年工作指导方针上的分歧，都说成两条路线、两个司令部的斗争。它不仅明显地针对以刘少奇为代表的中央第一线，而且明确指出党中央内部有个所谓"资产阶级司令部"[①]。这张大字报标志着对党中央状况估计错误、阶级斗争"左"倾理论、个人专断作风急剧发展，标志着毛泽东与中央第一线在政治上的决裂。以这张大字报在全会的发表为开端，"文化大革命"把斗争的锋芒指向所谓"以刘少奇为首的资产阶级司令部"。

康生、江青、张春桥等人在小组会上不仅对《炮打司令部——我的一张大字报》作了发挥，而且乘机猖狂攻击刘少奇。在小组会上唯一攻击邓小平的是谢富治，他说邓小平在全国解放后变了。值得注意的是，出席全会的多数人，对毛泽东的大字报没有表示拥护，没有紧跟。这与许多人对这张大字报不理解有关，也与这张大字报的打击面相当大、许多人搞不通有关。实际上多数人对它有意见，不过不敢表示罢了。

第四件，全会通过了《中国共产党中央委员会关于无产阶级文化大革命的决定》（即《十六条》）。

《十六条》是在毛泽东主持下拟定的。陈伯达、王力等人 7 月初就开始起草，改了二十几稿。毛泽东委托陶铸、王任重、张平化加以修改，陶铸等与周恩来商量，删去了"黑帮"、"黑线"等提法和若干内容，增加了一些限制性的规定。全会于 8 月 8 日上午通过的是毛泽东 8 月 7 日定稿的第三十一稿。

《十六条》指出："在当前，我们的目的是斗垮走资本主义道路的当权派，批判资产阶级的反动学术'权威'，批判资产阶级和一切剥削阶级的意识形态，改革教育，改革文艺，改革一切不适应社会主义经济基础的上层建筑"。"广大的工农兵、革命的知识分子和革命的干部，是这场文化大革命的主力军……他们的革命大方向始终是正确的。这是无产阶级文化大革命的主流。""无产阶级文化大革命，只能是群众自己解放自己，不能用任何包办代替的办法。""不要怕出乱子。毛主席经常告

[①] 《关于建国以来党的若干历史问题的决议注释本》"党内根本不存在所谓以刘少奇、邓小平为首的资产阶级司令部"条，对毛泽东的大字报所指责的事项作了比较详细的说明，请参看。

诉我们，革命不能那样雅致，那样文质彬彬，那样温良恭俭让。""要充分运用大字报、大辩论这些形式，进行大鸣大放"。"集中力量打击一小撮极端反动的资产阶级右派分子、反革命修正主义分子"，"这次运动的重点，是整党内那些走资本主义道路的当权派"。"在辩论中，必须采取摆事实、讲道理，以理服人的方法。""在进行辩论的时候，要用文斗，不用武斗。""不许用任何借口，去挑动群众斗争群众，挑动学生斗争学生"。"干部大致可以分为四种：（一）好的。（二）比较好的。（三）有严重错误，但还不是反党反社会主义的右派分子。（四）少量的反党反社会主义的右派分子。在一般情况下，前两种人（好的，比较好的）是大多数。""文化革命小组、文化革命委员会和文化革命代表大会……是无产阶级文化革命的权力机构。""文化革命小组、文化革命委员会、文化革命代表大会不应当是临时性的组织，而应当是长期的常设的群众组织。""文化革命小组、文化革命委员会的成员和文化革命代表大会的代表，要像巴黎公社那样，必须实行全面的选举制。""要组织对那些有代表性的混进党内的资产阶级代表人物和资产阶级的反动学术'权威'，进行批判。""在报刊上点名批判，应当经过同级党委讨论，有的要报上级党委批准。""大中城市的文化教育单位和党政领导机关，是当前无产阶级文化革命运动的重点"。"抓革命，促生产。""要高举毛泽东思想的伟大红旗，实行无产阶级政治挂帅。……开展活学活用毛主席著作的运动，把毛泽东思想作为文化革命的行动指南。"

《十六条》有一些比较正确的规定，如：把干部分为四类，认为好的和比较好的干部是大多数；指出必须严格分别两类不同性质的矛盾，严格区别反党反社会主义的右派分子同拥护党和社会主义但有错误的人，严格区别反动学阀、反动"权威"同具有一般的资产阶级学术思想的人；明确规定："在报刊上点名批判，应当经过同级党委讨论，有的要报上级党委批准。"毛泽东加上的"要用文斗，不用武斗"，也有正确的一面。但是《十六条》的基本方面是：高度评价"革命青少年"的"革命大方向"，充分肯定正在开展的"文化大革命"，确定了让群众"自己教育自己"、"自己解放自己"的方针，规定了"一斗二批"的任务，强调指出"运动的重点"是"整党内那些走资本主义道路的当权派"（与会者有些人要求说明什么是"党内走资本主义道路的当权派"，《十六条》没有对"党内走资派"定出判别标准），要"把那里的领导权夺回到无产阶级革命派手中"，要求"坚决依靠"同样没有定出判别标准的"左派"，规定采取"四大"的形式，区分干部和群众为左、中、右三派，还确定"文化革命小组"等为"文化大革命"的"权力机构"，根本没有说明党组织

大动乱的年代（1966—1976）

与"文化革命小组"等组织的关系，对于"文化大革命"中如何实现党的领导未作规定。这样，《十六条》在主导方面是错误的，它明确确认了"左"倾指导思想。《十六条》中比较正确的规定，从来没有被遵守。① 《十六条》要求"像巴黎公社那样，必须实行全面的选举制"，产生"文化革命小组、文化革命委员会和文化革命代表大会"，作为"无产阶级文化革命的权力机构"。如上所述，由于"文化大革命"所支持的各行其是等原因，各地、各部门、各单位普遍地难以实行巴黎公社式的选举，这类群众组织普遍未能成立。

8 月 9 日，《十六条》公开发表。8 月 10 日，毛泽东来到中共中央群众接待站对广大群众说："你们要关心国家大事，要把无产阶级文化大革命进行到底！"

8 月 8 日晚，林彪在接见中央文革小组成员时讲话，表示坚决支持毛泽东发动"文化大革命"，指出"这次文化大革命最高司令是我们毛主席"。他说："这次经过大震动、大战役，打下基础，是很必要的。""要弄得翻天覆地，轰轰烈烈，大风大浪，大搅大闹，这半年就要闹得资产阶级睡不着觉，无产阶级也睡不着觉。"林彪的讲话，在全会上作了传达。8 月 11 日，全会又印发了林彪"五·一八"讲话。

第五件，全会改组了中央领导机构。

出乎中央第一线和到会的绝大多数人的意外，毛泽东突然提出了改组中央领导机构的意见，并且提出了中央政治局常务委员会委员候选人名单。

8 月 12 日下午召开大会，大会内容有四项。

一是通过了杨得志、韦国清、罗贵波、张经武、谢觉哉、叶飞六名候补中央委员依次递补为中央委员。②

二是通过了《关于撤销和补选书记处书记的决定》。《决定》全文如下："（一）十一中全会批准 1966 年 5 月 23 日政治局扩大会议关于停止彭真、陆定一、罗瑞卿的中央书记处书记的职务，停止杨尚昆的中央书记处候补书记的职务的决定。（二）从已揭发的大量事实证明，彭真、陆定一、罗瑞卿、杨尚昆的错误性质是极端严重的，是反党反社会主义反毛泽东思想的，因此，全会决定撤销彭真、陆定一、罗瑞

---

① 周恩来 1967 年 2 月 26 日接见《中国建设》一些人员时指出："《十六条》早就被突破了，红卫兵组织，革命造反组织，'四大'变成'五大'（按指'四大'加上'大串连'），就是突破了《十六条》。"

② 中共八届五中全会到十一中全会期间，中央委员林伯渠、陈赓、李克农、罗荣桓、柯庆施、刘亚楼六人病故。

卿的中央书记处书记的职务，撤销杨尚昆的中央书记处候补书记的职务。（三）批准1966年5月23日政治局扩大会议关于调陶铸担任中央书记处常务书记，调叶剑英担任书记处书记的决定。"

三是选举。补选了中央政治局委员六人：陶铸、陈伯达、康生、徐向前、聂荣臻、叶剑英。补选了中央政治局候补委员三人：李雪峰、宋任穷、谢富治。选举了中央政治局常务委员会委员十一人：毛泽东、林彪、周恩来、陶铸、陈伯达、邓小平、康生、刘少奇、朱德、李富春、陈云。补选了中央书记处书记二人：谢富治、刘宁一。全会并未重选党中央副主席，林彪却于会后成为党中央唯一的副主席。

这次改组中央领导机构的实质，是毛泽东对中央第一线不满，否定和取消了中央第一线。毛泽东1966年10月25日在中央工作会议上说："十一中全会以前，我处在第二线……处在第一线的同志处理得不那么好。现在一线、二线的制度已经改变了。"利用个人权威，通过合法程序否定和取消中央第一线，把大权集中到个人手中①，是后来"文化大革命"不可收拾的一个极其重要的原因。

四是通过了《中国共产党第八届中央委员会第十一次全体会议公报》。这个公报，值得注意的地方是很多的。突出阶级斗争，突出"三面红旗"，突出毛泽东和林彪，用了"天才地、创造性地、全面地"三个状语，给"毛泽东思想"下了新定义，肯定了林彪提出的学习毛泽东著作的"三十字方针"，都很值得注意。

在这之后，全会举行闭幕式。毛泽东在闭幕式上讲话，他说："关于第九次大会的问题，恐怕要准备一下……九次大会大概在明年一个适当的时候再开""这回组织有些改变，政治局委员、政治局候补委员、书记处书记、常委的调整，就保证了中央这个决议以及公报的实行。"周恩来在闭幕式上讲了若干具体事项。林彪在闭幕会上说："这一次会议，从头到尾，都是主席亲自领导的。""在这次规模伟大的文化革命进行的过程中间，发生了严重的路线错误，几乎扼杀这一个革命……主席出来扭转了这种局势，使这次文化革命能够重整旗鼓，继续进攻，打垮一切牛鬼蛇神，破'四旧'，立'四新'，使我们社会主义的建设除了物质的发展以外，精神上、思想上得到健康的发展。"

《关于建国以来党的若干历史问题的决议》指出："1966年5月中央政治局扩大

---

① 陶铸1966年10月在中央、国务院机关干部会上传达中央工作会议精神时，如实地说："十一中全会……把大权集中到主席手里。"

会议和同年 8 月八届十一中全会的召开，是'文化大革命'全面发动的标志。"这两次会议的实际情况说明：毛泽东的"左"倾错误的个人领导实际上取代了党中央的集体领导。好多人思想不通。陈伯达 1967 年 3 月 10 日在军以上干部会议上讲到八届十一中全会时说："事实上文件只是在会议上通过了一下，有相当数量的同志有抵触。"毛泽东 1967 年 5 月与外宾谈话时说道：我只好将我的看法带到八届十一中全会上去讨论。通过争论我才得到半数多一点的同意，当时是有很多人仍然不通的。毛泽东说"得到半数多一点的同意"，实际情形未必如此；"很多人仍然不通"则是符合事实的。不通尽管不通，人们还是投了赞成票。由于复杂的社会历史原因，全会不可能制止"文化大革命"的全面发动。当时全会设想的文化大革命，与后来实际进行的"文化大革命"有很大的不同。

全会 8 月 12 日闭幕，8 月 13 日至 17 日召开中央工作会议。中央工作会议与全会是不同的，全会在名义上是集体议事、决定问题。中央工作会议则是贯彻中央精神。这次中央工作会议的主要内容是解决思想不通的问题。毛泽东找一些人谈话，打通思想。林彪则在会议的第一天讲话，讲了两大问题："文化革命问题"和"干部问题"。在第一个问题里，他说："不要走过场，干脆大闹几个月，弄得人们睡不着觉。"在第二个问题里，他说：

我们对干部，要来个全面考察，全面排队，全面调整。我们根据主席讲的无产阶级革命事业接班人的五条原则，提出三条办法，主席同意了。

第一条，高举不高举毛泽东思想红旗。反对毛泽东思想的，罢官。

第二条，搞不搞政治思想工作。同政治思想工作捣乱的，同文化大革命捣乱的，罢官。

第三条，有没有革命干劲。完全没有干劲的，罢官。

这三条，同主席的五条原则是完全一致的。我们要按主席的五条和这三条，特别是第一条，作为识别、选拔和使用干部的标准。

这次要罢一批人的官，升一批人的官，保一批人的官。组织上要有个全面的调整。

林彪在结尾部分还说："我们对主席的指示要坚决执行，理解的要执行，不理解的也要执行。"毛泽东 8 月 16 日对这个讲话作了批示："赞成"。这个讲话印发全党。它宣称在组织上采取"罢官"的措施，作"全面的调整"，这并不符合八届十一中全会精神，显然是施加压力。三条又没有确定的标准，可以任意解释，野心家们得以打击和诬陷别人。

在全会期间和会后，8月7日，总政治部拟一电报，内容三条：1. 派往军事院校的工作组也要撤销；2. 军事院校的"文化大革命"在党委领导下进行；3. 在必要的时候，上级还可以派人到军事院校去。林彪同意，转毛泽东。毛泽东8月7日批示："此件已阅，很好，同意发出。"总政治部当天发出。军队一些领导人，在开展"文化大革命"和批判彭、罗、陆、杨等问题上紧跟毛泽东；而在军队内部开展"文化大革命"的问题上，除遵照中央有关决定外，持慎重的态度。8月15日，李富春在共青团中央机关全体人员大会上宣布中共中央的决定：胡耀邦、胡克实、胡启立、王伟停职反省。团中央派工作组积极，遏制造反，被认为犯了错误。

　　1966年10月6日，"全国在京革命师生向资产阶级反动路线猛烈开火誓师大会"在北京召开。
图为"中央文革小组"副组长张春桥讲话。

第三章
制造"天下大乱"的批判
"资产阶级反动路线"

　　中共八届十一中全会后，中央第一线不复存在，刘少奇处于被批判的地位。这不是"文化大革命"的结束，而是"文化大革命"全面展开的开始。由此可见，发动"文化大革命"的目的不是从政治上搞掉刘少奇。在八届十一中全会上已经贬斥了刘少奇。如果为了在政治上搞掉刘少奇，根本用不着发动"文化大革命"。搞掉中央第一线不过是全面开展"文化大革命"的一个步骤。

　　错误地批判中央第一线"实行白色恐怖"的最大危害，是在理论上肯定了"让群众在运动中自己教育自己"，在相当大的程度上否定了党的领导。这实质上体现在《十六条》中。7月27日，陈伯达在北师大群众大会上说："党的领导是毛泽东思想的领导。……这次文化大革命不是有些党组织瘫痪了吗？有些党员不是领导不了吗？一切党组织、一切党员要在这次文化大革命中按毛泽东思想接受考验。"① 这倒不是陈伯达个人的瞎说。毛泽东要把他的主张直接诉诸群众，要通过"天下大乱"达到"天下大治"，就否定了有领导、有限制、有秩序地开展运动的主张，就在实

---

① 7月28日，戚本禹在国务院接待室回答上访师生提出的问题时说："党支部领导必须通过文革小组。""党的领导是党中央、毛主席的领导。"10月24日，戚本禹接见云南大学师生时说：党的领导"从根本上说，就是毛泽东思想的领导"。11月12日，戚本禹接见重庆红卫兵时说："党的领导是毛泽东思想领导，而不是指哪一个人、哪一个组织。"老革命家叶剑英10月5日在群众大会上说："运动结束时要选举党的领导，再重新产生革命的领导。"

际上肯定了他在《在晋绥干部会议上的讲话》中批判过的"群众要怎么办就怎么办"。"让群众在运动中自己教育自己"不过说起来好听一点罢了，它的真正含义就是"群众要怎么办就怎么办"。毛泽东以为凭他的崇高威望和对运动的驾驭，不致出现难以控制的混乱，乱也是"乱了敌人"，事实却完全不是这样。

在八届十一中全会以后，公开了党中央内部的矛盾，人为地制造了"天下大乱"——这是通过批判所谓"资产阶级反动路线"实现的。"资产阶级反动路线"（简称"资反路线"）这个虚假的概念，脱胎于《炮打司令部——我的一张大字报》，《红旗》杂志1966年第13期社论《在毛泽东思想的大路上前进》中正式提出；但在八届十一中全会以后就在实际上大张旗鼓地批判它了。陈伯达1966年10月25日在中央工作会议上说："资产阶级反动路线从何而来呢？这次文化大革命的错误路线主要表现在怀仁堂几次会议上的汇报和决定的一些问题。"问题已经在全会上解决了（尽管是混淆是非地解决的），决定派出工作组的中央第一线已经承担责任，本无任何必要公之于众；公之于众的动因是要造成"天下大乱"的态势。

一 号召造反的"八·一八"大会

1966年8月18日，在天安门广场举行了有百万人参加的"庆祝无产阶级文化大革命"的大会。"庆祝"什么呢？实际上是庆祝党的八届十一中全会的"胜利闭幕"。这次大会是全面开展"文化大革命"的动员大会，是毛泽东提出要召开的。

这次大会有三点引人注目。

第一，毛泽东出人意外地穿上了军装，让红卫兵给他戴上了"红卫兵"的袖章。新华社关于大会的报道《伟大的领袖伟大的统帅伟大的舵手毛主席万岁》说："毛主席穿一套草绿色的布军装。主席的军帽上一颗红星闪闪发光。毛主席走过天安门前金水桥，一直走进群众的队伍当中，同周围的许多人紧紧握手，并且向全场革命群众招手致意。""在大会进行中，师大女附中一个'红卫兵'，登上天安门城楼给毛主席戴上了'红卫兵'的袖章。毛主席和她亲切握手。城楼上下的'红卫兵'，无限欢欣，有的一蹦尺把高"。

毛泽东8月1日致清华附中红卫兵的信在八届十一中全会上发表了，但是全会并无任何肯定"红卫兵"的表示，《十六条》没有提到"红卫兵"而只提到"革命青少年"。毛泽东并不因此而不坚决支持红卫兵。红卫兵参加了"八·一八"大会，正式走上政治舞台。毛泽东当然知道他戴上"红卫兵"袖章意味着什么。果然，在这次大会以后，红卫兵运动风起云涌，遍及全国城乡。广大青少年富于"革命"热情，他们响应毛泽东的号召，怀着"反修防修"的宏愿参加了红卫兵，穿着时髦一时的旧军装，到处"冲杀"（"冲杀"的对象，各个不同）。没有红卫兵运动，就没有如此这般的"文化大革命"。毛泽东支持红卫兵仅仅因为红卫兵敢于"革命造反"，仅仅出于"天下大乱"的需要，而缺乏深谋远虑。红卫兵就个人来说，大多是一些真诚革命的热血青年，其中不乏优秀青年，不能对他们任意贬褒；就运动来说，它的兴起有复杂原因[1]；就组织来说，它有致命的问题：（1）它是由"红五类"[2]即按"唯成分论"组织的，排斥所谓"黑五类"或"黑七类"[3]，在青少年中制造分裂。（2）它既无纲领，也无章程，自由组合，自由聚散，自由行动，完全脱离党、团各级组织的领导，势必大搞无政府主义。（3）它是党、团组织的对立物，为"左"倾思潮所支配。

第二，林彪在大会上作了以充满"打倒"为特色的讲话。他说：

"我们要打倒走资本主义道路的当权派，要打倒资产阶级反动权威，要打倒一切资产阶级保皇派，要反对形形色色的压制革命的行为，要打倒一切牛鬼蛇神！

我们要大破一切剥削阶级的旧思想，旧文化，旧风俗，旧习惯，要改革一切不适应社会主义经济基础的上层建筑，我们要扫除一切害人虫，搬掉一切绊脚石！"

"这次是大战役，是对资产阶级和一切剥削阶级思想的总攻击。我们要在毛主席的领导下，向资产阶级意识形态、旧风俗、旧习惯势力，展开猛烈的进攻！要把反革命修正主义分子，把资产阶级右派分子，把资产阶级反动权威，彻底打倒，打垮，使他们威风扫地，永世不得翻身！"

周恩来也在大会上讲了话。林彪的讲话是高调的，周恩来的讲话是低调的。如果联系他们8月31日、9月15日在同一场合的讲话，更可以认清这一点。周恩来这次在讲话中说："一切革命者应当全心全意为人民服务，做人民的勤务员，先当

---

① 参见何为：《老"红卫兵"叙评》，载美国《知识分子》1986年春季号。

② 指出身好的人，即出身于革命干部、革命军人、革命烈士、工人、贫下中农家庭的人。

③ 泛指出身不好的人。

群众的学生，后当群众的先生。要坚决反对包办代替，做官当老爷，站在群众头上瞎指挥。""我们希望北京市的革命同学和各地来的革命同学，要相互学习，相互支援，交流革命的经验，加强革命的团结。""无论是北京市的革命师生，还是各地的革命师生，主要的任务都是把本单位的文化大革命搞好"。

林彪、周恩来的讲话，都经毛泽东审阅过。

第三，实际上公布了中共八届十一中全会改选中央政治局常委的结果。林彪8月12日在全会上宣布选举结果不对外公布，不见报；事实上不可能完全做到。在这次大会上，在天安门城楼上，林彪站在毛泽东身旁，由林彪作重要讲话，这就说明了中央在人事上有重要变动。新华社关于这次大会的报道，按照全会选举结果排列中央政治局常委名次，无异于向国内、国外宣布了改选中央政治局常委的结果。

全党、全国人民对大会的反应可以用两个字来概括：惶惑。

二　红卫兵运动狂潮和大串连

在8月1日以后，特别是在"八·一八"大会以后，红卫兵响应毛泽东的号召，采取了形形色色的"革命造反"行动。毛泽东支持的大串连，则使"文化大革命"的烈火燃遍全国。

（1）破"四旧"

破"四旧"（旧思想、旧文化、旧风俗、旧习惯）来源于林彪的"五·一八"讲话，由《人民日报》6月1日社论《横扫一切牛鬼蛇神》第一次明确提出，为《十六条》所肯定，又是林彪"八·一八"讲话中提出的号召。破"四旧"是荒谬的。新思想和旧思想、新文化和旧文化、新风俗和旧风俗、新习惯和旧习惯的界线没有划清，当时满足于提提口号，根本没有做划清界线的工作。"四旧"是个极其复杂的社会现象，绝不是"革命造反"所能够"破"得掉的。破"四旧"远远不是一朝一夕的事。刘少奇6月27日在中共中央召开的民主人士座谈会上，就正确地指出：破"四旧""不是一下子可以做到的，是个长期斗争过程"，"不能太急"。但是首都红卫兵在"八·一八"大会以后刮起了破"四旧"的狂飙。大概北京的红卫兵认为林彪所号召的破"四旧"既易实行，又易立竿见影，更易显出红卫兵的"威风"，所以在"八·一八"以后的"革命造反"从破"四旧"开始。年轻人有点荒唐本不足怪，连上帝都会原谅；问题在于上面加以支持和鼓励，以致这股歪风刮遍全国。上面的支持和鼓励不是出于荒唐,而是出于发动群众的需要。支持破"四旧"可以使红卫兵的"革命造反"精神得到发扬,可以使社会震惊,发动群众的效果远非几篇文章可比。

从8月20日开始,首都一些红卫兵走上街头,张贴大字报,集会演说,反对"四旧"。此举起初并不引人注目。主要由于新华社连续作肯定性、歌颂性的报道,由于《人民日报》、《红旗》杂志予以高度评价[①],破"四旧"不几日就蔓延到上海、天津和全国各大城市。新华社8月25日讯:"红卫兵革命造反精神振奋全国革命群众,各地革命小将向一切剥削的'四旧'发动总攻击。"

破"四旧"从"改名"(改商店、街道、工厂、学校、公社名)开始。8月24日,首都红卫兵组织了40万人的大会,将苏联驻华大使馆前的"扬威路"改名为"反修路",这就是一个典型事例。北京协和医院改名为"反帝医院",北京"全聚德"改名为"北京烤鸭店",上海《新民晚报》改名为《上海晚报》,天津劝业场改名为"人民商场",杭州"张小泉"改名为"杭州剪刀店",如此等等。破"四旧"不只是"改名",它还包括:剪长发,剪长辫子,剪烫过的头发,剪小裤脚管,剪漂亮的裙子,改警服、烧戏装、道具,毁文物,抄家,打人,解散民主党派,斗争民主人士,等等。新华社对这一些是不便于报道的,而只报道了"改名"。人们对于"改名"倒也无所谓,对于乱剪、乱烧、乱抄、乱打则瞠目以视。

关于烧戏装、道具。8月23日,北京市一些红卫兵将市文化局集中收存的戏装、道具,堆积到国子监(孔庙)大院中心,纵火焚烧。

关于打人。据统计,1966年8、9月,北京市打死1000多人。[②]其中最为骇人听闻的是北京市大兴县的打杀。8月26日,大兴县公安局召开局务会议,传达了谢富治在市公安局扩大会议上的讲话。谢富治说:"过去规定的东西,不管是国家的,还是公安机关的,不要受约束"。"群众打死人,我不赞成,但群众对坏人恨之入骨,我们劝阻不住,就不要勉强。""民警要站在红卫兵一边,跟他们取得联系,和他们建立感情,供给他们情况,把五类分子的情况介绍给他们"。在这之后,有的民警就向红卫兵介绍了"四类分子"的情况。这时有人造谣说:"这事(按:指打杀)

---

① 《红旗》杂志1966年第11期(8月21日出版)发表评论员文章《向革命的青少年致敬》,《人民日报》1966年8月23日发表社论《好得很》。《人民日报》1966年8月24日发表毛泽东的语录:"造反有理。"

② 据中共中央1980年第77号文件的附件。

公社知道，县里知道，市里知道，连周总理都支持。"从此，斗打、乱杀日益严重：由斗打个别"表现不好"的"四类分子"，发展到斗打一般的"四类分子"；由一个大队消灭一两个、两三个"尖子"，发展到消灭几十个，发展到乱杀家属和有一般问题的人，最后发展到全家被杀绝。自 8 月 27 日至 9 月 1 日，大兴县的 13 个公社、48 个大队，先后杀害"四类分子"及其家属 325 人。最大的 80 岁，最小的仅 38 天，有 22 户被杀绝。直到市委书记马力到县制止，事态才平息。①

关于砸文物。8 月 23 日下午 2 时，北京体育学院"八·一八"红卫兵和教职工及其家属 273 人，到颐和园佛香阁砸碎了释迦牟尼等塑像，有两个小塑像被红卫兵拖走。8 月 27 日晨，山东冠县二中全体师生砸武训墓。柳林农中、卫生学校师生相继到达，一齐砸毁了坟墓，挖出武训尸体。接着，抬着尸体游行，并到柳林北门外场院举行审判大会，最后将骨殖砸烂焚烧。在这前后，海南岛毁了海瑞墓，河南洛阳砸掉了价值连城的龙门石窟的无数小佛的头。进入 9 月，"砸"风更盛。据同兴写的《十年浩劫京城血泪》：北京 1958 年第一次文物普查中保存下来的 6843 处文物古迹中，竟有 4922 处被毁掉，其中大多数被毁于 1966 年 8、9 月间。据不完全统计，北京仅从各个炼铜厂就抢救出各类金属文物 117 吨；从造纸厂抢救出图书资料 320 多万吨；从各个查抄物资的集中点挑拣出字画 18.5 万件，古旧图书 235.7 万册，其他各类杂项文物 53.8 万件。

关于打击爱国民主人士和摧残民主党派。除民主建国会外，民主党派在京中央委员、候补中央委员约有 100 人先后被红卫兵斗争或抄家，占总数的 36.5%。其中民革有 31 人，民盟有 36 人，民进有 8 人，农工党有 8 人，九三学社有 15 人。全国工商联 8 月 24 日下午有 13 人被斗。8 月 23 日夜到 24 日晨，个别红卫兵散发致各民主党派的《最后通牒》，限令 72 小时内解散并登报声明。从 8 月 25 日起，各民主党派机关停止办公，贴出了内容大致如下的《通告》：我们坚决接受红卫兵的意见，自即日起停止办公，报请党中央处理。

关于抄家。所谓"牛鬼蛇神"，普遍遭到打骂、凌辱和抄家。1966 年 8、9 月，北京市被轰回原籍的 85198 人，被抄家的 33695 户。从 8 月 23 日至 9 月 8 日，上海红卫兵在全市共抄家 84222 户，其中高级知识分子、教师 1231 户。苏州被查抄

———————————
① 这一段资料，引自同兴的《十年浩劫京城血泪》，载北京日报社《宣传手册》编辑部编辑出版的《彻底否定"文化大革命"》。

财物的共有 64056 户，财物中仅图书、字画、文物等就达 17 万件以上，其中包括知名人士周瘦鹃视为生命的取名为"饮马图"、"石孚"和"裂云穿石"的三盆盆景。各地所抄出的财物，大量的是生活用品，有家具、衣服、被褥、化妆品、鞋袜、毛巾、电视机、收音机、钢琴、手风琴等等。一般存放在公共场所，堆积如山，后来廉价处理。一堆堆图书被七手八脚地投进冲天的烈火中，不管是莎士比亚还是托尔斯泰的名著，也不管是司马迁还是王实甫的传世之作，都在滚滚的浓烟中化为灰烬。据不精确统计，北京市在一个月左右的时间里，抄走黄金 10.31 万两、白银 34.52 万两、现金 5545.99 万元、文物和玉器等 61.36 万件。又据不精确统计，北京市在"文化大革命"中非法没收私房 52 万间，其中私人自住房 82230 间。① 上海市 12 个区在"文化大革命"中共有 124 万平方米的私房被没收。②

　　打、砸、抄这类现象的发生和在短时间内愈演愈烈，原因复杂。简要说来，主要原因是：第一，毛泽东要"天下大乱"，要改变社会面貌。毛泽东肯定了北京大学的"六·一八"事件，亦即肯定了乱打乱斗，誉之为"革命事件"，其消极影响十分广泛。《十六条》载明："毛主席经常告诉我们，革命不能那样雅致，那样文质彬彬，那样温良恭俭让。"③（其实毛泽东只是在《湖南农民运动考察报告》里讲过这些话，并没有"经常告诉我们"。）当时，《革命不是请客吃饭》的毛泽东语录歌十分流行。8 月 29 日，《人民日报》发表社论《向我们的红卫兵致敬！》。社论说："红卫兵上阵以来，时间并不久，但是，他们真正地把整个社会震动了，把旧世界震动了。他们的斗争锋芒，所向披靡。一切剥削阶级的旧风俗、旧习惯，都像垃圾一样，被他们扫地出门。一切藏在暗角里的老寄生虫，都逃不出红卫兵锐利的眼睛。这些吸血虫，这些人民的仇敌，正在一个一个地被红卫兵揪了出来。他们隐藏的金银财宝，被红卫兵拿出来展览了。他们隐藏的各种变天帐，各种杀人武器，也被红卫兵拿出来示众了。这是我们红卫兵的功勋。"这篇社论赞扬了乱揪乱斗、抄家和扫地出门。8 月 31 日，毛泽东第二次接见来京师生和红卫兵。林彪在接见大会上讲话。他说："我代表我们伟大的导师，伟大的领袖，伟大的统

---

① 据 1987 年 2 月 23 日《北京晚报》报道。
② 据全国政协委员马永江的发言，载 1985 年 4 月 9 日《人民日报》。
③ 刘志坚在中共八届十一中全会期间讨论《十六条》稿时，曾经建议删去这些话，这个正确意见未被采纳。

帅，伟大的舵手①毛主席，向各地来的同学问好。向大家问好！我代表党中央向大家问好！"红卫兵和其他青少年的革命组织，像雨后春笋一样地发展起来。他们走上街头，横扫'四旧'。文化大革命，已经触及政治，触及经济。学校的斗、批、改，发展到社会的斗、批、改。群众的革命洪流，正在荡涤着旧社会遗留下来的一切污泥浊水，改变着我国整个社会面貌。"林彪的讲话，经毛泽东审阅。它告诉我们，支持"社会的斗、批、改"不是儿戏，不是丧失理智，而是要"荡涤""旧社会遗留下来的一切污泥浊水"，要"改变""我国整个社会面貌"。第二，毛泽东是不赞成打人的，也不赞成取消民主党派，但是囿于要"让群众在运动中自己教育自己"，不便于下令制止他所不赞成的一些行动。经毛泽东同意，中共中央 8 月 22 日批准、转发公安部给毛泽东、中央的报告《严禁出动警察镇压革命学生运动》。其中规定："不准以任何借口，出动警察干涉、镇压革命学生运动。""重申警察一律不得进入学校。""重申除了确有证据的杀人、放火、放毒、破坏、盗窃国家机密等现行反革命分子，应当依法处理外，运动中一律不逮捕人。"第三，康生、谢富治的怂恿和支持。康生 8 月 19 日同中央党校武葆华等人谈话时说："乱了就可以治嘛。"8 月，谢富治在甘肃、陕西、湖北和北京等省、市公安局负责人座谈会上插话说："打死人的'红卫兵'是否蹲监？我看，打死了就打死了，我们根本不管。……不能按常规办事，不能按刑事案件去办。……如果你把打人的人拘留起来，捕起来，你们就要犯错误。"第四，说到底，肯定和号召如此这般的破"四旧"，肯定和号召把"老寄生虫"揪出来，肯定和号召把"他们隐藏的金银财富""拿出来"，就等于肯定和号召搞打、砸、抄。内容决定方式。要如此这般的破"四旧"，就要采取如此这般的"革命行动"；不采取如此这般的"革命行动"，根本不可能如此这般的破"四旧"。明乎此，就可以懂得当时何以不下令坚决制止打、砸、抄了。明乎此，就可以知道当时周恩来、陶铸、陈毅再三再四地劝告红卫兵不要打人何以不起作用。

与江青等人的煽动、怂恿、支持大不相同，周恩来、陈毅、陶铸等老革命家都制止过歪风。

1966 年 7 月 28 日，江青在一次会上煽动打人，说："我们不提倡打人，但打人

---

① 这是中央领导人第一次在公众场合正式使用四个"伟大"。此后十分流行。1967 年 2 月 3 日，毛泽东对卡博·巴卢库说："又给我封了好几个官，什么伟大导师、伟大领袖、伟大统帅、伟大舵手，我就不高兴。但是，有什么办法！他们到处这么搞。"林彪第一次用四个"伟大"，毛泽东是同意的。

也没有什么了不起嘛!"又说:"好人打坏人,活该;坏人打好人,好人光荣;好人打好人是误会。不打不相识。"陶铸同江青针锋相对,7月30日在中国科学院万人大会上,当着江青的面说:"要搞真正的民主空气,有的地方说辩你一家伙,就是斗你一家伙,搞'喷气式',这个不好。"8月30日,外语学院传达了陈毅的讲话。陈毅说:"北京目前打的风气很浓,不能提倡。""红卫兵中有些东西是封建的东西,如骂人狗崽子。""抄家没收一定要经过手续。""无论如何不能排外"。"运动愈是搞得深入愈是要讲政策。"周恩来8月31日在天安门接见大会上的讲话,与林彪在同一场合的讲话大相径庭。周恩来着重讲的是:"要像解放军那样全心全意为人民服务,密切联系群众,执行群众路线,永远做人民忠实的勤务员。要学习解放军的三八作风,遵守三大纪律八项注意,保护群众利益,保卫国家财产,造成良好的社会主义的新风气。"8月30日晨,86高龄的章士钊发出给毛泽东的信,信中反映了红卫兵来抄家的粗暴情景,恳求毛泽东在"可能范围内稍稍转圜一下"。① 毛泽东8月30日批示:"送总理酌处,应当予以保护。"周恩来对章士钊立即采取有效的保护措施。当天,周恩来亲笔开列了"一份应予保护的干部名单"②。9月1日,周恩来对首都红卫兵讲话。突出地讲了应当尊重宋庆龄。③ 同日,他在首都红卫兵代表第一次座谈会上讲话。他说:"你们要讲政策,要团结大多数。""凡是地、富、反、坏、右、资产阶级家庭出身的人都打击,那就广了。""右派分子已经摘了帽子的就不算了。""资产阶级,我们批判他的资产阶级思想体系、违法行为,如果一般资产阶级分子他老老实实,奉公守法,有选举权的,不一定马上打倒他。因为他没有做破坏工作。搜查、抄家就是打倒了。你们建议定息取消,很好,这应当由中央、主席提出,人大通过。④""一般不没收财富、存款"。9月,周恩来对哈尔滨来京的

---

① 详见章含之:《我与父亲章士钊》,载《文汇月刊》1988年第4期。
② 全文见《周恩来选集》下卷,人民出版社1984年版,第450—451页。请参看廖心文:《一张名单的前前后后——记"文化大革命"中周恩来对民主人士的关心与保护》,载《建设社会主义的光辉思想——学习〈周恩来选集〉下卷论文集》。
③《周恩来选集》下卷,人民出版社1984年版,第451页。
④ 9月23日中共中央转发的国务院财贸办公室和国家经济委员会《关于财政贸易和手工业方面若干政策问题的报告》提出:"公私合营企业应改为国营企业,资本家的定息一律取消,资本家代表一律撤销,资方人员工作另行安排";"大型合作商店,有条件有步骤地转为国营商店";把小商小贩转入国营商店的代购代销店,把个体劳动者凡有条件的组成合作小组、合作社。

学生说：公安部抓人还要中央常委点头，你们这样做，中央专政机构还要不要？如果任何一个团体都可以根据自己掌握的材料抓人，这还了得！这是个原则问题。10月3日，周恩来对来自全国的红卫兵说：在斗争中不要到处没收财物，要没收由公安局统一没收。又说：政协还是要的，毛主席还是政协名誉主席，我还是主席呐！有人提出要消灭伊斯兰教，世界上4亿人口信伊斯兰教，中国也有1400万人，不能提出这个问题。

这里应该特别提到老红卫兵和"西纠"等群众组织在抑制混乱方面所起的作用。① 早在1966年8月6日，清华附中、人大附中、北航附中发出了《红卫兵紧急呼吁书》。《呼吁书》中说："我们向全市真正革命的红卫兵、红旗及其他左派组织呼吁：（一）各校真正的左派联合起来，行动起来，立即采取有效措施，严格制止乱打人，要流氓，破坏国家财产等坏行为。提高警惕，监视、管制反革命分子，不许他们乱说乱动；（二）毫不留情地勒令那些故意破坏党的政策的混蛋们滚出红卫兵、红旗及其他真正左派组织；假左派组织一律解散！今后谁还胆敢破坏党的政策，我们绝不答应。"8月27日，"红卫兵战校"（即清华附中）红卫兵发表《对目前形势的十点估计》。它肯定了"向'四旧'猛烈开火"，但其主要内容是"纠偏"。它严厉谴责了"打人"、"对前学校的党政干部一律以'黑帮'论处"、"谁家都抄"等行径，要求"努力学习、忠实执行、热情宣传、勇敢捍卫十六条"。8月25日，北京31所中学的红卫兵代表在北师大附中集会，成立了首都红卫兵纠察队西城分队（简称"西纠"）。不久相继成立了东城分队、海淀分队等。"纠察"谁呢？纠察红卫兵。成立纠察队的目的，就是干预红卫兵运动，维护政策，执行纪律，稳定秩序。它的成立和活动，为周恩来、陶铸、王任重、廖承志等许多老革命家所支持，最初中央文革小组也不反对。周恩来曾派国务院秘书长周荣鑫、副秘书长雍文涛指导纠察队的活动。8月27日发出的"西纠"第三号通令规定：任何组织和个人都无权随便宣布戒严，"尤其不允许拦截和检查首长的汽车！绝不允许以任何理由拦截军车！"绝不允许任何人擅自查抄国家机关、查抄国家负责干部的家！我们要保卫国家机密！保卫革命老首长的安全！"并规定："各商店现存的实用商品，若其商标不是反动的，不是黄色的，就可以继续出售，任何人都不要进行阻止，不要让坏人乘机捣乱破坏国家财产。"还特别指出："严禁围追外宾、归国观光的华侨和港澳同

---

① 关于"西纠"的资料，取自依民、尔敢尚未发表的《初评一本已经打开的书》。

胞，必须保证他们的安全和正当活动。"9月3日发出的"西纠"第五号通令，则强调坚持"要文斗，不要武斗"的原则，指出对于红卫兵中"违反政策，随便打人者，一定要进行严肃的批判和教育"，并规定："严禁打人，严禁体罚和变相体罚，严禁侮辱人，严禁逼供信。"这些通令不胫而走，流传全国，产生了积极作用。"西纠"等还受周恩来重托，保护了宋庆龄、何香凝、郭沫若、傅作义、张治中、邵力子、章士钊、程潜、蒋光鼐、蔡廷锴、沙千里、张奚若、李宗仁的宅第的安全。老红卫兵和"西纠"等当然有其历史的局限，但是他们的历史功绩，不可埋没。①

（2）大串连

1966年6月10日，毛泽东在杭州召开的中央常委扩大会议上说：全国各地学生要去北京，应该赞成，应该免费，到北京大闹一场才高兴呀！毛泽东要"天下大乱"，所以有此想法。8月4日，汪东兴在中共八届十一中全会华东组会议上说：最近每天都有上千学生、上百批来中南海接待室反映文化大革命情况。其中有一些是外地来的，实际上成了串连。8月16日，陈伯达在外地来京学生群众会上讲话②，他根据毛泽东在杭州讲话的精神说："你们这次到北京来，到无产阶级革命的首都来，到无产阶级文化大革命的策源地来，经过很多辛苦，不怕大风大雨，你们的行动很对!!!"他的讲话，可以认为是大串连的动员。9月5日，中共中央、国务院发出《关于组织外地高等学校革命学生、中等学校革命学生代表和革命教职工代表来北京参观文化大革命运动的通知》。《通知》说：

> "外地高等学校（包括全日制和半工（农）半读高等学校）革命学生，除了有病的、已经来过的或有其他原因不能来的以外，都可以组织来北京参观；高等学校教职工可按每50名学生选出革命教职工代表1人参加。
>
> 外地中等学校（包括全日制和半工（农）半读中等专业学校及普通中学）按每10名学生选出革命学生代表1人；教职工按每100名学生选出革命教职工代表1人参加。"
>
> "来京参观一律免费乘坐火车……来京参观的革命学生和革命教职工生活补助费和交通费由国家财政中开支。"
>
> "到京后的伙食、住宿由北京市负责安排……在京时的饭费，由国家财政

---

① "西纠"的个别成员后来表现极其反常，原因是很复杂的。

② 载《红旗》杂志1966年第11期（8月21日出版）。

开支。"

这个通知的内容是"史无前例"的。从 9 月 5 日起，全国大、中学生在全国范围内大串连。① 这种数以千万人计的大串连，这种乘车、吃饭、住宿都不要钱的大串连，为古今中外的奇观。中央还几次派出北京红卫兵到全国各地，散布"革命"火种。这种大串连，不仅使国家花掉了数以亿计的金钱，而且造成了全国性的动乱。而在经毛泽东批准大量印发的陈伯达 1966 年 10 月 16 日在中央工作会议上的讲话中说："大串连、红卫兵，这些都是群众在无产阶级文化大革命中的伟大创造。""大串连，这一直是毛主席极力支持的，并且主张把这种群众的革命行动大大推广。""这种串连，将使全国文化大革命的经验，得以互相交流，把全国文化大革命打成一片，同时，可以使人们识别谁是真革命，谁是真正的无产阶级革命家，谁是真正的毛主席的学生，还可以使人们识别什么是无产阶级司令部，而不是相反。"这里明白无误地道出了支持大串连的意图。支持大串连，推广这种形式、这种方式，完全为了鼓动造反。所谓"识别……"云云，完全是生拉胡扯，这个目的没有，也不可能达到。

在学生大串连如火如荼之时，各地工人也纷纷到北京、到各大城市串连。交通十分拥挤，铁路运输不堪其负担，车厢厕所内挤进了 6、7 个人，车厢下的弹簧到了要断裂的程度。周恩来同中央文革小组商量，并经毛泽东批准，号召徒步串连，号召有准备有计划地"长征"。多数学生依然乘车，少数学生徒步，周游全国。大量生活物资和生产资料难以调运，危及生活和生产。10 月 29 日，中共中央、国务院发出《关于北京大中学校革命师生暂缓外出串连的紧急通知》。11 月 16 日、12 月 1 日又连续发出通知：一律暂停乘火车、轮船、汽车来北京和到各地进行串连。时届严冬，已有上 10 万人挤到大寨，又有上 10 万人挤到井冈山，还不知有多少万人挤到韶山。天冷路塞粮缺，一些地方向中共中央、中央军委告急。军队动员了一部分部队连夜赶制大饼，并派直升飞机到大寨、井冈山空投大饼、衣服、毯子。而毛泽东对大串连的兴趣依然浓厚，12 月间提出了在全国各地设立兵站以接待串连者的主张，终因难于实行而告吹。1967 年 2 月 3 日、3 月 19 日，中共中央又连续发出停止全国大串连的通知，此后又几次重申停止全国大串连的决定。到了 1968 年，还有少数学生在各地游荡。

---

① 少数学生偷越国境到越南去串连，以抗美援越。中共中央发了几个文件加以制止。

(3) 揪斗工作组长

在八届十一中全会以后，各校造反派都揪斗了工作组（队）长，极少例外。而学校内部在工作组问题上的分歧依然存在，多数人依然持保护工作组的态度。

当时传遍全国的是北京地质学院造反派组织"东方红公社"和北京航空学院造反派组织"红旗战斗队"的揪斗。8月23日，地院"东方红"1000多人步行到地质部，坚决要求批斗曾在地院工作组任组长的邹家尤（地质部副部长）。当时的批斗是戴高帽、挂牌子、搞"喷气式"的残酷斗争。地质部党委为保护干部的人身安全，没有交出邹家尤。学生们静坐绝食，中央文革小组出面支持，邹家尤答应第二天返校听取批判。这就是所谓"一进地质部，炮打'何家店'①"。9月5日，地院"东方红"二进地质部，再揪邹家尤。邹家尤已去地院，而一些人滞留地质部，为所欲为，包括强行翻阅与取走机密档案。9月7日，"西纠"要"东方红"撤回，不允，发生武斗。学生们在地质部造反15天，于9月19日撤离。9月28日，关锋在地院座谈会上讲话，点名指责邹家尤。10月8日，"东方红"三进地质部，在地质部大院召开了"揭发批判何长工、邹家尤执行资产阶级反动路线大会"。深夜，绑架了何长工。10月27日，四进地质部，"扩大战果"。地院"东方红"成了全国有名的造反派，它的头头王大宾成了北京红卫兵的"五大领袖"之一。北航"红旗"为揪斗工作组长用了28个昼夜。8月25日，北航"红旗"学生在国防科委门口静坐，要求交出在北航担任过工作组组长的赵如璋（国防科委的局长）。国防科委副主任罗舜初报告林彪，说明："赵的健康状况不好，如果交给学生批斗，后果是不堪设想的。"又多次向林彪报告学生情况，请求指示，均得不到答复。中央文革小组则报告了毛泽东，毛泽东支持北航"红旗"的要求。9月21日晚，陈伯达接见北航"红旗"学生，赞扬他们。22日夜，陈伯达亲笔写下了"军令状"："以普通劳动者的态度，同北航学生聚谈或者同住几天，科委的干部（包括罗舜初、赵如璋），如果被学生杀死或杀伤，陈伯达情愿抵偿。"陈伯达出奇制胜，解决了难题。既立下了这个字据，赵如璋再也没有理由躲藏，北航的学生也决不会把他打伤、打死。9月23日，国防科委交出了赵如璋，学生撤走。北航"红旗"一举成名，成了北京响当当的"左派"，它的头头韩爱晶成了北京红卫兵"五大领袖"之一。解放军报社一位年轻的记者当时写诗颂之，其中有这样几句："北航旗如血，风雨满京城。二十八昼夜，牛鬼吓断魂！"

---

① 无产阶级革命家何长工是地质部党委书记、副部长。

工作组（队）长的检讨是很难作的。这不仅因为工作组（队）长自己思想没有搞通，很难上纲到"实行白色恐怖"，与造反派的要求距离很大；更因为绝大多数学校都存在一个保工作组的多数派，与反工作组的少数派对立，一言不慎就会得罪多数派，引起少数派与多数派之间的争斗，落得个挑动学生斗学生的罪名。事实上，造反派迫令工作组（队）长作检讨的主要目的就是用以证明多数派的不正确，压制多数派。工作组（队）长对此是很清楚的，因而左右为难。检讨总是不能通过，许多工作组（队）长饱受皮肉之苦。1967 年 2 月 17 日，中共中央发出《关于对待无产阶级文化大革命中工作组问题的通知》，说道："中央考虑到对资产阶级反动路线的斗争，主要锋芒应当针对着这条错误路线的提出者，而不应当长期揪住工作队不放。""各学校、各工厂、各机关、各单位，今后不要再揪工作队去斗争。"到了这时候，事情才算结束。

1966 年反对揪斗工作组的，有各校的多数派，有清华附中红卫兵，有"西纠"，还有谭力夫，其中以谭力夫最为有名。

8 月 1 日晚上，北京航空学院附中红卫兵，到北大、清华、人大等校贴了一副名曰"鬼见愁"的对联："老子革命儿好汉，老子反动儿混蛋——基本如此"。这副对联是不正确的，不能予以肯定。彼时彼地出现了这副对联，则说明了一些问题。它说明了阶级斗争"左"倾错误影响了一些青年，他们把唯成分论看作"阶级路线"，因自己家庭出身很好而抱有"自来红"的优越感。它说明这些青年赞成造"牛鬼蛇神"（他们认为"牛鬼蛇神"就是资本家、地、富、反、坏、右）的反，反对造革命老干部的反。这些青年既无限崇拜毛泽东，又保党委和工作组，他们认为这是一致的。这些青年由于家庭出身、革命教养的缘故，尊重革命前辈，信任党委和工作组。他们对马克思列宁主义、毛泽东思想所知甚少，保党委和工作组没有别的武器，就搬出了唯成分论。围绕着这副对联，北京的学生进行了激烈的争辩。8 月 12 日，北京工业大学学生谭力夫（1961 年年底病逝的最高人民检察院副检察长谭政文之子）写了《从对联谈起》的大字报。他在必须坚持阶级路线的前提下，指出了这副对联立论的偏颇，建议补充一副"老子革命儿接班，老子反动儿背叛——应该如此"的对联，认为前一联说明了过去，是有成分论，后一联指明了未来，不唯成分论，两联加在一起就比较全面了。这种折中的意见，当时为许多青年所接受。

8 月 20 日，北工大与谭力夫观点不同的人点将，要谭力夫在关于工作组和阶级路线的辩论会上表态。谭力夫作了发言，这就是《在工大一次辩论会上的发言》。

他认为：绝大多数老干部和工农、干部子弟是好的，即使有一点缺点错误，也是"老革命遇到新问题"、"小革命遇到大问题"，绝不能把他们打成"老反革命"和"小反革命"。他不同意不加分析地冲击、批斗、污辱党的各级干部，把攻击工作组和粗暴批斗党的干部说成"右派翻天"。他不能容忍一些人的幸灾乐祸，在辩论中禁不住质问："共产党的干部犯错误，你们高兴什么？"他公开申明拥护北工大的工作组，说："老杜（按：即在北工大工作组任组长的杜万荣，总参谋部防化学兵部副政委）进校才一天"，就"给我们留下一个极其深刻的印象"，"党的阳光，毛泽东思想的阳光，从此照进了工大"；"你就是说得天花乱坠，我也是喜欢杜万荣"。他公开表明了反对教条主义的态度，说："有人老习惯于翻本本，找条条，都等中央指示，还要你'首创'什么？""世界上哪有完美无缺的东西？世界没有百分之百正确的东西。就是毛泽东思想，也还要不断发展"。他在发言中，也明显地流露了"自来红"的情绪。这位当时 24 岁的大学三年级的年轻共产党员，凭着对党的忠诚，讲出了许多人想说而不敢说的话。这是对八届十一中全会的抵制，今天无疑应该高度评价。王力 1966 年 11 月 18 日作报告说："《十六条》批判工作组执行的反动路线，而他公开地宣传工作组好。"谭的讲话也有缺点，则不应苛求。

谭力夫的《在工大一次辩论会上的发言》当时流传很广。同声相应，同气相求，受到许多人的欢迎。不必说，它也遭到了中央文革小组和造反派的反对。1966 年 10 月 16 日，陈伯达在中央工作会议上，歪曲谭力夫的观点，对他横加挞伐。谭力夫后来遭到残酷迫害。①

值得注意的是，中央内部在工作组问题上也出现了微妙的斗争。当时，周恩来、陈毅、李先念等竭力为工作组开脱，保工作组过关。周恩来 8 月 22 日在清华大学群众大会上说："派工作组的责任应该归新市委和在北京工作的中央同志"，"在这个问题上，我应该向你们说明，这是中央全会解决的问题，因此不能仅仅责备工作组，也不能仅仅责备北京市委"。周恩来 9 月 26 日在北京工人体育馆群众大会上，谈到工作组问题时说："这个问题解决了没有？解决了，党的十一中全会解决了这个问题。"类似的话，他在许多公众场合讲过。陈毅 8 月 16 日接见外语学院等三校代表时说："对工作组要一分为二"，"……工作组是我派的，张彦（按：为中央外办

---

① 关于谭力夫"文化大革命"中的遭际，参见谭力夫：《谈谈我这个老红卫兵的遭遇》（载 1978 年 5 月 17 日《人民日报》）和谭力夫：《发生在当年的一场辩论》（载《三月风》1986 年第 5 期）。

副主任）工作组也是我派的，工作组的错误由我来承担"。"我的后台是谁？当然是毛主席了。各人有各人的帐，我有我的帐，不要用大帽子压人，压也是压不住的。说刘新权（按：为外交部副部长）是黑帮，不对。说工作组是黑帮，不对。工作组有错误，应检讨，工作组没有黑帮也不能那么说。""我不能损害少数派，损害多数派，也不能损害工作组。"8 月 30 日，他在红卫兵大会上说："工作队检查一次两次就行了，通不过也不要再回去了。"李先念 9 月 7 日在北京外贸学院群众大会上说："工作队是我们派来的。可以说错误我应该首先负责任，可以向大家道歉，所以向你们检讨。"李先念 9 月 17 日对粮食部 24 位同志说："工作组……即使犯了方向路线错误，也不能说是牛鬼蛇神，还是人民内部矛盾。"毛泽东则支持北航"红旗"揪工作组，影响很大。中央文革小组到处支持揪工作组。谢富治 9 月 13 日在公安部接见北京政法学院 20 名红卫兵时说："现在好多学校至少两派，一派是揪工作组的，一派是保工作组的。大部分是多数派，有不同的看法。少数派方向是对的。不仅北京的政法学院，其他学院也是一样。保工作组没有多大责任，说保工作组是保皇派，这个说法不好。在对待工作组的问题上，真理在少数派手里，我是支持少数派的。……我希望你们赞成少数派的大方向。"他们不知道中央全会已经解决了工作组问题（混淆是非地解决的）吗？他们这时不知道中共中央在 1967 年 2 月 17 日通知中所说的"主要锋芒应当针对着这条错误路线的提出者"吗？都不是，他们都知道。工作组是执行者，是不应该揪的。为什么要支持揪工作组呢？为什么不早早地发出 1967 年 2 月 17 日通知呢？肃清所谓"错误路线"的影响就非得揪斗执行者工作组（队）长吗？这些问题难以顺理成章地回答。支持揪工作组的真正意图是扶植少数派即造反派，不支持造反派就难以全面开展"文化大革命"。这种支持，不是凭真理的力量，因而没有说服力。结果是少数派与多数派的矛盾更为深化。

　　（4）打击知识界

　　从全国各界来说，"文化大革命"中最早遭受打击的是知识界。毛泽东三次修改过而由中共中央批发的《林彪同志委托江青同志召开的部队文艺工作座谈会纪要》提出了"文艺黑线专政"论。《五·一六通知》提出了要批判"五界"（学术界、教育界、新闻界、文艺界、出版界）的"资产阶级反动思想"和"文化领域的各界里的资产阶级代表人物"。《十六条》提出要批判"资产阶级的反动学术'权威'"、"资产阶级和一切剥削阶级的意识形态"，又规定大中城市的文化教育单位是"文化大革命"的"重点"。知识界则在劫难逃。

应该说，一方面，中央第一线与毛泽东在对知识界的估价上是不同的，早有分歧；另一方面，中央第一线在对待知识界的态度上受到了"左"的压力和"左"的影响，在《五·一六通知》通过后批准批判知识界较少犹豫。全党受阶级斗争"左"倾理论的影响，对知识界的偏见也最深。在八届十一中全会以前，"五界"的若干知名人士就遭到打击。文化巨匠郭沫若 1966 年 4 月 14 日在全国人大常委会第三十次会议上，检讨"没有把毛主席思想学好，没有把自己改造好"，认为拿今天的标准来讲，自己"以前所写的东西，严格地说，应该全部把它烧掉，没有一点价值"。尽管如此自责，在北京大学一所专门开辟出来的房子里，还是贴满了打倒郭沫若的大字报。毛泽东亲自下令对郭沫若加以保护。在八届十一中全会以后，"五界"的知名人士十分普遍地受到红卫兵的冲击，大学、中学、小学教师受凌辱者数以万计。北京中、小学的若干教师被剃了阴阳头。北京大学在 1966 年 8 月下旬短短几天之内，就有 100 多人被抄家，有的教师书籍被抄一空，有的教师连必需的生活资料也被抄走。在教职员中，被挂上黑牌子监督劳动的人数以百计。8 月 23 日"人民艺术家"老舍惨遭红卫兵的毒打，并被送到派出所。一代文豪老舍不堪凌辱，24 日投身于北京德胜门豁口外的太平湖。同一天，我国著名的马克思主义哲学家、武汉大学校长李达，含冤离开了人间。9 月 3 日，我国著名翻译家傅雷及其夫人朱梅馥自缢而死……无数人间悲剧在中国大地上演出。

红卫兵对知识界的冲击受到了赞许。9 月 17 日，《红旗》杂志第 12 期发表了本刊评论员的《红卫兵赞》。这篇文章高度评价红卫兵的"革命行动"，它说："千百万红卫兵由学校走上街头，形成了一股不可抗拒的革命洪流。他们高举战无不胜的毛泽东思想红旗，发扬了敢想、敢说、敢干、敢闯、敢革命的无产阶级革命精神，荡涤着旧社会遗留下来的一切污泥浊水，清扫着几千年来堆积起来的垃圾脏物。"

红卫兵的如此造反只是一种现象。把这种现象斥为"荒唐"、"疯狂"是肤浅的，归咎于红卫兵是不公道的。这时的红卫兵，绝大多数无非按照上面的提倡去行事，上面的提倡并非出于盲目。表现在某些红卫兵，根子却在上面，更值得研究的是上面何以肯定和提倡。轻视知识，鄙视文化，歧视知识分子，由来已久，简言之是文化平均主义的产物，是阶级斗争"左"倾错误的恶果。

胡绳在《马克思主义和中国国情》[①] 中说过："'打倒资产阶级反动学术权威'

---

① 载《红旗》杂志 1983 年第 6 期。

是没有一点马克思主义气味的口号。其错误固然是在于事实上所打倒的并不是什么'资产阶级'的权威，正如同在'走资派'的帽子下并不是什么'资产阶级'一样。但还可以设想，如果真是有一个坚持资产阶级世界观的学术权威，那么无产阶级应该对他采取什么态度呢？应该防止他的世界观发生影响，用适当的方法帮助他改造，而同时认真地向他学习，把他的学术学过来，或者批判地吸收下来。既然他是权威，为什么不应该向他学习呢？可以用革命的群众运动来打倒资产阶级反动政权，但是在任何情况下不可以也不可能用同样的方法打倒'学术权威'。考虑到中国的知识分子不是很多，而是太少，学术权威不是很多，而是太少，这样的口号就更显得荒谬了。"这一段正确的评论，适用于整个知识界。

（5）冲击领导机关和领导干部

在八届十一中全会以后，因为要清算工作组的"错误"，要批判"实行资产阶级专政"、"实行白色恐怖"，冲击领导机关和领导干部成为时髦，这从一些文件中可以看出。中央军委总参谋部、总政治部 1966 年 8 月 21 日发出的题为《绝对不许动用部队武装镇压革命学生运动》的指示中说道："最近桂林、兰州、包头等地相继发生学生上街游行、集会后，地方党政机关要求部队全副武装警戒会场、机关"。中共中央 1966 年 8 月 22 日批转的公安部的《严禁出动警察镇压革命学生运动》中说道："最近，兰州、哈尔滨、西安、重庆等地，学生包围了省、市委驻地。"这种情形，8 月 22 日后有增无已。

因对待领导机关和领导干部的态度的不同，红卫兵运动发生分裂。清华附中等中学的老红卫兵和"西纠"是坚定地保护领导机关和老干部的。清华附中红卫兵在《对目前形势的十点估计》中，突出地提出了"分清敌我"的问题，鲜明地表示"信任新市委"。"西纠"的第三号通令的内容就是保护老干部。8 月 27 日成立的"首都大专院校红卫兵司令部"（即第一司令部，简称"一司"），9 月 5 日成立的"首都大专院校红卫兵总部"（即第二司令部，简称"二司"），总的说来是由一些高等学校中的多数派所组成的，他们的基本态度是保护老干部、保护工作组。9 月 6 日成立的"首都大专院校红卫兵革命造反总司令部"（即第三司令部，简称"三司"），总的说来由一些高等学校中的少数派即造反派所组成，他们的基本态度是造工作组的反，造领导机关和领导干部的反。三个司令部之间的争斗异常复杂，核心问题是一"保"一"革"。中央文革小组越来越明显地支持"三司"，更加剧了三个司令部之间的争斗。由于中央文革小组的支持，参加"三司"的群众组织越来越多，"三司"

在全国的"名声"越来越大，但是保护工作组、保护领导机关和领导干部的仍是多数。正因为如此，中央文革小组就更支持少数派。多数派由于各种原因而在事实上进行了抵制。直到1966年年底，在不少学校中，多数派在组织上仍是多数。多数派也造反，总的说来，他们造"牛鬼蛇神"的反，而不造领导机关和老干部的反，这与少数派是不同的。

对于到处冲击领导机关和领导干部，不用说周恩来、陈毅、陶铸等许多老革命家忧心忡忡，毛泽东也不赞成。在毛泽东9月15日第三次接见全国各地来京师生的大会上，林彪在经毛泽东审阅过的讲话中突出地提出了"掌握斗争的大方向"问题。他说："这次运动的重点，是斗争那些党内走资本主义道路的当权派。炮打司令部，就是炮打一小撮走资本主义道路的当权派。我们的国家，是无产阶级专政的社会主义国家。我们国家的领导权，是掌握在无产阶级手里。""很明显，一小撮反动资产阶级分子，没有改造好的地、富、反、坏、右五类分子和我们不同……他们企图炮打我们无产阶级革命的司令部，我们能容许他们这样干吗？不能……我们一定要紧紧掌握斗争的大方向。"

毛泽东审阅过的《红旗》杂志1966年第12期（9月17日出版）社论《掌握斗争的大方向》，与林彪的讲话同一精神而又更加展开。这篇社论说：

> 对于无产阶级当权派应该支持……
>
> 我们的国家是无产阶级专政的国家，从根本上说来，当权的是无产阶级。在党、政、军各部门，在工、农、商、学、兵各界里负责各级领导工作的干部，在一般情况下，大多数是拥护党，拥护毛主席，坚决走社会主义道路的，他们包括十六条中第八条说的一、二类干部。钻到党和国家领导岗位的反党、反社会主义、反毛泽东思想的反革命修正主义分子，只是一小撮。这就是十六条中所说的那第四类。
>
> 这是我国政治生活中客观存在的基本的事实。正因为这样，所以我们的无产阶级专政的政权是巩固的。正因为这样，所以在我们国家里，才能高举毛泽东思想的伟大红旗，取得社会主义革命和社会主义建设各条战线上的极其光辉的胜利。

周恩来在9月15日大会上，突出地讲了生产问题。他说："搞好工农业生产，关系很大。""现在不要到工厂、企业单位和县以下的机关、农村人民公社去进行革命串连。那里的革命，要按照原来的'四清'部署，有计划有步骤地进行，工厂、农村不能像学校那样放假，停止生产来搞革命。"周恩来的讲话，也经毛泽东审阅过。周恩来依据的是中共中央 9 月 14 日下发的两个重要文件：一是《关于县以下农村文化大革命的规定》，一是《关于抓革命促生产的通知》。前一个文件规定："县以下各级的文化大革命，仍按原'四清'的部署结合进行，依靠本单位的革命群众和广大干部把革命搞好。北京和外地的学生、红卫兵，除省、地委另有布置外，均不到县以下各级机关和社、队去串连，不参加县以下各级的辩论。县以下各级干部和公社社员，也不要外出串连。"后一个文件的主要精神是："必须一手抓革命，一手抓生产，保证文化革命的生产、建设双胜利。"文件规定："各生产企业、基本建设单位、科学研究、设计和商业、服务行业的职工，都应当坚守岗位。外出串连的职工和科研设计人员，应当迅速返回原工作岗位，积极参加本单位的革命和生产。"这两个文件，是周恩来、陶铸针对"文化大革命"危及生产的情况，主持制定的，经毛泽东批准。

上引讲话、社论、文件，都有正确的方面。这正确的方面，正说明毛泽东的头脑中还有正确的思想。按照这正确的一面，就不应该以"天下大乱"为指导方针，就不应该支持造反，就不应该批判什么"实行资产阶级专政"、"实行白色恐怖"。不，毛泽东要以"天下大乱"为指导方针，要支持造反，要彻底改变社会面貌。毛泽东的头脑中既有正确的思想，更有错误的思想，错误的思想常常压倒正确的思想。既要"天下大乱"，既要支持造反，就不可能正确对待领导机关和领导干部问题。正是在 9 月 15 日以后，毛泽东肯定了北航"红旗"在国防科委的造反。

江青等人是根本不同意《关于县以下农村文化大革命的规定》、《关于抓革命促生产的通知》、《掌握斗争的大方向》的。他们的政治敏感性很强，敏锐地感觉到他们的主张、意图受挫。由江青、陈伯达策划，张春桥主持，王力、关锋、戚本禹、姚文元参加，于 9 月 18 日到 20 日召开了北京大专院校部分师生座谈会。清华、北师大、地质学院等高等学校的群众组织的代表参加座谈。在会上，蒯大富、王大宾等人攻击"文化大革命"中存在一条"右倾机会主义路线"，污蔑周恩来"搞调和"、"把右倾机会主义路线保了一下"；还提出"中央十一中全会并没有领导解决这个问题"，"怀疑现在是否还有一个暗中与党中央、毛主席对抗的司令部"。张春桥把这类发言都印成材料，江青则把材料上送毛泽东。毛泽东稍稍向正确方面移动了一点，经挑动后又转了过去。

红卫兵对领导机关、领导干部的冲击，没有停止过。北京敢于冲击领导机关、领导干部的少数派都得到了中央文革小组的支持，都成了闻名全国的"左派"，这对他们来说太具有魅力了。"造反就是大方向！""矛头向上就是大方向！"这是全国造反派一致的口号。湖南的造反者喊出了"打倒一切当权派"的口号。9月9日，长沙高等院校和部分厂矿企业的造反派在东风广场召开了"全市革命大军炮轰省、市委司令部大会"，会上提出了"炮打九级司令部！"的口号。（"九级"者，"中央、中央局、省、市、地、县、公社、大队、生产队"之谓也。）张春桥10月29日接见浙江金华北上控告团时说过："全国……到9月，几乎所有的省、市委都被包围了"。

以上种种，是1966年8、9月间红卫兵"革命造反"的主要活动。红卫兵运动远不限于这两个月，而以这两个月最为红火。

如果认真研究一下这些"革命造反"活动从何而来的问题，就可以发现，这些"革命造反"活动从现象上来看系红卫兵所为，实质上体现了毛泽东的"天下大乱"的指导思想。从表面上看，这些活动是自发的。从本质上看，这些活动是自上而下的。从根本上说来，这些活动是毛泽东批判中央第一线的产物。不是说没有红卫兵自发的行动，但是"革命造反"如此盛行，是离不开上面的肯定和提倡的。当然，某些消极现象不是上面提倡的；但是上面没有及时地有效地制止，则与"天下大乱"、"让群众在运动中自己教育自己"的指导思想有关。我们与其追究红卫兵何以如此"革命造反"，不如认真研究"天下大乱"、"让群众在运动中自己教育自己"这些错误指导思想是怎样形成的。

今天看来，这些"革命造反"不堪回首。当年毛泽东、中央文革小组、造反派却是豪情满怀。尽管广大干部和群众惶惑不安。一切新闻工具对毛泽东、对中央文革小组、对"文化大革命"、对红卫兵还是充斥了歌颂、赞美之辞。现象上是全国卷入"革命洪流，到处一片沸腾"。

三　毛泽东的号令："彻底批判资产阶级反动路线"

高文谦在《艰难而光辉的最后岁月——记"文化大革命"期间的周恩来》[①] 中说："1966年10月，毛泽东提出'彻底批判资产阶级反动路线'。周恩来不同意这一提法。为此，他专门找了毛泽东，表明自己的看法，说党内历来提路线问题，都

---

① 载《文献和研究》1986年第1期，《人民日报》1986年1月5日转载，《历史在这里沉思》收入。

是说'左'倾右倾，并没有'资产阶级反动路线'这样的提法，这样提合适吗？当毛泽东仍然坚持自己的看法后，周恩来保留了自己的意见，而在以后多次接见群众代表的讲话中反复强调犯'资反路线'错误，是认识问题，属于人民内部矛盾。"中共八届十一中全会并没有作出批判"资产阶级反动路线"的决定，并没有作出在全国批判重新当选为中央政治局常委的刘少奇和邓小平的决定。"彻底批判资产阶级反动路线"是毛泽东专断地提出的，是在"文化大革命"的全面发动受到阻遏后提出的。

(1) 问题的提出

1966 年 9 月 28 日，关锋在北京地质学院学生座谈会上说："对错误的路线必须批判。"10 月 1 日，北京召开中华人民共和国成立 17 周年庆祝大会，毛泽东第三次接见全国来京师生和红卫兵，林彪在大会上的讲话中提出："在无产阶级文化大革命中，以毛主席为代表的无产阶级革命路线，同资产阶级反对革命路线的斗争还在继续。"同日，《红旗》杂志第 13 期出版。[①] 这一期的社论《在毛泽东思想的大路上前进》说："两条路线的斗争并未就此结束。有些地方，有些单位，两条路线的斗争还是很尖锐，很复杂的。有极少数人采取新的形式欺骗群众，对抗十六条，顽固地坚持资产阶级反动路线，极力采取挑动群众斗群众的形式，去达到他们的目的。""对资产阶级反动路线，必须彻底批判。只有彻底批判它，肃清它的影响，才能贯彻执行无产阶级的十六条，才能在正确路线指导下进行社会上的、学校的以及其他文化部门的斗、批、改……""要不要批判资产阶级反动路线，是能不能贯彻执行文化革命的十六条，能不能正确进行广泛的斗批改的关键。在这里，不能采取折衷主义。"

《在毛泽东思想的大路上前进》这篇社论，第一次公开提出了"资产阶级反动路线"这个概念，第一次公开号召"彻底批判""资产阶级反动路线"。显然，这是毛泽东所同意的。这个概念和这个号召的提出，十分引人注目。它从思想上武装了造反派，给造反派以最有力的支持。

何以提出"彻底批判资产阶级反动路线"这个号召呢？从根本上说来，毛泽东显然不只是要改变党中央的接班人和否定中央第一线（这些在八届十一中全会上已经实现了），而且要为创造最"纯洁"最"完美"的社会主义社会准备条件，所以

---

① 《红旗》杂志 1966 年第 13 期"目录"页上印着"10 月 1 日出版"，实际上 10 月 3 日出版。

要求"天下大乱",因而提出"彻底批判资产阶级反动路线"。从当时的实际情况看,提出"彻底批判资产阶级反动路线"为了克服全面开展"文化大革命"的"阻力"。在八届十一中全会闭幕以后的四十多天中,学校师生在对工作组的看法上的分歧突出。观点不同,形成派别,斗争激烈。大中学校中的多数人仍然认为不能全盘否定工作组;全盘否定工作组的造反派是少数派,他们为毛泽东和中央文革小组所支持,但处于劣势。这种状况,任其下去,就无法全面开展"文化大革命"。多数人全盘肯定或在一定程度上肯定工作组的观点确实与刘少奇、邓小平为代表的中央第一线关于工作组的观点是相通的,这种观点确实是在客观上阻碍"文化大革命"的全面开展的。"左"倾领导者全力支持拥护"左"倾错误的造反派,自然不去研究"群众斗群众"的本质原因,对多数人肯定工作组又无可奈何,就把它归咎于八届十一中全会以前的"错误路线",认为"挑动群众斗群众"是"错误路线"的"新的形式"。这个"错误路线",在林彪 10 月 1 日讲话中叫作"资产阶级反对革命路线",没有形成一个概念。为了标明它反对"以毛主席为代表的无产阶级革命路线"的本质,《在毛泽东思想的大路上前进》无限上纲地造了一个新概念:"资产阶级反动路线"。为了克服"文化大革命"的"阻力",它号召"彻底批判""资产阶级反动路线"。说到底,还是要造成"天下大乱",以便通过"天下大乱"达到"天下大治"。

在八届十一中全会以前,党内根本不存在什么"资反路线",存在的是对党的领导的坚持和对造反行动的遏制——实际上也就是对"天下大乱"的抵制。八届十一中全会改组中央领导机构以后,刘少奇等实际上已经靠边挨批,既没有提出任何主张,更没有干预运动,没有什么"资反路线"需要"彻底批判"。当时说"资反路线"由派工作组而来[1],这是说不通的。派工作组即使算作错误也早已纠正,工作组早已撤出。学校中多数人保工作组与少数人反工作组的斗争,表面看来由派工作组引起,实质上是坚持党的原则与奉行毛泽东晚年错误思想的斗争。即使从来没有过派工作组这样的事,也会发生这类斗争。全盘否定工作组是错误的,人们当然要起来抵制。问题的症结恰恰在于支持反工作组。八届十一中全会闭幕以后出现的种种混乱,不是由派工作组造成的,而是由"天下大乱"的指导方针造成的。本来就"左"了,又批所谓"右",南辕北辙,越批越"左"。

---

[1] 陈伯达 1966 年 10 月 25 日在中央工作会议上说:"资产阶级反动路线从何而来呢?这次文化大革命的错误路线主要表现在怀仁堂几次会议上的汇报和决定的一些问题。"

如果说发起红卫兵运动和支持大串连是八届十一中全会以后第一个关系全局的重大错误，那么，提出"彻底批判资产阶级反动路线"就是八届十一中全会以后第二个关系全局的重大错误。

(2)《紧急指示》

1966 年 10 月 1 日在天安门城楼上，中国人民解放军第二军医大学群众组织"红色造反纵队"的一个负责人，向毛泽东、林彪反映说：军队院校镇压群众，与地方做法不同，搞了许多条条框框，限制太多。林彪下令要全军文化革命小组立即发一个紧急指示，让军队院校的"文化大革命"完全按地方的搞法搞。全军文革小组草拟了《关于军队院校无产阶级文化大革命的紧急指示》。在文件的草稿中，仍然尽可能地在具体做法上作了一些保留，基本点是要坚持党委领导。林彪叫把文件草稿送中央文革小组审改。陈伯达、江青、康生、张春桥等看后，认为这个草稿有很多地方不行。他们逐字逐句地修改，并且加进了取消军队院校党委领导的条文。因此，这个文件的真正起草者是陈伯达、江青、康生、张春桥等人。刘志坚（中央文革小组副组长，全军文化革命小组组长、总政副主任）在中央文革小组所在地钓鱼台提出异议，他说："取消党委领导，这在我军是史无前例的。"张春桥却说："党的领导就是毛主席的领导，就是毛泽东思想领导。"刘志坚反驳说："毛泽东思想的领导是不错的，毛主席的领导也是不错的，但是下面还是要有具体人去执行的啊！"

毛泽东、林彪批准下发。10 月 5 日，中共中央批转中央军委、总政治部 10 月 5 日《关于军队院校无产阶级文化大革命的紧急指示》。《紧急指示》的主要内容是：第一，取消"束缚群众运动的框框"："根据林彪同志的建议，军队院校的文化大革命运动，必须把那些束缚群众运动的框框统统取消，和地方院校一样，完全按照十六条的规定办"。第二，为"反革命"等平反，处理整他们的材料："凡运动初期被院校党委和工作组打成'反革命'、'反党分子'、'右派分子'和'假左派、真右派'等的同志，应宣布一律无效，予以平反，当众恢复名誉。个人被迫写出的检讨材料，应全部交还本人处理，党委或工作组以及别人整理的整他们的材料，应同群众商量处理办法，经过群众和被整的人的同意，也可以当众销毁。"第三，把"坏家伙"揪出来："要看到军队院校领导和教职员中，确实有一小撮反党反社会主义的坏家伙，一定要借文化大革命的东风，把他们揪出来，彻底斗，彻底批。"第四，取消院校党委对"文化大革命"的领导："以前军委总政对院校文化大革命的个别规定，如关于军队院校的文化大革命运动在撤出工作组后由院校党委领导的规定；关于指挥学校的学员队开展文化大革命的做法与连队相同的规定；关于只在军种兵种院校范围内不在军种兵种院校范围外和地方学校串连的规定等，已不适合当前的情况，应当宣布取消。"第五，军队院校不介入地方："军队院校不要干涉、介入地方的文化大革命。"中共中央的批语是："中央完全同意军委、总政关于军队院校无产阶级文化大革命的紧急指示。中央认为，这个文件很重要，对于全国县以上大中学校都适用，同样应当立即向全体学生和教职员工原原本本的宣读，坚决贯彻执行。"

中共中央当日就转发了《紧急指示》，充分说明了毛泽东对这个文件的重视。10月5日，中央军委奉林彪之命，在北京工人体育场召开军队院校师生10万人大会，叶剑英在会上原原本本地宣读《紧急指示》。10月6日，中央文革小组通过首都红卫兵"三司"在北京工人体育场召开地方院校10万人大会，周恩来、陶铸、陈伯达、康生、江青等出席了大会，张春桥在会上原原本本地宣读了《紧急指示》。中央文革小组成员在各种场合的讲话中，说明《紧急指示》适用于一切单位。中共中央1966年11月16日下达的《关于处理无产阶级文化大革命中档案材料问题的补充规定》，确认它适用于"各单位"。各单位在10月5日以后纷纷成立名称各个不同的"战斗队"。

《紧急指示》是适应"彻底批判资产阶级反动路线"的要求而产生的。它有正确的方面，为运动初期被冤屈地打成"反革命"、"反党分子"、"右派分子"和"假左派、真右派"的人平反，这是正确的；但是总的说来，它有着十分严重的错误。它实际上规定了更大范围内的"踢开党委闹革命"，这是它的要害。它适用于一切单位，除野战军外的全国各级党委的领导由此中断，各级党委陷于瘫痪，基层党组织停止活动。否定各级党委的领导就在很大程度上否定了党的领导，制造了无政府主义。陈伯达、张春桥等人作过许多辩解，说"党的领导是毛泽东思想的领导"、"党的领导是党中央、毛主席的领导"，显然是片面的、有害的。《紧急指示》何以作此规定？中央何以迫不及待地加以转发？无非两个原因：一是要让党组织在运动中经受考验；一是认为党组织在运动中已经成为"绊脚石"，不能领导运动。这二者都出于空想。听任造反派冲击，任何组织都经不起这样的考验。如果党委都不能领导运动，又有什么组织能领导呢？《十六条》规定，"要像巴黎公社那样"，"实行全面的选举制"，产生作为"无产阶级文化大革命的权力机构"的"文化革命小组、文化革命委员会和文化革命代表大会"。《紧急指示》也作了这样的规定。由于群众已经分裂等原因，已经不可能通过巴黎公社式的选举产生这样的权力机构，即使产

大动乱的年代（1966—1976）

生了也没有权威——这是已为实践所证明了的。说到底，既要"天下大乱"，就只能依靠造反派，而不可能依靠各级党委，正是要依靠造反派"火烧"、"炮打"各级党委。所以，在中央文革小组以军委、总政的名义作出《紧急指示》宣布取消党委领导后，中央立即加以转发。《紧急指示》最大、最严重的错误是它实际上规定了全国的"踢开党委闹革命"。在地方大中学校党组织已经瘫痪、地方其他各级党委濒于瘫痪的时候，中国共产党最负盛名的、历来最坚持党的领导的领袖毛泽东把否定中共各级党委领导合法化，教训十分惨痛。

　　除此，由于《紧急指示》关于平反和处理材料的规定过于笼统，概念不清，界限不明，引起无数纠纷。何谓"运动初期"？平反对象是指组织上作出"反革命"等结论的，还是包括未经组织作出"反革命"等结论的？过去就是"反党分子"，在运动初期又被打成"反党分子"，账还是老账，是否予以平反？个人不是"被迫"而是"主动"写出的检讨材料，要不要全部退还本人？"党委或工作组以及别人整理的他们的材料"一语中的"别人"，所指为何？包括不包括对立面的群众？"别人"整理了材料算不算执行了"资反路线"？党委会会议有关记录、工作组会议有关记录、工作组成员工作日记要不要处理？档案材料要不要处理？群众已经分裂，对处理材料的意见不一，难以统一，怎么办？有关领导干部已被揪走，谁来处理材料？如此等等，疑问很多，而这些问题是在执行中必然要出现的。在《紧急指示》下达后，军队院校和地方迅速出现要求平反、追查运动初期的"黑材料"的热潮，在对某一人给予不给予平反、材料如何处理等问题上争论不休，加剧了上下之间和群众之间的对立。上访因此增多，打、砸、抢、抄、抓等违法活动为之发展，一些学校开始发生武斗事件。周恩来一再慨叹在全国范围内找不到一个处理材料好的典型。1966 年 11 月 16 日，中共中央作出《关于处理无产阶级文化大革命中档案材料问题的补充规定》，宣布："根据最近各地的情况，中央认为，对于文化革命中各学校、各单位编写的整群众的档案材料，都应该宣布无效，全部清出，一律当众焚毁。"

　　《紧急指示》要求"揪出""军队院校领导和教职员"中的"反党反社会主义的坏家伙"，对政策界限不加任何规定。什么人是"反党反社会主义的坏家伙"，仁者见仁，智者见智。其结果是乱揪一气，不仅是一批干部蒙受冤屈，而且造成了你"革"我"保"、你"保"我"革"的局面，更加剧了群众之间的对立。

　　（3）中央工作会议

　　1966 年 10 月 9 日至 28 日，毛泽东主持了中共中央在北京召开的以批判"资反路线"为中心内容的工作会议。各大区负责人、各省市自治区党委负责人、中央各部委党组织的负责人出席了会议。

会议印发了林彪1966年8月13日在中央工作会议上的讲话、国家计委党组《今年1至9月份经济情况》等文件，还印发了十几个"参考材料"。参考材料之四是记录红卫兵"丰功伟绩"的《把旧世界打得落花流水》。这个材料有"把资产阶级打得威风扫地"、"挖出了一批潜藏很深的反革命分子"、"扫除宗教迷信，捣毁教堂寺院"、"没收了一批剥削阶级的不义之财"等十项内容。据统计，全国各城市截至10月3日为止，破获现行反革命案件1788起，没收黄金118.8万两，从城里赶走"牛鬼蛇神"39.74万人。^①参考材料之五是《关于国务院文教各部门红卫兵查抄五类分子家庭的情况简报》。国务院文教各部门（文化部、教育部、卫生部、体委、文字改革委员会）及其直属单位的人员中，被查抄的共1776户。这些部门在编人员总数为29975人，被查抄的约占6%。参考文件之六为《小学也必须进行无产阶级文化大革命》。这个材料有"小学教师的阶级队伍严重不纯，领导权被敌人篡夺"、"党的政策不能贯彻，坏人坏事畅行无阻"等三项内容。参考文件之十三是《李雪峰同志代表中共北京市委作关于在无产阶级文化大革命中所犯方向路线错误检查提纲》。

10月9日下午在人民大会堂开全体会，林彪讲话。他说，现在我们需要总结一下这一个时期的经验，研究怎么样继续有力地贯彻十一中全会关于文化大革命的决定。4号下午，总理、陶铸同志还有军队的同志在主席那里汇报文化大革命形势的时候，主席就提出来召集各地的同志开这个会。主席本来要亲自到会，恰恰这两天受凉。这个会议的时间准备只开七天，从今天起就开小组会，大约开三天，然后再由中央文革小组的同志作综合性的发言，再讨论两天，最后一天请主席作指示。——由于会议的"头一个阶段的发言不那么正常"^②，亦即许多同志对"文化大革命"还是"很不理解"，会议没有按照这个安排进行，不是开了七天而是开了近二十天。

叶剑英10月9日在会议的第二组发言。发言要点是：主席说，这次运动暂定

---

① "现行反革命案件"绝大部分乃至全部是冤假错案。"没收"和"查抄"是违法行为。香港大律师胡鸿烈讲到"无法无天的十年内乱"时说得好："当时，既然叫一场'革命'（我说的是加引号的），那就无法可言，什么法也不管用的，再健全也不行。不要说中国，哪国革命一来，都不会顾及法律的，否则就不叫'革命'了。"参见《与香港大律师谈法制——政协委员胡鸿烈答问录》，载1988年3月28日《人民日报》。

② 这是毛泽东10月25日在会议上说的。

搞到明年 1 月，还有四个月。十一中全会后搞两个月，要很好地总结经验。为什么发动文化大革命？第一是为了反修防修；第二是为了战备。现在备战的任务很重，时间很紧。可能在 1968 年前后发生战争。主席说，三线不建起来，党也睡不着。文化大革命就是最好的战备动员，这一点日本人、美国人都看出来了。打仗就得靠青年，把他们用毛泽东思想武装起来，什么都不怕。叶剑英转述的毛泽东的话，看来是毛泽东在 10 月 4 日下午说的。

10 月 10 日，曹荻秋在第三组发言，谈上海"文化大革命"情况。12 日，吴德在第一小组发言，谈北京"文化大革命"情况。13 日，熊复在第二组发言，他说：新华社 500 多名记者，28 个分社，竟然不能担负向中央、毛主席反映全国各地"文化大革命"真实情况的任务，中央文革小组从部队中抽调 100 多名军事记者① 到全国各地了解情况。小组会上的发言诸如此类。既没有对"文化大革命"的明显的抵制，也没有对"文化大革命"的热烈的拥护——这就是所谓"头一个阶段的发言不那么正常"。党的各级领导机关和主要领导人不同程度地受到冲击，到会者许多人忧心忡忡，实在做不出热烈拥护"文化大革命"的姿态，这与造反派对"文化大革命"的疯狂拥护有天渊之别。但是由于原有的对毛泽东的个人崇拜加上"文化大革命"中特有的强制性的个人崇拜②，他们或者没有抵制意识，或者不敢进行抵制。

10 月 14 日晚，中央政治局常委、各大区的领导人、会议各组组长在毛泽东那里开会，研究会议情形，采取对策。

10 月 16 日下午在人民大会堂东大厅开全体会，陈伯达作题为《无产阶级文化大革命中的两条路线——在中央工作会议上的讲话》的讲话。这个讲话以"彻底批判资产阶级反动路线"为纲。它的突出之点是：第一，高度评价、热烈歌颂"文化大革命"和红卫兵运动。它说："伟大的红卫兵运动震动了整个社会，而且震动了全世界。红卫兵运动的战果辉煌。可以无愧地说，整个文化革命运动，比巴黎公社，比十月革命，比中国历来几次大革命的群众运动，都来得更深刻，更汹涌澎湃。这是国际上更高阶段的无产阶级革命运动。"第二，全文引用了毛泽东的《炮打司令部——我的一张大字报》，点名攻击了刘少奇和邓小平。在这以前，不许《炮打司令部》在社会上传播。根据毛泽东的指示，陈伯达 8 月 24 日在北大讲话，周

---

① 绝大部分不是军事记者而是军队干部，其中许多人是军队院校的干部。

② "文化大革命"中的个人崇拜明显地带有政治强制性，这与"文化大革命"前是有所不同的。

恩来 9 月 10 日在首都红卫兵座谈会上讲话，都说禁止传抄。陈伯达在讲话中全文引用，毛泽东又加以批发，《炮打司令部》迅速传遍全国。在这以前，不赞成给刘少奇贴大字报。在八届十一中全会上，有人要给刘少奇贴大字报，毛泽东要周恩来去劝阻。① 北大在 8 月 20 日以后贴出一批攻击刘少奇的大字报，陈伯达奉毛泽东之命于 8 月 24 日去北大阻止。在 10 月 16 日讲话中，陈伯达却点名攻击刘少奇和邓小平。会后，则听任造反派贴出"打倒刘少奇"的大字报。态度的变化，表明错误的发展。第三，错误地说明了什么是"毛主席的无产阶级的革命的路线"、什么是"资产阶级反动路线"。它说："毛主席提出的无产阶级文化大革命路线，是让群众自己教育自己、自己解放自己的路线。可是，提出错误路线的代表人，他们却是反对让群众自己教育自己、自己解放自己。他们在这个触及人们灵魂的大革命中，把国民党的'训政'搬来了。"这种解释，把党的领导污蔑为"国民党的'训政'"，鼓吹"群众要怎么办就怎么办"，否定了党的领导；而否定党的领导，正是"文化大革命"成为一场内乱的症结所在。第四，错误地指出"两条路线斗争"在继续。它说："事实是这样摆着：两条路线的斗争还在继续，而且还会经过多次的反复。"它颠倒是非地批判了谭力夫的讲话，又颠倒是非地指出："工作组虽然撤走了，但是，那些不赞成毛主席路线的人，仍然可以利用职权，用其他形式来代替。"第五，指责"怕字派"。它说："怕字派说，群众乱来，不讲道理，不守规矩，闹得很糟。怕字派说，群众把他们习惯的秩序打乱了，使他们的事情不好办。怕字派说，文化大革命妨碍生产。一闹文化革命，生产就不好进行了，生产计划就没有保证了……"且不说这里假"群众"之名，广大干部、群众确有这类顾虑。陈伯达没有也根本不可能以摆事实、讲道理打消这些顾虑，他只是蛮不讲理地下了一个断语："这些怕字派的同志，千怕万怕，一言以蔽之，就是：'怕群众，怕革命。'"第六，提出了对路线错误要区别对待的观点。它说："路线问题，要分开看：一种是提出的，一种是执行的。提出错误路线的，是错误路线的代表人，即刘少奇和邓小平两位同志，他们要负主要责任。""压制群众、打击革命积极分子的错误路线，是资产阶级反动路线。当然，这不是说，执行这一条资产阶级反动路线的人，就都是反党反社会主义反毛泽东思想的资产阶级右派分子。只要自己能够改正错误，回到正确立场上来，执行党的正

---

① 周恩来 1967 年 4 月 19 日参观工艺美术革命造反展览会时说："八届十一中全会贴刘少奇的大字报，主席叫我去解释。"

确路线，那就不仅可能是二、三类干部，也还可能发展成为一类干部。""对一般犯路线错误的同志说来，他们的错误性质属于人民内部矛盾，而不是敌我矛盾。……无论什么人，无论过去有多大功绩，如果坚持错误路线，他们同党同群众的矛盾的性质就会起变化，就会滑到反党反社会主义的道路上去。""受错误路线蒙蔽和影响的群众，或者暂时被错误路线控制和影响的一些群众组织，并不担负错误路线的责任。"从根本上说来，这些意见是错误的。因为"错误路线"并不存在，刘少奇、邓小平并不是"错误路线的代表人"。撇开这个根本错误不论，把"提出的"和"执行的"分开当然比不分开要好之多多。可惜，这里又提出了"改正错误"、"回到正确立场上来"的要求。在当时情况下，不是领导干部主观上不愿意"改正错误"，而且根本不具备"改正错误"的条件。"分开"只是说说而已，实际上在很大程度上并未实行。第七，批判了"血统论"。它说："最近一个时期，有人……用血统论来代替阶级论，企图混淆阶级阵线，孤立无产阶级的革命队伍。""各地流行着一种所谓'自来红'的谬论。制造这种谬论的人……利用一部分年轻人天真提出的'老子英雄儿好汉'，来蛊惑一批学生。实际上，这是剥削阶级的反动的血统论。""现在有一些学生接受什么'自来红'、'自来黑'的观点，接受什么要在学生中划分'红五类'、'非红五类'或者什么'黑几类'的观点。制造这类观点的人，是要在无产阶级文化大革命中制造混乱，蒙蔽青年。""血统论"是阶级斗争"左"倾理论的派生物？是红卫兵运动的副产物。批判"血统论"总的说来是正确的。如果考虑到这种批判是用来打击不听话的老红卫兵的，就可以断定这种批判不是完全正确的了。第八，提出了"多数"、"少数"问题。它说："按照马克思列宁主义、毛泽东思想看来，离开阶级分析，来看多数或少数，也是完全错误的。"表面看来，这话完全正确。它的真正含义，却是支持少数派即造反派，因而是完全错误的。由此可见，陈伯达10月16日的讲话，其错误具有十分严重的性质。

10月24日，毛泽东在陈伯达讲稿的送审稿上写了批语："改稿看过，很好。抓革命，促生产两句，是否在什么地方加进去，请考虑。印成小本，大量发行，每个支部，每个红卫兵小队，至少有一本。"这个批示得到了贯彻执行。《红旗》杂志1966年第14期社论《以毛主席为代表的无产阶级革命路线的胜利》，宣传了陈伯达讲稿的若干要点。

10月23日，刘少奇、邓小平在全体会上作检讨。

刘少奇检讨稿初稿早就写好。9月14日，毛泽东对这个初稿的批示是："少奇同志：基本上写得很好，很严肃，特别是后半段更好。建议以草案形式印发政治局、书记处、工作组（领导干部）、北京市委、中央文化小组①各同志讨论一下，提出意见，可能有些收获，然后酌加修改，再作报告，可能稳正一些，请酌定。毛泽东9月14日"。刘少奇照办了。10月23日，刘少奇在中央工作会议上作检讨。检讨分三个部分②。第一部分讲"五十多天"。刘少奇说："在今年6月1日以后的五十多天中我在指导无产阶级文化大革命中发生的是路线方向错误。这个错误的主要责任应该由我来负……第一位要负责任的就是我。"他在叙述了派工作组、作出"内外有别"等规定、批发北大工作组关于文化革命的简报、批发各中央局等处给中央的关于文化大革命的报告、同意北京恢复党团活动的意见等项活动后说："由我主持的中央汇报会议就陆续地作出了前面所说的那些错误的决定。""……事实上就站到资产阶级反动立场上去，实行了资产阶级专政，将无产阶级文化大革命轰轰烈烈的运动打了下去，颠倒是非，混淆黑白，长资产阶级的威风，灭无产阶级的志气。即使在这个时候，我还不是很明白的，不知道这种情况是极不正常的，极不利于文化大革命，不利于党和社会的利益。这是右倾机会主义的错误。虽然才五十多天，但损失是很大的。这种后果直到现在还没有肃清，有些地方变本加厉造成了群众的对立。"在检讨的第二部分，刘少奇说："我这次犯错误不是偶然的，我在历史上也犯过一些原则性和路线性的错误"。他接着举了一些例子：1946年2月1日为中央写过指示，说政协决议付诸实施，中国就走向和平民主的新阶段；1946年年初，对东北战争的指导有错误，对林彪的指导是不够的；1947年夏主持的全国土地会议没有系统地全面地解决问题；1949年春在天津的讲话有右倾错误；1951年7月错误地批评了山西省委关于组织农业生产合作社的决定；1955年没有反对缩减合作社的意见。刘少奇比较具体地讲了1962年和1964年的问题，他说："1962年我犯右倾错误，1964年又犯形'左'实右，我这次在无产阶级文化大革命中所犯的路线错误是跟以前的错误有联系的。"检讨的第三部分是"犯错误的原因"。原因是：第一，"不理解这场文化大革命是我国社会主义革命发展的更深入、更广阔的新阶段，以及如何进行文化大革命的方法。""怕乱、怕大民主、怕群众起来造我们的反，怕反革命上台。"第二，错误估计当时无产阶级"文化大革命"的形势。第三，"在

---

① 即"中央文化革命小组"。

② 检讨稿形式上未分几个部分，事实上分三个部分。

思想上，资产阶级世界观还没有完全改变过来"。第四，"最根本的是没有学好和掌握毛主席思想"。刘少奇在检讨中讲了一些真实情况和真实思想，但是整个看来是违心地按照《炮打司令部——我的一张大字报》的口径讲的。他不透过，敢于负责，但是事实上他没有弄清也无法弄清自己犯了什么错误。刘少奇的检讨，是中央工作会议文件之六。

邓小平的检讨稿，也是得到毛泽东的首肯的。毛泽东在检讨稿 10 月 21 日送审稿上批示："小平同志：可以照此去讲。但在……第 1 行'补过自新'之后，是否加几句积极振奋的话，例如说，在自己积极努力和同志们积极帮助之下，我相信错误会得到及时纠正，请同志们给我以时间，我会站起来的。干了半辈子革命，跌了跤子，难道就一蹶不振了吗？又，题目'初步'二字可以去掉。毛泽东 10 月 22 日上午 4 时"。邓小平照办了。10 月 23 日，邓小平在中央工作会议上作检讨。他违心地说："在这场文化大革命中代表资产阶级反动路线的，在中央领导同志中，在全党范围内，就是少奇同志和我两人。"又说："必须讲清楚，工作组的绝大多数是好同志，在这段工作中所犯的错误除了个别人外，主要责任不应由他们来负担，而应由我和少奇同志来负担。"

在 10 月 24 日的小组会上，一些同志指责了刘少奇，个别人指责了邓小平。谢富治表现得很坏，他于 10 月 24 日在第五组小组会上诋毁刘少奇"右倾思想是一贯的"，"在组织上也是搞宗派主义、搞私人势力"，"分裂党"，"由不举毛主席的伟大红旗，到平起平坐，发展到取而代之"。又说："邓在人们的印象中，是一个三十年'一贯正确'的形象，在党内有很大的影响（当然他们过去做了许多工作）。这次批判资产阶级反动路线的阻力之所以如此大，同这种影响不无关系。"又说："彻底肃清刘、邓的影响，是很必要的。建议将他们的错误在更大范围内，起码在县团级公布和批判。"叶剑英在第二组会议上则讲了毛泽东的意见，他说：主席讲，很多问题都揭出来了。会议再开下去，调子越来越高，势必打成黑帮，打成反党反社会主义分子，这样对全党全国不利，对世界也不利。叶剑英接着说：主席既有高度原则性，又有高度灵活性。从叶剑英的发言，可以看出，毛泽东这时认为刘少奇、邓小平的问题仍是党内问题。

10 月 24 日晚，毛泽东召开汇报会，在听取汇报后讲了话，部分内容大意是：把对刘、邓的大字报贴到大街上去不好，要允许犯错误，允许改，让红卫兵看看《阿 Q 正传》。刘、邓两人是搞公开的，不是秘密的，要允许刘、邓革命。你们说我是和稀泥，我就是和稀泥的人。对刘少奇不能一笔抹煞。文化大革命只搞了五个月，最少五年才能得出经验。一张大字报①，一个红卫兵，一个大串连，谁也没料到，连我也没料到。弄得各省市呜呼哀哉。学生也犯了一些错误，主要是我们这些老爷们犯了错误。过去是"三娘教子"，现在是子教三娘。民主党派还要，政协也还要，同红卫兵讲清楚。工厂、农村还是分期分批。你们回去要振作精神搞好，谁会打倒你们？当讲到过去中央分一线、二线时，毛泽东说：这是故意大权旁落，大闹独立王国。当康生插话说八大政治报告是阶级斗争熄灭论时，毛泽东说：报告我们看了，这是大会通过的，不能单叫刘、邓负责任。

10月25日，林彪、毛泽东先后在全体会上讲话。

林彪讲了三个问题：第一，"文化大革命中的情况"；第二，"文化革命的必要性"；第三，"怎么搞文化革命"。关于"文化大革命中的情况"，林彪说："几个月来文化大革命中的情况是两头的劲很大，中间就有一点劲头不足，中间甚至还有一点顶牛，局势一度有些紧张。""两头的劲很大，一头是毛主席的领导，一头是群众。"说到"群众"，林彪说："广大群众轰轰烈烈……收获很大，尤其是政治上的收获。党内揪出了一批走资本主义道路的当权派，社会上搞臭了很多资产阶级的反动'权威'，还挖出了很多潜藏的反革命分子、坏分子，破获了很多反革命案件，搞出了很多武器，电台、黄金，等等。但是，最主要的是在思想上，确实是触及了人们的灵魂。""这个运动在世界上树立了史无前例的榜样。对于反对修正主义，中国这种做法很有示范的作用。"说到"毛泽东的领导"，林彪说："只有毛主席这样伟大的马克思列宁主义者……才敢于发动这样轰轰烈烈的，震动全国和全世界的革命群众运动。在毛主席领导下的一些同志也很得力，一直是拥护毛主席的路线，执行这个路线的。"说到"中间"，林彪说："刚才说了中间有一些顶牛，这就是5月16日中央《通知》上说的，'绝大多数党委对于这场伟大斗争的领导还很不理解，很不认真，很不得力……'一直到这次会议以前，我看还是这样的情况。""有一些是主观上的抵抗性，但是大多数不是，大多数是认识问题，不够理解的问题。"林彪认为最重要的原因是："中央有几个领导同志，就是刘少奇、邓小平同志，他们搞了另外一条路线，同毛主席的路线相反。"关于"文化革命的必要性"，林彪作了迄今为止最为系统的说明。他的主要观点是：第一，社会意识形态这个上层建筑，一定要

---

① 指聂元梓等人的大字报。

大动乱的年代（1966—1976）

随着社会的经济基础的变化而变化。"我们为什么要搞这个文化革命呢？要搞这个社会意识形态领域里的革命呢？决定的因素，就是因为我们社会的经济基础发生了根本的变化。""经济基础既然发生了变化，我们的社会意识形态这个上层建筑，一定要跟着变化，一定要赶上去。如果我们不赶上去的话，就妨碍社会主义所有制的巩固，就会使我们进步缓慢，就会使新的社会生产力不能得到发展，就会使革命既得的成果不能巩固，就会走到资本主义复辟……""所以，搞不搞文化大革命，是一个关系无产阶级政权能不能巩固、革命成果能不能发展的重大政治问题，是一个关系革命成败的重大政治问题。"第二，要重视意识形态方面的阶级斗争。"……另外一个战线就需要更长的时间，更曲折的斗争，这就是思想领域里面的斗争。""不单是苏联，还有若干'社会主义'国家都是胜利一、二十年，因为这一方面的斗争没有抓紧，放松了，因此革命停顿、倒退、复辟等等现象都发生了。……苏联搞了近五十年，今天修正主义上台统治。我们如果不始终一贯地来抓文化革命，也会产生这个结果。""我们取得了政权以后，一方面，固然要搞经济建设，但是另一方面从长远意义来看，更重要的是要搞思想建设。思想，对社会政治经济的发展有巨大的能动作用。""现在我们……在思想上还没有完全取得统治地位"，"我们有权力、有必要来建立我们无产阶级在思想上的统治"。"我们斗争的方式有的时候是采取报刊批判的方式……可是发展到一定阶段的时候，就要有像五个月以来的这种轰轰烈烈的，全社会都动起来的大扫荡，大破除。……这种运动的作用决不是那种报刊上的批判可以代替的，这有它的特大的作用，有它的特大的威力。这次运动是一个伟大的创举。"第三，破"私"立"公"。"旧文化、旧思想的本质是什么呢？……概括来说，旧在一个字上，旧在'私'字上。那个新东西，新思想，又新在哪一点上？概括来说，新在一个'公'字上。""我们就是需要培养为公的人。"第四，用"革命化"来领导"机械化"。"建设我们的国家有两条路线，一条就是像苏联那样片面地只注意搞物质，搞机器，搞机械化，还搞什么物质刺激。另一条就是毛主席领导我们走的这条路线。""毛主席领导我们创造了一个新型的国家，这个国家除搞机械化以外，更重要的是搞革命化，用革命化来领导机械化。"关于"怎么搞文化革命"，林彪的回答是：要"相信群众、依靠群众、发动群众"。他说："革命的群众运动，它天然是合理的。尽管群众中有个别的部分、个别的人，有'左'有右的偏差，但是群众运动的主流总是适合社会的发展的，总是合理的。""一个是群众路线，一个是反群众路线。这就是我们党内两条路线的尖锐的对立。""好多人的确是怕出乱子。

其实,这个乱子是乱敌人,而不是乱我们。""你们现在如果怕出这点小乱子,将来要出大乱子,牛鬼蛇神将来要造无产阶级的反,造我们的反。这次我要谢富治同志搞了一个说明红卫兵战果的材料①,我还派人去参观过。事实上人家就是准备造我们的反。"最后,林彪讲了对前一段犯"路线错误"者的看法和对领导干部状况的估计:"总的估计是,大部分同志是不自觉的,并不是有意抵抗毛主席的路线。大多数是一个认识的问题,而不是反党反社会主义反毛泽东思想的问题。这个我们都知道。现在的中央书记、省委书记、市委书记,是老好人的多。个别的坏的也有,多数是好的。你们当然也有你们的责任。……总的方面还是属于认识问题的多。只有少数一小撮,那是抵抗毛主席的正确路线的。"

林彪的讲话,从总体上说,颠倒是非,强词夺理。"革命的群众运动,它天然是合理的",这是林彪的"名言",是否定党的领导的谬论。"文化大革命"并不是"革命的群众运动",它不过假"革命的群众运动"之名自上而下地运动群众罢了。"一个是群众路线,一个是反群众路线。这就是我们党内两条路线的尖锐的对立",根本不合事实。人民群众没有"文化大革命"的要求,"文化大革命"完全不符合群众路线,倒是中央第一线和全党许多领导干部从主要方面说符合群众路线。"相信群众、依靠群众"云云,不过是官样文章,验之于实践,它只是不相信、不依靠多数人的同义语。今天看来,林彪的讲话错误百出而且明显;当日,它出于"副统帅"之口,似乎还是讲道理的,调子也比较平缓,"左"倾思潮又已弥漫,所以为许多党员、干部所接受。它不仅是林彪个人的错误,而且代表了当时的"左"倾思潮。毛泽东批准了林彪的讲话。林彪的讲话同陈伯达10月16日的讲话一样,大量印发。

毛泽东10月25日讲话,讲了"一线、二线"问题和"文化大革命运动"问题。关于前一问题,他说:

　　"想要使国家安全,鉴于斯大林一死,马林科夫挡不住,发生了问题,出了修正主义,就搞了一个一线、二线。现在看起来,不那么好。我处在第二线,别的同志处在第一线,结果很分散。一进城就不那么集中了。搞了一线、二线,出了相当多的独立王国。所以,十一中全会对一线、二线的问题,就做了改变。"

　　"我也有责任。为什么说我也有责任呢?第一是我提议搞书记处,政治局

---

① 就是这次会议上印发的参考材料之四《把旧世界打得落花流水》。

常委里头有一线、二线。再，就是过于信任别人。"

"引起警觉，还是'二十三条'那个时候。

从许多问题看来，这个北京就没有办法实行解决，中央的第一线中存在的问题就是这样。所以，我就发出警告说，北京出了修正主义怎么办？这是去年9、10月间说的。我感觉到，在北京我的意见不能实行，推行不了。

北京的问题，到现在可以说基本上解决了。"

关于"文化大革命运动"问题，毛泽东说：

"我闯了一个祸，就是批发了一张大字报；再就是，给清华大学附属中学红卫兵写了一封信；再，我自己写了一张大字报。"

"时间很短，来势很猛。我也没有料到，一张大字报（北大的大字报）一广播，就全国轰动了。给红卫兵这封信，我还没有发出，全国就搞起红卫兵来了。各种各派的红卫兵都有，北京就有三、四个司令部。红卫兵一冲，把你们冲得不亦乐乎。"

"总而言之，这个运动才五个月。可能要搞两个五个月，或者还要多一点时间。""这个文化革命只有五个月，所以，不能要求同志们现在就那么理解了。"

"你们回去有大量的政治思想工作要做。中央局、省一级、地一级、县一级，至少这四级要开一个十几天的会，真正把问题讲清楚。""上次开会①回去以后，就没有开好会，有些地方就根本没有开，有些地方开了，也不是那么充分，被红卫兵一冲就乱了。""我对这次会议以后的情况，信心增加了。"

"文化大革命这个火是我放起来的。时间很仓促，只几个月。……不那么通，有抵触，这是可以理解的，是自然的。……现在学生不是冲得厉害吗，没有设想到的事情来了。来了就来了。这一冲，我看有好处。过去多少年我们没有想的事情，这一冲就要想一下了。无非是犯一些错误，那有什么了不起呀？路线错误，改了就是了。谁人要打倒你们呀？我是不要打倒你们的，我看红卫兵也不一定要打倒你们。"

"你们过不了关，我也着急呀。时间太短，可以原谅，不是存心要犯路线错误，有的人讲，是糊里糊涂犯的。也不能完全怪刘少奇同志、邓小平同志。

---

① 指 1966 年 8 月的八届十一中全会和中央工作会议。

他们两个同志犯错误也有原因。"

"过去中央第一线没有领导好。时间太短，对新问题没有精神准备，政治思想工作没有做好。所以，这一次又做了十七天。我看，以后会好一些。"

比之陈伯达、林彪的讲话，毛泽东的讲话更为平缓——突出的是他没有说八届十一中全会以来的"路线斗争"。毛泽东在思想上是矛盾的。他一方面认为中央的问题已经基本上解决，认为刘少奇、邓小平和许多干部的问题都是人民内部矛盾，一再说不怪大家对"文化大革命"不理解，明确表示："我是不要打倒你们的，我看红卫兵也不一定要打倒你们。"他估计"文化大革命"再搞五个月或者长一点时间就可以结束。另一方面，又肯定和支持红卫兵对广大干部的冲击，认为冲得好，认为"文化大革命"不能刹车。这是矛盾的。他过去的正确思想还在部分地起作用，他不赞成打倒许多干部；而他为彻底改变现状的愿望所驱使，又支持冲击。这二者是不可调和的。只要支持冲击，势必要冲掉比较正确的方面。

10月28日晚开全体会，周恩来作总结性的讲话。部分内容大意是：今天向主席、林总都报告请示了。这次会议，主席说不那么统一，有抵制。后一段已经趋向一致。目前的形势还是在运动的初期阶段。主席说"文化大革命"运动可能继续五年，意思就是到1970年。主席提议各省市同志回去要开三级干部会议，大区就不必开了。刘少奇、邓小平同志的检讨发到县、团级。做梦也没有梦到这样一个大局面……总是难以设想下这样大的决心。（林彪插话："不敢想。"）感到我们跟主席总是跟不上。周恩来说：我们在文化大革命中是不是设想一个时间表。这是陶铸同志提议的。可以作一个设想，今天在主席那里谈了，原来常委也谈过，跟中央文革小组也说了。省、市、自治区一级能不能在春节前使机关的运动告一段落。设想中央各部（包括各口子①）主要的也在春节以前告一段落。当然这是主观愿望。富春设想部一级还有司局长一级争取1月半就结束。周恩来又根据毛泽东的意见，对运动中若干具体问题作了原则性的答复。

周恩来说："主席提倡各省回去召开三级干部会议，赞成公开开会，不开秘密会。你们下车以后，可能被捉去，所以要发一个通知，对红卫兵讲清楚，让你们好好传达，集中力量开好会。"中共中央发了紧急通知，而一些红卫兵根本置之不理。一些领导干部一下火车、飞机就被红卫兵揪走了，有些省、市、自治区的三干会被

---

① 如农林口、工交口。

红卫兵冲掉了，这样就根本谈不到中央工作会议精神的认真贯彻。毛泽东支持红卫兵冲击，红卫兵正是根据这种支持冲击了各级领导干部、冲击会场，造成了对三干会的严重干扰。出现了既要各级领导干部贯彻中央工作会议精神却又学习、传达、贯彻不了这样的怪事。这样的事一再发生，说明运动领导上杂乱无章，自相矛盾。这是毛泽东的思想上矛盾的反映。他要来一场"最伟大的革命变革"，但是他也不知道"文化大革命"怎么革法。发动"文化大革命"是主观主义的，不可能有正确的方针、步骤和方法。

中央工作会议的基本精神是"彻底批判资产阶级反动路线"。会后向全党全国公布了《炮打司令部——我的一张大字报》。这次会议是导致全国动乱的一个严重步骤。

中央工作会议结束两天后，姚文元等人就影射攻击周恩来。10 月 31 日，7 万多人在北京工人体育场集会，纪念鲁迅逝世三十周年。姚文元在会作了题为《纪念鲁迅革命到底》的讲话，别有用心地指责"那些貌似'公正'而实际上站旧势力一边的'正人君子'们"。他说："他（按指鲁迅）曾经这样淋漓尽致地刻划过这类'正人君子'的丑态：'虽然是狗，又很像猫，折中，公允，调和，平正之状可掬，悠悠然摆出别个无不偏激，惟独自己得了中庸之道似的脸来。'……这真是对于今天某些自命'超然''公允'的现代修正主义者绝妙的画像。"① 社论《纪念我们的文化革命先驱鲁迅》更为明确地指责"在两军对垒中那种貌似'公允'、'平正'的'和事老'，那种所谓'不偏不倚'的'骑墙'派"。它说："'调和'、'折中'，就是'混淆黑白'，'为虎作伥'。在你死我活的阶级斗争中，搞折中主义，实际上就是站到敌人一边。每当阶级斗争的紧要关头，折中主义者总是出来大喊大叫，或者嘟嘟囔囔，然而历史注定了他们扮演的是一个可悲的角色。""那些标榜走中间道路的人，必然滑到修正主义的泥坑。""在这两条路线的斗争中，进行调和、折中，这实际上就是维护资产阶级反动路线，反对无产阶级革命路线。"联系到蒯大富等人 9 月 18 日至 20 日在张春桥主持的座谈会上污蔑周恩来"搞调和"，这里的恶毒用心就昭然若揭。这种影射攻击，特别卑劣。

（4）更加激烈的造反行动

号召"彻底批判资产阶级反动路线"，转发《紧急指示》，召开以批判"资反路

---

① 《红旗》杂志 1966 年第 14 期（11 月 1 日出版）。

线"为主题的中央工作会议，如火上加油，使造反行动更为激烈。

10 月 18 日凌晨，首都红卫兵"三司"为"口号事件"①而在北京大街上喊出了"打倒刘少奇"的口号。同日下午，清华大学出现了大标语："打倒修正主义的头子刘少奇！"10 月 25 日，中央组织部一些人要去中南海向毛泽东和党中央送决心书，表示坚决揭发、斗争刘少奇、邓小平（为陶铸所阻止）。11 月 8 日，聂元梓、孙蓬一等 11 人贴出了题为《邓小平是党内走资本主义道路的当权派》的大字报。大字报颠倒是非地说："我国党内头号走资本主义道路的当权派是刘少奇，二号人物就是邓小平。""早在 1956 年，在他的《关于修改党章的报告》中，就……大反所谓个人崇拜。""他在团中央的一次会上，公开鼓吹在农村恢复单干，说什么'不管黑猫白猫，能逮耗子的就是好猫。'""在邓小平主持的中央书记处会上，曾对当时的文化革命作了这样的描绘：现在有人不敢写文章了，新华社每天只收到两篇稿子，演戏只演兵，只演打仗的。电影哪有那么完善的?!""彭真是扼杀北大社教运动的罪魁祸首……彭真只是一帅，帅上还有一帅，这就是彭真后台之一邓小平。"10 月 29 日，国家经委一些人贴出了题为《薄一波究竟是什么人？陶鲁笳为什么要包庇他》的大字报。

11 月 7 日，北师大"井冈山战斗团"谭厚兰等 200 余人，在戚本禹通过林杰（中国科学院哲学社会科学部造反派头头）的唆使下，在天安门人民英雄纪念碑前集会，誓师捣毁"孔家店"。200 余人 11 月 9 日到达曲阜，以中央文革小组派来的名义，"冲破山东省委、曲阜县委和孔庙管理处的阻拦"②，串连当地一些学校的造反派，成立"彻底捣毁孔家店革命造反联络站"，召开彻底捣毁孔家店的万人大会，砸了国务院 1961 年立的"全国重点文物保护单位"的石碑，发了给国务院的"抗议信"。从 11 月 9 日到 12 月 7 日，谭厚兰等人捣庙、砸碑、挖坟、烧像、毁书，共破坏文物 6618 件。同时，多次围攻和揪斗省、地、县委领导干部，押他们陪孔子塑像游街，"为孔老二送丧"。

在北京，军事领导机关连续遭到冲击。军事院校的学生纷纷来京串连，多的时

---

① 10 月 18 日，毛泽东第四次接见北京和外地来京师生。10 月 16 日，有关部门为此发布了"标语口号"。因标语口号太长等原因，10 月 17 日重新发布。较之 16 日发布的，删去了一些。"三司"认为这是"明目张胆地反对我们伟大领袖毛主席"，上街游行抗议。此事惊动了毛泽东。10 月 18 日凌晨，中央政治局开会讨论通过了"三司"提出的标语口号。

② 这是谭厚兰 11 月 18 日在长途电话中对人民日报社说的。

候将近 20 万人。有些人到北京就是要造反、要揪人的，被揪的人职务越高，揪人的造反派名声越大。10 月下旬，哈尔滨军事工程学院的一些学生来揪国防科委副主任路阳（他在哈军工当过工作组长）。学生们在陈伯达的支持下，冲进国防科委大楼，一直冲到大楼顶层。11 月，张家口电讯工程学院一些学生，反对总参谋部的李天佑、王新亭在该院的讲话，来京在国防部大楼前面静坐，多次劝说无效。11 月 8 日，600 多人冲国防部办公大楼。两个营在那里警戒，里面、外面都有战士手牵手地挡住学生，而学生打破玻璃，搭上木板，一头搭在门窗上，一头搭在战士头上，踩着木板冲进了大楼。这类冲击军事领导机关、揪斗领导干部的事件，11 月间在北京发生多起。11 月 6 日，刘志坚根据叶剑英的指示主持起草了一个通知——《关于各总部、国防科委、军种兵种机关必须经常保持战备状态的通知》，用以制止学生冲击。林彪把这个通知转送中央文革小组，被陈伯达以"借战备压革命"的罪名扣压。

在全国各省、市、自治区，一场彻底批判"资产阶级反动路线"的狂澜向各个角落铺天盖地地涌来。凡是对"文化大革命"持怀疑或消极态度的干部，曾经挺身而出保卫过各级党组织的人，都受到批判或揪斗。没有参加造反派的党、团员也都受到鄙视，被造反派称为"修"字号的党、团员。这里以吉林省为例来说明问题[①]，以见一斑。

还没等到中央工作会议结束，10 月 15 日，东北三省造反派就在北京举行了"誓死捍卫以毛主席为代表的无产阶级革命路线，向资产阶级反动路线猛烈开火誓师大会"。10 月 20 日，长春市各大专院校造反派在长春市体育馆召开了"批判资产阶级反动路线誓师大会"。这类大会，矛头指向各级党政领导机关和领导干部。吉林一大学的造反派，为了"彻底揭开省委的阶级斗争盖子"，公然进驻省委机关；另一派 300 多人也乘汽车赶来。两派观点不同，争抢广播喇叭，破坏广播线路。10 月 29 日，为了"揪出省委内的走资派"，吉林师大的造反派又派出两个"战斗队"，分别进驻省委和长春市委机关，同那里的造反派"并肩战斗"。10 月 30 日，长春某学院 200 多名学生冲进省委机关主楼，砸了省委"文革"办公室，抢走一些材料，强行带走办公室的工作人员。省委机关被搞得一片混乱，再没有一间平静的办公室，再没有一张安稳的办公桌。省委书记处的书记们和他们的办事机构——常委办

---

① 资料取自曹介民、郑晓亮：《中共吉林省委在"文化大革命"初期》，载《党史通讯》1987 年第 10 期。

公室从 10 月 30 日起不得不转入"地下"。(至 1967 年 1 月 25 日被造反派"一网打尽"为止,办公地点,就转移了七次!执政党的省委,某些活动竟不得不采取秘密方式!)中共吉林省委于 11 月 5 日至 21 日召开了三干会,传达中央工作会议精神。会议还讨论了《中共吉林省委员会关于在无产阶级文化大革命中所犯方向、路线错误的检查》(讨论稿),准备在会议结束后,向全省人民公开作自我批评。省委力图委曲求全,稳定局势,但这次会议本身实际上就是向省委进行冲击的动员令,因而与会者进行了抵制,小组会上常常无人发言。有人吟诗一首:"满怀心腹事,竟在无言中。"会议期间,书记处的同志不断被人揪走,长时间地挨批斗。有一次,半天之内竟有三位书记被人揪走。11 月 17 日,代理第一书记赵林正在讲话就被人揪走。这一天,发生了震动全省的"一一·一七"事件——造反派不听劝阻,以向省委索取"黑材料"为名,冲入省委办公大楼,严密封锁入口和通道,强行打开档案库房,夺走党和国家机要文件 278 份。三干会后,省委召开群众大会,向全省人民检讨"错误"——实际上就是在运动初期执行了"中央八条"规定。原定代表省委作检讨的阮泊生(省委书记处常务书记)却在一入场时被学生架走,不得不临时指定别人代读省委的检查材料。省委不得不承认贯彻执行了"实行资产阶级专政"、"实行白色恐怖"的"资产阶级反动路线",又不准"上推"和"下卸",自然很难"深刻",反对省委就更有"理由"。加之造反派在"黑材料"问题上纠缠不休,省委更难以招架。省委就这样被造反派搞垮了。

彻底批判"资反路线"的一个结果,就是各省、市、自治区党政领导机关瘫痪或濒于瘫痪。

(5) 广泛的抵制

彻底批判"资反路线"受到造反派的热烈拥护,也在实际上遭到普遍的抵制。这种抵制,一般说来,不是反对"文化大革命",不是反对批判"资反路线",而是反对某些错误做法。这种抵制,一般说来,不以激烈的形式而以委婉的形式出现,更多地表现为"很不理解,很不认真,很不得力"。

周恩来的抵制:他反复说明中央的问题已经解决,实际上不同意批判"资反路线"。10 月 9 日,他在接见清华红卫兵几个组织的代表时说:我在 8 月 22 日讲过了(按指 8 月 22 日在清华大学群众大会上讲过),中央问题在八届十一中全会已经解决了。10 月 31 日,他在与天津工学院红卫兵代表座谈时又说:前段错误路线时间并不长,也只是在某些问题上。不能认为那一段全是资产阶级反动路线。周恩来反对否定一

大动乱的年代（1966—1976）

切。10 月 22 日，他在国务院小礼堂接见"多数派"代表时说：怀疑一切是不科学的，不能除了毛主席、林副主席都怀疑。怀疑是允许的，但总要有点根据。10 月 3 日，他对来自全国的红卫兵说：是不是所有的领导机关都是黑帮呢？我们、你们没有一个人是这样看的。对于任何一个问题都要一分为二。犯了路线性错误而没有实际的反党行为，这是属于人民内部矛盾。对一般犯错误的人不能采取无情打击、残酷斗争的态度。10 月 6 日，谢富治对北航"红旗"说："你们坚持在国防科委斗争二十八天，做得对！干得好！"10 月 7 日，张春桥接见福建一些学生说："北航要求工作组赵如璋谈谈话，到国防科委等了二十八天二十八夜，不谈。我们报告了毛主席，毛主席说要谈。"周恩来 10 月 31 日接见天津学生时则说，北航"红旗"冲进了国防科委，方法不可效仿。国防科委怎么可以去呢？敌人还不乘虚而入啊！

　　陶铸的抵制：他在 8、9 月间也说过错话，但在大是大非问题上立场坚定。他不同意批判"资反路线"，在 10 月中央工作会议上表明了自己的态度。他反对打倒刘少奇，11 月 2 日在中央组织部说："不能把刘少奇同志叫作敌人。不能喊打倒"。"我不赞成写打倒刘少奇的大字报。他是国家主席、中央政治局常委，犯了路线错误，是团结——批评——团结的问题，是人民内部矛盾的问题。"他坚决反对"当权派和工作组＝资反路线＝黑帮"这样一个公式，保护了许多干部。江青在一个会议上指责陶铸是"最大的保皇派"，陶铸当场驳斥："对我们党的干部为什么不应该保？"从一些人对陶铸的攻击，也可以看出陶铸的抵制：11 月 27 日，关锋根据江青的授意给江青写信，指责陶铸。信中说："陶铸同志到中央工作以来，就积极支持刘邓路线，并参与了刘邓路线的制定"，"陶铸同志的说法，是直接同主席的《炮打司令部》的大字报唱对台戏"。信中列举了七条"罪名"，建议中央"密切注视，加以考察"。江青把信转送毛泽东。王力 1967 年 1 月 9 日在新华社讲话，他说："陶铸在刘少奇、邓小平占统治地位的时候，就忠实地执行刘邓的反动路线，屁股就是坐在那边的。在派工作组的问题上，在残酷打击革命学生的问题上，在恢复党团组织活动的问题上，都是执行的刘邓反动路线。直到刘少奇、邓小平被揭露了，靠边站了，陶铸仍然继续执行刘邓反动路线，千方百计地阻止对刘邓反动路线的批判……陶铸还反对提'反动路线'这个词呢！"王力 1967 年 3 月 13 日对回国留学生讲话时说："10 月 3 日《红旗》第 13 期社论一发表……陶铸，他就不赞成，他就说是你不能叫，他就反对提'资产阶级反动路线'。在中央工作会议上，他还是反对，反对提'资产阶级反动路线'……不光是这几个字儿的争论，他就不让批评刘邓路线，不许批评工作组。"

几位老师的抵制:陈毅到处大声疾呼,反对否定一切,仗义执言:"有人要搞垮我们党,我们要警惕他们的阴谋诡计!"叶剑英发出了"串连炮打何时了,官罢知多少"的慨叹。11 月 13 日下午,在北京工人体育场召开了军队院校和文体单位来京人员大会,约 10 万人参加。这是在全军文化革命小组反映军队院校来京师生强烈要求军委首长接见、不接见就坚决不走的情况下,由肖华提出建议,经叶剑英同意,在林彪批准后举行的。陈毅在大会上讲话,他说:"人民解放军不能乱,一定要有秩序"。"今天陈老总在体育场给你们泼冷水。泼冷水不好,有时热过了头,泼冷水擦一擦有好处。""解放军打解放军,我是没有见过。我是 1927 年参军,当解放军 39 年了,还没有见过解放军打解放军。要顾大局,识大体。大道理管小道理,小道理服从大道理,不要冲进国防部、占领大楼。剪断电话线……你们有委屈可以申述。""现在有些做法是不行的,揪住工作组不放,揪住那一个人不放。揪住一个人的一句话不放,而把根本的目的忘了。""要团结 95% 以上的干部。真正的黑帮,真正的走资本主义道路的当权派,真正执行资产阶级反动路线的,是极少数。""在斗争中,我不赞成逐步升级,不是口号提得越高越好。""作路线斗争,要有限制。有好大错误,作好大估计,不要一味扩大。"徐向前在大会上说:"我们解放军,海军、陆军、空军,随时保持战斗状态,一声令下,就要开得动。"叶剑英在大会上说:"真理就是真理,跨过真理一步,就是错误,就变成了谬误。""学习毛主席著作,要在'用'字上狠下功夫,不要当圣经念。""我们军队内,有个别人没有阶级感情。我们要按毛主席的指示办事,允许人家犯错误,更要允许人家改正错误。有少数人,有的干部心脏病都发了,倒下了,还要抓人家斗,还不让人家走。我对这件事很愤恨!这些人没有无产阶级的感情,不是无产阶级的军人!"

11 月 29 日,陈毅、叶剑英又在同一场合讲话。陈毅说:"凭主观空想干革命,就要犯错误。""我的讲话是有意得罪人的。整天讲伟大、伟大,这有什么好处?这不好。这说明陈老总不老实,见到问题不讲,看到有同志犯错误也不帮助,这不是共产党员的态度。""现在的斗争,我非常担心。现在有些人不是斗真正的黑帮,不是斗真正的走资本主义道路的当权派,就是在那里扭着自己的同志在斗!每个部都在斗他们的部长,每个单位都在斗他们的首长,抓住一句话就斗。""一讲黑帮,所有的都是黑帮!一讲走资本主义道路的当权派,所有的都是走资本主义道路的当权派!一讲资产阶级反动路线,所有的都是资产阶级反动路线!这样打击面太宽、太大。以前我们就犯过这样的错误。"叶剑英说:"一小撮人煽动一部分群众到毛主席办公的地方猛冲、猛打，这行么？你们如果不改，就是废品，将来不能用的。有人说我又挑动群众斗群众，不是！这样的人不是群众，是废品，要洗刷！有人冲我们的国防部，这是个大错误，严格讲是反革命。"

陈、叶两位老帅的针砭时弊、切中要害而又苦口婆心、推心置腹的讲话，引起了强烈的反响，迅速传播四方。

群众的抵制[①]：以全国著名劳动模范时传祥为领导人的群众组织"捍卫团"[②]旗帜鲜明地反对批判刘少奇。全国到处反对"中央文革小组的铁拳头"——首都"三司"，北京 100 多名老红卫兵四次冲击"三司"。北京农业大学附中高三学生伊林、涤西在清华贴出大字报《致林彪同志的公开信》，批评了林彪 9 月 18 日接见高等军事学院、政治学院、总政宣传部负责人时的谈话中的两个观点：一个是"毛主席比马克思、恩格斯、列宁、斯大林高得多"，另一个是"马克思、列宁的书太多，读不完，他们离我们又太远。在马克思列宁主义的经典著作中，我们要 99%地学习毛主席著作"。《公开信》的批评引经据典，说理充分，难于反驳。清华大学工字厅和北京林学院一僻静处都出现过"刘少奇万岁！"的大标语。北航群众组织"八一纵队"贴出《一问中央文革》、《二问中央文革》、《三问中央文革》、《四问中央文革》的大字报，抨击中央文革小组。他们提出的有些问题（如：中央文革小组为什么只支持"三司"？为什么宠爱北航"红旗"？为什么支持揪着工作组不放?），发人深思。北航的另一个群众组织"八一野战团"贴出题为《也问中央文革》的大字报，批评中央文革小组"纵容少数派压多数派"。北京十几个院校的多数派成立了"批判戚本禹联络站"。有的学生，提出了"踢开中央文革，自己起来闹革命"的口号。这类事件，在北京和全国都相继出现，造反派贬之为"11 月黑风"。所谓"11 月黑风"的实质，正是对彻底批判"资反路线"的抵制。这时，有的老红卫兵思想极度苦闷，表现反常，残酷殴打、虐待"牛鬼蛇神"。

中国共产党是伟大的，党的领袖们久经锻炼与考验，干部和群众久经党的教育，彻底批判"资反路线"不遭到抵制是不可能的。不幸，种种抵制都被视为"阻力"而受到压制。"文化大革命"中的"相信群众，依靠群众"，从来就是一句空话、

---

① 其中大多是以正确反对错误和倒行逆施，也有从"左"的或右的方面去反对，情形复杂。

② 全称"捍卫毛泽东思想红色职工团"，由北京工交系统 100 多个单位的人员组成，号称 30 万人，是 1966 年 11 月 15 日成立的。

假话,支持少数派而压制多数派就是明证。

四 邪火烧遍工矿和农村

根据《十六条》和毛泽东批准的中共中央、国务院《关于工业交通企业和基本建设单位如何开展文化大革命运动的通知》,中共中央《关于县以下农村文化大革命的规定》,工矿和农村原则上不搞"文化大革命"。根据毛泽东10月间的设想,"文化大革命"在1967年春节前结束。到了11月间,情况发生了重大变化,毛泽东支持了工人造反派的造反。其结果是"文化大革命"的烈火吞噬了工矿和农村。这是彻底批判"资反路线"的必然。如果具体地说,则要说到一个小小的车站发生的并非小小的事件。

(1)"工总司"·安亭事件·《解放日报》事件

《十六条》公布后,工厂中就有人串连造反,人数很少。在提出彻底批判"资反路线"后,工厂中的造反者就越来越多了。上海工厂中的造反者更多,因为上海进行四清的40万名职工的企业,在7月间就开展了"文化大革命"。早在8月9日,上海工人造反派就向"走资派"发起了"猛烈进攻"。

1966年11月6日下午,上海的一些工厂——国棉十七厂、上海玻璃机械厂、八二二厂、国棉三十一厂、合成纤维研究所、良工阀门厂、上海铁路局装卸机械修理厂、上海五一电机厂、上钢三厂等十七个单位的造反派代表谢鹏飞、叶昌明、岑麒麟、陈阿大、潘国平、王洪文、黄金海等人,串连筹组"上海工人革命造反总司令部"(简称"工总司")。11月9日,"工总司"召开成立大会,多数派两次冲击大会主席台。[①]《上海市工人革命造反总司令部宣言》声称:"我们要夺权"。中共上海市委根据《十六条》的精神,根据中共中央关于不要成立跨行业组织的规定,并经请示中央文革小组,决定采取"不赞成,不支持,不参加"[②]的方针。大会筹委会要上海市委书记、上海市市长曹荻秋参加9日的成立大会,"听工人的控诉",曹荻秋没有参加。"工总司"到上海市委大楼去造反,市委对"工总司"不予承认,

---

① 参见"工总司出版系统总联络站"1967年出版的《上海工人革命造反总司令部斗争纪要》。

② 一说"不承认,不支持,不参加",参见张祺:《曹荻秋同志永远铭记在上海职工心中》(载《上海文史资料选辑》第53辑)。

大动乱的年代（1966—1976）

并通知他们到上海展览馆电影院集中。在电影院，上海市总工会主席张祺根据市委的"三不"方针，反复宣传中央的有关精神和规定。市委的正确态度，被"工总司"的头头诬为"压制革命造反"、"资反路线对工人的迫害"。11 月 10 日凌晨，他们煽动、裹胁一部分造反队员冲到上海北站强行登车，要到北京"告状"。火车奉命停在上海附近的小站安亭。中午，他们在安亭车站卧轨拦截了十四次特快列车，制造了沪宁线中断 31 小时 34 分 [①] 的安亭事件。

事件发生后，市委及时向中央报告情况，决定坚持不承认"工总司"，同时派干部到安亭送衣服和食品，动员工人回厂。恰好《人民日报》11 月 10 日发表了《再论抓革命、促生产》的社论，不少工人听从劝说，准备返回上海。从当时情况看，问题可以妥善解决。陈伯达根据周恩来的指示，做了两件事：第一，电告华东局第三书记韩哲一，要华东局和上海市委顶住，不能承认"工总司"是合法的组织，不能承认卧轨拦车是革命的行动。中央文革小组决定派张春桥回沪说服工人。第二，致在安亭的上海工人电。电文指出："你们这次的行动，不但影响本单位的生产，而且大大影响全国的交通，这是一个非常大的事件。希望你们立即改正，立即回到上海去，有问题就地解决。"又说：中央文革小组派张春桥即日回沪处理此事。

张春桥离京前，陈伯达把致上海工人电的原稿给了他，陶铸指示：中央不同意工人成立全国、全市性的群众组织，决不能承认"工总司"和肯定他们的行动。11 月 11 日晚，张春桥乘飞机赶到上海，不同华东局商量，不同上海市委商量，即去安亭。11 月 12 日，他先与潘国平、王洪文等几个头头开小会，向他们出示了陈伯达亲笔起草的电文原稿；然后开大会，当众答应第二天回上海解决问题。11 月 13 日，张春桥参加了上海市委常委会，研究了潘国平、王洪文等人可能提出的要求，并同曹荻秋一道，打电话请示了陶铸。一致意见：不承认"工总司"是革命的合法组织，不承认"安亭事件"是革命行动。从 11 月 13 日下午 1 点开始，张春桥在上海文化广场与工人座谈，他说："这是我个人的意见：如果工厂文化大革命不搞，即使导弹上了天，卫星上了天，生产大发展，中国还会变颜色。" [②] "安亭事件向主席报告了。""上海工人起来

---

① "31 小时 34 分"据张祺的《曹荻秋同志永远铭记在上海职工心中》（载《上海文史资料选辑》第 53 辑）。金春明在《上海"一月革命"的前前后后》（载《党史通讯》1983 年第 18 期）中说是"30 小时又 34 分钟"。

② 这种把发展生产与保持颜色对立起来的荒谬观点，是张春桥一贯坚持的。张春桥在 1975 年 4 月 1 日发表的《论对资产阶级的全面专政》中说："卫星上天，红旗落地"。

了,这是好事,这是中央希望的。……上海的工人文化大革命可能走在全国的前面,上海应该创造好的经验。""工人同志要开大会,批判资产阶级反动路线,完全是革命的。""上海工人革命造反总司令部,工人认为要存在,可以存在下去。"下午3点半,张春桥讲话,完全同意"工总司"提出的五项要求,还在书面的五项要求上写上"同意"并签名。五项要求是:"(1)承认上海市工人革命造反总司令部是合法的组织。(2)承认一一九大会以及被迫上北京控告是革命的行动。(3)这次所造成的后果,全部由华东局、上海市委负完全责任。(4)曹荻秋必须向群众作公开检查。(5)对上海市工人革命造反总司令部今后工作提供各方面方便。"①

这与周恩来、陶铸、陈伯达和华东局、上海市委的意见截然相反,与中共中央一系列有关文件的精神截然相反。耐人寻味的是:张春桥是先斩后奏的,而中央文革小组迅速同意了他的处理。张春桥说过:"我组织手续并不完备,没有和华东局同志商量,也没有和市委同志商量,更没有和中央文革小组打电话,因为来不及就下了决心。然后从文化广场回到我住处,才给陈伯达同志打电话……把五条协议以及对这个问题的认识报告给了他。这样文革小组就讨论我在文化广场所讲的五条。到了晚上,文革小组给我打电话来,认为我在文化广场对这个问题的判断是完全正确的。"②

张春桥这一手确实不同凡响,阴险诡谲表现得淋漓尽致。他深知毛泽东要把"文化大革命"进行到底的决心、支持造反派的态度和要把"文化大革命"引向工矿的意向,因而忽出"奇招",顺水推舟地提供了全国第一个强有力的工人造反派。他深知批判"资反路线"使各种矛盾激化,全国和上海的形势名曰"大好",实则大为不妙,因而只要工人回到上海,出现工人造反派正是求之不得的事,决不会因支持工人造反派而获罪。他之所以先斩后奏,绝不是因为"来不及",而是要露一手,显示他深知造反真谛。他之所以敢于别出心裁,不仅因为中央文革小组里大都是他的同伙,他们之间"心有灵犀一点通",而且因为他后面有着几千名工人造反者和卧轨玩命的政治赌徒,他以上海的事态压北京。他的卑鄙目的,不仅在于把上海市委置于群众的对立面,给上海市委强加以顽固推行"资反路线"的罪名,不仅

---

① 张春桥在第二条后面加了个注:"以后碰到类似的情况应该派少数代表"。11月15日,张春桥又去苏州,同在那里要北上的上海工人签订了内容大体相同的五条。

② 1966年11月16日在苏州铁路中学接见"工总司"在苏州的工人时的讲话。

大动乱的年代（1966—1976）

在于扶植反对市委的力量，不仅在于为自己培植帮派势力，而且在于把"文化大革命"的邪火迅速烧到工矿，造成全国动乱，以便实行夺权。张春桥的诡计得逞了。11 月 16 日，毛泽东批准了他的处理，并且指出：可以先斩后奏，总是先有事实，后有概念。张春桥踌躇满志，他说："这一段时间内，虽然时间不长……对我来说，也会成为永远忘记不了的事情。"① "工总司"得到如此的支持，在全国也属罕见。支持在《宣言》中声称要"夺权"的"工总司"就意味着迟早要否定上海市委，也就埋下了"一月革命"的定时炸弹。

中央文革小组一伙人此后放肆地煽动、支持工人造反。11 月 16 日，戚本禹对来自全国各地的工人造反派讲话，他说："上海市工人要成立团体，不让他们成立……轰起来了，闹起来了，解决了。""我教你们办法……你们把 3000 多人分成三班，包围省委。他不答应你们的要求，你们就不走。"如此等等，不一而足。11 月中旬，正当张春桥去上海、安亭、苏州时，陈伯达等人草拟了《关于工厂文化大革命的十二条指示(草案)》；11 月 17 日还拿到工人代表座谈会上去征求意见。《十二条》基本精神有两个：一是"工人群众起来进行文化大革命……好得很"；一是"各级党委、工矿领导要认真贯彻执行毛主席、党中央关于'抓革命、促生产'的指示"。有了张春桥对"工总司"的支持和毛泽东的批准，"左"的《十二条》被认为右了，被推翻了。张春桥说："《十二条》要大修改，根本不是正式文件。"②

不久，"工总司"在《解放日报》事件中大显身手。1966 年 11 月 27 日，"红卫兵上海市大专院校革命委员会"（简称"红革会"）向上海市邮局报刊发行处提出，11 月 28 日出版的《红卫战报》（"红革会"和"红卫兵上海司令部"合办）第 9 期，要同《解放日报》一道发行（即由邮局将两个报纸一并投送）。理由是《解放日报》贯彻执行了上海市委"一条又粗又长又黑又臭的资产阶级反动路线"，需要《红卫战报》来"消毒"。"红革会"的无理要求，遭到市委和报刊发行处的拒绝。11 月 30 日凌晨，"红革会"强行扣住《解放日报》，不让发行。上午，红卫兵进驻报社，声称："不把《红卫战报》同《解放日报》一起发行，就不准旧《解放日报》发行！"12 月 2 日，"工总司"的大批造反队员冲进报社。此后，"工总司"成为这次造反的主力。"工总司出版系统总联络站"1967 年出版的《上海工人革命造反总司令部斗争纪要》说："上

---

① 1966 年 11 月 16 日在苏州铁路中学接见"工总司"在苏州的工人时的讲话。

②1966 年 12 月 6 日接见"工总司"赴京代表团时的讲话。

海工人阶级革命造反派在红卫兵小将配合下，再一次给上海旧市委以沉重的打击。"

事件发生后，陶铸指示："群众组织的报纸与党报是两种不同性质的报纸，这是个原则问题，要顶住。"而受江青指使来沪造反的聂元梓极力煽动："不要从解放日报社里轻易退出来，要坚持到市委垮台为止。""工总司"、"红革会"的头头把韩哲一、王一平、宋季文等领导人揪到报社进行批斗和人身迫害，胁迫他们同意《红卫战报》夹在《解放日报》中发行。中央文革小组支持造反。上海市委在12月5日不得不签字同意"工总司"的"四项要求"和"红革会"的"三项决定"①。真理为强权所压制。"工总司"又"胜利"了。

以张春桥支持"工总司"为契机，毛泽东把希望寄托在工人造反派身上。这不是出尔反尔，随心所欲。既要把"文化大革命"进行到底，又面临着应该预料到而未作此预料的严峻形势，不得不作如此的选择。当时的形势，概括说来是：第一，从表面看，"文化大革命"热火朝天。毛泽东先后八次共接见了1100万全国各地师生和红卫兵，红卫兵到处喊着"誓死保卫毛主席"、"谁反对毛主席就打倒谁"等口号，毛泽东为政治斗争而需要的个人崇拜到了狂热的程度。报纸上、传单上、大字报上充斥对毛泽东、对"毛主席的无产阶级革命路线"、对"文化大革命"的狂热歌颂。第二，彻底批判"资反路线"使种种矛盾激化。群众中两派的矛盾到了水火不容的程度，混淆两种不同性质的矛盾到了冲击一切的程度，无政府主义到了炮打所谓"无产阶级司令部"的程度。从中央到地方，工农业主管部门的领导干部都被卷入运动中，生产指挥系统失灵，不少领导干部靠边站，部分企业领导班子瘫痪。因学生下厂串连而发生争执的事件不断发生，许多厂矿停工停产。铁路待运物资大量积压，运输秩序严重混乱。一些工人擅离生产岗位，集结到车站强行登车上访。国民经济各部门的正常运转已经受到威胁，工农业生产面临危机。第三，"文化大革命"的错误做法遭到广泛的抵制。陈毅、叶剑英等老师实际上代表老一辈无产阶级革命家，在北京工人体育场10万人大会上慷慨激昂，大声疾呼，反对错误做法。

---

① "四项要求"的第二项是："市委必须责成有关方面采取有效措施，使其他群众组织不要干涉革命造反派组织的革命行动。如果干涉革命造反派的行动，我们将坚决采取必要措施。"第三项是："《解放日报》事件产生的一切严重后果，由上海市委负责。事后，上海市委必须向我们革命造反派作公开检查。""三项决定"包括："《红卫战报》第9期与《解放日报》同时发行。发到每个订阅户（包括零售户）"；"允许我们查阅有关文化大革命中社论底稿修改稿和其他材料、指示、文章等等"。

大动乱的年代（1966—1976）

上海 50 万市民在《解放日报》事件中反对"工总司"等造反派的胡作非为。广大干部、群众内心对造反派不满。在这种情况下，张春桥别有用心地通过支持"工总司"提供了解决问题的药方，这就是今后主要依靠工人造反派。这本来是火上浇油、饮鸩止渴，但是毛泽东既想彻底改变社会面貌，也指望通过工人阶级走上"文化大革命"的舞台来摆脱重重矛盾，就把希望寄托在工人造反派身上。

（2）工交企业座谈会的抗争

1966 年 11 月、12 月间召开了工交企业座谈会。会议期间，中央和地方一些主管经济工作的领导人，为制止"文化大革命"危及工交企业而顽强地斗争。如果说刘少奇、邓小平 1966 年 6 月 30 日提出发出中共中央、国务院《关于工业交通企业和基本建设单位如何开展文化大革命运动的通知》是限制"文化大革命"发动范围的第一次斗争，如果说周恩来、陶铸主持制定中共中央于 1966 年 9 月 14 日发出的《关于县以下文化大革命的规定》是限制"文化大革命"发动范围的第二次斗争，那么，工交企业座谈会上的斗争就是限制"文化大革命"发动范围的第三次斗争①。

1966 年 11 月召开了全国计划会议。11 月 15 日，国家计委负责人余秋里在写给李富春的报告中提出：拟在计划会议期间，"先用五天时间座谈工交企业文化大革命运动和当前生产中迫切要求解决的问题"。当天，李富春批示："拟予同意。送主席、林总、总理、陶铸、任重同志。"李富春又指示："文化大革命和生产分别座谈，由谷牧、秋里分别负责。"11 月 16 日，工交企业座谈会开始。参加座谈会的有五部（冶金、化工、水电、铁道、机械）、七市（北京、上海、天津、沈阳、哈尔滨、武汉、广州）和各大区有关负责同志。座谈讨论是围绕中央文革小组提出的《关于工厂文化大革命的十二条指示（草案）》展开的。座谈会大大超过了五天，实际上开了二十天。

与会者对"文化大革命"危及工矿忧心忡忡，对在工矿企业如同学校、机关一样地开展"文化大革命"提出了异议。他们的意见主要是：第一，对工交系统要有正确估计。西南地区的同志说："工业战线还是高举毛泽东思想伟大红旗的，形势还是大好的。对于这一点，在《十二条》里要有明确的估价。"谷牧说："工交系统的

---

① 这一次斗争情况，苏彩青在《"文革"初期经济战线的严重斗争——1966 年冬季工交座谈会评述》中述之甚详，请参看。苏文载《十年后的评说——"文化大革命"史论集》。本节许多材料取自苏文。

干部状况也要估计一下,这样写文件时才好提出问题。"第二,工厂的"文化大革命"不能全面铺开。国家计委副主任李人俊说:文化大革命如果全面铺开,时间集中,问题集中,生产肯定要受到影响,影响的程度很难预料。他说:生产已有停顿趋势,科研、尖端项目、协作项目已基本上停止,基本建设也开始受到影响。一些同志说:当前生产主要靠吃老本,库存材料已经很少,问题越来越多,马钢、武钢都有停产危险。与会者认为,开展文化大革命,只能分批分期进行。第三,一定要坚持党委统一领导。与会者说:建国十几年来,工交系统的各级党委还是好的。《十二条》不提党委对"文化大革命"的领导,很难理解。东北地区的同志说:工厂里无论如何要由党委领导,下面再分两摊,一摊管革命,一摊管生产,不然生产非受影响不可。第四,工厂中不要建立群众组织。各大区负责人表示,这是他们最为关心的问题,担心建立了群众组织会出现两派对立的现象。东北地区的同志说:如果各种组织都建立起来,麻烦就更多了,不是打架就是停产。一些同志说:现在工厂里组织已经不少了,有工会、民兵、党、团,还建立那么多群众组织干啥?他们要求对于建立全市性工人联合造反组织不要松口。哈尔滨、上海的同志都主张取消已经建立的全市性的工人造反组织。第五,不能准许学生到工厂串连。与会者担心学生进工厂串连会搞乱工厂。一位部长说:"现在的问题是学生到工厂是向工人学习,还是领导工人搞革命?这是问题的实质,问题的核心。大家要求在文件上写上不能让学生和工人结合起来造反"。第六,一定要搞好生产。革命和生产的关系问题,是各大区、各部门、各地领导人极为关注的问题。他们认为,对于"闹革命",不能放手。他们气愤地说:如果允许生产受影响,哪怕是允许有个马鞍形,就可以放手去闹革命。水电部部长刘澜波说:如果既要抓革命,又要促生产,那么,我们的方针就得好好研究了。现在弄得人心情不舒畅,人家积极生产,说人家是保皇。从以上种种意见看来,工交战线的领导人实际上不赞成在工交部门开展"文化大革命"。

事后,周恩来在谈到这次会议的情况时说:会议对中央文革小组提出的《十二条》,"基本上是全盘否定","批判得体无完肤,一无是处。"周恩来说,当他于11月24日到会时,"刘澜波、吕正操、吕东这些部长们哄堂而起,说到最后都站起来","围着我,说明大家的抵触情绪不小"。周恩来说:"他们这种思想也不是孤立的","反映了客观上的思想动态"。当林彪问他,会上"有几个通的"?周恩来回答说:"我所接触的那些部长、省委来的人,没有几个通的。大多数很不理解。"

会议期间,在陶铸主持下,余秋里、谷牧具体组织有关部门的同志草拟了一个与《十二条》相对立的文件，即《工交企业进行文化大革命的若干规定》（简称《十五条》）。《十五条》要求：工矿企业的文化大革命仍按四清部署结合进行，分批分期，正面教育，不搞"四大"，不搞串连，坚持八小时生产。

毛泽东否定了《十五条》。11 月 22 日，周恩来、陶铸、谷牧等向毛泽东汇报了工交企业座谈会情况，毛泽东作了指示，大意是：《十五条》不行，可以另写，讨论出来看看，然后再拿到底下去。工交企业的文化大革命可以分批分期搞，但是要支持工人群众建立联合组织。指导思想不同，毛泽东必然要否定《十五条》。在这以后，会议讨论了陈伯达修改《十二条》而成的《中共中央关于抓革命、促生产的十条规定（草案）》（简称《工业十条》）。毛泽东既已表态，会议就通过了《工业十条》。会后，《工业十条》报中共中央。

(3) 中央政治局扩大会议的决策

1966 年 12 月 4 日下午、5 日下午、6 日下午，中央政治局扩大会议召开，由林彪主持。会议听取谷牧关于工交座谈会情况的汇报，讨论通过《工业十条》。

这次会议上的大事有三件。

第一，围攻谷牧。

谷牧在 12 月 4 日下午会上汇报了工交座谈会情况。他按照周恩来的指示，认真准备了《汇报提纲》，会前印发了《汇报提纲》。[①] 谷牧的汇报，本着对党和人民的事业高度负责的精神，系统地提出了与企图搞乱工交企业的指导思想完全对立的一系列意见和建议，是工交座谈会斗争的继续。谷牧汇报说：首先应当承认，干部当中的抵触情绪是确实存在的，要搞好文化大革命，就要消除干部的抵触情绪。接着，谷牧对工交系统的状况作了概括，归纳了工交座谈会的意见。他指出，工交系统文化大革命的具体做法，要从工交的实际出发，充分考虑到工交企业的三个特点：一是工交系统基本上执行了党的社会主义改造和社会主义建设的总路线；二是工交系统的干部和职工队伍基本上是好队伍；三是工业生产的连续性决定了生产不能中断。他说：《工业十条》照顾到了一些特点，因此大家同意了；但是还有一些问题，请求中央另外采取措施。谷牧提出三个问题：1. 从全国来看，工交企业的文化大革命，还是有分期分批的必要。2. 对工矿企业规章制度的破与立，要接受历史的

[①] 陈伯达 12 月 6 日在会上指责《汇报提纲》没有同他商量，发这个提纲是"突然袭击"。周恩来说："这个提纲是我要他们写的……是开夜车搞的，来不及征求意见。"

教训，把革命干劲和科学态度结合起来。3.群众起来闹革命，有相当一部分人是想把集体所有制改为全民所有制，临时工、合同工想改为正式工，前几年精减下去的人员要求回厂，等等，这涉及体制，事关全局，请中央统一考虑。谷牧还反映了两个重要情况和要求：1.大家担心厂矿派别组织发展下去会带来恶果，要求做好下厂学生的工作，向他们交代政策。2.工交企业各级领导讲话不灵的情况已经相当普遍，反映出来的问题大量是人民内部矛盾。建议认真宣传毛主席关于正确处理人民内部矛盾的指示，按党的方针政策办事，鼓励干部坚持原则，坚持斗争，决不能让工厂里党的组织中断工作。他请求中央批准，进一步落实各级领导机构中负责抓生产的班子，把各个主管部门从上到下的生产指挥系统尽快建立起来。

谷牧的汇报，遭到围攻。江青一马当先，攻击工交系统的领导人"毫无阶级感情，给工人戴上几百斤重的石头，完全是反革命，搞了修正主义那一套玩艺儿"。康生的发言则具有"理论色彩"，他说："社会主义工业向资本主义发展的情况：它们形式上是'公'，实际上是'私'，形式上是'新'，实际上是'旧'，形式上是社会主义，实际上是资本主义。""资本主义要复辟，工厂企业这一环的问题很大，因为它是经济基础。""我们工厂里，旧的经济规律没有变的是什么？在交换问题上，商品等价交换规律没有变，工资仍然是按劳付酬，资产阶级法权残余仍然存在。……我们工厂资产阶级法权残余还存在，仍可产生资本主义。工厂搞不好，也会出修正主义的。上层建筑不好，影响经济基础；经济基础不好，影响上层建筑。工厂文化大革命，就这个意义讲，比学校重要。""现在的工厂也是没有资产阶级的资产阶级式的工厂。""我们工厂政治不挂帅，毛泽东思想不挂帅，恐怕比学校还厉害。"陈伯达说："在文化大革命群众运动中，总要有文化革命的群众组织"；"党团组织都要在文化大革命中考验考验"。王力说："提纲是集中了一套错误的东西，就是不要搞文化大革命。"无产阶级革命家的发言或插话，也否定了谷牧的汇报和《汇报提纲》。正确的意见被扼杀了。会议一致通过了《工业十条》。

第二，对陶铸突然袭击。

在12月6日会上，王力等人突然严厉指责、攻击陶铸用生产压革命。王力说：工厂文化大革命已经两起两落，前两次都被压下去了。"9月上旬就压，用'抓革命、促生产'这么一个口号，变成了不许革命。"11月10日《人民日报》发表了《再论抓革命、促生产》的社论，"差不多所有革命工人都不能接受这篇社论"。"主要的就是讲生产，写得很厉害，批评得很凶，这些词句都是陶铸同志坚持的。""《红旗》有篇社论叫《信任群众依靠群众》①……一段话是陶铸坚持要加进去的，就是：绝大多数共产党员、党组织是好的。"② 王力还说："陶铸同志很坚持要党委统一领导工厂的文化大革命"，"我问陶铸同志和在座的同志：北京哪一个厂能够统一领导？""统一领导就是镇压革命"。康生插话："工厂究竟有没有阶级斗争？有没有走资派？"张春桥则在处理安亭事件上指责了陶铸。

陶铸迫不得已地作了"检查"。他说："工业农业文化大革命问题，我要负主要责任。坚持老框框。《工业六条》、《农村五条》③ 还是结合四清来搞，怕乱了生产。写了'抓革命、促生产'的两篇社论"。陶铸还谈到他主张不搞全市性的工人组织，不赞成工人离厂串连，同意《汇报提纲》的某些观点。陶铸光明磊落地说，这一切都由于"思想上没有解决问题"。他进而指出："八届十一中全会以后，各省问题没有完全解决，中央工作会议也没有完全解决。各省的抵触情绪还很大，思想还不通，在许多方面还有怀疑情绪。"他坦然地表示："在这种情况下，中央拿我这样一个例子来批判，来教育各地，我看很好。"余秋里、谷牧等其他领导人也谈道："通也得通，不通也得通"，"我们总不如主席那么站得高，看得远嘛！""一时不通，也要相信主席的真理正确"。

第三，林彪作了极不寻常的讲话。

12 月 6 日，林彪在会上作了总结讲话。主要之点是：1. 彻底否定工交座谈会和《汇报提纲》。"会议开得不好，是错误的，思想很不对头"，"昨天的会把工交会议原来的一套完全打乱了，来了一个一百八十度的大转变"，"把那个《汇报提纲》里面三大特点的头两点彻底打破。如果不打破那个东西，就无所谓工交战线上的文化大革命"。2. 把刘少奇、邓小平的"问题"大大升级。"刘、邓不仅是五十天的问题，而是十年、二十年的问题。工交战线受刘、邓的影响很大。"3. 要让"文化大革命"席卷全国。"现在需要来一个一百八十度的大转变"，"不是被动地而是主动地把这个革命席卷全国"，"要让它席卷每一个领域，渗透于每一个领域"，"不是挡不挡的问题，而是有意识地把它扩大起来，深入起来，坚持下去"。4. 要批判当权的党。"文化大革命"是"对全党的批判运动，批判干部的运动""也是批判我们这个当权的党。"

---

① 载《红旗》杂志 1966 年第 9 期。

② 这篇社论说道："绝大多数共产党员、共青团员，是可以信赖的"。

③《工业六条》即中共中央 1966 年 9 月 14 日《关于抓革命、促生产的通知》，《农村五条》即中共中央 1966 年 9 月 14 日《关于县以下文化大革命的规定》。

　　林彪的讲话，显然不只是他个人的意见，而且在相当大的程度上体现了毛泽东的意图。在两种思想、两种倾向、两种方针的斗争中，工交座谈会和《汇报提纲》站在正确的方面，它们为"左"倾思想所不容，因而遭到否定。陶铸并不是从根本上反对"文化大革命"。他无非坚持了《十六条》，无非坚持了毛泽东批准的中共中央、国务院《关于工业交通企业和基本建设单位如何开展文化大革命的通知》，无非坚持了毛泽东批准的中共中央《关于县以下文化大革命的规定》和《关于抓革命、促生产的通知》，无非坚持了毛泽东批准的林彪10月25日在中央工作会议上的讲话中说的"我们平常抓经济建设是抓得紧的，这是好的"，却因正确而获咎。他以党和人民的利益为重，不媚上，不趋时，不怕牺牲自己，品格高尚。把刘少奇、邓小平的"问题"升级到"十年、二十年"，肯定与八届十一中全会后坚持错误方针又不能看待形势的如此发展密切关联。说明白了，在很大的程度上，把"文化大革命"受到阻遏归咎于刘少奇、邓小平，又企图通过清算刘少奇、邓小平来让"文化大革命""席卷全国"。毛泽东本有"天下大乱，达到天下大治"的思想，他对"文化大革命"所制造出来的重重矛盾不能解决，他没有预料到"文化大革命"的"阻力"如此之大，就下决心把"文化大革命"扩展到全国各个领域。决心肯定是毛泽东下的。从表面看，这是"主动地把这个革命席卷全国"；从实质上看，这是被动应付。被动应付，后患无穷，我们马上就可以看到它的无穷的后患。

　　12月9日，中共中央下达《关于抓革命、促生产的十条规定（草案）》。12月15日，林彪又主持中央政治局扩大会议，通过中共中央《关于农村无产阶级文化大革命的指示（草案）》。谭震林在会上说明：这个文件是以中央文革小组为主起草的；在讨论这个文件的过程中，大家都希望分期分批。林彪在会上说，毛主席对这个文件有个批示：请林彪主持会议，开会通过，现即发出。会议一致通过了《关于农村无产阶级文化大革命的指示（草案）》。当天，中共中央下达这个文件。这两个文件也有一些冠冕堂皇的规定，如"坚持八小时工作制"，"保证产品质量"，"坚持文斗，不要武斗"。这类规定总的说来从来没有得到贯彻执行，也不指望下面贯彻执行。这两个文件的基本精神，是要求工矿、农村除"抓革命、促生产"外与学校、机关一样地开展"文化大革命"。党委领导取消了，《十二条》中"党委"和"工矿领导"的字样删去了，"批判资产阶级反动路线"在《工业十条》中写上了，成立群众组织、实行"四大"和大串连、成立"文化革命小组"都被肯定了。这两个文件事实上是否定党委领导、否定行政领导、要求大乱的文件。（值得注意的是，后一个文件写明："中等学校放假闹革命，直到明年暑假。""文化大革命"结束的时间又推迟了。）

"文化大革命"的动乱，迅速蔓延到全国工矿和农村。《红旗》杂志 1966 年第 15 期（12 月 13 日出版）社论《夺取新的胜利》说："目前形势的一个重要特点，就是广大的革命工人群众起来投入了无产阶级文化大革命运动，革命的学生同工人群众相结合，出现了新的开端。"《人民日报》1966 年 12 月 26 日社论《迎接工矿企业文化大革命的高潮》说："现在，一个无产阶级文化大革命的新高潮，正在全国工矿企业中兴起。"

1966 年 11 月 24 日，周恩来在工交座谈会上说："我们不来入地狱谁入地狱？我们不来入虎穴谁入虎穴？"周恩来和许多老革命家的心情是异常沉重的。

五　复杂而严重的局面

彻底批判"资反路线"，造成难以收拾的复杂而严重的政治局面。1966 年 12 月，表面看来，革命出现了新高潮，革命洪流奔腾呼啸，滚滚向前；透过现象看本质，形势险恶。一大批党政军领导人被冲击、被打倒，甚至被囚禁，群众之间的矛盾尖锐，无政府主义猖獗，社会主义民主和法制几乎荡然无存，生产下降[①]……人民惊慌地注视着"文化大革命"。"文化大革命"骑虎难下，进退维谷。

下面简述 1966 年 12 月发生的若干大事（必要时延伸到 1967 年 1 月）。

（1）《〈毛主席语录〉再版前言》

在 1966 年，林彪有许多言论、题词，歌颂毛泽东的"天才"，歌颂毛泽东的晚年思想，公然散布历史唯心主义，把人们的思想搞乱。1966 年在这方面的代表作有三：一是"五·一八"讲话，一是 9 月 18 日接见高等军事学院、政治学院和总政宣传部负责人时的谈话，一是《〈毛主席语录〉再版前言》。在 9 月 18 日谈话里，林彪说："毛主席比马克思、恩格斯、列宁、斯大林高得多。""毛泽东思想是最高水平的马克思列宁主义。""洋人、古人哪里有毛主席高？哪里有这样成熟的思想？毛主席这样的天才，全世界几百年、中国几千年才出现一个。毛主席是世界最大的

[①] 1966 年 12 月，生产下降突出。但就全年来说，1966 年国民经济仍有相当的发展。详见陈雪薇：《经济建设的停滞、倒退及其历史教训——评"文化大革命"十年的经济建设》，载《十年后的评说——"文化大革命"史论集》。

天才。""要把老三篇①作为座右铭来学。"在那个历史条件下，林彪的这些言论不仅没有遭到抵制，还赢得了高度评价。一位老革命家在传达林彪9月18日谈话时说："林彪同志一贯最忠实、最坚决、最彻底地贯彻毛泽东思想"，"林彪同志是毛主席最亲密的战友，最好的学生，是活学活用毛主席著作最好的榜样"。②

《毛主席语录》是根据林彪的指示编辑的，经康生审定，在"文化大革命"以前就已大量发行。在"文化大革命"中，称为"红宝书"，人手一册。"语录"随身带，随时用起来，每逢集会，开始时必须集体朗读几条语录，高呼口号时必须高举《毛主席语录》。那时甚至要求外国人也要随身带《毛主席语录》。③1966年12月16日，林彪发表了由张春桥等人代笔的《〈毛主席语录〉再版前言》。《前言》说："毛主席同志……把马克思列宁主义提高到一个崭新的阶段。""毛泽东思想是在帝国主义走向全面崩溃，社会主义走向全世界胜利的时代的马克思列宁主义。"《前言》提出：学习毛泽东著作，"要带着问题学，活学活用，学用结合，急用先学，立竿见影，在'用'字上狠下功夫"。这在"文化大革命"中被通称为"三十字方针"。这个方针，表面看来坚持了理论与实际结合的原则，实际上提倡实用主义、教条主义。它既把毛泽东著作与马克思列宁主义对立起来，又把毛泽东思想割裂开来。人们当时普遍地接受了这个方针，这个方针也就毒害了人们。

（2）公然鼓噪打倒刘少奇

从12月18日下午开始，江青等人公开鼓动打倒刘少奇。1966年12月18日下午，张春桥指使蒯大富组织游行示威，首先在社会上煽动"打倒刘少奇"。12月24日，戚本禹在北京矿院说："刘、邓是党内最大的走资本主义道路的当权派。"12月26日，康生在人民大会堂接见"全国红色劳动者造反总团"的代表时，竟称刘少奇为"赫鲁晓夫"。12月30日，江青到清华单独接见刘涛（刘少奇之女），说："你爸爸、妈妈干了反革命的事"，"你应当和你爸爸、妈妈划清界限，断绝关系"。1967年1月9日，谢富治在人民大会堂接见全国公、检、法来京人员时说："全国政法战线立即行动起来，向赫鲁晓夫式的人物刘少奇、邓小平开火。"1月10日，康生在高级党校说："说刘少奇是全国党内最大的走资本主义道路的当权派，这是你们党校对全

① 即毛泽东的三篇著作：《为人民服务》、《纪念白求恩》、《愚公移山》。

② 1966年10月10日《解放军报》。

③ 陈毅1966年8月31日对红卫兵说：苏联大使馆的人外出要带《语录》、带《毛选》，由苏联开来的火车也要人家带《语录》、带《毛选》，去给每个人发《语录》，这样很不好。

国的贡献。"有一件事耐人寻味：1966 年 12 月 18 日上午，江青等人在人民大会堂接
见造反派代表，有人递了条子，表示"准备揪出刘少奇、邓小平"，江青说："刘少奇
和邓小平是党内问题，中央可以解决。现在搞他们不适合，不策略。对于他们在党
内党外的影响，群众还需要一个认识过程。在清华、北大，不是有人贴刘少奇的大
字报吗？主席亲自派陈伯达去制止。"这话比较含混，但是说明了不赞成此时"打倒"。
九天之后，江青的说法变了。在 12 月 27 日中央文革小组召开的北京部分大中学校
师生座谈会上，有人提到江青 12 月 18 日上午的讲话，提到江青"说曾让陈伯达同
志去制止过贴刘少奇的大字报"，江青说："那是几个月以前啦！你们现在要背对背，
不要死揪出来，其他怎么做都可以。"十分明显，江青此时鼓动打倒刘少奇。

　　刘少奇是国家主席、中共中央政治局常务委员会委员。上头公然煽动打倒刘少
奇，极其反常。口径如此一致，可以断言决不完全是个人的意见，这就更令人深
思。江青在 12 月 18 日以后的态度的变化，值得注意。原来正是在 12 月 18 日，成
立了王光美专案组。正因为如此，刘少奇、王光美和他们一家才有后来的遭际①。

　　上面煽动，造反派积极响应。12 月 25 日，蒯大富组织的 6000 多人在北京大街
上游行示威，出动广播车，贴出大标语和大字报，在社会上"打倒刘少奇"。主要口
号有："全国人民起来，彻底打垮刘少奇、邓小平为首的资产阶级司令部！""彻底打垮
刘、邓资反路线的猖狂反扑！""刘少奇是中国头号反革命修正主义分子！"广播车广
播了《刘少奇破坏文化大革命、坚持资反路线的十大罪状》，还广播了"井冈山兵团"
的声明："（一）强烈要求王光美回清华做检查。（二）薄一波必须在 1966 年 12 月 29
日以前回清华交代反革命罪行。（三）王任重必须在 1966 年 12 月 31 日以前回清华还
帐。"中央文革小组办公室编印的《快报》和清华大学"井冈山兵团"编印的小报《井
冈山》，分别向上面、向社会报道了这次行动的情况。② 12 月 27 日，北京高等院校造
反派在工人体育场召开了"彻底批判刘邓资产阶级反动路线大会"。聂元梓在大会上
作题为《向刘少奇、邓小平资产阶级反动路线猛烈开火》的发言，她说："刘少奇、邓
小平从来也不是真正的无产阶级革命家，而是资产阶级革命家。他们代表的是资产阶
级利益，是党内走资本主义道路的最大的代表，是党内最大的资产阶级当权派。""刘

① 详见刘平平、刘源、刘亭亭：《胜利的鲜花献给您——怀念我们的爸爸刘少奇》，载 1980 年
12 月 6 日《工人日报》，收入《历史在这里沉思——1966—1976 年记实》第 1 卷。
② 1966 年 12 月 30 日傍晚，江青、姚文元、王力、关锋到清华大学，对蒯大富表示了"坚决支持"。

少奇、邓小平是党内最大的资产阶级当权派，是中国现代修正主义的祖师爷、资产阶级司令部的黑司令。"北师大"毛泽东思想红卫兵井冈山战斗团"的谭厚兰在大会上的发言中，突出地攻击了刘少奇的名著《论共产党员的修养》①，说它"充分暴露了刘少奇的资产阶级的丑恶灵魂"。全国造反派起而呼应，掀起了"打倒刘少奇"的狂澜。

在惊涛骇浪中，周恩来、陶铸等老革命家不随波逐流。12月28日，陶铸在中宣部说："刘、邓还是中央常委，还是人民内部矛盾，我们不能说是走资本主义道路当权派。"12月31日晚，周恩来在人民大会堂与清华12名学生座谈，他说："你们的要求我曾两次请示过主席，主席不同意王光美回清华。""你们不要把打倒刘少奇的口号贴到天安门上……这样的提法，矛盾的性质就变了。（学生问：难道刘少奇不是敌我矛盾吗？）你们可以这样认为，但我不是这样看的，你不能把看法强加于我呀！"

1967年1月13日深夜，刘少奇应召到人民大会堂见毛泽东，提出两项要求：第一，广大干部是好的，特别是许多老干部是党的宝贵财富，主要责任由我来承担，尽快把广大干部解放出来，使党少受损失；第二，辞去国家主席、中央常委和《毛泽东选集》编委会主任职务，和妻子、儿女回延安或老家种地，以便尽早结束"文化大革命"，使国家少受损失。②刘少奇顾全大局，舍己为公，品格高尚。刘少奇的请求，何尝不可以理解为出自肺腑的规谏和肝胆与共的谋划，甚至可以理解为无可奈何的抗争。毛泽东没有接受这两项请求。对于已经把事情做到这一步的毛泽东来说，他绝不可能接受这类请求。

（3）老革命家横遭蹂躏

《最后的十年——康克清谈朱德同志》③说："1966年12月的一天④，戚本禹奉江青之命，开会布置揪斗朱老总。就在这天晚上，一伙人闯到朱总住处。正巧这晚朱总不在家，那些人就在门前和墙上贴满'朱德是黑司令'、'朱德是大军阀'、'炮轰朱德'等大字报。接着，北京街头也出现了'打倒朱德'的大标语，还成立了'揪

---

① 对《论共产党员的修养》的攻击和污蔑，决不能赞同。严格说来，这部名著确有缺点，夹杂了少许中国传统文化的糟粕，此处不论。

② 参见邓力群：《真理的声音是窒息不了的》，载1980年6月25日《人民日报》。在这以前，刘少奇同周恩来谈过此事。详见刘平平、刘源、刘亭亭：《胜利的鲜花献给您——怀念我们的爸爸刘少奇》，载1980年12月6日《工人日报》，收入《历史在这里沉思——1966—1976年记实》第1卷。

③ 载1986年11月29日《解放军报》，作者：纪学。

④ 日期有误，应为1967年1月10日。

朱联络站'①，策划召开'批斗朱德大会'。"

早在 1966 年 4 月 12 日，戚本禹、关锋按照江青等人的意图，在一份材料中，提出对彭德怀任三线副总指挥"有保留"和"反对"。6 月 16 日，他们又给陈伯达、康生、江青写信，诬告"彭德怀到三线以后，还在积极进行不正当的活动"，"希望中央考虑撤销他的三线副总指挥职务"。又说："从这次文化大革命运动中揭发的许多材料看，彭德怀直到现在还是修正主义的一面黑旗"。12 月，戚本禹根据上头的意图，指使地质学院朱成昭和北京航空学院韩爱晶，派人到四川揪彭德怀。12 月27 日，彭德怀被揪回北京，先由红卫兵带到地质学院，周恩来闻讯后派傅崇碧去接到北京卫戍区监护。②

1966 年 9 月，经毛泽东批准，林彪在军委碰头会上"打招呼"，指出贺龙元帅有"问题"。从此贺龙不得参加军委碰头会。10 月，"打招呼"的范围扩大到各总部、各军兵种和各大军区的负责人。12 月，江青在清华、北大说："贺龙有问题，你们要造他的反。"她又对贺鹏飞（贺龙之子）说："你爸爸犯了严重错误，我们这里有材料，你告诉他，我可要触动他了！"不久，贺龙元帅的家被抄了，大量的机密文件被抢走，围攻者挤满庭院，"打倒贺龙"的大标语贴满了北京的街道。1967 年 1月 9 日，经毛泽东批准，林彪主持了军委碰头会，在会上攻击贺龙是"土匪"。威名赫赫的贺龙元帅，遭受凌辱。③

1967 年 1 月 4 日，陶铸突然遭受迫害。这一天，陈伯达、康生、江青在接见湖北揪王任重的造反团时，宣布陶铸是"中国最大的保皇派"。陈伯达说：陶铸同志到中央来并没有执行以毛主席为代表的无产阶级革命路线，实际是刘邓路线的忠实执行者。刘邓路线的推广是同他有关系的，他想洗刷这一点，但洗刷不掉，后来变本加厉。……他在北京接见你们的态度是完全错误的。他是文化革命小组顾问，但对文化革命的许多问题，从来没有跟我们商量过。他独断专行，不但背着文革小组，而且背着中央。你们揭得很好，给我们很多支持，感谢你们。江青和康生也讲了话，煽动整陶铸的材料，说："有材料摆出来，你们就胜利了。"顷刻之间，"打倒陶铸"、"揪出陶铸"的大标语贴到了北京的街头；陈伯达、江青、康生的讲话在

---

① 这是由中国人民大学几个群众组织于 1967 年 2 月初成立的。

② 详见丁隆炎等：《在彭总身边》和《最后的岁月》。

③ 参见杨金路、江海洋：《贺龙被害内幕》（上），载《法律与生活》1986 年第 10 期。

北京许多地方散发。就这样，没有经过党的任何会议的讨论，没有下发任何文件，党的一位中央政治局委员和常委，中央书记处的常务书记，中央宣传部的部长，国家的一位副总理，中央文化革命小组的一位顾问，就靠边站了①。7日凌晨1点钟，周恩来接见了"批判陶铸联络站"的代表，郑重地宣布："陶铸同志是中央常委"，"你们举行批判陶铸的大会不恰当，因为中央常委对这个问题还没有讨论，你们开会我们不能参加！"1月8日，毛泽东在中央会议上说：陶铸问题很严重。陶铸是邓小平介绍到中央来的，这个人不老实。当时问陶铸怎么样？邓小平说还可以。陶铸在十一中全会以前坚决执行刘邓路线，在红卫兵接见时，在报纸上和电视上都有刘邓的照片，这是陶铸安排的。陶铸领导下的几个部都垮了，那些部可以不要，搞革命不一定要这个部那个部。教育部管不了，文化部也管不了，你们管不了，我们也管不了，可红卫兵一来就管住了。陶铸的问题，我们没有解决，你们也没有解决，红卫兵起来就解决了。毛泽东实际上批准了打倒陶铸。毛泽东在看到陈伯达、江青、康生1月4日讲话的传单后，在2月10日中央政治局会议上批评了陈伯达和江青，对陈伯达说：你是一个常委打倒一个常委。过去你在我和刘少奇之间进行投机，不是你个人有事，你从来不找我。又对江青说：你眼里只有一个人，眼高手低，志大才疏。毛泽东指示中央文革小组开一个批评陈伯达、江青的会。

坚持党的原则的陶铸被打倒了，坚持党的原则的王任重跟着也被打倒了。

1967年1月4日，刘志坚又被打倒。江青对几位老帅1966年11月13日、29日的讲话极为不满，她在中央文革小组会议上说："军队这些接见，是镇压群众。"关锋也加以指责，说："讲话是错误的，要到群众中去检讨，接受群众教育。"这些话很快传了出来，军内造反派成立了"批判资产阶级反动路线筹备处"，定于1967年1月5日召开"批判资产阶级反动路线大会"，指名要陈毅、叶剑英到会"接受教育"。1月4日晚、1月6日晚，周恩来在人民大会堂召开会议，耐心细致地对军内造反派做工作，要他们不要召开大会。造反派接受了劝说。当刘志坚根据周恩来的嘱咐顾全大局作自我批评时，康生打断话拍着桌子说："刘志坚，你不是什么折中主义，你就是刘邓资产阶级反动路线在军队的代表！这个会要开！要批！要斗！就是要批斗你刘志坚！"会场上响起了一片"打倒刘志坚！"的口号声。刘志坚被打倒，被关押七年零九个月。事后得知，康生的插话是经过上面批准的。1月8日，

---

① 宋琼：《陶铸同志被打下台的真相》述之甚详，请参看。宋文载1979年1月4日《解放军报》。

大动乱的年代（1966——1976）

林彪在中央军委常委会议上宣布关锋任总政治部副主任。1 月 11 日，经毛泽东批准，中央军委发出改组全军文化革命小组的通知。①

1967 年 1 月 21 日，海军东海舰队司令员陶勇，突然不明不白地死于东海舰队一招待所院内。②

1967 年 1 月 22 日，张霖之（煤炭工业部部长）被毒打致死。江青、戚本禹唆使造反派毒打张霖之，张霖之遗体上有三十二处伤，颈部有几处血洞，惨不忍睹。③

怎么理解这些功勋卓著、坚持原则的老革命家遭冲击、受凌辱、被打倒呢？情况各个不同，但是从根本上说来，这是在两种思想、两种倾向、两种方针的激烈斗争中错误压制了正确。绝不排斥江青之流的倒行逆施和阴谋诡计掺杂其间，但是本质上是颠倒是非和敌我的结果，归根到底是把"文化大革命"进行到底的需要。为什么要用非常的、非法的手段呢？为什么在党内斗争中要施加决不容许施加的暴力呢？因为错误方面不占多数，用正常的、合法的手段无法达到目的。这样，江青等反革命分子得以为所欲为。由此可见，错误的方面不仅悖理，而且虚弱。冲击、凌辱和打倒，恰恰表明真理不在错误方面，是不得人心的。

（4）省、市、自治区党委瘫痪

全国各省、市、自治区的情况，大同小异。这里举例说明。

天津市：据中央文革小组办公室编印的《快报》1966 年 12 月 10 日反映："天津市委领导核心处于瘫痪状态"。《快报》说，1966 年 12 月 4 日，天津市委书记、市长胡昭衡对记者说："现在书记处领导很困难，谈不上核心不核心的问题，只是唱'空城计'，都是'老弱残兵'，勉强守摊子。""中央工作会议之后，市委领导干部根本没有坐下来很好地学习。现在领导层的思想很乱，有许多工作推不动，是处于应付状态。""我打算坚持一月半月，等中央派人来加强领导再讲，尽量维持现状，不再犯错误。"这还是 12 月初的情况。《工业十条》、《农村十条》下达后，市委完全瘫痪。

黑龙江：据张向凌主编的《黑龙江四十年》一书说："到年末，仅半年时间，全

---

① 新的全军文革小组成员名单如下：组长徐向前，顾问江青，副组长肖华、杨成武、王新亭、徐立清、关锋、谢镗忠、李曼村，组员王宏坤、余立金、刘华清、唐平铸、胡痴、叶群、王烽、和谷岩、张涛。

② 详见叶永烈：《陶勇司令之死》，载《民主与法制》1987 年第 12 期。

③ 参见田兵：《悼张霖之同志》（载《战地增刊》1979 年第 6 期）和秦晓鹰：《第一个蒙难的部长》（载《蓝盾》1987 年第 7 期）。

省各级党组织和政府机构全部陷于瘫痪,大、中、小学全部停课,一部分工矿企业处于停产、半停产状态。"

吉林:据曹介民、郑晓亮在《中共吉林省委在"文化大革命"初期》[1]中说:"大约在 12 月下旬,省委召开了农村工作会议,参加会议的有各市、地、县委书记和主管农业的书记,共 100 人左右,会议地点定在长春站前国际旅行社(即现在的春宜宾馆)。谁知,当参加会议的同志报到以后,会议即将召开的前夕,省委召开农村工作会议的消息和地点被泄露,'造反派'们要冲击会议,气氛十分紧张,与会人员不得不在数九寒天的冬夜转移。省委于半夜 12 点多用两辆大客车,将参加会议的同志全部转移到德惠。会议开了两天。在这期间,不仅城市,就是农村也受到了很大的冲击。地、县委书记们感到工作很难开展,会议精神一经传达,局面将不堪设想。""12 月 20 日,吉林省 ×× '造反军'的一些人和长春市 ×× 厂的一个什么'战斗兵团',公然闯入赵林的家,把赵林从家中揪走。12 月 24 日,×× 大学的'造反派'竟然查抄了赵林的家,搞什么'反修展览馆'。12 月 26 日,'省 ×× 造大'等群众组织在长春市体育馆召开大会,批斗了赵林,还搞了'喷气式'、挂了大牌子。12 月 28 日,长春市的一部分工人、学生,和来自吉林、四平、辽源、延吉、德惠、农安等地区100 多个单位、1200 多个'造反'组织,动用了 200 多辆汽车,在全市游斗了省委代理第一书记赵林。""12 月 29 日,群众组织将赵林和他的秘书陈启弟揪到吉林市。于1967 年 1 月 1 日夜到桦甸县,后又辗转经哈尔滨、白城等地,将赵林押往北京⋯⋯"

华东各省:据《快报》1966 年 12 月 25 日反映:华东局书记魏文伯向周恩来汇报了几个问题:华东各省、市的造反派在上海召开了"批判资产阶级反动路线大会",到会的有三四万人。上海"工总司"潘国平[2]主持。在大会上的发言中,福建对准叶飞,江苏对准江渭清,山东对准谭启龙,安徽对准李葆华,浙江对准江华、陈冰,江西对准方志纯、黄知真。请张春桥回上海代理陈丕显的工作。陈丕显请魏文伯转报总理,目前上海革命群众的口号是:"炮轰上海市委,火烧陈丕显,揪出曹荻秋,打倒杨西光",还要求把石西民抓回去。

所有这一切,归根到底都是人为地制造出来的,是"主动地把这个革命席卷全

① 载《党史通讯》1987 年第 10 期。

② 潘国平是"工总司"的主要头头之一。上海市中级人民法院 1979 年对他判刑八年。他在1985 年 9 月刑满出狱后又触犯刑律,再度受到法律制裁。详见《"造反司令"落网记》,载《法律与生活》1988 年第 4 期。

国"的结果。1965 年 10 月 10 日，毛泽东在中央工作会议上说："如果中央出了赫鲁晓夫，各省……就可以造反。"这样的意思，毛泽东说过多次。谁也没有想到，毛泽东在 1965 年 10 月间也没有想到，到了 1966 年年底，各省、市、自治区党委垮台或濒于垮台。这是"无产阶级司令部"一手制造的啊！事情到了这个地步，决不表明"文化大革命"的胜利。

（5）经济主义歪风刮起

1966 年 11 月 8 日，由极少数合同工、临时工凑合起来的全国性工人造反组织"全国红色劳动者造反总团"（简称"全红总"）在北京成立，其头头是王振海等人。大致从 12 月 1 日起，"全红总"300 多人到中华全国总工会造反，占领礼堂，提出许多不合理要求。12 月 4 日，"全红总"发表宣言，宣称："我们当前的主要任务，是造现行合同工、临时工制度的反，彻底铲除这一反毛泽东思想的大毒草。"同日，中华全国总工会党组负责人马纯古向李富春并中央文革小组报告了合同工、临时工造反情况并请示如何处置。12 月 6 日，劳动部党组负责人郗占元、中华全国总工会马纯古联名向李富春并中共中央上送了《关于如何解决临时工、合同工问题的请示报告》。12 月 8 日，中华全国总工会经李富春批准，向合同工、临时工表示：支持合同工、临时工造反；同意在文化大革命中不得无故解雇合同工、临时工；合同工、临时工制度可研究改革，改革方案报国务院。

1966 年 12 月 18 日，江青在接见北京大中学校造反派代表时说："现在的合同工制度是刘少奇提倡的，合同工是刘少奇搞的，我们不知道。有人说是主席要搞的，那只能说是他们的主席，不是我们的主席。""他们（按指中华全国总工会主席、书记）不为工人服务，干脆让工人进到楼（按指中华全国总工会大楼）里去住，让他们滚出去，造他们的反。合同工这个东西，像广播事业局就有 500 多个合同工，他们随时可以解雇，一解雇就是资本主义的一套。我们对于坏分子还给他饭吃，让他劳动，而合同工一解雇就没饭吃了，这样搞培养奴隶主义。"这是江青第一次煽动合同工造反。这是在谷牧 12 月 6 日建议中央慎重处理合同工问题后讲的。会后，"全红总"占领了全国总工会大楼和劳动部。

12 月 26 日晚 7 点 58 分至 12 点 34 分，江青、陈伯达、康生等人在人民大会堂接见"全红总"的代表。江青一开头就说："毛主席是支持你们的！"代表说：合同工制度是劳动部根据刘少奇的意见制定的。江青说："什么劳动部长，劳动部长不劳动，让他们当科长去吧！"姚文元插话："最好让他们当合同工。非造这个反不可！这个制度就像资本主义对待工人一样！"江青接着说："这完全是资本主义的一套，保留一定数量的雇佣工来减少资本的支付。""封建主义也不能比这个制度残酷！……都让他们（按指劳动部部长、全国总工会主席等）当合同工去，你们去雇他们！""合同工要革命！""合同工制度……是反动的资产阶级制度。"代表说："我们昨天把劳动部办公地点全部查封了，今天把劳动部所属单位也全部查封了，并且向全国各地分团发出电报，把劳动调配部门全部查封。决定明天封全国总工会。"陈伯达说："封得好嘛！没有这个部照样工作！"江青说："好！封得好！我赞扬你们！""你们把全国劳动分配部门全部扫掉！你们进京工人，全部住到总工会、劳动部去，让他们负责吃饭、住宿。"康生说："制定合同工制度的就是赫鲁晓夫，哪里是什么共产党员！把中国变成资本主义，这是个夺权的大问题。那些不给工人办事的全部给他们解散！""这个制度，是关系到我们国家变不变颜色的大问题，是社会主义工厂变不变为资本主义工厂的大问题，是走社会主义道路还是走修正主义道路的大问题。"江青说："我建议马上以中央文革的名义发个通知，大意如下，1.必须允许所有合同工、临时工等参加文化大革命，不得歧视。2.不得解雇，必须照发工资。1966年6月1日以后解雇的工人，必须允许马上回原单位参加生产，工资补发。3.现行反革命按《十六条》处理。"劳动部、全国总工会的负责人被临时叫来在会上站着，江青最后对两位站着的负责人说："他们是毛主席的客人，你们要很好地照顾他们。"两位负责人只好唯唯。江青一伙的讲话，"全红总"以大字铅印，发到全国。江青说"毛主席是支持你们的"，看来不会毫无根据。[①]

　　仗着江青一伙的支持，"全红总"强迫当时全国总工会和劳动部的负责人于1967年1月2日签发了一个《联合通告》，主要内容是："经全国红色劳动者造反总团提议，与中华人民共和国劳动部、中华全国总工会协商，联合作出以下紧急决定：1.为了保证'合同工'、'临时工'、'外包工'等参加无产阶级文化大革命、参

[①] 值得注意的是：毛泽东可能提出过实行供给制的意见。周恩来1966年12月6日在中央政治局扩大会议上说："现在要实行供给制，一定要把思想基础打好，才能实行，不然大家都实行供给制也不行嘛。"江青1966讲12月18日接见造反派代表时说："最近我们想把级别搞掉它"。类似的话，周恩来、江青此后又讲过，戚本禹也讲过。看来，毛泽东对这个问题讲过话。1967年5月14日，聂荣臻接见中国科学院同志时传达了毛泽东的意见："搞供给制……是不是由部队带头恢复供给制？""要破除资产阶级的法权思想。"1967年11月5日，毛泽东同中央文革小组成员谈话说："废除级别问题，也要谈一谈。"

加生产的权利，一律不得解雇。2.1966 年 6 月 1 日以后被解雇的'合同工'、'临时工'、'外包工'等，必须立即召回本单位，参加运动，参加生产，补发解雇期间的工资。3.凡遭受资产阶级反动路线迫害的'合同工'、'临时工'、'外包工'等，必须当众恢复名誉，赔偿损失，妥善安排，认真处理。以上决定，通报全国。"这三条，来源于江青 1966 年 12 月 26 日晚口授的三条，又有发展。"全红总"的头头揪斗领导干部，绑架工作人员，通知各分团要求补发工资和赔偿损失。顷刻之间，在全国许多地方刮起经济主义歪风。不少工人闹转正，闹晋级，闹福利待遇。一些人以江青的话为"尚方宝剑"，掐着领导的脖子强令发款。一些单位，慑于江青一伙的淫威，把合同工、临时工一律转正，甚至把 1961 年至 1963 年下放到农村的工人也恢复工作，同时补发几个月、几年甚至十几年的工资、夜班费、加班费等。

后来的情形不妨顺带在这里交代一下。1967 年 1 月 20 日，周恩来在接见安徽省造反派时明确指出：合同工、临时工制度不能取消，制度的改革放到运动后期。又说：至今还没有批准任何一个全国性的组织，我们不赞成组织全国性的群众组织。1967 年 1 月和 1968 年 1 月，中共中央、国务院两次发出通知，宣布"全红总"、全国总工会、劳动部的《联合通告》无效。[①] 1967 年 2 月 12 日，中共中央、国务院发出《关于取缔全国性组织的通告》。2 月 17 日，中共中央、国务院发出的通告指出："临时工、合同工、轮换工、外包工等制度。有些是合理的，有些是很不合理的，错误的。……在中央未作出新决定以前，仍按原来办法执行。""临时工、合同工、轮换工、外包工没有必要成立单独的组织。"2 月 24 日，中共中央宣布立即取缔"全红总"等非法组织。同日，北京市公安局军事管制委员会和北京卫戍区逮捕了在京的"全红总"等各非法组织的头头。3 月 2 日，北京几十个单位在钢铁学院召开了斗争"全红总"头头的大会。王振海等人受到惩罚了，而煽动他们造反的江青一伙，没有受到任何惩处，依然无法无天。

(6) 北京炮打"无产阶级司令部!"

到了 1966 年 12 月，有一个现象很值得注意：总的说来，清华"井冈山"、北航"红旗"、地质"东方红"这一类的造反派仍是少数派，与它们对立的多数派[②]

---

① 原件未见，此处据《当代中国的经济体制改革》，中国社会科学出版社 1984 年版，第 132 页。

② 多数派总的说来也是造反派，他们侧重于造"牛鬼蛇神"的反，与少数派侧重于造各级党委和领导干部的反是有区别的。如果细加分析，情形相当复杂。

仍是多数派。北京如此，全国也如此。江青1967年1月4日在接见湖北揪王任重造反团时就说过："你们……要做艰苦细致的工作，争取多数，不要把敌人看成铁板一块，多数派同学很多是受蒙骗了，不是不能做工作的，是可以分割的，一定要做细致的工作，这是策略问题，希望大家注意"。毛泽东和中央文革小组所支持的少数派到了1966年年底仍是少数，中央文革小组所压制的多数派到了1966年年底仍是多数，这太值得深长思之了，上头的决策不可能不考虑这一现实。

在多数派中，在1966年12月，出现了炮打"无产阶级司令部"的潮流①，当时被造反派污蔑为"十二月黑风"。

12月1日，林学院一学生在辩论会上说："中央文革产生不符合《十六条》。"同日，林院贴出大字报《给中央文革小组的一封公开信》，批判中央文革小组。

12月2日，这个学生到解放军报社接待站反映意见，认为中央文革小组多数成员都犯了挑动群众斗群众和包办代替的方向性错误。他说，已联合了50多所学校，要求中央解散中央文革小组。同日，林院贴出大字报《看中央文革小组在无产阶级文化大革命中执行了一条什么路线?》、《踢开中央文革小组，紧跟毛主席闹革命》，林院又在天安门前两侧观礼台上贴上大标语："中央文革小组执行了资产阶级反动路线"。

12月4日，清华园贴出大字报《中央文革小组的路线性错误必须批判》。同日，在清华园和城内都出现了大标语"誓死揪出毛主席身边的真正的资产阶级阴谋分子"。

12月5日，北京23个学校的学生45人集会，反对中央文革小组。

12月7日，地院的"穷棒子造反兵团"发表第1号公告，指出中央文革小组形"左"实右。

12月9日，清华园贴出大字报《给毛主席一封公开信》，信中说："10月3日之后，北京的运动犯了方向、路线的错误。"同日，"捍卫团"在红星影院集会，会上有人呼喊"刘少奇万岁"的口号。

12月10日，北大"虎山行"贴出大字报《毛主席的大民主万岁》。它说："运动阴暗面很大"，"许多人厌战情绪上升"，"群众中对立情绪日趋严重"，"又出现了大规模的群众斗群众的严重事件"，"炮轰中央文革小组是运动发展到今天的必然，是运动发展的关键的关键"。大字报质问："为什么中央文革小组就批评不得? 老虎屁股摸不得? 一摸就砸狗头!"

---

① 其中大多数是以正确反对错误，但也有以"左"或右反对"左"的，情形复杂。

12 月 11 日，清华"雪莲"印出传单《用毛泽东思想检验一切》，批判陈伯达、江青。

12 月 12 日，林院一学生贴出大字报《江青同志的讲话把运动引向何处？——评江青同志 11 月 28 日在首都文艺界无产阶级文化大革命大会的讲话①》。

……

这些讲话、大字报、大标语的共同特点是抨击中央文革小组。中央文革小组这时既不"相信群众"也不"依靠群众"了，不让群众"自己教育自己，自己解放自己"了，下令抓人。12 月 14 日，陈伯达等人与"三司"、北航"红旗"代表座谈，康生在会上说："对反革命分子实行严厉的镇压，这是最大的民主"，"凡是反对毛主席和林副主席的就是反革命……对中央文革的态度是要不要无产阶级专政的问题"。江青在会上说："别忘了咱们是无产阶级专政。"（中共中央、国务院 1967 年 1 月 13 日作出的《关于在无产阶级文化大革命中加强公安工作的若干规定》即《公安六条》就是在此背景下开始起草的。）公安机关于 12 月中旬逮捕了写大字报、大标语批评、反对中央文革小组和林彪的人。有人为写《致林彪同志的一封公开信》的伊林、涤西被捕鸣不平，也被逮捕。有人为"虎山行"的大字报辩护，也被逮捕。手上没有真理，只有压制，可是压而不服，反对中央文革小组的思潮依然存在。

这里要特别提到坚决反对中央文革小组的"首都红卫兵联合行动委员会"（简称"联动"）②。"联动"是北大附中、清华附中、石油学院附中、八一学校等北京中学的老红卫兵于 12 月 5 日组成的。这些年轻人，在"文化大革命"开始时，也曾以真诚的激情投入运动的旋涡，有过狂热的举动。然而，仅仅几个月的时间，运动出人意料的发展使他们渐渐清醒。在大串连中，他们所到之处，省委、市委几乎瘫痪，造反派的"炮轰"正逐步升级。难道这些领导都成了黑线人物？都不能用了？他们带着满腹疑团回到北京。而作为"革命"中心的北京。更是一番"黑云压城"的景象：以批判"资产阶级反动路线"崛起的蒯大富、聂元梓之流，转眼间已成为炙手可热的"左派"。他们打着"怀疑一切"、"打倒一切"的旗号，像"拳头"一样到处乱打，竟有恃无恐地发展到揪老师、冲击军事机关、炮打国务院了。而他们的幕后操纵者，就是那个中央文革小组。事情的发展也有另一面：有人给林彪贴大

---

① 江青的这个讲话，经毛泽东修改定稿。

② 详见乔伊、徐雅雅：《"联动"事件始末》，载《追求》1986 年第 6 期。

字报，对他的"顶峰"、"一句顶一万句"提出疑问；有人贴出"四问中央文革"的大字报，写下了"陈宫溃、骚人溢"的诗句……特别是前些日子，中央军委叶剑英、陈毅、徐向前、聂荣臻四位副主席的讲话，更使他们兴奋不已。这给了他们以鼓舞，也使他们意识到了自己的责任。

决不能说"联动"当时对一切问题已经认识清楚，决不能说"联动"当时已经否定了"文化大革命"和"无产阶级专政下继续革命的理论"，这在当时几乎是不可能的；"联动"难能可贵的是，它比较自觉地反对冲击和打倒党的领导机关和领导干部，坚定地反对中央文革小组和它的工具"三司"。它有这样那样的缺点和弱点，这与它走在时代前面相比，不能不是极其次要的了。在它成立之日，即12月5日，"联动"成员、京工附中邹建平等人爬上几十米高的西直门城楼，用几十张大报纸刷下了一条巨幅标语，上面赫然写着："中央文革把我们逼上梁山，我们不得不反！"这也可以看作"联动"的宣言。12月6日，"联动"十余人来到蒯大富、聂元梓控制的一个组织所在地，与这个组织辩论揪斗老干部问题，反对揪斗老干部。12月7日，"联动"在廖承志主持的"第二届中日青年友好联欢"筹备会上，又和蒯、聂之流展开了针锋相对的斗争。12月26日，"联动"在北京展览馆召开的第一次大会上，提出："中央文革某些人不要太狂了"，"坚决批判中央文革某些人近几天发表的反毛泽东思想的讲话"，"坚决批判中央文革某些人为首的新的资产阶级反动路线"，"反对乱揪革命老前辈"，"反对纵容、支持、鼓励反革军、革干子弟的行为"。会后，"联动"散发传单，张贴标语，讥讽"江青太狂了"，提出要"打一打关锋、戚本禹，吓一吓陈伯达"，"踢开中央文革"，"揪出三司后台，枪毙三司后台"。为了反对公安部随意抓人，"联动"于12月16日、28日、31日三次冲击公安部，在公安部墙上刷上了"公安部执行一条形'左'实右的资产阶级反动路线！""火烧谢富治！"等大标语。1967年1月1日，"联动"部分成员在一个通告中提出："忠于马列主义和1960年以前的毛泽东思想"。这说明，他们已经怀疑毛泽东晚年的思想。"联动"的成员，遭到了疯狂的迫害，许多人被捕入狱。

（7）毛泽东耽于幻想

毛泽东1966年10月25日在中央工作会议上说："我闯了一个祸，就是批发了一张大字报……"那时他信心十足，出此诙谐语。到了12月，真的闯下了大祸，他诙谐不起来了。

在1966年12月，毛泽东有一些重要言论。

要批判《论共产党员的修养》，要进行全国性的大批判。①

"我们党内两条路线斗争，基本问题是在无产阶级夺取胜利以后，即新民主主义革命胜利以后，中国究竟走资本主义道路还是走社会主义道路的问题。资产阶级要走资本主义道路，这是很明显的。在我们共产党内部，我们要走社会主义道路，但是一部分人却认为中国是一个很穷困的国家，中国资本主义发展水平很低，不能发展社会主义，必须在一段时间内，走一段资本主义道路，然后再走社会主义道路。

走什么道路的问题，解放初期是这个问题，现在仍是这个问题。"②

两条路线的斗争，实际上是在"文化大革命"中，更加尖锐、更加集中地暴露出来罢了，其实它是长期存在的东西。③

"单反赫鲁晓夫修正主义是不够的，还要反我们党内的修正主义，不然的话，再过多少年，中国的颜色就会变了，到那时候就晚了。过去做了一些，只是修修补补，没有当作整个阶级斗争去做。"④

"上海的形势大有希望，工人起来了，学生起来了，机关干部起来了，'内外有别'的框框可以打破。"

"1967 年将是全国全面开展阶级斗争的一年。"⑤

"无产阶级文化大革命是触及人们灵魂的大革命。它触动到人们根本的政治立场，触动到人们世界观的最深处，触动到每个人走过的道路和将要走的道路，触动到整个中国革命的历史。这是人类从未经历过的最伟大的革命变革，它将锻炼出整整一代坚强的共产主义者。"⑥

"开展全国全面的阶级斗争，重点是北京、上海、天津、东北。"⑦

"祝展开全国全面内战！"⑧

---

① 转引自张春桥 1967 年 2 月 25 日与华东局造反派座谈时的谈话。

② 转引自原政治学院 1968 年 11 月编印的《毛泽东思想胜利万岁》。

③ 转引自康生 1967 年 3 月 10 日在军以上干部会议上的讲话。

④ 转引自席宣：《关于"无产阶级专政下继续革命的理论"》，载《党史通讯》1983 年第 1 期。

⑤ 转引自《中共党史大事年表说明》，中共中央党校出版社 1983 年版，第 200 页。

⑥ 这是审阅姚文元《评反革命两面派周扬》时加的话。姚文发表于《红旗》杂志 1967 年第 1 期。

⑦ 这是 1967 年 1 月 2 日讲的。转引自张春桥 1968 年 2 月 5 日在上海市革委会扩大会议上的讲话。

⑧ 这是 1966 年 12 月 26 日讲的。转引自叶永烈：《"文革"琐记》，载《新观察》1988 年第 9 期。

这些言论，总的看来，剑拔弩张。从这些言论中可以看出，毛泽东执着于他的建设社会主义的空想，坚持"文化大革命"的错误。在复杂而严重的局势面前，他不能面对现实，不能接受实践给予的启迪和警告，这样就没有别的选择，只有在"全国全面开展阶级斗争"了。他为了证明坚持"文化大革命"的正确，一方面毫无根据地对党内路线斗争作了新的解说，一方面毫无根据地给予"文化大革命"以无以复加的高度评价。较之《炮打司令部——我的一张大字报》里说的"50多天"，这里作了新的解说，"50多天"变成了"长期存在"了；办法还是老办法，就是给别人戴上"走资本主义道路"的大帽子。毫无根据地给予"文化大革命"以无以复加的高度评价，曲折地反映了"天下大乱，达到天下大治"的空想。毛泽东不能解决现实中的复杂矛盾，决心大干一场以彻底改变现状，对未来抱有更多更大的幻想。

对于无产阶级领袖来说，最大的危险，也许就是一意孤行。

1966年的实践充分说明，毛泽东并不知道"文化大革命"怎么革。重复地说，"文化大革命"的发动既是主观主义的，就不可能有正确的革法。毛泽东信奉的是"天下大乱，达到天下大治"，只是一味支持造反而已。当无政府主义不利于"无产阶级司令部"时，他提出了对师生进行军政训练问题。[①] 他对学生多少有点失望，转而寄希望于工人造反派。指望工人造反派干什么，全国下一步怎么办，毛泽东不知道。毛泽东审阅定稿的《人民日报》、《红旗》杂志1967年元旦社论《把无产阶级文化大革命进行到底》，指出1967年全党、全国有四项任务：一是在工厂和农村中开展文化大革命，二是知识分子和工农群众相结合，三是充分发扬无产阶级专政下的大民主，四是继续开展对资产阶级反动路线的群众性的批判。从这四项任务中可以看出，还是既提不出任何积极的主张，也提不出"文化大革命"如何发展的意见。尽管上海"一月革命"的怪胎已躁动于全国动乱的局势和大干一场的决心的母腹之中，但是这时并没有提到"全面夺权"。

透过现象看本质，1966年年底的状况已经预示"文化大革命"的失败。准确地说，已经证明"文化大革命"失败了。《五·七指示》所反映的空想，这时已经束之高阁。

① 中共中央、国务院据以于1966年12月31日发出《关于对大中学校革命师生进行短期军政训练的通知》。

在江西萍乡市，刘少奇当年代表工人同资本家进行谈判斗争的纪念室被改成"革命造反大楼"。

第四章
全面夺权　天下大乱

　　《人民日报》、《红旗》杂志 1967 年元旦社论《把无产阶级文化大革命进行到底》指出："1967 年，将是全国全面展开阶级斗争的一年。1967 年，将是无产阶级联合其他革命群众，向党内一小撮走资本主义道路的当权派和社会上的牛鬼蛇神，展开总攻击的一年。1967 年，将是更加深入地批判资产阶级反动路线，清除它的影响的一年。1967 年，将是一斗、二批、三改取得决定性的胜利的一年。"

　　1967 年 1 月，上海爆发了所谓"一月革命"（又称"一月风暴"），毛泽东号召全国全面夺权，"文化大革命"进入了"新阶段"。由于支持"一月革命"并且号召全面夺权，由于"走资派"等本无政策界限势必导致你"革"我"保"、你"保"我"革"的争斗，由于一部分群众争当"左派"而滋长和发展了派性，由于江青等人利用他们掌握的中央的很大部分权力，把"左"的错误引向极端，乘机制造混乱，煽动"打倒一切、全面内战"，所以天下大乱的局面迅速形成。毛泽东很不赞成打倒一切和全面内战，他再三再四地告诫人们不可武斗、不可分裂、不可打倒一切等等。但是他只反对现象而不消弭这些现象产生的真实原因，坚持全面夺权，加之江青等人合法的干扰和非法的破坏，所以全国无可挽回地陷入了内乱的灾难之中。武斗遍及全国，山头林立，无政府主义泛滥，个人主义猖獗，归根到底由"文化大革命"的指导思想的错误和江青等人的助长所造成，又是对"文化大革命"的一种惩罚。那个"让群众自己教育自己"的方针在实践中碰得粉碎。情势越是恶化，越要说成"形势大好"，越是不可能改弦更张，"文化大革命"就这样一步步地走得离毛泽东思想更远。

一 基于幻想和出于无奈的全面夺权号召

1967 年 1 月间上海刮起的"一月风暴"，固然是江青一伙策划的结果，但是从根本上说来是"左"倾错误迅速发展的结果。诚然，《五·一六通知》里就提到了"夺权"，《十六条》也提到夺"党内走资派"的权，但那是指夺个别人的权，不是指夺省、市、自治区党委的权。不能说上海"一月风暴"与《五·一六通知》、《十六条》毫无关系，但是更重要的事实是：全国彻底批判所谓"资反路线"，造成严重局势，不可收拾，势必导致"一月风暴"的刮起。毛泽东号召全国全面夺权，既基于幻想，又出于无奈。江青一伙则乘机煽动"打倒一切、全面内战"。

（1）"机联站"和康平路事件

早在 1966 年 10 月，江青一伙就在北京与聂元梓等人密谋，要搞垮上海市委。周恩来明确宣布"上海市委是革命的"[①]，而聂元梓等人一到上海就公开叫嚣："打倒上海市委！"

1966 年 11 月 6 日，潘国平、王洪文、黄金海等人集会，策划"集中目标攻上海市委"、"造上海市委的反"，并且议定成立"工总司"。"工总司"成立之日，就宣称："我们要夺权！"12 月 18 日，上海市委写作班党支部书记徐景贤受张春桥指使，带领上海市委机关一些人起来造上海市委的反。他们召开大会，成立了在一段时间里成为张春桥、姚文元在上海的办事机构的"上海市委机关革命造反联络站"（简称"机联站"），污蔑上海市委"蓄意把群众打成反革命"，对陈丕显、曹荻秋等党政领导干部，进行人身迫害。他们制造了所谓"心脏爆炸、后院起火事件"，紧密配合"工总司"，在市委机关内部，煽动夺上海市领导权[②]。毛泽东 12 月 25 日对中央文革小组成员说："上海的形势大有希望，工人起来了，学生起来了，机关干部起来了，'内外有别'的框框可以打破。"

[①] 1966 年 9 月 13 日在北京先农坛体育场群众大会上的讲话。

[②] 参见《上海市人民检察院起诉书（82）沪检刑诉字第二号》和《上海市高级人民法院刑事判决书（82）沪高刑字第 1 号》，收入《历史的审判》（续集）。

张春桥签字承认"工总司",上海市工人群众非常不满。在这个背景下,上海市工人以老工人、党团员、积极分子为基础,于1966年11月26日成立了"捍卫毛泽东思想工人赤卫队上海总部"(简称"赤卫队")的筹委会。"赤卫队"保护上海市委,而与"工总司"相对立,上海市委支持这个组织。"赤卫队"在"《解放日报》事件"中站在正确方面。12月6日,"赤卫队"正式成立。12月7日,"赤卫队"、"红卫兵大专院校总部"发表联合声明,不承认上海市委在"《解放日报》事件"中的签字。12月10日,被劫持的曹荻秋被迫签字承认"《解放日报》事件"是上海市委执行资产阶级反动路线的严重事件。12月11日,"工总司"等组织在上海人民广场召开号称有60万人参加的"迎头痛击市委资产阶级反动路线新反扑大会",庆祝在"《解放日报》事件"中的胜利。在这次大会上,曹荻秋等人被迫签字,同意"工总司"出版《工人造反报》。12月14日,"工总司"等18个组织召开联席会议,作出决议:上海市委及其各级领导必须在行动上完全支持革命造反派,没有革命造反派的批准,曹荻秋和各级领导干部一律不准检查,也不准将检查材料交给任何人。"工总司出版系统总联络站"1967年出版的《上海工人革命造反总司令部斗争纪要》中说:"联席会议……具有无产阶级权力机构的初步形式的性质。"由于曹荻秋公开表示"赤卫队"的大方向错了,"赤卫队"12月23日在人民广场召开了"批判上海市委资产阶级反动路线"大会,曹荻秋12月24日签字接受"赤卫队"的"八项要求",承认"赤卫队"是革命群众组织。12月25日,"工总司"又在文化广场召开了批判以曹荻秋为首的上海市委执行资反路线大会,曹荻秋在大会上不得不撤销了对"赤卫队"的支持。曹荻秋有苦难言,焦头烂额,左右为难。不该支持"工总司",但是毛泽东支持了,不得不表示支持。应该支持"赤卫队",但是不符合上头精神,支持了又制造群众分裂,不得不违心地表示不支持。支持"工总司","赤卫队"通不过;支持"赤卫队","工总司"通不过。工人中的两种不同的思潮,又是客观存在。问题的症结在哪里呢?当然在于"文化大革命"支持了造反。12月28日,"赤卫队"万余人到康平路上海市委机关办公地点要求曹荻秋接见,要求上海市委承认号称拥有80万人的"赤卫队"是革命群众组织。张春桥乘机制造了康平路事件。

马天水凭着道听途说,向在北京的张春桥汇报:"赤卫队"在康平路抄了你的家,"赤卫队"要搞全市性的停水、停电、停交通。[①] 12月28日深夜,张春桥从

---

① 这个重要情况,是原"赤卫队"负责人王玉玺证实的。

北京打来电话，要王洪文等人向"赤卫队""立即进行针锋相对的斗争"，并要正在北京的"二兵团"①"司令"耿金章赶回上海。"工总司"连夜调动宣传车，开到康平路附近的马路上大造舆论。12 月 29 日，曹荻秋来到康平路，同"赤卫队"谈判。"工总司"、"机联站"等则在衡山饭店成立了"上海革命造反派联合指挥部"，由王洪文等人调来十几万造反队员，把康平路周围的一些街道包围起来。12 月 29 日下午，张春桥又打电话给他在上海的妻子李文静，说："胜利果实不能被赤卫队夺去。要告诉造反派不能置之不理。你有没有办法通知造反派？"还说："现在上海的桃子熟了。这个桃子不能让陈丕显摘去"，对"赤卫队""要加强政治攻势，要瓦解他们"。李文静告诉了徐景贤，徐景贤告诉了"指挥部"，"指挥部"决定在 12 月 30 日凌晨 2 时向赤卫队进行"冲击"。

冲击"赤卫队"的情况，在"四人帮"余党编写的《上海一月革命大事记》中是这样记载的："工人造反队员从下半夜两点钟左右开始向盘踞在康平路旧市委书记处的赤卫队进行冲击。到 6 点多钟康平路旧书记处院内的赤卫队全部投降。7 点钟，近 20000 名赤卫队员排成单行，分成六路，到四条马路上集中，袖章缴下来六大堆"。"赤卫队"91 人受伤。据目睹者说，许多赤手空拳的赤卫队员被打得血淋淋的，有的受了重伤。"工总司"12 月 31 日发布特急通令，要各级造反队把"赤卫队"的负责人统统抓起来，把各工厂企业的"赤卫队"的负责人也抓起来。共关押"赤卫队"主要负责人 240 余人。这样，保护上海市委的、坚持文斗的"赤卫队"就被镇压下去了。

这是上海的也是全国的第一次大规模武斗。张春桥对这次武斗的胜利，是颇为得意的。1967 年 3 月 8 日，他对山西省太原市在京的代表说过，"赤卫队"进入康平路，"我们就打电话叫造反派赶快参加战斗。这次较量是个转折点。这一仗一打，市委瘫痪了，垮了，讲话没人听了；赤卫队也垮了，造反派占优势了"。

"工总司""围剿""赤卫队"的借口是"不许赤卫队抄柯老和张春桥的家"。无须一一列出材料，证明"赤卫队"并未抄柯庆施和张春桥的家；因为问题的关键完全不在这里。消灭"赤卫队"是既定的方针，借口可以随便制造。归根到底，这是两种倾向、两种力量的斗争，正确的方面遭受毁灭性的打击。张春桥确实搞了阴谋，但是他何以不受制裁呢？何以能够在 1967 年 3 月 8 日当众炫耀呢？无他，他

---

① 全称是"上海工人北上第二兵团"。

的阴谋诡计符合"无产阶级司令部"的需要。从"无产阶级司令部"的观点来看,"保字号""赤卫队"就是不应该存在的。

张春桥制造"康平路事件",搞垮了"赤卫队",搞垮了上海市委,为夺取上海市领导权扫清了道路。

(2)"一月革命"和全面夺权号召

1966年12月30日下午,"赤卫队"部分队员去北京上告。12月31日下午,王洪文等人组织人马,追击到昆山,又挑起一场冲突,制造了打伤"赤卫队"多人的"昆山事件",造成沪宁铁路交通中断。1967年1月1日凌晨1时许,张春桥打电话给陈丕显,要他找各造反派组织解决交通中断问题。这是给正在养病的陈丕显出了个难题。一个多小时后,张春桥又打电话给徐景贤,告诉他这件事,并说:这是"给陈丕显一个机会,但不是支持陈丕显","陈丕显的帐,你们要清算,以后算"。又说:曹荻秋不能出来了。1月2日,张春桥指使"工总司"等造反组织成立"打倒上海市委大会筹委会"。1月3日,张春桥、姚文元接见王洪文、陈阿大等人,说:叫陈丕显出来,"这件事我们商量过"。"陈丕显一直不出来,应该拖他出来幕前表演,假的真不了,真的假不了。"还要王洪文等人不要参与解决铁路交通中断问题,说:"你们一定不要管这些事","索性让他出来表演一番"。张春桥的刁狠、毒辣,由此可见一斑。

1967年1月4日,上海文汇报社夺权。"文汇报社'星火燎原'革命造反总部"1月4日在《告读者书》[1]中宣告:"经过一段时间的艰苦斗争,从今天起,我们'星火燎原'革命造反总部接管了《文汇报》。"1月5日,上海解放日报社夺权。

1月4日,张春桥、姚文元以中央文革小组调查员的身份回到上海,找徐景贤和"工总司"的头头谈话,透露了毛泽东1月2日指示[2],策划夺权。1月5日,"工总司"等11个造反组织的《抓革命,促生产,彻底粉碎资产阶级反动路线的新反扑——告上海全市人民书》[3]在《文汇报》发表。《告上海全市人民书》最主要的内容,是严厉谴责"赤卫队"队员破坏生产,破坏交通运输,号召坚决贯彻执行毛泽东提出的"抓革命,促生产"的方针。短短的2000多字的文件,七处用黑体字排印毛泽东提出的"抓革命,促生产"的方针,非常突出。当时,上海市的生产、铁路交

---

① 载1967年1月4日《文汇报》。

② 即开展全国全面的阶级斗争,重点是北京、上海、天津、东北。

③ 这个文件的形成过程,金春明在《上海"一月革命"的前前后后》中作了详细说明。金文载《党史通讯》1983年第18期。

通确有瘫痪之虞，情况危急。问题是这是谁造成的，因何造成的。这是张春桥制造的"康平路事件"的恶果。广大的工人被打的被打，被抓的被抓，人妖颠倒，是非混淆，无法安心生产。"工总司"却高举"抓革命，促生产"的旗帜，把罪名安在"赤卫队"头上！1月5日，张春桥在"工总司"头头会议上讲话，他说："基本问题是把领导权夺过来。把走资本主义道路当权派揪出来，打倒。把整个社会中坏的东西该打倒的打倒，可改造的就改造过来。"

1月6日，"工总司"、"机联站"等造反组织在上海人民广场召开了"高举毛泽东思想伟大红旗彻底打倒以陈丕显、曹荻秋为首的上海市委大会"。这个大会的导演是张春桥、姚文元，大会的发言稿和口号也是经过他们审查修改的。大会批斗了陈丕显、曹荻秋、魏文伯、杨西光，还把全市高级干部几百人揪到会场陪斗。大会发出三项通令。《第一号通令》说：

（一）从1967年1月6日起，上海革命造反派和革命群众，不再承认反革命修正主义分子曹荻秋为上海市委书记处书记和上海市市长。

（二）责成大会服务团在会后立即报请毛主席和党中央，罢免曹荻秋党内外一切职务，并批准在上海报刊上公开点名批判。

（三）曹荻秋从即日起，交给上海革命造反派监督劳动，并责令其彻底坦白交代反党反社会主义反毛泽东思想、破坏无产阶级文化大革命的罪行。

《第二号通令》中说道："陈丕显必须在七天内，就如何操纵指挥曹荻秋和上海市委进行反对毛主席，对抗党中央，破坏无产阶级文化大革命的罪恶活动……向革命造反派进行彻底坦白交代。"《第三号通令》说："大会认为，以陈丕显、曹荻秋为首的上海市委，必须彻底打倒。"根据张春桥的布置，徐景贤在会后把大会的发言稿和通令报送毛泽东和中共中央。1月6日，姚文元写了《情况简报》，节录如下：

上海开了10万人大会，从上午10时到下午3时。有机关、工人、学生代表参加。中心口号：打倒陈丕显、打倒曹荻秋。陈、曹、魏、韩、马、梁①均到会。会后有通电、通令。不承认曹市长、市委书记，曹监督劳动、陈一周内交代自己罪行。会议是成功的，秩序很好。市委可以说是完全垮台了。

张春桥公开说过："1月6日的大会上就夺了权了。"② 无论是从种种迹象来看，

---

① "韩"是华东局书记处书记韩哲一，"马、梁"是上海市委书记处书记马天永、梁国斌。

② 1967年2月24日在上海文化广场群众大会上的讲话。

还是以情理猜度，大致可以断定：1月6日夺权不会完全出自张、姚的阴谋。大会召开于光天化日之下，这是阳谋。

张春桥、姚文元、王洪文在1月6日以后，相继建立了"火线指挥部"、"保卫委员会"、"造反派联络站"；在反复争斗以后，全面夺取了上海市领导权。①

对上海的全面夺权，胡月伟、杨鑫基在《疯狂的节日》②里作了生动的描绘。它虽系小说，却是历史的艺术的再现。

"全面夺权开始了。疯狂的人们在疯狂的旋律中跳着疯狂的舞蹈。……闹市区每天有浩浩荡荡的卡车队招摇过市。……堂堂党报成了造反团体的宣传喉舌，整版整版地刊登怵目惊心的传单、号外、新闻口号……《紧急通告》糊满了上海的每一根电线杆……曾经签字支持它的当权派曹荻秋则被当成经济主义妖风的罪魁祸首，被弄到高高的消防车云梯上游街示众。潮水般的人们仰着兴奋而扭曲的面孔，随着缓缓行驶的消防车奔跑，指点头上反剪双臂、颈悬木牌的旧市长。'当权派！嗬，大官儿。打倒在地喽！'……24层的赭色的国际饭店楼顶上，天天撒下雪片似的传单……数不清的像杂技会演的队伍在街头出现，三尺之高的纸糊帽子上画满了形形色色狰狞的牛头马面。游街者被勒令表现自己的'反动本质'——越剧演员穿上龙袍、朝靴、乌纱帽，著作家们捧着自己的'黑书'，电影演员涂脂抹粉，穿上了无袖旗袍、高跟皮鞋。'哟！看名旦去，看名旦去，不要门票！'"

"……各路英雄好汉们，拼命地瓜分十区十县的每一家工厂、企业，每一家商店、旅馆。他们按照各自山头的大小、实力的强弱、兴趣的差异来瓜分势力范围，瓜分动产和不动产，甚至瓜分当权派。连西宝兴路的火葬场都贴上了三个造反组织的封条。

郭子坤在半个月里发的洋财，就使他足以和上海屈指可数的大资本家匹敌。"

"'听说郭子坤发了一笔洋财？'是的。他派人把全上海珠宝古董店全封了，简直比国民党的劫收大员还厉害。"啊！这就是"一月革命"！这就是"无产阶级专政下的革命"！

---

① 过程极其复杂，此处从略。参见金春明的《上海"一月革命"的前前后后》（载《党史通讯》1983年第18期）和拙作《对上海"一月革命"的几点看法》（载《党史通讯》1986年第2期）。

② 原载《当代》1981年第1、2期，四川文艺出版社1987年9月出版。

　　1月8日，毛泽东在与中央文革小组成员的谈话中，对上海的夺权活动予以高度评价。他说："《文汇报》，由左派夺权，这个方向是好的。""《文汇报》5日的急告全市人民书，可以转载、广播。他们内部造反，过几天，可以写一个综合报道。这是一个阶级推翻一个阶级，这是一场大革命。""上海革命力量起来，全国就有希望。它不能不影响整个华东，影响全国各省市。""不要相信，死了张屠夫，就吃活毛猪。"这次谈话，实际上成为在全国进行全面夺权的号召。《人民日报》负责人唐平铸和《解放军报》负责人胡痴当场据毛泽东的谈话写成《人民日报》1月9日转载《告上海全市人民书》的编者按，经毛泽东当场审定。这个编者按全文如下：

　　　　上海《文汇报》1月5日发表的《告上海全市人民书》，是一个极其重要的文件。这个文件高举以毛主席为代表的无产阶级革命路线的伟大红旗，吹响了继续向资产阶级反动路线猛烈反击的号角。这个文件坚决响应毛主席的抓革命，促生产的伟大号召，提出了当前无产阶级文化大革命中的关键问题。这不仅是上海市的问题，而且是全国性的问题。

　　　　随着上海市革命力量的发展，崭新面貌的、革命的《文汇报》和《解放日报》出现了。这是无产阶级革命路线反对资产阶级反动路线的胜利产物。这是我国无产阶级文化大革命发展史上的一件大事。这是一个大革命。这件大事必将对于整个华东、对于全国各省市的无产阶级文化大革命运动的发展，起着巨大的推动作用。

　　1月9日，《人民日报》转载《告上海全市人民书》，加上了这个编者按。同日，"文汇报、解放日报全体革命职工"因这个"极其重要的编者按"的发表，向"最最最最敬爱的伟大领袖毛主席"发出"致敬电"。同日，"工总司"等32个造反组织的《紧急通告》在《文汇报》和《解放日报》发表。《紧急通告》集中地突出地反对当时正在盛行的挥霍国家财富、随意增加工资、滥发各种补助费、强占公房的经济主义。经济主义歪风明明是江青一伙刮起来的，上文已经说明；《紧急通告》却说，正当"上海市委被打倒的时候"，上海市委大搞经济主义，"这是上海市委坚持执行资产阶级反动路线的新形式。"《紧急通告》作出九条规定，"责令市委、公安局照此执行"。《文汇报》、《解放日报》发表《紧急通告》时都加了编者按，表示"全力支持"、"最坚决的支持"。同日，《文汇报》、《解放日报》还发表了据毛泽东1月8日谈话而写的综合报道《上海革命造反派向资产阶级反动路线发起总攻击》。1月10日，毛泽东对《紧急通告》和《上海革命造反派向资产阶级反动路线发起总攻击》

作批示，认为"此两件很好"，要中央文革小组替中共中央、国务院、中央军委起草一个致上海各革命造反团体的贺电，"指出他们的方针、行动是正确的，号召全国党、政、军、民学习上海的经验，一致行动起来"。1月11日，中共中央、国务院、中央军委、中央文革小组①给"上海工人革命造反总司令部等32个革命群众组织"的贺电发出。贺电中说：

"你们在1967年1月9日发出的《紧急通告》，好得很。你们提出的方针和采取的行动是完全正确的。"

"你们坚定地站在以毛主席为代表的无产阶级革命路线方面。你们及时地识破了和揭穿了资产阶级反动路线新反扑的阴谋，举行了有力的还击。"

"你们实行了无产阶级革命派组织的大联合，成为团结一切革命力量的核心，把无产阶级专政的命运，把无产阶级文化大革命的命运，把社会主义经济的命运，紧紧掌握在自己的手里。"

"你们这一系列的革命行动，为全国工人阶级和劳动人民，为一切革命群众，树立了光辉的榜样。"

"我们号召全国的党、政、军、民各界，号召全国的工人、农民、革命学生、革命知识分子、革命干部，学习上海市革命造反派的经验，一致行动起来，打退资产阶级反动路线的新反扑，使无产阶级文化大革命，沿着以毛主席为代表的无产阶级革命路线胜利前进。"

同日，中共中央发出《关于反对经济主义的通知》。1月12日，上海召开了有数十万人参加的"欢庆中央贺电彻底粉碎资产阶级反动路线新反扑誓师大会"。同日，《人民日报》、《红旗》杂志联合发表社论《反对经济主义粉碎资产阶级反动路线的新反扑》。1月14日，《解放军报》发表社论《一定要把我军的无产阶级文化大革命搞彻底》。社论提出："要乘风破浪，把那些走资本主义道路的当权派，那些坚持资产阶级反动路线的顽固分子，一个一个地揪出来，把他们彻底斗倒、斗垮、斗臭。"这里提到"坚持资产阶级反动路线的顽固分子"，列为打倒对象，是个新提法，值得注意。

1月16日，毛泽东批准了上海市的夺权。②同日，《红旗》杂志发表了评论员

---

① "中央文革小组"是毛泽东加上的。这是"中央文革小组"第一次与"中共中央、国务院、中央军委"并列。

② 张春桥1968年2月5日在上海市革委会扩大会议上说："1月16日，主席批准夺旧市委、旧人委的权。"

大动乱的年代（1966—1976）

文章《无产阶级革命派联合起来》，《人民日报》同日转载。文章传达了毛泽东的"最新指示"："从党内一小撮走资本主义道路当权派手里夺权，是在无产阶级专政条件下，一个阶级推翻一个阶级的革命，即无产阶级消灭资产阶级的革命。"文章高度赞扬上海的夺权，号召"坚决向党内一小撮走资本主义道路的当权派夺权"。文章是毛泽东审定的。这是"文化大革命"中第一次明白无误地号召全国全面夺权。1月19日，《人民日报》发表社论《让毛泽东思想占领报纸阵地》。社论说："从一小撮党内走资本主义道路当权派的手里，从极少数坚持资产阶级反动路线的顽固分子手里，把被他们篡夺了的各种权力统统夺回来，是无产阶级革命派必须勇敢地承担起来的战斗任务。"1月22日，《人民日报》在经毛泽东审定的社论《无产阶级革命派大联合，夺走资本主义道路当权派的权！》中说：

"一场无产阶级革命造反派大联合展开夺权斗争的伟大革命风暴，在我们伟大领袖毛主席的伟大号召下，正以排山倒海之势，雷霆万钧之力，席卷全中国，震动全世界。

无产阶级革命造反派最盛大的节日来到了！一切牛鬼蛇神的丧钟敲响了！让我们高举起双手，热烈地欢呼：无产阶级革命造反派的大联合，夺走资本主义道路当权派的权好得很！就是好得很！

这是我国无产阶级文化大革命的一个新的飞跃。这是今年展开全国全面阶级斗争的一个伟大开端。

这是国际共产主义运动中的极其伟大的创举，是人类历史上从来没有过的大事，是关系到世界前途和人类命运的大事。"

"有了权，就有了一切；没有权，就没有一切。……联合起来，团结起来，夺权！夺权！！夺权！！！"

"……向党内一小撮走资本主义道路的当权派和坚持资产阶级反动路线的顽固分子，展开全国全面的夺权斗争，胜利完成毛主席交给我们的伟大历史任务。

敌人不投降，就叫它灭亡！"

可以毫不夸张地说，这篇社论震动了全中国和全世界。它明明白白地告诉人们，要"展开全国全面的夺权斗争"，这是"毛主席的伟大号召"、"毛主席交给我们的伟大历史任务"。它号召夺两种人的权，一是"党内一小撮走资本主义道路的当权派"，一是"坚持资产阶级反动路线的顽固分子"。且不说这两个概念都是虚假的概念，是强加给领导干部的，且不说这两个概念从来没有明确的含义，从来没有任何政策界限；就以当时的实际生活来说，各级领导人极其普遍地被认为是"坚持资产阶级反动路线的顽固分子"，所以社论实际上是号召打倒一切，夺所有领导干部的权。①

1月26日，毛泽东说，接管是不可避免的。我们这个政府过去是上面派去少数干部和下面大多数留用人员组成的政府，不是工人、农民起来闹革命夺取了的政府，这就很容易保留封建主义、修正主义的东西。2月3日，中共中央、国务院在《关于革命师生和红卫兵进行步行串连问题的通知》中说："无产阶级革命派大联合，向党内一小撮走资本主义道路的当权派和极少数坚持资产阶级反动路线的顽固分子展开了夺权斗争。"同日，毛泽东在同外宾谈话中指出："过去我们搞了农村的斗争，工厂的斗争，文化界的斗争，进行了社会主义教育运动，但不能解决问题，因为没有找到一种形式，一种方式，公开地、全面地、由下而上地发动广大群众来揭露我们的黑暗面。"

号召全国全面夺权，不是什么如《人民日报》1月22日社论所说的"毛主席对马克思列宁主义关于无产阶级革命和无产阶级专政学说的重大发展"，而是历史性的错误。它是非常悖理的。毛泽东1959年年底至1960年年初读苏联《政治经济学教科书》时三次说过：在社会主义制度下，没有一个阶级推翻另一个阶级的革命。毛泽东主持制定的《十六条》，还承认大多数干部是好的和比较好的。毛泽东审定的《红旗》杂志1966年第12期社论《掌握斗争大方向》，还指出过"我们的国家是无产阶级专政的国家，从根本上说来，当权的是无产阶级"。毛泽东所批准的林彪1966年10月25日在中央工作会议上的讲话，也说过："现在的中央局书记、省委书记、市委书记，是老好人的多。个别的坏的也有，多数是好的。"应该知道，破坏生产、破坏交通的，不是上海市委和其他各省、市、自治区领导人，而是张春桥和"工总司"。应该知道，刮起经济主义歪风的，不是上海市委，而是江青一伙。毛泽东审定的《红旗》杂志1967年第4期社论《必须正确地对待干部》，还重提《红旗》杂志1966年第12期社论《掌握斗争大方向》对干部队伍的基本估计，指出大多数干部是好的。毛泽东在1967年还说过"'彻底改善无产阶级专政'是错误的，

---

① 毛泽东在1967年2月中旬指出以后不要再提夺"坚持资产阶级反动路线的顽固分子"的权。那时木已成舟，提不提也无所谓了。

无产阶级专政下的革命，讲部分改善，可以"①。号召全国全面夺权，制造了种种矛盾，造成极大混乱是无产阶级的自我戕害。

号召全国全面夺权，是随心所欲吗？是因为"主席的性格特征是标新立异"②吗？不是。它既基于幻想，又出于无奈。基于幻想是不消多说的，这在毛泽东1966年12月间审阅姚文元《评反革命两面派周扬》时增添的一段话中就可以看出。所谓，"无产阶级文化大革命……是人类从未经历过的最伟大的革命变革"，集中地反映了毛泽东的幻想。为什么又说出于无奈呢？在全局上坚持"文化大革命"错误的情况下，在根本不可能认识"文化大革命"搞错了的条件下，在天下大乱已经开始出现的局势下，为彻底批判"资反路线"所激化了的种种矛盾无法解决，上海"三停"（停水、停电、停交通）的危险可能成为现实，生产停止运转的危险可能出现，而无领导的状态总不能长期继续，所以只有破釜沉舟。既不可能改正"文化大革命"的错误，既不可能长期没有各省、市、自治区的领导，生产和生活又已危及，全面夺权就是唯一的去路——也是绝路。号召全国全面夺权并不是早先想定了的，并不是在一年、半年甚至三个月以前计划好了的，它与1966年年底、1967年年初进退维谷的局势密切关联，它是彻底批判"资反路线"的苦果。在当时，毛泽东却未必有苦涩之感，因为他的幻想还在鼓舞着他。

1967年1月19日，张春桥一伙在拼凑班子的会议上，狂妄地把他们的夺权同"巴黎公社"、"十月革命"相比，说可以叫作"一月革命"，全市政权组织可以叫作"新上海公社"，成立宣言可以定题为《一月革命胜利万岁》。2月初，张春桥把这些想法告诉了陈伯达。2月3日出版的《红旗》杂志第3期发表了社论《论无产阶级革命派的夺权斗争》。社论高度赞扬了上海的所谓"一月革命"，说向"走资派"夺权"这个革命的大风暴是从上海开始的。上海的革命群众把它叫做伟大的'一月革命'"。又说："夺权斗争，必须实行马克思主义的打碎旧的国家机器的原则。""去年6月1日，毛主席就把北京大学的全国第一张马列主义的大字报称为20世纪60年代的北京人民公社宣言。这时，毛主席就英明地天才地预见到我们的国家机构，将出现崭新的形式。"陈伯达将社论的内容告诉了张春桥，又说：主席正在考虑建立北京人民公社的名单。张春桥马上找了十多个组织的头头座谈，提议把"新上海

---

① 转引自姚文元1967年6月3日在上海市革委会报告会上的讲话。

② 《疯狂的节日》中说："张春桥觉得，主席的性格特征是标新立异。"

公社"改名为"上海人民公社",当即获得赞同。

2月5日,经毛泽东批准,"上海人民公社"成立。这是上海市的临时权力机构。叶剑英2月16日在怀仁堂碰头会上,严正批评不经中央政治局讨论决定而擅自改名。根据毛泽东的意见,"上海人民公社"于2月24日改称"上海市革命委员会"。张春桥为主任。张春桥、姚文元、王洪文、徐景贤等人掌握了上海市的党政财文大权。他们上台后干的第一件事,就是:打倒一切,全面夺权。公社成立宣言中写道:"我们一切任务的最中心任务,就是夺权。要夺权,就要彻底地夺,就要百分之百地夺","一定要把一切被党内走资本主义道路当权派篡夺了的市、区、县各级党政机关以及工厂、企事业单位、农村人民公社、商店、学校、街道等等的党权、政权、财权、文权,统统夺过来,完全、彻底、干净、全部地夺过来!不达目的,誓不罢休!"上海市革委会在成立以后的九年多中,干尽了坏事。

(3)"炮打张春桥"事件

1967年1月28日,上海的一些红卫兵和群众第一次炮打张春桥,遭到中央文革小组的镇压。

上海的一些红卫兵和群众,从张春桥1967年1月4日回到上海以后的一系列言行中,对他产生了怀疑。1月中旬,复旦大学"孙悟空"战斗组、"东方红公社"、"炮打司令部联合兵团"(简称"炮司")、"上海市红卫兵革命造反总司令部"(简称"上三司")、"红卫兵上海市大专院校革命委员会"(简称"红革会")等红卫兵组织开始调查、搜集张春桥的材料,而后决定"炮打"。理由有三。

第一,张春桥是反革命两面派。1967年1月,上海发生过四次夺取市委、市人委一切权力的行动,这就是:1月15日以"上三司"为主的夺权;1月23日"上三司"的再次夺权;1月24日"红革会"的夺权;以"工总司"为主体的"大联合"的夺权。张春桥打击异己,培植亲信,护卫以他为首的夺权,排斥任何其他夺权。红卫兵们从张春桥的夺权活动中逐渐看出了他的两面三刀手法,又回想到他在"安亭事件"和《解放日报》事件"中的表现,认定张春桥是危险人物。

第二,红卫兵们在揭发原市委的"问题"时,联系到张春桥。张春桥原在上海主管文教工作。红卫兵们认为,原市委在文教方面的"问题",张春桥不能辞其咎,他也有推行"修正主义路线"的错误。下面"问题很大、很多",许多人被揪出来了,而张春桥却是大"左派",这是说不通的。

第三,张春桥历史上的问题和疑点,不断为红卫兵们所觉察。如已经了解到张

大动乱的年代（1966—1976）

春桥就是 20 世纪 30 年代攻击鲁迅的"狄克"。有的红卫兵组织掌握了张春桥在历史上被捕叛变的嫌疑。对于李文静的叛徒问题掌握的情况，更多一些。有的红卫兵曾怀疑张、李二人是"双料货"（即既是叛徒又是特务）。

1 月 24 日，红卫兵组织在上海外滩、南京路等闹市刷出《一问张春桥》、《为什么？——20 个问张春桥》等大字报，贴出"坚决反对目前成立以张春桥为首的新市委！"等大标语。1 月 26 日，市"红革会"召开常委扩大会议。会议认为徐景贤对张春桥知之颇多，是张春桥的"材料袋"，通过他可以进一步搜集张春桥的材料，因此决定由复旦大学"红革会"出面攻徐景贤，进行"火力侦察"。又决定相互串连，各红卫兵组织采取联合"炮打"行动。1 月 27 日深夜，"红革会"40 多人，出其不意地行动，把徐景贤劫持到复旦大学一秘密处所，要徐交代写作班子和张春桥的问题。张春桥十分紧张，亲自打电话给上海警备区调部队进行镇压。当时出动了全副武装的四个摩托排和一个步兵连，分别包围了复旦大学和原市委党校。这种镇压行动，引起红卫兵的强烈愤慨，当场揪住师政委徐海涛严厉追问：到底是什么人派的部队？为什么要派部队镇压红卫兵？徐海涛率众离去。

1 月 28 日晚上，张春桥、姚文元被迫到工业展览馆咖啡厅"接见""红革会"各高校负责人。红卫兵同张、姚展开了面对面的斗争，责问张春桥：为什么派军队镇压红卫兵？你 30 年代做了些什么？高呼"张春桥是两面派！""镇压学生运动的人没有好下场！"等口号。斗争持续 6 个小时。[①] 斗争水平不高。

1 月 29 日晚，在复旦大学礼堂，"红革会"联合其他八个组织召开"炮打张春桥誓师大会"。会上决定，第二天在上海人民广场召开全市炮打张春桥大会。这一信息被当时留在复旦的徐景贤听到了，徐在电话上报告了张春桥，张亲拟了"中央文化革命小组特急电报"。1 月 27 日、28 日、29 日，张春桥曾打电话给王力，向中央文革小组作了歪曲事件真相的汇报，要求陈伯达、江青采取措施；王力提出由"市委机关革命造反联络站"写报告给中央文革小组，以便表态。"机联站"上送的报告歪曲事实，市委办公厅有关人员拒绝拍发。张春桥焦虑万分，于是在 1 月 30 日亲自用铅笔起草了"中央文化革命小组特急电报"，严厉谴责"红革会"的负责人，要求红卫兵"帮助"他们"立即改正错误"。签署日期提前为"1 月 29 日"。经别人誊清后，又由张春桥自己批示"印八开，20 万份"，发到全市。1 月 27 日，王力

---

① 《疯狂的节日》在第 11 章《友谊宫的壁钟指着 7 点正》里对此有活龙活现的描绘。

同姚文元通了电话，根据姚文元的记录，王力讲的有与张春桥起草的电报相类似的内容；但"中央文化革命小组特急电报"确系张春桥所伪造。这份电报的印发，不仅使全市炮打张春桥大会流产，而且使《告上海全市人民书》和《紧急通告》签名单位之一的"红革会"濒于覆灭。据张春桥说，毛泽东对这份电报作了肯定。[①]

2月，在张春桥的策划下，给这次斗争扣上"炮打中央文革的反动逆流"的罪名，在全市发动"反逆流"活动。后来，张春桥、王洪文等人又借"清理阶级队伍"、清查"五·一六反革命集团"、"一打三反"等，连续几年对参加"炮打"的人员进行残酷的迫害。

"炮打张春桥"事件夹杂着由谁为主来夺权的争斗，显然不能完全肯定；它的锋芒是对着张春桥的阴谋诡计和见不得人的历史的，在较大的程度上又应予以肯定。毛泽东从"大联合"夺权的全局出发，支持张春桥，是可以理解的。张春桥的肮脏和卑劣，在这一事件中暴露无遗。这一事件给上海红卫兵上了重要的一课，使他们认识了中央文革小组是什么货色，使他们懂得了许多道理。这种反面教员的教育，使他们终其一生而难以忘却。

（4）省、市、自治区的夺权

1967年1月、2月，夺权风潮如火如荼，如疯似癫。如果说，在1966年只有大部分学生、大部分干部和一部分工人投入了"文化大革命"，那么可以说，在1967年1月全民卷入了"文化大革命"。全面夺权的号召是伟大领袖毛泽东的号召，又以党的名义发出，在夺权面前人人无可回避地要表明态度，因而全民卷入了。群众组织因为夺权问题上的分歧和一致而重新分化和组合，1966年的"革"与"保"演变为具有新的内容的"革"与"保"。

1967年1月14日，山西省夺权。1966年12月，江青发现1936年在北平草岚子监狱（"北平军人反省分院"）只有刘格平一人不执行中央关于履行手续出狱的指示，认为此人了不起，就调他到北京来谈话。刘格平来京后，江青一直没有谈话。上海夺权后，江青嘱关锋同刘谈话，要刘立即回山西去领导夺权。刘格平约在1967年1月8日回到山西。1月9日，刘格平等五人贴出"揭发省委问题"[②]的大

---

① 1967年2月20日，张春桥在上海一个会议上当众说：主席说，我看过了，写得很好，有造反派气魄，最后一点说"将采取必要措施"，这一次炮轰张春桥大会如果开的话，一定要采取必要措施抓人。

② 引自刘格平1967年1月20日关于夺权情况向中央文革小组的报告。本段中未注明出处的，均引自这个报告。

字报。1月12日夜间，在刘格平组织下，各造反派采取联合行动，"向以卫恒、王谦、王大任等为首的一小撮走资本主义道路的当权派、反革命修正主义集团进行夺权斗争，占领了省、市委，省、市人委，后又占领了省市公安机关"。1月13日晚间，刘格平等三名领导干部公开站出来，向造反派的代表2000余人表态，"坚决和革命造反派群众站在一起，进行夺权"。1月14日，"山西革命造反总指挥部"发布《第一号通告》。《通告》说："我们庄严地宣布：原山西省委对文化大革命的一切领导权，自即日起由本指挥部接管。为了保卫无产阶级专政，防止反革命政变，我们于元月12日夜夺了省委、省人委、市委、市人委等党政机关的权和抄了一些坏蛋的家"。1月19日，山西省革命委员会成立，刘格平任主任。1月25日，《人民日报》刊登这个通告，并发表社论《山西省无产阶级文化大革命的伟大胜利》。这向公众表明，中共中央批准了山西省和太原市的夺权。山西省委第一书记卫恒，自1月12日夜起，由"山西革命工人造反决死纵队"关押、看管，于1月29日夜间自杀身亡。（在"文化大革命"中，在省委第一书记中，第一个被迫害致死的是云南省委第一书记阎红彦[①]，第二个殉难的是卫恒。）

1月25日，贵州省夺权。在贵州省夺权之前，原贵州省军区副政委李再含连续向中央发了许多电报，反映当地"文化大革命"情况。王力对此人颇为欣赏，认为他是部队中不多见的拥护"文化大革命"的积极分子，并向毛泽东作了推荐。李再含1月下旬到了北京，在江青处受领了回去夺权的任务。江青对他说，差不多的地方都要夺权。1月25日，"贵州无产阶级革命造反派总指挥部"发布《通告》。《通告》说："贵州无产阶级革命造反总指挥部向全省人民庄严宣告：自1967年元月25日起，接管原贵州省委、省人委、贵阳市委、市人委等党、政、财以及文化大革命的一切领导权。"2月1日，《人民日报》发表社论《西南的春雷》，祝贺贵州省的夺权。2月14日，贵州市革命委员会成立，李再含任主任。

1月31日，黑龙江省夺权。从1月10日开始，哈尔滨军事工程学院、哈尔滨工业大学、黑龙江大学、哈尔滨师范学院等院校的造反派，联合接管了《黑龙江日报》、《哈尔滨日报》，省、市广播电台和省、市公安机关。哈军工"红色造反团"、省委机关"红色造反团"等七个单位联合组成省委机关接管委员会，夺了省委机关的权。在此期间，"红旗军"、"战备军"、"荣复军"在一些已夺权的单位进行反夺权，

---

① 详见陈焕仁：《上将阎红彦之死》，载《人世间》总第2期，收入《非正常死亡》一书。

被镇压。① 所谓"保字号"的工人组织"赤卫队"、学生组织"八八团"，被迫解散。1 月 16 日，在潘复生（黑龙江省委第一书记，全国最早支持红卫兵造反的省委第一书记，在 1966 年 8 月间就把省委其他领导人置于对立面）、汪家道（黑龙江省军区司令员）的支持下，23 个单位的造反团成立联合总部，发表《红色造反者联合接管省、市党政财文大权的公告》。1 月 31 日，召开"黑龙江省红色造反者大联合大夺权誓师大会"，宣告成立"黑龙江省红色造反者革命委员会"。这个革委会 1 月 31 日在《第一号通告》中，"郑重宣告：黑龙江省委、省人委的党、政、财、文等一切大权，自即日起，归黑龙江省红色造反者革命委员会"。范正美（哈尔滨师范学院造反派头头）任这个革委会的"班长"，潘复生、汪家道为顾问。2 月 1 日，《人民日报》以《东北的新曙光》为题发表社论表示祝贺。（3 月，中共中央批准潘复生、汪家道为省革委会正、副主任，范正美为常委。）

2 月 3 日，山东省夺权。1 月 17 日，王效禹（青岛市市长）让张子石（康生之子）等人到北京找陈伯达、康生和王力，汇报运动情况，请示今后怎么办。1 月 19 日下午，王力对张子石等人说："现在的大方向就是夺权，有了权就有了一切，机不可失，时不再来，旗帜不要让人家抢去。"当天夜里，康生、王力、关锋在人民大会堂接见张子石等人，康生说："现在运动到了左派要团结起来，向走资本主义道路的当权派夺权的时候。"康生谈了三个多小时，再三表示"坚决支持"在青岛、山东夺权。1 月 22 日，在王效禹的组织下，青岛 23 个造反团体夺了青岛市委、市人委的一切权力。1 月 30 日，《人民日报》作了报道，并发表社论《关键在于大联合》。2 月 3 日，山东省革命委员会成立。3 月 2 日，《人民日报》为此发表了社论《革命的"三结合"是夺权斗争胜利的保证》。

这些夺权，都是中共中央批准了的。从根本上说来，这是响应毛泽东的号召，不是什么"篡夺领导权"。江青、康生利用了"左"倾错误，这是事实，但是夺权行动本身不是反革命行为。

当时几乎对各省、市、自治区一级都进行了夺权。有些没有夺成，有些中共中央没有批准，有的已批准尚待组成革委会。如广东 1 月 22 日夺权，江苏 1 月 22 日、1 月 26 日夺权，安徽 1 月 26 日夺权，北京市 1 月 28 日夺权……为什么有些没有

---

① 参见《解放军报》1967 年 1 月 26 日刊登的报道和同日社论《用实际行动全力支援无产阶级革命派》。

夺成呢？因为有更大的力量以种种名义在实际上阻挠夺权，或两大派争权。为什么有些夺权不为中共中央所批准呢？主要因为没有"大联合"和"三结合"。为什么有的已批准而不公布呢？因为组成革委会、准备文件等尚需时日——北京市的夺权就是这样。当时不仅几乎各省、市、自治区一级都进行了夺权，不仅几乎中央各部委都在夺权，而且下面千千万万个单位都在夺权。人人谈论夺权，处处争论夺权。毛泽东1919年7月在《民众的大联合》中说过："天下者我们的天下。国家者我们的国家。社会者我们的社会。我们不说，谁说？我们不干，谁干？"这几句在1967年2月5日《光明日报》上重新发表以后，为人们争相引用。

毛泽东通过一系列重要社论指导夺权。其中有三篇毛泽东亲自审阅修改过的《红旗》杂志社论最为重要。一篇是1月31日先在《人民日报》上发表的《红旗》杂志第3期（2月3日出版）社论《论无产阶级革命派的夺权斗争》。这篇社论总结了夺权斗争的五点"基本经验"：第一，"无产阶级革命派联合起来，向党内一小撮走资本主义道路当权派手里夺权，这是大方向"。第二，"坚决实行无产阶级革命派的大联合，团结广大群众。这是向党内一小撮走资本主义道路当权派夺权斗争取得胜利的最重要的条件"。第三，"必须足够重视革命干部在夺权斗争中的作用。坚持无产阶级革命路线的领导干部，是党的宝贵财富，他们可以成为夺权斗争中的骨干，可以成为夺权斗争中的领导"。第四，"必须实行马克思主义的打碎旧的国家机器的原则"。第五，"在夺权的过程中，必须加强无产阶级专政"。另一篇是《红旗》杂志第4期（3月1日出版）社论《必须正确地对待干部》。它指出："对当权派，不作阶级分析，一概怀疑，一概否定，一概排斥，一概打倒，这是一种无政府主义的思潮。"再一篇是3月10日先在《人民日报》上发表的《红旗》杂志第5期（3月30日出版）社论《论革命的"三结合"》。它说："毛主席指出，在需要夺权的那些地方和单位，必须实行革命的'三结合'的方针，建立一个革命的、有代表性的、有无产阶级权威的临时权力机构。这个权力机构的名称，叫革命委员会好。""三结合"的方针，《人民日报》在3月2日社论《革命的"三结合"是夺权斗争胜利的保证》里就提出来了。后来，毛泽东又说："革命委员会的基本经验有三条：一条是有革命干部的代表，一条是有军队的代表，一条是有革命群众的代表，实现了革命的三结合。"[①]

以上种种，核心是六个大字："大联合"，"三结合"。毛泽东领导夺权斗争，就

---

① 转引自1968年3月30日《人民日报》。

抓了这六个大字。

二 《公安六条》·"支左"决定·《军委八条》

毛泽东在发出全面夺权的号召以后，采取了一系列措施，保证夺权斗争的进行。经毛泽东批准，有关文件陆续发出。如：1967年1月11日，中共中央发出《关于广播电台的通知》，规定某些广播电台实行军管。2月3日，中共中央、国务院发出《关于革命师生和红卫兵进行步行串连问题的通知》，要求停止串连。2月17日，中共中央、国务院发出《关于处理下乡上山知识青年外出串连、请愿、上访的通知》，要求这类人员立即返回原单位。2月20日，中共中央发出《给全国农村人民公社贫下中农和各级干部的信》，要求"抓革命、促生产"。3月7日，中共中央发出《关于农村生产大队和生产队在春耕期间不要夺权的通知》。3月18日，中共中央发出《给全国厂矿企业革命职工、革命干部的信》，要求搞好生产。3月19日，中共中央发出《关于停止全国大串连的通知》。最重要的，是毛泽东批准了《公安六条》和《军委八条》，作出了军队"支左"的决定。

（1）《公安六条》

《公安六条》是中共中央、国务院1967年1月13日下发的《关于在无产阶级文化大革命中加强公安工作的若干规定》的简称。它原是在1966年11月、12月出现反对"无产阶级司令部"的思潮的背景下起草的。

要搞《公安六条》，是陈伯达、江青提出的。谢富治1966年12月7日在给张春桥的信中说："中央文革小组的同志，特别是伯达、江青同志是那样的关心和重视公安机关文化革命和保卫文化大革命，主动的提出要给公安机关提出几条。"这时，谢已经搞了个"八条"，送张春桥。12月16日，谢又把由"八条"改成的"六条"送关锋、张春桥、王力、戚本禹，谢在给他们的信上说："只能供你们写时参考用。千万请你们几位同志帮助写一下。"12月20日，谢写信给关锋，认为他"改得好"，请他"转给中央文革小组其他同志一阅"。1967年1月9日下午，谢在人民大会堂接见了全国公、检、法来京的同志，向他们宣读了《公安六条》的草稿，说明要"由中央决定"。周恩来在会上说："谢富治同志讲的六条，还要经主席批准，相信中央会很快通过，发下去"。中央政治局会议讨论通过，毛泽东批准，1967年1月13日下发，以保证夺权斗争的顺利进行。

　　《公安六条》共六条，主要内容是：第一，"对确有证据的杀人、放火、放毒、抢劫、制造交通事故进行暗害、冲击监狱和管制犯人机关、里通外国、盗窃国家机密、进行破坏活动等现行反革命分子，应当依法惩办"。第二，"攻击污蔑伟大领袖毛主席和他的亲密战友林彪同志的，都是现行反革命行为，应当依法惩办"。第三，"严禁武斗。……对那些打死人民群众的首犯，情节严重的打手，以及幕后操纵者，要依法惩办"。第四，地、富、反、坏、右等类人员，一律不准外出串连，不得混入革命群众组织，更不准自己建立组织。第五，不得利用大民主或其他手段散布反动言论。以上第一点、第三点、第五点，看来没有什么错误，不过只是冠冕堂皇的东西。大致说来，它们只适用于反对中央文革小组的人，不适用于"左派"。第四点是重要的规定。如果没有这项规定，危乎殆矣。[①] 第二点是当时的共识。这条规定中的"攻击污蔑"极为笼统、含糊，造成大量的冤假错案。《公安六条》的实质，就是谢富治 1966 年 12 月 7 日信中所说的"保卫文化大革命"。

　　"上海人民公社"在《第一号通令》中又公然宣布：反对"林副主席和中央文革小组"、"破坏上海人民公社"的，都是"现行反革命分子"，要"立即逮捕法办"。谢富治 1967 年 11 月 2 日向公安部部分干部讲话，他说："对毛主席司令部的人，不能有一丝一毫的损害，一个字的损害也不行。"[②] 类似的话，他说过多次。"仅仅由于对林彪、江青一伙有一字一句损害而被定为'恶毒攻击'加以逮捕、判刑的，全国就有 10 万多人。在'四人帮'惨淡经营的上海，在'炮打中央文革'等罪名下制造的冤案错案就有 24.9 万多起，受到株连的无辜群众在 100 万人以上。"[③]

　　(2)"支左"决定和"三支两军"

　　"三支两军"即人民解放军在"文化大革命"中奉命执行支左、支农、支工、军管、军训任务。中共中央、国务院根据毛泽东的意见 1966 年 12 月 31 日发出《关于对大中学校革命师生进行短期军政训练的通知》，此后军队即执行军训任务。中共中央 1967 年 1 月 11 日发出《关于广播电台问题的通知》，规定"革命群众同那些控制广播电台的走资本主义道路的当权派进行斗争"的"广播电台，一律由当地人民解放军实行军事管制"。军队由此开始执行军管任务。

---

① 至于把一些人错误地打成"右派分子"，错定为"坏分子"，那是另一个问题。

② 《公安红旗》第 25 期。

③ 穆青、郭超人、陆拂为：《历史的审判》，载 1981 年 1 月 28 日《人民日报》，收入《历史的审判》一书。

军队的同志，普遍地对"文化大革命""很不理解"，对造反派的乱冲乱揪乱斗颇有恶感，被造反派视为"保字号"。根据军委、总政1966年10月5日的《紧急指示》，军队和军队院校不干涉、不介入地方的"文化大革命"。由于军队按中共中央规定代为保管省委重要档案材料，而造反派怀疑其中有整群众的材料，由于军队有些单位确实提供秘密处所让地方"走资派"藏匿，还由于其他纠纷，军队在1966年9月以后常常受到地方造反派的冲击，这种冲击在进入1967年后愈演愈烈。中共中央于1967年1月14日发出《关于不得把斗争锋芒指向军队的通知》。这时军队仍然恪守规定，不介入地方的"文化大革命"。

1967年1月23日，毛泽东致林彪信[①]：

林彪同志：应派解放军支持左派广大革命群众。以后，凡是真正革命派要求支持援助，都应这样做。所谓"不介入"是假的，早已介入了。此事应重新发出命令，以前的命令作废。请酌。

显然，这是为了保证夺权斗争的进行。同日，中共中央、国务院、中央军委、中央文革小组作出《关于人民解放军坚决支持革命左派群众的决定》。《决定》传达了毛泽东的指示，指出："在……夺权斗争中，人民解放军必须坚决站在无产阶级革命派一边，坚决支持和援助无产阶级革命左派。""积极支持广大革命左派群众的夺权斗争。""坚决镇压反对无产阶级革命左派的反革命分子、反革命组织，如果他们动武，军队应当坚决还击。"为执行"支左"任务，中央军委采取了一系列措施，发布了一系列指示。不久，毛泽东又先后赋予人民解放军以支农、支工、军管、军训等重大任务。1967年3月19日，中央军委作出《关于集中力量执行支左、支农、支工、军管、军训任务的决定》。派人民解放军实行"三支两军"，在当时的混乱情况下是必要的，对稳定局势起了积极的作用，这是一方面，否认这一方面不是实事求是的；另一方面，"三支两军"都要"支左"，都要贯彻执行"文化大革命"的错误指导思想，因而带来消极的后果。

(3) 林彪口授的《军委八条》

1967年1月28日，中央军委发布了《中央军委命令》。因其共有八条，亦称《军委八条》。

---

① 这是批在安徽省军区关于可否派出部队警卫群众组织召开的批斗省委第一书记李葆华大会的请示报告上的。

141

大动乱的年代（1966—1976）

《军委八条》是以林彪口授的七条为基础的。徐向前当时是全军文革小组组长，提出要制定这个重要文件。他在《历史的回顾》下册中说："当时，军队乱得一塌糊涂。各大军区的主要领导同志纷纷来京，住在京西宾馆'避难'。驻京部队的许多领导干部，有的被一派揪走，有的被一派藏起，不知下落。各地的'造反派'无法无天，到处哄抢档案、查抄文件、冲击军事机关、抢劫武器弹药……军队指挥失灵，无法担负战备任务，我们叫天天不应，叫地地不灵，当然着急。""（1967 年）1 月 24 日晚饭后，（我）坐车直趋林彪住地毛家湾。……我开门见山，向林彪讲了目前军队的混乱情况，说：军队要稳定，这样乱下去不行，要搞几条规定，如不能成立战斗组织、不能随意揪斗领导干部、不准夺权等。林彪连连点头，说：是的，军队不能乱，我同意军委发一个文件。当即由他口述，秘书记录，整理了七条。"叶剑英、聂荣臻都赞成七条。中央文革小组通过了七条。后又增加严格管教子女的内容，七条变成了八条。"1 月 28 日下午 5 时，林彪和我一起去中南海将'八条'送毛主席审批。毛主席完全同意，当场批示：'所定八条，很好，照发。'林彪拿到批示后，对毛主席说：'主席，你批了这个文件，真是万岁万岁万万岁啊！'"①

《军委八条》中的八条，全文如下：

一、必须坚决支持真正的无产阶级革命派，争取和团结大多数，坚决反对右派，对那些证据确凿的反革命组织和反革命分子，坚决采取专政措施。

二、一切指战员、政治工作人员、勤务、医疗、科研和机要工作人员，必须坚守岗位，不得擅离职守。要抓革命，促战备、促工作、促生产。

三、军队内部开展文化大革命的单位，应该实行大鸣、大放、大字报、大辩论，充分运用摆事实、讲道理的方法。严格区别两类矛盾。不允许用对待敌人的方法来处理人民内部矛盾，不允许无命令自由抓人，不允许任意抄家、封门，不允许体罚和变相体罚，例如，戴高帽，挂黑牌，游街，罚跪，等等。认真提倡文斗，坚决反对武斗。

四、一切外出串连的院校师生、文艺团体、体工队、医院和军事工厂的职工等，应迅速返回本地区、本单位进行斗批改，把本单位被一小撮走资本主义道路当权派篡夺的权夺回来，不要逗留在北京和其他地方。

---

① 《历史的回顾》下册，解放军出版社 1987 年版，第 827—829 页。七条怎么改成八条的，详见本书第 828 页。

五、对于冲击军事领导机关问题，要分别对待。过去如果是反革命冲击了，要追究，如果是左派冲击了，可以不予追究。今后则一律不许冲击。

六、军队内战备系统和保密系统，不准冲击，不准串连。凡非文化大革命的文件、档案和技术资料，一概不得索取和抢劫。有关文化大革命的资料暂时封存，听候处理。

七、军以上机关应按规定分期分批进行文化大革命。军、师、团、营、连和军委指定的特殊单位，坚持采取正面教育的方针，以利于加强战备，保卫国防，保卫无产阶级文化大革命。

八、各级干部、特别是高级干部，要用毛泽东思想严格管教子女，教育他们努力学习毛主席著作，认真与工农相结合，拜工农为师，参加劳动锻炼，改造世界观，争取做无产阶级革命派。干部子女如有违法乱纪行为，应该交给群众教育，严重的，交给公安和司法机关处理。

2月21日，中共中央发出《通知》。《通知》说："中共中央认为，中央军委1967年1月28日的八条命令很好。这个命令，除第七条关于军队的文化大革命的部署外，其他各条，都适用于地方。"

《军委八条》最主要的精神是徐向前1月24日向林彪提议"要搞几条规定"时说的："军队要稳定"。《军委八条》针对军内外造反派的"造反行动"，规定了那么多"不允许"、"不准"、"不许"、"不得"，在"文化大革命"中是前所未有的。林彪为什么要口授七条呢？徐向前说："他是国防部长，主持军委工作，军权在握，军队大乱特乱，向毛主席交不了帐，对他不利嘛！"① 这种说法，符合事实。口授七条说明，说林彪当时要把军队搞乱，总的说不符合事实。毛泽东为什么要批准《军委八条》呢？《军委八条》既为稳定军队所必需，也为保证1月23日关于军队"支左"的决定的贯彻执行所必需。据陈再道说：在1月28日前后召开的中央会议上，"毛主席作了重要讲话，他对造反派冲击军事机关是反感的，认为这里面'一定有坏人'。并且对我们说，如果碰到这种情况，要退避三舍，使坏人暴露出来。……主席的意思是要我们以退为进，做到有理、有利、有节，退避三舍、四舍还不行，就要硬一点，就要执行军委八条命令，追究冲击军事机关的坏人"②。

① 《历史的回顾》下册，解放军出版社1987年版，第829页。
② 《武汉"七·二〇事件"始末》，载《中国老年》创刊号。

谁也没有想到，《公安六条》、"支左"决定、《军委八条》的发布，却使局势更加混乱。下一节就要说到这个问题。

三　冲突、抗争与夭折

事物有自己的发展规律，不以任何人（包括伟大的毛泽东）的意志和愿望为转移。全面夺权导致天下大乱，不可能顺利地达到目的。在《军委八条》发布以后，全国形势更加混乱。

（1）矛盾重重

上文说到，毛泽东领导夺权斗争，狠抓了"大联合"与"三结合"。正是在"大联合"、"三结合"的问题上，有着无数的纠纷，有着无数的争斗。在谁是"革命领导干部"从而结合谁的问题上，造反派之间观点对立。你"保"我"革"，你"革"我"保"，争论不休，武斗不止。毛泽东颇为着急，劝说领导干部站出来亮相①。一些领导干部不愿违心地亮相，一些领导干部不被允许亮相，更多的领导干部一亮相就造成一派"保"一派"革"的严重事态。由于认识的分歧、主张的差异、派性的严重、利益的得失，造反派之间对立情绪严重，甚至结下血海深仇，距离"大联合"十万八千里。

"支左"决定存在一个根本问题：谁是"左派"？无论是毛泽东的指示信，还是中央的《决定》，都没有讲明什么样的群众组织是"左派"。这在执行中不能不产生十分严重的后果。为什么没有讲明？因为谁也弄不清楚。毛泽东弄不清楚，中央文革小组也弄不清楚。1967年2月4日，中央文革小组在一个文件上批示："湖南军区对'湘江风雷''红旗军'的反动头目，应该立即采取专政措施，分化瓦解其中被蒙蔽的群众。"中共中央和中央文革小组后来在文件中说对"湘江风雷"搞错了，作了自我批评。各省、市、自治区的群众组织千千万万，都拥护"夺权"，谁也弄不清楚谁是"左派"。从根本上说来，"左派"没有一个标准，谁也不可能弄清楚哪是"左派"。陈再道说过："军队支左是毛主席的决策，我坚决拥护。但为了避免军队犯错误，建议中央文革扩大一点，多吸收一些同志参加，以便给各地派上代表，直接领导三支两军，叫我们怎么干我们就怎么干，免得搞错。如果这个办法不行，

---

① 亮相即公开表态，揭发"走资派"，检讨自己的"错误"，表明拥护"文化大革命"、拥护造反派的态度。如造反派通得过，亮相者就成了"革命领导干部"了。

由各地派人到中央文革接受指示也行。总之，既要把支左工作搞好，又要避免军队犯错误。"①陈再道的建议是在军委扩大会议上提出的，也登了会议简报，未为中共中央和中央文革小组所采纳。于是，一个合乎逻辑的现象发生了：除极个别大军区外，多数大军区经过短时间的考察、犹豫，都支持了共产党员和共青团员多的、"出身好"②的多的、复员转业军人多的、劳动模范多的、比较遵守纪律的、拥护军队的一派。这一派一般说来是人数多的大派（以下姑且称之为"大派"），是"造反精神"比较不强、甚至保护某些"走资派"的造反派，被与之对立的"造反精神"很强的激进的造反派称为"保守派"。多数大军区支持这样的一派是很自然的，因为这一派具有遵守《军委八条》、人多、拥护军队等条件。既支持了这一派，多数大军区就天天受到激进的造反派（以下姑且称之为"激进派"）的攻击和冲击。激进派"造反精神"强，打倒"走资派"坚决，夺权彻底。"无产阶级司令部"在经过一段时间的考察、犹豫之后，实际上支持激进派。多数大军区的"支左"工作被认为犯了方向、路线错误，多数大军区的主要领导人受到中央的批评，或在检讨后继续工作，或被调往他处，或被打倒。大派并不因此屈服。大派与激进派之争斗连绵不绝，个别地方延至1976年。根本的问题在于把群众分为"左派"和非"左派"，症结在于全面夺权号召的本身。

比较说来，《军委八条》是正确的。在当时的历史条件下，《军委八条》难能可贵。《军委八条》是限制激进派的，激进派根本就不理睬它，根本就不遵守它。中央文革小组树立的样板清华"井冈山"、北航"红旗"等，中共中央批准的夺权，都是无法无天的。进一步说，既要夺权，就不可能做到《军委八条》中所规定的"严格区别两类矛盾"，就不可能遵守《军委八条》所规定的那么多"不允许"、"不准"、"不许"、"不得"、"必须"。事实上，像"坚守岗位，不得擅离职守"、"不许无命令自由抓人"这类规定，在《军委八条》颁布以后很多年中未得到贯彻执行。既号召全面夺权，又要求那么守规矩，这不是没有矛盾的。既支持造反行动，又限制造反行动，这是矛盾的。

在无产阶级专政下，名为自下而上实际上在很大程度上是自上而下的夺权斗争，违背历史发展的客观规律，违背广大人民群众的意愿，脱离了作为马克思列宁

① 《武汉"七·二〇事件"始末》，载《中国老年》创刊号。
② 指出身于工人、贫下中农和革命干部家庭。

大动乱的年代（1966—1976）

主义普遍原理和中国革命具体实践相结合的毛泽东思想的轨道，不可能不遭到抵制。这是一个很大的矛盾。以上海为例，不少党员和党外同志在"一月革命"中反对夺权，不少领导干部坚决不向造反派交权。上海警备区司令员廖政国，遵照周恩来指示，挺身而出，积极保护陈丕显等，抵制张春桥插手军队的要求。当然，人们对夺权有个认识过程，对夺权的抵制常常是不自觉的，而且大量地表现在你"革"我"保"的派性争斗中。暗中保护"走资派"的，大有人在。

（2）**一系列的事件**

1967 年 2 月上旬，毛泽东对如何处理军队受冲击问题作了书面批示。大意是：绝不容许右派群众组织肆意冲击部队，但处置要妥当。首先要做说服工作；如果无效，他们硬要冲，可以放他们进来。他们占了一楼，部队可以退到二楼，继续做说服工作。如果他们强占二楼，部队可以退到三楼。如果他们以解放军的一再忍让为可欺，进一步强占三楼，部队可以开枪自卫，但仅限于镇压带头闹事的右派骨干。对大多数胁从者，则重在批评教育，仍可放他们回去。这个批示，林彪看过后转给了叶剑英，叶剑英在他主持的一个小型军委扩大会上作了传达。

在这前后，军队与激进派发生严重冲突，出现了一系列事件。[①]

新疆维吾尔自治区石河子市，1967 年 1 月 26 日发生了流血事件。[②] 石河子是解放后新建城市。当时这里驻有新疆军区生产建设兵团农八师、工二师、独立团（兵团武装部队）、汽车二团、毛纺厂、农学院等 17 个单位，近 30 万人。从 1967年 1 月 17 日到 1 月 27 日，先后有七个"造反团"冲击了武装部门，有八个单位的造反团强行接管了武装部门管辖的通讯总机。1 月 25 日下午，毛纺厂等八个单位的造反派约 2000 人，进入汽二团配合该团造反派夺权，汽二团掌权派请求独立团支援。当独立团的 92 名指战员赶到汽二团时，汽二团造反派抢夺枪支，夺去步枪19 支、冲锋枪 7 支、手榴弹 64 枚、子弹 1307 发。1 月 25 日下午 7 时，造反派增至 4000 余名。1 月 26 日零点，在夺枪与反夺枪中，双方开枪，11 人伤亡（5 死 6伤）。当日，农八师武装处将一部分部队调进师部，对师机关进行保护。造反派要进入师部，双方发生武装冲突，死 2 人，伤 27 人。在公共汽车站等处，双方进行枪战。这一天，双方共打死 24 人，打伤 74 人。事件发生后，双方抓对方的人，抓

---

① 这些事件如果详说，需要很多笔墨。以下只是略说。

② 以下关于这一事件的资料，是新疆维吾尔自治区乌鲁木齐市新生报社庄雪华提供的。

到后施加种种酷刑，甚至将女青年尸体脱光衣裤暴尸。关于这一事件，新疆军区给中央军委的报告与中央文革小组的《简报》说法完全相反，军区认为这是部队在忍无可忍的情况下镇压了歹徒，中央文革小组认为这是一起镇压革命群众的严重的反革命事件。2月11日，中共中央、国务院、中央军委发布文件，作出对新疆军区生产建设兵团进行军事管制等十二项规定。

四川发生了所谓"二月镇反"事件。在《军委八条》下达以后，成都军区由于支持大派"产业军"而受到激进派愈来愈猛烈的攻击。2月17日，军委秘书长叶剑英批发了中央军委致"成都工人革命造反兵团"、四川大学"八·二六战斗团"的公开信。从2月18日开始，成都军区先在成都地区后在全川用飞机散发这封公开信。公开信宣传了中共中央1月14日《关于不得把斗争锋芒指向军队的通知》，宣传了《军委八条》，指出"成都工人革命造反兵团"、四川大学"八·二六战斗团"等造反派把斗争矛头指向人民解放军、提出"砸烂成都军区黑司令部"的口号、向军区静坐示威、在军区营门外搭棚围困军区机关、围攻军区人员、企图冲击军区是严重违反中共中央的决定的，劝告参加静坐示威、围困军区的群众提高警惕，防止坏人煽动捣乱，尽快撤离军区。同时，警告造反派组织头头，如果不遵守中共中央的决定，继续煽动群众把斗争矛头指向军队，冲击军区机关，由此产生的一切严重后果必须由他们全部负责。激进派认为他们是坚持毛主席的革命路线，对这些话哪里听得进去。他们肆意冲击军区机关，而且愈战愈勇。军区在退避三舍之后，抓了许多人，数量达数万之多。矛盾更加尖锐了。很快地放了许多人。5月7日，中共中央作出《关于处理四川问题的决定》，指出"成都军区个别负责人在支左工作中，犯了方向路线错误"，承认"成都工人革命造反兵团"和四川大学"八·二六战斗团"是"革命群众组织"。军区的一些干部、战士和"产业军"并不信服这一决定，两大派之间此后的争斗更加激烈。

青海发生了所谓"赵永夫事件"。西宁市的群众组织"八·一八"，在北京来串连的一些学生的支持下，借口《青海日报》的一篇社论有问题，强行冲进报社。他们在报社内大搞打、砸、抢、抄、抓，对报社工作人员实行白色恐怖，有几个人被活活打死。非法强占报社的个别人，还呼喊反革命口号。他们拥有一批从别处抢来的枪支、弹药，对向他们做工作的解放军战士进行武力威胁。西宁驻军支左领导小组认为，如果任其胡作非为，后果不堪设想。部队对闹事分子实行武装包围，命令他们立即退出报社，交出武器，揪出"坏头头"，否则一切后果由他们负责。占据

大动乱的年代（1966—1976）

报社的人向部队开枪寻衅，部队被迫进行反击，一些人被当场击毙，其余的人被驱出报社。一切情况，青海省军区都向林彪和中央军委作了报告。2月23日，叶剑英听了青海省军区副司令赵永夫的电话报告后，对他说，"你们打得对，打得好！"在西宁的街头，很快出现了大标语："林副主席来电：你们打得对，打得好！"（"叶"被误作"林"）中央文革小组对青海事件最初保持沉默，几天后就利用《简报》刊登红卫兵来信，信中哭诉他们被赵永夫武装镇压的经过。张春桥、王力、关锋、戚本禹、姚文元联名给毛泽东写信，要求重新审查青海事件。毛泽东3月11日批示：可以调查一下。如果是学生先开枪，问题不大。如果不是这样，那就值得研究了。3月间，"调查"了两次。所谓"调查"，就是只听取由中央文革小组挑选出来的"受害者"的控诉。是非曲直完全颠倒，"罪魁祸首"是赵永夫。中央文革小组向毛泽东作了汇报，经毛泽东同意，中共中央、国务院、中央军委、中央文革小组于3月24日作出《关于青海问题的决定》，决定：赵永夫隔离受审，张晓川（解放军二〇五部队副主任）、王昭（中共青海省委书记）隔离反省；"向群众宣布'八·一八'为革命群众组织"；"着手筹备建立以刘贤权同志① 为首的青海省军事管制委员会"。在宣布这个决定的会上，赵永夫当场被捕。

　　武汉也发生了抓人事件。② 在1967年2月以前，武汉地区的激进派主要有"三钢"和"三新"。"三钢"是"武汉工人造反总司令部"（即"钢工总"）、"武汉市红卫兵第二司令部"（即"钢二司"）、"钢九一三"。"三新"是新华工、新华农、新湖大。当时"保守派"即大派人数很多，势力很大，主要是"武汉市革命职工联合会"，它的保护对象许多是"走资派"。2月初，激进派强行占领长江日报社。2月8日，他们在《长江日报》上发表了《关于武汉地区当前局势的声明》，说："全武汉、全湖北要大乱、特乱，乱深乱透"，"丢掉幻想，投入战斗，在四面围攻、内外夹击的战场上，看准方向，杀出一条血路来！"2月9日，他们又在《长江日报》上发表社论，说《长江日报》是他们在中国人民解放军"支援下"接管的，造成武汉军区支持他们的假象。2月8日以后，激进派到处冲杀，甚至把不同观点的群众游街示众。2月11日，他们竟冲击军区支左指挥部。武汉军区党委听取了广大干部、群众的意见，于2月18日发表《严正声明》，批判《二·八声明》中的错误观点，表明不支

---

① 青海省军区司令员、党委书记，他支持"八·一八"。此后成为有名的"左派"。

② 参见陈再道：《武汉"七·二〇事件"始末》，载《中国老年》创刊号。

持《二·八声明》。《严正声明》发表前报告了全军文革小组，全军文革小组同意军区的表态。激进派却我行我素，武汉军民愤然不满。3月17日，武汉军区和公安机关根据《军委八条》抓了搞打、砸、抢、抄、抓的一批头头和骨干分子。3月21日，军区又发表《通告》，宣布解散"钢工总"及其所属组织。军区还根据周恩来的指示，成立了省、市的"抓革命促生产办公室"，让大批地方的党政负责人站出来工作，扭转生产形势。这些做法，受到武汉军民的拥护，而为中央文革小组和激进派所不满。

类似的事件，还有许多。广东、内蒙古、安徽、河南、湖南、福建、西藏等省、自治区都发生了类似事件。

问题的症结在哪里呢？军队贯彻执行《军委八条》和毛泽东的有关指示，无可非议。有的地方抓人过多，虽有各种原因，但应该承认是个缺点。这个缺点迅速改正了，放了人。激进派响应号召造反、夺权，背后有中央文革小组的支持（这种支持一般是通过派往各地的清华"井冈山"、北航"红旗"之类组织的红卫兵的支持来表示的），虽有种种越轨行为，但除了极个别坏人外，不能归咎于他们。军队与中央文革小组实际上有"保"与"革"的两种倾向的斗争，大派与激进派实际上也有"保"与"革"的两种倾向的斗争。大派拥护军队，军队支持大派，激进派拥护中央文革小组，中央文革小组支持激进派，是很自然的。问题的症结，正在于支持造反、号召夺权本身。种种冲突，归根到底是它引起的。

（3）二月抗争

二月抗争指的是1967年2月间党内上层对"文化大革命"错误做法的强烈不满和异议。这除了众所周知的在2月11日、2月16日怀仁堂碰头会上的抗争外，还有略为人知的在军委会议上的抗争，还有鲜为人知的周恩来在2月17日、2月18的抗争。今天看得很清楚，如果说，在八届十一中全会以前，党内若干领导人、军队若干高级将领由于种种原因给弄得蒙头转向，曾经拥护过"文化大革命"；那么，在八届十一中全会以后，随着"文化大革命"如此这般地发展，抵触情绪愈来愈强烈。由于受到历史条件的限制，多数人没有想到甚至不敢想到毛泽东会有重大过失，没有想到甚至不敢想到"文化大革命"本身就是完全错误的，而归咎于利用和助长"左"倾错误的中央文革小组。进入1967年以后，党内上层在一系列重大问题上有不同意见，所以党内上层的抗争不是偶然的。它又是党内和社会上不满情绪的集中体现。

军队高级将领的抗争极为复杂，请见徐向前《历史的回顾》下册有关章节。当时站在斗争前列的是叶剑英。他批发了在四川散发的中央军委 2 月 17 日公开信，他在 2 月 28 日支持赵永夫，他在 2 月 24 日军级干部会议（后亦称"军以上干部会议"）的预备会上说赵永夫"打得好"。在 2 月间召开的刘伯承、徐向前、聂荣臻和军委各总部、各军兵种、各大军区负责人参加的军委扩大会议上，叶剑英说："前一段，地方搞得很乱，我们部队有些单位也比较乱。要搞文化大革命，乱一点也没有什么要紧。但是在如何对待乱的问题上，我们和某些人的观点是完全不同的。他们主张越乱越好，什么党、政府、军队，他们一概否定，都要推倒重来，说这是什么无产阶级向资产阶级夺权。我们的各级干部，他们加上走资派、黑帮、反动权威或其他什么罪名，企图一律加以打倒，说这才是什么毛主席的无产阶级革命路线。这怎么行呢？这怎么会是毛主席的思想和路线呢？……"叶剑英讲到这里，人们对江青等人的愤怒情绪不可抑止。有人高喊："他们有野心！""我们要和他们辩论！"肖华怒气冲冲地说："他们要把我打成三反分子！"会场立刻哗然。叶剑英是会议的主持者，他说："各位且熄心头之火！斗争是不可避免的，但也是艰巨的、复杂的。"叶剑英指出：必须按照毛主席的战略部署行事。不可轻举妄动；军内要加强团结，加强组织纪律性；要注意搞好战备。叶剑英的一席话，不妨看作是代表高级将领说的。1968 年 10 月，叶剑英在八届十二中全会第六组会议上，回顾这时的情况时说："我对中央文革的态度，不是拥护的，而是反对的。"

2 月 11 日和 16 日，在周恩来主持的怀仁堂政治局碰头会上，政治局委员谭震林、陈毅、叶剑英、李富春、李先念、徐向前、聂荣臻等进行了抗争。①

2 月 11 日下午，叶剑英对陈伯达说："你们把党搞乱了，把政府搞乱了，把工厂农村搞乱了，你们还嫌不够，还一定要把军队搞乱，这样搞，你们想干什么？"徐向前拍着桌子说："军队是无产阶级专政的支柱。你们这样把军队乱下去，还要不要这个支柱！难道我们这些人都不行啦？要蒯大富这类人来指挥军队吗？"这时康生蛮不讲理地说："军队不是你徐向前的，你有什么了不起。"叶剑英责问："上

---

① 详见纪希晨：《一场捍卫党的原则的伟大斗争——揭穿林彪、"四人帮"一伙制造"二月逆流"重大政治事件的真相》（载 1979 年 2 月 26 日《人民日报》），纪希晨：《"二月逆流"始末记》（载《时代的报告》1980 年第 1 期即创刊号），宋琼等：《所谓"二月逆流"的历史真相》（载 1979 年 2 月 20 日《解放军报》）。

海夺权，改名为上海公社，这样大的问题，涉及到国家体制，不经政治局讨论，就擅自改变名称，又是想干什么？"叶剑英问陈伯达："我们不看书，不看报，也不懂得什么是巴黎公社的原则。请你解释一下，什么是巴黎公社的原则？革命，能没有党的领导吗？能不要军队吗？"陈伯达说："叶帅，你这样讲，我就无地自容了！"而关锋气势汹汹地把皮包往桌子上一摔，说："要这样讲，我还有许多话要说哩！……"最后周恩来收了场，他说：今天的议程上没有你们争论的问题。你们愿意争论，可在以后再说。会后，陈毅小声地对叶剑英说："剑公，你真勇敢！"

2月16日下午，在怀仁堂会议上进行了一次更为尖锐激烈的斗争。这就是所谓"大闹怀仁堂"事件。下面是张春桥、王力、姚文元"集体整理和核对"的这次会议的记录《2月16日怀仁堂会议》[①]的详细摘引[②]：

2月16日下午，周恩来同志主持的政治局常委碰头会，原订日程"抓革命，促生产"。

开会前，谭震林提出要张春桥保陈丕显，张说，我们回去同群众商量一下，谭震林同志打断了话，大发雷霆说：

什么群众，老是群众群众，还有党的领导哩！不要党的领导，一天到晚老是群众自己解放自己，自己教育自己，自己闹革命。这是什么东西？这是形而上学！

你们的目的，就是要整掉老干部。你们把老干部一个一个打光。把老干部都打光。老干部一个一个被整，四十年的革命，落得家破人亡，妻离子散。

高干子弟统统挨整，见高干子弟就揪，这不是反动血统论是什么？这是用反动的血统论来反对反动的血统论。这不是形而上学吗？

蒯大富是什么东西？就是个反革命！搞了个百丑图[③]。这些家伙，就是要把老干部统统打倒。

这一次，是党的历史上斗争最残酷的一次。超过历史上任何一次。

---

① 这个记录有歪曲事实、断章取义之处，但也反映了一些真相。

② 据宋琼等：《所谓"二月逆流"的历史真相》，载1979年2月26日《解放军报》。据原件又多摘了一点。

③ "百丑图"是丑化刘少奇、邓小平、陶铸、彭真、罗瑞卿、陆定一、杨尚昆等许多老一辈无产阶级革命家的漫画。

捕鱼问题，连续逼我四次。说政治上造成很大影响，经济上造成很大损失。江青要把我整成反革命，她是当着我的面说的。（谢富治插话：江青和小组的同志多次保谭震林同志，从来没有说过什么"反革命"）我就是不要她保！我是为党工作，不是为她一个人工作！

（谭起来，拿文件，穿衣服便走。要退出会场，说：）让你们这些人干，我不干了！砍脑袋，坐监牢，开除党籍，也要斗争到底！

陈毅同志说：不要走，要跟他们斗争！

陈毅同志说：

这些家伙上台，就是他们搞修正主义。

在延安，刘少奇、邓小平、彭真，还有薄一波、刘澜涛、安子文这些人，还不是拥护毛泽东思想最起劲！他们没有反过毛主席，他们根本没有见过毛主席！反毛主席，挨整的是我们这些人。总理不是挨整吗？历史不是证明了到底谁是反对毛主席吗！？以后还要看，还会证明。

余秋里同志拍桌子发言：这样对老干部，怎么行？

（谢富治不断插话，文革小组经常讲谭震林的好话，劝他不要这样讲法）先念同志说：不要和稀泥。现在是全国范围内的大逼供信。联动怎么是反动组织哩，十七、八岁的娃娃，是反革命吗？

谭震林同志说，我从来没有哭过，现在哭过三次。哭都没有地方哭，又有秘书，又有孩子。先念同志说：我也哭过几次。

谭震林同志说，我从井冈山到现在，你们检查一下，哪里有一点反毛主席。（谢富治说，不要从个人出发，要从全局出发）我不是为自己，是为了整体的老干部，是为整个党。

先念说，从红旗十三期社论开始，那样大规模在群众中进行两条路线斗争，还有什么大串连，老干部统统打倒了。这个记录清楚地表明，老一辈无产阶级革命家拍案而起，对怀疑一切、打倒一切的"左"倾路线作了坚决抵制和斗争。（陈毅的发言，有可议之处。）

2月17日，谭震林致林彪信。信中说："昨天碰头会上，是我第三次反击……我所以要如此，是到忍无可忍的地步。""他们不听主席的指示，当着主席的面说：'我要造你的反'。他们把主席放在什么地位，真比武则天还凶。""他们根本不作阶级分析，手段毒辣是党内没有见过的。一句话，把一个人的政治生命送掉了……老干部，省级以上的高级干部，除了在军队的，住在中南海的①，几乎都挨了斗，戴了高帽，坐了飞机，身体垮了，弄得妻离子散，倾家荡产的人不少……我们被丑化到无以复加了"。"我想了好久，最后下了决心，准备牺牲。但我决不自杀，也不叛国，但决不允许他们，再如此蛮干。"林彪将这封信送毛泽东，并写一信，说："谭震林最近的思想竟糊涂堕落到如此地步，完全出乎意料之外。"毛泽东批："已阅"，"恩来同志阅，退林彪同志"。

周恩来对政治局委员谭震林等的抗争态度如何？他是赞同的、支持的。这个态度，在他的三个讲话中表明得最为充分。这三个讲话是：1967 年 2 月 17 日接见财贸口群众组织代表时的讲话；2 月 18 日接见财贸口司局长以上干部时的讲话；2 月18 日接见国防工业口群众组织代表时的讲话。

这三个讲话，一个重要内容是要坚持党的领导。周恩来提出了两条重要意见：第一，中共中央、国务院各部的业务大权不能夺，只能监督业务。当时，财政部一名副部长一再违反命令，要和造反派一起夺财政部的权，李先念再三劝阻仍不听从，又出席了不许他出席的周恩来、李先念接见财贸口群众组织代表的会议，周恩来在 2 月 17 日接见财贸口群众组织代表的会议上，当众下令逮捕。周恩来明确宣布：

财政业务大权只能监督，不能夺。

财政、外交、公安的权不能夺。中央的党权、政权、军权都是大权，政权里的有财权等，这些权不能夺。

对中央各部门，只应夺文化大革命的领导权，这已经做了，对业务只能是监督，不能超过这个界限。业务大权都是中央直接管的，中央的大权怎么能夺呢？中央的、党的领导权，是毛主席的，怎么能夺呢？政府大权如外交、财政、公安、国防、经济大权怎么能夺？

你们不能搞到中央头上来，不能把党、政发号施令大权都夺过去，要有界限。中央各部夺权，凡是未经中央同意的，不能算数。

第二，国务院各部，党组要恢复，不能叫党委靠边站。周恩来指出：

群众解散了党组，党组可以由群众宣布解散吗？

---

① 经毛泽东批准，周恩来让中央和国务院一些部的负责人和许多省、市、自治区的主要负责人住进中南海，保护他们。

党组还得恢复。商业部还是姚依林，通缉令取消，要道歉，也要好好检查，不然要走到反面。工交系统，他们那样做法，我们不同意。……你们只能监督，不能领导。责任还是部长、司局长负。党组织权要恢复，监督业务不能过分。部党委上边还有中央，不能叫党委靠边站。

三次讲话最突出的内容是保护老干部，反对打倒一切。周恩来讲到三个方面：第一，十七年来成绩是主流。他说：要看到十七年还是毛主席的红线起主导作用，这是主流。谁否认了这一点，就否定了伟大领袖毛主席的这条红线和取得的伟大成绩。第二，要保护领导干部。他说：

不能说，中央各部都有党内走资本主义道路当权派。

中央每个部不是都必然有一小撮走资本主义道路的当权派……况且各人所犯错误有轻重的不同，也有根本没沾边的。只要作一两次认真的检查就行了。……一般地说，路线问题检查一下就行了。

对外经委主任方毅同志被你们斗了一个月，工作不能进行，几千个援助项目要处理，这样斗怎么行呢？我很难过，逼得我下命令叫方毅同志休息。

对吴波，你们就是因为一个桃园大队的问题非要把他打成反党分子，结论中央做嘛！

《红旗》第3期社论第三段是毛主席加的，怎么可以三、四十年的老干部都不要啦！他们都不好？！姚依林是我叫他到中南海休息的，你们对他下通缉令，就是对中央下通缉令！通缉姚依林，就是通缉我了。

现在对干部一斗就是十几天，连续不放。张霖之的死，我心里不安。斗了四十多天，突然死了！这人有他的长处。康世恩、段君毅、王磊等人是我下命令要回来的。怎么能这一次把这么多老干部丢掉！外边有许多标语，都不是中央同意的。除党中央宣布停职反省外，一个也不能扣留。

第三，反对残酷斗争、无情打击。周恩来愤慨地说：

关于对干部的斗争，不能这样斗。一斗几十天、十几天，业务耽误了，身体也摧残了。不能用对待敌人的办法来对待他们。你们不说什么，我们看了心里不忍。老干部都这么对待，他们不能没有情绪。……1935年以前是"无情打击，残酷斗争"。现在，戴高帽子，挂黑牌子，喷气式照出相来，还有什么"百丑图"，中央看了很不安。老干部是党的财富，坏的只是少数。……你们当了政，下一代也这么对待你们行吗？这是资产阶级的、封建主义的。我想到这，我就难过。我若不说，我要犯罪。

现在斗争方式已发展到如此：打人、挂牌、游街。这不是毛主席的作风，这是"左"倾路线的恶劣作风。如果不告诉同志们，这样发展下去，我就有罪了。我们对溥仪没有用刑，把他改造了。把末代皇帝改造了，这是毛泽东思想时代的奇迹。为什么对自己的同志用这种方式呢？这是不好的作风，不能让年轻人也这样做。在北京三座门，有的人把照片、漫画贴在街上，马上传到香港、东京、莫斯科，传到世界，对国家有什么好处！三座门贴的低级的大字报，我不愿意看。……街上标语是"砸烂×××狗头"，什么狗头？是人头嘛！

周恩来还要求领导干部负起责任来，坚持原则。他在 2 月 18 日对财贸口司局长以上干部说：

各部部长、司局长，还要转告所有的处长、科长，都要振作起精神来，要敢于创立工作条件，勇于负责任。已经和造反派说了，自然还需要先念同志一个部一个部地再做工作，各部自己也要做工作。

各部部长、副部长，都要负起责任来。这件事，下星期我们还要找一个机会，在一个更大的范围，对各部、各院校造反派组织，以及各部门的处、科长们，宣布一下。

现在有些地方，无休止的斗争，就是《关于若干历史问题的决议》已经说了的，那种无情的斗争、残酷打击的坏作风。……时间不到一年，其发展速度却超过十七年。对于这种不好的作风，不好的方式方法，要告诉青年，要告诉二、三十岁的干部，不要把它当成是对的。我们不说，就是犯罪啊！……有骨气的共产党员，对于这种事情要拒绝，这不是个人的问题，这是对党对国家如何评价的问题。

半年了，六个月之久的无休止的斗争。这不是党要采取的方法，我们要出来说话。

周恩来在这三次讲话当中，也不得不说了一些违心的话。① 但是以上所引（其中个别地方也用了当时流行的说法），正是主流的、本质的方面。周恩来和谭震林等老革命家的抗争是呼应的，和他们是心心相印的。

---

① 邓小平对"文化大革命"中的周恩来，有公道、正确的评价，对他说违心的话作了实事求是的解释，参见《邓小平文选》第 2 卷，人民出版社 1994 年版，第 348 页。

周恩来没有拍案而起否定"文化大革命"，历史地看，这正是他以党、国家和人民的根本利益为重。当时周恩来如果拍案而起，结果无非两种可能：一是不仅不能在"文化大革命"中继续起中和作用，反而被打倒的人更多，领导权被夺去更多；二是引起党的分裂、国家的分裂、军队的分裂。无论哪种可能成为现实，党、国家、人民都将遭受更为严重的灾难。周恩来思前虑后，高瞻远瞩，在非常复杂的困难的处境下，忍辱负重，委曲求全，等待时机，纠正错误。周恩来的伟大人格，永为后人景仰。

2 月 16 日晚，张春桥、姚文元、王力按照江青的意见，整理出《二月十六日怀仁堂会议》的记录。江青给毛泽东写了个纸条："主席：张、姚有重要情况报告，盼速见。"几小时后，毛泽东召见了张春桥、姚文元，听取了汇报。2 月 18 日晚，毛泽东召开了中央政治局会议，在会上严厉地指责了谭震林等老一辈无产阶级革命家。大意是：中央文革小组执行十一中全会精神。错误是百分之一、二、三，百分之九十七都是正确的。谁反对中央文革，我就坚决反对谁！你们要否定文化大革命，办不到！叶群[①]同志你告诉林彪，他的地位也不稳当啊，有人要夺他的权哩，让他做好准备，这次文化大革命失败了，我和他就撤出北京，再上井冈山打游击。你们说江青、陈伯达不行，那就让你陈毅来当中央文革组长吧，把陈伯达、江青逮捕、枪毙！让康生去充军！我也下台，你们把王明请回来当主席吆！你陈毅要翻延安整风的案。全党不答应！你谭震林也算是老党员，为什么站在资产阶级路线上说话呢？又说：我提议这件事政治局要开会讨论，一次不行就开两次，一个月不行就开两个月；政治局解决不了，就发动全体党员来解决。说罢。退场。[②]康生在会上说："毛主席发怒了，是无产阶级之怒，是无产阶级的义愤！"政治局多数成员的正确意见被否定。此后，党和国家大事由"中央文革碰头会"[③]讨论决定。2 月 28 日，毛泽东在陈伯达送去的一个材料上批：从上至下都有这种反革命复辟的现象，值得注意。从 2 月 22 日至 3 月 18 日，中央多次开会，江青、康生、陈伯达、谢富治等，以"二月逆流"的罪名，在会上围攻批斗了谭震林等人。在批斗时，康生说："这是十一中全会以来发生的一次最严重的反党事件！""这是一种政变的预演，一种资

---

① 叶群是代表林彪出席会议的。

② 参见赵峻防、纪希晨：《"二月逆流"》，春风文艺出版社 1986 年版，第 223—227 页。

③ "中央文革碰头会"是 1967 年 3 月成立的，名义上由周恩来牵头，成员大多是江青一伙。后又增加吴法宪等人。

本主义复辟的预演!"江青说:"你们的目的,是想为刘少奇、邓小平翻案!""保护老干部,就是保护一小撮叛徒、特务……"陈伯达说:"反对文化大革命,炮打以毛主席为首的无产阶级司令部,这是自上而下的复辟资本主义,这是颠覆无产阶级专政!"这完全是颠倒是非。邓小平指出:"所谓'二月逆流',不是逆流,是正流嘛,是同林彪,'四人帮'的反复斗争嘛。"①

3月,江青一伙又把党中央内部的问题公之于众,而且欺骗不明真相的群众,在社会上掀起大规模地反击所谓"二月逆流"的浪潮。3月14日,北京街头有10万人示威游行,反击所谓"二月逆流"。毛泽东既严厉指责了这些老同志,又在实际上接受了这些老同志的若干意见,保护了这些老同志。他在2月中旬与张春桥、姚文元谈话时,否定了"上海人民公社"这个名称。3月1日出版的《红旗》杂志第4期社论《必须正确地对待干部》,经毛泽东修改过,在一定程度上肯定了老同志的某些意见。4月,毛泽东下令释放"联动"成员。4月30日夜,毛泽东请周恩来、李富春、陈毅、叶剑英、徐向前、聂荣臻、谭震林、李先念、余秋里、谷牧等到自己家里开了团结会。当夜,周恩来拟定了参加"五一"国际劳动节首都庆祝活动的名单,经毛泽东批准,请这些老同志同首都人民一起,欢度节日。②但是,这些老同志还是被认为犯了严重错误的。由于江青一伙的倒行逆施,这些老同志后来受到残酷的迫害。

(4)《军委十条》和军事管制

《军委八条》下达后,军队与激进派之间的矛盾突出,而中央文革小组支持激进派。党内上层、军内上层的抗争受到了指责,毛泽东指出从上至下都有反革命复辟的现象。1967年4月1日,中共中央发了一个文件(无题),规定:"不得随意宣布群众组织是反革命组织。""不得把群众打成'反革命',不准乱捕人。""在左派组织之间,不能片面支持一方,打击另一方。"在这个背景下,产生了《军委十条》。

《军委十条》也是林彪口授的。1967年4月初,林彪与黄永胜谈话,林彪的秘书张云生在场。林彪问张云生:"当前运动的主要问题是什么?"张答:"部队与地方某些群众组织的关系比较紧张。"林彪问黄永胜:"你看应当怎么办?"黄答:"我看

---

① 《邓小平文选》第2卷,人民出版社1994年版,第303页。

② 当时参加还是不参加这类活动,从而姓名见报还是不见报,关系重大。一般说来,这意味着不打倒还是打倒。

就是重申八条，贯彻八条。"林彪说："只靠八条是不解决问题了。现在需要有个新的东西，向全军发出一份新的命令，规定几条，不然有些人又会犯赵永夫那样的错误。"于是林彪口授了十条，由张云生记录整理。毛泽东4月6日对十条作了批示："林彪同志：此件很好。"毛泽东批示后，交中央文革碰头会讨论，碰头会一致通过。4月6日，《中央军委命令》（即《军委十条》）下达。

《军委十条》的内容，如下：

（一）对群众组织，无论革命的、或者被反动分子所控制的，或者情况不清楚的，都不准开枪，只能进行政治工作。

（二）不准随意捕人，更不准大批捕人。对于确实查明的反革命分子要逮捕。但必须证据确凿，经过批准手续。

（三）不准任意把群众组织宣布为反动组织，加以取缔。更不准把革命组织宣布为反革命组织。对于犯有某些错误的群众组织，要积极进行帮助教育。对于确实查明被反动分子控制的群众组织，要做分化争取工作，孤立其最坏的头头，争取被蒙蔽的群众。必须公开宣布其为反动组织加以取缔的，要经中央批准。

（四）对于过去冲击过军事机关的群众，无论左、中、右，概不追究。只对业已查明特别坏的右派头头，要追究，但应尽量缩小打击面。不能仅仅根据是否冲击过军事机关这一点来划分左、中、右。

（五）对待较大的群众组织采取什么态度，应就地深入调查研究，进行阶级分析；采取重大行动前，应向中央文革和全军文革请示报告。

（六）一概不要进行群众性的"请罪"运动。也不要强迫群众写检讨。群众自动写的检讨书，退还其本人。有些长期不觉悟并且坚持错误观点的群众，不要急于要他们认错，而要给以时间，让他们在斗争中自己教育自己。不允许体罚和变相体罚。例如，戴高帽，挂黑牌，游街，罚跪，等等。

（七）在军队中要深入进行以毛主席为代表的无产阶级革命路线同资产阶级反动路线的两条路线斗争的教育。学习毛主席著作，必须结合两条路线的斗争。广泛搜集揭露反动路线和一小撮党内走资本主义道路当权派的各种具体材料，印发到连队进行教育，使广大指战员了解他们的反动事实，进行彻底批判，肃清其恶劣影响。

（八）对派到地方上去或主持支左的干部，要详细交代政策。要防止赵永夫式的反革命分子（赵永夫原青海省军区副司令员，是一个混进党内军内的反革命分子，他玩弄阴谋手段，篡夺军权，对革命群众组织进行残酷的武装镇压）或思想很右的人来主持支左工作。

（九）在支左工作中，要学会做群众工作，相信群众，依靠群众，有事同群众商量，善于采用说服教育的方式，而不应采取简单粗暴和命令的方式。

（十）对业已违反了上述诸条做法的，都要立即改正，积极进行善后处理。今后，坚决按以上各条办事。

《军委十条》从表面看来中心意思是"正确对待群众"，实质上是支持冲军队、反军队的激进派。它有正确的方面，但在很大的程度上是对《军委八条》的否定。

《军委十条》下达后，激进派受到"最大鼓舞、最大支持"，认为这证明解放军前一段支左的"大方向"错了，因而与不支持他们的部队更加对立，并且更加猛烈地冲击军队。这不妨用戚本禹的话来说。戚本禹1967年4月30日在中直礼堂谈"当前形势"时说："当前苗头有两个：（一）左派重新冲击军队。军委十条下达后，如北京轰李钟奇①，超过了对刘少奇。……军委十条下达后，左派对过去的错误不认帐，又来冲，重犯历史错误。""（二）无政府主义。……什么命令也不听。"对立的两派的争斗加剧。由辩论而武斗，由冷兵器而热兵器。除了核武器、飞机外，陆、海、空三军的武器大都上了武斗战场。林彪在听秘书汇报武斗状况后说："文化大革命，变成武化大革命喽！"中共中央、国务院、中央军委、中央文革小组在1967年6月6日发出《通令》（通称《六·六通令》），规定"不准抓人"、"严禁武斗"。这个通令几乎等于一张废纸。

除了1967年1、2月间由上面导演而成立的五个省、市的革命委员会，除了由上面筹备而于1967年4月20日成立的北京市革命委员会，其他省、市、自治区革委会的成立遥遥无期。不是不想早点成立，而是因"大联合"、"三结合"问题解决不了而成立不了。名曰自下而上地对省、市、自治区领导机构的夺权，实际上是自上而下地夺权。这种自上而下地夺权，很快就夭折，不得不对一些省、市、自治区实行军事管制，或指定以军队干部为主的若干人员组成"革命委员会筹备小组"实施领导。1967年3月15日，对广东省实行军事管制，军管会主任为黄永胜。3月24日，中共中央、国务院、中央军委、中央文革小组在《关于青海问题的决定》

① 时任北京卫戍区副司令员。

中说："着手筹备建立以刘贤权同志为首的青海省军事管制委员会。"3 月 27 日，中共中央在《关于安徽问题的决定》中说："中央认为，应立即成立以钱钧同志为首的军事管制委员会，把省的领导权掌握起来。"4 月 13 日，中共中央在《关于处理内蒙问题的决定》中说："成立以刘贤权、吴涛二同志为首的内蒙古革命委员会筹备小组。"5 月 7 日，中共中央在《关于处理四川问题的决定》中说："由新任成都军区第一政治委员张国华同志、司令员梁兴初同志和前宜宾地委书记刘结挺同志、前宜宾市委书记张西挺同志，负责组织四川省革命委员会筹备小组，以张国华同志为组长，梁兴初、刘结挺同志为副组长。"5 月 12 日，中共中央、中央军委、中央文革小组、军委文革小组在《关于甘肃问题的几点意见》中说："中央决定对甘肃省实行军事管制，以冼恒汉同志为军事管制委员会主任"。8 月 10 日，中共中央在《关于湖南问题的若干决定》中说："中央已经决定改组省军区，并将着手成立以黎原、华国锋、章伯森等同志为首的……湖南省革命委员会筹备小组。"如此等等。为什么要成立军管会或革筹小组呢？因为局势已严重到非成立军管会或革筹小组不可了。"无产阶级司令部"在严峻的局势面前还是面对了现实。不然，局势要更加不可收拾。本来意义上的夺权，已经夭折。①

在 1966 年年底，毛泽东估计 1967 年年底以前可以结束"文化大革命"。毛泽东审定的《人民日报》、《红旗》杂志 1967 年元旦社论题目就叫作《把无产阶级文化大革命进行到底》。号召夺权后，毛泽东说过"今年 2、3、4 月看出眉目，明年这个时候看出结果，或更长一点时间"②。所谓"2、3、4 月看出眉目"，就是在 1967 年 2、3、4 月建立省、市、自治区的革委会。可是到了 1967 年年底，才成立了九个省、市、自治区的革委会，还有二十个没有成立！③ 这件事能够说明好多问题。

---

① 在 1967 年中央先后决定对中央和国务院一些部委、许多重要厂矿和部门、许多仓库和监狱实行军事管制。

② 转引自周恩来 1967 年 4 月 18—19 日在广东群众组织代表和驻军代表座谈会上的讲话。

③ 具有讽刺意味的是：清华大学到 1969 年 1 月 25 日才成立革委会，北京大学到 1969 年 9 月 27 日才成立革委会！

　　1967年1月4日，江青、康生、陈伯达在北京接见武汉"专揪王任重造反兵团"时，诬陷陶铸是"中国最大的保皇派"，鼓动打倒陶铸、王任重。随即，陶铸遭到残酷迫害，于1969年11月30日含冤去世。图为批斗陶铸大会会场。

第五章
"打倒刘少奇"和"揪叛徒"

　　毛泽东改变不打倒刘少奇的初衷，原因复杂。简要说来，一是听信了诬陷。在江青一伙制造的"打倒刘少奇"的浪潮中，总有一些人起而"揭发"刘少奇。中央文革小组连篇累牍地上报所谓"揭发材料"，力图对毛泽东施加影响。若干材料是毛泽东以前所不知晓的。这些断章取义甚至弄虚作假地拼凑起来的材料，串起来乍一看也令人触目惊心。一是"左"倾错误的发展。对刘少奇的态度的变化，与"左"倾错误的发展同步。炮打所谓"资产阶级司令部"，彻底批判所谓"资反路线"，全国全面夺权，一步步错下来，而且错误愈来愈甚，造成十分严峻的局势，不仅再也不能合乎逻辑地保护刘少奇，而且把刘少奇的"问题"看得更重。在全面夺权遇到重重困难的态势下，刘少奇就难逃厄运了。在某种意义上说来，刘少奇在政治上为所谓"群众自己解放自己"这个错误所戕害。正好，打倒刘少奇为全面夺权所必需。至于揪所谓"叛徒"，既与打倒刘少奇有关，也与全面夺权有关。

一 "揪叛徒"的狂澜

　　主要在 1967、1968 年，全国刮起了揪所谓"叛徒"的歪风，千千万万个老同志遭受打击、迫害。"揪叛徒"表面看来是很蹊跷的，因为党的干部在几十年中多次受过党的审查，都有结论，叛徒早已处理，何用不懂历史、不懂政策的群众组织自以为是地来"揪"呢？实际上并不奇怪，它既与要"批判我们这个当权的党"的"左"倾思想紧密关联，也与全面夺权紧密关联。"揪叛徒"是完全错误的，却不是反革命行为。反革命分子如康生利用"揪叛徒"诬陷无辜，这也是事实。

这件事要从"六十一人案件"讲起。

(1) "六十一人案件"[①]

1935 年 11 月以后，刘少奇作为中共中央代表在天津主持北方局的工作。在日寇侵占华北、全国抗日救亡运动高涨的形势下，北方局却极其缺乏开展工作的干部。1936 年，北方局组织部部长柯庆施提出了要关押在北平军人反省分院的一批党员履行敌人规定的手续出狱的建议，北方局同意这一建议，作出了决定，并请示了中央。"事情来得很急(因为如果日本人侵占平津后就不能办了)，又是如此重大，闻天当即与当时中央的主要领导同志商量，决定予以批准。"[②]中央批准的北方局的决定传至狱中，反省院党支部认为中央和北方局不会作出这样的指示，没有执行。北方局再次指示后，狱中党员才发表"反共启事"出狱。这并非他们的本意，不是他们屈服敌人，而是服从组织决定。出狱的党员，在狱中对敌斗争坚决，出狱后许多人成为抗日战争的领导骨干。在"文化大革命"以前，中共中央对六十一人出狱的问题多次审查一直认为是毫无问题的，这有许多档案材料可以证明，其中一些人参加了党的七大、八大就是有力的证明。[③]

把经组织决定出狱错定为"自首叛变"，首先由于康生等人的鼓噪和陷害。1966 年 8 月，康生把这件历史上已有正确结论的事重新提了出来，让彭真专案审查小组办公室进行所谓"调查"。9 月 16 日，康生给毛泽东写信说："我长期怀疑少奇同志要安子文、薄一波等人'自首出狱'的决定。""最近我找人翻阅了 1936 年 8、9 月的北京报纸，从他们所登报的'反共启事'来看，证明这一决定是完全错误的，是一个反共的决定。"随信附上 1936 年有关报纸影印件。毛泽东此时并不同意康生的观点，因而他批准了周恩来亲拟的中共中央 11 月 24 日对西北局关于红卫兵追查刘澜涛出狱问题的请示的批复，同意了周恩来送审此批复时给毛泽东的信。信中说："当时确为少奇同志代表中央所决定，七大、八大又均已审查过，故中央

①　详见熊复济：《天地有正气——草岚子监狱斗争与"六十一人案"》(北京出版社 1982 年版)一书。

②　刘英：《身处逆境的岁月——忆闻天》，这是《回忆张闻天》(湖南人民出版社 1985 年版)一书中的一篇。

③　详见中共中央 1978 年 12 月 16 日批准的中央组织部《关于"61 人案件"的调查报告》。

大动乱的年代（1966—1976）

必须承认知道此事。"批复中说："请向南开大学卫东红卫兵和西安炮打司令部战斗队同学说明，他们揭发的刘澜涛同志出狱的问题，中央是知道的。"而康生等人百般赞扬南开大学"卫东"和"八一八"揪出"六十一人叛徒集团"，并批准他们以"中央特许"和"中央专案组"名义，到各地任意抄家、抓人、审讯和查阅机密档案；同时亲自向南开大学"卫东"、"八一八"的头头部署调查一些老干部的所谓"历史问题"，从而使"揪叛徒"活动祸及全国。① 1967 年 1 月 10 日，戚本禹同总政文工团部分同志谈话时说："红卫兵小将查出安子文叛党，这些变节分子叛党的最大组织者就是刘少奇。"2 月 12 日，关锋对军训解放军代表的讲话中说："安子文、还有薄一波、刘澜涛，占据了组织部、监委、工交等很多重要部门，权都掌握在他们手里，执行的是资产阶级专政，文化大革命发动起来，小将是有很大功勋的，这些人是自首分子，是叛徒。"

在全国夺权的激烈混战中，1967 年 3 月 16 日，中共中央印发《薄一波、刘澜涛、安子文、杨献珍等六十一人的自首叛变材料》。中共中央在批示中说："薄一波等人自首叛变出狱，是刘少奇策划和决定，张闻天同意，背着毛主席干的。"刘少奇、张闻天作出了"叛卖的决定"。"揭露这个叛徒集团，是无产阶级文化大革命的伟大胜利，是毛泽东思想的伟大胜利。""这些变节分子……许多人在重新混入党内以后，成为刘、邓资产阶级反动路线的坚决执行者，成为反革命修正主义分子，成为党内走资本主义道路的当权派。"中央在批示中还引用了毛泽东 1 月 31 日在谭震林关于农口几个单位阶级斗争情况报告上的批语："党政军民学、工厂、农村、商业内部，都混入了少数反革命分子，右派分子，变节分子。此次运动中这些人大部自己跳出来，是大好事。应由革命群众认真查明，彻底批判，然后分别轻重，酌情处理。"把薄一波等六十一人定为"叛徒集团"，是"文化大革命"中轰动国内外的一起重大冤案。这个案件，不仅涉及担任中央和地方党政机关领导职务的一批老干部，而且关系到一些在革命战争中已经英勇牺牲的革命先烈。

中共中央 3 月 16 日的批示，是毛泽东批准的。无可讳言，毛泽东有了新的考虑。毛泽东是知道党中央对此事在作过严格审查后得出了没有问题的结论的。新的情况是：由于种种原因把刘少奇看成"党内最大的走资派"，要彻底摧毁以他为首

---

① 参见肖荻：《历史不容忘记——记南开大学清查"抓叛徒活动"的前前后后》，载《蓝盾》1985 年第 7 期。

的"资产阶级司令部"，薄一波、安子文、杨献珍等早已被错误地揪出，他们在历史上与刘少奇的正常工作关系被看成结党营私的关系；刘少奇过去主持的北方局所作出而为党中央所批准的要一批党员履行敌人规定的手续出狱的决定，又确实不同于惯例而具有特殊性，这时就认为必须重新审查。康生等人的诬陷因而起了作用。忘记了必须历史地对待"履行手续"，把刘少奇等人的"叛卖"视为他们推行"反革命修正主义路线"的"根子"，就认为应该从根本上推翻过去的有关决定和过去的审查。1967 年 2 月 3 日，毛泽东会见卡博·巴卢库时说："有些过去是共产党被国民党抓去，然后叛变，在报上登报反共。那个时候我们不知道他们反共，不知道他们所谓'履行手续'是一些什么东西。现在一查出来，是拥护国民党，反对共产党。"阴错阳差，种种错误判断导致错误决定的作出。

在"六十一人案件"等问题上，康生等人的卑劣无耻骇人听闻。他要人对张闻天说："这个案子是刘少奇背着中央搞的，你张闻天为什么承认是你批准的？以后再瞎说，后果由你负责！你应该给子孙后代留条后路！"[1]（张闻天坚决拒绝，遭受迫害，被囚禁在小屋子中长达 523 天！）他以"中央委员"的官位等为诱饵，要安子文证明"刘少奇是叛徒"。[2]（安子文宁可坐牢也不写假证明。）"专案组"的人不许薄一波、刘澜涛如实写出 1936 年他们出狱的事毛主席知道。（薄一波等老革命家还是写了。）

（2）伪造的《伍豪等脱离共党启事》

1967 年 5 月，江青利用国民党 1932 年 2 月 18 日伪造的所谓《伍豪等脱离共党启事》企图迫害周恩来。[3] 1932 年 2 月，《申报》、《新闻报》等报纸刊登《伍豪等脱离共党启事》。"伍豪"是周恩来的别名。启事显然是敌人所伪造：它署名"伍豪等 243 人"，可是除了"伍豪"一个名字外，再没有任何一个姓名；周恩来早在 1931 年 12 月 15 日进入中央苏区，根本不会在上海报纸发表所谓"启事"。在上海的党中央用当时在白色恐怖下所可能做到的巧妙办法公开辟谣。江青在揪所谓"叛

---

[1] 详见刘英：《身处逆境的岁月——忆闻天》，载《回忆张闻天》（湖南人民出版社 1985 年版）一书。

[2] 详见安黎等：《须待历史证明的话——在哀悼父亲安子文的时刻所想到的》，载 1980 年 7 月 24 日《人民日报》。

[3] 详见《党史研究》1980 年第 1 期所载《关于国民党造谣污蔑地登载所谓"伍豪启事"问题的文件》和《所谓"伍豪等脱离共党启事"问题的真相》。

徒"的高潮中，竟然将《伍豪等脱离共党启事》转给周恩来，用心险恶。康生了解"伍豪启事"事件全过程，却不说明事件真相。5月19日夜，周恩来给毛泽东写信，说明事件原委，并附上周恩来亲自编写的与此事件有关的大事记、由毛泽东签署的中华苏维埃临时中央政府关于判处登载伪造启事而又拒绝刊登更正启事的上海报纸的总经理以死刑的布告、有关的上海报纸。毛泽东阅后批："交文革小组各同志阅，存。"12月22日，北京大学有人给毛泽东写信，又反映此事。毛泽东1968年1月16日批示："此事早已弄清，是国民党造谣污蔑。"（1972年6月30日，周恩来在中央召开的批林整风汇报会上作了《关于国民党造谣污蔑地登载所谓"伍豪启事"问题》的专题报告。1975年9月20日，周恩来病危，需进行手术治疗。在进入手术室前，他拿来上述报告录音记录稿，签上自己的名字和报告日期，同时注明了签字的环境和时间，即："于进入手术室（前），1975年9月20日"。）

（3）"深挖叛徒"

1967年6月28日，中共中央发出《关于"抓叛徒"问题的通知》，指出了"抓叛徒"中存在的问题，作出了五项规定，如："不要根据不充分的、未经核实的材料，自行宣布某人为叛徒。""要把有一段历史问题的干部同叛徒、特务，严格区别开来。"8月9日，上海《文汇报》、《解放日报》同时刊登《策动叛党就是为了篡党》的文章，说"六十一人叛徒集团"是刘少奇"背着毛主席、党中央"指示狱中的人自首叛变的；而这些人"本来就企图叛党保命"，刘少奇"盗用党中央的名义"作出的"决定""就成为他们自首叛党的合法根据"；这批"叛徒"出狱后，又是刘少奇"欺骗毛主席、党中央"，"千方百计把他们保护起来"。两天后，《人民日报》转载了这篇文章。1968年2月5日，中共中央转发黑龙江革命委员会《关于深挖叛徒工作情况的报告》。中央在批示中毫无根据、极其错误地指出："刘、邓、陶及其同伙彭（德怀）、贺、彭（真）、罗、陆、杨、安（子文）、肖（华）等叛徒和反革命修正主义分子，长期隐藏在党内，窃据了党政领导机关的重要职位，结成了叛徒集团。"中央要求："坚持群众路线，彻底清查敌伪档案，把隐藏在各地区、各部门、各角落的叛徒、特务、里通外国分子和一切反革命分子彻底清查出来。"

由于中共中央1967年3月16日和1968年2月5日文件的错误，由于江青、康生的煽动，从1967年3月以后各地纷纷成立"揪叛徒"的组织，把过去已经作出正确结论的问题，统统翻腾出来，甚至无中生有，栽赃陷害，制造了一大批冤案、假案、错案。在所谓"新疆监狱集体叛变"案中，含冤而死的就有马明方、胡之华等

23 人。[①] 南开大学留下了当年"八一八"的一份原件,其中这样记载着:"我们派出了几十个抓叛徒小分队、几百个专案调查组,调查人员出动了几万人次,行程约 150 万公里(其长度可绕地球 37 周半)。从海南岛到黑龙江,从天山脚下到东海之滨,从云贵高原到福建前线,从大江南北到长城内外,除台湾、西藏外全国 20 多个省、几百个城市都留下了我'八一八'战士的足迹,共计调查了北京、太原、济南、武汉、开封、南京、苏州、杭州、保定等 12 个敌伪反省院材料……"自然,对立的一派"卫东"也不示弱。后来,北航"红旗"、"西安交大文革委员会"、"北京化工学院"等所谓"联合调查"紧紧跟上,各地各造反组织纷纷活动,一时"抓叛徒"如火如荼。仅据当时南开大学两派组织宣称,这一活动迫害十二级以上领导干部即达 1200 余人。一场惨绝人寰的大迫害,其矛头恰恰是指向为了建立新中国、为了给广大青年包括这些造反者本人开辟光明前途而呕心沥血奋斗几十年的老同志!

二 国家主席刘少奇的厄运

1966 年 12 月 18 日成立"王光美专案组",目标至少部分地是对着刘少奇的。《红旗》杂志 1967 年第 1 期发表了经毛泽东审阅过的姚文元的长文《评反革命两面派周扬》,这篇文章有一条长注,其中说:"鼓吹《清宫秘史》的'大人物'当中,就包括有在当前这场无产阶级文化大革命中提出资产阶级反动路线的人,他们反对毛泽东思想的反动资产阶级世界观,他们保护剥削阶级、仇恨革命的群众运动的本质,早在建国初期吹捧《清宫秘史》时就表现出来了。"这时就给刘少奇强加了"罪名"。1967 年 2 月 1 日,经毛泽东审定的《红旗》杂志第 3 期社论《论无产阶级革命派的夺权斗争》指出:"谁是党内走资本主义道路的当权派的头面人物,革命群众已经看清楚了。"当时谁都知道,这是指的刘少奇。

由于种种原因,党内(包括党内上层)没有为刘少奇鸣不平。这是值得深长思的。倒是党外知名人士章士钊毅然上书。[②] 1967 年 3 月初,章士钊对他的女儿章含之说:"这个运动再搞下去,国家要完了。不能打倒刘少奇!这些家伙(按指江青一伙)要把中国毁掉。""我要给毛主席写信,请他制止打倒刘少奇。毛刘

---

① 详见方志纯:《回忆新疆监狱的斗争》(人民出版社 1982 年版)一书。

② 详见章含之:《我与父亲章士钊》,载《文汇月刊》1988 年第 4 期。

分裂就会使国家分裂。"章士钊在给毛泽东的信中说，毛、刘团结乃共产党领导核心坚强的保证。假若刘少奇同志确实犯了错误，望毛、刘两位领导赤诚相待，好好谈谈，刘可作检讨，但切不可打倒刘少奇。3 月 10 日，毛泽东回复如下："行严先生 ①：惠书敬悉。为大局计，彼此心同。个别人情况复杂，一时尚难肯定，尊计似宜缓行。敬问安吉！毛泽东 3 月 10 日"。3 月间，毛泽东派人把当时中央整理的有关刘少奇的材料送给章士钊阅读。章士钊看过之后，接连数日情绪低沉，对章含之说："刘少奇同志的这些'罪状'，纯系蓄意置他于死地。"从以上事实和以下事实可以断定，毛泽东在 1967 年 3 月间下定决心打倒刘少奇。

（1）动员打倒刘少奇的两个会议

1967 年 2 月 26 日至 3 月 25 日，由周恩来提议，经毛泽东批准，中央军委召开了军以上干部会议。4 月间又召开了军委扩大会议。两次会议的主要议题本来是"三支两军"等问题，中央文革小组却把它变成了散布打倒刘少奇的种种谬论的会议。3 月 9 日，康生在会上传达了毛泽东 1966 年 5 月同谢胡的谈话和 1967 年 2 月同卡博·巴卢库的谈话。两次谈话的主题是：文化大革命是两个阶级、两条道路、两条路线的尖锐斗争。是防止资本主义复辟、把社会主义革命进行到底的斗争。3 月 9 日和 10 日，陈伯达在会上讲话，在一系列问题上污蔑刘少奇、邓小平、彭真，并传达了毛泽东关于批判《论共产党员的修养》的意见。3 月 10 日，康生在会上讲话，又在一系列问题上污蔑刘少奇，着重颠倒黑白地批判了刘少奇的发展生产的主张。这些是戚本禹的《爱国主义还是卖国主义？》批判刘少奇"错误"的蓝本，也是九大政治报告批判刘少奇"错误"的雏形。3 月 20 日，林彪在军以上干部会议上讲话。他从"左"的方面大讲特讲阶级和阶级斗争，把阶级斗争永恒化、绝对化，"论证"了"文化大革命"的必要和伟大；提出了对"文化大革命"的"总的看法"："损失是最小最小，而得到的成绩是最大最大最大。"（4 月 7 日，中共中央、国务院、中央军委、中央文革根据毛泽东指示，发出关于播放林彪这个讲话录音的通知；4 月 24 日，中共中央又印发了这个讲话。印发时删去了"带枪的刘邓路线比不带枪的刘邓路线更危险"等字样。）4 月 12 日下午，陈伯达在军委扩大会议上讲话，4 月 13 日康生在军委扩大会议上讲话，对刘少奇、邓小平的攻击、污蔑更为系统。康生在讲话中，还首次批判了所谓"生产力论"。江青 4 月 12 日上午在军委扩大会

---

① 章士钊，字行严。

议讲话，题为《为人民立新功》。张春桥4月14日下午在军委扩大会议讲话，讲了"一月革命"和上海的情形。

3月28日，王力、关锋给毛泽东送去《"打击一大片，保护一小撮"是资产阶级反动路线的一个组成部分》（1966年6、7两月清华大学工作组在干部问题上执行资产阶级反动路线的情况调查）。毛泽东3月29日批示："此件很好，可以公开发表，并予广播。还应调查一、二个学校，一、二个机关的情况。请先印发参加碰头会的同志及其他同志看一看。"清华工作组，成绩是主要的，也有缺点，但不是执行"打击一大片，保护一小撮"的"资反路线"。这个歪曲事实、无限上纲的调查报告，一箭双雕：既给刘少奇加了"罪名"，又可表明"无产阶级司令部"是反对"打击一大片，保护一小撮"的。这个报告在3月30日出版的《红旗》杂志第5期上发表。

（2）**打倒刘少奇的一篇长文**

中外为之瞩目的是，《红旗》杂志1967年第5期上公然发表了打倒国家主席刘少奇的文章。这就是戚本禹的长文《爱国主义还是卖国主义？——评反动影片〈清宫秘史〉》。这篇长文是毛泽东审阅并批准发表的。它是在"大联合"、"三结合"问题上遇到极大困难，全面夺权受挫的背景下发表的。毛泽东1967年5月在一次谈话中回溯时说过，在"一月风暴"后，一再着急大联合的问题，大联合未能奏效。后来发现这个主观愿望不符合阶级斗争的客观规律，因而中央不再捏合，改为促，用大批判来促进大联合。所谓"大批判"，就是批判刘少奇。意图显然是这样的：使造反派目标集中到打倒刘少奇上来，通过批判刘少奇达到"大联合"的目的。戚本禹的文章的最大特色，是以"权威"的姿态第一次在中央报刊上批判所谓"党内最大的走资本主义道路的当权派"，宣称："一定要把党内最大的走资本主义道路的当权派拉下马，让他靠边站。"这篇文章把"帝国主义、封建主义、反动资产阶级的代言人"、"帝国主义买办"、"帝国主义、封建主义反革命宣传的应声虫"等罪名强加于刘少奇、陆定一、周扬和胡乔木。文末对刘少奇荒谬地提问八个"为什么"并提出了"答案"：

　　为什么你要在抗日战争爆发前夕，大肆宣扬活命哲学、投降哲学、叛徒哲学，指使别人自首变节，要他们投降国民党，叛变共产党，公开发表"反共启事"、宣誓"坚决反共"？

　　为什么你要在抗日战争胜利以后，提出"和平民主新阶段"的投降主义路线？

为什么你要在解放以后极力反对资本主义工商业的社会主义改造？反对农业合作化，大砍合作社？

为什么你要在社会主义三大改造完成以后，竭力宣扬阶级斗争熄灭论，积极主张阶级合作，取消阶级斗争？

为什么你要在三年困难时期，与国内外牛鬼蛇神遥相呼应，恶毒攻击三面红旗，鼓吹"三自一包"、"三和一少"的修正主义路线？

为什么你要在 1962 年还重新出版过去那种不要革命，不要阶级斗争，不要夺取政权，不要无产阶级专政，反对马克思列宁主义，反对毛泽东思想，宣扬腐朽的资产阶级世界观，宣扬反动的资产阶级唯心主义哲学的、欺人之谈的大毒草《论修养》？

为什么你要在社会主义教育运动中提出和推行形"左"实右的机会主义路线，破坏社会主义教育运动？

为什么你要在无产阶级文化大革命中，勾结另一个党内最大的走资本主义道路的当权派，提出和推行资产阶级反动路线？

答案只有一个：你根本不是什么"老革命"！你是假革命、反革命，你就是睡在我们身边的赫鲁晓夫！

这篇文章的发表是极不正常的。第一，它在一系列问题上颠倒黑白，歪曲历史，无限上纲，陷人于罪。即以八个"为什么"而论：第一个问题，上文已经说过，根本不存在什么"大肆宣扬活命哲学、投降哲学、叛徒哲学……"的问题。第二个问题，"和平民主新阶段"是毛泽东、中共中央提出来的，总的说是正确的提法，内战正是国民党反动派挑起的。[①]第三个问题，刘少奇并没有反对"三大改造"；"大砍合作社"是贯彻毛泽东 1955 年 3 月提出的"停、缩、发"方针，并无原则错误，又非刘少奇所为。第四个问题，刘少奇从来没有宣扬过"阶级斗争熄灭论"（他思想上不同意的是"以阶级斗争为纲"）。第五个问题，"与国内外牛鬼蛇神遥相呼应，恶毒攻击三面红旗"，纯系胡扯。在"三面红旗"上是有不同看法的，刘少奇站在正确方面。"修正主义路线"正是比较正确的路线。第六个问题，编辑出版《刘少奇选集》是毛泽东的提议，先出版若干篇是经中央批准的。第七个问题，刘少奇领导社教运动是有错误的，这是工作中的错误、集体的错误，他主持制定的《后十

---

① 参见拙作《论"和平民主新阶段"》，载《历史研究》1980 年第 2 期。

条》既经中央会议讨论通过，又经毛泽东审定。这个错误，归根结底是贯彻了八届十中全会关于阶级斗争的"左"倾理论。（这个错误是"左"，而不是形"左"实右。）第八个问题，刘少奇在"文化大革命"中没有提出和推行"资反路线"。由此可见，说刘少奇是"假革命"、"反革命"、"赫鲁晓夫"，是毫无根据的。刘少奇在看过《爱国主义还是卖国主义?》以后说："党内斗争从来没有这么不严肃过。"[1] 事实正是这样。何以如此，值得深思。第二，在八大问题中，除第一个问题为新"问题"外，全是老"问题"。在"和平民主新阶段"问题上攻击刘少奇，始于高岗。第一个问题虽"新"，却不能成立。中共中央政治局常委、国家主席刘少奇怎么就成了"反革命"! 第三，在戚文发表之前的 3 月 28 日，刘少奇就"给毛主席写了一封信，驳斥了这种造谣诽谤"；在戚文发表以后的 4 月 7 日，刘少奇又上送了关于"八大罪状"的答辩。刘少奇的驳斥，均被置之不理，这能说是正常的吗! 第四，不经中共中央、全国人民代表大会讨论决定，以一篇个人署名的文章打倒刘少奇，置党纪国法于不顾。如果刘少奇确有重大问题，何不由中共中央和全国人大来审查呢! ——以上四点，只是我们现在的看法。在 1967 年 4 月，除极少数人外，全国没有异议。全国绝大多数人根本就不了解实际情况，这是没有异议的根本原因。《人民日报》4月 1 日刊登了戚文，全国造反派集会游行，热烈欢呼打倒了刘少奇。把刘少奇定为敌我矛盾性质的"党内最大的走资派"，就为后来更加任意地诬陷他，硬把他打成"叛徒"、"内奸"、"工贼"提供了条件。光是"走资派"还不一定打得倒，也需要强加以更大的罪名。[2] 从 1967 年 5 月 18 日起，"王光美专案组"就把"狠抓刘少奇自首变节问题"放在第一位了。指导思想是"左"的，"专案审查"大权实际上掌握在江青、康生、谢富治等人手里，"文化大革命"又搞得很糟，决定了刘少奇不会有好一点的命运。

打倒刘少奇绝不只是打倒一个人，这意味着要打倒许多人。《人民日报》4月 8 日社论《高举无产阶级的革命的批判旗帜》说："十七年来，正是这个中国的赫鲁晓夫，在文学、史学、哲学、政治经济学、教育学、新闻学等各个领域，在党、政、军、工、农、商、学各界，扶植和保护了党内一小撮走资本主义道路当权派和

---

[1] 转引自《历史在这里沉思——1966—1976 年记实》所收刘平平等《胜利的鲜花献给您——怀念我们的爸爸刘少奇》。本段中未注明出处者，均引自此篇。

[2] 把刘少奇打成"叛徒"、"内奸"、"工贼"，情形极为复杂。本书限于篇幅，不予述及。好在有些书（如《历史的审判》）述之甚详，请参看。

大动乱的年代（1966—1976）

一小撮资产阶级反动学术'权威'，散布了大量的修正主义毒素。在关键时刻，这些牛鬼蛇神总要在他们的后台老板鼓动下，纷纷出笼，跳出来向党发动猖狂进攻。而党内一小撮大大小小的走资本主义道路当权派和一小撮形形色色的资产阶级反动学术'权威'，正是这个中国的赫鲁晓夫推行反革命修正主义路线的基干力量。"这里说得清清楚楚。被打倒的许多"走资派"，都算是刘少奇的"代理人"。

(3)"革命大批判"

打倒刘少奇不只是意味着打倒许多人，还要求"在思想上夺修正主义的权"。自戚本禹的文章发表之日起，开展了矛头对着"党内最大的一小撮走资派"和"反革命修正主义路线"的所谓"革命大批判"。

4 月 8 日，《人民日报》发表重要社论《高举无产阶级的革命的批判旗帜》，号召开展这样的"革命大批判"。同日，《光明日报》发表重要社论《打倒中国的赫鲁晓夫》。4 月 11 日，《解放军报》发表重要社论《为彻底批判党内最大的走资本主义道路的当权派而战斗》。4 月 20 日，江青在北京市革命委员会成立和庆祝大会上说，"在当前无产阶级革命派联合夺权的这个阶段中，应该开展对党内最大的一小撮走资本主义道路的当权派的大批判运动"。5 月 8 日，《人民日报》、《红旗》杂志发表《〈修养〉的要害是背叛无产阶级专政》。5 月 11 日，中共中央通知："5 月 8 日，红旗杂志编辑部和人民日报编辑部发表的《〈修养〉的要害是背叛无产阶级专政》，是经过政治局常委扩大会议通过。并经我们伟大领袖毛主席亲自批准的重要文章。这篇文章击中了《修养》一书的要害，也击中了党内最大的走资本主义道路当权派的要害。""希望各单位的革命同志，认真地组织学习和讨论，进一步深入地开展对党内最大的一小撮走资本主义道路当权派的大批判运动。"这篇批判文章混淆了是非，混淆了敌我。历史证明，刘少奇的《论共产党员修养》是经过中共中央审定的马克思列宁主义、毛泽东思想的伟大著作。

从 1967 年 4 月起，报刊上发表的"批判文章"多如牛毛，触目皆是。重要的批判文章如：《为什么要着重批判"打击一大片，保护一小撮"这个资产阶级反动路线的组成部分》（1967 年 4 月 24 日《人民日报》），《从政治上思想上彻底打倒党内一小撮走资本主义道路当权派》（1967 年 7 月 22 日《人民日报》），《走社会主义道路，还是走资本主义道路?》（1967 年 8 月 15 日《人民日报》），《从彭德怀的失败到中国赫鲁晓夫的破产》（《红旗》杂志 1967 年第 13 期），《两条根本对立的经济建设路线》（1967 年 8 月 25 日《人民日报》），《揭开一个复辟资本主义的大阴谋》

（1967 年 9 月 6 日《解放军报》），《评陶铸的两本书》（姚文元作，1967 年 9 月 8 日
《人民日报》），《中国农村两条道路的斗争》（1967 年 11 月 23 日《人民日报》），《把
新闻战线的大革命进行到底》（1968 年 9 月 1 日《人民日报》），《认真学习两条路
线斗争的历史》（1968 年 11 月 25 日《人民日报》）。

　　这次所谓"革命大批判"的特点是：第一，规模大，范围广。全国报刊连篇累
牍地发表"批判文章"，各个领域、各个方面都有代表作，对刘少奇等人大肆攻击，
目的是从政治上、思想上把刘少奇等人搞臭。江青 1967 年 9 月 5 日说："现在对党
内头号走资本主义道路当权派的大批判运动正在全国展开，各个战线上都在向他开
火。要把他批倒、批臭、批深、批透。我曾经在一个场合讲过，要做到家喻户晓。
使它臭得比当年苏联的托洛茨基还要臭。"第二，政治宣判，不容许讨论，不容许
提出异议，不容许被批判者申辩。第三，若干"权威"的"批判文章"是江青等人
组织、授意或在其影响下写成的。他们假"革命大批判"之名，行造谣、陷害之实。
他们利用权力，利用中央报刊社论的名义，发表"批判文章"，欺骗性极大。第四，
以"左"倾思想批判正确的或比较正确的思想。"革命大批判"所批判的所谓"唯
生产力论"、"阶级斗争熄灭论"、"福利主义"、"三自一包"、"三和一少"、"利润挂
帅"、"物质刺激"、"卖国主义"、"洋奴哲学"、"智育第一"、"三名三高"、"业务挂
帅"、"技术第一"等等，都在不同程度上以"左"倾思想批判了正确的或比较正确
的思想，混淆了是非，制造了混乱。第五，先定罪名，后拼凑材料。深文周纳，断
章取义，随意引申，任意污蔑，歪曲历史，无限上纲。"革命大批判"践踏了社会
主义民主和法制，传播和助长了"左"倾思想，推广了主观主义形而上学的否定一
切的方法，影响深远。"革命大批判"是应该彻底否定的。它从反面说明了在建设
什么样的社会主义和如何建设社会主义问题上的错误主张。它没有也不可能促进
"大联合"，反而加剧了群众之间的分歧。

　　1967 年 8 月 14 日，中共中央发出《关于在报刊上点名批判问题的通知》。通
知说："为了把党内最大的一小撮走资本主义道路当权派批深批透，彻底肃清他们
的流毒和影响，为了把这场革命的大批判更好地同各地区、各部门的斗批改结合起
来，需要在中央报刊和地方报刊上公开点名批判一些中央部门、中央局和省、市委
内的走资本主义道路当权派。"通知主要有三项内容：（一）已在中央报刊上点名批
判的有彭真、彭德怀等七人，已在地方报刊上点名批判的有陶铸、王任重、李井
泉、乌兰夫等十四人。"对于这些已经点名批判的修正主义分子，在中央报刊或地

方报刊上还要继续深入地进行批判。"（二）在中央报刊上下一步拟予公开点名批判的"党内走资本主义道路当权派"有薄一波、吕正操、张闻天、张劲夫等十人。（三）在地方报刊上下一步拟予公开点名批判的"党内走资本主义道路当权派"有习仲勋、陈丕显、赵紫阳等二十四人。这个通知是完全错误的，混淆是非和混淆敌我，进一步煽起所谓"革命大批判"的"烈火"。

（4）**批斗王光美**

"株连"是封建主义的。在"文化大革命"以前，株连的现象就已存在；在"文化大革命"中则极为普遍。因刘少奇错案造成 2.2 万余起错案，首先是株连到王光美。这里略说对王光美的一次批斗。

在打倒刘少奇以前，"无产阶级司令部"不同意开大会批斗王光美；在打倒刘少奇以后，批准了。1967 年 4 月 10 日，清华大学举行了 30 万人的批斗会，批斗王光美，还有彭真、薄一波、陆定一、蒋南翔等 300 人"陪斗"。"盛况"空前，写下了"文化大革命"史上的"光辉"一页。在批斗会上，一伙人拳打脚踢，强迫王光美穿旗袍、戴用乒乓球串成的项链。[①]王光美坚决抗议这种人格侮辱，她说："毛主席指示，要文斗，不要武斗！"要她承认是"三反分子"，她义正词严地驳斥："我从来没有反对过毛主席，永远不反。"

刘平平等在《胜利的鲜花献给您——怀念我们的爸爸刘少奇》中说："妈妈在大会前，作了长时间的答辩。"事实上，王光美在会前、会后都作了答辩。"红代会清华大学井冈山兵团"的《井冈山》杂志社，1967 年 8 月 10 日出了《井冈山》专刊，登了《三审王光美》。这是 1967 年 4 月 10 日在批斗会前和批斗会后"审"王光美的记录。全文太长，以下是摘录[②]：

第一次审问

地点：清华中央主楼

时间：晨 6 点半左右

问：刘少奇为什么说《清宫秘史》是爱国主义的？

王：我从来没有听少奇同志讲过这个片子是爱国主义的。少奇同志肯定没有讲过。我相信毛主席，毛主席总会调查清楚的。

---

① 王光美陪同刘少奇到印度尼西亚访问时穿过旗袍，戴过项链，被认为是"资产阶级作风"。

② 摘录一仍其旧，问话中的攻击、污蔑之词均不加改动。

（同学要她穿上去印尼的衣服出去斗，王光美不干。）

问：这衣服一定要你穿上！

王：就不穿！

问：穿也得穿，不穿也得穿！

王：反正我不穿。

问：告诉你，今天是斗你。不老实，小心点！

王：我们好好谈谈好不好？

问：谁跟你谈？告诉你，今天是斗争你。

王：反正你们不能侵犯我人身自由。

问：（哄堂大笑）你是三反分子老婆、反动的资产阶级分子、阶级异己分子，别说大民主，小民主也不给，一点也不给，半点也不给。今天，是对你专政，没有你的自由。

王：这是绸子的，太冷了。

问："冻死苍蝇未足奇。"

王：如果我真反毛主席，那冻死就活该。

问：你就是反对毛主席。

王：我现在不反，将来也不反。

问：不行！都穿上。

王：你们没有这权利。

问：我们就有这个权利！今天是斗争你，我们要怎么斗就怎么斗，没有你的自由。你那套真理面前人人平等的臭理论还是收起来吧。我们是革命群众，你是反革命臭婆娘，你混淆不了阶级阵线！

（时间到。捉鬼队员给王穿妖衣）

王：你们武斗，你们违反毛主席指示。

（众念："革命不是请客吃饭……"）

王：谁反对毛主席指示就……（被打断）

（众念："顽固分子，实际上是顽而不固……"）

王：你们用强制手段。

问：胡扯！是你侮辱我们。你穿上这套衣服去印尼与苏加诺吊膀子，丢尽了中国人民的脸，你侮辱了全中国人民。你还想倒打一耙。对你这个反动的资产阶级分子、清华园里的头号大扒手，对你就是要强制。

王：希望你们好好调查一下。

问：我问你，"打击一大片，保护一小撮"是谁干的？

王：真正的革命者是勇敢的，是勇于正视事实的。……反正"打击一大片，保护一小撮"肯定不是我，也不会是杨天放。谁是真革命的，谁干的谁自己承认。是谁说清华园是黑窝的，是谁说宁可怀疑 99 个也不放过一个黑帮……真正的革命者就要敢于站出来，谁干的谁自己承认。

问：你说，为什么打击基层干部，而何东昌倒在香山休养，刘冰、胡健在北京饭店，蒋南翔，同学提了多少回，你们就是不斗。

王：问我不知道，北京饭店是在开会。蒋南翔情况我是反映了。中央有同志批示（我不能说）不让拉回来斗。

问：派工作组的目的是什么？

王：同意派工作组当时中央常委会决定。当然毛主席不在，刘少奇要负主要责任。但真正他派的，只有我一个人。

问：就你这一个人就打多少革命群众成反革命？害了多少人？

王：我们没定一个反革命。

问：你赖不了"打击一大片，保护一小撮"的事实！

王：事实总是事实，应根据事实得出结论，这才是毛泽东思想。

问：不对。立场是主要的。你们站在反动的立场上就是看革命群众的阴暗面，反对文化大革命。我们看的事实，收集的事实就是和你不同。

王：现在有人推卸责任……如果是真正的革命左派应敢于承认事实。……怀疑一切是错误的，是谁提出的？

问：你们怀疑革命的一切，打击一切革命群众、干部。

王：反正"怀疑一切"不是我的思想，更不是刘少奇的思想，我们是反对"怀疑一切"的。

问：（气急、骂）大扒手、反动资产阶级分子，给中国人民丢脸，揭事实。（给苏加诺点烟）

王：我认为我没丢脸。那天是告别宴会，他坐在我旁边，我是女主人……应尊重印尼习惯。

问：你说，你把多少同学打成反革命，我们这里就有不少。

王：反正我们只批过，没有打成反革命。

问：谁让你反"假左派"的？

王：不是刘少奇。是工作组问我，是叶林、杨天放，他们说蒯写了一个夺权的批语，还有反映了与现在根本不同的片面情况，我就根据这些同意了。

问：刘少奇做了什么指示？

王：刘少奇对清华指示很少。

问：那你卖菜是谁让的？捞政治资本。

王：那是毛主席对刘少奇说："王光美为什么过去四清时三同现在不三同啦？……"主席说："可以参加劳动……这样可以接受批评。"我听了很感动，就去劳动了。

问：那你老老实实劳动啊？为什么三个饭厅去卖菜。

王：走三个饭厅，不是因为接触不广吗？

问：你回答："打击一大片，保护一小撮"到底是谁推广的？

王：的确不是刘少奇。

问：蒯大富是谁定的反革命？

王：与刘少奇无关，也肯定没定反革命。

问：你交待。保蒋南翔是谁指示的？

王：蒋南翔性质未定的话是我讲的。但你们前后的话都不讲，只讲这句是断章取义。

问：同学们对蒋恨死了，你却说性质未定，不让斗，这不是保他是什么？你知道不知道？

王：我不知道。你们试试看，将来你们工作中不要犯错误。

问：你对批判《修养》怎么看？

王：这本书是唯心的，不谈阶级斗争，我同意报上发表的《红旗》评论员文章的几句话。至于反毛泽东思想，主观上我是不同意，是世界观没有改造好。

问：对戚本禹同志批《清宫秘史》的文章怎么看？

王：这部片子是彻头彻尾的卖国主义的，戚本禹同志批得很深很对，这部片子刘少奇没有说是爱国主义的。我和他一起看的，当时只看了一半，以后天亮了看不清了，他什么也没说。这是肯定的，他没说过。我和他一起看的，我知道肯定没说过。

问：照你这么说戚本禹同志在造谣了？

王：是不是有另外人假借刘少奇的名义说过这些话。

问：你觉得这文章写的对不对？这是毛主席看过的！

王：是吗？是主席看过的吗？我觉得还是从革命利益出发，从事实出发，如实向毛主席汇报情况。

问：戚本禹同志文章针对的是谁你清楚吗？

王：那他提的的确是刘少奇。

问：你对戚本禹同志提出的问题怎么看？

王：有的是刘少奇的责任，有的不是刘少奇讲的。

问：那么《红旗》上在造谣？刘不是走资本主义道路当权派？

王：相信毛主席，相信群众，过去就是相信不够才犯了错误。我在刘少奇身边工作了十几年，我觉得有出入，反正有许多不是刘少奇的事。说他是党内最大的走资本主义道路的当权派，我直接没感到这一点。

问：那叫叛徒集团自首是怎么说的？

王：这不是他指示的，是一个负责同志提建议他同意过的。

问：是谁？

王：我不说！

问：你包庇！快说。

王：（沉思一会）是柯庆施建议的，刘少奇同意了。

问：（气愤）不许你污蔑柯老！

王：反正我说话你们不相信，你们可以去调查好了。

问：王光美你说，你对刘少奇是党内最大的走资本主义道路的当权派怎么看？

王：我主观上还认识不到这个水平。反正在八届十一中全会以前主席许多事委托刘少奇、书记处处理，发生的事他要负责，但现在他靠边站了，不负责了，不当权了哟。在反动路线时他是走过一段资本主义道路的。

问：就是反动路线这一点？

王：当然不止。凡是犯路线错误都走资本主义一段道路。

问：就按你的这种说法，你说说看刘少奇走过哪些资本主义道路？

王：山西老区互助组的批示，是错的，是他批的。合作社发展太快，他求稳，说要慢一些。1962年他对困难的估计过分。但"三自一包"、"四大自由"谬论出来他是不赞成的，单干也是不赞成的。他那时许多关键时刻还是坚持社会主义的。

问：刘少奇宣扬"红色资本家"，说剥削好，也是主观上走社会主义道路吗？

王：刘少奇是讲了很多的错话，你们是指1950年他在天津的讲话，当时我也在，我知道的，有许多话是很错误的。当时天津有一种过"左"的情绪，不少人要消灭剥削阶级，是毛主席派他去纠偏的，他一些话是纠偏讲的，现在大字报上的话与他讲的有出入。

问：这么说，讲"工人就得剥削"是对的？

王：有些是错的。有的这样讲是对的，有的这样讲不好。这不能脱离环境。比如一个资本家与他座谈说剥削是罪恶，那开一个厂就大罪，再开一个厂罪就更大了。刘少奇说只要对国富民强有好处，开厂剥削，这样的剥削是需要的，工人也需要这样的剥削。这是特定条件下讲的，现在有人砍头去尾地讲这句话。

问：那鼓吹和平民主新阶段，散布对蒋介石的迷信是谁呢？

王：那不只他一个人。根据报纸上的报道，绝不是一个人责任，停战协定（决议）上写"和平、民主"很明显嘛。他现在把责任担起来，勇于承担责任。（众笑：这么他还是英雄了？）就是勇于承担责任呃。

问：那你说，还有谁？

王：不用说了吧。

问：不行！迷信蒋介石的人要查出来。

王：我是中央工作人员，要保密。你们可以去查查报纸，有公开文章的！

问：那刘少奇贪污金皮带圈，金鞋拔呢？

王：金皮带圈、金鞋拔子是有这么回事。他做白区工作，随时有被逮捕危险，是应该身上带些东西的。

问："红色资本家"是谁提的？

王：不知道！反正不是刘少奇，他只说进步资本家。

问：你是否说过王光英这个大资本家好，还要拉他入党？

王：王光英不是大资本家，最多是中产阶级、民族资本家。他剥削是剥削，可是……你们可以调查一下，他是否可以起进步资本家的作用。他不愿当资本家，说资本家名声太臭，要求入党，党给他任务，让他做资本家的工作。

问：你现在对刘少奇到底怎么看？

王：说他一辈子反革命，不反资本主义，我没有充分材料。（同学要她戴上项链）

问：你说！江青同志叫你出国不要戴项链，你为什么非要戴上？

王：江青同志是要我不要带别针，没说带项链的事，但问题是一样的。

问：（逼）那你说红旗调查员的文章怎么样？

王：红旗调查员文章……（不语，同学吵，逼后，大声嘶叫）就是有很大的片面性！

问：好，记下来。

王：记就记，我说的，怕什么！"怀疑一切"肯定不是工作组搞的，更不是刘少奇搞的。清华，我们的问题肯定是右倾主义，是路线错误，我们是右倾不是形"左"实右。反正这"怀疑一切"肯定不是工作组搞的，我没有这个思想，刘少奇也没有这个思想。

问：那你说是谁？

王：反正有人。

问：无耻！蒙骗人家还夸耀。现在谁都看透你这个反动的资产阶级分子的本质了。

王：我不是反动的资产阶级分子，我是毛主席的共产党员。真理就是真理，可能是有资产阶级反动路线的影响。

问：你敢否定革命小将？

王：真正的爱护小将，应该是什么就说什么，不能歪曲事实来爱护革命小将……（被打断。众：你放毒！）如果你们摆事实讲道理，就让我把话讲完，毛主席说：坏话，好话，反对的话都要听，要让人把话讲完，你们要不摆事实不讲道理，那我就不讲了，你们斗吧！

问：我们就是要斗你这个反动的资产阶级分子，清华园的大扒手。

王：我不是，我是共产党员。

问：你不要给我们的党脸上抹黑了。干的丑事还少啦！桃园四清你干了些什么！

王：对四清材料你们了解了多少？你们都找什么人了解？你们下去五天，我待上一年了，比你们了解，你们要认真调查。

问：去你的。桃园经验臭透了。一会儿你听听。

王：桃园经验是好的，不是坏的。但有缺点有错误。

问：（大伙耻笑她）有功、有功。那么后十条看来也是好的，有缺点、有错误吧？

王：后十条是刘少奇改的，有些清规戒律，但精神是好的，是毛主席叫他修改的。

问：这么说后十条棒极了？

王：后十条有好的部分，但有形而上学，繁琐哲学，一些政策界限强调得过多，成清规戒律束缚了群众运动。（群众气极，给她"打扮"后照相）

王：谢谢你们。你们不应该侮辱我。

问：刘少奇是镇压无产阶级文化大革命的罪魁祸首，你认为怎么样？

王：（避而不答）他是要负主要责任的。6、7月是他干的，但以后就不能归他。

问：归谁？你说！

王：他路线错误有影响，不能全归他，他有责任。

问：那蒯大富反革命很久翻不过来，谁负责？

王：蒯大富反革命不是刘少奇定的，刘少奇没跟我说过蒯大富是反革命。

问：他在《修养》中大骂有人要全党尊重他……是谁？

王：那是什么时候出版的。他不是骂主席，那指的是洛甫。

问：那1962年再版时为什么不修改，反而把斯大林都删了？

王：那不知道。他是坚决反修的。他改的地方有档案在，你们有条件就去查。毛主席说要出刘选，他不积极，后成立编辑委员会，要他修改出书，他看过一遍，有的是编辑委员会改的，他没注意，你们可以去查嘛。我知道，他是不反斯大林的，"九评"，"两论"，他都参加起草的。

问：戚本禹同志的文章你怎么看？

王：批这电影很对、该批。

问：不对，要害是揭开了"老革命"的画皮，暴露了假革命、反革命的本质。

王："言者无罪，闻者足戒"。

问：胡说！你顽固到底死路一条。我们就是要把刘少奇拉下马！

王：拉下马我同意，别人领导比他领导对党更有利。

问：王光美，你对戚本禹同志提的几个问题怎么看？（念戚本禹同志的文章最后的几个问题）

王：（1）没讲过。我不知道。（指老革命遇到新问题、疯狂进行资本主义复辟、猖狂反对毛主席三个问题）

（2）我等待毛主席讲话，等毛主席讲最后一句话。刘少奇并不是梦寐以求资本主义，他是想搞社会主义的，说猖狂复辟不是那样，愿意搞社会主义的。他特别谈了一些防修、反修、反资本主义复辟的问题，他经常想，但想不出办法，无办法没有水平，无魄力像毛主席这样搞文化大革命。他是考虑避免修正主义复辟的。我认为他最大的错误是没有提倡全党全民大学毛泽东思想，从他的地位、重要性、毛主席对他的信任来看，应很早就提出的，但他1966年才提出，这是他最大的错误。

（3）他没有反对过毛主席，更没有什么猖狂。他有违反毛泽东思想的地方，有不少是世界观问题。

（4）他没有大肆宣扬。他是想保存革命有生力量。当时白区损失极大，日本人又要进攻，因为一些人不知名，影响并不大，就让他们自首了。北京61个人，天津几十个人。至于自首书的措词，什么"坚决反共"，他不知道的。

（5）起草的文件，中央是看过的，当然他要检讨，但同一个文件他提出过积极练兵。当时这些是可能造成不好的影响。

（6）他反对资本主义改造？没有！在天津讲话是错误的，但改造资本家他是积极赞成的。合作社问题他是同意过一些同志的意见，主要是邓子恢干的。

（7）八大报告是有缺点，但是这并不是他一个人的问题。八大决议好像也有错误。……主席没看过？……这是很匆忙的，刘少奇决议好像看的也很匆忙。不过文件出来很久了。毛主席、党中央未表态。

（8）这不是刘少奇说的。他只是对困难估计过分了。可能是会助长歪风滋长。

（9）刘选编委会叫他审查的，他对此不积极。

（10）他是过分强调了阶级斗争，过分强调了扎根串连。有些话使人感到农村漆黑一团。

（11）对 6、7 月之前我同意毛主席大字报观点。6、7 月后他也要负责任。是不是都要他负责，那我就不了解情况了。

（王光美准备"坐牢"，将毛巾、牙刷……什么都带来了。）

问：王光美，你怕不怕？

王：我怕什么。我不怕。

第二次审问

时间：4 月 10 日下午 1 点

地点：清华主楼 803

问：你对戚本禹同志文章怎么看？

王：戚本禹同志写得很好，旗帜鲜明。根据我知道的事实，刘少奇是假革命、反革命的结论我得不出。1950 年我同刘少奇一起看这部电影时，他没有讲什么。主席要批判，他没批判，这是错了。反正我没有听他说过这片子是爱国主义的。戚本禹同志文章出来后，我很气愤，也很关心。毛主席说我们要关心国家大事吆，我又问了刘少奇一次，与他回忆了很久，他也说没说过。我们相信毛主席，伟大的毛主席会弄清楚的。

问：照你这么说刘少奇还是老革命？文化革命也只是"老革命遇到新问题"？

王：刘少奇在文化革命中犯错误不是偶然的，他自己也说不是偶然的，他的世界观没有根本改变，不可能不违反毛泽东思想，他是要负主要责任。他没有毛主席的胆量和魄力来发动领导这场史无前例的无产阶级文化大革命。过去，我的错误是相信党、相信毛主席不够，相信群众不够。现在，我愿意交真心给你们。我对"假革命"、"反革命"的确没有认识到。

问：问你，你对今天斗争大会怎么看？

王：今天大会表现了群众的愤怒。我个人受一些委屈也没啥。毛主席教导我们也要经风雨见世面嘛。我希望你们给我听录音，我听到的太少了，我应知道自己犯了什么错误。也应让刘少奇知道。

问：狡辩！我问你，桃园经验到底怎么样？

王：我认为桃园经验是成绩多缺点少。

问：呵！还成绩呢？你倒成了有功之臣了。

王：成绩不是王光美的，是毛主席的，是毛泽东思想的。

问：不许你污蔑毛主席。

王：我去桃园，许多人都不支持。刘少奇是主张我去的，那时就只有毛主席支持我去。

问：可是你呢，大整社员，大整同学，毛主席支持吗？

王：那，人的认识有个过程，这是符合毛泽东思想的，不然正确思想从哪里来？

问：再问你，刘少奇在天津讲的反动话你怎么看？

王：天津讲话，有好的，有不好的，有错误的。他是毛主席派去的，是针对一些人"左"倾情绪去纠正的，他说的话有些是很不好的。但"红色资本家"不是他讲的，我知道，我不说是谁。刘少奇只讲过进步资本家，资本家是有先进的，落后的。

问：谁说的"红色资本家"。

王：我是中央工作人员，要保密。

问：不行！你是专政对象，说！

王：还是不说得好，我知道你们要揪。

问：算了吧！谁不知刘少奇是老机会主义者。

王：是的，是有人批评他老右倾，立三路线时批评他右倾，王明路线也批评他右倾……（打断）

问：恶毒！你说现在是什么路线！不许赖！

王：我是说过去。

问：你对《论修养》怎么看？

王：我同意红旗评论员的话。

问：戚本禹同志文章呢？

王：（避而不答）

问：赶快交待你和刘少奇攻击中央文革的罪行。

王：刘少奇没有罪行，叫我交待什么？

问：少要赖！你对中央文革到底怎么看？

王：越是做工作多的，缺点错误是不可避免的。真正的革命者要自我批评，中央文革是经常检讨自己的工作的，我从讲话上看到过。大字报上边也有提意见的嘛！

问：三反分子的臭老婆，我们早定你……（被打断）

王：中国的妇女中国的女共产党员是独立的，不能因为丈夫错了，老婆就一定错，老婆错了，丈夫就一定错。

问：你们俩本来就是臭味相投，你是什么共产党员？你是刘少奇拉入党内的阶级异己分子！

王：我入党不是拉进来的，我有手续的。

问：你介绍人是谁？

王：反正不是徐冰，外面是谣言。

问：谁？

王：一个姓孙，一个姓赖。

问：叫什么名字？在哪儿工作？

王：（不说）我的历史，我全部向组织汇报过了，你们可以通过组织调查，这些没必要说。

问！我们就要你说。谁看你档案。说！刘少奇对戚本禹同志文章怎么看？

王：文章发表后，他很仔细地看了两遍，我想他不会承认假革命，反革命。刘少奇说他从来没说过是爱国的。我们一起回忆过这件事，那回是谁推荐的，什么过程，我都忘了，反正是演到一半天就亮了，看不清，我们什么也没说。

问：你是不是说戚本禹同志，《红旗》在造谣？

王：戚本禹，我一直认为是好同志。是不是有人造谣，我不知道，反正刘少奇没说过。

第三次审问[①]

时间：4月10日5点40分—10点零5分

地点：主楼803

问：刘少奇是反党头子，知道吗？

王：毛主席十一中全会上没有这么说。十七年来成绩是毛主席的，刘少奇是第一线，有错误是他的。

[①] 第三次"审问"，大量的内容是王光美的家庭情况（王家的家庭情况）、参加革命经过、入党经过等，均已略去。

问：你说《红旗》文章你同意，那刘少奇是否修正主义一套？

王：《论修养》是唯心等还可以，否认无产阶级专政等我还想不通……

问：《修养》和赫鲁晓夫是否一样？

王：有某些方面一样，也有合乎马列主义的。

问：哈！这不是修正主义吗！打着红旗反红旗，你自己回答了这个问题。1962 年大量印发出版是谁定的？

王：可以查呐，不是刘少奇亲自抓的。不知道。

问：戚本禹文章好得很还是糟得很？

王：从批《清宫秘史》和肃清刘少奇影响是好得很，但有些事实我有保留。是假革命反革命我未认识到。刘少奇从来没有讲过是爱国主义。

问：难道《红旗》文章不符合毛泽东思想吗？

王：我不知道毛主席亲自看过。

问：你相信不相信中央文革？

王：中央文革在文化大革命中建立了不朽的功勋，总的说来相信的，每个成员是否都相信，那我有保留……

问：戚本禹文章的结论是中央文革的，你拥护中央文革吗？

王：那为什么不以中央文革的名义发表呢？

问：刘少奇看了戚本禹文章什么态度？

王：刘少奇，反正不是反革命。

《三审王光美》这份资料相当难得，所以这里作了详细摘引。既可以让年轻的同志们见识一下"批斗"，也可以让尊敬的读者了解更多情况。王光美不屈服淫威，坚持原则，坚持真理，难能可贵。

三　"第三个里程碑"

在打倒刘少奇之后的 1967 年 5 月 18 日，《人民日报》发表了《红旗》杂志编辑部和《人民日报》编辑部的重要文章《伟大的历史文件》。这篇经过毛泽东审定和修改过的文章，是对一年来"文化大革命"的错误总结。第一，文章肯定了对敌我的混淆。它说："毛主席告诉我们，无产阶级专政条件下革命的主要对象是混入无产阶级专政机构内部的资产阶级代表人物，是党内一小撮走资本主义道路的当权派。党内一小撮走资本主义道路当权派，同广大工农兵、革命干部、革命知识分子的矛盾，是主要矛盾，是对抗性的矛盾。解决这个矛盾的斗争，是无产阶级和资产阶级两个阶级的斗争，社会主义和资本主义两条道路的斗争的集中表现。"第二，文章肯定了打倒刘少奇。它说："毛主席在这个文件（按指《五·一六通知》）中所说的睡在我们身旁的赫鲁晓夫那样的人物，现在被广大群众揭露出来了。这个中国的赫鲁晓夫，就是党内最大的走资本主义道路当权派，就是无产阶级专政内部的资产阶级的总代表。"第三，文章指出毛泽东关于"无产阶级专政下继续革命的理论"是马列主义发展史上第三个伟大的里程碑。它说："马克思和恩格斯创立了科学社会主义的理论，列宁和斯大林发展了马克思主义，解决了帝国主义时代无产阶级革命的一系列的问题，解决了在一个国家内实现无产阶级专政的理论和实践问题，毛泽东同志发展了马克思列宁主义，解决了当代无产阶级革命的一系列的问题，解决了在无产阶级专政下进行革命、防止资本主义复辟的理论和实践问题。这是马克思主义发展史上三个伟大的里程碑。"第四，文章说"文化大革命"还要进行多次。它说："现在的文化大革命，仅仅是第一次，以后还必然要进行多次。毛泽东同志近几年经常说，革命的谁胜谁负，要在一个很长的历史时期内才能解决。如果弄得不好，资本主义复辟将是随时可能的。全体党员，全国人民，不要以为有一二次、三四次文化大革命，就可以太平无事了。千万注意，决不可丧失警惕。"文章中许多文字，即从"列宁看到了无产阶级夺取政权以后……充分注意了整个苏联历史的经验"一段话和文章最后一段，是毛泽东审阅时加写的。

理论上的失误是十分严重的。[1]

1967年6月4日，《人民日报》以第1版整版篇幅发表了《人民日报》观察员的文章《中国的大革命和苏联的大悲剧》。这篇文章对《伟大的历史文件》加以阐明，同样有着理论上的十分严重的失误。

---

[1] 毛泽东后来表示不同意"第三个里程碑"的说法。

1967 年 2 月 24 日，"上海人民公社"改称"上海市革命委员会"。张春桥兼任上海市革命委员会主任，姚文元、王洪文等任副主任。

第六章
失控的三个月

　　毛泽东 1970 年 12 月 18 日对美国友好人士斯诺说："1967 年 7 月 July 和 8 月 August 两个月不行了，天下大乱了。"① 事实上，早已天下大乱了，不过 1967 年 7 月、8 月、9 月乱到了毛泽东也驾驭不了局势的程度。在全国混战中，武汉广大军民起而抗争。在把它镇压了以后，"左"倾思潮急剧发展。毛泽东在制止和纠正一些具体错误的同时，又提出了揪"五·一六反革命集团"的问题。形势的变化，令人眼花缭乱。

一　两大派尖锐对立

　　"革命大批判"并没有促进"大联合"与"三结合"。问题的症结本不在于刘少奇和所谓"反革命修正主义路线"，而在于号召全面夺权和把群众组织分为"左派"和非"左派"本身；所以开展"革命大批判"不但于事无补，反而使群众组织把他们与别派之间的争斗看成"两个阶级、两条路线、两条道路"的斗争而使这种争斗更为激烈。"无产阶级司令部"也采取了种种措施，如《人民日报》1967 年 4 月 26 日发表社论《打倒无政府主义》，中共中央、国务院、中央军委、中央文革小组

---

① 《毛主席会见美国友好人士斯诺谈话纪要（已经主席审阅）》。

189

大动乱的年代（1966—1976）

1967 年 6 月 1 日发布《关于坚决维护铁路、交通运输革命秩序的命令》，中共中央 1967 年 6 月 24 日发出关于"互不打架，互不冲击"、"不抓人，不扣人"、"不夺枪，不开枪"等项规定的《通知》，在一些地方基本上没有效果，在另一些地方全然无效。毛泽东发出一条又一条有关"大联合"、"三结合"的言论。"最高指示"也不灵了，说了等于白说。一般说来，各地都有相互对立的两大派。两大派之间的对立，发展到武斗。

下面是一些武斗的掠影：四川："产业军"由工人和基层干部组成，他们坚决反对"炮轰西南局，火烧省市委，打倒李井泉"等口号。1967 年 4 月 15 日，"产业军"扬言要"血洗川大，头断四川，血洒西南"。5 月 11 日，"产业军"把已经亮相支持激进派的西南局书记曾希圣抓走。从 5 月 4 日起，宜宾武斗不断。5 月 15 日，宜宾进行大规模武斗，成都万人支援。重庆进行大规模武斗，动用了各种常规武器，用高射炮平射朝天门码头。大批工厂停产。河北：1967 年 5 月 3 日，数所中学发生武斗。6 月 23 日，河北农大发生严重流血事件，死 7 人，伤 250 人。武汉：1967 年 6 月 4 日以后武斗不断。据不精确统计，从 6 月 4 日至 6 月 30 日，死 108 人，伤 2774 人。上海：青浦县 5 月 4 日三次大武斗，卷入者 700 余人。事实上，全国各城市都发生了武斗事件，可以说无一例外。

二　广大群众的抗议——"七·二○"事件 [①]

1967 年 7 月 20 日，武汉爆发了震惊中外的广大军民反对"中央代表团"的事件。

1967 年 2 月 8 日，武汉的激进派在《长江日报》上发表了《关于武汉地区当前局势的声明》。武汉军区 2 月 18 日发布了批评这个声明的《严正声明》。以对这两个声明的态度的不同，武汉的群众组织分为两大派。拥护《严正声明》的组织，5 月 16 日成立了号称拥有 120 万人（实际上约有 100 万人）的"百万雄师"，"百万雄师"实际上集纳了反对根本上否定湖北省委、武汉市委的许多人，他们在政治倾向上比较"保守"而与武汉军区比较一致，又拥护军队，而为武汉军区所支持。事实上，"百万雄师"就是在军区支持下组成的。成立之后，"百万雄师"在一系列问

---

① 事情经过详见陈再道：《武汉"七·二○"事件始末》，载《中国老年》1983 年 10 月号（即创刊号）至 1984 年第 2 期。本节中补充一些该文中没有说到的事实。

题上与激进派发生冲突，冲突的焦点是："百万雄师"拥护军队，而激进派要揪出"武老谭"（即"武汉的谭震林"，指武汉军区司令员陈再道、政委钟汉华）。矛盾不可调和，武斗不断。"百万雄师"人多势众，又有军区支持，激进派人数虽少，却有"无产阶级司令部"的支持，各不相让。"无产阶级司令部"既坚持全面夺权，就不可能支持"百万雄师"，而只能支持武汉的激进派。这不只是某个人的态度，而且是中共中央、中央文革小组的态度。事实上，在1967年7月20日以前，中央已经明确指出武汉军区在支左上犯了方向路线错误，其责任由陈再道、钟汉华来负。中央并不追究责任，只是要军区转而支持激进派，并团结"百万雄师"，消除两派之间的隔阂。

在7月20日以前，湖北省和武汉市的各级党政机关早已瘫痪，大批领导干部被戴高帽、挂黑牌、游街示众，学校停课，工厂停工，武汉军区机关经常受到冲击。1967年3月以后，林彪多次对吴法宪等人说："要把军队一小撮不好的人，都揪出来烧掉。"吴法宪多次给武汉军区空军刘丰等人打电话，要他们不要听大军区的。4月16日，江青在北京人民大会堂接见军内外造反派时说："成都、武汉，那是问题比较严重的地方，可以冲一冲。"武汉和南下的造反派即提出"打倒陈再道，解放全中原"的口号，甚至绑架军区政委钟汉华，谩骂、围攻和殴打执行"三支两军"任务的指战员，激起武汉军民的愤慨。"百万雄师"特别不满的是：支持"百万雄师"的武汉军区领导人被认为犯了"路线错误"（这就意味着"百万雄师"不是"左派"）。

7月14日，谢富治、王力以"中央代表团"的名义从四川①到达武汉。他们违反周恩来关于中央代表团暂时不要公开露面的指示，四出活动，支一派（支持少数派的激进派）压一派（压多数派的"百万雄师"），挑动群众斗群众，加剧了两派群众组织的对立情绪，引起了"百万雄师"和支持"百万雄师"的军队同志的极大反感。7月19日，声讨王力的大字报、大标语贴满武汉街头。7月19日下午，谢富治在武汉军区师以上干部300多人的会上讲话，他说：武汉军区解散"钢工总"是错误的，支左犯了方向路线错误，军区要发表声明公开承认错误。"三钢"、"三新"是革命派组织，军区应该支持他们，帮助他们恢复和发展组织。"百万雄师"是保守组织，不能依靠他们。要做"百万雄师"广大群众的工作。（这并不只是谢

_____

① 他们是受中央委托到四川去处理问题的，在7月5日左右抵川，7月14日离川。"中央代表团"成员还有余立金，他遵守纪律，不露面，故不为人知。

富治个人的意见，而且是"无产阶级司令部"的意见。在这以前，在武汉的毛泽东和去武汉的周恩来已经同陈再道等人谈话，内容大致一样。陈再道等人在军区党委扩大会上作了检讨。）武汉军区连夜向所有干部、战士传达谢富治的讲话，下面抵触情绪极大。军区机关还没有传达完，"百万雄师"一部分人就在汉口游行，以示抗议。另有一部分人乘数十辆大卡车涌进军区大院，质问军区：王力凭什么把拥有120万人的群众组织打成"保守组织"？等等。

7月20日凌晨，"百万雄师"2000多人头戴安全帽，手执长矛，分乘27辆卡车和8辆消防车，来到武汉军区大院，和军区机关、部队部分干部、战士、家属一起，高呼"解散工总，镇压反革命"等口号。现场指挥者对中央文革小组派驻武汉的记者说：我们要当面向谢副总理、王力同志质问"'百万雄师'是不是革命群众组织？""武汉军区是不是犯了方向路线错误？"等四个问题，如不答复上述问题，有可能明天全市罢工，我们要在军区待一个月。上午7时许，"百万雄师"代表200多人和一些战士到东湖谢富治、王力住处，要王力到军区大院去回答问题。王力赖着不走，"中央代表团"带去的北航"红旗"等造反派又气势汹汹地辱骂群众。群众忍无可忍，把王力抓出来塞进汽车，拉到军区大院4号楼，要王力回答问题。军区政委钟汉华、副政委叶明在场保护王力。7月20日上午，"百万雄师"调出200多辆汽车，出动数万人，头戴安全帽，手执长矛，在武汉游行。武汉军区、湖北省军区、武汉市人武部和省军区独立师近千人参加了示威游行。独立师几百名军人全副武装，带"百万雄师"袖章，枪上刺刀，在汽车上架起机枪，公开与"百万雄师"一起行动。武汉三镇，工厂停工，交通中断，街道堵塞，到处一片反对谢富治、王力声。"百万雄师"另一些人和军区的干部集结在军区大院内外，群情激愤，一些人说："谢富治算老几？能代表党中央和毛主席吗？谢富治没有调查靠边站！""王力你敢与我们辩论吗？""打倒王力！""王力是破坏抓革命、促生产的罪魁祸首！""揪出谢富治！"下午，"百万雄师"开7万人大会，向王力示威，军区领导人则将王力转移到安全处所。7月21日，"百万雄师"在武汉举行大规模游行，出动卡车400多辆。黄石市也来了30多辆卡车，参加游行。"百万雄师"收到湖北20多个县、市的声援电，得到了陕西、辽宁、四川一些群众组织的声援。7月22日，"红卫兵成都×××部队"① 给陈再道的信说："最敬爱的陈再道同志：我们坚决支

---

① 原文如此，并非引者隐讳。

持您老人家的伟大行动，希望您用您现在的权力。要知道他们像剥蒜一样，把革命的老干部清除。一不做，二不休，为革命先烈复仇，为成千上万被游街示众、被残酷斗争的革命老干部复仇，把这些不要历史、不要文化、世界上空前的独裁分子从地球上消灭……"7月21日、22日，武汉大街上出现大标语："毛主席受了蒙蔽"，"打倒谢富治"，"打倒王力，打倒戚本禹"，"打倒张春桥，江青靠边站"，"谢富治从武汉滚出去"……

这一事件并不是陈再道、钟汉华和武汉军区其他领导人组织的。事件的爆发，固然由谢富治、王力公开支一派压一派所引起，但主要是广大军民对把几十万人参加的群众组织打成"保守组织"不满，对否定武汉军区对他们的支持不满。"百万雄师"不能说没有缺点和错误，不能说没有受到"文化大革命"的影响，不能说没有派性，但是"百万雄师"的主要方面是在实际上保湖北省委和武汉市委，他们认为建国后十七年湖北省委和武汉市委的成绩不能一笔抹煞。所以问题的实质，乃是广大群众对"无产阶级司令部"全盘否定湖北省委和武汉市委不满。这是人民的意愿。除了1976年发生的"天安门事件"而外，"七·二〇"事件是大规模的群众性的抗争。正因为"百万雄师"是所谓"保守组织"，"无产阶级司令部"才不支持它。决不能归咎于武汉的激进派。

"无产阶级司令部"归咎于陈再道和钟汉华，把这一事件说成"陈再道搞兵变"、"反革命兵变"、"反革命暴乱"。7月22日下午，"无产阶级司令部"组织了数万人在北京西郊机场欢迎谢、王回北京，7月25日又在北京举行支持武汉激进派的群众大会。7月26日，经毛泽东、中共中央批准，武汉军区发表《公告》。《公告》说："七·二〇"事件是"明目张胆地反对我们伟大的领袖毛主席、反对毛主席的无产阶级革命路线、反对党中央、反对中央军委、反对中央文革小组的叛变行动"，"王任重和陈再道则是上述事件的罪魁祸首"，"陈再道罪责难逃，我们坚决同陈再道划清界限，坚决把他打倒"。7月27日，中共中央、国务院、中央军委、中央文革小组发表《给武汉市革命群众和广大指战员的一封信》。信中说：

"你们英勇地打败了党内、军内一小撮走资本主义道路当权派的极端狂妄的进攻。

你们的大无畏精神和果断手段，已经使那一小撮人的叛逆行为，一败涂地。

我们毛主席、党中央为解决武汉问题派出的代表谢富治、王力、余立金等同志，他们是高举毛泽东思想伟大红旗、坚持毛主席的无产阶级革命路线的，他们已经胜利地回到北京了。"

"你们的无产阶级文化大革命的胜利凯歌正在鼓舞着全国。

全国无产阶级文化大革命的新高涨开始了。"

"武汉军区个别负责人在支左工作中，犯了严重的方向、路线错误。"

"武汉军区个别负责人，公然反抗毛主席的无产阶级革命路线，反抗中央军委的正确指示，煽动不明真相的群众，反对中央，反对中央文化革命小组，竟然采用法西斯的野蛮手段，围攻、绑架、殴打中央代表。

这一小撮走资本主义道路当权派造成的严重政治事件，激起了武汉市的广大革命群众和驻军广大指战员的无比愤慨，受到了全国人民的严正谴责，遭到了全国陆海空三军的强大反对。他们已经陷入亿万军民愤怒声讨的汪洋大海之中。"

同日，撤销了陈再道、钟汉华的职务，刘丰升任武汉军区第一政委。对这一事件的错误处理，造成了极为严重的后果。陈再道等人遭受批斗。徐向前、徐海东、王任重、彭绍辉被说成"七·二〇"事件的"黑后台"，徐向前、徐海东的家多次被抄。武汉军区所辖独立师被打成"叛军"。据湖北省委统计，全省在"七·二〇"事件后被打伤打残打死的干部、军人、群众多达18.4万多人，仅武汉市就打伤打残6.6万多人，打死600多人。

三　向更"左"的方面滑去

在各省、市、自治区两大派厮杀得难解难分的情况下，"无产阶级司令部"既坚持全面夺权的方针，就不得不采取"左"的对策。在"七·二〇"事件发生以后，江青等利用和助长"左"倾错误，更为猖獗。

在"七·二〇"事件前后，毛泽东指示：给左派发枪，武装左派。他看到一些部队支持所谓"保守组织"，明里暗里地给"保守组织"发枪，就作出了这样的指示。

7月22日，江青在对河南群众组织的代表讲话时，肯定了"文攻武卫"的口号。她说："我记得好像就是河南一个革命组织提出这样的口号，叫做'文攻武卫'，这个口号是对的！我们坚持毛主席提出的文斗，坚决反对武斗……第二条，不能天真烂漫，当他们不放下武器，拿着长矛、拿着大刀对着你们，你们就放下武器，这是不对的"。在这以后，全国已经相当普遍存在的用刀用枪地武斗急剧升级。9月5日，江青在安徽来京代表会议上讲话，说："我不是提倡武斗，你们不要以为我是提倡武斗的。……我说的是当阶级敌人向我们进攻的时候，我们手无寸铁怎么行呢？"江青是从支持"左派"的立场肯定"文攻武卫"的，但是不论哪一派都认为自己是"左派"，因而江青讲话的效果只能是加剧武斗。虽然武斗发生的根本原因并不是江青说过什么话，但是江青在加剧武斗上不能辞其咎。

7月25日晚，在新华社送审的新闻稿《首都百万军民集会支持武汉造反派》上，由关锋执笔，康生审定，加上了"坚决打倒党内军内一小撮走资本主义道路的当权派"。此后，不少地方发生冲击军事机关的严重事件。

8月1日出版的《红旗》杂志第12期社论《无产阶级必须牢牢掌握枪杆子》中说："要把军内一小撮走资本主义道路当权派揭露出来，从政治上和思想上把他们斗倒斗臭。""目前，全国正在掀起一个对党内、军内最大的一小撮走资本主义道路的当权派的大批判运动。这是斗争的大方向。"（毛泽东严厉批评了这篇社论，指出要"还我长城"。）

7月底8月初，北京近2000个单位的造反派围困中南海，要揪出刘少奇，要刘少奇"滚出中南海"。中央文革小组派谢富治、戚本禹前去表示支持。（8月5日，谢、戚奉命前去要求大家撤离。）

8月4日，王洪文在中央文革小组支持下，制造了攻打"上海柴油机厂革命造反联合司令部"的大规模武斗事件，打伤、关押650多人，用武斗消灭了另一派。

8月5日，中央文革小组违反毛泽东7月中旬离京前召集中央文革碰头会成员开会时说的"对刘、邓、陶不要搞面对面的斗争"，在中南海组织批斗刘少奇、邓小平、陶铸夫妇，残酷斗争，肆意侮辱。

8月7日，谢富治在公安部全体人员大会上讲话，提出砸烂公、检、法。他说："不把旧机器彻底打碎，要转变过来是困难的。"同日，王力发表煽动夺外交部的权的讲话。（周恩来把这个讲话送给毛泽东看，毛泽东指出这个讲话是"大、大、大毒草"。）在王力等人唆使下，造反派砸烂外交部政治部，夺了外交部的权。8月22日，发生火烧英国驻华代办处等严重事件。（8月底，经毛泽东批准，王力、关锋被隔离审查。1968年1月，戚本禹也被隔离审查。）

林彪7月25日对肖力（即李讷，毛泽东、江青之女）提出："要战斗，要突击，要彻底砸烂总政阎王殿！"可以断言，这是得到毛泽东的批准的。如果不经毛泽东认可，谁也不能动总政治部，遑论"砸烂"。8 月 9 日，林彪在接见武汉军区新任司令员曾思玉和刘丰时说："这次文化大革命胜利很大。真是代价最小最小最小，胜利最大最大最大。表面上看来很乱，乱是把反动路线搞乱了，把反动阶级搞乱了，把他们都暴露出来，党内最大的一小撮走资本主义道路当权派搞倒了。现在不少地区党、政机关都瘫痪了，表面上看来很乱。这个乱是必要的，正常的。"又讲了"好人斗坏人，应该"、"坏人斗坏人，这是'以毒攻毒'"等四种情况，说"现在的革命是革我们原来革过的命的命"，鼓吹乱斗和打倒老干部。还提出了以人划线的主张，说什么："在现实的阶级斗争中，站在哪一边，这是个立场问题，是个首要问题，其他都是附带的问题。"（10 月 17 日，中共中央转发了这个讲话。）

8 月 16 日，康生、关锋叫进驻宁夏的部队坚决支持激进派，说："必要时可发枪自卫"。8 月 28 日，康生批准部队开枪，宁夏青铜峡地区的部队开枪镇压群众，当场打死 101 人，伤 133 人。

"抽刀断水水更流"。在"七·二〇"事件发生以后，中央文革小组发动进攻，其结果是：造反派之间的矛盾更加尖锐，军民之间的矛盾更加突出，抢夺武器、国家物资等事件不断发生。8 月 25 日，中共中央、国务院、中央军委、中央文革小组发出《关于展开拥军爱民运动的号召》。9 月 5 日，又发出《关于不准抢夺人民解放军武器、装备和各种军用物资的命令》。9 月 13 日，又发出《关于严禁抢夺国家物资商品，冲击仓库，确保国家财产安全的通知》。

诸如此类的文件（上面往往印有毛泽东的批示）下达以后，收效甚微。为什么收效甚微？因为上面只看现象不看本质，只反对结果而不反对原因。当时不可能追到老根上，追到老根上就要追到全面夺权的号召、把群众分成为"左派"和非"左派"等等。

四　毛泽东纠正具体错误

1967 年 7 月中旬至 9 月下旬，毛泽东用两个多月视察了华北、中南和华东地区，调查了河北、河南、湖南、江西、浙江、上海等省市"文化大革命"的情况。在视察过程中，对各地的"文化大革命"运动作了指示。10 月 7 日，中共中央转发《毛主席视察华北、中南和华东地区时的重要指示》。

毛泽东在全局上坚持"文化大革命"的错误。据《毛主席视察华北、中南和华东地区时的重要指示》说："毛主席在视察各地的过程中，高度赞扬了广大工农群众、人民解放军指战员、红卫兵小将、革命干部和知识分子，在一年多来的无产阶级文化大革命中建立的功勋。"他对"文化大革命"形势的估计是："形势大好，不是小好。整个形势比以往任何时候都好。""有些地方前一段好像很乱，其实那是乱了敌人，锻炼了群众。再有几个月的时间，整个形势将会变得更好。"

毛泽东在支持"一月风暴"和号召进行夺权斗争以后，在夺权斗争的进行异常艰难的情况下，不断在若干具体问题上纠正"左"的错误。毛泽东视察三大区时所作指示的重点，指示的大部分内容，是在若干问题上纠正"左"的错误。他针对群众之间的分裂情况，号召各地革命群众组织实现"革命的大联合"。他说："在工人阶级内部，没有根本的利害冲突。""站队站错了，站过来就是了。""两派要互相少讲别人的缺点、错误……各自多做自我批评，求大同，存小异。""自己提'以我为核心'是最蠢的。"他针对乱捉人的情况指出："政府和左派都不要捉人，发动革命群众组织自己处理。""靠政府捉人不是好办法。""一个组织里的坏头头，要靠那个组织自己发动群众去处理。"（毛泽东也讲了"专政是群众的专政"，私自关押人、私设公堂等现象借此为由而盛行。）他针对对干部打倒一大片的情况，号召"正确对待干部"，指出："绝大多数的干部都是好的"，"要团结干部的大多数"。"犯了错误的干部，包括犯了严重错误的干部，只要不是坚持不改，屡教不改的，都要团结教育他们。""要扩大教育面，缩小打击面。""在进行批判斗争时，要用文斗，不要搞武斗，也不要搞变相的武斗。""要解放一批干部，让干部站出来。"他提出了教育干部问题，说："干部问题，要从教育着手，扩大教育面。""中央、各大区、各省、市都要办学习班，分期分批地轮训。"他也提出了对红卫兵的教育问题，说："对红卫兵要进行教育，加强学习。要告诉革命造反派的头头和红卫兵小将们，现在正是他们有可能犯错误的时候。"

毛泽东的用意，是在坚持"文化大革命"、坚持全面夺权的前提下，因势利导，纠正错误。又要纠正由全面夺权派生出来的种种错误，又要坚持全面夺权，这是十分矛盾的。所有要求纠正错误的内容，还是只反对现象，不反对真实的原因。因为坚持了"左"倾指导思想，在总体上混淆了是非和混淆了敌我，而这些错误又为江青等人所利用和发展，所以没有也不可能从根本上解决问题。但是毛泽东的指示还是有意义的。群众之间的矛盾在许多地方有所缓和，各地"解放"了一批干部。在毛泽东发出指示后，对"支左"部队提出了"支左不支派"的要求（原先支左支派）。

五　打击对象的微妙变化——揪"五·一六分子"

揪所谓"五·一六反革命集团"，是江青、康生、陈伯达在 1967 年 8 月 11 日讲话中提出来的。他们在中央文革小组召开的座谈会上说：被坏人操纵的"五·一六兵团"是反革命组织，它把矛头对准总理，实质是对准中央。9 月 1 日在北京市革委会扩大会议上，9 月 5 日在一个大会上，他们又提出了这个问题。江青 9 月 5 日在讲话中说："目前，拿北京来说，就有一个反革命组织，叫'五·一六'"，"'五·一六'这个反革命组织是以极'左'的面貌出现的"。毛泽东在姚文元《评陶铸的两本书》（9 月 8 日在《人民日报》发表）中，加了关于揪"五·一六反革命集团"的一段话。9 月 23 日，中共中央、国务院、中央军委、中央文革小组在批转《安徽"P 派"和"G 派"热烈拥护和贯彻执行康生、江青同志的"九·五"指示》的通知中说："目前，一小撮反革命分子，正在玩弄阴谋，从右的方面或'左'的方面，或同时从两方面来破坏以毛主席为首的无产阶级司令部，破坏人民解放军，破坏革命委员会这个新生的事物，各个革命群众组织必须揭穿其罪恶阴谋"。由此开始，在全国范围内开展了揪所谓"五·一六分子"的活动。

北京确实有过"五·一六反革命集团"。1967 年 7、8 月，"五·一六反革命集团"在北京散发了污蔑攻击周恩来的传单，还将这些反动传单张贴在北京动物园门口、甘家口商场、西四丁字街等处。这些反动传单的题目是：《揪出二月黑风的总后台——周恩来》、《周恩来之流的要害是背叛"516"通知》、《彻底摧毁资产阶级司令部！责问周恩来》、《周恩来是毛泽东主义的可耻叛徒！》、《周恩来还我战友》、《周恩来，你在农林口究竟要干什么？》。这些反动传单的署名是"首都 516 红卫兵团"，是个很小的组织。群众看了十分气愤，纷纷揭发"五·一六"的罪行。打击这个小组织，是完全正确的。

但是请注意，毛泽东和中央文革小组要揪的，远不只是污蔑攻击周恩来的这个小组织。打击对象要多得多。谓予不信，请看毛泽东在审阅《评陶铸的两本书》时加上的这些话：

"请同志们注意：现在有一小撮反革命分子……他们用貌似极'左'而实质极右的口号，刮起'怀疑一切'的妖风，炮打无产阶级司令部，挑拨离间，混水摸鱼，妄想动摇和分裂以毛主席为首的无产阶级司令部，达到其不可告人的罪恶目的，所谓'五·一六'的组织者和操纵者，就是这样一个搞阴谋的反革命集团。应予以彻底揭露。"

"这个反革命组织的目的是两个，一个是要破坏和分裂我们的伟大领袖毛主席为首的党中央的领导；一个是要破坏和分裂无产阶级专政的主要支柱——伟大的中国人民解放军。""他们的成员和领袖，大部分现在还不太清楚"。

江青 1967 年 9 月 5 日、1968 年 3 月 25 日的讲话，把"三指向"者定为"五·一六分子"。所谓"三指向"，就是把斗争矛头指向"无产阶级司令部"、指向人民解放军、指向新生的革命委员会。由此可见，"无产阶级司令部"提出来的揪"五·一六"，从来就不只是打击那些污蔑攻击周恩来的极少数人。弄清这个基本事实，才好分析判断。

毛泽东提出揪"五·一六分子"，用意是打击形"左"实右的反革命分子，以保卫"无产阶级司令部"。1967 年 8、9 月间，毛泽东在打击对象上有重要变化：从着重打击"走资派"变为着重打击造反派中的坏人。他知道受打击的干部太多，因而对"走资派"采取逐步"解放"的方针；他认为造反派太不听话，其中必有坏人。

由于下列原因，在揪"五·一六分子"活动中出现了极其混乱的情况。

第一，在全国揪"五·一六分子"是主观主义的。除北京有过"首都 516 红卫兵团"外，所谓"五·一六反革命集团"是根本不存在的。第二，规定凡有"三指向"言行之一者即为"五·一六分子"，这是以"无产阶级司令部"、"革命委员会"代表人民的利益因而正确为前提的，这个前提根本不能成立。"三指向"极为宽泛，没有明确的政策界限，因而打击一大片。第三，领导揪"五·一六分子"的正是大搞怀疑一切、打倒一切的江青一伙，他们乘机指鹿为马，残酷打击反对他们的干部和群众。第四，在两派尖锐对立的情况下，互揪对方所谓"五·一六分子"的情况普遍发生。数以百万计的无辜的干部、群众遭到打击。

人民日报

1968年6月15日创刊 第7366号　**1968年9月8日**　星期日　农历戊申年闰七月十六

毛主席语录

建立三结合的革命委员会，大批判，清理阶级队伍，整党，精简机构、改革不合理的规章制度、下放科室人员，工厂里的斗、批、改，大体经历这么几个阶段。

毛泽东思想的伟大胜利！ 毛主席革命路线的伟大胜利！

亿万军民最热烈欢呼全国山河一片红
决心紧跟毛主席完成斗批改伟大任务

广大军民说：全国（除台湾省外）各省、市、自治区革委会全部成立，显示了战无不胜的毛泽东思想的无比威力，宣告了中国赫鲁晓夫反革命阴谋的彻底破产，宣告了美帝、苏修反革命谣言的彻底破产，宣告了帝、修、反在中国实现"和平演变"痴心妄想的彻底破产。他们决心在毛主席的无产阶级司令部的领导下，发扬彻底革命精神，夺取文化大革命的全面胜利，让毛泽东思想的阳光把祖国山河照耀得更红更红

新华社七日讯 天山南北和西藏高原传来毛泽东思想的伟大胜利捷报，祖国大江南北、长城内外，万里边防海防，到处一片欢腾，亿万军民欢天喜地，载歌载舞……

（下略）

1967年3月16日至1968年9月5日，中国大陆地区29个省、自治区、直辖市相继建立起"革命委员会"，"革命委员会"行使政府权力。图为1968年9月8日《人民日报》为此发表的综合报道。

第七章
"右倾翻案风"、"杨、余、傅事件"
和反"右倾"

在 1967 年 10 月以后，全国刮起了所谓"右倾翻案风"。在这个大背景下，为了反击所谓"右倾翻案风"，"无产阶级司令部"制造了"杨成武、余立金、傅崇碧事件"。在这之后，在全国反对所谓"右倾"，并开展"清理阶级队伍"的活动。出现了抵制，就抓个"典型"来整一下，再反"右倾"，这是老一套了，其中大有教训在焉。

一　全国性的抵制

在 1967 年 10 月以后，全国并非偶然地出现所谓"右倾翻案风"、"为二月逆流翻案的妖风"。所谓"右倾翻案风"、"为二月逆流翻案的妖风"，大都是正当的翻案活动，是抵制"文化大革命"错误和反对江青等人倒行逆施的斗争。有的是派性活动或一般工作往来，因其在客观上不利于所谓"无产阶级司令部"和"文化大革命"而被视为"右倾翻案"。这些活动自"文化大革命"全面发动以来就没有停止过，在 1967 年 10 月以后因意见增多而乘毛泽东纠正若干错误的机缘更为频繁地出现。

（1）"围剿派性"

在 1967 年 10 月以后，全国贯彻执行《毛泽东视察华北、中南和华东地区时的重要指示》。《指示》中说："要告诉造反派的头头和红卫兵小将们，现在正是他们有可能犯错误的时候。"话说得委婉，实际上是说造反派的不少头头和红卫兵中的若干"小将们"已经犯了错误。什么错误？主要是闹派性。在 1967 年 10 月以后，"无产阶级司令部"着重要求造反派克服派性。① 1967 年 12 月 4 日，《人民日报》、《解放军报》发表社论《学习毛泽东思想要学用结合，立竿见影》，要求"把小资产阶级派性克服下去"。1968 年 1 月 1 日，《人民日报》、《红旗》杂志、《解放军报》发表元旦社论《迎接无产阶级文化大革命的全面胜利》，指出："打倒资产阶级、小资产阶级派性。能不能自觉地克服派性，是在新形势下愿不愿做真正的无产阶级革命派的重要标志。"1 月 15 日，《人民日报》刊登新华社根据毛泽东的指示转发的《文汇报》1 月 12 日社论《论派性的反动性》。1 月 16 日，《人民日报》刊登关于北京针织总厂的报道《以毛主席最新指示为纲发动群众围剿派性》。1 月 26 日，《人民日报》在社论《春风已到玉门关——热烈欢呼甘肃省革命委员会成立》中，要求"把干扰毛主席伟大战略部署、妨碍毛主席最新指示执行的资产阶级、小资产阶级派性打倒"。1 月 28 日，《解放军报》在社论《认真执行支左不支派的原则》中指出："决不能支持""资产阶级、小资产阶级派性"。1 月 29 日，张春桥在上海市革委会会议上说："围剿派性，主席说，这不是替造反派脸上抹黑，而是教育造反派。"又说："围剿派性至少还要搞一个月。"

在这段时间里，王力、关锋、戚本禹先后垮台引起的轰动，引人注目。对王、关、戚，民愤很大，但是他们的许多言行，未必离开了中央文革小组的轨道，未必只是个人的言行。他们的垮台，既是正确方面进行斗争的结果（如周恩来曾把王力 1967 年 8 月 7 日关于外交部夺权的讲话送毛泽东），又是舍卒保车（舍王、关、戚而保中央文革小组），还象征性地表明了全国的造反派不同程度地犯了错误。

（2）所谓"右倾翻案"举隅

在毛泽东指出造反派犯了错误、王力等人垮台的背景下，本来就存在的所谓"右倾翻案"成"风"了。下面举些例子：

例一，上海市出现了一个所谓"错误"的文件。

1967 年 11 月 10 日，上海市委保密委员会办公室全体同志，给上海市革委会

---

① "文化大革命"中的派性，本来是"文化大革命"的产物。只要坚持"文化大革命"的指导思想，支持造反派，肯定夺权，就不可能克服派性。但因派性妨碍"大联合"、"三结合"和夺权，又要求克服派性。这是"文化大革命"中种种矛盾现象之一。

写了《关于加强保密工作组织领导的请示报告》。为了说明问题，《请示报告》讲了一点历史："1960 年建立了市委保密委员会，由原市委常委、市公安局长黄赤波任主任，原市委秘书长李家齐任副主任，在原市委领导下，统一领导本市党、政、军各方面的保密工作。"《请示报告》对上海市革委会把保密工作置于"政法指挥部"领导下提出意见，认为把以处理人民内部矛盾为主的保密工作放在专政机关是不合适的，建议"在市革命委员会领导下成立保密组"。这是一个普普通通的请示报告，言之有理，不料张春桥看了以后大发雷霆，在《请示报告》上写了几条批注。例如：《请示报告》的编号为"（67）密办第 207 号"，张春桥批道："文件编号，看起来是一个小事，有的人却死抱住旧市委不放，用旧编号继承旧传统"。《请示报告》指出："不少重要单位的保密工作，处于无人负责的状态，这种情况长此下去，对党和国家机密的安全极为不利。"张春桥在此写了批注："这就是说，你市革命委员会不如陈、曹、黄赤波，甚至比他们犯了更大的错误，'极为不利'，还是由'保密委员会'的黄、李'负责抓'吧。"在《请示报告》之末，张春桥写了结论："这是一个错误的文件，请文件的作者们想一想，在上海究竟发生过一场夺权斗争没有？你们头脑中究竟是承认陈、曹即中国赫鲁晓夫在上海代理人的权，还是承认上海市革命委员会的权？解决了这个问题，再谈建立保密机构的事。"江青、陈伯达、康生、姚文元、戚本禹都于 11 月 26 日作了批示，同意张春桥的蛮不讲理的意见。12 月 27 日，上海市革委会就此事发出文件，强调指出要"进一步揭开阶级斗争的盖子"。

例二，上海市又发生了《闽西报》事件。

上海市邮电管理局报刊发行处有关部门，直到 1967 年 12 月 10 日，仍然把《闽西报》（陈丕显家乡的报纸）贴上印好了的"赠阅上海市委陈丕显同志"的标签，按期递送。在这个所谓"反革命事件"被揭出以前，有人向报刊发行处提出过意见，有关人员的回答是："劳改犯也可以看报纸，陈丕显为什么不可以看？""牛奶公司还在给陈丕显送牛奶，服装公司也在给陈丕显做衣服，报纸为什么不能送？""中央对陈丕显还没有表态，报纸为什么不能送？"在这个所谓"反革命事件"被揭出以后，1967 年 12 月 13 日，上海市革委会发出沪革发（67）第 93 号文件，通报了这一事件。1968 年 3 月 29 日，上海市邮电系统召开了"彻底揭开阶级斗争盖子"的大会，清算了有关人员的所谓"反革命罪行"。

例三，外交部贴出了有九十一名高级干部签名的、保护陈毅的大字报。

1968 年 2 月 13 日，外交部九十一名领导干部（多数是司局长、大使）在外交部贴出大字报，标题是《揭露敌人，战而胜之，彻底批判"打倒陈毅"的反动口号》。这张大字报轰动了全国。在这以前，驻阿尔及利亚使馆人员领先贴出欢迎陈毅回部工作的大字报。陈毅在 2 月 15 日看到了九十一人大字报，他定然感慨系之，会感到公道自在人心而得到莫大的安慰。周恩来在"文化大革命"中一贯是保护陈毅、反对提"打倒陈毅"的口号的，2 月 24 日奉"无产阶级司令部"之命批评了九十一人大字报。2 月 28 日，陈毅致周恩来一封信，表示完全同意周恩来的批评。这封信经周恩来同意，3 月 1 日在外交部发表。3 月 5 日、11 日、12 日，4 月 1 日、7 日、16 日，周恩来不得不又批评了九十一人大字报。3 月 6 日、12日，陈毅也批评了这张大字报。九十一人大字报，被认为是"为二月逆流翻案的代表作"。

例四，天津市召开了所谓"黑会"，要演出所谓"黑戏"。

1967 年和 1968 年年初，天津市文艺界若干受过错误的批判斗争的同志聚会，准备成立一个组织，演出节目。这些同志是所谓"黑线人物"，他们的活动被视为"逆流"。1968 年 2 月 21 日，陈伯达、康生、江青、姚文元接见了天津市革委会代表，并且讲了话。他们指责天津市文艺界出现了"黑会"、要演出"黑戏"，并且说：黑会带有资产阶级向无产阶级反夺权的性质，反映了社会上反动的资产阶级思潮；这是刘、邓在文艺战线的一小撮代理人妄图颠覆新生的革命委员会，复辟资本主义的反革命事件。

例五，国防科委发生所谓"多中心"的问题。

1968 年 2 月底，国防科委党委常委在评选学习毛主席著作积极分子的标准中加了一条补充条件："拥护以聂荣臻同志为核心的国防科委党委的正确领导"。国防科委系统群众组织的一个大派对此意见强烈。这件事聂荣臻还不知道，却很快反映到毛泽东和林彪那里去了，被斥为"多中心"论。聂荣臻当时被诬为所谓"二月逆流"的"黑干将"，这件事就更具有所谓"为二月逆流翻案"的性质。毛泽东严厉批评了这个提法，国防科委党委常委 4 月 4 日取消了这一条。

例六，北京学生为所谓"二月逆流"翻案。

1968 年 3 月 11 日晚，在人民大会堂召开的北京大专院校代表和中学红代会代表汇报会上，北京石油学院群众组织"大庆公社"批评该校另一群众组织"北京公社"，说"北京公社"在 1967 年"反副总理"、"反余秋里，炮打周总理"、"炮打副总理，反总理"。江青等人听了勃然大怒。姚文元说："你再重复一遍。""再说一遍。"江青说:"在二月逆流里炮打谭震林对不对?谭震林不该打吗?"①"你们成了一贯正确了,对余秋里不是一批二保,而是一贯地保,倒成了正确了。""你们就是拥护二月逆流,就是那一派,反我们的,炮轰我们的。你们实际上是炮轰我们的,轰吧,胆小鬼才怕呢!""二月逆流是什么东西!(拍桌子)就是要推翻以毛主席为首的无产阶级司令部,推翻无产阶级文化大革命。"姚文元说:"二月逆流就是要推翻毛主席、林副主席,反对无产阶级司令部,反对文化大革命,反对中央文革,二月逆流的本质就在这里。"吴法宪、叶群相继表示"拥护江青同志的发言"。3月15日晚,江青在接见四川省革筹小组领导成员时说:"目前在全国,右倾翻案是主要危险,我就不相信你们那里没有翻案风。北京学生替二月逆流翻案,我们就轰了他一炮。"

例七,四川省有些人认为中共中央《关于处理四川问题的决定》过时了。

1968年3月15日20时至16日零点30分,"中央首长"在人民大会堂河北厅接见四川省革筹小组领导成员。有人在会上汇报省革筹小组内部的分歧:"十条②争论大的是第二条、第五条③。有人说:十条过时了。"康生说:"要修改二、五条,这不是替二月镇反翻案吗?"江青说:"十条过时,就把李井泉再抬出来嘛!""你们如果在十条上后退半步,你们就站不住了!说十条过时,就是替李井泉翻案。""说十条过时了,是翻案嘛,是一股翻案风。""今天我们炮轰你们。"

例八,北京炮打谢富治。

1968年3月18日,清华大学"井冈山兵团414总部"在致谢富治的信中说:"你和戚本禹到底是什么关系?……你和他是亲密的,不是一般关系。你为什么对他那样奉若神明,百般吹捧,言听计从,步步紧跟?"3月20日,吴德在北京市革委会全体委员会议上说:"街上有反对谢富治同志的大字报。"3月21日,在革委会

---

① 不几日,江青在北京工人体育场数万人大会上公开诬蔑谭震林是叛徒。3月20日,国务院联络办公室传达:"谭震林应该打倒","农口的军代表可以表态"。1980年1月10日,中共中央为谭震林平反。

② 即中共中央《关于处理四川问题的决定》(1967年5月7日)。

③ 第二条主要内容是:"成都军区个别负责人从2月下旬以来,支持了……保守组织……把革命群众组织……打成了反革命组织,大量逮捕革命群众。"第五条主要内容是:"要对四川全省在无产阶级文化大革命中被打成'反革命'的革命群众组织、革命群众和革命干部进行妥善处理,一律平反,一律释放……要帮助革命群众组织恢复和发展。"

会议上又说："有人利用市革委会、卫戍区举办的毛泽东思想学习班的某些缺点和错误，把矛头指向市革委会，指向中国人民解放军，指向卫戍区，并把矛头指向我们的主任谢富治同志，说什么'揪出变色龙谢富治，横扫小爬虫'，什么'把沾满鲜血的刽子手谢富治推向断头台'……"。1968 年 3 月，北大聂元梓等人炮打谢富治。谢富治 3 月 25 日在北大广播台讲话说："新北大的新北大公社给我个人的批评好得很。"

例九，上海市一个群众组织批判了江青一伙和造反派。

1967 年年底至 1968 年年初，上海一个群众组织"共产党员心向毛泽东"（简称"共向东"）对江青一伙和造反派发表了一系列看法，传遍全国。他们的看法，例如：过分地强调"文攻武卫"，会给一些群众组织搞武斗找到了借口；江青讲的"文攻武卫"同毛主席讲的"要用文斗，不用武斗"相矛盾，是以武卫之名，行挑动武斗之实，造成全国搞武斗；中央文革的同志，都是搞文化工作、理论工作，写文章的，现在搞那么大的群众运动、阶级斗争，不行；现在要打倒一个人太容易了，只要中央文革的同志说一句话；徐景贤是赫鲁晓夫式的人物；北京市发了《通告》，中共中央发了《通令》，都说不准搞打、砸、抢，还说搞了要处理，但有些人搞了，并不处理，这样发《通告》、《通令》有什么用呢？发了而不坚决执行，还不如不发；造反派怀疑一切，歧视一切，排斥一切，打倒一切，是"假洋鬼子"，不准别人革命，执行资产阶级反动路线；造反派当了权，执行资产阶级反动路线，压制群众，比过去还厉害，这些人不用多久就会变修，用不到"文化大革命"结束，又要搞夺权斗争。①

例十，上海市出现了憎恶张春桥、否定造反派等情况。

1968 年 1 月 4 日，张春桥在上海市革委会会议上讲话，说："有一个厂，赞扬彭德怀、污蔑毛主席的人……还说庐山会议彭德怀对了，毛主席错了，说彭德怀是捅了马蜂窝"。1 月 12 日，张春桥在上海市红代会扩大会议上说："我有时晚上住在招待所里，我看看这些招待人员，对我为什么这么冷淡呢？过去回来还好吃，现在为什么变得这样？后来查一查，果然是一些坏人。他们饭也不想给我吃，车子也不大愿意开。但他们对陈丕显、曹荻秋可是有感情啊。他们对造反派很对立，为什

---

① 张春桥 1968 年 1 月 12 日在上海市红代会扩大会议上说："'共向东'这种思潮是比较隐蔽的，它代表了一些挨过整的、保过一段时间的一些人的思想。"

么？无非就是我反对了陈丕显、曹荻秋。"3月27日，张春桥在接见浙江省革委会委员时说：上海"右的东西出来了，保守思潮抬头了，出来拉队伍了，说：'造反派只能打天下，不能掌天下，掌天下还得我们来掌。'""'赤卫队'又上街贴标语了，要恢复组织。"4月11日，王洪文在"工总司"委员扩大会议上说："最近，社会上刮起了一阵右倾翻案妖风。明显的特点是：否定革命造反派，否定一月革命，为资产阶级反动路线翻案，为走资派、叛徒、特务翻案，并且企图从组织上搞垮革命造反派，颠覆革命委员会，搞反夺权，矛头直接指向毛主席的革命路线和以毛主席为首的无产阶级司令部。他们公开叫嚣：'一月革命就是牛鬼蛇神篡党篡政，现在到时候了，就是要把你们夺去的权夺回来。'……有些厂的原'红卫军'、'赤卫队'头头，密谋策划，在造反队门口刷上'横扫一切牛鬼蛇神'的大幅标语，并且组织大字报围攻造反队。有一个工厂已经解放的一个支部书记，公开提出过去批判他执行资产阶级反动路线批错了，要造反队给他平反。……有的参加过'赤卫队'的人提出：'过去我保的干部解放了，证明我保对了，你们造反队造反造错了。'"

（3）**全国出现所谓"右倾翻案风"**

除了上面这些事例而外，各地都出现了所谓"右倾翻案活动"。

在北京：清华大学有些人认为被打倒的蒋南翔、刘冰等是革命领导干部，认为"一月夺权是地富反坏右牛鬼蛇神的大翻个儿"，尖锐指出："无产阶级革命派沿着危险的道路滑得够远的了。"叶昌明1968年4月13日在上海"工总司"紧急会议上传达王少庸在上海市革委会紧急会议上的讲话，说："前一个时期，北京也出现了一些奇怪的大字报，说春桥同志是大叛徒。"

在四川：许多群众把斗争的矛头指向中央文革小组支持的刘结挺、张西挺，在成都街头贴出了"杀头坐牢何所惧，打倒刘、张志不移"的大标语。

在江西：程世清1968年4月9日在机械、煤炭系统抓革命、促生产座谈会上说："江西也有，否定无产阶级文化大革命、红卫兵运动，为刘、邓、陶翻案。""九江、上饶、景德镇、萍乡、宜春及其他地方……公开号召为牛鬼蛇神翻案。"

在内蒙古：滕海清1968年4月13日在庆祝中共中央《关于处理内蒙问题的决定》发表一周年大会上说："内蒙古地区为乌兰夫翻案、为二月逆流翻案的反革命活动一直没有停止。"内蒙古人民普遍反映："乌兰夫是好同志，给咱蒙人办了好多好事，死了也不忘记乌兰夫的好处，忘了就是忘本。"

在河南：刘建勋1968年3月在郑州地区工代会上说："现在有那么些人在搞秘

密串连，开黑会，造谣言，放暗箭，千奇百怪的'为什么'满天飞，大造反革命舆论，叫嚷什么'二月黑风不黑'，把河南的一派大好形势诬蔑为'比二月黑风还要黑'，甚至扬言：'中央对河南问题要重新表态'，'把颠倒了的历史重新颠倒过来'，'要解放河南'，'要彻底翻身'。在洛阳街头上竟出现'打倒谢富治'的反革命标语。……他们以反派性为名，抹煞路线斗争，恶毒攻击无产阶级革命派，否定无产阶级文化大革命的伟大成果。"安阳还出现了"中国两个司令部的性质还不一定"、"特别重要的是恢复中国近十几年的历史"这样的言论，甚至高挂刘少奇的像。

1968 年 3 月 18 日，在"中央首长"接见浙江省赴京代表团的会议上，江青说："去年冬天以来，全国有一股右倾翻案风。"3 月 21 日，在"中央首长"接见江苏省革委会赴京汇报团和中央毛泽东思想学习班江苏班全体学员的会议上，江青说："从去年冬天，在我们伟大领袖毛主席的领导下，击溃了形'左'实右，击溃了钻进我们心脏里的彭、罗、陆、杨留下的一批爪牙[①]，右倾保守主义就冒头了，今年就大肆活动了，表现就是为二月逆流翻案。"康生说："当前的危险是右倾机会主义、右倾分裂主义。……在北京有，在南京也可能有，有一小撮人替二月逆流翻案，有的替二月逆流的头子之一谭震林翻案。"3 月 25 日，谢富治在北京市革委会全体会议上说："右倾机会主义、右倾分裂主义是当前主要危险，我就很晚才知道主席这个精神。我们一直在搞反派性，已经很危险。"

正是在全国出现所谓"右倾翻案风"的情况下，毛泽东作出了关于"文化大革命"的新判断："无产阶级文化大革命，实质上是在社会主义条件下，无产阶级反对资产阶级和一切剥削阶级的政治大革命，是中国共产党及其领导下的广大革命人民群众和国民党反动派长期斗争的继续，是无产阶级和资产阶级阶级斗争的继续。"这个新判断，是《人民日报》、《解放军报》在 1968 年 4 月 10 日社论《芙蓉国里尽朝晖——热烈欢呼湖南省革命委员会成立》里公布的，其实毛泽东在 3 月 18 日以前就提出来了。3 月 18 日，在"中央首长"接见浙江省赴京代表团的会议上，康生就传达了毛泽东的这个新判断。3 月 21 日，在"中央首长"接见江苏省革委会赴京汇报团和中央毛泽东思想学习班江苏班全体学员的会议上，康生又作了传达，还说："这一点，是毛主席亲自告诉我们的。"弄清这个新判断是在 3 月 22 日发布命令以前作出的，不能说没有意义。

[①] 按指王力、关锋、戚本禹垮台。

二 扑朔迷离的"杨、余、傅事件"

1968 年 3 月 22 日，中共中央、国务院、中央军委、中央文革小组发布《命令》，全文如下："根据毛主席、林副主席的决定：（一）杨成武犯有极严重错误，决定撤销其中国人民解放军代总参谋长职务，并撤销其中共中央军委常委、军委副秘书长、总参党委第一书记职务。（二）余立金犯有极严重错误，又是叛徒，决定撤销其空军政治委员、空军党委第二书记职务。（三）傅崇碧犯有严重错误，决定撤销其北京卫戍区司令员职务。此命令发到团，传达到全体指战员。"同日，又发布命令，任命黄永胜为总参谋长，任命副总长温玉成兼任北京卫戍区司令员。

时至二十年后的今日，许多同志仍然感到"杨、余、傅事件"扑朔迷离。报刊上早就发表了不少文章，揭开了所谓"武装冲击中央文革"等事件的真相[①]，这类事件澄清得好；但是人们何以依然对"杨、余、傅事件"感到不解呢？因为"武装冲击中央文革"等无非是江青等人当时制造出来故意用来转移人们视线的谎言，并非制造"杨、余、傅事件"的实质。毛泽东 1973 年 12 月 21 日同参加中央军委会议的同志谈话时说："杨、余、傅也要翻案呢，都是林彪搞的。我是听了林彪一面之辞，所以我犯了错误。"这话在很大程度上是掩饰之词，无助于我们认识"杨、余傅事件"。

"杨、余、傅事件"究竟怎么一回事？

（1）事件的"奥秘"

"奥秘"之一就是全国刮起了"右倾翻案风"。

列宁说过："在分析任何一个社会问题时，马克思主义理论的绝对要求，就是要把问题提到一定的历史范围之内"。弄清制造"杨、余、傅事件"的背景，才能正确认识这个事件。背景是什么呢？就是全国刮起了所谓"右倾翻案风"。

江青等人对于所谓"为二月逆流翻案的妖风"十分敏感，他们要抓一个"典型"整一下，以反击这股所谓"妖风"。他们会按照自己的立场、观点向毛泽东报告情

---

① 参见张万来：《"武装冲击中央文革"事件真相》（载 1979 年 3 月 15 日《人民日报》）、周海婴：《揭露江青的丑恶嘴脸——对〈"武装冲击中央文革"事件真相〉的一点说明》（载 1979 年 4 月 5 日《人民日报》）、《北京日报》1979 年 4 月 29 日关于为"杨、余、傅事件"平反的报道、孙海洋：《杨成武洛阳蒙难记》（载《洛阳日报》星期刊试刊号）。

大动乱的年代（1966—1976）

况，提出处理意见。应该说明江青特别卖力。张春桥 1968 年 3 月 29 日在上海人民广场大会上说到此事时说过："在这一个伟大的斗争中间，江青同志作出了卓越的贡献。""亲自领导""文化大革命"的毛泽东，对于危及"文化大革命"的所谓"右倾翻案风"的出现，当然不会漠然置之。显然，他同意抓一个"典型"整一下。不如此不足以反击"妖风"。顺便说一句，"抓典型"也是老办法。1959 年，在党内党外对"三面红旗"议论纷纷的时候，就抓了彭德怀这个"典型"，以反击所谓"右倾"。

"奥秘"之二是：杨成武、余立金、傅崇碧不被"无产阶级司令部"所信任，被"无产阶级司令部"怀疑为"异己"。

这是由非常特别的原因造成的。在全面夺权异常艰难而天下大乱的局面已经造成的情况下，在几乎所有大军区在支"左"中都支持了所谓"保守组织"因而被认为犯了"路线错误"的情况下，"无产阶级司令部"有一个秘而不宣的决策：借重林彪及其老部下吴法宪、李作鹏、邱会作等人，稳定北京军内的局势。意图是：通过稳定北京军内的局势，达到稳定全军的局势的目的；通过稳定全军的局势，达到稳定全国的局势的目的。所谓"稳定"，指的是不失控制，保证夺权的胜利。从"无产阶级司令部"坚持全面夺权来考虑，不能不说这个决策十分必要。大概以 1967 年 5 月 13 日为起点，实行了这个决策。那一天，北京军内两大派为毛泽东《在延安文艺座谈会上的讲话》发表二十五周年纪念演出问题发生争执，武斗起来，这就是"五·一三"事件。这不是群众组织之间一般的武斗事件，而是李作鹏等人故意违反周恩来关于"联合演出"的指示而制造出来的事件。事件发生后，林彪、江青出面支持吴法宪、李作鹏、邱会作所掌握的一派（在北京军内是大派），这一派就成为"林副主席所支持的三军无产阶级革命派"，吴法宪、李作鹏、邱会作就成为"三军无产阶级革命派"的领袖。在 5 月 13 日以后，"三军无产阶级革命派"消灭了它的对立面组织（这些组织原先是中央文革小组或明或暗地支持的，是反对吴法宪、李作鹏、邱会作的）。中央文革小组的办事人员几乎全部换成"三军无产阶级革命派"的人（原先是中国科学院哲学社会科学部的人）。人民解放军总政治部、总后勤部、空军、海军先后为吴法宪、李作鹏、邱会作所牢牢掌握，北京军内的局势很快稳定下来。一说"林彪一伙在北京军内疯狂地夺权"，这是表象之谈；没有毛泽东的授意、批准或默许，任何人绝不可能夺得军内大权。这个决策，多少还有点效果。在武汉"七·二〇"事件发生以后，毛泽东自然更肯定这个决策了。

杨成武、傅崇碧早先在晋察冀工作，被认为是晋察冀山头的。晋察冀的最高首长是聂荣臻，他在1967年被诬为"二月逆流"的"黑干将"，在1968年又被误认为"多中心"论者，殃及杨成武、傅崇碧。余立金原是新四军的，老首长是陈毅。陈毅在1967年被诬为"二月逆流"的"黑干将"，在1968年又为外交部九十一人的大字报所拥戴，也就殃及余立金。

"无产阶级司令部"从夺权的全局考虑，不信任杨成武、余立金、傅崇碧。

(2) 杨、余、傅的"错误"

那时整到杨成武、余立金、傅崇碧头上，自然还有他们本人方面的原因。总的说来，在军队担任重要职务的杨成武、余立金、傅崇碧，当时在若干问题上坚持了党的原则，在一定程度上抵制了"左"倾错误，抵制了江青一伙的倒行逆施，为所谓"无产阶级司令部"所不容。为了反击在全国到处刮起的所谓"右倾翻案风"，就整了杨成武、余立金、傅崇碧。制造这个事件，既是"左"倾错误的一个突出表现，又是因"文化大革命"的需要而排除异己的一个突出表现。

"文化大革命"中，杨成武因身居代总长要位，深受各方注目。当年江青一伙猖獗一时，杨成武当然也有历史的局限，说过错话，做过错事，但后来他看不惯他们所为，每每暗中掣肘。当时王力、关锋、戚本禹出面四下里煽风点火，制造动乱，周恩来深为忧虑，杨成武奉周恩来的密令到上海向毛泽东如实报告。毛泽东视察三大区时，杨成武随行。返京后，杨成武把毛泽东在外地的谈话向几位老帅作了传达，但没有告诉林彪。叶群多次追问毛主席对林副主席怎样评价，杨成武一直回避着没有回答。"无产阶级司令部"要杨成武对几位老帅停发文件，杨成武一直没有照办，按照规定照旧发出。凡此种种，都为江青一伙所忌恨。

余立金的秘书被空军党委办公室王飞等人诬陷为有不正当的男女关系，王飞等人要吴法宪立即逮捕余立金的秘书，吴法宪没有同意。周宇驰报告了叶群，叶群在电话里把吴法宪痛骂了一顿。吴法宪即按叶群的旨意，逮捕了余立金的秘书。杨成武认为这种做法不妥，在电话上要吴法宪放人，吴法宪不放。杨成武向林彪提出，他想和吴法宪单独谈话；林彪表示同意，又向吴法宪面授机宜，要他在同杨成武谈话时"坚持原则，做到不低头，不让步，不认错"。林彪又对吴法宪说，余立金是个叛徒（按：余立金在新四军皖南事变突围时，曾被俘过，"文化大革命"中被人诬陷为叛徒）。杨成武与吴法宪谈了一个多小时，毫无结果。余立金也是派往武汉处理问题的"中央代表团"成员之一，他在武汉没有支一派压一派。

傅崇碧在"文化大革命"中，遵照周恩来的指示，尽心尽力地保护了一些老革命家。且举二例 ①：1967 年"八一"建军节前后，林彪、江青一伙掀起了冲击中央军委领导同志的恶浪。"八一"招待会前夕，周恩来告诉傅崇碧，徐向前必须去参加招待会，你们一定要保证他路上不出事！傅崇碧把徐帅护送到招待会上。周恩来又嘱托，一定要保证徐帅在回家的路上不出事，回去的路上出事的可能性更大些。傅就增派了警卫，协同有关单位，用三辆警卫车跟着他，并兜了个大圈子，把徐向前安全地送回家。1967 年夏天，住在中直招待所的李井泉等几位老同志，先后被人抓走游斗，傅崇碧把这个情况报告了周恩来，周恩来很为他们的安全担心，指示派出部队，保护他们的安全，还让把住在招待所的王任重、江渭清等二十多位大区和省、市委负责同志，立即送到卫戍区部队的一个安全的住所保护起来，并嘱咐要严格保密。傅崇碧坚决执行周恩来的指示。江青一伙听说找不到这些人了，竟当着周恩来的面声色俱厉地问傅崇碧，把人弄到哪里去了？接连两天吵吵闹闹，周恩来不理睬他们，傅崇碧也就不吭声，追问紧了，傅崇碧就说了句："上面知道。"后来，傅崇碧见到毛泽东，向他报告了对这些同志的保护措施，毛泽东赞同说："周恩来做好好！你们卫戍区保护得好！"第二天，江青一伙又来拍着桌子追问，傅崇碧理直气壮地说：你们去问主席吧！他们一听，不敢再追问了，只问傅崇碧为什么不早说。傅崇碧说我不是早就说过上面指示的吗！事后傅崇碧把向毛泽东汇报的情况报告了周恩来，周恩来爽朗地大笑起来。那二十多位大区和省、市委的负责同志被保护在卫戍区部队营房以后，周恩来还专门指派了一位同志每隔一天去探望一次，了解他们的生活情况，给他们送文件，发现问题，及时解决。傅崇碧按照周恩来指示，保护大批老干部、老同志，还如实向上报告彭德怀被残酷批斗、打断肋骨的情形，就成了江青一伙的眼中钉。

总之，杨成武、余立金、傅崇碧挨整的原因之一是他们比较正确。在那个"人妖颠倒是非混淆"的年代，正确就是错误。

这里要如实说明，杨成武、余立金、傅崇碧没有坚决反对"文化大革命"，没有坚决反对江青，那是不可能的。他们之所以挨整，固然与他们比较正确有关，更与上面所说的两个"奥秘"紧密关联。

---

① 傅崇碧在《大树参天护英华——回忆文化大革命初期周总理对老干部的关怀》（载 1979 年 1 月 7 日《人民日报》）中举了许多事例。另见侯秀芬的《胸中自有理想的火焰——访北京军区政委傅崇碧将军》（载 1985 年 4 月 12 日《北京晚报》）。

(3) 军队干部大会

1968 年 3 月 24 日夜，在北京人民大会堂召开军队干部大会。与会者准时到会，等了两个小时左右才开会。在开会以前，主席台上一下子多放几把椅子，一下子撤去几把椅子，看来临时确定了哪些人上主席台。在主席台就座的有林彪、周恩来、康生、陈伯达、江青、姚文元、谢富治、叶群。陈毅等老帅坐在台下。

林彪首先在会上讲话。3 月 24 日下午，毛泽东要林彪讲三个问题：一是反对宗派主义，二是反对两面派，三是哲学上的"相对和绝对"。林彪大体上讲了这些问题。他说：

> "今天这个会是要向同志们宣布中央最近的一个重要决定。最近我们党的生活中间又出现了新的问题，发生了新的矛盾，发生了阶级斗争中间新的情况。这个问题虽然没有像刘少奇、邓小平、陶铸、彭、罗、陆、杨那样大，但是也比一般的其他的问题要大一些。主席说，就是这样一个不大、不很小的问题。这就是最近从空军里面发生了杨成武同余立金勾结，要篡夺空军的领导权，要打倒吴法宪；杨成武同傅崇碧勾结，要打倒谢富治。杨成武的个人野心，还想排挤许世友、排挤韩先楚、排挤黄永胜以及与他地位不相上下的人。中央在主席那里最近接连开会，开了四次会，主席亲自主持的。会议决定撤销杨成武的代总长的职务。要把余立金逮捕起来法办。撤销北京的卫戍司令傅崇碧的职务。"

> "杨成武的错误，主要是山头主义、两面派和曲解马克思主义。"

> "傅崇碧前一个时期，带了几辆汽车，全副武装冲进中央文革的地点去抓人。"

林彪还以很多语言从哲学上讲了相对真理和绝对真理的关系，批判了杨成武发表于《红旗》杂志 1967 年第 16 期（11 月 23 日出版）的长篇文章《大树特树伟大统帅毛主席的绝对权威，大树特树伟大的毛泽东思想的绝对权威——彻底清算罗瑞卿反对毛主席、反对毛泽东思想的滔天罪行》[①]。

周恩来接着讲话，表示"完全拥护林副主席刚才宣布的我们伟大领袖、伟大统帅的英明的决定和命令"。他在讲话中还说道："我们要永远忠于中央文革！""你们

---

① 据杨成武本人说，是林彪、陈伯达等人决定用他的名字发表的。请见孙海泽：《杨成武洛阳蒙难记》（载《洛阳日报》星期刊试刊号），参见《杨余傅蒙难记》（载《东方纪事》1988 年第 1 期）。

继续揭发，有可能在杨成武后头还有黑后台。"

江青接着讲话。她说："我完全拥护我们的伟大领袖毛主席的英明决定！"她在讲话中制造了杨成武三次指示傅崇碧"武装冲击中央文革"的谎言，既诬陷杨成武、傅崇碧，又故意转移人们的视线，掩盖问题的实质。她还说，王、关、戚是"我们把他们端出来"的。

陈伯达接着讲话，表示"完全拥护林彪同志宣布的我们伟大统帅毛主席的命令"。他说，在文化大革命中，第一次伟大胜利是"揭发了彭、罗、陆、杨"，第二次伟大胜利是"打倒刘、邓、陶"，第三次胜利是"把'二月逆流'击溃了"，第四次伟大胜利是"把刘、邓、陶留下的一些爪牙，隐藏在文化革命小组里面的小爬虫——关、王、戚或者王、关、戚揭露出来了"，第五次胜利"就是把杨成武、余立金、傅崇碧揭露出来了"。陈伯达在讲话中还就发表杨成武关于"大树特树"的文章作了一点"自我批评"，说由于杨成武"不断催"，也就"让它发表了"。

康生接着讲话，表示"完全拥护我们的伟大领袖毛主席及时的既严肃又宽大的英明决定"，认为"应当说江青同志起了巨大的作用，树立了特殊的功绩"，他在肆意攻击污蔑所谓"二月逆流"之后，说道："我相信杨成武背后还有后台的，还有黑后台的。"

姚文元最后讲话，表示"完全拥护我们伟大领袖毛主席的英明决策和各项命令"。

散会前，毛泽东从休息室走上主席台，接见全体到会者。全场沸腾起来，长时间地高呼："敬祝毛主席万寿无疆！万寿无疆！万寿无疆！"齐声高唱《大海航行靠舵手》。

三位高级将领就这样被打倒了！

这件事颇为奇特：第一，3 月 22 日《命令》说是"毛主席、林副主席"决定的，林彪说是在毛泽东那里开会决定的，周恩来、江青、陈伯达、康生、姚文元说是毛泽东决定的，究竟是谁决定的？第二，3 月 22 日《命令》，只说了"极严重错误"、"严重错误"，没有具体内容。林彪 3 月 24 日在大会上所说，不仅向壁虚构、自相矛盾，而且笼而统之。中共中央没有转发林彪的讲话，也没有下发任何具体说明杨成武、余立金、傅崇碧犯了什么错误的文件。杨成武等三人究竟犯了什么错误？如果考虑到这是在极不正常情况下极不正常地制造出来的事件，这些问题也不必深究了。林彪到了 3 月 24 日下午还不知道在大会上该讲什么，傍晚传来毛泽东的意见，他才明白该讲些什么。讲不清楚是自然的，因为当时不能透露真情。

三　反"右倾"和"清队"

制造"杨、余、傅事件"本来就为了反对所谓"右倾"，在这个事件被制造出来以后，在全国范围内反"右倾"，同时开展所谓"清理阶级队伍"的活动。

（1）反"右倾"

1968 年 3 月 24 日以后，中央报刊和全国各地报刊连篇累牍地登载反"右倾"的文章。《人民日报》、《解放军报》4 月 10 日社论《芙蓉国里尽朝晖》说："要有力地批判右倾翻案的妖风。"《人民日报》、《解放军报》4 月 12 日社论《不到长城非好汉》说："当前，要特别警惕右倾保守思想，反对右倾机会主义和右倾分裂主义，反对山头主义和宗派主义，反对两面派，打退阶级敌人的'翻案'黑风，粉碎他们的复辟阴谋"。《人民日报》、《解放军报》4 月 20 日社论《无产阶级革命派的胜利》说："当前，要特别警惕和坚决反对右倾分裂主义，右倾投降主义，右倾保守主义。"《人民日报》、《红旗》杂志 5 月 1 日社论《乘胜前进》指出："要坚决反对右倾机会主义，右倾分裂主义，右倾投降主义，粉碎右倾翻案风。"《人民日报》、《解放军报》5 月 3 日社论《延安精神永放光芒》指出："在当前，要坚定地反对右倾机会主义，反对右倾分裂主义，反对右倾投降主义。"《人民日报》、《解放军报》5 月 12 日社论《东北大地红烂漫》指出："抓紧两个阶级、两条道路、两条路线的斗争，反对右倾机会主义，右倾分裂主义，右倾投降主义，粉碎右倾翻案风。"毛泽东在审阅《划时代的文献》（《人民日报》、《红旗》杂志、《解放军报》编辑部文章，发表于 5 月 17 日）时，亲自加上："坚决反对右倾机会主义、右倾投降主义、右倾分裂主义，彻底粉碎右倾翻案的妖风。"张春桥没有出席北京 3 月 24 日大会，社会上又有人传说霍士廉揭发了张春桥是叛徒，加上其他原因，上海市革委会常委和政宣组负责人、文汇报社负责人、文汇报社"星火燎原"头头朱锡琪串连一些人于 1968 年 4 月 12 日炮打张春桥 ①，"无产阶级司令部"又保护了张春桥。所以中央报刊在 4 月 12 日以后提出了"反对右倾分裂主义……"。

在"杨、余、傅事件"被制造出来以前的 1 月 15 日，《人民日报》刊登了新华社根据毛泽东的指示转发的《文汇报》1 月 12 日社论《论派性的反动性》。在这一事

---

① 胡月伟所著《疯狂的上海》就是反映这次"炮打"事件的。

件被制造出来以后，提法有了很大的变化。4 月 20 日，《人民日报》、《解放军报》社论《无产阶级革命派的胜利》说："毛主席教导我们：对派性要进行阶级分析。"怎么分析呢？社论提出了"我们必须坚持无产阶级革命派的派性"的怪论！按照这个怪论，"派性"倒成了宝贝了。4 月 27 日，《人民日报》刊登《红旗》杂志第 1 期[①] 评论员文章《对派性进行阶级分析》，对这个怪论还作了所谓"理论论证"。谢富治 1968 年 5 月 7 日在北京市革委会会议上说："反掉无产阶级派性还行吗？过去讲错了，毛主席给我们纠正啦！"此后，派性在"坚持无产阶级革命派的派性"的名义下又猖獗起来。

全国各省、市、自治区由反派性转为声势浩大的反"右倾"。蒯大富在清华"井冈山兵团""反右倾、反复辟、反翻案、反分裂、誓死捍卫以毛主席为首的无产阶级司令部誓师大会"上说：

> 目前，从上到下，从北京到全国，刮起一股右倾翻案风。在四川，有人公开跳出来反对红十条，他们胡说什么"红十条已经过时"，"打倒刘张"，替反革命修正主义分子李廖死党翻案，疯狂地炮打中央，甚至叫嚷"宁要李井泉，不要刘张"的反动口号。在上海，反动组织"共向东"被打下去以后，仍然不死心，到处活动，代表右倾反动势力，为陈、曹鸣冤叫屈，叫嚷"造反派只能打天下不能坐天下"的反动谬论，妄图进行所谓"二次革命"，否定伟大的"一月风暴"。在河南，被摧垮的十大总部不服气，也叫嚷要恢复活动。在长沙，反革命大杂烩"省无联"以极左面目出现，刮起一股强大的右倾翻案风，胡说：湖南省革筹是"反革命三凑合"，把全国各省的革委会、革筹都说成是"改良主义的产物"，死保湖南三条黑线！在天津，小爬虫孙振、方纪之流出面，由变色龙王力、关锋、戚本禹导演了一个黑戏，一个黑会，为反革命右倾分子陈里宁翻案，死保三十年代周扬黑线，妄图卷土重来。在外交部，一帮从右的立场出发，跌了一个大跟头又回到右的立场上的司局长干部，借口"要批判打倒陈毅的口号"，妄图否定外事口一年来的文化大革命，要请"陈毅同志回来主持部务"，妄图不经过批判统统可以官复原职。在高校界，也有人在王关戚林倒台之后，有一些"二月逆流派"的学生瞎胡闹，他们借口首都学习班有缺点错误，大肆攻击，散布流言蜚语，把矛头指向市革委会、卫戍区、解放军、谢

[①] 1968 年 7 月 1 日出版。1968 年上半年，《红旗》杂志事实上停刊。大概因为把王力、关锋、戚本禹、林杰这些人隔离起来，《红旗》杂志一时间出不下去了。

富治同志，妄图颠覆新生的首都红色政权。这次为二月逆流翻案，来势很凶，种种迹象表明，是有一个黑后台在操纵他们炮打谢富治同志，为二月逆流翻案。纵观全国，正如江青同志讲的那样："目前右倾翻案是主要危险"。……

各省、市、自治区革委会（或军管会，或革筹小组）的主要负责人都在"反右倾"的群众大会上作了动员讲话。

北京的造反派，主要是"三军无产阶级革命派"，进行了追"杨、余、傅的黑后台"的活动。斗争的矛头直指陈毅、叶剑英、聂荣臻等老帅。叶剑英的住地，遭到了"三军无产阶级革命派"的围攻。人群进入院内，把大标语、大字报贴满院墙，公然叫喊："揪出杨成武的黑后台！"北京"炮轰"聂荣臻。杨成武、傅崇碧被囚禁期间，专案人员一再要他们"老实交代"后台是谁，要他们对陈毅、叶剑英、聂荣臻"反戈一击"。

在1968年3月24日以后，"军委常委全体停止工作"[1]，由黄永胜取代杨成武任军委办事组组长。5月12日，中共中央、国务院、中央军委、中央文革小组发布《命令》，对全国体育系统实行军管。在这个命令中，写有"反革命修正主义分子贺龙"字样。"乒坛三杰"（傅其芳、姜永宁、容国团）先后被打击迫害致死。[2]从6月14日开始，贺龙由中央办公厅保护改为由中关专案第二办公室作为审查对象实行监护。[3]

(2)"清理阶级队伍"

所谓"清理阶级队伍"，最早是江青提出来的。1967年11月27日，江青在北京工人座谈会上说："在整党建党的过程中，在整个无产阶级文化大革命的过程中，都要逐渐地清理队伍"[4]。这也未必只是江青个人的意见。在这之后，上海等极少数地方就开始了"清理阶级队伍"的活动。多数省、市、自治区还没有成立革委会，谈不上开展"清理阶级队伍"的活动。

在反"右倾"的狂潮中，姚文元于1968年5月13日把《北京新华印刷厂军管会发动群众开展对敌斗争的经验》[5]送毛泽东参阅。5月19日，毛泽东在批示中特

---

① 这是粟裕1968年10月在党的八届十二中全会第六组小组会上讲的。

② 详见《非正常死亡》一书。

③ 详见杨金路等：《贺龙被害内幕》（中），载《法律与生活》1986年第11期。

④ 《江青同志讲话选编》第81页。

⑤ 原载新华社：《文化革命动向》第1220期。

大动乱的年代（1966—1976）

别指出："在我看过的同类材料中，此件是写得最好的。""建议此件批发全国。"5
月25日，中共中央、中央文革小组转发这一材料，要求全国各地"有步骤地有领
导地把清理阶级队伍这项工作做好。""清理阶级队伍"即在全国开展。

《北京新华印刷厂军管会发动群众开展对敌斗争的经验》说："这个厂的军管人
员，在发动群众狠抓阶级斗争中，十分注意掌握党的方针、政策。他们的基本做法
是：放手发动群众，严格区分两类不同性质的矛盾，牢牢掌握斗争大方向，团结一
切可以团结的人，调动一切积极因素，最大限度的孤立和狠狠打击一小撮阶级敌
人。"这只是表面文章，实际上并不"严格区分两类不同性质的矛盾"。这个材料
就说道："北京新华印刷厂的军管人员，在发动群众开展对敌斗争中，是很坚决的，
不论是对特务、叛徒，还是对一小撮走资派，他们都带领群众，狠揭狠批。特别是
对那些恶毒攻击伟大领袖毛主席和林副主席、恶毒地攻击中央文革、反对无产阶级
司令部的现行反革命分子，一旦发现，就狠狠打击，毫不留情。"显然，这是很"左"
的。揪"五·一六分子"打击了一大片，"清队"又打击了一大片。

为什么要"清队"？"清"哪些人？政策界限是什么？如何"清队"？这类问题，
中共中央从未发一个文件作系统而明确的说明，只是转发了一些"经验"材料，只
是十分笼统地要求"准"。这是"清队"中各地各单位自行其是的根本原因。多次
如此了，不明确概念，不说明政策界限，却要求全国行动起来，出现种种偏差以后
又文过饰非。

究竟为什么要在全国开展"清队"活动呢？这与毛泽东自1967年夏起在实
际工作上把重点整"走资派"转为重点打击群众组织中的"坏人"紧密关联。在
1967年1月以后，"大联合"和"三结合"迟迟不能实现，毛泽东认为原因之一是
坏人作祟。他在1967年视察三大区时就说过："群众组织里头，混进了坏人"。后
来在九届一中全会上回顾时也说过："工厂里确有坏人。"在多数省、市、自治区革
委会已经成立的1968年5月，在反"右倾"的声浪中，他要求全国开展"清队"
活动。在这一活动中，清理出为数极少的坏人，在客观上抑制了无政府主义。由于
指导思想的"左"倾、政策界限的模糊和派性的严重存在，"清"错了数以百万计
的人。一些人在"清队"中因不堪蹂躏而自杀。

1968 年 7 月 27 日，根据毛泽东的指示，"首都工人毛泽东思想宣传队"开进北京大专院校。派"工宣队"最初是作为稳定的措施，但后来其任务转变为领导和管理学校。

第八章
新的"工作组"——工宣队、军宣队

历史真会嘲弄一些人。在"文化大革命"初期不仅否定了工作组的工作，而且从根本上否定了派工作组。刘少奇、邓小平主持中央会议，会议作出派工作组的决定，刘少奇、邓小平因这类事被批判为"提出"了"资产阶级反动路线"，中央第一线因这类事被指责为"实行资产阶级专政"。可是到了1968年夏，在几乎所有大、中学校和一些单位极度混乱的情况下，"无产阶级司令部"不得不作出派出工宣队、军宣队的决定。工宣队、军宣队比"文化大革命"初期的工作组权力更大。这时从理论上作了"论证"，说"工人阶级领导一切"。

一 毛泽东的耳提面命

派出工宣队肇始于1968年7月27日向清华大学派出工宣队。7月27日，清华园发生流血事件。毛泽东对蒯大富等所谓"五大领袖"耳提面命，才解决了问题。此后，工宣队、军宣队源源派出。

（1）派性争斗激烈

1968年6、7月间，若干地区形势恶化，大学生之间的派性争斗更为激烈。

当时有名的《七·三布告》（中共中央、国务院、中央军委、中央文革小组1968年7月3日发布的《布告》）中说道，在广西柳州、桂林、南宁地区，连续出现了"一系列反革命事件"："第一，破坏铁路交通，至今不能恢复通车；第二，胆敢抢劫援越物资，拒不送还；第三，连续冲击人民解放军的机关、部队，抢夺人民解放军的武器装备，杀伤人民解放军指战员"。当时有名的《七·二四布告》（中共中央、国务院、中央军委、中央文革小组1968年7月24日发布的《布告》）中说道，在陕西全省一些地方，连续出现了"一系列极其严重的反革命事件"："一、抢劫国家银行、仓库、商店；二、烧毁和炸毁国家仓库、公共建筑和人民房屋；三、抢劫车船，中断铁路、交通、邮电，私设电台；四、连续冲击人民解放军的机关部队，抢夺人民解放军的武器装备，杀伤人民解放军的指战员"。这些就是全国若干地区真实情况的缩影。

一些学校的武斗如火如荼。1968年5月29日，清华大学"井冈山兵团文攻武卫总指挥部"头头开会，决定5月30日凌晨3时攻打在清华大学东区浴室楼的学生。蒯大富下令拉闸断电，发出进攻信号，先后使用偷袭、强攻、火攻等手段，造成学生卞雨林、许恭生和工人段洪水死亡。7月初，"文攻武卫总指挥部"头头会议又决定武力"封锁"科学馆。按照"文攻武卫总指挥部"对进出科学馆的人可以开枪的决定，7月4日凌晨，张行开枪打死了学生朱育生；7月5日，胡远开枪打死了学生杨志军。为了武斗，"井冈山兵团总部"会议还决定制造、运输枪支弹药。清华大学如此，不少高等学校也如此。

这时多数省、市、自治区已经成立了革命委员会，中央希望早日全部成立。对地方，中央发出了《七·三布告》、《七·二四布告》等文件，采取了强硬措施。对学校，考虑派进工人宣传队。

（2）清华流血事件

1968年7月27日上午，"工农毛泽东思想宣传队"几千人进驻清华大学，宣传制止武斗，收缴武器，拆除武斗工事。在蒯大富等人看来，卧榻之旁，岂容他人酣睡！"井冈山兵团文攻武卫总指挥部"的头头们紧急磋商，决定"抵抗、还击"，不让工人进楼。这一决定，迅速向各武斗据点作了传达。下午1时许，蒯大富在静斋楼道拔出手枪，叫喊要和工人"拼了"，并在离开静斋时把几十发手枪子弹交给了武斗队员。按照"抵抗、还击"的决定，一些人手持长矛、枪支、手榴弹向赤手空拳的宣传队员进行袭击。头头任传仲亲自带领武斗人员在静斋、甲所、乙所、大礼堂等处反复冲杀工人队伍，还用长矛刺伤工人。当晚，任传仲在静斋召集部分武斗人员开会，决定武斗人员袭击9003大楼的工人群众。这一决定得到了

实施。"致使宣传队员王松林、张旭涛、潘志宏、韩忠现、李文元惨遭杀害，731
人受伤。"①

(3) 严厉的告诫

1968 年 7 月 28 日凌晨 3 点半到 8 点半，毛泽东、林彪和中央文革碰头会成员
接见了聂元梓、蒯大富、韩爱晶、谭厚兰、王大宾五人。在长达 5 小时的谈话中，
毛泽东严厉告诫他们，林彪等人也讲了一些话。接见后，谢富治把聂元梓等五人留
下，共同写定了回校后传达的《毛主席关于制止武斗问题的指示精神要点》。以下
是这个要点的一部分：

> 毛主席说：今天是找你们来商量制止大学的武斗问题。怎么办？文化
大革命搞了两年，你们现在是一不斗，二不批，三不改。斗是斗，你们少
数大专学校是在搞武斗。现在的工人、农民、战士、居民都不高兴，大多
数的学生都不高兴，就连拥护你那一派的也有人不高兴，你们脱离了工人、
农民、战士、学生的大多数。有些学校搞了些斗黑帮，但很不够，就是因
为分了两派，忙于武斗。现在逍遥派那么多，不搞斗批改，而要斗批走，
斗批散。我说大学还要办。讲了理工科，但没有讲文科都不办。但旧的制
度，旧的办法不行了。学制要缩短，教育要革命。还是要文斗，不要武斗。
现在提出四个办法：（一）实行军管；（二）一分为二（就是两派可以分两
个学校，住在两个地方）；（三）斗批走；（四）继续打下去。大打，打他十
年八年地球还是照样转动。这个问题也不必现在答复，回去你们商量商量，
讨论讨论。

> 我说你们脱离群众，群众就是不爱打内战。有人讲：广西布告只适用广
西，陕西布告只适用陕西。在我们这里不适用。那现在再发一个全国的布告：
谁如果还继续违犯，打解放军、破坏交通、杀人、放火，就要犯罪；如果有少
数人不听劝阻，坚持不改，就是土匪，就是国民党，就要包围起来，还继续顽
抗，就要实行歼灭。

毛泽东的讲话是很有分量的。他的批评和警告迅速传达下去，比较有力地保证
了工宣队对学校的进驻和领导。

---

① 《北京市中级人民法院刑事判决书》(82) 中刑字第 1124 号，收入《历史的审判》（续集）。

二　工宣队、军宣队的进驻

1968 年 8 月 5 日，毛泽东向首都工宣队赠送芒果。这是象征性的表示，是对工宣队的"极大支持"。8 月 15 日，《人民日报》、《解放军报》社论《热烈欢呼云南省革命委员会成立》公布了毛泽东关于充分发挥工人阶级的领导作用的语录："我国有七亿人口，工人阶级是领导阶级。要充分发挥工人阶级在文化大革命中和一切工作中的领导作用。工人阶级也应当在斗争中不断提高自己的政治觉悟。"8 月 25 日，中共中央、国务院、中央军委、中央文革发出《关于派工人宣传队进学校的通知》。通知说："以优秀的产业工人为主体，配合人民解放军战士，组成毛泽东思想宣传队，分批分期，进入各学校。""毛泽东思想宣传队进入学校后，要善于发现和团结那里面的学生、教师、工人中决心把无产阶级教育革命进行到底的积极分子，共同工作，推动教育革命。"8 月 26 日，姚文元的《工人阶级必须领导一切》在《人民日报》发表，文章传达了毛泽东的指示："实现无产阶级教育革命，必须由工人阶级领导，必须有工人群众参加，配合解放军战士，同学校的学生、教员、工人中决心把无产阶级教育革命进行到底的积极分子实行革命的三结合。工人宣传队要在学校中长期留下去，参加学校中全部斗、批、改任务，并且永远领导学校。在农村，则应由工人阶级的最可靠的同盟者——贫下中农管理学校。"9 月 2 日，中央军委、中央文革发出《关于工人进军事院校及尚未联合起来的军事院校实行军管的通知》。通知说："伟大领袖毛主席批示：'如工人条件成熟。所有军事院校均应派工人随同军管人员进去。打破知识分子独霸的一统天下。'"随后，全国大、中、小学进驻了工宣队和军宣队，一些"老、大、难"的单位也进驻了工宣队和军宣队，一些军事院校进驻了工人和军管人员。

早在 1967 年 11 月 3 日，《人民日报》就在社论中传达了毛泽东的意见："大、中、小学都要复课闹革命。"但是全国大学和许多中学迟迟复不了课。在混乱难于制止，领导干部普遍尚未"解放"的情况下，不得不派工人、战士进驻学校。在当时的历史条件下，工宣队、军宣队执行了"左"倾的方针和政策。但总算有了领导，得以较快地结束极度混乱的局面。至于把工宣队领导学校绝对化和永久化，无疑是不正确的，是一种不切实际的空想。

人民日报

1968年9月8日 星期日 农历戊申年七月十六 第2366号

毛泽东思想的伟大胜利！ 毛主席革命路线的伟大胜利！

亿万军民最热烈欢呼全国山河一片红
决心紧跟毛主席完成斗批改伟大任务

广大军民说：全国（除台湾省外）各省、市、自治区革委会全部成立，显示了战无不胜的毛泽东思想的无比威力，宣告了中国赫鲁晓夫反革命阴谋的彻底破产，宣告了美帝、苏修反革命谣言的彻底破产，宣告了帝、修、反在中国实现"和平演变"痴心妄想的彻底破产 他们决心在毛主席的无产阶级司令部的领导下，发扬彻底革命精神，夺取文化大革命的全面胜利，让毛泽东思想的阳光把祖国山河照耀得更红更红

新华社七日讯 天山南北和西藏高原传出毛泽东思想的伟大胜利喜讯，祖国大江南北，长城内外，万里边疆海防，到处一片欢腾，亿万军民欢天喜地，热烈庆祝全国各省、市、自治区全部建立起红彤彤的……

……和浩特、太原、长春、郑州、南宁、兰州、银川、西宁、贵阳、南京、杭州、济南、南昌、福州、合肥、……在各省、市、自治区的广大城乡、西藏、新疆等门……举行盛会热烈欢庆伟大胜利。广大、毛主……

……下的封喜，广大军民继续举行了庆祝集会，亿万军民在欢欣鼓舞中……奋地指出，从上海"一月革命"风暴到……系北京，新疆革命委员会成立的二十个月中，全国军……欢迎这场伟大斗争，被赞誉了毛主席……的"无产阶级革命派联合……

全国大好形势的……斗、批、改……好地肩负起工人阶级领导一切的伟大历史使……太原铁路分局利用调度电话，向路线……职工和列车上的旅客传达喜讯，所属铁路……

到1968年9月5日止，大陆29个省、自治区和直辖市都建立起"革命委员会"，实现了所谓"全国山河一片红"。9月8日，《人民日报》为此发表综合消息。

第九章
从"全国一片红"到九大

在实现了所谓"全国一片红"之后，召开了实际上是为中共第九次全国代表大会做准备的中共八届十二中全会（扩大）。在十二中全会以后，毛泽东大力纠正一些具体错误。以九大为标志，结束了"文化大革命"的第一阶段。

一　所谓"全国一片红"

1968 年 9 月 5 日，西藏、新疆两个自治区的革命委员会同时成立。至此，全国（除台湾省外）二十九个省、市、自治区都已先后建立了革命委员会。9 月 7 日，北京举行庆祝全国省、市、自治区成立革命委员会大会，《人民日报》、《解放军报》发表社论《无产阶级文化大革命的全面胜利万岁！》。社论指出："全国各省、市、自治区革命委员会的全部成立，宣告了中国赫鲁晓夫及其在各地区的代理人变无产阶级专政为资产阶级专政的反革命阴谋的彻底破产"，"全国山河一片红……它标志着整个运动在全国范围内进入了斗、批、改的阶段。""我们一定要深入地持久地开展革命的大批判，主动地向阶级敌人发动猛攻，认真清理阶级队伍，稳、准、狠地打击一小撮叛徒、特务、死不悔改的走资派和没有改造好的地、富、反、坏、右分子，把隐藏在阴暗角落里从事捣乱和破坏的一切反革命分子统统挖出来。"

（1）艰难的历程

在从上海"一月风暴"到西藏、新疆自治区革命委员会成立的二十个月中，围绕着打倒所谓"刘、邓司令部"和刘少奇在各地的代理人。在中国大地上进行了一场给党、国家和各族人民带来灾难的内乱。毛泽东的"左"倾错误，反革命分子的破坏，群众中无政府主义的泛滥和派性的发展，干部和群众各种方式的抵制，交织成异常复杂而尖锐的混战。由于素有崇高威望的伟大领袖毛泽东犯了"左"倾错误并且重用江青等人，这场斗争不仅特别曲折，而且常常是错误压倒正确。

在各省、市、自治区夺权的过程中，既要坚持全国夺权的方针，又要在若干具体问题上纠正"左"倾错误，困难重重。"无产阶级司令部"所支持的无政府主义（没有无政府主义也就没有"文化大革命"）十分猖獗，严重妨碍了革命委员会的建立，"无产阶级司令部"又反对无政府主义。无政府主义既乱了所谓"资产阶级司令部"，也乱了所谓"无产阶级司令部"。"无产阶级司令部"支持有利于夺权的无政府主义，反对不利于夺权的无政府主义，但是这两种无政府主义其实是一种无政府主义。由于坚持了"左"倾指导方针，认定必须摧毁实际上并不存在的"资产阶级司令部"和"反革命的修正主义路线"，遭受到党内外干部和群众的抵制，又处于既反对又支持无政府主义的矛盾状态，所以夺权斗争异常艰难。历尽曲折，才勉勉强强、凑凑合合地成立了二十九个省、市、自治区的革委会。所谓"大联合"，从来没有出现过，实际上是"大凑合"。联合只能建立在正确思想的基础上，指导思想错了，绝不可能有什么"大联合"。所谓"三结合"，其中主要的"革命领导干部"，不但大多是上面指定的，而且大多是军队干部。大多数的省、市、自治区的革命委员会，实际上是军管会的变种。原来意义上的全面夺权早已流产。全面夺权的计划早已落空。[①]"天下大治"在哪里呢？空想早已破灭，不过主观上不承认罢了。

所谓"全国一片红"，不是"文化大革命"的"胜利"，而是"文化大革命"的失败。历史的辩证法是公正的、无情的。任何伟大人物如果违反社会发展的规律，一味蛮干，都要受到惩罚。

（2）"打倒一切"的突出表现

"全国一片红"否定了二十九个省、市、自治区的党委和人委，各省、市、自治区的负责人共 60 多人在中共中央文件或中央报刊上被错误地作为刘少奇的"代

---

① 参见拙作《毛泽东同志关于"文化大革命"结束时间的估计》，载《党史研究资料》1983 年第 6 期。

理人"而点名批判。所谓"全国一片红",实际上是否定一切的集中而突出的表现。这是号召全国全面夺权并为江青等人所利用的恶果。打倒那么多领导干部,并非毛泽东的本意。1967年春,毛泽东一再号召领导干部站出来,领导干部实际上站不出来。"左"倾指导方针下各种力量综合作用的结果,就是许多领导干部被打倒,症结则在于全面夺权的号召。

不仅如此,还制造了许许多多冤案、假案、错案。据不完全统计,人民解放军中有大批冤案,8万多人遭到诬陷迫害,1169人被迫害致死。公、检、法的干部、民警有1565人被迫害致死。从1966年至1970年,江青信口宣布174人为"叛徒"、"特务"、"里通外国分子"或"现行反革命",其中包括中共中央委员和候补委员24人。康生点名和由他批准诬陷迫害的干部竟达数百名,其中党和国家领导人33人,八届中央委员和候补中央委员120人,中央各部门、各省市自治区主要负责人、人民解放军高级干部200多人。被康生直接点名迫害致死的党政军领导干部和知名人士达80多人。因"内人党"等冤案遭到诬陷、迫害的干部群众34.6万多人,其中16222人被迫害致死。在上海,在"炮打中央文革"等罪名下制造的冤案错案共24.9万起,受到株连的无辜群众在100万人以上。总计受到残酷迫害的干部、群众共有70多万人,被迫害致死的3.4万多人,而直接和间接受到不同程度的株连的人多达1亿!仅北京市一个监狱,从1967年到1971年的四年时间里,收监关押的中央及地方高级领导干部有500人以上,其中由于虐待和受刑等致死的34人,被打伤打残的20多人,折磨成精神病患者60多人。无数人的青春、才华被葬送,国家的元气被伤毁,民族的精华被摧残,无数人家破人亡、妻离子散。我们固然要谴责反革命分子的罪行,也要谴责"左"倾错误。自然,"左"倾错误与罪行是不同的,正如不能将医生的医疗事故造成的伤亡与强盗的打家劫舍、凶杀相提并论一样。

(3) 生产发展的严重障碍

陈伯达1966年10月16日在中央工作会议上批驳了"全国串连妨碍生产"的正确说法。在这前后,中央文革小组批判了"以生产压革命"。随后,康生在军委扩大会议上批判了"生产力论",全国则刮起了批判"唯生产力论"的旋风。"无产阶级司令部"的大"左派"们,忘记了人要吃饭、生产要发展的常识。

全面夺权、全面内战严重地阻碍了生产的发展。1967年工农业总产值比1966年下降了9.6%,其中工业总产值下降13.8%,农业总产值增长1.6%。1968年工农业总产值比 1967 年又下降了 4.2%，其中工业总产值下降 5.1%，农业总产值下降 2.5%。

"抓革命，促生产"是空想社会主义的典型口号。"抓革命"是以阶级斗争为纲，是贯彻"无产阶级专政下继续革命的理论"，这不仅不能"促生产"而且会破坏生产。这是"文化大革命"的实践所充分证明了的。

二 中共八届十二中全会（扩大）

在极不正常的情况下，亦即在无法无天地打倒了许多中央委员和候补中央委员、"左"倾思潮泛滥的情况下，召开了极不正常的中共八届十二中全会（扩大）。全会对刘少奇作了政治结论和组织处理。这是我党历史上的最大冤案。

（1）迟迟难开的全会

上文已经说过，八大通过的《中国共产党章程》规定："党的中央委员会全体会议由中央政治局召开。每年至少两次。"按此规定，八届十二中全会应该在 1966 年召开。毛泽东不仅不信任中央第一线，而且实际上也不尊重八届十一中全会改组过的中央领导机构，许多重大问题实际上由毛泽东个人决定而不由中央集体决定。一些重大问题（如"彻底批判资产阶级反动路线"、把"文化大革命"扩展到工厂农村、全面夺权）是中央全会不会通过或不会顺利通过的，所以毛泽东就不召开全会。

1966 年 8 月 12 日，毛泽东在党的八届十一中全会闭幕会上说："第九次大会什么时候召集的问题，要准备一下。已经多年了，八大二次会议到后年就十年了。现在要开九次大会，大概是在明年一个适当的时候再开"。1967 年没有开成。1967 年 10 月 21 日，中共中央、中央文革发出《关于征询对"九大"问题意见的通知》。通知说："毛主席最近提出什么时候召开党的第九次代表大会、如何准备这次大会的问题，并且指示张春桥、姚文元二同志在上海做些调查。现在把姚文元同志关于他们初步调查结果给主席的一封信发给你们参考，请你们也做好调查"。姚文元在信中说：代表由各方协商产生；吸收一批工人和红卫兵入党，多一些工人和红卫兵代表列席大会；不选刘、邓、陶、彭、罗、陆、杨，"刘少奇是叛徒，要进一步批臭，清除出去"；"恢复党组织"这个口号不妥，应为整顿和改造；刘少奇一套修正主义货色，尚需继续大力批判。11 月 5 日，毛泽东就九大和整党问题同中央文革小组成员谈话。主要内容是：关于九大问题，第一批反映已经来了，综合一下，通报各地，继续征求意见；打了一年多仗，搞出了不少坏人，现在要打出一个党来；党员要那种朝气勃勃的，死气沉沉的、暮气沉沉的就不要加入这个党，文化大革命就是整党、整团、整政府、整军队，党、政、军、民、学都整了；要吸收新血液，要吐故纳新；党纲要修改，不要写得太长，邓小平要批，还要把他同刘少奇区别一下。11 月 27 日，中共中央、中央文革发出《关于对征询召开"九大"的意见的通报》。12 月 2 日，中共中央、中央文革发出《关于整顿、恢复、重建党的组织的意见和问题》（供征求意见用）。12 月 16 日，中共中央、中央文革发出《关于进行修改党纲党章工作的通知》。至 1967 年年底，大部分省、自治区还没有成立革命委员会，所以召开九大只好搁置下来。

1968 年 7 月 21 日，康生给江青绝密亲启信，送去了亲笔排列的八届中央委员、候补中央委员名单，其中写为"叛徒"、"特务"、"里通外国"或"有政治历史问题"的，达总数的 71%。这个 71%，自然不是康生一人打倒的，但也反映了康生的看法。

在实现所谓"全国一片红"以后，1968 年 10 月 13 日至 31 日，党的八届十二中全会（扩大）在北京举行。这次全会实际上是九大的准备会。

（2）混淆是非和敌我的全会

毛泽东主持了全会。全会应出席中央委员 87 人（原 97 人，去世 10 人）、候补中央委员 98 人。因一些中央委员、候补中央委员已被打倒或受审查，在监狱中或在"牛棚"中，所以实到中央委员 40 人，候补中央委员 19 人，不足半数。社会主义国家执政党召开全会，到会者不足半数，这为中外历史上所罕见。10 月 13 日全会开幕会上将候补中央委员黄永胜、许世友、陈锡联、张达志、韩先楚、潘复生、刘建勋、李大章、吴德、刘子厚共十人补为正式中央委员（未按惯例依名次递补）。出席全会的中央委员、候补中央委员共 59 人。中央文革碰头会成员、军委办事组成员、各省市自治区革命委员会和大军区的负责人、中央直属机关负责人共 74 人列席了会议。

在 10 月 13 日开幕会上，周恩来报告了出席会议人员的组成、编组和会议的开法，并宣布议事日程：九大代表产生的指导思想和方法；《中国共产党章程（草案）》；国际国内形势；专案审查工作，特别是对刘少奇的审查。接着毛泽东讲话，主要内容如下：这次无产阶级文化大革命，对于巩固无产阶级专政，防止资本主义复辟，建设社会主义，是完全必要的，是非常及时的。文化大革命究竟要不要搞，成绩是主要的，还是缺点错误是主要的，到底要搞还是到底不搞，大家议一议。邓小平在战争时期是打敌人的，历史上还未发现有什么问题。四川可打得厉害，十几万人打，无线电指挥，有什么不得了，天塌不下来。办学习班解决了很多问题。一定要总结经验。过去我们南征北战，那种战争好打，因为敌人清楚。这回无产阶级文化大革命，比那种战争困难得多。问题就是犯思想错误的，同敌我矛盾的，混合在一起，一时还搞不清楚，只好一省一省解决。上海比北京强，120万工人掌握局势。知识分子是黏土。板结了，不透空气，不长庄稼，知识分子多的地方就是不好办。不能一讲就是臭知识分子，但是臭一点也可以。知识分子不可不要，也不能把尾巴翘到天上去。军事院校办了一百一十一个，叫111①，其中确实有妖啊。这场文化大革命要搞到底。什么叫到底？估计要三年，到明年夏季差不多了。到底就是大批判，清理阶级队伍，精简机构，改革不合理的规章制度。

　　全会一开始，就分组围攻搞所谓"二月逆流"的老同志，围攻所谓"一贯右倾"的老同志朱德、陈云、邓子恢、王稼祥。这实际上成了全会的一个重要内容。10月17日在第一组小组会上，康生强加给所谓"二月逆流"以"反毛主席"、"否定延安整风"、"为王明路线翻案"等罪名，江青则污蔑陈毅、叶剑英、徐向前等人"乱军"。姚文元说："'二月逆流'就是为刘、邓、陶等叛徒、特务、走资派翻案。"谢富治说："朱德同志从到井冈山第一天起就反毛主席。""陈云同志在七千人大会上，主席三次叫他讲话，他说没调查没发言权，后来不到一个月做了个黑报告反毛主席，反大跃进，反总路线。""刘、邓、朱德、陈云都是搞修正主义的。"在小组会上，黄永胜污蔑朱德是"老右倾机会主义分子"，"有野心"，"想当领袖"；污蔑聂荣臻"一贯搞山头主义，搞独立王国，突出他个人，搞反动的多中心论"；污蔑叶剑英是"二月逆流的俱乐部主任"；污蔑徐向前没有做过有益于党和人民的事。吴法宪当着朱德的面说："朱总司令你在井冈山怎样反对毛主席的，讲给我们听一听，教育我们。你当了一辈子总司令，实际指挥打仗的都是毛主席。因而你是个黑司令，不是红司令。"江、康、姚、谢、黄、吴等人如此恶毒地诬陷，令人发指。而陈毅、叶剑英、李富春、李先念、徐向前、聂荣臻不断地受到批斗，有时连请假写"检讨"也不准许。就围攻本身而言，并非江青等人擅自行动，每天都有《简报》把情况反映上去的。污蔑这些老同志的目的，是为在九届一中全会不把他们中的多数人选入中央政

---

① 读"yao、yao、yao"。

治局做舆论准备。

10 月 20 日，林彪在全会上讲话。他歌颂"文化大革命"，说："文化革命成绩最大最大最大，损失最小最小最小。""我们一片红，等于欧洲一片红。"他宣称"二月逆流"是"十一中全会以后发生的一次最严重的反党事件"，是"资本主义复辟的预演"。10 月 26 日，林彪以历史唯心主义的观点，大讲从古至今的四次"文化大革命运动"，美化"文化大革命"的"左"倾错误。他说："第一次是希腊罗马的古典文化，影响 2000 年。……但同我们这次比较起来，微不足道。是小巫见大巫，没什么了不起的。""第二次是资产阶级的意大利的文化，到了十四、五世纪，以文艺复兴进入了繁荣时代。""第三次是马克思主义。""这三次都没有毛主席领导下的这次文化大革命伟大。这次文化大革命是世界上最大最大的一次。"在国际关系部分，林彪鼓吹在国际上"支持造反派"、不要重视"当权派"而要重视"广大群众"、中国是"世界上最有影响的国家"等"左"倾论调。

在极不正常的情况下，全会作出《关于九次代表大会代表产生的决定》和《关于〈中国共产党章程（草案）〉的决定》。前一个决定，规定了九大代表产生的指导思想为毛泽东在 1967 年 10 月 27 日写进中共中央、中央文革《关于已经成立了革命委员会的单位恢复党的组织生活的批示》中的"五十字方针"，即："党组织应是无产阶级先进分子所组成，应能领导无产阶级和革命群众对于阶级敌人进行战斗的朝气蓬勃的先锋队组织。""五十字方针"是"以阶级斗争为纲"在党的建设上的体现。前一个决定还规定了代表的条件。《关于〈中国共产党章程（草案）〉的决定》说："将《中国共产党章程（草案）》印发全党，作为讨论的基础。"

中央专案审查小组在江青、康生、谢富治等人把持下，用伪证写成《关于叛徒、内奸、工贼刘少奇罪行的审查报告》。审查报告说："在无产阶级文化大革命运动中，经过广大革命群众和红卫兵小将的广泛揭发，专案组的深入调查，大量的物证、人证、旁证，充分证实党内头号走资本主义道路的当权派刘少奇，是一个埋藏在党内的叛徒、内奸、工贼，是罪恶累累的帝国主义、修正主义和国民党反动派的走狗。""刘少奇 1925 年在长沙被捕叛变"，"1927 年在武汉充当帝国主义和国民党反动派汪精卫、陈公博的走狗，进行了一系列出卖工人阶级、破坏革命的内奸活动"，"1929 年窃据满洲省委书记时的大叛卖"。"刘少奇罪大恶极，死有余辜。专案审查小组建议党中央根据党内外广大革命群众的强烈要求，撤销刘少奇党内外一切职务，永远开除党籍，并继续清算刘少奇及其同伙叛党叛国的罪行"。全会在极不正常的情况下批准了《关于叛徒、内奸、工贼刘少奇罪行的审查报告》，作出了把刘少奇"永远开除出党，撤销其党内外一切职务"的决议。（与会的陈少敏不畏高压，对这个决议不表示同意。）确凿的事实证明，强加给刘少奇的所谓"叛徒"、"内奸"、"工贼"等罪名，完全是诬陷。八届十二中全会对刘少奇所作的政治结论和组织处理，是完全错误的。这是我党历史上的最大冤案。1969 年 10 月 17 日，刘少奇被押往开封。11 月 12 日，为中国人民的解放和幸福奋斗了一生的无产阶级革命家刘少奇惨死于囚禁中。[①] 刘少奇的夫人王光美及其一家受到残酷迫害。因刘少奇冤案受株连被错判案件共 22053 件。

10 月 31 日，全会通过了公报。同日，毛泽东在全会闭幕会上讲话，大意如下：有些同志对于所谓"二月逆流"这件事不大了解，经过十几天，就比较了解了。在这个全会上，由犯过错误的同志说明他们的问题，大家又对他们有些质问，他们再说明问题，又再质问，好像经过这么几次反复嘛，大家都比较清楚了。这件事嘛，要说小，就不那么小，是件大事。要说那么十分了不起呢，也没有什么十分了不起。他们有意见要说，几个人在一起，又都是政治局委员，又是副总理，有些是军委副主席，我看也是党内生活许可的。他们也是公开出来讲的。这个世界上面，总是左、中、右。统统是左派，我就不那么赞成。九大代表，"二月逆流"的同志们如果不参加，我看就是个缺点。陈毅同志，你就以那个右的那一方面的资格，以这个身份，来参加九大。对于党内一些老同志，要一批二保三看。清理阶级队伍，注意一个"准"字，不要搞逼供信那一套。对于学术权威，注意不要做得太过分。冯友兰、翦伯赞可能还有某种用处。批是要批的，保还是要保的。邓，大家要开除，我有点保留，他和刘还有点区别。"多中心"不对。

（3）"点名很有必要"

11 月 11 日，张春桥在上海写了《关于传达十二中全会的几个问题的报告》，提出："二月逆流的那几个人，要不要点名？看来，点名很有必要。"根据毛泽东的意见，中共中央将此报告转发各地。全国各地在传达中，大多点名批判了参加所谓"二月逆流"的老同志。

下面是一位老一辈无产阶级革命家当时传达全会精神的报告的摘录，以见一斑：

---

① 参见王阑西：《驰骋中原》（北京出版社 1984 年版）的开头部分。

"刘少奇是隐藏在党内四十余年的大叛徒、大内奸、大工贼。红卫兵收集了许多罪状。江青同志亲自负责了这个专案。罪恶累累，令人非常愤慨，应当永远开除党籍。邓、彭等与刘还有区别，但都应严肃处理。"

"林副主席说：'二月逆流'是八届十一中全会后发生的最严重的反党事件，是刘邓路线的继续，矛头指向毛主席、中央文革、革委会，目的是否定文化大革命，为刘邓翻案，为王明翻案，否定延安整风。……主席说过，去年4月间可见眉目。由于'二月逆流'的出现，这一战略部署受到了严重的干扰。……这次大会严肃清算了'二月逆流'，是完全必要的。参加'二月逆流'的几个老同志，除谭震林外，李富春、李先念、陈毅、聂荣臻、徐向前、叶剑英、余秋里、谷牧与彭德怀、贺龙是有点区别的。他们犯错误，主席宽大为怀，允许改正。中央文革的意见，一方面批，一方面保，并建议选为九大代表。……还有几位职位较多的老同志（朱德、陈云、邓子恢），一贯有右倾错误，民主革命时期是很革命，社会主义革命就不积极了，甚至站到反动方面去了。由老战士、老战友变成了反革命，变成不断反对革命的角色，这对我们是很好的教训。"

"他们（按指几位老帅们）1966年11月又两次接见红卫兵，林副主席是不同意的。他们镇压了军事院校的文化大革命。1967年1月，开高干碰头会，他们矛头指向中央文革。1月17日四川散发了甘渭汉的传单，抓了5万人，说还不够，这是军委几位副主席的决定。接着，2月23日青海赵永夫屠杀群众，他们打电话祝贺胜利。还有河南镇压'二七公社'，这都是军委几位副主席批准的。……'二月逆流'有两个'窝子'，一个是李富春家，一个是西山聂、叶、徐、肖（肖华）住的地方。陈毅是来往两地的联络员，也是其中的一员干将。"

"多中心论的代表是聂荣臻同志。……杨成武是从聂荣臻处搬去的，不过是青出于蓝而胜于蓝而已。"

"今年的'三右一风'当然还是那些人。老将出马，最明显的是外交部91人的大字报。"

这位老革命家奉军委办事组之命传达全会精神，他当然要如实传达。从全会上的是非颠倒中，确实可以看出"文化大革命"中两种思潮、两种倾向、两种指导思想的斗争，不过正确的一方为错误的一方所压制罢了。

三　中共第九次全国代表大会

八大通过的《中国共产党章程》规定，"党的全国代表大会每届任期五年。"八大与九大之间，却相隔十三年。

在有中国共产党以来的几十年党的历史上，只有一个党的全国代表大会是一无足取的，那就是九大。不管当日如何歌颂入云，历史已经证明，九大在思想上、政治上和组织上的指导方针都是完全错误的。它的价值，也许就在于它可以作为反面教材，给予人们以启迪。

（1）八届十二中全会以后

当欢庆"全国一片红"时，毛泽东未必会有喜悦的心情，他决不会认为打倒那么多领导干部是合理的。在八届十二中全会闭幕以后，毛泽东为了巩固与发展"文化大革命"的"胜利"，再三再四地指出要缩小打击面。

1968 年 12 月 1 日，毛泽东致林彪、周恩来及中央文革信："建议将此件（按即《北京新华印刷厂革委会在对敌斗争中坚决执行党的'给出路'政策的经验》）转发各地参考。对反革命分子和犯错误的人必须注意政策，打击面要小，教育面要宽，要重证据，重调查研究，严禁逼、供、信。对犯错误的好人，要多做教育工作，在他们有了觉悟的时候，及时解放他们。"

12 月 26 日，毛泽东在中共中央、中央文革发出的《关于对敌斗争中应注意掌握政策的通知》中，加了如下重要内容："在犯过走资派错误的人们中，死不改悔的是少数，可以接受教育改正错误的是多数，不要一提起'走资派'，就认为都是坏人。""即使是反革命分子的子女和死不改悔的走资派的子女，也不要称他们为'黑帮子女'，而要说他们是属于多数或大多数可以教育好的那些人中间的一部分（简称'可以教育好的子女'），以示他们与其家庭有所区别。实践结果，会有少数人坚持顽固态度，但多数是肯定可以争取的。"这些意见虽然仍有混淆是非的缺点，但是把原先认为属于敌我矛盾的"走资派"说成多数不是坏人，还是个很大的变化。根据这些意见，全国各地解放了一大批干部，大多定为"犯过走资派错误"。《人民日报》、《红旗》杂志、《解放军报》1969 年元旦社论《用毛泽东思想统帅一切》，明显地降低了阶级斗争的温度。

1969 年 1 月 3 日，毛泽东在一个报告上批示："所有与二月逆流有关的老同志及其家属，都不要批判，要把关系搞好。”

3月15日，毛泽东在中央文革碰头会上说：“政策落实是个大问题，尽管有清华的经验，有的就学，有的就不学。天津大学、南开大学，有一个就传达，有一个就不传达，并且还关了很多人，解放的人很少。无非是特务、叛徒、死不悔改的走资派嘛！死不悔改的走资派难道他一辈子就不改？”“关的人多了……统统地把他们放了算了。只要不是杀人、放火、放毒，几个反动标语算什么？教授、讲师不像军队，他们是手无寸铁。教授、讲师要放，当然不是一个不关。……坏人是极少数，我们把这些人推向国民党方面好吗？不要在学生中去打主意，也不要在多数的教员、干部中打主意。……我对二月逆流的人不一定恨得起来”。“报告上（按指九大政治报告）不要讲二月逆流了，这次会要开成一个团结的会。”

为了全面夺权，不得不打倒一切。毛泽东坚持全面夺权，但是不同意打倒一切。“全国一片红”了，八届十二中全会也开过了，他就纠正打倒一切的错误。当然，只要在全局上坚持“文化大革命”的错误，就不可能从根本上解决问题，而只能从“落实政策”、“给出路”的角度提出问题。就是这样，后来也发生了许多波折。

（2）“左”倾的九大

在一片虚假的胜利声中，在浓烈的“左”倾气氛中，中共第九次全国代表大会于1969年4月1日在北京开幕。在这以前，3月9日至27日由中央文革碰头会召开了九大预备会议，有各省、市、自治区革委会和各方负责人128人参加。出席全国代表大会的代表共1512人。当时全国省、市、自治区党委全都没有“重建”，绝大多数党员还没有恢复组织生活，九大代表不是也不可能是党员选举而是少数人酝酿协商产生的。（《红旗》杂志1968年第4期社论《吸收无产阶级的新鲜血液》说：“迷信选举，这也是一种保守思想。”“毛主席最近指出：‘我们的权力是谁给的？是工人阶级给的，是贫下中农给的，是占人口90%以上的广大劳动群众给的……’毛主席这个极端重要的指示，深刻地指出了无产阶级专政强大威力的群众基础，深刻地批判了迷信选举的形式主义”。（批判“迷信选举”，简直是莫名其妙，显然是实用主义。）江青等人把他们帮派体系的人塞进九大，甚至个别非党员也参加了九大，所以九大在党的历史上是前所未有的本身组织严重不纯的一次全国代表大会。代表们报到后从3月27日至31日酝酿了主席团成员名单。4月1日一致选举毛泽东为主席团主席，林彪为主席团副主席，周恩来为主席团秘书长。大会秘书处的成员为周恩来、陈伯达、康生、江青、张春桥、谢富治、黄永胜、吴法宪、叶群、汪东兴、温玉成。大会的议事日程是：林彪代表中国共产党中央委员会作政治报告；修改中国共产党章程；选举党的中央委员会。

4月1日，毛泽东主持会议，并且讲了话。他说："我希望，我们的大会，能够开得好，能够开成一个团结的大会，胜利的大会。"接着，大会进行第一项议程，由林彪代表中共中央向大会宣读政治报告①。这个报告分八个部分。它不仅全盘肯定所谓"无产阶级专政下继续革命的理论"，全盘肯定"文化大革命"的错误实践，还赋予它以更加系统、完整的理论形态，而且把始终存在阶级和阶级斗争的理论作为党在整个社会主义历史阶段的"基本路线"而大肆宣扬。它以"左"倾观点重新塑造党的历史，歪曲党的领袖和党的关系，把党的历史说成毛泽东的马克思列宁主义路线同机会主义路线斗争的历史，并且不顾历史事实地说："新民主主义革命和社会主义革命许多重大的历史关头，刘少奇一伙都猖狂地反对毛主席的无产阶级革命路线，进行反革命阴谋破坏活动。"它在提出"认真搞好斗、批、改"的同时，提出了"落实党的各项政策"，要求"扩大教育面，缩小打击面"。

大会自4月2日起，分组讨论林彪代表中共中央所作的政治报告和中国共产党章程的修改草案。

4月11日，毛泽东接见了大组召集人，着重就纠"左"作了指示，大意是：当前主要问题是一种倾向掩盖着另一种倾向，一方面把敌人揪出来了，另一方面掩盖了打击面宽和扩大化问题。一个时期总有一种主要倾向，但它又掩盖着另一种倾向。在反右时就可能出"左"，在反"左"时就可能出右，党的历史上发生的几次"左"右倾路线错误就充分说明了这一点。党的历史上最危险的三次是右—"左"—右，最危险的三个人物是陈独秀、王明、刘少奇。毛泽东在系统地叙述了党史，说明一种倾向掩盖一种倾向是党史上的严重教训后说：当前清队工作中要注意扩大化倾向问题。北京有个大学9000人，抓了900人。抓起来容易，放出来就难。总得告诉人家为什么抓，为什么又放。有些人关人时没想要放。这无非是"事出有因，查无实据"。又说：所有制问题没有解决，形式上解决了，部分领导权还在资产阶级手里。机关也是如此，部分领导权在资产阶级手里。落实政策，还要一年左右。军宣队、工宣队都不能压。工人阶级领导一切，不是工人阶级压倒一切。反对军宣

---

① 这个报告是康生、张春桥、姚文元起草（张、姚执笔）的，经毛泽东审阅修改。林彪宣读报告时，报告稿还未定稿。

队，不能说人家反对解放军。反对工宣队，也不能说反工人阶级。几个学生讲几句怪话，有什么要紧！反对自己的人不一定都是坏人，拥护自己的人不一定都是好人。上海的周谷城怎样？（有人答：扫地。）扫扫也有好处。犯错误的干部，有的将来还要工作。犯了错误愿意改正，群众谅解就好了，就要解放。杨勇要放。有的犯错误的，是跟着错误倾向走的，例如谭启龙。朱德、陈云不是年年反我，也有不反的时候。

4月14日举行全体会议。毛泽东讲了话：他说：3月2日、3月5日苏联侵略珍宝岛，这次仗是孙玉国指挥的。没有打过仗，也可以打仗。我们一没有用飞机，二没有用坦克、装甲车，三没有指挥车，打了9小时，敌人三次冲锋，都被我们打垮了。我们不是不要飞机、坦克、装甲车，但主要靠勇敢。要破除迷信，这次珍宝岛就破除了迷信。在全体会议上，林彪也讲了话，周恩来、陈伯达、康生、黄永胜、王洪文、陈永贵、孙玉国、尉凤英、纪登奎发了言。发言者一致表示同意林彪代表中共中央所作的政治报告，同意中国共产党章程草案。接着，一致通过了林彪代表中共中央所作的政治报告，一致通过了《中国共产党章程》。

九大通过的《中国共产党章程》有严重错误。它完全肯定了"文化大革命"，载入了所谓"基本路线"和"五十字方针"，取消了党员的权利。它不仅肯定了对毛泽东的个人崇拜，而且高度评价了林彪，写林彪是"毛泽东同志的亲密战友和接班人"。这完全违背了党的民主集中制和集体领导原则，同无产阶级党的性质根本不相容，同党章本身"党的中央委员会全体会议产生中央政治局、中央政治局的常务委员会、中央委员会主席、副主席"的规定也相抵触，诚为国际共运史上前所未有的"创举"。

自4月15日起，大会进入了第三项议程。代表们酝酿协商中央委员、候补中央委员候选人，并且进行了一次无记名投票的预选。4月24日举行了全体会议，选出了党的第九届中央委员会，当选的有170名中央委员和109名候补中央委员。在这279人中，八届中央委员、候补中央委员继续当选的只有53人，占九届中央委员、候补中央委员总数的19%，占八届中央委员、候补中央委员总数的29%。中央委员会不正常地大换班。造反派头头大量加入，许多功勋卓著、久经考验的革命家被排斥。

九大使"文化大革命"的错误理论和错误实践合法化。九大在思想上、政治上和组织上的指导方针都是错误的。

九大标志着"文化大革命"第一阶段的结束。历史证明，"文化大革命"第一阶段中一个错误接着一个错误，一个错误引起另一个更大的错误。在三年当中，几乎一切是非都搞混淆了。毛泽东在历史上对党和人民的贡献最大，没有任何人可以与之比拟。当毛泽东实事求是、尊重中央集体的时候，他叱咤风云，创造了不朽的业绩；当他主观主义、离开中央集体的时候，他走向为人民谋幸福的意愿的反面。召开了九大，毛泽东以为大局已定，他打算以一年左右时间搞"斗、批、改"和落实政策，结束"文化大革命"。但是又是欲罢不能，一场新的争斗在孕育中。

（3）**九届一中全会**

4月28日，九届一中全会于北京举行。毛泽东主持了会议。会议选举了中央机构。选举结果如下：中央委员会主席毛泽东，副主席林彪；中央政治局常务委员会委员毛泽东、林彪（以下按姓氏笔画为序）、陈伯达、周恩来、康生；中央政治局委员毛泽东、林彪（以下按姓氏笔画为序）、叶群、叶剑英、朱德、刘伯承、江青、许世友、李先念、李作鹏、吴法宪、张春桥、陈伯达、陈锡联、邱会作、周恩来、姚文元、黄永胜、康生、董必武、谢富治；中央政治局候补委员纪登奎、李雪峰、李德生、汪东兴。

毛泽东在九届一中全会上讲了话，主要内容是："现在苏修攻击我们……'军事官僚专政'。这些话嘛，我看让人家去讲！""要保证在无产阶级领导下，团结全国广大人民群众，去争取胜利。社会主义革命还要继续。这个革命，还有些事没有做完，现在还要继续做，比如讲斗、批、改。过若干年，也许又要进行革命。""看来，无产阶级文化大革命不搞是不行的，我们这个基础不稳固。据我观察，不讲全体，也不讲绝大多数，恐怕是相当大的一个多数的工厂里头，领导权不在真正的马克思主义者、不在工人群众手里。过去领导工厂的，不是没有好人。有好人，党委书记、副书记、委员，都有好人，支部书记有好人。但是，他是跟着过去刘少奇那种路线走，无非是搞什么物质刺激，利润挂帅，不提倡无产阶级政治，搞什么奖金，等等。""有些地方抓多了人，这个不好。你抓多了人，抓起来干什么呢？他也没有杀人，也没有放火，又没有放毒，我说只要没有这几条，就不要抓。至于犯走资派错误，那更不要抓。""团结起来，为了一个目标，就是巩固无产阶级专政，要落实到每个工厂、农村、机关、学校。""要准备打仗。""多团结一点人好。""主要问题还是我们的工作。……地方的问题在军队，军队的问题在工作。""我相信过去犯错误的一些老同志。""大家要谨慎小心，无论是候补中央委员、中央委员、政治局委员，都要谨慎小心。""我赞成这样的口号，叫做'一不怕苦，二不怕死'"。"有些外国人、新闻记者说，我们这个党在重建。现在我们自己也提出这个口号，叫整党建党。事实是需要重建。""团结起来，争取更大的胜利。"

4月28日，九届中央政治局第一次会议通过了中共中央军委主席、副主席、委员名单和军委办事组成员名单。名单如下：中共中央军事委员会主席毛泽东，副主席林彪；副主席刘伯承、陈毅、徐向前、聂荣臻、叶剑英；委员丁盛、王秉璋、王树声、王效禹、王辉球、韦国清、叶群、皮定钧、刘丰、刘兴元、刘贤权、许世友、陈士榘、陈先瑞、陈锡联、李天佑、李作鹏、李雪峰、李德生、吴法宪、张达志、张池明、张国华、张春桥、邱会作、杨得志、杜平、肖劲光、郑维山、冼恒汉、袁升平、梁兴初、黄永胜、曾绍山、曾思玉、彭绍辉、韩先楚、粟裕、温玉成、谢富治、谭甫仁、潘复生。中央军委办事组组长黄永胜，副组长吴法宪；成员（按姓氏笔画为序）叶群、刘贤权、李天佑、李作鹏、李德生、邱会作、温玉成、谢富治。

毛泽东在九大和九届一中全会的讲话传达下去以后，全国各地释放和"解放"了一大批人。

第二篇
新的"斗、批、改"和林彪事件

1968年年底，知识青年上山下乡运动在全国城镇展开。"文革"期间，全国下乡的知识青年达1600余万人。首批下乡的知识青年多是"文革"初期的红卫兵。

第一章
以"文化大革命"改造一切的"斗、批、改"

　　《十六条》中提出的"斗、批、改"是："斗垮走资本主义道路的当权派，批判资产阶级和反动学术'权威'，批判资产阶级和一切剥削阶级的意识形态，改革教育，改革文艺，改革一切不适应社会主义经济基础的上层建筑"。当时也叫"一斗、二批、三改"。九大以后的"斗、批、改"是："建立三结合的革命委员会，大批判，清理阶级队伍，整党，精简机构、改革不合理的规章制度、下放科室人员"。

一　"六厂二校"

　　毛泽东为什么要把《十六条》中的"斗、批、改"改为新的"斗、批、改"呢？他又是怎样领导新的"斗、批、改"的呢？本节将回答这些问题。

　　（1）指导思想

　　在"全国一片红"已成定局的时候，毛泽东一再提出"斗、批、改"问题。1968年8月21日，《人民日报》、《解放军报》社论《团结起来，共同对敌》传达了毛泽东的指示："认真搞好斗、批、改"。8月25日，姚文元的《工人阶级必须领导一切》说："毛主席最近指出：'建立三结合的革命委员会，大批判，清理阶级队伍，整党，精简机构、改革不合理的规章制度、下放科室人员，工厂里的斗、批、改，大体经历这么几个阶段。'"九大政治报告在"关于认真搞好斗、批、改"部分说：

"革命并没有结束。无产阶级需要继续前进，'认真搞好斗、批、改'，把上层建筑领域中的社会主义革命进行到底。"毛泽东在九届一中全会上说："社会主义革命还要继续。这个革命，还有些事没有做完，现在还要继续做，比如斗、批、改。"

　　毛泽东深深知道"全国一片红"是怎么一回事。武斗仍在不少地方盛行，省、市、自治区以下的各级革委会相当普遍地还未建立，中国共产党各级组织还未"重建"……"文化大革命"远远没有取得最后胜利。他设想"全国一片红"以后是"文化大革命"的"斗、批、改"阶段。他在全局上坚持"文化大革命"的错误，从当时当地的具体情况出发，为"斗、批、改"设计了"几个阶段"。说的是"工厂"，其实全国都是如此。（在实践中，交叉进行，分不清阶段。）通过"斗、批、改"，以"文化大革命"的要求改造一切，彻底否定"反革命的修正主义路线"，辅以"落实政策"，在全国建立新秩序，实现他的空想，这就是"斗、批、改"的指导思想。

　　（2）"毛主席的点"

　　在"斗、批、改"中，毛泽东亲自抓了"点"，他的"点"就是"六厂二校"。毛泽东很重视"六厂二校"的经验。"六厂二校"即北京针织总厂、北京新华印刷厂、北京化工三厂、北京北郊木材厂、北京二七机车车辆厂、北京南口机车车辆机械厂、清华大学、北京大学。"六厂二校"的经验，即进驻这些厂、校的原八三四一部队和首都工人毛泽东思想宣传队的经验。

　　经毛泽东批准，中共中央、中央文革小组 1968 年 5 月 25 日转发了《北京新华印刷厂军管会发动群众开展对敌斗争的经验》，12 月 3 日转发了《北京新华印刷厂革委会在对敌斗争中坚决执行党的"给出路"政策的经验》，1969 年 1 月 29 日转发了驻清华大学毛泽东思想宣传队的《坚决贯彻执行对知识分子"再教育""给出路"的政策》，中共中央 5 月 8 日转发了《北京市北郊木材厂认真落实党对民族资产阶级和小资产阶级的各项政策》，1970 年 3 月 15 日转发了北大宣传队《发动群众总结经验，团结起来落实政策》、《关于清理和改造阶级敌人的情况报告》、《整党建党的情况报告》，5 月 29 日转发了《北京二七机车车辆工厂整党建党情况报告》和《上海国棉十七厂关于整党建党情况的报告》。新华社总社记者等多次报道六厂二校革委会或宣传队的经验。六厂二校革委会或宣传队在《人民日报》、《红旗》杂志发表多篇文章，介绍他们的经验。这些厂、校革委会或宣传队的经验，当时对全国的"斗、批、改"有指导意义。

(3) 六厂二校的经验

总的说来,六厂二校革委会或宣传队的经验是"左"倾的。它的要害是以阶级斗争为纲,贯彻"无产阶级专政下继续革命的理论"。正如《北京日报》1969 年 3 月 17 日社论《认真学习六厂一校 ① 的先进经验》所说,它根本的一条就是:"狠抓阶级斗争和路线斗争,认真学习、努力掌握毛主席关于无产阶级专政下继续革命的学说,广泛发动群众,不停顿地向一小撮阶级敌人发动猛烈的进攻。"这些经验是在充分肯定"文化大革命"的理论和实践的前提下得出的,从根本上说是错误的。例如:驻清华大学毛泽东思想宣传队在《坚决贯彻执行对知识分子"再教育""给出路"的政策》中说:"在清华大学的知识分子中,一种是在解放前受资产阶级培养教育出来的知识分子,一种是解放后在修正主义路线毒害下,受资产阶级知识分子培养教育出来的知识分子。总的来看,前一种人比较复杂。……他们的世界观基本上是资产阶级的。后一种人虽然与前一种人有所不同,但长期受反革命修正主义教育路线的毒害,其中多数人也是出身于非劳动人民的家庭,世界观也没有得到很好的改造。""大叛徒、大内奸、大工贼刘少奇及其在清华的代理人蒋南翔为了推行修正主义的教育路线,在清华大学把许多教授、讲师安插在各系的党政领导岗位上……这些人大多是从旧社会过来的,世界观基本上还是资产阶级的,是属于资产阶级的知识分子,他们是刘少奇及其代理人推行修正主义教育路线的一支基本力量。""选定梁思成、刘仙洲、钱伟长三个典型,发动师生员工以毛泽东思想为武器,抓住他们的要害问题,紧紧围绕着两条路线斗争这个纲,集中批判了他们的学术是在什么路线指导下,为谁服务和怎样服务的问题。"《北京新华印刷厂军管会发动群众开展对敌斗争的经验》中说:"由于中国赫鲁晓夫及其代理人,尤其是彭真反革命集团的直接把持和控制,国民党反动派的残渣余孽仍然受到重用,其中许多人还篡夺了我们的各级领导权"。北京大学宣传队《关于清理和改造阶级敌人的情况报告》说:"北大两大派在毛泽东思想的基础上实现了革命大团结以后,于 7 月上旬转入清理阶级队伍工作,截至 9 月 2 日,告一段落。初步查清北大前身(旧北大、燕大)中统、军统、国民党、三青团等 51 个反动组织;在现有 4711 名教职员工中,清出叛徒 3 人,特务 55 人(其中潜伏特务 17 人),历史反革命分子 21 人,现行反革命分子 9 人(内含学生 1 人),地、富、坏分子 14 人,共 102 人,其中大部分人

———————————
① 当时原八三四一部队还未进驻北京大学,所以这里说"六厂一校"。

已定案处理"（其中绝大部分是冤假错案）。《南口机车车辆机械厂军管会迅速改变南口厂"老大难"面貌的经验》提出一个重要经验，就是"狠抓一个纲：以阶级斗争为纲，认真落实毛主席关于对敌斗争的各项无产阶级政策"。《红旗》杂志1969年第6期、第7期合刊发表的《改革不合理的规章制度——北京市北郊木材厂的调查报告》说："只有彻底废除叛徒、内奸、工贼刘少奇的'利润挂帅'、'物质刺激'、'生产第一'、'专家治厂'的反革命修正主义企业路线，才能破在要害处；只有坚决贯彻毛主席的无产阶级办企业路线，突出无产阶级政治，全心全意地依靠工人阶级，才能立在根本上。"诸如此类，举不胜举。以上所举，都不是片言只语的错误，而是六厂二校革委会或宣传队总结出的经验中普遍存在的根本性的错误。因此，从总体说来，从根本说来，六厂二校的经验是应予否定的。

在若干具体问题上，六厂二校大体上贯彻了毛泽东自八届十二中全会以来关于"缩小打击面"的指示。较之当时全国许多单位乱揪乱斗乱打乱关的实际做法，六厂二校的做法又有所谓"落实政策"的一面。它在一定程度上纠正了当时普遍存在的极端的"左"。例如：在《北京新华印刷厂革委会在对敌斗争中坚决执行党的"给出路"政策的经验》中，说到该厂原党委书记李某，"他只是执行了修正主义路线，犯了严重错误；他虽然是旧市委派来的干部，但与黑线只是一般的工作关系，没有其他的问题。……于是确定可以解放他。"毛泽东在这里批注："像这样的同志，所在多有，都应解放，给予工作。"相对于极端的"左"而言，这是比较正确的。在《北京新华印刷厂用毛泽东思想统帅定案工作的做法和体会》中，说到"把好人与坏人区分开，正确解决未解放的干部问题"，讲到"七个区别"（如"把与反革命修正主义分子有过工作关系的来往，同搞阴谋的反革命修正主义分子区分开"），也有部分正确之处。这种相对于极端的"左"的比较正确的一面，也是六厂二校经验的共同点。这些经验的推广，纠正了极端的"左"。

二 "革命大批判引路"

六厂二校的共同经验之一是"大批判引路"。无论干什么，先搞"革命大批判"，先批判刘少奇的"反革命的修正主义路线"。这种"大批判"，群众早就腻烦了，又不得不逢场作戏，照报刊上说的鹦鹉学舌几句。"斗、批、改"中报刊上着重批判了下列几个问题。

246

(1) 批判所谓"黑六论"

1968年10月16日,《人民日报》转载《红旗》杂志第4期社论《吸收无产阶级的新鲜血液》。这篇文章在一年多来开展群众性的"革命大批判"的基础上,第一次提出批判所谓"黑六论"。它说:"中国赫鲁晓夫推行所谓'六论'即'阶级斗争熄灭论''驯服工具论''群众落后论''入党做官论''党内和平论''公私溶化论'(即'吃小亏占大便宜'),就是用修正主义去腐蚀工人群众,腐蚀党。'六论'的中心是'阶级斗争熄灭论'和'驯服工具论'。前者否定无产阶级专政,妄想扼杀党的无产阶级革命性,使无产阶级革命党蜕化变质。后者否定在无产阶级专政条件下必须继续革命,妄想扼杀共产党员的无产阶级革命性,使党员蜕化变质。"对"黑六论"的批判,一直延续到党的九大以后,作为"重建"党组织的重要舆论准备。事实说明,不仅刘少奇从来没有宣传过"阶级斗争熄灭论",党的任何领袖人物、党内任何理论家也没有宣传过"阶级斗争熄灭论";刘少奇历来维护和宣传党的民主集中制的原则,强调个人要服从组织,没有任何错误,他在1958年8月对《北京日报》工作人员讲话时说过党员要自觉地作党的"驯服的工具",主旨也是正确的。其他几论,也完全是子虚乌有。对"黑六论"的批判,是以引证代替论证、歪曲事实、颠倒是非、罗织罪名的又一个典型事例。在"吐故纳新"中批判"黑六论",它的直接后果就是造成思想混乱和组织不纯。

(2) 批判所谓历史上的"罪行"

1968年11月25日,《人民日报》、《红旗》杂志、《解放军报》的重要社论《认真学习两条路线斗争的历史》发表。它说:"我们党的历史,就是两条路线的斗争史。""以毛主席为代表的无产阶级革命路线,和以刘少奇为代表的资产阶级反动路线,在中国革命发展的每一个重要时刻、每一个重大问题上,都进行了尖锐的斗争。""十多年来,在……各个重大历史时期,刘少奇及其一伙党内的走资派,都曾经代表了资产阶级和地富反坏右的利益,从右的方面或以形'左'实右的形式,向毛主席的无产阶级革命路线进行过'拼死的斗争'。"这篇社论,是第一篇用"左"倾观点把党的历史说成路线斗争史的有影响的文章,是第一篇系统地曲解党的历史、对刘少奇等人肆意诽谤的有影响的文章。显然它是配合八届十二中全会关于刘少奇的决议的,一切服从于把刘少奇搞臭,历史的功过完全颠倒。在九大以后,全国批判实际上并不存在的"刘少奇为代表的反革命修正主义路线",恶劣影响至深且巨。

(3) 批判所谓"人性论"

1970年12月29日，姚文元在给毛泽东的报告中，提出了在"批刘"中要批判"地主、资产阶级的人性论"的意见。姚文元的原话是："……也看了一些叛徒、内奸、工贼刘少奇的东西。逐步形成这样一个概念：从刘少奇的黑《修养》反对无产阶级革命和专政，一直到他在'八大'的报告和决议，有一条同主席无产阶级世界观相对抗的黑线贯穿着，即地主、资产阶级的人性论。这可能是刘少奇反动世界观中一个很重要的问题。他的许多文章、'报告'中，都有抽象的即资产阶级人性论的提法和论点。这是同国民党反动观点一致的。从这里，可以直接引出右倾机会主义路线，以及极'左'、形'左'实右的路线，可以直接引出复辟资本主义、为地富反坏右等剥削阶级服务的修正主义理论，同主席历来倡导的马克思列宁主义的阶级分析、阶级斗争的根本观点相对抗；在认识论上，则必然同时既反对马克思列宁主义的普遍真理，又反对进行社会的调查研究和革命实践，同毛泽东思想关于理论和实践的具体的、历史的统一的这个根本观点相对抗。从国际上看，苏修叛徒们的复辟资本主义的理论也是建立在所谓'人道主义''人性论'之上的。批刘的文章，在这个问题上仍未批透。想认真搞一点材料及文章。"毛泽东于姚文元送上报告的当天作了"都同意"等批示。1971年1月6日，中共中央印发毛泽东、林彪批示的全文和姚文元的报告。此后，在全国报刊上掀起了以刘少奇为靶子的批判所谓"地主、资产阶级的人性论"的浪潮，这又是一场混淆是非、混淆敌我的"革命大批判"。姚文元的批判以把阶级斗争绝对化的"左"倾观点批判一切人性，批判中华民族文化遗产中民主性的精华，而且对刘少奇横加污蔑，因而是完全错误的。他在报告中指责的"右倾机会主义路线"、"极'左'、形'左'实右的路线"云云，本来就是人为地树立对立面，所找出的思想根源只能是凭空捏造。

(4) 批判所谓"唯生产力论"

当时中央报刊上连篇累牍地发表批判"唯生产力论"的文章，混淆政治和经济的关系。这样的文章如：《政治统帅经济革命统帅生产》（《红旗》杂志1969年第6、7期），《永远突出无产阶级政治》（《红旗》杂志1969年第8期），《中国社会主义工业化的道路》（《红旗》杂志1969年第10期），《正确处理抓革命、促生产中的几个关系》（《红旗》杂志1970年第1期），《我国社会主义农业的发展道路》（《红旗》杂志1970年第2期），《伟大的〈鞍钢宪法〉万岁》（1970年3月22日《辽宁日报》）。《红旗》杂志1969年第6、7期合刊发表的《改革不合理的规章制度是一场革命》说："伟大领袖毛主席教导我们说:'政治工作是一切经济工作的生命线。'突出无产阶级政治,还是搞'利润挂帅'、'物质刺激'那一套,这是两条根本对立的办企业路线。经过无产阶级文化大革命,厂革委会和广大革命群众深刻地认识到,忘记了突出无产阶级政治,就会迷失方向,阶级敌人篡权就看不见,修正主义路线就认不清,无产阶级专政和社会主义企业就保不住。""只有彻底破除叛徒、内奸、工贼刘少奇的'利润挂帅'、'物质刺激'、'生产第一'、'专家治厂'的反革命修正主义办企业路线,才能破在要害处;只有坚决贯彻毛主席的无产阶级办企业路线,突出无产阶级政治,全心全意地依靠工人阶级,才能立在根本上。"

因为广大群众对"革命大批判"腻烦,所以《人民日报》、《红旗》杂志、《解放军报》1969年8月25日发表的社论《抓紧革命大批判》批评了"大批判搞得差不多了"的说法。这篇经过毛泽东审定的社论指出:"现在,社会主义革命在继续,我们进入了在各个单位认真搞好斗、批、改的阶段,无产阶级世界观同资产阶级世界观的斗争在各个方面更深刻地展开了。"并且说:"无产阶级文化大革命的过程当中,贯穿着革命大批判。""文化大革命"的过程,事实上贯穿着混淆是非与敌我的所谓"革命大批判"。其规模之大,时间之长,武断之甚,都是前所未有的。"革命大批判"把一切都纳入"两个阶级、两条路线、两条道路斗争"的框框里,全盘否定"文化大革命"前十七年,宣传空想主张,把许多马克思主义原理和社会主义原则当作修正主义或资本主义批判了,造成了绝不可低估的消极影响。

三 种种活动

毛泽东规定了新的"斗、批、改"的内容。在实践过程中,又增加了"对知识分子'再教育'和'给出路'"、"教育革命"、"上山下乡"等项,"改革不合理的规章制度"则未展开。

(1)"清理阶级队伍"

在九大以后,"清理阶级队伍"的主要内容是"打击反革命"和清查"五·一六"。

1970年1月31日,中共中央发出《关于打击反革命破坏活动的指示》,主要内容是:"一、要放手发动群众。用战备的观点,观察一切,检查一切,落实一切。使群众认清,打击反革命破坏活动是一场激烈的阶级斗争,是打击帝、修、反'别动队'的斗争……实际上也是一项重要的战备工作。""二、要突出重点。打击的重

点是现行的反革命分子。""三、要严格区分两类不同性质的矛盾，分清敌我，区分
轻重。""四、要大张旗鼓地、广泛深入地做好宣传、动员。""五、要统一掌握批准
权限。按照中央规定杀人由省、市、自治区革命委员会批准，报中央备案。""六、
要加强领导。必须首长负责，自己动手，具体指导，深入实施。"2月5日，又发
出《关于反对贪污盗窃、投机倒把的指示》和《关于反对铺张浪费的通知》。全国
开展"一打三反"（打击反革命分子、反对贪污盗窃、反对投机倒把、反对铺张浪费）
运动。据统计，1970年2月至11月共十个月挖出了"叛徒"、"特务"、"反革命分
子"184万多名，捕了28.48万多名，杀了数以千计的人。由于当时还在贯彻执行
《公安六条》、杀人权一度下放给省市自治区，而省市自治区有时量刑不准等原因，
所以不少案件属于冤假错案。1970年8月20日坚决抵制"文化大革命"的党的好
女儿张志新以"现行反革命"罪被判处无期徒刑，后来被改判死刑，就是典型的一
个错案。

　　1970年3月27日，中共中央发出《关于清查"五·一六"反革命集团阴谋集
团的通知》。主要内容是："'五·一六'反革命阴谋集团，在反革命两面派肖华、
杨成武、余立金、傅崇碧、王力、关锋、戚本禹操纵下，向无产阶级文化大革命
猖狂进攻，罪大恶极。有些人认为根本不存在'五·一六'反革命集团，对清查
'五·一六'极为抵触，甚至为他们翻案，是完全错误的。""现在，清查'五·一六'
的斗争已经展开，有些单位出现了扩大化的倾向。'五·一六'是一个秘密的反革
命阴谋集团，目前有的单位在过去公开的群众组织中也大抓'五·一六'，有的单
位七分之一以上的人都被打成'五·一六'分子。这种扩大化的情况……必须引起
特别警惕和注意。揭露'五·一六'反革命阴谋集团，重点应当是揭露它的骨干分
子和幕后操纵者。……总之，要扩大教育面，缩小打击面。""在防止清查'五·一六'
扩大化的同时，不要放松对其他反革命分子的斗争。国内外阶级敌人同我们的斗争
是很复杂的，反革命秘密组织决不是只有一个'五·一六'。应当根据中央历次指
示，将这些反革命清理出来，是什么组织就叫什么组织，是什么性质就定什么性
质，不要一律叫'五·一六'，好像除了'五·一六'以外就没有别的反革命似的。"
这个文件说"在反革命两面派肖华、杨成武、余立金、傅崇碧""操纵下"，毫无根
据。说"王力、关锋、戚本禹"操纵"反革命阴谋集团""向无产阶级文化大革命
猖狂进攻"，也与事实不合。这个文件，主要的精神是扩大打击面，也是主观主义
的。1971年2月8日，中共中央作出《关于建立五·一六专案联合小组的决定》，

毛泽东批示"照办"。《决定》说，为统一"五·一六专案"的清理、审查和核实，为密切配合中央和地方各有关部门的"五·一六专案"调查同群众运动检查相结合，中央决定组成中央"五·一六专案联合小组"，立即开始进行工作。"在清查五·一六反革命阴谋集团的过程中，既要防止扩大化，又不要一风吹，就必须集中力量抓'五·一六'反革命阴谋集团的一系列罪行，将它一个一个落实，而不要一开始就笼统地追查组织关系和是否填了表格。"中央的有关文件（包括这个决定）从来没有说清楚什么人是"五·一六分子"、什么组织是"五·一六反革命阴谋集团"，却在全国大抓"五·一六"，不可能不造成极严重的错误。这个决定指出"既要防止扩大化，又不要一风吹"，防止"左"右两种倾向，似乎是正确的；但是除了北京人数极少的小组织外，"五·一六反革命阴谋集团"并不存在，而这个决定规定了"不要一开始就笼统地追查组织关系和是否填了表格"，其结果只能是人为地制造阶级敌人。普遍地揪"五·一六分子"是完全错误的。至"文化大革命"结束时，清查"五·一六"的工作才告停止，数以百万计的干部和群众遭受打击。

（2）**整党建党**

早在1967年10月27日，中共中央、中央文革小组就作出了《关于已经成立了革命委员会的单位恢复党的组织生活的批示》。1968年1月1日，《人民日报》、《红旗》杂志、《解放军报》在元旦社论《迎接无产阶级文化大革命的全面胜利》中公布了毛泽东提出的整党建党的纲领："党组织应是无产阶级先进分子所组成，应能领导无产阶级和革命群众对于阶级敌人进行战斗的朝气蓬勃的先锋队组织。"10月13日，《人民日报》又传达了毛泽东的意见："一个无产阶级的党也要吐故纳新，才能朝气蓬勃。"毛泽东在九届一中全会上说："现在我们自己也提出这个口号，叫整党建党，事实是需要重建。"

1970年4月18日，康生在中央和全军整党建党工作座谈会上作了长篇讲话。主要内容是：第一，"学习、理解'五十字'的整党方针，必须同整个的毛泽东思想、整个的毛主席的建党路线联系起来。"1921年建党以来，"在每一个阶段中都有党内两条路线的尖锐斗争，每一个阶段都是两个阶级、两条道路、两条路线斗争的过程，也是整党建党的过程"。第二，"'党组织应是无产阶级先进分子所组成'，这是针对叛徒刘少奇的叛徒路线讲的；'应能领导无产阶级和革命群众'，这是针对文化大革命中有些党员脱离群众的现象讲的；'对阶级敌人进行战斗'，这是针对叛徒刘少奇的'阶级斗争熄灭论'讲的，针对刘、邓走资本主义道路的问题讲的；'进行战斗的朝气蓬勃的'，这是针对叛徒刘少奇的'驯服工具论'讲的。这都是有当时的针对性的。"第三，"学习'五十字'方针，也可以和接班人五条联系起来"。第四，"'九大'通过的新党章有五个特点"："第一个特点，新党章重新明确规定了党的指导思想的理论基础是马克思主义、列宁主义、毛泽东思想。""第二个特点，明确规定了林彪同志是毛主席的接班人。""第三个特点，就是概括地阐述了毛主席继承、捍卫和创造性地发展了马克思列宁主义，把马克思列宁主义提高到一个崭新的阶段。""第四个特点，新党章根据毛主席建党思想和无产阶级革命路线，明确了我们党最终的和当前的战斗任务。""最后，我们这个党章是吸收了国际国内过去党章中的长处，否定了那些形式主义的东西。"康生以"左"倾的观点对"左"倾的九大党章作了阐明，用以指导整党。

1970 年 7 月 1 日，《人民日报》、《红旗》杂志、《解放军报》社论《共产党员应是无产阶级先进分子》说："整党建党运动，就是要继续建设和巩固我们的无产阶级先锋队，吐故纳新，把各级党组织进一步建设成为无产阶级专政下继续革命的战斗堡垒，把广大党员进一步锻炼成为无产阶级专政下继续革命的先进分子。""什么是无产阶级先进分子的标准？这就是毛主席阐明的、'九大'新党章规定的共产党员必须做到的五条。"社论对"五条"逐一作了解释，然后说："共产党员必须做到的这五条，归结起来，一个就是忠于马克思主义、列宁主义、毛泽东思想，忠于毛主席的无产阶级革命路线；一个就是相信和依靠群众；一个就是正确对待自己。"

整党的指导思想就是贯彻"五十字方针"，就是实行"吐故纳新"。毋庸论证，这个指导思想是错误的。这就决定了这次整党是应该否定的。

在 1970 年年底到 1971 年年初，部分省、市一级进行了整党，产生了新的省委和市委。到了 1971 年 8 月，全国各省、市、自治区一级都进行了整党，都产生了新的省委、市委和自治区党委。在新的省委、市委、自治区党委成立以后，下面也按照六厂二校的经验整了党。在整党中，批判了所谓"黑六论"，学习了"五十字方针"，不同程度地接受了"左"倾思想。在整党中特别强调"吐故纳新"，即把被诬为"叛徒"、"特务"、"死不改悔的走资派"的党员清除出党或挂起来，而把那些所谓"新鲜血液"即造反派头头吸收入党。这样，不但进一步打击迫害了许多党员干部，而且使一批投机分子、野心分子、阴谋分子混入党内。

(3) 下放干部

1968 年 5 月 7 日，亦即毛泽东作出《五·七指示》两周年纪念日，黑龙江省革命委员会组织大批机关干部下放劳动,在庆安县柳河办了一所农场,定名"五·七干校"。同年 10 月 5 日,《人民日报》发表了《柳河"五·七"干校为机关革命化提供了新的经验》,并在所加的编者按中说:

> 毛主席最近指出:"广大干部下放劳动,这对干部是一种重新学习的极好机会,除老弱病残者外都应这样做。在职干部也应分批下放劳动。"毛主席的这个指示,对反修、防修,对搞好斗、批、改,有十分重大的意义,应引起我们各级革命干部和广大革命群众的高度重视。希望广大干部(除老弱病残者外),包括那些犯过错误的干部,遵照毛主席的指示,在下放劳动的过程中重新学习,使自己精神面貌来一个比较彻底的革命化。……

在这以后,大批党政干部和知识分子(老弱病残并不除外)被下放到各种"五·七干校"和山区、农村、基层,"接受贫下中农的再教育"。下放到"五·七干校"参加劳动,相当普遍地等于变相劳改。在许多部门和单位,下放到"五·七干校"成为迫害干部、打击知识分子、扼杀科研、反对钻研业务和技术的合法手段,造成灾难性、破坏性的后果。在个别地方(如南京),还把许多工人连家带口地搬迁到农村,造成严重后果。

(4)"上山下乡"①

甘肃省会宁县部分城镇居民,在 1968 年到农村安家落户。从 7 月中旬到 12 月中旬,全县 688 户城镇居民中有 191 户、995 人分别到十三个公社的生产队安家落户。1968 年 12 月 22 日,《人民日报》发表了《"我们也有两只手,不在城市里吃闲饭!"》,并在所加的编者按中说:

> 毛主席最近又一次教导我们:知识青年到农村去,接受贫下中农的再教育,很有必要。要说服城里干部和其他人把自己初中、高中、大学毕业的子女,送到乡下去,来一个,动员。各地农村的同志应当欢迎他们去。希望广大知识青年和脱离劳动的城镇居民,热烈响应毛主席这个伟大号召,到农业生产的第一线去。

以此为起点,掀起了"文化大革命"中的轰轰烈烈的知识青年上山下乡运动。上山下乡政策一直执行到"文化大革命"结束。许多青年知识分子到了黑龙江、内

---

① 张化对此写有专论:《试论"文化大革命"中知识青年上山下乡运动》(载《十年后的评说》一书)。张化的论述颇为精彩。

蒙古等生产建设兵团，许多青年知识分子下乡插队落户。知识青年上山下乡运动是
"文化大革命"中解决大量中学毕业生出路问题的一项应急措施，也是在"继续革命"
理论指导下改造青年、"反修防修"的政治运动。

一般说来，知识青年上山下乡不能否定。[①] 在"文化大革命"以前和"文化大
革命"期间上山下乡的知识青年作出的贡献是不应该忽略和抹煞的。就"文化大革
命"中的知识青年上山下乡运动来说，它给我国历史带来了影响深远的不幸后果。
它耽误了年轻一代，加重了"文化大革命"给我国历史造成的"人才奇缺"的问题，
造成了国家在经济上的严重损失，又给部分地区的农民和大部分知识青年家长带来
负担，还给知识青年在思想、文化、个人生活等方面带来许多不幸，上乡下乡的知
识青年受到了具有悲剧性质的磨炼——受过毒害，有着创伤，也得到了其他时期所
得不到的磨炼。著名作家冯牧对此有一段精彩的议论[②]：

> 从 20 世纪 60 年代后期到 20 世纪 70 年代的十几年中间，在我们的国土
> 上出现了一个有如狂风暴雨般的势不可遏的事件：数以千万计的城市青少年学
> 生，在"接受教育"的名义下，上山下乡，到边远贫困的农村地区去，开始了
> 难于想象的艰苦繁重的体力劳动生活。历史证明：生活的进程是不会按照人们
> 的主观臆想和如意算盘而发展的。广大人民、特别是广大青少年，为这场狂热
> 的运动所付出的代价，是过于沉重了。上千万的纯真无瑕的青少年，在艰苦的
> 劳动和坎坷的遭际中，也许获得了某种有助于他们思想和体力成熟和发展的收
> 益；但是，一个无可回避和无可补救的问题是：数以千万计的青少年（在他们
> 当中肯定有许多人是富有才能和理想、甚至是在某方面是才智过人的），却因
> 而丧失了继续学习、继续获得科学文化知识、从而也就丧失了发挥自己的才华
> 和创造潜力的机会。同时，在那样的动乱形势下，也不可能使他们对于祖国的
> 建设事业做出有成效的贡献来。他们当中的意志坚强者和体力坚强者，在某种
> 机遇中，也可能冲破困难，自学成才，在生活的激流中有所成就，后来成了艺
> 术家、作家、学者甚至体育冠军。但是，我确实也看到大量的有过这种生活经
> 历的青年人，常常是怀着一种沉重的惘然若失的心情来回忆起自己的这段令人

---

① 参见《人民日报》1986 年 1 月 29 日关于胡启立、郝建秀在欢迎山西省"好儿女志在四方"
汇报团大会上的讲话的报道。

② 《生活——作家的摇篮》，载 1985 年 3 月 25 日《人民日报》。

辛酸的生活经历的。幸乎，不幸乎？尽管人们所失掉的是那么多，尽管我们眼睁睁地看到一批又一批的聪颖有为的青年人为生活的浪潮所淹没而一筹莫展，尽管我们看到了本来是可以成长为参天大树的人到头来却成了枯萎的小草，我们毕竟还是有所收获的。

当时上山下乡知识青年在劳动和生活中的困难太多了。1973年，福建省莆田县城郊公社下林小学教师李庆霖①写信给毛泽东，反映其子上山下乡中的困难。毛泽东于6月10日给予回复，寄去300元，指出"全国此类事甚多，容当统筹解决"。国务院于6、7月间召开了全国知识青年上山下乡工作会议，解决了一些问题。

（5）所谓"教育革命"

毛泽东对此有许多指示。1968年7月21日，毛泽东在《人民日报》关于《从上海机床厂看培养工程技术人员的道路（调查报告）》的编者按清样中加了一段话："大学还是要办的，我这里主要说的是理工科大学还要办，但学制要缩短，教育要革命，要无产阶级政治挂帅，走上海机床厂从工人中培养技术人员的道路。要从有实践经验的工人农民中间选拔学生，到学校学几年以后，又回到生产实践中去。"（调查报告和编者按7月22日在《人民日报》发表，毛泽东加的一段话后来简称为"七·二一指示"。）1968年9月5日，《人民日报》刊登了《红旗》杂志第3期所载《从上海机械学院两条路线的斗争看理工科大学的教育革命——调查报告》和编者按。《红旗》杂志编者按是毛泽东写的，毛泽东在编者按中说："这里提出一个问题，就是对过去大量的高等及中等学校毕业生早已从事工作及现正从事工作的人们，要注意对他们进行再教育，使他们与工农结合起来。其中必有结合得好的并有所发明创造的，应予以报道，以资鼓励。实在不行的，即所谓顽固不化的走资派及资产阶级技术权威，民愤很大需要打倒的，只是极少数。就是对于这些人，也要给出路，不给出路的政策，不是无产阶级的政策。上述各项政策，无论对于文科、理科新旧知识分子，都应是如此。"1968年9月22日，《人民日报》公布了毛泽东的意见："从旧学校培养的学生，多数或大多数是能够同工农兵结合的，有些人并有所发明、创造，不过要在正确路线之下，由工农兵给他们以再教育，彻底改变旧思想。这样的知识分子，工农兵是欢迎的。"

"再教育"、"给出路"这六个大字，突出地说明了对待知识分子的"左"倾错误。

---

① 此人后来堕落为江青一伙的爪牙。

大动乱的年代（1966—1976）

1969 年 1 月 29 日，中共中央、中央文革小组转发了毛泽东批示"照办"的驻清华大学工人、解放军宣传队的报告《坚决贯彻执行对知识分子"再教育"、"给出路"的政策》。这个报告，把"文化大革命"前清华大学的大多数教师说成是"世界观基本上是资产阶级的"或"世界观没有改造好的"。对这些知识分子要"进行再教育"，"从思想上、政治上解决恨谁、爱谁、跟谁走的问题"。报告还把全校各级干部说成是"犯了走资派错误的人"，强迫他们"承认错误"，才"给予适当的工作"。

1969 年 10 月 26 日，中共中央发出《关于高等院校下放问题的通知》。下放的原则是：国务院各部门所属的高等院校，凡设在外地或迁往外地的，交由当地省、市、自治区领导；与厂矿结合办校的，交由厂矿领导。教育部所属的高等院校，全部交给所在省、市、自治区领导。在外地设有分校或教改机构的，实行以总校为主、当地为辅的双重领导。下放给地方的高等院校，除了为当地培养人才以外，还要为国家培养人才，因此，学校的招生和毕业生的分配，都纳入国家计划。此后，各地区、各部门便开始办理交接手续。中央所属的高等院校，包括北京大学、清华大学在内，全部下放地方管理。部分高等院校被撤销、合并或搬迁，专业设置也作了调整。到 1971 年，全国原有的 434 所高等院校，继续办的还有 328 所。

1970 年 1 月 1 日，《红旗》杂志第 1 期发表上海市革命大批判小组的《文科大学一定要搞革命大批判》。文章说："革命大批判既是社会主义文科大学的基本任务，又是当前改造旧文科大学的迫切的战斗任务。"革命大批判"不仅应该批判社会上的资产阶级，还应该把革命大批判深入到文科各个学科，批判哲学、历史学、文学、政治经济学、新闻学、教育学等领域内的反动的资产阶级思想体系。只有这样，旧的文科大学才能在批判中获得新生"。

1970 年 6 月 27 日，中共中央批转《北京大学、清华大学关于招生（试点）的请示报告》。《报告》说：经过三年来的文化大革命，两校已具备了招生条件，计划本年度下半年开始招生。学制：根据各专业具体要求，分别为二至三年。另办一年左右的进修班。学习内容：设置"以毛主席著作为基本教材的政治课；实行教学、科研、生产三结合的业务课；以备战为内容的军事体育课"。各科学生都要参加生产劳动。学生条件：政治思想好、身体健康、具有三年以上实践经验、年龄在二十岁左右、有相当于初中以上文化程度的工人、贫下中农，解放军战士和青年干部。有丰富实践经验的工人、贫下中农，不受年龄和文化程度的限制。还要注意招收上山下乡和回乡知识青年。招生办法：实行群众推荐、领导批准和学校复审相结合的办法。10月15日，国务院电报通知各地：1970年高等学校招生工作，按中央批转的北京大学、清华大学上述《报告》提出的意见进行。

1970年7月21日，《红旗》杂志出版了第8期。这一期是"无产阶级教育革命专辑"。这一期发表了张春桥、姚文元主持撰写而由"驻清华大学工人、解放军毛泽东思想宣传队"署名的文章《为创办社会主义理工科大学而奋斗》。文中提出了创办"社会主义理工科大学"的六个方面的问题：第一，"实行工人阶级的领导"。"工人阶级必须在斗争中牢牢掌握教育革命的领导权"。工人阶级要掌握领导权，必须批判资产阶级。""因此，革命大批判是创办社会主义大学的战略任务，是教育革命的一门主课。"第二，建立一支无产阶级教师队伍。"对原有教师坚持边改造、边使用，建立工农兵、革命技术人员和原有教师三结合的教师队伍"。"工农兵教员是教师队伍中一支最有生气的革命力量"。组织原有教师到三大革命实践中去锻炼改造。第三，实行"开门办学，厂校挂钩，校办工厂，厂带专业，建立教学、科研、生产三结合的新体制"，"把大学办到社会上去"，"使知识分子接受再教育"。"走《五·七指示》指引的道路"。第四，"坚持把政治教育作为一切教育的中心"。"坚持以阶级斗争为主课"。第五，彻底改革教材。大破买办洋奴哲学、爬行主义，打破旧的教材体系，以毛泽东思想为武器，以工农兵的需要为出发点，三大革命为源泉，编写无产阶级新教材。第六，实行新的教学方法。结合生产、科研任务中的典型工程、典型产品、典型工艺、技术革新等进行教学。打破过去把基础课与专业课截然分开的界限，突出重点，急用先学，边干边学。改变以课本为中心，教师为中心的方法。这篇文章发表后，许多报纸加以转载。

1971年4月15日至7月31日，国务院在北京召开了全国教育工作会议。8月13日，中共中央批转经姚文元修改、张春桥定稿的《全国教育工作会议纪要》。文件上写明："毛主席批示：同意。"《纪要》否定了建国十七年来的教育工作，作出了"两个估计"，即："文化大革命"前十七年教育战线是资产阶级专了无产阶级的政，是"黑线专政"；知识分子的大多数世界观基本上是资产阶级的，是资产阶级知识分子。《纪要》还将"全民教育"、"天才教学"、"智育第一"、"洋奴哲学"、"知识私有"、"个人奋斗"、"读书无用"等称为十七年资产阶级统治学校的精神支柱。《纪要》提出，要巩固工人阶级在教育阵地的领导权，坚持五七指示的道路，把转变学生的思想放在首位。还提出"教育要同三大革命实践结合，以厂（社）校挂钩为主，多种形式，开门办学，建立教学、生产劳动、科学研究三结合的新体制；文科要把整个社会作为自己的工厂，农业大学要统统搬到农村去，医药院校应坚定地把重点面向农村"。要建立"工农兵、革命技术人员和原有教师三结合"的无产阶级教师队伍。"要充分发挥工农兵学员上大学、管大学、用毛泽东思想改造大学的作用"。教材要彻底改革。学校实行党的一元化领导，在党委统一领导下充分发挥工宣队的政治作用。要推广厂办工人大学，农村的五七大学或五七学校。《纪要》并对高等学校的调整、管理体制、招生、学制、毕业生分配等问题作了规定。《纪要》还提出，争取在第四个五年计划期间，在农村普及小学五年教育，有条件的地区普及七年教育。要"大力提倡群众集体办学"，提出"民办公助的学校和民办教师，国家补助应是主要的"。《纪要》并对中小学的教学、教师、学制等问题提出了意见。

《纪要》集"左"倾的"教育革命"之大成。8 月至 11 月，各省、市、自治区先后召开教育工作会议，传达和贯彻全国教育工作会议和《纪要》的精神。在这过程中，教育部门的干部、学校的教职工对《纪要》中的"两个估计"、纷纷表示"不理解"、"想不通"，采取各种方式进行抵制。

(6) 所谓"文艺革命"

"文艺革命"就是革文艺的命。新的"斗、批、改"阶段中的"文艺革命"本无多少内容，但是一来可以补叙在此以前的若干大事，二来如实说明"斗、批、改"中的"文艺革命"，对尊敬的读者也算是作了交代。

1966 年 4 月 10 日，中共中央转发了毛泽东三次亲自修改过的《林彪同志委托江青同志召开的部队文艺工作座谈会纪要》。这个纪要，是在文艺方面的"左"倾错误的急剧发展。如果说毛泽东 1963 年 12 月 11 日和 1964 年 6 月 27 日关于文艺工作的批示是"左"倾的批示，《纪要》提出了"文艺黑线专政"论和要批判所谓"黑八论"，"黑八论"是："写真实"论、"现实主义广阔的道路"论，"现实主义的深化"论、反"题材决定"论，"中间人物"论、"时代精神汇合"论、"离经叛道"论、反"火药味"论。则是"左"倾错误的急剧发展。《纪要》否定了 20 世纪 30 年代革命的文艺工作和"文化大革命"以前十七年中的文艺工作，否定了几乎所有的正确的和比较正确的文艺主张，给文艺界许多知名人士带上了"反党反社会主义的黑线"的大帽子。《纪要》中说："江青同志……她对文艺工作方面在政治上很强，在艺术上也是内行"。中央批转的文件如此高度评价除毛泽东而外的个人，是没有先例的。《纪要》的批发，标志着江青从后台走上了前台，为她一个多月以后进入中央文革小组作了铺垫。《纪要》下达以后，广大的文艺工作者和许许多多文艺作品遭到厄运。

1966 年 11 月 28 日，江青在首都文艺界无产阶级文化大革命大会上讲话，讲话稿经过毛泽东修改。她在讲话中，否定建国十七年文艺工作的伟大成绩，抹煞几千年人类文化遗产，把《纪要》的某些观点作了进一步的发挥。第一次提出文化遗产内容上不能推陈出新，只有艺术形式可以继承的观点。江青在这个讲话中一口气点了陆定一、周扬、林默涵和北京市委彭真等十一个人的名，污蔑他们是"反革命修正主义分子"。第一次在公开场合把所谓"旧中宣部"、"旧文化部"、"旧北京市委"连在一起加以攻击，成为后来文艺界所谓砸"三旧"的动员令。陈伯达在讲话中大肆吹捧江青，说江青在所谓"文艺革命"中"有特殊的贡献"。会上还宣布江青任解放军文化工作顾问。

1967 年 5 月 10 日，江青《谈京剧革命》（1964 年 7 月在京剧现代戏观摩演出人员座谈会上的讲话）发表。《红旗》杂志第 6 期为此发表的社论《欢呼京剧革命的伟大胜利》说："京剧革命的胜利，宣判了反革命修正主义文艺路线的破产，给无产阶级新文艺的发展开拓了一个崭新的纪元。"5 月 23 日，北京、上海举行集会，纪念毛泽东的《在延安文艺座谈会上的讲话》发表二十五周年。陈伯达和戚本禹在北京、姚文元在上海发表讲话。陈伯达在讲话中吹捧江青说：她"一贯坚持和保卫毛主席的革命文艺路线。她是打头阵的。这几年来，她用最大的努力，在戏剧、音乐、舞蹈各个方面，做了一系列革命的样板，把牛鬼蛇神赶下了文艺的舞台，树立了工农兵的英雄形象"，"成为文艺革命披荆斩棘的人"。5 月 25 日至 28 日，《人民日报》连续发表毛泽东关于文学艺术问题的"五个文件"：《看了〈逼上梁山〉以后写给延安平剧院的信》（1944 年 1 月 9 日）、《应当重视电影〈武训传〉的讨论》（1951 年 5 月 20 日）、《关于红楼梦研究问题的信》（1954 年 10 月 16 日）、《关于文学艺术的两个批示》（1963 年 12 月 12 日的批示、1964 年 6 月 27 日的批示）。其中，《看了〈逼上梁山〉以后写给延安平剧院的信》，1950 年曾在《人民戏剧》创刊号上发表。这次重新发表，删去了杨绍萱、齐燕铭的名字和"郭沫若在历史话剧方面做了很好的工作，你们则在旧剧方面做了此种工作"一句话。作为纪念活动，现代京剧《智取威虎山》等八个"样板戏"同时在首都舞台上演，历时 37 天，演出 218 场。5 月 31 日《人民日报》以《革命文艺的优秀样板》为题发表社论，说这八个戏"宣告了反革命修正主义文艺黑线的破产"。6 月 18 日，《人民日报》报道会演结束，号召"把革命样板戏推向全国去"。

大动乱的年代（1966—1976）

当时，中央报刊和红卫兵小报齐声歌颂江青，把她誉为"文艺革命"的"旗手"。事实上，她剽窃了《红灯记》、《沙家浜》等作品的成果①，不但把这些作品改成宣扬"左"倾文艺主张的东西，而且疯狂迫害原创作人员。闻捷被迫害致死。至于对这些所谓"样板戏"如何评价，现在已有公正而权威的说法。② 文艺最忌模式化，最忌千篇一律，最忌"高、大、全"。文艺有"样板"，这本身就是荒谬的。

1968 年 5 月 23 日，于会泳在《文汇报》发表《让文艺舞台永远成为宣传毛泽东思想的阵地》一文。第一次公开提出和阐述了"三突出"的口号。文章写道："我们根据江青同志的指示精神，归纳为'三突出'，作为塑造人物的重要原则。即：在所有人物中突出正面人物来；在正面人物中突出主要英雄人物来；在主要英雄人物中突出最主要的中心人物来。""三突出"是宣扬个人崇拜的造神理论，它集教条主义之大成。"样板戏"就是"三突出"在文艺创造上的实现。

1969 年 6 月 19 日，江青在人民大会堂接见几个艺术团体人员时说："有些人就是搞真人真事，真是可恶之极呀！"以后，江青、张春桥、姚文元在不同场合一再宣扬创作"不要写真人真事"、"作品要离开真人真事"、"可以脱离真人真事"等论调。除报告文学一定要写真人真事外，文艺界从来没有"写真人真事"。江青等人所反对的，其实就是反映生活、反映现实。

1969 年 9 月 30 日，《红旗》杂志第 10 期发表《学习革命样板戏保卫革命样板戏》，提出"保卫革命样板戏"的口号。文章声称："举起无产阶级专政的铁锤，坚决打击破坏革命样板戏的一小撮阶级敌人"。在这个口号下，演出"样板戏"，一句台词、一个台步、一束灯光、一个道具，甚至人物身上的一块补丁，都不能变动，否则就是"破坏革命样板戏"！

从 1969 年 7 月起，文化部所属各单位和文联各协会全部工作人员，分别到湖北咸宁、天津静海等"五·七干校"和部队农场劳动，搞"斗、批、改"。各地文艺工作者也纷纷下放。百花凋零，文艺园地白茫茫地一片。这就是所谓"文艺革命"。

仅从九大以后至 1972 年年底，知名的文艺家因受迫害致死的，就有陈翔鹤、郑君里、赵树理、肖也牧、闻捷、盖叫天、邵荃麟、侯金境、王任叔（巴人）、魏

① 参见黄华英：《恢复历史的真相——阿甲谈京剧〈红灯记〉创作经过》（载 1987 年 12 月 29 日《光明日报》）、《林默涵谈〈红灯记〉创作经过》（载 1988 年 4 月 27 日《中国文化报》）。
② 参见王元化：《论样板戏及其他》，载 1988 年 4 月 29 日《文汇报》。

金枝等。他们的死,既是对江青等人的控诉,也是对"左"倾错误的谴责。

1971年7月,国务院文化组成立。吴德任组长,刘贤权任副组长,后于会泳任副组长。

四 简短的评价

苏东海在《文化大革命的理论对群众之掌握》中,对"斗、批、改"作了中肯而深刻的评价。他说:"在'斗批改'中,文化大革命的错误理论在'毛主席的革命路线'的总题目下,进一步渗透到各种业务和制度中去,形成了文化大革命理论的许多不同的分支理论。其中比较完备的分支系统,如文艺革命理论,教育革命理论,知识分子再教育的理论,党内矛盾的理论等贯彻尤其深入,为害最烈。文艺革命理论形成最早,在文化大革命前的几年中,毛泽东有一系列文艺工作的指示,结合当时'左'倾文艺革命的实践,有破有立,搞得相当深入。在打倒封建主义、资本主义和现代修正主义文艺的旗帜下,进行'左'倾文艺革命的实验,并且在文艺指导思想和创作原则、创作方法上有一定的理论概括。由于对过去采取虚无主义的'左'倾幼稚观点,因此所谓文艺革命实际上是对文艺繁荣的一种扼杀。教育革命是文化大革命进行改革时间最长的领域。以《毛泽东论教育革命》一书为理论指导,以一系列的最高指示为补充展开了教育革命。毛泽东关于教育革命的思想是文化大革命理论中最富有想象力的部分。不仅在教育指导思想、教育体制、教学原则上,而且在教学方法上,招生、考试等方面都有大胆改变现实的主张。但是其中大量的主张却是充满偏见与偏激。如否定文科大学,轻视知识,从工农中选拔学生等等。在理论上和实践上甚至发展到荒唐的地步,导致十分恶劣的后果。卫生革命的主要观点是面向农村,做出了一些成绩。但是在'左'的理论指导下,把阶级观点贯彻到医学、药学和医药工作的一切角落里去,引起了相当大的医疗混乱,事实上是行不通的。对待知识分子的'左'的理论是相当激烈的。由于对实践观点的庸俗化、绝对化而导致对知识和知识分子的极端轻视。许多有关评价知识和知识分子的言论中流露着鄙视、蔑视甚至仇视的情绪。因此在实践中贯彻'对知识分子再教育'的理论是十分坚决的,其遗毒至今未能泯灭。党内斗争的理论是与阶级斗争的理论一脉相承的。关于党内有党、有派、有阶级的理论观点是崭新的,是文化大革命'左'倾理论的一个创见。它给党内斗争扩大化以理论根据。从党内斗争角度编造的党内

大动乱的年代（1966—1976）

路线斗争史，充斥讲堂与书肆，几乎人人皆知哪次路线斗争谁为头子等等。在党内斗争理论指导下，党内生活的许多原则和制度有了很大改变，贻害深远。总之，在'改革教育，改革文艺、改革一切不适应社会主义经济基础的上层建筑'的口号下，使文化大革命理论的许多分支理论系统化和深化了。在实践中，在群众行动中，其谬误愈演愈烈，终至不可收拾。"

"斗、批、改"否定了建国以后十七年。既错误地肯定了"文化大革命"，就错误地否定了建国以后十七年大量的正确方针政策和成就；既否定了十七年，实际上就在很大程度上否定了包括毛泽东自己在内的党中央和人民政府的工作，否定了全国各族人民建设社会主义的艰苦卓绝的奋斗。这是无法解脱的矛盾。加之又有江青等人的干扰和破坏，"斗、批、改"从总体上说是"左"倾错误的发展。从动乱的程度看，这时比前三年要好一些；就"左"倾思想侵袭的程度看，这时比前三年有过之而无不及。一系列错误的做法，始终遭到干部、群众的抵制。

"斗、批、改"因林彪事件的发生而中断。

1972 年 10 月 13 日，从湘潭到贵阳的湘黔铁路全线通车。

第二章
国民经济的新"跃进"

1969 年 2 月 5 日，国务院在《通知》中说：全国各地工农业生产呈现了"新的跃进"。1970 年和 1971 年，我国经济建设出现了"新的跃进"，亦即新的冒进。从 1958 年开始的"大跃进"教训是惨痛的，1970 年和 1971 年的新的冒进又重犯历史错误。本章为了说明新的冒进，有必要对在此以前几年的经济情况作些简要叙述。

一 四年经济概况

从 1966 年到 1969 年，国民经济经历了增长—大幅度下降—初步回升的过程。

（1）1966 年

1966 年上半年，我国经济建设的发展是顺利的，仍然保持着 20 世纪 60 年代前半期调整国民经济的好势头。1966 年"文化大革命"的动乱主要集中在上层建筑领域，影响到经济领域特别是基层的工作是在第四季度开始的。尽管动乱伊始就带来许多恶劣影响，但是纵观全年，1966 年的经济仍然有较大幅度的增长。各项生产建设事业，都完成或超额完成了国家计划。

1966 年全年工农业总产值为 2534 亿元，比上年增长 17.3%。其中，农业总产值 641 亿元，超额完成计划 6.8%，比上年增长 8.6%。主要农产品有较大的增长：粮食 2.14 亿吨，比上年增长 10%；棉花 233.7 万吨，比上年增长 11.6%。工业总产值 1686 亿元，超额完成计划 11.5%，比上年增长 20.9%。主要工业产品的产量增长幅度很大：钢 1532 万吨，比上年增长 25.3%；原油 1455 万吨，比上年增长 28.6%；原煤 2.52 亿吨，比上年增长 8.6%；发电量 825 亿度，比上年增长 22%；棉纱 862 万件，比上年增长 20.4%；化肥 240.9 万吨，比上年增长 39.6%。

基本建设投资总额 209.42 亿元，比上年增长 16.6%。铁路货运量 5.49 亿吨，比上年增长 11.9%。社会商品零售总额 732.8 亿元，比上年增长 9.3%。国家财政收入 558.7 亿元，比上年增长 24.4%；支出 541.6 亿元，收大于支 17.1 亿元。

(2) 1967 年和 1968 年

与 1966 年相比，这两年的"文化大革命"具有以下一些特点：第一，由上层建筑领域扩展到经济领域，遍及全国；第二，由冲击领导机关、领导干部发展到夺权，"文化大革命"成了"政治大革命"；第三，由文斗发展到武斗，"全面内战"；第四，由揭批各级领导干部的"资产阶级反动路线"，发展为"打倒一切"。

"打倒一切，全面内战"不能不给经济带来灾难。经过几年艰苦奋斗取得的调整后的大好形势为之断送，国民经济陷入严重混乱之中。这表现在以下几个方面：第一，经济指挥和管理机构瘫痪或基本上瘫痪，国民经济实际上处于无计划的状态。全国全面夺权，从上到下原有的一套经济指挥和管理系统失灵，大批有经验的干部"靠边站"，计划管理和经济管理难以为继，国民经济的发展失去控制。统计机构瘫痪，一些报表被造反反掉了，年报迟迟不能报齐，一些基本统计资料也提供不出来。由于形势极度混乱，1968 年的年度计划也无法制订，1968 年成为我国建立计划经济以来唯一没有国民经济计划的一年。第二，许多行之有效的经济政策和规章制度废弛，无政府主义、经济主义、平均主义猖獗。对"利润挂帅"、"物质刺激"、"生产第一"的批判，把人们的思想搞乱。尤其是对"唯生产力论"的批判，严重破坏了生产力的发展。第三，交通运输阻塞，煤炭生产下降，打乱了正常的经济生活秩序。一些铁路沿线地区发生大规模武斗，严重影响铁路交通，平均日装车数直线下降。1967 年 6 月原计划运往上海、江苏、浙江等华东地区的煤炭为 290 万吨；由于徐州地区铁路运输中断，上半月铁路运煤计划完成得很不好，北方沿海和长江水运也只完成月计划的 36%。煤炭生产节节下降；对一些矿务局实行军管，也不能有效地控制局面。铁路运输紧张和煤炭供应困难，直接影响到钢铁、电力等基础工业部门，进而影响到其他部门。"连锁反应"的结果，整个国民经济都不能正常运转。第四，许多企业停工停产，设备能力不能充分发挥；大批工人离开生产岗位"闹革命"，生产第一线劳动力不足。

两年的动乱，带来严重的后果。

生产连年下降。1967 年工农业总产值为 2104.5 亿元，比上年下降近 10%，1968 年又降为 2015.3 亿元，在 1967 年下降的基础上，又下降 4.2%，只为 1966 年的 86.6%。其中，农业总产值 1967 年为 651 亿元，比上年有微小的增长；1968 年为 635 亿元，比上年下降 2.5%，只为 1966 年的 99%。工业总产值 1967 年为 1453.5 亿元，比上年下降 14%；1968 年为 1380.3 亿元，在上年下降的基础上又下降了 5%，只为 1966 年的 81.8%。主要工农业产品产量，除粮棉大体上持平外，大都连续两年减产。粮食 1967 年 2.178 亿吨，比上年增加 1.8%；1968 年 2.09 亿吨，比上年减产 4%。棉花两年基本持平。钢 1967 年 1029 万吨，比上年减产 32.8%；1968 年 904 万吨，又减产 12.1%。煤 1967 年 2.06 亿吨，比上年减产 18.3%；1968 年 2.2 亿吨，略有增加，但只为 1966 年产量的 87.3%。发电量 1967 年为 774 亿度，比上年减少 6.2%；1968 年为 716 亿度，又减少 7.5%。原油 1967 年为 1388 万吨，比上年减少 67 万吨；1968 年为 1599 万吨，比上年增加 211 万吨。

交通运输和基本建设下降的幅度更大。1967 年与 1966 年相比，铁路货运量下降 21.6%；1968 年与 1967 年相比，铁路货运量下降 2.3%。基本建设投资总额 1967 年为 140.17 亿元，比上年减少 69.25 亿元；1968 年为 113.06 亿元，比上年减少 27.11 亿元。

国家财政总收入也是连续两年减少。1967 年国家财政总收入 419.4 亿元，比上年减少 139.3 亿元，减少 25%；1968 年国家财政总收入 361.3 亿元，比上年减少 58.1 亿元，减少 13.9%。

这两年生产上的损失是巨大的。如果以 1953 年至 1965 年十三年工农业总产值的平均实际增长速度 7.9% 计算，1967 年和 1968 年的工农业生产总值应该达到 5220 亿元，而实际这两年的工农业生产总值只有 4119.8 亿元，两年中损失的工农业总产值达 1100 亿元。

（3）1969 年

1968 年 12 月 12 日，周恩来指示编制 1969 年国民经济计划。在当时的条件下，组织了一个由军代表、老干部和群众组织代表参加的 30 余人的计划起草小组负责这项工作，草拟了《1969 年国民经济计划纲要（草稿）》。1969 年 2 月 16 日至 3 月 24 日召开的全国计划座谈会，讨论了《计划纲要（草稿）》，并把它交给各地代表带回,边执行,边讨论,边补充。1969年国内政治局势逐步趋于相对稳定,有了执行的条件。

《计划纲要(草稿)》规定了五项主要任务:第一项任务,高质量地全力保证毛泽东著作的出版,大力发展广播事业。要求年内出版毛选第一至四卷2000万部、毛主席语录和"最高指示"3亿册,还准备出版毛选第五卷和第六卷;继续动员400万知识青年上山下乡;随着文教机构和学校的下放,文教事业经费改归省、县两级来掌握;力争提前完成超功率对外短波台和对内中波台的建设。第二项任务,大力发展农业,加强工业对农业的支援,用于农业的钢材由前两年的83万吨增加到约160万吨。第三项任务,大力加强国防工业、基础工业和内地工业的建设,力争三到五年改变北煤南运状况。第四项任务,安排好轻工市场,继续提倡晚婚和计划生育,进行免费或低价供应口服避孕药的试点,以上海为中心重新组织南方十二省市消灭血吸虫病的预防和医疗工作。第五项任务,继续狠抓交通运输。1969年计划规定的主要经济指标是:粮食比上年增长6%左右;棉花增长10%左右;钢1600万吨到1650万吨,比上年预计数增长720万吨到770万吨;原煤2.75亿吨到2.8亿吨,增长5800万吨到6300万吨;原油1850万吨到2000万吨,增长270万吨到420万吨;发电量980亿度到1000亿度,增长273亿度到293亿度;棉纱1000万件到1050万件,增长250万件到300万件;铁路货运量5.8亿吨,增长1.7亿吨。计划1969年工业总产值约比1966年增长15%,钢、铁、原油、水泥、机床、发电设备、棉纱、棉布、纸等重要产品的产量,将提前一年达到或超过"三五"计划原定的1970年的指标。全国基本建设投资按193亿元安排,大中型项目1100多个,其中新建的约130个。社会商品零售额约770亿元,比上年增长6%。财政收支各为570亿元。增加职工150万人。

由于政治局势的相对稳定,由于广大群众和干部的努力,1969年的生产情况主要是工业生产情况有所好转,基本上刹住了前两年生产下降的趋势。

这一年的工农业生产,基本上达到或超过了1966年的水平。工农业总产值为2495.5亿元,比上年增长23.8%,比1966年增长7.2%。其中,农业总产值为642亿元,比上年增长1.1%,比1966年增长0.2%;工业总产值为1853.5亿元,比上年增长34.3%,比1966年增长9.9%。

主要工农业产品产量:粮食2.1097亿斤,比上年增长1%,为1966年的98.6%;棉花207.9万吨,比上年下降11.7%,为1966年的89%;钢1333万吨,比上年增长 47.5%，但仅为 1966 年的 87%；原煤 2.66 亿吨，比上年增长 20.9%，比 1966 年增长 5.6%；原油 2174 万吨，比上年增长 36%，比 1966 年增长 49.4%；发电量 940 亿度，比上年增长 31.3%，比 1966 年增长 13.9%。

1969 年，铁路货运量为 5.3 亿吨，比上年增长 26.2%，为 1966 年的 96.4%；财政收入增长很多，达到 526.8 亿元，比上年猛增 45.8%，收大于支 9000 万元，但仍未达到 1966 年的财政收入水平；全国基本建设投资完成 200.83 亿元，比上年猛增 77.6%；社会商品零售额达 801.5 亿元，比上年增长 8.7%，比 1966 年增长 9.4%。

1969 年的经济回升，主要属于恢复性质。如果与 1969 年的计划指标相比，这一年除了原油产量而外，几乎全部没有完成计划指标。这就说明，当时国内政治和经济方面还不具备经济高速度发展的条件，当年的计划脱离实际。

二　两年的冒进

1970 年和 1971 年经济建设出现新的冒进。到 1971 年年底，出现"四个突破"，即：全国职工总数突破了 5000 万人，工资支出总额突破了 300 亿元，粮食销售总量突破了 800 亿斤，货币发行量突破了警戒线。这次新的冒进的造成，既有急于求成、盲目追求高指标和高速度等一般的原因，又有"以战备为纲"的特殊的原因。

（1）对国际形势的估计

1988 年 4 月 19 日，邓小平会见日本自民党总务会长伊东正义时说："在毛泽东时代，曾重视过战争的危险性。"[1]

1965 年，美国帝国主义扩大侵越战争，毛泽东对于战争形势估计得过于严重，因而一再强调必须积极备战，要把国防建设放在第一位。国家计委于 1965 年 9 月重新拟订的、经中央基本同意的第三个五年计划草案，实质上是以备战为中心的计划。[2]

1969 年 3 月 2 日，苏联边防军侵入中国黑龙江省珍宝岛地区，公然开枪开炮。后又出动大批装甲车、坦克和武装部队，再次侵入珍宝岛和该岛西侧的中国河道，进行挑衅，随后，苏联军队又入侵中国新疆巴尔鲁克山西部地区、黑龙江省八

---

[1] 1988 年 4 月 21 日《参考消息》。

[2] 参见陈雪薇：《经济建设的停滞、倒退及其历史教训——评"文化大革命"十年的经济建设》，载《十年后的评说》一书。

岔岛地区、新疆铁列克提地区，制造新的流血事件。1970 年 5 月，美国出兵柬埔寨，并恢复轰炸越南北方。在这一形势下，毛泽东对于战争的危险又作了过于严重的估计。1969 年 4 月 28 日，他在中共九届一中全会上讲话，提出了"要准备打仗"的要求。1969 年 8 月 28 日，《中国共产党中央委员会命令》发布，文件上写明："毛主席批示；照办。"在这命令中，中共中央要求边疆各省、市、自治区各级革命委员会、各族革命人民和中国人民解放军驻边疆部队全体指战员随时准备对付武装挑衅，防止突然袭击。《命令》说，党中央命令你们充分做好反侵略战争的准备。1969 年 9 月 17 日，《人民日报》刊登《庆祝中华人民共和国成立二十周年口号》。二十九条口号中有一条是毛泽东写的，这一条是："全世界人民团结起来，反对任何帝国主义，社会帝国主义发动的侵略战争，特别要反对以原子弹为武器的侵略战争！如果这种战争发生，全世界人民就应以革命战争消灭侵略战争，从现在起就要有所准备！"1969 年 10 月，毛泽东作出了国际形势有可能突然恶化的估计。①
1970 年 1 月 1 日，《人民日报》、《红旗》杂志、《解放军报》元旦社论《迎接伟大的 70 年代》突出地引用了这条口号全文，指明是毛泽东的号召，要求对于侵略战争"一定要百倍提高警惕"。1970 年 1 月 31 日，在毛泽东批发的中共中央《关于打击反革命破坏活动的指示》中提出："用战备的观点，观察一切，检查一切，落实一切。"1970 年 5 月 20 日，毛泽东在《全世界人民团结起来，打败美国侵略者及其一切走狗！》中提出："新的世界大战的危险依然存在，各国人民必须有所准备。"众所周知，毛泽东早就提出了"备战、备荒、为人民"的方针，后来又提出了"深挖洞，广积粮，不称霸"的方针。

"提高警惕，保卫祖国"是完全正当的，问题是对于战争的危险估计得过分严重，这对经济建设不能不产生消极的影响。正因为对于战争的危险估计得过分严重，就提出了经济建设上的"以战备为纲"。要求高速发展、三线建设投资过多、盲目下放权力等问题随之而来。当时不少省、市、自治区由将军们管经济，陈云说："将军们管经济，有些人经验少，胆子大。"② 这也是一个情况。

(2) 1970 年的冒进

1970 年 2 月 15 日至 3 月 21 日，国务院召开全国计划会议，制订 1970 年国民

---

① 参见中共中央党史研究室：《中共党史大事年表》，人民出版社 1987 年版，第 372 页。
② 《陈云文选（1956—1985）》，人民出版社 1986 年版，第 228 页。

经济计划，并着手研究第四个五年计划。当时，对国际形势作了不切合实际的分析，认为新的世界大战随时可能爆发，把对付国外敌人的突然袭击和大规模入侵当作压倒一切的中心任务。经济建设急于求成，盲目追求高指标、高速度的"左"倾思想再度抬头。这次会议提出了"以阶级斗争为纲，狠抓战备，促进国民经济的新飞跃"的口号，强调要"集中力量建设大三线战略后方"。会议拟定了《第四个五年计划纲要（草案）》。会议提出的1970年国民经济计划草案，经中共九届二中全会批准。

1970年的计划，根据要抓紧"两个拳头"（即农业和国防）的指导思想，提出五项任务：首先要加快内地战略后方的建设；大力发展农业，加快农业现代化的进程；积极发展地方"五小"工业（小钢铁、小机械、小化肥、小煤窑、小水泥），尽快做到县县有农机修造厂；着手进行建立经济协作区的试点工作；搞好企业下放，争取年内完成。

这次全国计划会议和1970年计划有以下几点值得注意。

第一，会议根据战备需要，把全国划为十个协作区（西南、西北、中原、华南、华东、华北、东北、山东、闽赣、新疆），各自建立适应独立作战的工业体系，做到"自己武装自己"。既然要求地方各自为战、自成体系，势必同国民经济调整后形成的"条块结合，条条为主"的经济管理体制发生尖锐冲突，从而客观上要求改变这种体制，把管理经济、管理企业的权力和财政、物权、投资权等，更多地下放给地方。1970年，全面展开了一场企业大下放的运动。不加区别地下放，下放过多、过急、过猛，这是造成经济效益下降的原因之一。

第二，加速内地和战备后方（即三线）建设。这是继1965年三线建设第一个高潮之后的又一个高潮。1970年国家预算内基本建设投资的完成额中，内地建设为197.98亿元，占投资总额的67.1%，其中三线建设投资为163.13亿元，占投资总额的55.3%。

第三，经济建设中急于求成、盲目追求高指标和高速度的"左"倾思想再度抬头。《第四个五年计划纲要（草案）》根据毛泽东关于经过四个五年计划"可以有3500万到4000万吨钢"的设想，不切实际地确定1975年钢要达到3500万吨至4000万吨（比1970年增长106%—135%），生产能力要达到4000万吨以上。与之相适应，规定1975年粮食要达到3亿吨至3.25亿吨，煤要达到4亿吨至4.3亿吨。电力、轻工等部门先后提出1975年产量翻一番的高指标。燃料工业部也提出"大干三年，扭转北煤南运"的口号，要求到 1972 年江南九省实现煤炭基本自给。其他各行各业也都酝酿着要大上、要翻一番。①

第四，建设规模过大，积累率过高。1970 年计划安排的国家预算内基本建设投资 228 亿元，比上年实际增长 47%，执行中又一再突破，全年共追加投资 50 亿元左右。国家预算内投资实际完成 255.2 亿元，比上年增长 53.3%，加上地方自筹资金，全年基本建设投资实际完成总额达 294.99 亿元，比上年猛增 109.34 亿元。全年施工的大中型项目有 1409 个，比原计划 1113 个多 296 个，全部建成投产只有 235 个，投产率只达 16.7%，可见效率不高。由于基建规模骤然扩大，积累率也就急剧上升，由上年的 23.2% 提高到 32.9%。这样大的建设规模和这样高的积累率，都是当时经济发展水平所难以承担的，造成人力、物力的紧张。

1970 年的经济发展较快，不仅比上年有较大幅度的增长，而且达到和超过了 1966 年的水平。工农业总产值 3136.8 亿元，比上年（下同）增长 25.7%。其中，农业总产值 716 亿元，增长 11.5%；工业总产值 2420.8 亿元，增长 30.6%。工农业主要产品产量都有较大的增长：粮食 2.3996 亿吨，增长 13.7%；棉花 227.7 万吨，增长 9.5%；钢 1779 万吨，增长 33.5%；原煤 3.54 亿吨，增长 33.1%；原油 3065 万吨，增长 41%；发电量 1159 亿度，增长 23.3%。铁路货运量 6.8 亿吨，增长 28.3%；财政收入 662.9 亿元，增长 25.8% 收大于支 13.5 亿元；社会商品零售总额 858 亿元，增长 7%。1970 年存在不少问题：第一，钢等指标订得过高，重工业生产增长过快，基本建设规模太大，造成积累和消费的比例关系失调。第二，过急地扩大内地建设，把大量投资投在内地，给整个经济发展带来了严重后果。第三，片面强调自给自足和发展"五小"工业，阻碍了各地经济优势的发挥，造成很大的浪费和损失。第四，不加区别地仓促地把大部分中央企业下放给地方管理，不仅没有根本解决体制中存在的弊病，而且打乱了原有协作关系，给生产带来许多不必要的损失。

1970 年是第三个五年计划的最后一年。1970 年基本上完成或超额完成了第三个五年计划。

(3)"四个突破"

1971 年，由于对国际形势、战争危险的估计过于严重，更加突出"备战"，要求"与帝修反争时间、抢速度"，集中力量建设战略后方，要求各协作区都要自成

---

① 参见高尚全等：《当代中国的经济体制改革》，中国社会科学出版社 1984 年版，第 135—136 页。

体系，促进国民经济的"新飞跃"。

1970 年 12 月 16 日至 1971 年 2 月 19 日，国务院举行全国计划会议，拟定了 1971 年度国民经济计划。1971 年的计划是高速度、高指标的计划。工农业总产值 3350 亿元，比上年（下同）增长 12%。其中，农业总产值 750 亿元，增长 7%；工业总产值 2600 亿元，增长 13%。工农业主要产品产量指标是：粮食 2.45 亿吨至 2.5 亿吨；棉花 4800 万担到 5000 万担；钢 2000 万吨到 2100 万吨；原煤 3.6 亿吨到 3.7 亿吨；电 1300 亿度到 1350 亿度；石油 3900 万吨到 4000 万吨。铁路货运量 7.3 亿吨到 7.5 亿吨。社会商品量零售总额 850 亿元。财政收支各为 705 亿元。国家预算内基本建设投资 270 亿元，其中用于三线地区的投资 150 亿元，占 55.5%。新增职工 140 万到 156 万人。1971 年实行基建投资、物资分配、财政收入支出的大包干，亦即权力下放。

经过努力，1971 年国民经济发展表面上看成绩还是不小的。工农业总产值完成了计划的 104%，比上年（下同）增长 12.2%。其中，农业总产值完成计划的 98.4%，增长 3.1%；工业总产值完成计划的 107%，增长 14.9%。财政收入完成计划的 105.6%，国家预算内基本建设投资完成计划的 97.5%。主要工农业产品产量指标中，农业生产中的十三种主要产品指标有九项没有达到计划要求（粮食总产量为 2.5 亿吨，比上年增产），工业生产大部分都是增产的，如：钢 2132 万吨，增加 353 万吨；原煤 3.92 亿吨，增加 3800 万吨；原油 3941 万吨，增加 876 万吨；发电量 1384 亿度，增加 225 亿度。

但是存在不少问题：第一，积累率过高，基本建设规模过大。由于不顾实际可能，积累在国民收入中的比重，1969 年为 23.2%，1970 年上升为 32.9%，1971 年更上升为 34.1%。乱上新项目，盲目扩大基建规模，使基建投资总额急剧上升。1969 年基建投资总额为 186 亿元，1970 年增加到 295 亿元，比上年增加了 109 亿元；1971 年又在 1970 年的基础上增加了 26 亿元，达到 321 亿元。第二，职工人数急剧增多。随着基建规模和重工业生产急剧膨胀，盲目增加职工的现象相当普遍。1970、1971 年，原计划全民所有制单位增加职工 306 万人，实际增加了 983 万人。到 1971 年年底，职工总数达到 5318 万人。第三，工资总额和粮食销量控制不住。由于职工人数猛增，工资支出和粮食销量大大超过计划。原计划 1971 年全民所有制职工工资总额为 296 亿元，实际支出 320 亿元，原计划 1971 年销粮 794 亿斤，实际销出 855 亿斤。

　　1971年年底出现了"四个突破"：职工人数突破了5000万人，工资支出突破了300亿元，粮食销量突破了800亿斤，货币发行也突破了。周恩来说："不只三个突破，货币发行也突破了。""票子发多了，到了最大警戒线。三个突破不如这一个突破。"① 这"四个突破"，表明整个国民经济出现了危险的倾向。

　　"四个突破"的问题是周恩来最早发现的，他着力解决了国民经济发展中的冒进问题。这个，下文将要说到。

---

① 《周恩来选集》下卷，人民出版社1984年版，第464、465页。

毛主席在外地
巡视期间同沿途各地
负责同志的谈话纪要

（一九七一年八月中旬至九月十二日）

毛主席说，希望你们要搞马克思主义，不要搞修正主义；要团结，不要分裂；要光明正大，不要搞阴谋诡计。

思想上政治上的路线正确与否是决定一切的。党的路线正确就有一切，没有人可以有人，没有枪可以有枪，没有政权可以有政权。路线不正确，有了也可以丢掉。路线是个纲，纲举目张。

我们这个党已经有五十年的历史了，大的路线斗争有十次。这十次路线斗争中，有人要分裂我们这个党，都没有分裂成。这个问题，值得研究，这么大个国，这泽多人不分裂，只好讲人心党心，党员之心不赞成分裂。从历史

—149—

1971 年 8 月中旬至 9 月 12 日，毛泽东到南方巡视。沿途与各省和各大军区领导谈话，指名批评了林彪集团主要成员陈伯达、黄永胜等人，暗示要解决林彪集团的问题。图为毛泽东谈话的记录稿。

第三章
林彪事件

·

《关于建国以来党的若干历史问题的决议》指出："1970 年至 1971 年间发生了林彪反革命集团阴谋夺取最高权力、策动反革命武装政变的事件。这是'文化大革命'推翻党的一系列基本原则的结果，客观上宣告了'文化大革命'的理论和实践的失败。"林彪事件包括相互关联的两个事件：一为在九届二中全会上的斗争，一为随后进行的种种阴谋活动。前者为党内的斗争，所以《中华人民共和国最高人民检察院特别检察厅起诉书》（特检字第 1 号）不加涉及；后者则是严重罪行。关于林彪事件的材料虽然很多，但是关键性的资料甚缺。对于林彪事件的研究很不充分，总的说还处在较低的层次。本章中提出一些个人看法，就正于尊敬的读者。

一　林彪和林彪集团

为了弄清楚林彪事件，有必要先简要介绍林彪和林彪集团中的几个重要人物。

（1）林彪及其一家

林彪原名林育蓉，湖北省黄冈县人，1906 年生 [1]。他的履历，《中国人民解放

---

[1] 一说"1907 年生"，见《毛泽东书信选集》第 53 页注释〔1〕。此处据《中国人民解放军将帅名录》第 1 集。

军将帅名录》第一集已经写明，不再赘述。从他履历中看出，在革命战争年代他长期在毛泽东直接领导下工作，为毛泽东所赏识，晋升很快。二十四岁时任中国工农红军第四军第一纵队司令，二十七岁时任红军第一军团军团长，三十一岁时任八路军一一五师师长。被授予元帅军衔时他才四十九岁。经毛泽东提名，1958 年 5 月 25 日召开的中共八届五中全会增选他为中央政治局常委、中共中央副主席。

林彪在历史上是个战将，为党和人民做过不少有益的工作。陈云在谈到《辽沈决战》一书时说过：

"林彪作为四野的司令员，在当时正确的地方，我们也不必否定。"[①] 黄克诚也说过：

"林彪在我军历史上是有名的指挥员之一……他在历史上对党和军队的发展，战斗力的提高，起过积极的作用。"

"据我了解，毛主席和朱总司令在中央根据地指挥中央红军作战时，他们手下有几个著名的战将，一个是彭德怀，一个是林彪，一个是黄公略。……红四军是毛主席、朱总司令创建的，成立红一军团后，红四军就是林彪指挥，他是红四军军长。……在这三个军中，战斗力最强的是红四军，战功最大的是红四军。据我了解，林彪的确有指挥作战的能力。"

"在我们军队中，他可以说是一个战将。"

"在抗日战争初期，林彪指挥了平型关战斗。"

"他与陈云、罗荣桓、李富春等同志，共同领导了东北的解放战争，解放了整个东北。后来进关指挥平津战役，解放华北，以后又进军中南，直到中南地区全部解放，他才回来休息。"[②]

在中共八届十一中全会上，经毛泽东提名，林彪成为毛泽东的接班人。毛泽东之所以看中林彪，不是因为他在中央常委中年龄最轻（1966 年林彪 60 岁，邓小平 62 岁），而是因为他长期拥戴毛泽东，"突出政治"，而毛泽东全面发动"文化大革命"又需要军队的支持。

---

① 《陈云同志关于〈辽沈决战〉一书的谈话》，载《党史通讯》1984 年第 12 期。

② 《黄克诚同志对大百科全书"林彪"条释文的意见》。载《党史资料征集通讯》1985 年第 4 期。请再参见樊昊等：《宝库，于无声中矗起——〈中国大百科全书〉军事卷编纂略记》（载 1986 年 8 月 21 日《解放军报》）和《〈辞海·军事分册〉重新修订》（载 1986 年 11 月 17 日《解放军报》）中关于林彪的部分。

　　林彪在 1959 年 9 月取代彭德怀主持中央军委日常工作以后，半真情半假意地迎合与颂扬毛泽东。在毛泽东与中央第一线有严重分歧的时候，他坚决站在毛泽东一边。1959 年 8 月 1 日在讨论彭德怀问题的中央常委会上，1962 年年初在许多人怀疑"三面红旗"的七千人大会上，林彪拥护毛泽东的主张，迎合毛泽东。在军队建设上，他揣摩毛泽东的心意，搞了"突出政治"的一整套。他不仅被毛泽东视为正确而加以器重，也在军队广大指战员中赢得很高的名声。我们固然应该谴责林彪，更应该问一问我们许多人那时何以高度信任与拥护林彪，尤其应该检讨那时的领导制度。邓小平说过："制度不好可以使好人无法充分做好事，甚至会走向反面。"①

　　在"文化大革命"中，林彪更是抱定宗旨"紧跟"毛泽东。他处理中央传阅文件的原则是"主席划圈我划圈"，亦即"毛泽东同意我同意"。（林彪本人一般不亲自划圈，而由秘书代劳。）他在讲话中以竭尽思虑想出的各种各样"生动"的语言讴歌毛泽东，不仅充斥"高举"、"紧跟"、"突出"之类的词语，而且颇多"警句"。他的题词有："毛泽东思想指引下的人民革命是历史前进的火车头！"②"伟大的领袖、伟大的统帅、伟大的导师、伟大的舵手毛主席万岁！万万岁！"③"高举毛泽东思想伟大红旗，在无产阶级文化大革命中立新功！"④"大海航行靠舵手，干革命靠毛泽东思想"⑤。这些题词次次"突出主席"，都在《人民日报》上发表了。林彪上天安门参加大会，规定秘书严格掌握出发时间，必须比毛泽东早到一两分钟，在城墙下电梯旁等候毛泽东；在天安门上，则紧随毛泽东。林彪从来不读《毛泽东语录》，也从来不"随身带"，规定秘书替他保管。林彪每次去参加群众性的集会，则由秘书交给他。当群众高呼口号时，林彪用右手举起《毛泽东语录》，一上一下地挥动。大会结束，"红宝书"又回到秘书手中。1966 年，林彪批给毛泽东的文件都是写"请主席阅"、"送主席批示"之类的语句；从 1967 年年初开始，"请"、"送"则一律改为"呈"字。有一次他对一位秘书说："你觉得我这个人怎么样？有什么优点？有什么缺点？"秘书不敢评论，无以答对。林彪口气平和地说："可以评论。

----

① 《邓小平文选》第 2 卷，人民出版社 1994 年版，第 333 页。

② 这是为"毛泽东号"机车命名二十周年题的词。

③ 这是为清华大学毛泽东塑像题的词。

④ 这是为北京卫戍区"活学活用毛主席著作"积极分子代表大会题的词。

⑤ 这是为海军首届学习毛主席著作积极分子代表大会题的词。

大动乱的年代（1966—1976）

你说说看法，没有关系。"秘书说："我印象中比较深的有两条：一条是，首长对毛主席跟得紧；另一条，是首长讲话少而精。"林彪颇为得意，他说："你谈的这两条特点，这第一条非常重要。要紧跟毛主席。其实我没有什么本事，我的本事都是从毛主席那里学来的。你们给我当秘书，记住这一条很要紧。"紧跟毛泽东，这就是林彪的政治态度。是真诚抑或虚伪？恐怕二者兼而有之吧。如果不从个人角度来考察，可以说，这具有那个时代的特点。

与此相联系，林彪反对过于突出他自己。事例很多，这里举出四个：例一，林彪规定，在送给毛泽东和中央文革小组的传阅件中，如有关于林彪的新提法，秘书要及时提醒。一次，在一份军内上送毛泽东、周恩来、中央文革的文件中有了新提法，秘书就向林彪报告。当秘书说到文件中称林彪为"副统帅"时，林彪立即表态："划掉！"当秘书说到文件中提到林彪是"三忠于"的"光辉榜样"时，林彪断然命令："一律划掉！"（叶群在旁说"这一条不能勾"，说明"理由"；林彪不耐烦地说："好了，好了，不划掉这个提法就是了！"）例二，1967 年 3 月 20 日，林彪在军以上干部会议上讲话。讲话的末段是："另外，我讲一个单独的零碎的问题。最近我发现有什么林彪同志语录，是学生搞的，一个是一个中学校搞的，另一个是一个什么红卫兵组织搞的，我们就收到两种。另外，我们总政过去也搞了我的一个政治工作语录。我看，不要搞。你们看到的时候，请你们代为没收。总政，我是给他们讲了，我这个意见是雷打不动的，你们不要搞。现在我们的任务就是要善于活学活用毛主席的思想。毛主席思想是全中国人民的思想财富，而且是全世界人民的思想财富。毛主席的话，一句等于我们一万句。我们要以毛主席的思想来统帅全国，来指导我们一切的工作。"[1] 例三，根据林彪的要求，中共中央印发了《林彪同志给总理和中央文革小组的一封信》。林彪在 1967 年 6 月 16 日夜写的这封信中说："不宜提'祝林副主席永远健康'的口号。只有突出我们伟大领袖毛主席，才符合于全国和全世界革命人民的需要和客观实际。今后一切演出、一切会议、一切文件、一切报刊以及其他各种宣传形式都应突出毛主席，不要把我和毛主席并提。"例四，1968 年夏，林彪出去"转车"[2]，在大街上看到一些"纪念林副主席八·九讲话发表一周年"之类

---

[1] 这一段话据中共中央文件，是经过整理的。在中共中央 1972 年 6 月下发的另一文本中，这一段话长得多，一再说他自己讲话"信口开河"，"一是传流毒"，又说有些用他的名字发表的文章并不是他做的，"我是二十多年来吧，没有动笔写过一篇文章"。

[2] "转车"就是坐在车上出去转悠，这是林彪活动身体的方式之一。

的大字标语，回家以后就下令连夜把这些标语揭去。下面立即执行。这一些，能不能单纯看作故作姿态以沽名钓誉呢？殷鉴不远，至少是重要原因之一吧。

正如林彪自己讲的，他"身体不好"①，他"神经不好"②。他怕光，怕风，怕水，怕冷，怕出汗。他不洗澡，不吃水果。他对室温有严格的要求：21℃相差不能超过半度。他要求在室内的各个部位都放着温度计，以便随时查看。他不能读文件，需要秘书"讲"给他听。"文化大革命"中送到林彪那里的文件，每天少说也有几万字，最多时一天有30万字。经过秘书选择和概括，讲给林彪听，讲的时间限制在30分钟内。一天只许讲一次，有一段时间准许讲两次。讲文件的秘书，必须离他几米远，因为他害怕翻动文件时有风。③

林彪的讲话，除了必须照念的而外，都有自己的特色。他对讲话的准备，方式独特。他是怎样准备的呢？请看他的秘书张云生的描绘："在林彪即将出场讲话的那天早晨……他守着一叠白纸，自己冥思苦想，想了一阵，就在一张白纸上写了几个别人弄不懂含义的大字，然后将这张白纸推在地毯上；他接着再想，想好了又在另一张纸上写几个字，同样推在地上……地毯上到处是林彪散扔着的白纸，最后由林彪命令内勤将它们拾起，并由他自己重新排列一下顺序。这就是他的讲话'条子'（按即提纲）。别人可能觉得他这种独特的工作方式好笑，但他自己倒是颇为得意的。"关于"五·一八"讲话，他的另一位秘书说："首长（按指林彪）讲话不愿用稿子，向来是喜欢自己顺口讲。……'五·一八'讲话时我赶上了。主任（按指林办主任叶群）叫我们几个秘书帮助拉条子，结果是白费劲。只有主任和作战部的雷英夫帮助搜集的那些古今中外政变资料，倒还用了。"

林彪在生活上、政治上有不少独特的习惯。他不吃鱼肉，不吃大米，喜欢喝麦片糊糊，喜欢吃炒了的黄豆。偶尔吃一点肉饼。食物不在乎味道，而注重热量和温度。④林彪睡觉时从不盖棉被而盖毛巾被，视温度高低而决定盖几条；冬天从不穿棉衣而穿单衣，视温度高低而决定穿几件。他从不亲自接电话，他的卧室和办公室内也不安装电话。他同意"林办"的一个工作人员模仿他的字体，有些批示要这位工作人员代劳。他规定对他的重要批示、指示作"冷处理"，即停半日后发出，以

---

① 林彪1970年8月23日在中共九届二中全会上的讲话。

② 林彪1967年3月20日在军以上干部会议上的讲话。

③ 参见邵一海：《一个"超天才"的来历》，载《追求》创刊号（1985年2月出版）。

④ 详见高小玲等：《毛家湾的女主人——一位秘书的琐忆》，载《中国作家》1988年第2期。

免考虑不周。

林彪沉默寡言。他特别讨厌叶群的自作主张和讲话唆，要工作人员写了一个条幅挂在叶群卧室内，条幅上写的是："做事莫越权，说话莫唆。"他几乎从不与别人闲聊，他与天天见面的讲文件的秘书四年多中只交谈了一次，时间也极短。他除"转车"外，常常坐着不动，有时在室内背手踱步。他冷漠而极少发脾气，喜怒不形之于色。他孤独，超脱，高傲，遇事置身事外。

靳大鹰在《"九一三"事件始末记》[1] 中说："对于林彪这个人，人们直到今天了解得都太少了。"这是剀切之言。

叶群，原名叶宜敬，她是林彪办公室主任。聂荣臻说过："林彪是个昏君，真正给他当家主事的是他老婆叶群。"[2] 邵一海在《"舰队"投入第一线》[3] 中说："叶群就在很大程度上控制了林彪。……林家王朝的实权，很大一部分实际上掌握在叶群手中。"

叶群是个爱活动、爱热闹、爱虚荣、不甘寂寞的人，与林彪完全不同。林彪虽然对她相当不满，讨厌她说话颠三倒四、唠唠叨叨，对她常借他的名义在外面做一些他不知道的事愤慨，有一次因她越权行事而要打她；但是，因为林彪身体不好，许多事需要叶群出面，林彪很需要从她那里听到从钓鱼台等处得到的消息（这些消息是从报纸、文件上不可能得到的），有时她周旋于江青、陈伯达、吴法宪等人之间对林彪也很有益处，所以林彪离不开叶群。林彪因年龄较叶群大了许多而又体弱，甚至觉得在生活上有亏于叶群，曾肉麻地当众写了"发不同青心同热，生不同衾死同穴"以"书赠爱妻叶群"。叶群与林彪在生活上的矛盾很深。1961 年 11 月，叶群在家乡福州写了一篇不短的日记，通篇以最刻毒的语言描绘跟着林彪如同伴着僵尸，咒骂林彪毁灭了她的青春。又写道：林彪是"一个专门仇恨人，轻视（友情、子女、父兄——无意趣）人，把人想得最坏最无情，终日计算利害，专好推过于人们，勾心斗角互相倾轧的人"[4]。但是她必须靠着林彪，靠着林彪才能作威作福，去填那永远也填不满的私欲。她虽然官儿不大，只是师职干部，但是权力极大。林彪的意见、指示、批示要由她把关；这是林彪授予她的权力，因为她有时可以向林彪

---

[1] 载《时代的报告》1980 年第 4 期。

[2] 转引自纪希晨：《"二月逆流"始末记》，载《时代的报告》创刊号。

[3] 载《追求》1986 年第 1 期。文中介绍了叶群的简历。

[4] 文字不通，原文如此。

提出"更好"的意见。下面向林彪的请示必须通过她，她可以推延请示、婉言拒绝、自行处置，甚至假传"圣旨"。她有这样一个特殊的身份，吴法宪之流也就奉承她，巴结她。毛泽东1971年8月14日至9月12日在外地巡视时说过："我一向不赞成自己的老婆当自己工作单位的办公室主任。林彪那里，是叶群当办公室主任，他们四个人（按指黄永胜、吴法宪、李作鹏、邱会作）向林彪请示问题都要经过她。"可惜这话说晚了。

要了解叶群，不妨先请参观一下她的房间。如果说，走进林彪的房间，像是进了一座阴森的殿宇；而走进叶群的房间，你就像是到了一个暴发户的姨太太的家里：富丽，庸俗，杂乱。豪华的家具，五花八门的小摆设，各式各样的字画，把这间不算小的房间挤得满满的。墙壁上挂的画分上下两层，上层是人物，下层是花草，这些都是不花钱弄来的。林彪手书的条幅"天马行空，独往独来"，挂在显眼的地方。屏风上，挂着陈伯达的手笔"克己"二字。床头贴着上面已经讲到的林彪叫贴上的条幅。门上贴着一张白纸，上面是她自己吩咐工作人员写的三句话："山穷水尽疑无路，柳暗花明又一村""充其量坏不到哪里去""少吃多餐"。这三条叶群自选的座右铭，活灵活现地暴露出这个有野心的女人的精神世界。同林彪房间比较，这里还有一个最大的差别：保持恒温18℃，比林彪那里低了三度。这是叶群想出的一条妙计。这么一来，林彪就怎么也不敢走进叶群的房间。

叶群贪婪，虚伪，权迷心窍，自以为是，酷爱背后捣鬼，以他人的痛苦为乐事。她是个空虚的女人。

林彪全家原来有五口人：林彪、叶群，三个孩子。大女儿林小琳是林彪前妻所生。"文化大革命"初期在哈尔滨军事工程学院学习，参加了"保守组织""八·八团"。叶群假借林彪的名义，写了一个声明，大意是：小琳一贯反对我（按即林彪），她在外的一切言论、行动并不代表我，我概不负责。从现在起，我与她脱离父女关系。这个声明在哈尔滨到处张贴。以后，叶群又指使吴法宪派人把她送到大西北沙漠中的一个基地。她跑了出来，叶群又设法把她送到西南地区的部队里。所以，这个大女儿实际上已不是这个家庭的一员了。林彪、叶群身边，只有女儿林立衡和儿子林立果。林立衡是林立果的姐姐，小名豆豆，曾在空军工作，任《空军报》副主编副师职。林立果，小名老虎，1945年生。二人尊重父亲，有感情，还有些敬畏；对叶群没有感情，从懂事起没有叫过一声"妈妈"，林立衡有点怕叶群，林立果根本瞧不起叶群。林立果1966年时21岁，是北京大学物理系的学生。1967年3月，

大动乱的年代（1966—1976）

任空军党委办公室秘书。1967 年 7 月 1 日，林立果按照叶群指定的日子，由吴法宪、周宇驰介绍，加入了中国共产党。1969 年 10 月 17 日，吴法宪按照林彪的授意，任命林立果为空军司令部办公室副主任兼作战部副部长（副师职）。10 月 18 日，吴法宪把林立果、空军司令部副参谋长兼办公室主任王飞、同林立果一起被任命为办公室副主任的周宇驰召集在一起，对他们说："今后，空军的一切都要向立果同志汇报，都可以由立果同志调动、指挥。"周宇驰、王飞等人先后在空军党委常委办公会议上和机关作了传达。一股吹捧林立果的旋风，在空军领导机关刮起。而在事实上，林立果在空军并不能指挥一切、调动一切。后来，林立果是法西斯的秘密组织"联合舰队"的头子。

（2）黄、吴、李、邱

黄永胜，湖北省咸宁县人，1910 年生。1927 年参加湘赣边界秋收起义，同年加入中国共产党。历任团长、师长、军分区司令员、旅长、纵队司令员、军区司令员、兵团司令员、大军区司令员等职。在 1968 年 3 月 22 日任总参谋长以前，是广州军区司令员。1955 年被授予上将军衔。

吴法宪，江西省永丰县人，1915 年生。1930 年参加中国工农红军，1932 年由共青团员转为中共党员。历任团青年干事、师青年科科长、团政治委员、支队政治委员、师政治部主任、军区副政治委员、军政治委员、兵团副政治委员兼政治部主任、空军副政治委员兼政治部主任、空军政治委员和司令员等职。1955 年被授予中将军衔。

李作鹏，江西省吉安县人，1914 年生。1930 年参加中国工农红军，1932 年由共青团员转为中共党员。历任中央军委参谋、科长、抗大参训队长、师侦察科科长、师作战科科长、纵队参谋处处长、东北民主联军参谋处处长、纵队副司令兼参谋长、纵队司令员、军长、兵团参谋长、军政大学副校长、高级步兵学校校长、训练总监部陆军训练部部长、总参军训部部长、海军副司令员、海军政治委员等职。1955 年被授予中将军衔。

邱会作，江西省兴国县人，1914 年生。1929 年参加中国工农红军，1932 年由共青团员转为中共党员。历任军团宣传队队长、军委总供给部政治指导员、军委科长、粮秣处处长、军委供给部部长、师供给部政治委员、师组织部部长、军区政治部主任、纵队政治委员、军政治委员、兵团副政治委员兼政治部主任、总后勤部部长等职。1955 年被授予中将军衔。

这四人中，上将一人，中将三人。他们出身都很苦，有的是放牛娃。很早就投身革命，都参加过二万五千里长征，是老红军。无疑，他们在历史上为党和人民做过不少有益的工作。

在"文化大革命"这个特殊历史条件下，林彪与黄、吴、李、邱结成林彪集团。林彪需要力量，黄、吴、李、邱需要支持，这个集团就以个人野心和宗派主义为基础，逐渐形成。在"文化大革命"初期，黄、吴、李、邱都受到程度不同的冲击，邱会作则多次被揪斗，这些冲击、揪斗为江青和中央文革小组所煽动和支持。江青和中央文革小组一概支持造反，倒并非特意支持打击黄。吴、李、邱。林彪保护他的老部下黄、吴、李、邱①，黄、吴、李、邱则效忠于林彪，唯林彪之命是听。这与林彪是"副统帅"当然也有关系。黄永胜在1970年5月说过："在任何时候都要忠于林副主席。"吴法宪后来在供词中说："是林彪把我提拔起来的，所以我脑子里就是一个林彪"，"林彪叫我怎么样我就怎么样"，"我是林彪的走狗"。李作鹏说过："林副主席活着跟他干，生与林副主席同生，死与林副主席同死。"邱会作说林彪、叶群是"再生父母"，发誓"永远忠于林副主席"，"海枯石烂不变心"。林彪集团就是一个以君臣、父子为信条，以忠于林彪一人为准则的集团。这个集团的开始形成，以上文说过的1967年的"五·一三"事件为标志。问题的复杂性就在这里：一方面，"无产阶级司令部"在天下大乱、局势难以控制的情况不得不借重林彪一伙的力量；另一方面，林彪一伙乘机打击异己，攫取权力，甚至诬陷、迫害他人。"五·一三"事件发生后，林彪立即表态支持吴、李、邱，并于6月9日观看了吴、李、邱率领的所谓"三军无产阶级革命派"文艺团体的演出，新华社为此专门发了消息，吴、李、邱等人就成了"三军无产阶级革命派"的领袖，也就成了与林彪、叶群"同生死、共患难"的死党。吴、李、邱等人表示拥护江青，江青也就立即表示支持他们。8用17日，成立了吴法宪（负责人）、叶群、邱会作、张秀川等人组成的"军委看守小组"（内部组织，未向外公布），接受中央文革的领导，列席中央文革碰头会，负责处理驻京军事机关、部队的"文化大革命"的问题。从此，林彪、江青支持的"三军"在某些方面可以左右北京甚至外地的大局，大有"全国看北京，北京看三军"之势。当时全国局势混乱，"无产阶级司令部"支持吴、李、邱等人打击迫害空军、海军和总后勤部的领导干部，夺了这些重要军事单位的领导

---

① 在邱会作被揪斗时，周恩来、徐向前也出面保护过他。当时保护他是正确的。

大动乱的年代（1966—1976）

权。1968 年 3 月 22 日，黄永胜调京任总参谋长、军事办事组组长，成为林彪集团一名重要成员。以后，吴、李、邱都被任命为副总参谋长，并分别兼任空军司令员、海军政治委员、总后勤部部长。至于他们的罪行，见《中华人民共和国最高人民法院特别法庭判决书》（特法字第一号）。

（3）"联合舰队"成员

林立果为头目的"联合舰队"，是林彪集团中与黄、吴、李、邱既有联系更有很大区别的反革命力量。"联合舰队"中以年轻人居多，也有少数老干部。都是空军的。年轻人有：周宇驰，空军司令部办公室副主任；刘沛丰，空军党委办公室处长；于新野，空军司令部办公室副处长；刘世英，空军司令部办公室副主任；程洪珍，空军司令部办公室秘书；许秀绪，空军司令部雷达兵部技勤处副处长；李伟信，空四军政治部秘书处副处长；等等。中年人有：王飞，空军司令部副参谋长兼办公室主任；王维国，空四军政治委员；陈励耘，空五军政治委员；江腾蛟，南京军区空军政治委员。

值得说得详细一点的是江腾蛟。他是湖北省黄安（今红安）县人，1919 年生。1930 年即十一岁时参加中国工农红军，1937 年由共青团员转为中共党员。历任区儿童团大队长、县儿童局书记、团政治处主任、旅政治部主任、军分区政治部主任、师政治部主任、师政治委员、军政治部主任、军区防空军政治委员、空军军政治委员等职。1955 年被授予少将军衔。1964 年，叶群、吴法宪在江苏省太仓县洪泾大队搞"四清"的时候，当时在上海任空四军政委的江腾蛟，就经常以看望吴法宪为名，借机接近叶群，给叶群送礼物。1965 年冬天，林彪、叶群把女儿林立衡送到上海，要江腾蛟照顾她治病。1966 年冬天，林彪、叶群托他照看林立衡、林立果。1967 年 2 月 8 日，江腾蛟完成了照看任务，亲自把林立衡、林立果送回北京。1967 年，江腾蛟升任南京军区空军政委。1968 年，中央军委决定改组南京军区空军党委，免去了江腾蛟的职务。林彪、吴法宪要让江腾蛟担任空军政治部主任，毛泽东指出：此人不能重用。林彪、叶群、林立果对他表示关怀，他在 1968 年以后给林彪一家先后写了二十多封效忠信。他在信中一再表示："我非常明白，是首长和主任救了我。""没有首长，就没有我的一家，没有我的一切"，"不管什么时候，需要我干什么，下命令吧！我江腾蛟绝对不会说出一个难字。"[1] 多么卑鄙的灵魂！

---

① 参见邵一海：《一支反革命别动队》，载《追求》1985 年第 2 期。

二　中共九届二中全会以前

经过九大和九届一中全会，林彪成了党章规定的毛泽东的"接班人"，江青、张春桥、姚文元、黄永胜、吴法宪、叶群、李作鹏、邱会作都成了中央政治局委员。虽然权势极盛，但是他们的权力欲是没有止境的。江青一伙"以天下为己任"，觊觎党和国家最高权力；林彪一伙既不满足于基本上仅有军权，更担心林彪的"接班人"地位迟早要发生变化。正像许多造反派掌权后内部分裂一样，江青集团和林彪集团在九大以后分道扬镳。

(1) **联合与争斗**

大体说来，在九大以前，林彪集团与江青集团是以互相勾结为主，勾结中又有矛盾；在九大以后，两个集团因争权夺利而产生的矛盾上升，矛盾中又有勾结。两个集团间争权夺利，又都是向党和人民夺取更大的权力。

两个集团相互勾结。江青需要林彪，林彪也需要江青。叶群很明白，林彪要有所作为，少不了江青，而自己要爬上那诱人的政治金字塔，更少不了江青。因此她横下一条心：不惜一切，把赌注押在江青身上。她对秘书说："反正我认准了一条：首长（按指林彪）要紧跟主席，我要紧跟江青！"两个集团的勾结，略举数例：1966年9月8日，林彪胡说贺龙有"问题"；江青就胡说贺龙是"坏人"，是"大刽子手"，"要把贺龙端出来"。10月，江青为了要找回她请郑君里转给唐纳而尚未转去的信，与叶群合谋，指使吴法宪、江腾蛟非法搜查郑君里、赵丹等四人的家。11月，林彪不经军委常委同意，个人以军委名义下令，聘请江青为"全军文化工作顾问"。1967年8月，林彪与江青合谋，向毛泽东先斩后奏而成立"军委看守小组"，叶群名列第三，位居老帅之上。同月，江青与叶群密谋，修改攻击解放军报社负责人赵易亚的大字报，并且布置吴法宪找人抄写张贴，派人夺取了解放军报社的领导权。1967年年底，由于陈伯达、江青的推荐，叶群成了代行中央政治局、中央书记处职权的中央文革碰头会的成员。1968年3月，江青与叶群密谋，指派吴法宪将20世纪30年代照顾江青生活的女佣人秦桂桢骗来北京，江青又指使吴法宪捏造罪名，将秦桂桢关押七年之久。同月，林彪把江青的行政级别一下子从九级提到五级。江青还要叶群迫害了解她底细的孙维世，说："现在趁乱的时候，你给我去抓了这个仇人，你有什么仇人，我也替你去抓！"在为了一己的私利而"摧毁"所谓"无

大动乱的年代（1966—1976）

产阶级司令部"上，他们可以称得上"戮力同心"。①

他们不是也不可能是以"义"合，而是以"利"合，所以一直存在矛盾。常常是尔虞我诈，虚与委蛇。只是在九大以后，"资产阶级司令部"被"摧毁"了，失去了共同的目标，重大的利害又放在他们面前，所以矛盾突出了，明争暗斗突出了。林彪是 1955 年 4 月 4 日召开的中共七届五中全会补选出的中央政治局委员，从 1958 年 5 月起为中共中央副主席，他又有孤傲的性格，所以对钓鱼台的那伙"文人"并不怎样看得起，甚至不屑与伍。他曾经说过，在"文化大革命"以前，连张春桥、姚文元的名字也没有听说过，都是无名之辈。他同意叶群到钓鱼台去拉拉关系，但不同意做得过分，不愿意给人以他和钓鱼台的关系火热的印象②。

1967 年 2 月初的一个晚上，秘书正在给叶群讲文件，只听从林彪那边传来怪叫："叶群！——叶群！——"秘书急忙跑出去，只见林彪气得脸色紫青，身上一阵阵发抖，不停地大喊大叫："叶群！叶群！"火性如此发作，令人惊骇。林彪怒不可遏地对秘书说："叫叶群！快把江青给我赶走！！"只听见在林彪会客室的门口传来江青平静的声音："林彪同志，我有缺点、错误，你可以批评，何必生气呢！……"紧接着，叶群去作了调解。他们因何闹翻，可能永远是个秘密了。

一次，叶群与南京军区司令员许世友通话，她说："许司令，你知道，主席是保你的，林彪同志也是保你的！……对，有人反对你。你知道谁反对你吗？就是你们东边的那位。那个人，我不说名字，你也会知道他是谁。对，对，我对你讲，你心里有数就行了。"在旁的几个秘书，都听得出"你们东边的那位"指的是张春桥。

上海中国人民解放军第二军医大学的群众组织"红色造反纵队"，在 1966 年 10 月以后，坚决反对邱会作，多次揪斗邱会作。邱会作在得势以后，严厉压制二医大的"红纵"。张春桥因为二医大的"红纵"是夺上海市委、市人委的权的单位之一，公开保护"红纵"。

1968 年 3 月或 4 月，江腾蛟给叶群送来一份揭发张春桥的材料。叶群看过以后，亲自作了修改，又退回江腾蛟，嘱重抄一式两份。这两份揭发张春桥的材料，都由林彪批示发出，一份送给毛泽东，一份给了陈伯达、康生和江青（这一份由叶

---

① 详见公诉人江文 1980 年 12 月 29 日《对被告人江青所犯罪行的发言》（报道载 1980 年 12 月 30 日《人民日报》，全文载《历史的审判》一书）和于有海：《江青和林彪的勾结》（载 1980 年 12 月 28 日《人民日报》，收入《历史的审判》一书）。

② 以下不少事例，取材自为林彪讲文件的秘书张云生的未刊回忆录。

群亲自送达）。不久，上海出现"炮打张春桥"的浪潮。得到来自军方的信息，注意到张春桥没有出席 1968 年 3 月 24 日军队干部大会，张春桥名声不香，都是"炮打"的缘由。由于权威方面的保护，张春桥这次又混了过去，此后对林彪更加敬而远之。

1968 年 5 月，林彪和吴法宪等人一起议论，主要内容是：江青看不起黄永胜、吴法宪；张春桥、姚文元是无名小卒，姚的父亲姚蓬子是叛徒，排名单却把张、姚的名字排在黄、吴的前面；上海只宣传江青、张春桥、姚文元，不宣传林彪。

林彪在中共八届十二中全会上，为了歌颂"文化大革命"而大讲欧洲的文艺复兴，江青认为讲得不妥，多次向黄永胜、吴法宪等人指出，林彪很不高兴。

在八届十二中全会结束以前，中央文革碰头会确定黄永胜率代表团出国，参加 1968 年 11 月间召开的阿尔巴尼亚党代会。代表团成行前夕。江青突然提出异议，坚决反对黄永胜出访。理由很简单：他不配！经林彪提名，黄永胜任总参谋长、军委办事组组长。他既要顺从毛家湾（即林彪，毛家湾为林彪住地），又要取悦钓鱼台，也相当困难。他忠于林彪，对钓鱼台的"文人"却不能很快适应，没有取得江青的好感。江青流露过："这个总长的人选不大理想。"为黄永胜出国问题，两个集团之间气氛紧张，只好请毛泽东决定。毛泽东点了头，黄永胜出国了。

1968 年 7、8 月间，中央专案组给江青、黄永胜等四人一份报告。黄永胜在自己的名字上画了圈，并引出批语："拟同意。"另外两个人也画了圈。江青最后看到这份报告，她怒气冲冲地写了批语，大意是：我是这个专案小组的负责人，黄永胜有什么资格越过我批这份文件！这是夺了我的权！这是黄永胜有政治野心！如此等等。（按：江青本人交代过，她身体不大好，一个月之内不要送文件给她看，所以她最后见到了这份报告。）

不久，江青批出一份文件，专送毛泽东和林彪。原件是中央文革小组的一个记者写给江青的信，信中反映：在中南的几个省份，造反派正在受压，"保守派正在得势"。根子不仅在广州军区，而且广州军区的上头还有。不难看出，"上头"的"根子"指的是黄永胜。江青写了很长的批语，她认为信中反映的情况不仅中南各省有，而且在全国很多省份也都存在，必须揪出"根子"。她还建议用中央名义把这封来信和她的批语转发全国，以引起普遍注意。林彪没有表态，送毛泽东。毛泽东也没有表态。

解放军总政治部被称为"阎王殿"以后，对总政实行军事管制。军管小组组长

大动乱的年代（1966—1976）

为海军第二政治委员、1955 年被授予上将军衔的王宏坤。中央文革小组认为总政军管小组"右倾"，提出军管小组组长的人选不合适。军委办事组议论了几次，提不出更合适的人选。军委办事组又开会讨论这一问题，依然束手无策。散会后，吴法宪对叶群派出参加这次会议的秘书说："这个事我们真为难哪！总政的主任、副主任全都靠边站了，副部长以上干部 80％以上都被打倒了或靠边了，还说是右倾！解放军报社也是这样，站住的人没有几个了，还是右倾吗？我们确实不好说，得林副主席说句话，不然我们确实顶不住！"此事经过叶群的斡旋，才算敷衍过去。

八届十二中全会以后，经毛泽东同意，由陈伯达、张春桥、姚文元起草九大政治报告。1969 年 2 月下旬，由林彪召集他们三人开会，商谈起草九大政治报告事宜，确定由陈伯达先动笔。到 3 月中旬，陈伯达才写出一部分初稿。中央文革小组认为陈伯达的初稿鼓吹"唯生产力论"。陈伯达迟迟写不出全稿，要误九大的召开，毛泽东决定改由康生、张春桥、姚文元起草，张、姚负责执笔。用了一个多星期时间，张、姚就拿出了初稿。陈伯达于心不甘，同时拿出了初稿。两稿都铅印成清样，分送毛泽东、林彪和中央文革碰头会成员。中央文革碰头会只讨论了张、姚稿，陈伯达反唇相讥，说它是一个"伯恩施坦式的文件——主张运动就是一切，目的是没有的"，但不被理睬。毛泽东对张、姚稿作了批示，认为基本可用，但要作较大的修改。毛泽东对如何修改作了具体批示，几天后对张、姚的第二稿作了较大的修改，几天后又对张、姚的第三稿作了修改，还大段大段地加写了一些文字。林彪既不让秘书讲陈伯达稿，也不让秘书讲张、姚稿，只让秘书讲了毛泽东修改处。直到登上九大讲坛去念这个政治报告以前，他对报告稿一次也没有看过。林彪是对张、姚稿不满呢，还是对毛泽东不理睬陈伯达而耿耿于怀呢？可能是二者兼而有之。

在党的九大，叶群布置一些人不投江青的票，结果江青少得六票，十分不满，甚至企图追查；而华东组也有人不投叶群的票，叶群等人又大为不满。在九大期间，陈伯达和黄永胜等人多次密谈九大后要不要中央文革的问题。此后，林告陈不要听江青的话。九大以后，叶群怕林彪的身体"拖不过"毛泽东，又担心"接班人"的地位不稳，怕权力被江青、张春桥夺去。特别是有一次毛泽东对林彪谈到你年纪大了以后谁来接班的问题，曾提到张春桥，林彪生了疑虑。

1969 年秋林彪住苏州时，江青给林彪寄去一包材料，让林彪表态支持。其中有江青致林彪的短信一封，另有两份材料。一份是江青致全党的关于文艺问题的长信。信中不仅把"文化大革命"前十七年文艺界说得一无是处，而且认为很多地方把"样板戏"糟蹋得不成样子，这是"反革命"的"文艺黑线正在阴谋复辟"的"信号"。另一份是江青致全党信的附件，题为《周扬鼓吹资产阶级文艺复兴的一些言论》。原来在几个月前江青就给林彪送过这包材料，林彪批了请政治局讨论后呈主席批示，毛泽东很生气，不予批准。这次林彪听秘书讲过以后，说："压下，不必理睬！"江青又大为不满。

在九届二中全会以前，毛家湾和钓鱼台的关系相当紧张。这是在九届二中全会上争斗的一个重要背景。

(2) 阴谋与阳谋

林立果等人建立了反革命别动队。

在林立果担任空司办公室副主任兼作战部副部长以前，经吴法宪批准，在空司办公室成立了一个以林立果为组长的"调研小组"。成员有周宇驰、王飞、刘沛丰、刘世英。它搜集情报，秘密联系，实际上是林立果进行秘密活动的工具。林立果晋升以后"调研小组"的活动范围更为广泛。这样，在林立果周围形成了一个极为特殊的小圈子。1970 年 5 月 2 日晚，周宇驰、王飞、刘沛丰等人被邀到林彪家中"作客"，林彪接见、谈话并照相。林彪问周宇驰："是你领导立果，还是立果领导你？"周立即回答："当然是立果领导我们！"5 月 3 日晚，周宇驰、王飞等人召集一些受到林彪接见的人开会，向林彪表忠心，并共推林立果为他们的"头"。1970 年秋，林立果看了日本电影《山本五十六》、《啊，海军》之后，把由"调研小组"发展起来的反革命组织定名为"联合舰队"。在这前后，林立果在上海建立了"上海小组"，在广州组织了"战斗小分队"，配备枪支，规定联络密语，进行特种训练，要求向林彪、林立果宣誓效忠。林立果、周宇驰还指使空军司令部副参谋长胡萍、空四军政委王维国、广州民航局政委米家农、广州空军司令部参谋长顾同舟等人，在北京、上海、广州、北戴河建立多处秘密据点，用以进行联络、私藏枪支、弹药、电台、窃听器以及党和国家的机密文件。所有这一切，林彪是否知晓，不得而知。

吹捧林彪和林立果的言论，一时在军队中甚嚣尘上。

1967 年年底，中共中央决定编写《党内两条路线斗争史》，成立了一个"党内两条路线斗争史编辑委员会"，林彪任主任委员，杨成武、吴法宪、张秀川（海军政治部主任，军委办事组成员）等人组成编写组。1968 年 3 月，《党内两条路线斗争史大纲》（是一些人在京西宾馆写出的，简称《京西大纲》）写出。《京西大纲》首先突出了毛泽东，其次突出了林彪。极不实事求是地突出林彪的提法如：

"1928 年 4 月，林副主席和其他同志率领南昌起义失败后保存下来的部队转到井冈山，接受毛主席领导。"

"林副主席坚定地站在毛主席革命路线一边，同当时红军党内存在的单纯军事观点和各种非无产阶级思想，进行了坚决的斗争。"

"林副主席紧跟毛主席，同'立三路线'及其忠实执行者彭德怀进行坚决的斗争。"

"林副主席一贯最忠实、最坚决、最彻底地贯彻执行毛主席的正确路线。在遵义会议和长征过程中，始终和毛主席站在一起……对捍卫毛主席的革命路线做出了杰出的贡献。"

"林副主席坚决执行和捍卫了毛主席的革命路线，粉碎了刘少奇及其在东北的代理人彭真的反革命路线。"

举一可以反三，整个《京西大纲》的写法类此。林彪看了，给杨成武、吴法宪、张秀川写了一封亲笔信说："写得不错"。江青根据毛泽东的意见，明确批示：写得不好，不实事求是，都烧掉。1969 年国庆前后，叶群要原政治学院为她搞一个《党内两条路线斗争大事年表》。这个大事年表，在歪曲历史以吹捧林彪方面，比《京西大纲》有过之而无不及。从 1970 年 5 月开始，张秀川（军政大学政治委员）组织一些人编写《党内两条路线斗争史》。它在歪曲历史以吹捧林彪，又较《大事年表》为甚。它说："在北伐战争中，我党直接领导的林副主席所在的独立团发挥了巨大的威力"；"林副主席和毛主席（在井冈山）的胜利会师"；"林副主席始终坚决站在毛主席的无产阶级革命路线一边"；"由于毛主席的军事路线深入人心和林副主席的英明指挥，（第四次反'围剿'）仍然取得了伟大胜利"；"林副主席在遵义会议上，同'左'倾机会主义路线进行了英勇的斗争"；"林副主席同张国焘的右倾机会主义作了坚决的斗争"；"抗日战争爆发后，林副主席……有力地批判了国民党反动派的'亡国论'和王明右倾投降主义路线"；"当刘少奇的'中国走上了和平民主新阶段'的黑指示发到东北时，立即遭到了林副主席的坚决抵制"；"战胜彭、高、饶反党联盟的斗争……林副主席坚定地站在毛主席一边"。它受到了林彪一伙的赞赏，不仅成了反革命别动队"联合舰队"的基本教材，而且传播到全国各地，影响恶劣。

1970 年 7 月 31 日，林立果在空军司令部干部大会上作了所谓"讲用报告"。讲稿是王飞、周宇驰等人写的。"讲用报告"着重讲政治与经济、业务、技术的关系，并无任何精辟的见解。它说："我是首长和同志们的小学生，过去是，现在是，将来永远是。""我们搞社会主义，主要是搞政治，也搞经济"，"我们的社会主义、共产主义要建立在现代经济基础上"。"在处理政治和经济关系上有几种做法：一种是只要经济，不要政治，这是右的；一种是空谈政治，不要经济，这是极'左'的，是形'左'实右的。""政治和经济的关系是主次关系，第一、第二的关系，但不是有无的关系，不能把主次关系变成有无关系，不能只要政治不要经济，更不能只要经济不要政治，两者缺一不可"。"讲用报告"大量地引用了毛泽东语录和林彪的话，穿插了不少工厂里的事例。今天读来，味同嚼蜡。而林彪听了"讲用报告"录音后说："不仅思想像我的，语言也像我的。" 8 月 4 日，空军党委决定在空军"三代会"上放"讲用报告"的录音。吴法宪在空军"三代会"上吹捧林立果的"讲用报告"是"放了一颗政治卫星，是天才"，周宇驰、王飞、陈励耘等人吹捧林立果的"讲用报告"是"第四个里程碑"，林立果"是全才、帅才、超群之才，是第三代接班人"。

吹捧林彪的言论还有：黄永胜、李作鹏散布"三大助手"的谬论，说恩格斯、斯大林、林彪分别为马克思、列宁、毛泽东的助手，在这"三大助手"中，"林彪是最好的助手"、"最光辉的助手"；吴法宪说林彪"比恩格斯、斯大林高的多"。李作鹏在海军首次"积代会上"，说林彪"是伟大的天才的军事家，也是伟大的天才的政治家和思想家"。邱会作 1970 年 2 月在一次专业会议上说："林副主席的指示是普遍真理。"吴法宪甚至说："没有林副主席……就没有我们军队，就没有我们国家"。

这里要如实说明，黄、吴、李、邱等人是用更多的语言突出毛泽东的，也常常或真心或假意地歌颂江青。大量事实表明，他们并没有把林彪置于毛泽东之上。

（3）不设国家主席之争

1970 年 3 月 8 日，毛泽东提出召开四届人大和修改宪法的意见，同时提出关于改变国家体制、不设国家主席的建议。这个建议对不对呢？著名法学家张友渔在 1982 年说：

> 设立国家主席是我国 1954 年宪法规定的重要制度。在十年政治动乱的不正常情况下，把设立主席的规定取消了。……本来，从国家制度来说，对内对外代表国家的国家主席是不可缺少的。它对内代表国家，行使向全国人大提名国务院总理人选，根据最高国家权力机关的决定，公布法律，任免国务院组成人员，批准和废除同外国缔结的条约和重要协定等职权；对外代表国家，从事国际交往和友好往来，有利于更好地实现我国的和平外交政策和加强各国人的

友谊。并且，国家主席的设置是符合我国各族人民的习惯和愿望的。①

王德祥在《试论我国国家主席制度》②中说：

> 从 1966 年以后，由于十年内乱，国家主席被迫停止了活动，当时担任国家主席的刘少奇同志被迫害致死。1975 年修改宪法时，正式取消了国家主席的设置，使我国的国家元首制度处于一种不明确的状态。粉碎"四人帮"以后，1978 年宪法仍然坚持"不设国家主席"的决定。这两部宪法在设置国家主席问题上的指导思想都是不妥当的，因为它把要不要设置国家主席看作是一种人为的结果。这就不能不给我国国家机构的设置带来消极的影响。

毛泽东提出不设国家主席的建议，与错误地打倒国家主席刘少奇相联系，与错误地得出了所谓"权大旁落"的教训相关联。

3 月 9 日，中央政治局遵照毛泽东的意见，开始了修改宪法的准备工作。3 月 16 日，中央政治局就修改宪法的指导思想和修改宪法中的一些原则性问题，向毛泽东写了《关于修改宪法问题的请示》，毛泽东阅批了这个请示。3 月 17 日，中央召开工作会议，讨论了召开四届人大和修改宪法的问题。4 月 11 日，林彪提出要毛泽东任国家主席的意见，说："否则，不合人民的心理状态。"在中央政治局会议上，多数人同意由毛泽东任国家主席的意见。4 月 12 日，毛泽东在中央政治局关于林彪的意见的报告上批示："我不能再做此事，此议不妥。"4 月下旬，毛泽东在中央政治局会议上第三次提出他不当国家主席，不设国家主席。他说：孙权劝曹操当皇帝，曹操说，孙权是要把他放在炉火上烤。我劝你们不要把我当曹操，你们也不要做孙权。毛泽东用三国故事，坚决表示不再任国家主席，坚持不再设国家主席。林彪持不同意见。5 月中旬他对吴法宪说，他主张设国家主席，不设国家主席，国家没有一个头，名不正言不顺。林彪要吴法宪和李作鹏在宪法工作小组会上，提出写上"国家主席"一章。设不设国家主席当然可以有不同意见，也许林彪认为要毛泽东当国家主席这种意见由他林彪提出为好，问题在于叶群把四届人大看成"权力再分配"的会议，阴谋乘机串连一些人坚持设国家主席，最好让林彪担任国家主席。7 月，叶群私下对吴法宪说："如果不设国家主席，林彪怎么办？往哪里摆？"

---

① 《关于恢复国家主席及其他——张友渔同志就宪法修改草案答本报记者问》，载 1982 年 4 月 28 日《北京晚报》。

② 载 1982 年 6 月 3 日《人民日报》。

林彪身为中共中央唯一的副主席，地位仅在毛泽东一人之下，身体又的确很不好，他是不是对任国家主席很感兴趣，不得而知。即使林彪想当国家主席，这也不是反党行为。叶群的阴谋活动，他是不是知道，也不得而知。7月中旬，在中央修改宪法起草委员会开会期间，毛泽东第四次提出不设国家主席。他指出，设国家主席，那是形式，不要因人设事。而叶群于8月初私下对吴法宪说："林彪的意见还是要坚持设国家主席，你们应在宪法工作小组提议写上这一章。"8月13日下午，吴法宪在宪法工作小组会议上说什么"有人利用伟大领袖毛主席的伟大谦虚贬低毛泽东思想"。在会议中间吴打电话告诉了黄永胜，黄即报告了林彪，林彪说：吴胖子放炮放得好。8月13日晚和14日下午，叶群分别打电话给陈伯达和黄永胜，要他们准备关于天才方面的和"四个伟大"（"伟大导师、伟大领袖、伟大统帅、伟大舵手"）的语录。8月11日，叶群在庐山私下对吴法宪等人说：设国家主席还要坚持。

江青一伙是拥护不设国家主席的意见的，至少部分原因是不设国家主席对他们有利。"有人利用伟大领袖毛主席的伟大谦虚贬低毛泽东思想"之类的说法，明显是针对江青一伙的。

三 云遮雾罩的庐山会议

在复杂的背景下，中共九届二中全会在江西庐山召开。会上出人意料地爆发了尖锐而复杂的斗争。

（1）复杂的背景

尽管个别地方的武斗仍然激烈而频繁，但是天下大乱的局面已经结束。不仅省、市、自治区革委会早已成立，各级革委会也相继建立。一些地方的党组织已经"重建"，党的组织生活已经恢复。就变化了的客观情势的需要而言，军队不应该再那么突出。如果说，在九届一中全会，不得不"论功行赏"，把一个山头的好几个军人选进中央政治局；到了这时，它的不正常就可以看出来了。毛泽东在九届一中全会上的讲话中，说到苏联"攻击"我们的"军事、官僚体制"，亦即"军事官僚专政"，认为不值得一驳，"让人家去讲"；到了1970年8月，随着客观情况的变化，想法应该有所改变。军人在绝大多数革委会中起主要作用，这不仅不再是必要的，而且越来越是多余的。地方党委的决定还要拿到军队党委去讨论，关系就颠倒了。匈牙利巴拉奇·代内什在《邓小平》一书中说："'九大'确实突出了军队的地位。1969 年选出的中央委员会委员，就其原来的主要工作而言，大部分是军人（之所以只就其'主要工作'而言，是因为 1968 年以来，解放军在所有机构的领导工作中起过作用，也就是说，军人兼任文职）。在新的领导机构中，这部分人大大减少"①。这种情况，不能不是九届二中全会的一个重要背景。

林彪集团与江青集团的矛盾和争斗正在发展，同床异梦，上文已经说过。这又是一个重要背景。

在设不设国家主席的问题上，呈现复杂的情形。林彪与毛泽东的意见不同，而江青一伙拥护毛泽东的意见，张春桥曾经提出可以把以毛泽东思想为指导思想写上宪法，林彪一伙抓住不放。一贯"紧跟"毛泽东、"主席划圈我划圈"的林彪，何以敢于与毛泽东持不同意见？可能林彪认为必须由他出面推举毛泽东任国家主席，以此还可以打击江青一伙；也可能林彪利令智昏。林彪与叶群之间也可能存在矛盾，因为无法断言叶群的阴谋活动是否为林彪所授意。——这也是一个重要背景。

在起草九大政治报告问题上，毛泽东改组起草小组，自然不是毛泽东对林彪满意的表示，林彪也未必不耿耿于怀。张春桥、姚文元起草的报告稿与陈伯达起草的报告稿大相径庭，或多或少地象征着毛泽东与林彪关于九大以后主要任务的看法上的分歧。这也是一个重要情况。

（2）全会上的明枪暗箭

1970 年 8 月 23 日至 9 月 6 日，九届二中全会召开。毛泽东主持了会议。出席会议的有中央委员 155 人，候补中央委员 100 人。8 月 22 日，中央政治局常委开会，毛泽东在会上提出了全会的方针：要把这次会议开成一个团结的、胜利的会，不要开分裂的、失败的会。这不是一般化的方针，而是针对两个集团说的。林彪、陈伯达在会上又提设国家主席和要毛泽东担任国家主席的问题，再一次受到毛泽东的反对。毛泽东说：谁要当国家主席，就可加上。

8 月 23 日，九届二中全会正式开幕。周恩来宣布了全会的议程：（一）讨论修改宪法问题；（二）讨论国民经济计划问题；（三）讨论战备问题。林彪在开幕会上发表了讲话。他说："这次我研究了这个宪法，表现出这样的一种情况的特点，一个是毛主席的伟大领袖、国家元首、最高统帅的这种地位，毛泽东思想作为全国

---

① ［匈］巴拉奇·代内什：《邓小平》，解放军出版社 1988 年版，第 195 页。

人民的指导思想，这一点非常重要，非常重要。"① 这里已经把"国家元首"即国家主席强加给毛泽东，而且写下了在"指导思想"上做文章的伏笔。他用唯心主义的"天才"观点颂扬毛泽东，并且影射攻击同意不设国家主席的人说："毛主席的这种领导可以说是我们胜利的各种因素中间的决定因素。""这个领导地位，就成为国内国外除极端的反革命分子以外，不能不承认的。""我们的工作的前进或后退，是胜利或者是失败，都取决于毛主席对中央领导地位是巩固还是不巩固。""胜利以后这二十年，特别是在文化革命这个时期以来，继续和更加证明毛主席思想的作用。""我们说毛主席是天才的，我还是坚持这个观点。""毛主席个人的这种天分、学问、经验来创造出新的东西来。"康生在开幕会上报告了毛泽东历次对修改宪法的意见和修改宪法的过程。

到会同志大都以为林彪的讲话是代表中共中央致的开幕词，没有强烈反应。叶群到处散布林彪讲话是毛泽东事先同意的。她又在背地里要吴法宪告诉李作鹏、邱会作：要在各组发言，如果你们不发言，林彪讲话就没有根据了；林彪讲话没有点名，你们发言也不要指名；串连空军、海军、总后的一些中央委员、候补中央委员在会上发言。这样，对于陈伯达、叶群、吴法宪、李作鹏、邱会作说来，林彪的讲话不啻是个动员令。吴法宪在当晚中央政治局讨论国民经济计划的会议上提出，要全会第二天听林彪讲话的录音、学习林彪的讲话，得到政治局的同意。（散会后，林立果对吴说：林彪表扬你，说你又"立了一功"。）陈伯达于8月23日自拟了"国家主席"的宪法条文，又与叶群连夜选编称天才的语录。吴法宪于23日、24日、25日先后同王维国、陈励耘等人说要坚持设国家主席，对其中有些人还讲过不设国家主席林彪怎么办，往哪里摆；还于23日打电话给还在北京的黄永胜，传达林彪的讲话。黄永胜按照林彪讲话的口径，讲了起草讲话草稿的要点：拥护林彪的讲话；要指出有人反对在新宪法中写上以毛泽东思想为指针，有人说称天才是"讽刺"，这是反八届十一中全会公报的（十一中全会公报有"毛泽东同志天才地、创造性地、全面地继承、捍卫和发展了马克思列宁主义"的提法）；长期以来，我们党内有许多情况不正常。

8月24日下午，陈伯达、叶群、吴法宪、李作鹏、邱会作根据林彪23日的讲话，分别在全会的华北组、中南组、西南组、西北组发言。陈伯达在华北组说："林

---

① 语言不通，记录如此。下同。

副主席说：这次宪法中肯定毛主席的伟大领袖、国家元首、最高统帅的地位，肯定毛泽东思想作为全国人民的指导思想。这一点非常重要，非常重要。写上这一条是经过很多斗争的，可以说是斗争的结果。""现在竟然有人胡说'毛泽东同志天才地全面地继承、捍卫和发展了马克思列宁主义，把马克思列宁主义提高到一个崭新的阶段'这些话是一种讽刺。""有人利用毛主席的谦虚，妄图贬低毛泽东思想。""文化大革命取得了伟大胜利以后，有的人居然怀疑十一中全会关于无产阶级文化大革命的公报，这是不是想搞历史的翻案？""有的反革命分子听说毛主席不当国家主席，欢喜的跳起来了。"叶群在中南组说："林彪同志在很多会议上都讲了毛主席是最伟大的天才。说毛主席比马克思、列宁知道的多、懂的多。难道这些都要收回吗？坚决不收回，刀搁在脖子上也不收回。"吴法宪在西南组说："这次讨论修改宪法中，有人竟说毛主席天才地、创造性地、全面地继承、捍卫和发展了马克思列宁主义'是个讽刺'。我听了气得发抖。这是党的八届十一中全会就肯定下来的，林副主席《再版前言》中肯定下来的，怎么能不写？不承认，就是推翻了八届十一中全会的决议，推翻了林副主席的《再版前言》。""也要警惕和防止有人利用毛主席的伟大谦虚来贬低伟大的毛泽东思想。"吴法宪在小组会上与张春桥唇枪舌剑，大吵了起来。李作鹏在中南组说："有人在宪法上反对提林副主席。所以党内有股风，是什么风？是反马列主义的风，是反毛主席的风，是反林副主席的风，这股风不能往下吹，有的人想往下吹。"有人连'中国人民解放军是毛主席亲自缔造和领导的，林副主席直接指挥的'他都反对，说不符合历史。邱会作在西北组说："对毛主席思想态度问题，林副主席说'毛主席是天才，思想是全面继承、捍卫……'这次说仍然坚持这样观点。为什么在文化革命胜利、二中全会上还讲这问题，一定有人反对这种说法，有人说天才、创造性发展……是一种讽刺，就是把矛头指向毛主席、林副主席。"与会者不少人出于个人崇拜，真心拥护毛泽东任国家主席，纷纷积极附和。如一位长期在毛泽东身边工作的同志 24 日下午在华北组说："我完全拥护林副主席昨天的讲话。""刚才陈伯达同志的发言，我也同意。这种情况是很严重的。我们党内还有这样的野心家，这是没有刘少奇的刘少奇路线，是刘少奇反动路线的代理人。""另有一点建议，根据中央办公厅机关和八三四一部队讨论修改宪法时的意见，热烈希望毛主席当国家主席，林副主席当国家副主席。"

在小组会上，没有人提出林彪当国家主席。

陈、吴、叶、李、邱的发言，不指名地反对江青一伙。在全会上，他们固然可以发表意见，但是失算了。第一，他们言下之意，是有人反对毛泽东当国家主席；

但正是毛泽东本人提出他不当国家主席，也不设国家主席。早在1958年1月，毛泽东就提出不当国家主席。从1970年3月到8月，毛泽东多次讲过不再重新担任国家主席和不设国家主席的问题。第二，他们说有人反对提毛泽东是"天才"，说"天才"是"讽刺"；但正是毛泽东本人，在八届十二中全会讨论九大党章时，两次圈去新党章草案上的三个状语（即"天才地、创造性地、全面地"）。当时，有人根据全会一些同志的意见，对毛泽东说，这三个词是八届十一中全会通过的，新党章不写不好吧？毛泽东指出，党的代表大会，有权修改以前的任何文件。八届十二中全会传达和讨论了毛泽东的意见。九大通过的新党章和政治报告都没有写这个状语，宪法修改草案也没有写这三个词。第三，他们说"毛泽东思想是全国一切工作的指导方针"是经过他们斗争才写入宪法草案的；不写入已成过去但是修改宪法小组已在8月12日将这句话写在草案的序言里。8月13日，这句话由序言移至总纲第二条。8月14日，在中央政治局会议上没有任何争论就通过了。

这是有计划、有组织的活动。8月24日晚，李作鹏写信给叶群，密商进攻的策略。信的全文是："叶群同志：今天简报看了一下，是比较抽象的接触了问题，没有更多实质性问题，似可以发，请您再过目。致（至）于我们两人发言的书面材料，可以整理，但在简报上不挂号为机动，你意如何？李作鹏8月24日"。这是一个铁证。

由于种种原因，到会的绝大多数人并没有觉察叶群等人的阴谋。以华北组为例来说明问题。李雪峰、吴德、解学恭三人签发的、大会秘书处印发的中国共产党九届二中全会第六号简报（华北组第二号简报）（1970年8月24日）说："大家热烈拥护林副主席昨天发表的非常重要、非常好、语重心长的讲话。认为林副主席讲话，对这次九届二中全会具有极大的指导意义。""大家听了陈伯达同志、××同志在小组会上的发言，感到对林副主席讲话的理解大大加深了。特别是知道了我们党内，竟有人妄图否认伟大领袖毛主席是当代最伟大的天才，表示了最大、最强烈的愤慨，认为在经过了四年文化大革命的今天，党内有这种反动思想的人，这种情况是很严重的，这种人就是野心家、阴谋家，是极端的反动分子，是地地道道的反革命修正主义分子，是没有刘少奇的刘少奇反动路线的代理人，是帝修反的走狗，是坏蛋，是反革命分子，应该揪出来示众，应该开除党籍，应该斗倒批臭，应该千刀万剐，全党共诛之，全国共讨之。"简报说：大家"衷心赞成"小组会上有人提出的"在宪法上，第二条中增加毛主席是国家主席，林副主席是国家副主席"和"宪法要恢复国家主席一章"的建议。(林彪让秘书把这份简报讲给他听,听后说:"听了那么多简报,数这份有分量,讲到了实质问题。")

这是尖锐而复杂的斗争。它有紧密关联的两个方面:一方面,叶群秘密指挥夺权。她以为喧嚷一番"天才"论,推举毛泽东担任国家主席,而毛泽东已一再表示不能重新担任,国家主席的职位则非林彪莫属。她还是采用"捧杀"策略,以为如此既可以蛊惑人心,又可以万无一失。但是毛泽东提出不设国家主席的意见,除了他自己不愿重新担任而外,它的特定含义显然首先就是不同意由林彪任国家主席。他对于叶群等人玩弄权术、攫取权力非常愤慨,后来在外地巡视时尖锐地批评:"一句就是一句,怎么能顶一万句。不设国家主席,我不当国家主席,我讲了六次,一次就算讲了一句吧,就是 6 万句,他们都不听嘛,半句也不顶,等于零。""名曰树我,不知树谁人,说穿了是树他自己。"另一方面,也许是更具有实质性的方面,林彪集团与江青集团之间钩心斗角,争权夺利。不设国家主席就是不由林彪任国家主席,这对江青集团有利,因而江青集团始终坚持不设国家主席的意见。他们坚持这个意见并不代表党和人民的利益,而是为了保住自己的既得利益,并且企图攫取更多更大的权力。两个集团在九届二中全会小组会上的争斗就是两个集团之间"权力再分配"的争斗。

(3) 批判与审查陈伯达

8 月 25 日,江青一伙向毛泽东反映了情况,揭露了问题。(这就是毛泽东后来所说的江青"反林有功"的由来。)

怎么办呢?如果小组会继续开下去,由毛泽东任国家主席、由林彪任国家副主席的意见十之八九要占上风,这种局面是毛泽东不希望出现的。如果毛泽东在全会上讲一次话,表明自己的态度,肯定可以使讨论情况改变,但是毛泽东不愿意这么做。他看出了有人捣鬼,所以上述两个办法都为他所不取。8 月 25 日,毛泽东召开中央政治局常委扩大会议,决定中央全会分组会议立即停止讨论林彪 8 月 23 日的讲话,收回华北组第二号简报。

8 月 26 日、27 日,周恩来、康生连续同吴、李、邱谈话,要吴作检讨。吴于28 日晚报告了林彪。林彪说:你没有错,不要作检讨。又说:我们这些人搞不过他们,搞文的不行,搞武的行。黄永胜上山后,销毁了他的讲话稿。叶群私自撕下了她在中南组的发言记录。邱会作一再提出,要从会议记录中剪去他的发言记录。8月 26 日以后,叶群不断打电话安抚吴法宪说:你犯错误不要紧张,还有林彪、黄永胜在嘛！只要不牵扯到他们二人就好办，大锅里有饭，小锅里好办。

8月31日，毛泽东写了《我的一点意见》，在全会印发。印发前给林彪看过。全文如下：

这个材料①是陈伯达同志搞的，欺骗了不少同志。第一，这里没有马克思的话。第二，只找了恩格斯一句话，而"路易·波拿巴特政变记"这部书不是马克思的主要著作。第三，找了列宁的有五条。其中第五条说，要有经过考验、受过专门训练和长期教育，并且彼此能够很好地互相配合的领袖，这里列举了四个条件。别人且不论，就我们中央委员会的同志来说，够条件的不很多。例如，我跟陈伯达这位天才理论家之间，共事三十多年，在一些重大问题上就从来没有配合过，更不去说很好的配合。仅举三次庐山会议为例。第一次，他跑到彭德怀那里去了。第二次，讨论工业七十条，据他自己说，上山几天就下山了，也不知道他为了什么原因下山，下山之后跑到什么地方去了。这一次，他可配合得很好了，采取突然袭击，煽风点火，唯恐天下不乱，大有炸平庐山，停止地球转动之势。我这些话，无非是形容我们的天才理论家的心（是什么心我不知道，大概是良心吧，可决不是野心）的广大而已。至于无产阶级的天下是否会乱，庐山能否炸平，地球是否停转，我看大概不会吧。上过庐山的一位古人说："杞国无事忧天倾"，我们不要学那位杞国人。最后关于我的话，肯定帮不了他多少忙。我是说主要地不是由于人们的天才，而是由于人们的社会实践。我同林彪同志交换过意见，我们两人一致认为，这个历史家和哲学史家争论不休的问题，即通常所说的，是英雄创造历史，还是奴隶们创造历史，人的知识（才能也属于知识范畴）是先天就有的，还是后天才有的，是唯心论的先验论，还是唯物论的反映论，我们只能站在马、列主义的立场上，而决不能跟陈伯达的谣言和诡辩混在一起。同时我们两人还认为，这个马克思主义的认识论问题，我们自己还要继续研究，并不认为事情已经研究完结。希望同志们同我们一道采取这种态度，团结起来，争取更大的胜利，不要上号称懂得马克思，而实际上根本不懂马克思那样一些人的当。

> 毛泽东
> 一九七○年八月三十一日

---

① 指《我的一点意见》所附《恩格斯、列宁、毛主席关于称天才的几段语录》（收了七条语录）。

《我的一点意见》是严厉批判陈伯达的，指出陈伯达有"野心"。为什么要"揪出"陈伯达，陈伯达的"野心"是什么，这些都是可以研究的问题。这篇文献稳住了林彪，而林彪绝不会不有感于心。全会同意毛泽东的意见，揭发和批判了陈伯达。在分组会议上发表了错误言论的吴法宪等人，在全会上也受到了批评。

8 月 31 日，叶群、黄永胜召集吴、李、邱布置统一口径，强调山下山上没有联系，在小组会上发言不要牵涉林彪，黄、吴、李、邱只讲自己，互不涉及。8 月31 日至 9 月 6 日晚，黄、吴、叶、李、邱在黄的住处，交谈各组的会议情况。

全会于 9 月 6 日基本上通过了《中华人民共和国宪法修改草案》；通过了向全国人民代表大会常务委员会的建议：进行必要时筹备工作，在适当的时候召开四届人大；批准了国务院关于全国计划会议和 1970 年国民经济计划的报告；批准了中央军委关于加强战备工作的报告。

9 月 6 日，中共九届二中全会闭幕。在闭幕会议上，毛泽东对党的路线教育问题、高级干部的学习问题、党内外团结问题，发表了重要的意见。毛泽东在讲到高级干部读马、列的几本书的问题时说："现在不读马、列的书了，不读好了，人家（按指陈伯达）就搬出什么第三版（按指《恩格斯、列宁、毛主席关于称天才的几段语录》中收了恩格斯为马克思《路易·波拿巴特政变记》德文第三版写的序言中的话）呀，就照着吹呀，那么，你读过没有？没有读过，就上这些黑秀才的当。有些是红秀才哟。我劝同志们，有阅读能力的读十几本。基本开始嘛，不妨碍工作。""要读几本哲学史，中国哲学史，欧洲哲学史。一讲读哲学史，那可不得了呀，我今天工作怎么办？其实是有时间的。你不读点，你就不晓得。这次就是因为上当，得到教训嘛，人家是那一个版本，第几版都说了，一问呢？自己没有看过。"毛泽东在讲到庐山会议这场斗争，他们大有炸平庐山，停止地球转动之势时说："庐山是炸不平的，地球还是照样转。极而言之，无非是有那个味道。我说你把庐山炸平了，我也不听你的。你就代表人民？我是十几年以前就不代表人民了。因为他们认为，代表人民的标志就要当国家主席。我在十几年以前就不当了嘛，岂不是十几年以来都不代表人民了吗？我说谁想代表人民，你去当嘛，我是不干。你把庐山炸平了，我也不干。你有啥办法呀？"毛泽东在讲到党内外团结问题时说："不讲团结不好，不讲团结得不到全党的同意，群众也不高兴。""所谓讲团结是什么呢？当然是马克思列宁主义基础之上的团结，不是无原则的团结。提出团结的口号，总是好一些嘛，人多一点嘛。包括我们在座的有一些同志，历来历史上闹别扭的，现在还要闹，我说还可以允许。此种人不可少。你晓得，世界上有这种人，你有啥办法？一定要搞得那么干干净净，就舒服了，就睡得着觉了？我看也不一定。到那时候又是一分为二。党内党外都要团结大多数，事情才干得好。"

周恩来、康生在闭幕会上也讲了话，中央宣布对陈伯达进行审查。

这次全会的公报一反寻常地在9月10日才在《人民日报》上发表。公报对于全会上的斗争只字未提。

（4）林立果的评价

毛泽东在全会上粉碎了阴谋，又确实在林彪集团与江青集团的争斗中支持江青集团。毛泽东当然知道，斗争远未结束。

会后不久，林立果同江腾蛟、王维国、陈励耘进行了一次密谈。林立果在密谈中对这次全会作了反革命的评价。后来查获了林立果亲笔写的这次密谈的要点。下面是这个谈话要点的原文（文中"歼7"是江腾蛟的代号，"W"是王维国的代号，"C"是陈励耘的代号）。

> 与歼7、W、C讲
>
> 这是一次未来斗争的总预演，演习，拉练。双方阵容都亮了相，陈是斗争中的英雄，吴是狗熊，我方此次，上下好，中间脱节，三是没有一个好的参谋长。
>
> 这些老总们（按指黄、吴、李、邱）政治水平低，平时不学习，到时胸无成竹，没有一个通盘，指挥军事战役可以，指挥政治战役不可以。说明了一点，今后的政治斗争不能靠他们的领导，真正的领导权要掌握在我们手里。

这个谈话要点，充分说明林立果等人不甘心失败，既要同党和人民斗下去，也要与江青集团斗下去。

此后，以林立果为头子的法西斯的"联合舰队"进行了一系列反革命阴谋活动。

四　"批陈整风"运动

毛泽东1971年8月14日至9月12日在外地巡视期间说过："对路线问题，原则问题，我是抓住不放的。重大原则问题，我是不让步的。庐山会议（按即九届二中全会）以后，我采取了三项办法，一个是甩石头，一个是掺沙子，一个是挖墙角。"在一些文件上加上批判陈伯达等人的批语，这是"甩石头"。军委办事组增加一些人，这是"掺沙子"。改组北京军区，这是"挖墙角"。"批陈整风"运动最具实际性的内容，是这三项。

(1) 学习与批判

1970 年 10 月，毛泽东对贵州关于"三支两军"问题的报告作了批示：进行一次思想和政治路线方面的教育。11 月 6 日，中共中央经毛泽东批阅发出《关于高级干部学习问题的通知》，传达了毛泽东在九届二中全会上关于党的高级干部要挤时间读一些马列主义著作的指示，建议各单位第一次读六本马、恩、列著作和五本毛泽东著作。11 月 16 日，经毛泽东批准，中共中央作出《关于传达陈伯达反党问题的指示》并转发《我的一点意见》（附《恩格斯、列宁、毛主席关于称天才的几段语录》），指出陈伯达在九届二中全会上进行了阴谋活动，有反党、反马克思列宁主义毛泽东思想的严重罪行，是假马克思主义者、野心家、阴谋家。中央在指示中号召全党对陈伯达进行检举和揭发。全党全军立即开展了"批陈整风"运动。

"批陈整风"的第一项活动就是按照中央要求，学习与批判。

1970 年 10 月 30 日，《人民日报》发表社论《认真学习毛主席的哲学著作》。《红旗》杂志 1970 年第 12 期发表评论员文章《在学习中提高执行毛主席革命路线的自觉性》。1971 年 1 月 6 日，中共中央印发毛泽东 1970 年 12 月 29 日对姚文元的一个报告的批示。毛泽东在批示中说："你的学习进程较好较快，坚持数年，必有好处。我的意见 274 个中央委员，及 1000 以上的高、中级在职干部都应程度不同地认真看书学习，弄通马克思主义，方能抵制王明、刘少奇、陈伯达一类骗子。"3 月 15 日，毛泽东对《无产阶级专政胜利万岁》一稿写了批语，指出："我党多年来不读马、列，不突出马、列，竟让一些骗子骗了多年，使很多人甚至不知道什么是唯物论，什么是唯心论，在庐山闹出大笑话。这个教训非常严重，这几年应当特别注意宣传马、列。"全党全军响应毛泽东、党中央的号召，结合批判陈伯达学习马克思主义哲学。全国报刊掀起了批判"刘少奇一类政治骗子"（即陈伯达）的浪潮，着重批判唯心论的先验论。

(2) 陈伯达罪行的公布

1971 年 1 月 26 日，中共中央发出《反党分子陈伯达的罪行材料》。这个材料分四个部分。第一部分为"陈伯达的反动历史"，主要内容有："家庭出身和入党前的个人历史"，"和国民党军阀张贞的关系"，"被捕叛变"，"失掉党的关系问题"，"托派问题"，"在天津工作时的错误和叛徒、内奸、工贼刘少奇为陈翻案的问题"，"写反

共文章"，"里通外国嫌疑"。第二部分为"投靠和追随王明、刘少奇，反对毛主席的
无产阶级革命路线"，主要内容有："追随王明，鼓吹'国防文学'和'国防哲学'"，"一
贯投靠和追随刘少奇，是以刘少奇为首的资产阶级司令部的黑秀才和头面人物"。第
三部分为"对抗毛主席的伟大战略部署，破坏无产阶级文化大革命，反党乱军，阴
谋篡权"，主要内容有："大派工作组，又把自己装扮成反工作组的'英雄'"，"陈伯
达是肖华、杨、余、傅、王、关、戚、'五·一六'反革命阴谋集团的黑后台"，"陈
伯达在文化大革命中所进行的几次突出的反党阴谋活动"（如"陈伯达借起草'九大'
政治报告的机会，炮制了一个继承刘贼唯生产力论的，反马克思列宁主义、毛泽东
思想的，反无产阶级专政的，分裂党的黑纲领"），"在党的九届二中全会上，陈伯达
采取了突然袭击，煽风点火，制造谣言，欺骗同志的恶劣手段，进行分裂的阴谋活
动"。第四部分为"投靠王明、刘少奇，招降纳叛，搞独立王国"。

这个材料，若干问题符合事实，许多问题不符合事实。陈伯达的真正罪行，如
《中华人民共和国最高人民法院特别法庭判决书》（特法字第一号）所列，恰恰没有
列出。铺陈了许多不实之词和本人在历史上交代过的问题。

2月21日，中共中央发出《关于扩大传达反党分子陈伯达问题的通知》。4月
29日，中共中央发出《关于把批陈整风运动推向纵深发展的通知》。

（3）加强与削弱

1970年11月6日，中共中央经毛泽东批准作出《关于成立中央组织宣传组的
决定》。决定说：为了党在目前进行的组织宣传工作，实施统一管理，中央决定在
中央政治局领导下，设立中央组织宣传组。中央组织宣传组权力很大，它管辖中央
组织部、中央党校、人民日报、红旗杂志、新华总社、中央广播事业局、光明日
报、中央编译局的工作，以及中央划归该组管辖单位的工作。工、青、妇中央一级
机构和它们的五·七干校，均划归中央组织宣传组管辖。决定说："中央组织宣传
组设组长一人，由康生同志担任，设组员若干人，由江青、张春桥、姚文元、纪登
奎、李德生同志担任。"这个决定大大加强了江青等人的力量，也就在实际上削弱
了林彪一伙的力量。这也是一种倾向掩盖另一种倾向，遏制了林彪一伙，却在客观
上为江青一伙弄权窃国提供了条件。康生自九届二中全会后即称病不出，李德生并
非江青一伙，后来调去沈阳，被解除了在北京的一切工作，所以中央组织宣传大权
不久就落到江青、张春桥、姚文元手中。

1971年1月24日，周恩来根据毛泽东的指示，在华北会议上讲话，宣布了中

共中央的决定：李德生任北京军区司令员，谢富治任北京军区第一政委，纪登奎任第二政委；谢富治任北京军区党委第一书记，李德生任第二书记，纪登奎任第三书记。1971 年 12 月 11 日中共中央通知中说，中央认为："这就捣烂了林陈反党集团经营多年的那个山头主义的窝子，挖了他们的墙角。"事实证明，"山头主义的窝子"云云，并无根据。

1971 年 4 月 7 日，毛泽东、党中央派纪登奎、张才千参加军委办事组，对黄永胜、吴法宪把持的军委办事组"掺沙子"。

(4) 华北会议

1970 年 12 月 10 日，中共陆军第三十八军委员会写了《关于检举揭发陈伯达反党罪行的报告》，送军委办事组并报中共中央。报告说："陈伯达千方百计地突出自己，反对伟大领袖毛主席和他的亲密战友林副主席，对抗毛主席的革命路线。""陈伯达不择手段地插手军队，搞宗派活动，妄图乱军、夺权。""陈伯达在处理保定问题中，大搞分裂，挑动武斗，镇压群众，破坏大联合、三结合。"说陈伯达反对毛泽东、林彪，都是无稽之谈。"保定问题"极其复杂。三十八军和河北省军区各支持一派，这两派尖锐对立，武斗不断。三十八军支持的一派坚决反对省革委会一负责人，这负责人却是中央所信任的。问题并不能归咎于陈伯达。但是毛泽东认为找到了"石头"。12 月 16 日，毛泽东对这个报告作了批示，以中共中央文件下发。毛泽东批示：

> 林、周、康及中央、军委各同志：此件请你们讨论一次，建议北京军区党委开会讨论一次，各师要有人到会，时间要多一些，讨论为何听任陈伯达乱跑乱说，他在北京军区没有职务，中央也没有委托他解决北京军区所属的军政问题，是何原因陈伯达成了北京军区及华北地区的太上皇？林彪同志对我说，他都不便找三十八军的人谈话了。北京军区对陈伯达问题没有集中开过会，只在各省各军传达，因此没有很好打通思想，全军更好团结起来。以上建议，是否可行，请酌定。

林彪对毛泽东所说，纯系捏造。"太上皇"一说，也非事实。12 月 18 日，中央政治局会议传达和讨论了毛泽东对三十八军报告的批示。华北到会的有郑维山（北京军区司令员）、李雪峰（北京军区政委、河北省革命委员会主任）等九人，北京卫戍区到会的有吴德、吴忠等三人。大家一致拥护毛泽东的意见，决定先开北京军区党委常委会，后开北京军区党委扩大会。12 月 19 日，周恩来将 18 日开会所议给毛泽东、林彪写了请示报告。同日，毛泽东批示："照办。要有认真的批评，从批评达到团结的目的。建议李德生、纪登奎二同志参加会议。永胜、作鹏应同德生、登奎一道参加华北会议。这次会议在全军应起重大作用，使我军作风某些不正之处转为正规化。同时对两个包袱和骄傲自满的歪风邪气有所改正。"

12月22日，华北会议召开，揭发批判陈伯达，株连李雪峰、郑维山。1971年1月8日，毛泽东在济南军区政治部《关于学习贯彻毛主席"军队要谨慎"指示的情况报告》上批示："此件很好，从理论和实践的结合上讲清了问题。""我军和地方多年没有从这一方面的错误思想整风，现在是进行一场自我教育的极好时机了。"这一批示也列为华北会议的学习文件。1月24日，周恩来根据毛泽东的指示，代表党中央在华北会议上作了重要讲话。这个讲话，揭露了陈伯达，宣布了中央的决定："将李、郑两同志调离原职，继续进行检查学习，接受群众教育，待有成效后，再由中央另行分配工作。"1月26日，郑维山、李雪峰作了检查。

综观华北会议前前后后，从三十八军的检举揭发到郑、李的检讨，既有正确地揭发批判的一面，又有许多不实之处，揭发批判陈伯达的"大方向"掩盖了不实事求是。会议文件中说："陈伯达……反对……林副主席"，"陈伯达投靠……刘少奇，招降纳叛，搞独立王国"，"他对彭德怀、高岗、彭真、罗瑞卿、陆定一、陶铸、胡乔木、周扬、杨献珍等反党分子都很亲"，"他是肖华、杨、余、傅……的黑后台"，"反革命分子……杨成武"，这类说法都是违反事实的。从根本上说来，中央文革小组倒曾是各地区的"太上皇"，华北地区和北京军区并未与陈伯达狼狈为奸。当时人们信奉"句句是真理"，必然造成错误。

（5）"抓住不放"的批判

1970年10月14日，毛泽东在吴法宪的书面检讨上批判了吴法宪等人。毛泽东指出："作为一个共产党人，为什么这样缺乏正大光明的气概。由几个人发难，企图欺骗200多个中央委员，有党以来没有见过。""办事组各同志（除个别同志如李德生外）忘记了九大通过的党章"，"又找什么天才问题，不过是一个借口"。毛泽东还指出：陈伯达"是个可疑分子。我在政治局会议上揭发过，又同个别同志打过招呼。""个别同志"就是指林彪，这里说的就是批评林彪不听招呼。当吴法宪说到陈伯达说"中央委员会也有斗争"时，毛泽东批示："这句话并没有错，中央委员会有严重的斗争，有斗争是正常生活。"毛泽东还批示："我愿意看见其他宣讲员的意见。"所谓"其他宣讲员"，就是叶群、李作鹏、邱会作等人。10月15日，毛泽东在叶群的书面检讨上作了批示。当叶群虚伪地说她犯了"路线性"错误时，毛泽东指出："思想上政治上的路线正确与否是决定一切的。"毛泽东批评叶群"爱吹不爱批，爱听小道消息，经不起风浪"，"一个倾向掩盖着另一个倾向。九大胜利了，当上了中央委员不得了了，要上天了，把九大路线抛到九霄云外，反九大的陈伯达路线在一些同志中占了上风。请同志们研究一下是这样吗？"当叶群说到他们搞天才语录问题时，毛泽东指出："多年来不赞成读马列的同志们为何这时又向马列求救，题目又是所谓论天才，不是在九大论过了吗？为何健忘若此？"毛泽东驳斥了叶群所说的与陈伯达"斗争不够有力"的谎言，指出："斗争过吗？在思想上政治上听他的话，怎么会去同他斗争？"毛泽东批评叶群："不提九大，不提党章，也不听我的话，陈伯达一吹就上劲了，军委办事组好些同志都是如此。党的政策是惩前毖后，治病救人，除了陈待审查外，凡上当者都适用。"

12 月 18 日，毛泽东会见美国友好人士斯诺时说道："什么'四个伟大'（伟大导师，伟大领袖，伟大统帅，伟大舵手），讨嫌！"斯诺说："我有时不知那些搞得很过分的人是不是真心诚意。"毛泽东说："有三种，一种是真的，第二种是随大流，'你们大家叫万岁嘛'，第三种是假的。你才不要相信那一套呢。""四个伟大"是林彪提出来的，这里显然批评了林彪。（按毛泽东 1967 年 2 月 3 日会见卡博·巴卢库时就已说过："又给我封了好几个官，什么伟大导师、伟大领袖、伟大统帅、伟大舵手，我就不高兴。"）

1971 年 1 月 9 日，中央军委召开了有 143 人参加的座谈会。从 1 月 9 日起，出席军委座谈会的人参加了华北会议。在军委座谈会期间，黄永胜、吴法宪、叶群、李作鹏、邱会作未批陈，也未检讨。2 月 19 日，中央政治局传达了毛泽东对计划会议的指示："请告各地同志，开展批陈整风运动时，重点在批陈。其次才是整风。不要学军委座谈会，开了一个月，还根本不批陈。更不要学华北前期，批陈不痛不痒，如李、郑主持时期那样。"2 月 20 日，军委办事组对毛泽东批评军委座谈会不批陈的问题，写了一个检讨报告。毛泽东在报告上批示："你们几个同志，在批陈问题上为什么老是被动，不推一下，就动不起来。这个问题应该好好想一想，采取步骤，变被动为主动。"当他们说到"对'批陈'的重要性的认识不足"时，毛泽东批示："为什么老是认识不足？三十八军的精神面貌与你们大不相同，原因何在？应当研究。"

2 月，《外交活动简报》第 29 期所刊《古巴驻华临时代办加西亚访问外地的几点反映》的第 4 条中反映：加西亚在井冈山参观时，对讲解员不提南昌起义和朱德上井冈山提出意见。毛泽东阅后批示："第（四）条提得对，应对南昌起义和两军会合作正确解说。"这显然是对林彪一伙篡改党史的批评。

3月24日，毛泽东在黄永胜等人的检讨上批示："以后是实践这些申明的问题。"又在他们的检讨上加了一段话："陈伯达早期就是一个国民党反共分子。混入党内以后，又在1931年被捕叛变，成了特务，一贯跟随王明、刘少奇反共。他的根本问题在此。所以他反党乱军，挑动武斗，挑动军委办事组干部及华北军区干部，都是由此而来。"3月30日，毛泽东在×××3月19日在河北省批陈整风会议上的检查中作了批示："此件留待军委办事组各同志一阅。上了陈伯达贼船，年深日久，虽有庐山以来半年的时间，经过各种批判会议，到3月19日才讲出几句真话，真是上贼船容易下贼船难。人一输了理（就是走错了路线），就怕揭，庐山会议上的那种猖狂进攻的勇气，不知跑到那里去了。"

4月15日至29日，中共中央召开了批陈整风汇报会。中央、地方和部队的负责人共99人参加。29日，周恩来代表党中央在批陈整风汇报会上作了总结讲话。在讲话中指出，黄、吴、叶、李、邱在政治上犯了方向路线错误，组织上犯了宗派主义错误，站到反九大的陈伯达分裂路线上去了。希望他们按照毛泽东的教导，实践自己的申明，认真改正错误。

看来批判是严厉的、频繁的。毛泽东认为九届二中全会上的斗争是"路线问题"，因而"抓住不放"。黄、吴、叶、李、邱揭陈没有多少事情可揭，又不愿、不敢揭出叶群，恐怕也未必弄清楚了"路线问题"，因而总是过不了关。尽管毛泽东注意稳住林彪，但是林彪定然心中有数。林彪会知道：批陈实质上是批林。

从以上所述看来，"批陈整风"运动十分复杂，既有正确的方面，更有不正确的方面，正确与错误混杂。总的说来，要逐步解决问题是正确的，但问题没有抓准，批陈颇多牵强附会，没有打中要害，若干问题没有正确处理，人为地制造了纠纷。

五　"联合舰队"的覆灭 [①]

林立果在九届二中全会以后进行了一系列反革命活动，乃至策动反革命武装政

[①] 对此记叙最详的是邵一海的《"联合舰队"的覆没》，连载于《追求》创刊号（1985年2月出版）至1986年第5期。《追求》1986年第6期上又载有邵一海的《林彪出逃真相》。

变。林立果指挥下的法西斯组织"联合舰队"，担任了倒行逆施的角色。叶群居于幕后。林彪的言行鲜为人知，已经确知他在关键时刻下达了反革命手令。毛泽东、周恩来机智地粉碎了这次叛变。

（1）《"571 工程"纪要》及其实施

1971 年 3 月 21 日，林立果、周宇驰、于新野、李伟信在上海秘密据点密谋。他们分析了形势，认为：在全国范围内，"首长"（按指林彪，下同）的权力势力，目前是占绝对优势，但是可能逐渐削弱。"文人力量"（按指张春桥、姚文元等）正在发展，发展趋势是用张春桥，张春桥代替林彪的可能性最大。他们研究了林彪的"接班"问题，认为有三种可能：一是林彪"和平接班"。周宇驰说，五六年就差不多了，甚至可能更短。林立果说，五六年还接不了班、即使五六年，其中变化就很大，很难说"首长"的地位还一定能保得住。当然和平过渡的办法最好。二是林彪"被人抢班"。周宇驰认为一下不可能，最起码三年以后。林立果认为，很难说，主席威信高，他要谁倒还不是一句话，"首长"随时都可能被赶下台。三是林彪"提前抢班"。可有两个办法：把张春桥一伙搞掉，保持"首长"地位不变，再和平过渡；直接谋害毛泽东，但毛泽东影响大、威信高，以后政治上不好收拾，尽可能不这样干。他们商定：争取"和平过渡"，做好"武装起义"的准备。先做两件事：写个计划和让空四军组建一个"教导队"。林立果确定计划名称为"571 工程"计划。（"571"为"武装起义"的谐音。）

3 月 23 日至 24 日，于新野执笔起草了《"571 工程"纪要》。原稿后来被缴获。《纪要》分九个部分：可能性；必要性；基本条件；时机；力量；口号和纲领；实施要点；政策和策略；保密和纪律。下面是前两个部分和第四部分原文（文中划□者是原本中删去的字、句、段，明显的错别字改在〔〕内）。

　　可能性

　　△9·2后[1]，政局不稳，统治集团内部矛盾尖锐，右派势力抬头

　　军队受压

　　十多年来，国民经济停滞不前，群众和基层干部、部队中下干部实际生活水平下降，不满情绪日益增长。敢怒不敢言。甚至不敢怒不敢言

　　统治集团内部上层很腐败、昏庸无能

_____

[1] 指九届二中全会以后。

众叛亲离

(1) 一场政治危机正在蕴〔酝〕酿。

(2) 夺权正在进行。

(3) 对方目标在改变接班人。

(4) 中国正在进行一场逐渐地和平演变式的政变。

(5) 这种政变形式是他们惯用手法。

(6) 他们"故计〔伎〕重演"。

(7) 政变正朝着有利于笔杆子，而不利于枪杆子方向发展。

(8) 因此，我们要以暴力革命的突变来阻止和平演变式的反革命渐变。反之，如果我们不用"五七一"工程阻止和平演变，一旦他们得逞，不知有多少人头落地，中国革命不知要推迟多少年。

(9) 一场新的夺权斗争势不可免，我们不掌握革命领导权，领导权将落在别人头上。

我方力量

经过几年准备，在思想上、组织上、军事上的水平都有相当提高。具有一定的思想和物质基础。

在全国，只有我们这支力量正在崛起，蒸蒸日上，朝气勃勃。

革命的领导权落在谁的头上，未来政权就落在谁的头上，

在中国未来这场政治革命中，我们"舰队"采取什么态度？

取得了革命领导权就取得了未来的政权。

革命领导权历史地落在我们舰队头上。

和国外"五七一"工程相比，我们的准备和力量比他们充分得多、成功的把握性大得多。

和十月革命相比，我们比当时苏维埃力量也不算小。

地理回旋余地大。

空军机动能力强。

比较起来，空军搞"五七一"比较容易得到全国政权，军区搞地方割据。

两种可能性：

夺取全国政权，

割据局面

必要性、必然性 ①

B—52 ② 好景不长，急不可待地要在近几年内安排后事。

对我们不放心。

如其束手被擒，不如破釜沉舟。

在政治上后发制人，

军事行动上先发制人。

我国社会主义制度正在受到严重威胁，

笔杆子托派集团正在任意篡改、歪曲马列主义，为他们私利服务。

他们用假革命的词藻代替马列主义，用来欺骗和蒙蔽中国人民的思想。

当前他们的继续革命论实质是托洛茨基的不断革命论，

他们的革命对象实际是中国人民，而首当其冲的是军队和与他们持不同意见的人。

他们的社会主义实质是社会法西斯主义

他们把中国的国家机器变成一种互相残杀，互相倾轧的绞肉机式的

把党内和国家政治生活变成封建专制独裁式的家长制生活。

当然，我们不否定他在统一中国的历史作用，正因为如此，我们革命者在历史上曾给过他应有的地位和支持。

但是现在他滥用中国人民给其信任和地位，历史地走向反面实际上他已成了当代的秦始皇，

为了向中国人民负责，向中国历史负责，我们的等待和忍耐是有限度的！

他不是一个真正的马列主义者，而是一个行孔孟之道借马列主义之皮、执秦始皇之法的中国历史上最大的封建暴君。

时机

敌我双方骑虎难下

目前表面上的暂时平衡维持不久，矛盾的平衡是暂时的相对的，不平衡是绝对的。

是一场你死我活斗争！只要他们上台，我们就要下台，进监狱。卫戍区。

或者我们把他吃掉，或者他们把我们吃掉。

---

① 在目录页上，这部分的标题是"必要性"。

② 据参与反革命政变的案犯交代，是反革命污蔑毛泽东的代称。

战略上两种时机：

一种我们准备好了，能吃掉他们的时候；

一种是发现敌人张开嘴巴要把我们吃掉时候，我们受到严重危险的时候；这时不管准备和没准备好，也要破釜沉舟。

战术上时机和手段

△B—52 在我手中，敌主力舰① 均在我手心之中。

属于自投罗网式

△利用上层集会一网打尽

△先斩局部爪牙，先和 B—52 即成事实，逼迫 B—52 就范，

逼宫形式

△利用特种手段如毒气、细菌武器、轰炸、543②、车祸、暗杀、绑架、城市游击小分队

《纪要》把我国人民民主专政的政权污蔑为"挂着社会主义招牌的封建王朝"，把"打倒当代的秦始皇——B—52"、"推翻挂着社会主义招牌的封建王朝"作为他们的口号和纲领，以"打着 B—52 旗号打击 B—52 力量"为反革命策略，阴谋利用"上层集会一网打尽"或"利用特种手段"如轰炸、制造车祸、暗杀、绑架、进行城市游击小分队活动等，发动反革命武装政变，杀害全国各族人民敬爱的毛泽东，以"夺取全国政权"或制造"割据局面"，建立法西斯专政。《纪要》中有些话是反对张春桥等人的，如"笔杆子托派集团正在任意篡改、歪曲马列主义，为他们私利服务"，这反映了两个反革命集团之间的矛盾。《纪要》也反映了一些真实情况，如"群众和基层干部、部队中下干部实际生活水平下降"，"文化大革命中被排斥和打击的干部敢怒不敢言"，但这丝毫不能表明它的正确，因为它显然是站在极端反革命的立场，企图利用人民的不满。

《纪要》是个草稿。定稿没有。送给林彪、叶群看过没有，都不得而知。林立果对于新野等人说，这个计划是林彪叫搞的。林立果说的是不是真话，也无从得知。靳大鹰在《"九一三"事件始末记》③ 里说："里面有些话只有老谋深算的人才

① 指江青一伙。

② 一种武器的代号。

③ 载《时代的报告》1980 年第 4 期。

能说得出来，有的话则明显的幼稚肤浅。"这是确实的。假设林彪看过《纪要》，他会不会同意，这是不难推断出来的。

不论情况如何，林立果等法西斯分子已经按照《纪要》的"实施要点"中的"指挥班子江、王、陈"行动起来。"江、王、陈"系江腾蛟、王维国、陈励耘。为了落实这个反革命计划，林立果3月31日深夜在上海召开了有江腾蛟、王维国、陈励耘、周建平（南京部队空军副司令员）参加的秘密会议，即林立果所说的"三国四方会议"（"三国"指上海、浙江、南京，"四方"指上述三方负责人和北京的江腾蛟）（周建平4月1日参加会议）。林立果在会上说："庐山会议都是几个老总（按指黄、吴、李、邱）搞坏的，丘八斗不过秀才，现在军队日子难过啊！""现在的斗争，是争夺接班人的斗争。主席的班，靠谁来接？张春桥他算老几？一不会做工，二不会种田，三不会打仗，就是会造点舆论。"他又说：当前主要工作是抓好部队；杭州、南京、上海情况各有不同，可以允许有不同做法；南京以周建平为头，上海以王维国为头，杭州以陈励耘为头，你们的老政委（按指江腾蛟）负总责。[①] 这次会议明确了分工。分工干什么勾当？不知道。这时"负总责"的江腾蛟并不知道《"571工程"纪要》。[②] 林立果大概不便于一下子全部说出反革命意图，先以抓部队工作为由，明确分工。4月初，林立果通过王维国建立了实际上为反革命武装政变服务的"教导队"。

4月15日，中央批陈整风汇报会开始。4月23日，"联合舰队"的主要成员周宇驰、刘沛丰、于新野等召开反革命会议，讨论了中央会议的情况，确定"根据斗争形势，准备加快"，提前实行反革命武装政变计划。5月23日，周宇驰开始秘密进行驾驶直升飞机训练。7月下旬，林立果、刘沛丰、于新野、李伟信窜到广东深圳、沙头角，在飞机上察看地形。林立果说："万一情况紧急，可以让首长到香港指挥、遥控。"8月8日，"联合舰队"一些成员将两辆水陆两用汽车运到北戴河，供林立果学习驾驶。与此同时，"联合舰队"四出活动，进行反革命串连和反革命煽动。

---

① 详见《中华人民共和国最高人民法院特别法庭审判林彪、江青反革命集团案主犯纪实》，法律出版社1982年版，第107—110页。

② 江腾蛟说过："《'571工程'纪要》我不知道，我一直不知道，到1971年9月8日晚上李伟信才给我解释《'571工程'纪要》。"见《中华人民共和国最高人民法院特别法庭审判林彪、江青反革命集团案主犯纪实》第110页。

从法西斯分子林立果等人的活动中可以看出，他们想干什么就干什么，杂乱无章，反革命准备不是有条不紊地进行的。也看不出江腾蛟怎么"负总责"。这时，叶群等人正在为林立果选"妃子"，林立果似乎并非虚假地恋着一个美丽的姑娘。①

（2）覆灭的前夕

8月16日，周恩来、张春桥、纪登奎、黄永胜根据毛泽东的指示，去北戴河向林彪汇报工作。周恩来在汇报结束时说：根据毛主席的提议，党中央决定"十一"前后召开九届三中全会，然后召开四届人大，现在各项准备工作正在逐步就绪。林彪一伙惶恐不安，担心九届三中全会将要提出他们的问题，也担心在四届人大会议上林彪将当不成副总理和国防部长。

8月14日，毛泽东离开北京去南方各地巡视。在武汉、长沙和南昌，分别同湖北、河南、湖南、广东、广西、江苏、福建等地党政军负责人，进行了多次谈话。在这些谈话中，毛泽东提出了"要搞马克思主义，不要搞修正主义；要团结，不要分裂；要光明正大，不要搞阴谋诡计"三项基本原则，提出了"思想上政治上的路线正确与否是决定一切的"的论断。毛泽东着重谈了1970年8月庐山会议上的斗争，指名批评了林彪和陈伯达、黄永胜、吴法宪、叶群、李作鹏、邱会作等人在庐山搞突然袭击。毛泽东说："庐山这件事还没有完，还没有解决"，"陈伯达后面还有人"。他们"是有计划、有组织、有纲领的"，"纲领就是设国家主席，就是'天才'，就是反对'九大'路线，推翻九届二中全会的三项议程"。他们"心里有鬼"，"有人急于想当国家主席，急于夺权"。"林彪同志那个讲话，没有同我商量，也没有给我看。""庐山这一次的斗争……他当然要负一些责任。""我同林彪同志谈过，他有些话说得不妥嘛。""他们先搞隐瞒，后搞突然袭击，五个常委瞒着三个，也瞒着政治局的大多数同志，除了那几位大将以外。""什么'大树特树'，名曰树我，不知树谁人，说穿了是树他自己。还有什么人民解放军是我缔造和领导的，林亲自指挥的，缔造的就不能指挥呀！缔造的，也不是我一个人嘛。"毛泽东还说："虽然在北京开了工作会议，几个大将作了检讨，但吞吞吐吐。""林彪不开口，这些人是不会开口的。"毛泽东说："我就不相信我们军队会造反，我就不相信黄永胜能够指挥解放军造反！军下面还有师、团，还有司、政、后机关，你调动军队来搞坏事，听你的？"毛泽东说："这次庐山会议，又是两个司令部的斗争。"毛泽东的

———

① 详见《扭曲的虹》，载《东方纪事》1988年第3期。

谈话，起了防止党内高级干部因不明底细而盲目地跟着林彪走的作用。这些谈话显然有不正确之处，如认为党五十年来经历了"十次路线斗争"，"彭德怀里通外国，想夺权"，"文化大革命把刘少奇、彭、罗、陆、杨揪出来了，这是很大的收获"，等等。

林彪一伙对毛泽东巡视南方极为疑忌。8 月下旬，吴法宪把毛泽东到长沙、南昌，先后派飞机接一些负责人去谈话的情况，密报叶群。8 月 26 日，毛泽东刚刚结束对南巡的第一站——武汉的视察，"联合舰队"就召开了一次会议，分析形势，得出了"由明争转入暗斗"、"酝酿新'战争'"、"思想、组织、行动上加强'战备'"的反革命结论。毛泽东严禁将他的谈话外传，而顾同舟（广州部队空军参谋长）9 月 5 日深夜在广州把毛泽东接见一些负责人时谈话的内容密报在北京的于新野，于新野作了十五页记录。次日，于驾驶直升飞机到北戴河，把电话记录稿送给林彪、叶群、林立果。9 月 6 日凌晨，刘丰把毛泽东在武汉同一些负责人谈话的内容，密告陪外宾去武汉的李作鹏。李作鹏很快形成三点认识：一是庐山的问题还没有完；二是上纲比以前更高；三是矛头似乎指向林彪。李当天返回北京，分别告诉了黄永胜、邱会作，黄永胜密报叶群。林彪惊恐。

林彪、叶群、林立果在 9 月 6 日、7 日经过紧张策划，作出了某种罪恶决定，9 月 7 日，林立果向"联合舰队"下达了进入"一级战备"的命令。9 月 8 日，林彪在北戴河下达了"盼照立果、宇驰同志传达的命令办"的反革命手令。林立果带着林彪的手令到达北京。从 9 月 8 日深夜到 9 日凌晨，在"联合舰队"中进行了谋害毛泽东的反革命计议，并策划攻打钓鱼台（江青等人住在钓鱼台）。林立果、周宇驰、江腾蛟等人估计毛泽东在 9 月 25 日以前不会离开杭州，决定在上海动手，初步确定用火焰喷射器和四○火箭筒打火车等办法谋害毛泽东。9 月 10 日，他们又密谋用炸毁苏州附近硕放的铁路桥的办法谋害毛泽东。9 月 11 日，林立果将林彪给黄永胜的亲笔信交给王飞，要王飞和黄永胜取得联系。林彪亲笔信全文是："永胜同志：很惦念你，望任何时候都要乐观保护身体，有事时可与王飞同志面洽。"这是反革命的"接头信"，实际上是林彪的又一个手令。不知何故，此信始终未交给黄永胜。

林立果、周宇驰、于新野等人要谋害的是毛泽东主席，面对的却是整个人民。他们既要搞反革命武装政变，又不能公然进行，既要一些人供他们驱使，又不能让这些人了解底细。这是无法解脱的矛盾。尽管他们阴险、毒辣、狡诈，但是到了 9

月 11 日还是没有商定一个谋害毛泽东的办法。事到临头，谁也不敢干。9 月 11 日，叶群一再催促动手；但是就在当夜，王维国从上海打电话向他们密报：毛泽东已经离开上海北上了！

(3) 震惊中外的"九·一三"事件

8 月 31 日，毛泽东乘坐列车到了南昌。他听取了江西省革委会一负责人关于周宇驰等人在江西进行了一些反常活动的报告。9 月 3 日深夜，毛泽东到达杭州。他在年轻的服务人员中了解到林立果一伙活动的一些情况，提高了警惕性，机警地改变了活动规律。南昌报告的是一般情况，毛泽东真正有所觉察是在杭州。他在杭州同当地负责人谈话时，问了陈励耘："你同吴法宪的关系如何？吴法宪在庐山找了几个人，有你陈励耘，有上海的王维国，还有海军的什么人。你们都干了些什么？"陈励耘狼狈不堪，答非所问。9 月 8 日深夜，毛泽东突然密令立即把他乘坐的专列从笕桥机场的专线上转移到绍兴，以迷惑敌人。9 月 10 日下午 3 时，毛泽东突然立即离开杭州，并且不要陈励耘送行。9 月 10 日下午 6 时，毛泽东到达上海。他不下专列，在车上接见了当地党政军负责人，当夜在专列上休息。9 月 11 日下午，毛泽东接见许世友、王洪文时要他们两人团结起来，要王洪文请许世友吃饭。宴罢，许世友才知道毛泽东专列已驶离上海。专列在南京稍停，便风驰电掣地直奔北京，一站不停。车抵丰台，毛泽东在车上召见李德生、吴德、吴忠，询问了北京情况，说：黑手后面还有黑手。毛泽东在北京站下车。他因对反革命阴谋有所觉察（当时不了解林彪一伙的全部阴谋）而机智地采取行动，打乱了反革命部署。林立果、周宇驰、于新野等人得知毛泽东离开上海后，慌乱而又沮丧。林立果于当天下午私乘 256 号专机去北戴河。为隐瞒真相，256 号专机改用 252 的呼号。

林彪一伙在策划谋害毛泽东的同时，布置胡萍（空军司令部副参谋长）安排飞机，准备在失败后南逃广州，另立中央，或叛国外逃。自 9 月 6 日起，叶群等人紧张地进行了叛逃的准备，如：9 月 7 日叶群要了俄华字典、英华字典、俄语和英语会话的书籍，9 月 8 日周宇驰要一本苏联航班地图，9 月 9 日叶群要有关中美关系的文件，周宇驰要东北、华北、西北地区雷达兵部署和可作导航用的周围国家广播电台频率表。9 月 12 日，林彪一伙得知毛泽东早已离开上海，即作出了 9 月 13 日南逃广州的决定，企图造成割据局面。根据林彪的手令，胡萍安排了南逃广州的飞机八架。

9 月 12 日晚，林家的情形如何？下面是被林立果选中为妻但尚未成婚的张宁

的回忆 ① 的摘录 ②（其中的"我"是张宁）。

9月11号，我醒得很早，去海边看日出，回来约林立衡用早餐，但被空军保卫处长杨森拦住了。杨森说，林立衡从今天起，不接待任何人，一日三餐，全部由值班人员送到她室内。

林立衡将自己封闭以后，叶群显得十分不安。

一切迹象都让人费解，让人不可思议！

（9月12日）晚上，叶群打电话把我和林立衡、张清霖（林立衡的未婚夫）叫到九十一号楼。

过了片刻，林立衡、张清霖走了进来。林立衡面色蜡黄，神色憔悴，身上穿了一套簇新的军装。她走到我面前，凄然一笑，说："主任安排我和张清霖今天定婚。"

我有些不知所措地说："真是太意外，太突然了！我连一点准备也没有。"

"不要紧的，"林立衡握住我的手："好妹妹，祝贺我吧。"她的声音很轻，语调有些颤抖。

随后，大家到放映室看电影。可是过了一会，人不知啥时都走光了。我感到情况异常，起身走出放映室，刚出大门，就听见林立衡对林彪的内勤小陈、小张说："你们无论如何也要偷听到首长和林立果谈话的内容。"

"万一出了事，你千万要替我说清楚啊！"小陈的声音瑟瑟颤抖："首长的脾气你是知道的……"

"小陈，现在没有时间说这些了，你快去，快去！"林立衡使劲推了一下小陈。

小陈又望了一眼林立衡，一闪身，走进通往林彪客厅的走廊。大约过了两分钟左右，小陈手中托着一只茶水盘返回来了，见到林立衡就说："首长正在淌眼泪呢！"

"什么?!"林立衡一把抓住小陈的手："你快些讲首长和林立果讲了什么?!"

小陈说："我端了茶水进去时，叶主任和副部长（林立果）蹲在首长的脚前，说话声音很轻，听不清楚；我见首长一面流泪，一面说……"小陈一双大

---

① 《扭曲的虹》，载《东方纪事》1988 年第 3 期。

② 除括号中的文字外，全系原文。

眼睛犹豫地看着林立衡，欲言又止。

"快讲，说什么？"

"首长好像说、说什么是民族主义者……副部长发觉我，把我推出来，后面的话没听见。"

林立衡猛地松开小陈的手，小陈手中的盘子哐当一声掉在地下。林立衡来不及再顾小陈，匆匆地走了。

在这之前，林立衡已发动了所有的林办秘书、内外勤警卫，通知他们叶群、林立果可能要劫持首长，让大家提高警惕保护首长，唯独隐瞒我一人。事后林立衡才告诉我，回避我完全是误会，因为见林立果、叶群频繁地接触我，以为我是他们的人，派来监视她的，所以后来当情况紧急时，她闭门不见我。我被莫名其妙地夹在当中，竟不知道双方在进行一场殊死的争夺战。

过了一会，林立果和叶群跑了进来。叶群的帽子歪斜地扣在脑袋上，林立果军衣的风纪扣也敞开着，脸上流着汗水。叶群连连摇摆着手说："快，你们赶快回去准备一下，等一会就来接你们。"

林立衡沉着地问："这么急，要到哪儿去呀！"

林立果紧盯着他姐姐，脸色异常阴沉，一句话也不说。

叶群说："首长性子急，马上就要走，陪着首长去大连。"

说着把我往背后一挡，与林立衡隔开来，我大惑不解地看着他们，林立衡似乎悟到了我不知情，对叶群说："那张宁呢？"叶群猛一愣，"噢！她也跟你们一起回去准备。"我回头望了一下林立果，他的眼睛死死地盯着我。

回到五十七号楼，林立衡立即与张清霖回到他们的住处，我则回卧室整理东西。过了一会，林立衡来到我的卧室，她说："首长办公室刚才来电话，通知今天不走了。"

我问林立衡："首长行动怎么这么紧急！"

她审视了我一会，很温和地说："你先睡吧，明天什么时候走，再通知你。"说着，林立衡看着我吞下安眠药，将门关上退了出去。

服下安眠药，上床几分钟后，我梦幻般地听见一辆汽车在院内紧急停住，接着，一阵急促的脚步声，经过起居间直奔我的卧室，一个熟悉的身影闯了进来。

他是林立果。

屋内一片漆黑，鬼使神差的我竟然毫无声息，没有吭声。

林立果匆匆推门一看，立刻又跑出卧室，随着引擎声响，汽车又飓风般地开走了。

八三四一警卫部队的奔跑声，口令声，汽车的奔驰声，像梦幻一样飘飘忽忽地过去了，我迷迷糊糊地想，林彪动一下身，保卫工作这么大动干戈呀。

夜空黑沉沉的，远处隐隐可听见飞机起飞的声音，在那隆隆的声响中，我沉沉地睡去了。

9 月 12 日晚，周恩来正在北京人民大会堂福建厅主持讨论将在四届人大会上作的《政府工作报告》草稿。晚 10 点 30 分左右，周恩来接到中央办公厅负责同志转来八三四一部队驻北戴河部队一负责人的电话报告。八三四一部队驻北戴河部队一负责人转林立衡的报告：叶群、林立果要带林彪坐飞机逃跑，北戴河住处出现了一些不正常的情况。林立衡是这样报告的，请看一些有关文章的叙述：

"叶群、林立果要带着林副主席逃跑……"（邵一海《林彪出逃真相》，载《追求》1986 年第 6 期）

"林立衡报告说：叶群、林立果要带林彪逃跑。"（靳大鹰《"九一三"事件始末记》，载《时代的报告》1980 年第 4 期）

林立衡所说有无根据，我们不知道。

不久，周恩来又接到转来的林立衡的第二个报告：有一架三叉戟飞机在山海关机场，是下午林立果坐着来的。周恩来当即要吴法宪、李作鹏查明有没有一架三叉戟飞机到了山海关机场。吴、李了解情况后，作了肯定的回答，胡萍则诡称飞机出了故障。周恩来指示吴法宪：飞机修好了立即飞回，不准带任何人。旋又指示李作鹏：那架飞机要有周恩来、黄永胜、吴法宪、李作鹏四个人一起下命令才能飞行。林彪、叶群、林立果迅速得知周恩来查问飞机，知道南逃广州的阴谋可能已为党中央所觉察。

晚 11 点半左右，周恩来接到叶群电话。叶群说：林彪想动一动，空中动，需要调几架飞机。周恩来问：你们调了飞机没有？叶群答：还没有调，林彪让报告总理后再调。周恩来说：今晚夜航不安全，调飞机的事，我和吴法宪商量一下，看看天气情况再说。叶群本以为这样既可掩盖他们南逃广州的阴谋，试探情况，又可通过周恩来之手调动飞机；可是周恩来机智的回答，不但使叶群露了马脚，更加引起周恩来的警惕，而且使叶群心中更加没底，更加惶恐，不得不放弃南逃的计划。

　　毛泽东9月12日下午5时左右回到北京，七十八岁的老人经过近20小时的旅途颠簸，是很劳累的。在问题没有完全弄清之前，周恩来不便深夜惊动毛泽东。9月13日零时左右，林彪、叶群、林立果、刘沛丰不顾警卫部队的阻拦，乘车从北戴河逃往山海关机场，并在途中开枪打伤跟随多年的警卫秘书。周恩来接到报告后，立即向毛泽东报告。在256号飞机强行起飞后不久，毛泽东、周恩来断然发出全国禁空令，即：任何飞机都不准来北京；没有毛泽东、周恩来、黄永胜、吴法宪、李作鹏的联合命令，任何飞机都不准起飞。周恩来派李德生到空军协助他临时负责指挥（李德生一天24小时都不离开空军作战值班室一步），又派中共中央办公厅负责工作人员杨德中去西郊机场寸步不离地"协助"吴法宪工作。雷达发现256号飞机向蒙古方向飞行，吴法宪请示周恩来要不要拦截，周恩来请示毛泽东，毛泽东说："天要下雨，娘要嫁人，让他去吧！"

　　林立果在逃跑前，打电话给在北京的周宇驰，告以南逃不成，迅速北上。9月13日凌晨3点多钟，周宇驰、于新野、李伟信从北京沙河机场乘直升飞机向蒙古方向逃跑。吴法宪迅即报告。周恩来等下令派战斗机拦截，绝不能让它飞出国境；后来直升飞机飞回，周恩来又下令迫降，如飞进城区就坚决打掉。

　　9月13日凌晨3点多钟，周恩来根据毛泽东指示，在人民大会堂召开了在京政治局委员会议，通报了夜间发生的一切情况，说明作了应付万一的准备。周恩来又迅速将有关"九·一三"事件的情况，亲自逐一电话通知各大军区和各省、市、自治区主要负责人，采取了必要的防范措施。

　　9月13日上午，周宇驰等人乘坐的直升飞机被迫降在怀柔县境内。被骗去驾驶直升飞机的陈修文，机警地驶回，在机上与叛徒搏斗，光荣牺牲。直升飞机迫降后，周、于自杀，李伟信和另一驾驶员陈士印被擒，从直升飞机上缴获了叛党叛国的大量罪证。周恩来连续50多小时没有休息。9月14日下午，周恩来得到外交部转来我驻蒙使馆的报告：9月13日凌晨3时，在蒙古温都尔汗附近肯特省贝尔赫矿区南十公里处，中国民航256号三叉戟坠毁。乘员九人，八男一女，全部死亡。这是千真万确的。原在中国驻蒙古大使馆工作的伊白在《林彪折戟沉沙目击记》（载《万象》1987年第1期）中，中国前驻蒙古大使许文益在《历史赋予我的一项特殊使命》（载《世界知识》1988年第1期）和《林彪坠机内情及对外交涉经过》（《南方日报》1988年1月连载）中，述之颇详。国内对此有其他说法，纯属臆测。海外出版的

大动乱的年代（1966—1976）

一本书^①中，说林彪死于北京西山，这是向壁虚构。

9 月 18 日，经毛泽东批准，中共中央发出关于林彪叛国出逃的通知。通知说："中共中央正式通知：林彪于 1971 年 9 月 13 日仓皇出逃，狼狈投敌，叛党叛国，自取灭亡。""对林彪叛党叛国事件，中央正在审查。现有的种种物证人证业已充分证明：林彪出逃的罪恶目的，是投降苏修社会帝国主义。根据确实消息，出境的三叉戟已于蒙古境内温都尔汗附近坠毁。林彪、叶群、林立果等全部烧死，成为死有余辜的叛徒卖国贼。"通知在概述了九届二中全会以来的斗争以后说："这次林彪叛国投敌，正是阶级敌人绝望挣扎的表现。""中央号召全党同志首先是高级干部同林彪划清界限。"按照中央规定，这个通知第一步只传达到省、市、自治区党委常委以上的党组织。

林彪一伙不能逃脱历史的谴责与鞭挞。如果要问林彪事件何以能够发生，可以说，"文化大革命"既然推翻了党的一系列基本原则，脱离了马克思列宁主义、毛泽东思想的轨道，造成了极大的混乱，搞阴谋、弄权术、杀戮就成了野心家争夺权力的手段，种种非常事态必然酿成。载入党章的"接班人"、"最最高举""最最紧跟"的"副统帅"出逃，当然这本身就是对"文化大革命"的理论和实践的讽刺和否定。"九·一三"事件的发生，客观上宣告了"文化大革命"的理论和实践的失败。这件事，无疑对毛泽东打击很大。

---

① 《林彪的阴谋与死亡》，姚明理著。

　　林彪在以和平方式争夺国家最高权力的图谋失败后，加紧指使其子林立果准备武装政变。图为武装政变的计划失败后，1971年9月13日，林彪携妻叶群、子林立果乘空军256号专机出逃，机毁人亡于蒙古人民共和国温都尔汗附近。

第四章
纠"左"与批"右"

在"九·一三"事件发生后不久，就在全党全国开展了"批林整风"运动。毛泽东吸取了若干教训，但是他在全局上坚持"文化大革命"的错误，因而不可能从根本上吸取教训。原来与林彪一伙勾结在一起的江青，这时却成了"反林"的英雄。周恩来正确地提出要批判极左思潮的意见，这不仅为江青、张春桥、姚文元所否定，也为毛泽东所反对。提前召开了党的第十次全国代表大会，十大在大的方面文过饰非。

一 "批林整风"运动

"批陈整风"运动变为"批林整风"运动了。在这两个运动中，事实上没有"整风"。较之"批陈整风"，"批林整风"规模、声势更大，还增加了"清查与林彪集团阴谋活动有关的人和事"的内容。在运动中，毛泽东有一系列的言论。

（1）揭发、批判与清查

1971年9月28日，中共中央发出关于扩大传达9月18日通知的范围的通知，要求将9月18日通知传达到地、师以上党委。黄永胜、吴法宪、李作鹏、邱会作未向中央作任何揭发交代，中央于9月24日命令他们离职反省，彻底交代。9月29日，经毛泽东批准，中共中央发出关于黄永胜、吴法宪、李作鹏、邱会作离职反省的通知。通知说："中央鉴于黄永胜、吴法宪、李作鹏、邱会作四同志参加林、陈反党集团的宗派活动，陷入很深，实难继续现任工作，已令他们离职反省，彻底交代。军委日常工作，中央已决定由军委副主席叶剑英同志主持，并筹组军委办公会议，进行集体领导。"10月3日，经毛泽东批准，中共中央发出关于撤销军委办事组、成立军委办公会议的通知。通知说："中央决定，撤销军委办事组，成立军委办公会议。军委办公会议由军委副主席叶剑英同志主持，并由叶剑英、谢富治、张春桥、李先念、李德生、纪登奎、汪东兴、陈士榘、张才千、刘贤权十同志组成，即日成立，在中央军委领导下负责军委日常工作。"同日，经毛泽东批准，中共中央发出关于成立中央专案组的通知。通知说："为彻底审查、弄清林——陈反党集团的问题，中央决定成立中央专案组，集中处理有关问题。中央专案组由周恩来、康生、江青、张春桥、姚文元、纪登奎、李德生、汪东兴、吴德、吴忠十人组成。"10月6日，经毛泽东批准，中共中央发出林彪集团罪行的通知。《通知》说：

"早在九届二中全会以前，林彪就背着毛主席和中央政治局大多数同志，同老反共分子陈伯达勾结在一起，指挥黄永胜、吴法宪、叶群、李作鹏、邱会作等多次开会，多方串连，阴谋策划，妄图推翻以毛主席为首的党中央。林彪、陈伯达及其一伙在庐山会议上的全部活动，完全是有准备、有纲领、有计划、有组织的。他们突然袭击，煽风点火，破坏九届二中全会原定议事日程，背叛'九大'路线，妄图分裂我党我军，向毛主席夺权，颠覆无产阶级专政，复辟资本主义。它的性质完全是一次被粉碎的反革命政变。"

"现已查明：林彪不但另立资产阶级司令部，而且通过他的儿子林立果纠合一小撮死党在北京、广州、上海等地成立了十分秘密的法西斯特务组织，制造舆论，训练特务，收买干部，从国外进口大批特务工具，设立地下活动据点，准备反革命叛乱。……在林彪直接指挥下，他们决定实行两项蓄谋已久的极其恶毒的反革命阴谋：（一）谋害毛主席。他们妄图乘毛主席巡视南方的机会，在上海或上海附近炸掉毛主席乘坐的火车。他们具体策划了炸车的时间、地点、代号、武器、方法，指定了具体执行人员。他们还策划于同一时间，在北京下手杀害中央政治局同志，并且察看了中央同志住所的地形，画了地图。林彪妄图在实现这一罪恶计划以后，立即上台，复辟资本主义。林彪这项反革命罪行的确凿证据，包括林彪的手令，林彪死党画的地图，已被中央查获。林彪指定的杀人凶手已向中央交代。（二）另立中央。林彪阴谋携带黄永胜、吴法宪、叶群、李作鹏、邱会作等人，逃离北京，另立中央，勾结帝、修、反，发动反革命内战。林彪策划这一阴谋的手令，外逃人员的编组名单，已被中央查获。参加阴谋策划的有关人员已向中央交代。以上第一项阴谋，由于毛主席的行动打乱了他们的部署，未能得逞。林彪遂于 9 月 12 日私调飞机，准备 9 月 13 日晨 7 时起飞，实行第二项阴谋。但是，毛主席于 9 月 12 日下午回到北京，又一次打乱了他们的阴谋。林彪惊慌失措，加上林立衡向中央作了揭发，他感到阴谋暴露，就提前几小时、带着妻子、儿子及少数死党仓皇逃命，狼狈投敌，自取灭亡。"①

《通知》还说：在 10 月中旬，将林彪叛党叛国事件传达范围扩大到地方党支部书记、副书记等。10 月 24 日，经毛泽东批准，中共中央发出关于将林彪叛党叛国事件向全国广大工农群众传达的通知。11 月 14 日，经毛泽东批准，中共中央发出关于印发反革命政变纲领《"571 工程"纪要》的通知。全党全军和全国各族人民，对林彪一伙的叛卖行径表示极大的义愤，对中央采取的各项措施表示拥护。更为重要的是：为"九·一三"事件而震惊；以"九·一三"事件为契机。人民开始觉醒。如果说许多老革命家自始对"文化大革命"就"很不理解"而在不同程度上予以抵制的话；那么更多的人在"九·一三"以后，对于"文化大革命"的态度发生了转变：忠诚的信仰逐渐变成怀疑，狂热的情感逐渐变成冷淡。在"文化大革命"的风暴中，人们还来不及思索，但已积累了许多迷惘；"九·一三"事件则如晴天霹雳，把许多人震醒，开始认真回顾几年来的实践。当时把林彪的叛卖说成"第十次路线斗争"，人们普遍地感到路线斗争"不可知"。

1971 年 12 月 11 日，经毛泽东批准，中共中央发出通知，将中央专案组整理的《粉碎林陈反党集团反革命政变的斗争》（材料之一）下发讨论。1972 年 1 月 13 日、7 月 2 日，经毛泽东批准，中央又下发了《粉碎林陈反党集团反革命政变的斗争》材料之二和材料之三。7 月 2 日，又批发中央专案组《关于国民党反共分子、托派、叛徒、特务、修正主义分子陈伯达的反革命历史罪行的审查报告》和陈伯达的历史罪证。材料之一揭发了林彪一伙在九届二中全会前后的阴谋活动。材料之二批判了《"571 工程"纪要》，揭发了林彪一伙按照《"571 工程"纪要》进行反革命政变的

---

① 后来查明：黄永胜、吴法宪、李作鹏、邱会作对谋害毛泽东和逃离北京、另立中央的反革命计划都不知晓。他们也没有"妄图推翻以毛主席为首的党中央"。

准备。材料之三即中央专案组选印的《林彪反党集团反革命政变的罪证》。三批材料在总体上揭发批判了林彪一伙,是正确的;缺点主要是:有些提法不正确,如说"以刘少奇为头子的资产阶级司令部"、"以林彪为头子的资产阶级司令部";有些材料不确实,如说"正当林陈反党集团兴风作浪的时候,苏修叛徒集团遥相策应"。

在这期间,中共中央还召开了揭发、批判的老干部座谈会。陈毅、聂荣臻、肖克等老一辈革命家在会上愤怒揭发了林彪历史上的错误,朱德、陈毅、李富春、聂荣臻、邓子恢、肖克、曾山等九人写了书面揭发材料,批判了林彪一伙关于"天才"、"有权就有一切"、林彪是"三大助手"中"最光辉的助手"、"三十字方针"等谬论,批判了林彪一伙篡改党的历史、制定《"571工程"纪要》、策动反革命武装政变等罪行。中共中央先后转发了军事科学院编写的《批判林彪资产阶级军事路线的若干问题》(之一,未定稿)、《批判林彪资产阶级军事路线的若干问题》(之二,未定稿)、《批判林彪的"六个战术原则"》等材料。

揭发、批判使人们认清林彪远非一贯正确,林彪一伙叛党叛国极端卑劣、极端无耻,是有成绩的;但是既然不可能触及"文化大革命"的指导思想,林彪一伙在"文化大革命"中的许多罪行就不可能被揭出,又有江青等人的干扰和破坏,揭发、批判就不可能深入。林彪的反动世界观并未得到清算,而被江青等人变相继承并恶性发展。这次"革命大批判"还在不小程度上袭用了否定一切的形而上学方法,对林彪一伙为什么由老干部变成反革命没有作出科学的回答。把林彪一伙的罪恶仅仅看成林彪等极少数人的罪孽,没有在根本上从"九·一三"事件中吸取教训,从而改弦易辙。这与毛泽东的领导是直接联系着的。他正确地认为应该批判林彪一伙,但是没有省悟到"文化大革命"的理论和实践是必须否定的,而陷入既要深入批判林彪、又要维护"文化大革命"的矛盾。

关于清查与林彪集团阴谋活动有关的人和事:主要是在空军、海军、总后等有关单位和有关省、市、自治区的领导班子中进行的。中共中央在9月18日通知中指出:"中央号召全党同志首先是高级干部同林彪划清界限。中央对于坚决同林彪划清界限的同志,不论他过去是否受过林彪的影响,是否犯过错误,都是同样爱护而不会轻易怀疑的。"由于中央政策比较正确,由于中央派得力干部去重点单位狠抓清查工作,由于林彪一伙的阴谋已被揭穿而在押犯江腾蛟、李伟信等人供出若干情况,所以清查工作总的说来是稳妥、顺利地进行的,取得了显著成绩。一些单位也有扩大化的缺点。

（2）毛泽东的言论

在全局上肯定"文化大革命"的前提下，毛泽东也吸取了若干历史教训。1971
年 10 月 4 日，毛泽东在接见军委办公会议成员时说："军队政治教育，主要是搞路
线方面的教育。""四好运动搞形式主义，把部队作风带坏了，要改变。""军队要严
格训练，严格要求，才能打仗。锻炼部队，一是靠打仗，一是靠平时训练。""我提
了五条，他（按指林彪）提了三条。三条不讲马列主义，不讲反对修正主义和防止
赫鲁晓夫式的人物，不讲团结大多数，不讲批评和自我批评。"11 月，毛泽东说：
"什么'紧跟'，我就不愿听，不能跟人，要跟党，跟路线。"11 月 14 日，毛泽东
接见参加成都地区座谈会的同志时讲话说：

> "你们再不要讲他（按：指叶剑英）'二月逆流'了。'二月逆流'是什么
> 性质？是他们对付林彪、陈伯达、王关戚。那个王关戚，'五·一六'，要打倒
> 一切，包括总理、老帅。老帅们就有气嘛，发点牢骚。他们是在党的会议上，
> 公开的，大闹怀仁堂嘛！缺点是有的。你们吵了一下也是可以的。同我来讲就
> 好了。那时候我也搞不清楚。……问题搞清楚了，是林支持的，搞了一个什么
> '五·一六'，打倒一切。"

> "《我的一点意见》当时没有题目，撇开一些问题，中心是个主席问题，我
> 就撇开。那个司令部要我当国家主席是假，林当主席、林接班是真。也有一些
> 人是真心要我当主席，和林彪不一样。"

1972 年 1 月 6 日，陈毅在北京逝世，终年 71 岁。1 月 10 日，毛泽东参加了
陈毅追悼会。据张茜回忆整理的《记毛主席的谈话》中说：毛泽东在陈毅追悼会
开始之前，曾对张茜讲："陈毅同志是一个好人，是一个好同志。陈毅同志是立了
功劳的。他为中国革命、世界革命做出了贡献，这已经作了结论嘛。他跟项英不
同。新四军 9000 人在皖南搞垮了。当然罗，后来又发展到 90000 人。陈毅同志是
执行中央路线的。陈毅同志是能团结人的。"毛泽东还说："要是林彪的阴谋搞成
了，是要把我们这些老人都搞掉的。"3 月 17 日，中共中央转发了《毛主席在外地
巡视期间同沿途各地负责同志的谈话纪要》（1971 年 8 月中旬至 9 月 12 日）。其中
写道：

> "地方党委已经成立了，应当由地方党委实行一元化领导。如果地方党委
> 已经决定了的事，还拿到部队党委去讨论，这不是搞颠倒了吗？"

> "现在是只搞文不搞武，我们军队成了文化军队了。"

"一好带三好①，你那一好也许带得对，也许带得不对。"

"第一军队要谨慎，第二地方也要谨慎。……军队要统一，军队要整顿。"

"工业学大庆，农业学大寨，全国学人民解放军，这不完全，还要加上解放军学全国人民。"

1972 年 6 月 8 日，毛泽东会见斯里兰卡总理班达拉奈克夫人时说："我们的'左派'是什么一些人呢？就是火烧英国代办处的那些人。今天要打倒总理，明天要打倒陈毅，后天要打倒叶剑英。这些所谓'左'派现在都在班房里头。""这些所谓左派，其实就是反革命。""总后台的人现在也过去了，叫林彪。坐一架飞机往苏联去，其目的是想见上帝。"8 月 3 日，邓小平写给毛泽东一信，揭发批判林彪。8 月 14 日，毛泽东对邓小平的信写了批语。

> 请总理阅后，交汪主任印发中央各同志。邓小平同志所犯错误是严重的。但应与刘少奇加以区别。（一）他在中央苏区是挨整的，即邓、毛、谢、古(按即邓小平、毛泽覃、谢唯俊、古柏) 四个罪人之一，是所谓毛派的头子。整他的材料见两条路线，六大以来两书。出面整他的人是张闻天。（二）他没有历史问题。即没有投降过敌人。（三）他协助刘伯承同志打仗是得力的，有战功。除此之外，进城以后。也不是一件好事都没有做的，例如率领代表团到莫斯科谈判，他没有屈服于苏修。这些事我过去讲过多次，现在再说一遍。②

1972 年 8 月 21 日，根据毛泽东的意见，中共中央、中央军委发出《关于征询对三支两军问题的意见的通知》，下发了中共中央、中央军委《关于三支两军若干问题的决定（草案)》。这个文件中说："为了加强党的一元化领导，凡是实行军管的地方和单位，在党委建立后，军管即可撤销。""已经建立党委的地方和单位，军宣队应即撤回部队。""地方各级党委建立后，各级支左领导机构……及其办事机构应即撤销。"③ 1973 年 3 月 10 日，根据毛泽东的意见，中共中央作出《关于恢复邓小平同志的党的组织生活和国务院副总理的职务的决定》。

（3）**中央批林整风汇报会议**

1972 年 5 月 6 日，中共中央发出《关于召开批林整风汇报会议通知》。通知说：

---

① 这是林彪过去提出的。

② 上述意见并不完全正确，如"邓小平同志所犯错误是严重的"就是不合事实的。

③ 这一文件定稿后，部队就按此执行了。

"为了总结和交流这一时期的经验，以利于进一步揭发和批判林彪反党集团的反革命罪行，深入开展批林整风运动，使全党团结起来，争取更大的胜利，中央决定从5月20日起，召开一个全国性的批林整风汇报会议"。5月20日至6月下旬，"批林整风"汇报会议在北京召开，中央各部门和各省、市、自治区负责人共312人参加。5月21日，周恩来在第一次全体会议上讲话。他着重通过介绍会议文件，叙述了与林彪集团的斗争过程，批判了林彪等人。经毛泽东、中央政治局确定的会议文件是：《九届二中全会公报和九届二中全会以来毛主席的文章、批示和重要谈话》（共十二件）、九届二中全会以来的中央的有关文件（共两本）、《粉碎林陈反党集团反革命政变的斗争》（材料之三）、《关于国民党反共分子、托派、叛徒、特务、修正主义分子陈伯达的反革命历史罪行的审查报告》和陈伯达的历史罪证、毛泽东1966年7月8日给江青的信。会议的参阅文件是：批判林彪反革命的修正主义军事路线的罪行材料、朱德等九位老同志的书面揭发材料、李力群对林彪的揭发材料、林彪《论短促突击》、关于中苏关系的十一个问题。

会议最主要的文件是毛泽东1966年7月8日给江青的信。关于这一文件，周恩来5月21日说明如下："现在确定的文件之五，是最重要的一篇，就是毛主席给江青同志的信。这个信只有政治局一部分同志看过。""在1966年5月18日政治局扩大会议林彪在河北厅讲话以后，林彪讲话经过多次改动，送到主席那里，主席总是有点不安，里头有些话过头，叙述政变那种写法也不当。……主席觉得不批，这篇东西不能发表，不是等于给群众泼了冷水吗？因为大家希望看到这篇东西嘛。实际上这里头有毛病，有些极左的话，有些不恰当的。""毛主席这封信一针见血。主席写这封信是1966年7月8日，在武汉写的。我是7月11日到的武汉。……第二天上午见主席，主席就把给江青同志的那封信的抄件给我看。……非常深刻的一封信。"到会同志学习了这一封信，政治局九人分到各组解释这一封信。江青的解释刊登在会议简报上，她说毛泽东早就看出林彪"不是马克思主义者"。这显然没有根据，不合事实。毛泽东是不同意林彪关于政变的观点的，也不同意林彪的"吹"，但当时是从好的方面来估计林彪的用意，所以毛泽东说："我猜他们的本意，为了打鬼，借助钟馗。我就在20世纪60年代当了共产党的钟馗了"。亦即毛泽东当时认为林彪的用意是为了打倒刘少奇。在"批林整风"汇报会上公布这一信件，可能是想说明毛泽东对林彪早有认识，其实他回答不了过去何以重用林彪这一严肃而尖锐的问题。

根据毛泽东的指示，周恩来6月10日、11日、12日在会上作了民主革命时期党内六次路线斗争的报告。在讲到王明"左"倾教条主义的时候，周恩来光明磊落地作了自我解剖，感人至深。根据毛泽东的指示，周恩来6月23日在会上作了题为《关于国民党造谣污蔑地登载所谓"伍豪启事"的真相》的报告，中共中央又发了文件加以说明，并附若干原始材料，传达至党内高级干部。毛泽东当时说过，这样做的用意是：让党内高级干部了解事件真相，不允许任何人今后在这个问题上诬陷周恩来。

"批林整风"汇报会的成就和不足，都离不开当时的历史背景。这个会议一方面比较系统地批判了林彪一伙，使人们认清林彪一伙的真实面目；一方面又把粉碎"以林彪为头子的资产阶级司令部"作为"文化大革命"的又一个"伟大胜利"，从而回避了应该吸取的根本教训。这既为当时人们的认识水平所决定，更为毛泽东的指导思想所左右。

二 周恩来致力于纠"左"

"九·一三"事件发生后，周恩来在毛泽东支持下主持中央日常工作，为纠正"左"倾错误而努力，使各方面的工作有了转机。他除了根据毛泽东和中央政治局的意见领导"批林整风"运动而外，还着重进行了下列三方面的工作[1]。

（1）**正确执行党的干部政策**

1969年6月9日，贺龙元帅含冤逝去。1971年11月，周恩来派人到贵州找到贺龙的夫人薛明，嘱将贺龙生前最后一段情况如实报告党中央。薛明写了《向党和人民的报告——忆贺龙同志遭受迫害的那些日日夜夜》。

1972年4月，周恩来指示人民日报社起草一篇正面阐述党在干部问题上的历来政策和优良传统的社论，并亲自审改了这篇题为《惩前毖后，治病救人》的社论（《人民日报》4月24日发表）。社论针对"文化大革命"中老干部和知识分子遭受打击和迫害、冤假错案遍及全国的事实，重申党的干部政策，强调指出：要相信90%以上的干部是好的和比较好的。社论说：

---

[1] 参见高文谦：《批判极左思潮所做出的不懈努力——读〈周恩来选集〉下卷》，载1984年12月18日《文汇报》。

　　"要严格区分敌我矛盾和人民内部矛盾这两类不同性质的矛盾。除了极少数混进革命队伍的阶级敌人和屡教不改、不可救药的分子外，对一切犯错误的同志，不论老干部、新干部，党内的同志、党外的同志，都要按照'团结——批评——团结'的公式，采取教育为主的方针。"

　　"经过长期革命斗争锻炼的老干部……都是党的宝贵财富"。

　　社论指出：正确执行党的干部政策，必须批判林彪错误的政治路线和组织路线，排除"左"的干扰。这篇社论在当时的影响很大，有力地推动了"解放干部"工作的进行。在这篇社论发表以后，一些干部和知识分子获得"解放"。8 月 1 日，陈云、王震、滕代远等一批被迫害的老干部出席了国防部为庆祝建军四十五周年而举行的盛大招待会。

　　1972 年 4 月，周恩来抓住陈正人、曾山因无处投医、救治不力而相继去世一事，指示卫生部一定要尽快解决老干部的医疗问题，叮咛周至，并亲自作了布置。根据他的指示，卫生部组织北京十大医院在不到一个月的时间对近 500 名副部长以上的同志作了体检。其中有不少老同志是从外地"五七干校"赶回来体检的，并在这个名义下获得了"解放"，重新工作。此外，不少老同志还在周恩来的亲自干预下，获得了自由，住院检查身体，并重新走上领导岗位。如李葆华的妻子田映萱在 1972 年冬天写信给周恩来，反映仍在囚禁中的丈夫的身体情况。这封信经胡耀邦、王震辗转送达。周恩来亲自给安徽省委负责人打电话，责令立即将李葆华放出来住院检查身体。3 天后又再次打电话催问落实情况。在他的干预下，李葆华获释，不久担任了贵州省委第二书记。

　　1972 年 12 月，在毛泽东根据干部家属反映的情况，批评监狱实行法西斯审查方式之后，周恩来立即指示公安部门会同北京卫戍区彻底清查北京监狱待遇问题，并要他们当着在押"犯人"公开宣布废除法西斯式的审查方法和虐待殴打行为。如有犯者，当依法惩治，并允许"犯人"控诉。

　　1973 年春天，身患癌症的周恩来大量便血，需要手术治疗。术前，他专门写信给毛泽东，建议抓紧解放干部的工作；提出先易后难的方案，送政治局讨论。中央组织部提出了一个 300 多人的名单，周恩来抱病连续主持政治局开会讨论。江青、张春桥等人百般阻挠，从中作梗。为此，叶剑英愤然作了一首《过桥》诗："一匹复一匹，过桥真费力。多谢牵骡人，驱骡赴前敌。"

(2) 扭转国民经济遭到严重破坏的局面

1971 年 11 月 30 日，国务院发出《关于严格控制社会集团购买力制止年终突击花钱的通知》、《关于调整部分工人和工作人员工资的通知》和《关于改革临时工、轮换工制度的通知》。12 月，周恩来提出，对企业要认真整顿，加强企业管理，恢复和健全被极左思潮砸烂的各种规章制度。根据他的意见，国务院主持起草了《1972 年全国计划会议纪要》，提出了整顿企业的若干措施，规定各级企业要恢复和健全岗位责任制、考勤制度、技术操作规程、质量检验制度、经济核算制等七项制度和品种、质量、劳动生产率、利润等七项指标。经过整顿，各级企业的面貌有了一定程度的改变。1971 年 12 月 28 日，中共中央发出《关于农村人民公社分配问题的指示》，强调指出必须兼顾国家利益、集体利益和个人利益，反对忽视个人利益的倾向。1972 年 1 月，毛泽东、周恩来批准国家计委报告，决定进口化肥、化纤成套设备八套（以后又批准进口五套），这对促进我国化肥、化纤的生产起了重要作用。10 月 1 日，《人民日报》、《红旗》杂志、《解放军报》发表社论《夺取新的胜利》。其中提出：要"加快社会主义建设的步伐"；"继续落实毛主席的干部政策、知识分子政策、经济政策等各项无产阶级政策"；"要提倡又红又专，在无产阶级政治统帅下，为革命学业务、文化和技术"。这篇社论表达了周恩来的意图。在企业整顿取得一定成效后，周恩来又立即转入解决国民经济比例失调、基本建设战线过长的问题。1973 年 2 月 26 日，他在听取《坚持统一计划、整顿财经纪律》（即经济工作十条）起草情况的汇报时指出：

"1969 年以后，在经济管理上瞎指挥盛行。"

"1970 年基本建设大膨胀，1972 年没有抓，鉴于这个教训，以后要全年抓。该停的停，停得不合适的再建。"

"整顿的方针要写清楚。"

"职工人数、工资总额、粮食销售量三项都突破了计划数字。去年我讲了这个问题，但没有抓。确实没有'王法'了。"

"不只三个突破，货币发行也突破了。""票子发多了，到了最大警戒线。三个突破不如这一个突破。"

"按劳分配的问题，现在是四个一样嘛！还是干难干易一个样。'不利于调动职工积极性，也不利于控制职工人数的增加'，这句话说得对！"

"必要的奖励制度是可以的。"

大动乱的年代（1966—1976）

1972 年工农业总产值 3635 亿元，比上年增长 4.5%。其中，工业总产值 2547 亿元，比上年增长 6.6%；农业总产值 1088 亿元，比上年下降 0.18%。这一年，"三个突破"还在继续发展。到年底，全民所有制职工达到 5610 万人，比上年增加 292 万人。职工工资总额达到 340 亿元，比上年增加 38 亿元。粮食销售量达到 916.9 亿斤，比上年多销 46.6 亿元。1973 年国民经济各项主要指标都完成和超额完成了计划。工农业总产值 3968 亿元，比上年增长 9.2%。其中，工业总产值 2789 亿元，比上年增长 9.5%；农业总产值 1179 亿元。比上年增长 8.4%。年底全民所有制职工比上年增加 148 万人，工资总额也有增加。全社会粮食纯购进 968 亿斤，粮食销售近 956 亿斤，做到了国内粮食收支平衡。

（3）恢复文教科技部门的正常工作

1972 年 4 月 9 日，周恩来在广州观看部队文艺演出时说："极左思潮不肃清，破坏艺术质量的提高。你们的歌越唱越快，越唱越尖，越唱越高。革命激情要和革命抒情结合，要有点地方的色彩。"7 月 30 日，他在中央气象局《关于今年第三号台风预报的初步检查报告》上给叶剑英、张春桥、李德生写了批语，批语中说："请你们乘此由国务院业务组将气象局业务抓起来，体制暂时不管。""人不够，要从'五七'干校调回，或者将转业或遣散走的调回。"10 月 14 日，他在会见美国哥伦比亚大学教授李政道博士时说："对学习社会科学理论或自然科学理论有发展前途的青年，中学毕业后，不需要专门劳动两年，可以直接上大学，边学习、边劳动。"1973 年 2 月 26 日，他在国家计委汇报工作时说："出国参观、考察，就是为了学习人家的长处。"

三 "是极左？是极右。"

周恩来在"九·一三"事件以后的一切活动，贯穿着一个精神，就是纠"左"。从 1971 年到 1972 年秋，在批判林彪的过程中，周恩来先后在全国计划会议、公安工作会议、出版工作座谈会、科学工作会议、卫生工作会议等许多场合，提出要批判极左思潮，批判无政府主义。他始终坚持通过批判极左思潮和无政府主义来消除林彪一伙对经济工作的破坏性后果。他在一次会议上指出：极左思潮就是搞"空洞的、抽象的、形而上学的东西，夸夸其谈，走极端"。他鼓励各级干部理直气壮地抓生产、抓业务。他的批判极左思潮的主张，是 1967 年 2 月前后中央许多领导同志要求纠正"文化大革命"错误这一正确主张的继续。

周恩来在各个领域里批判极左思潮的努力，引起了江青一伙的恐慌。从1972年9月下旬起，批"左"与反批"左"的斗争日趋尖锐。7月14日，周恩来根据杨振宁的建议，指示北京大学周培源纠正科研、教育中的"左"倾错误，重视理科基础理论水平的提高。7月23日，周恩来批转周培源关于加强基础理论学习和研究的三点意见给有关部门负责人，指出："要好好议一下，并要认真实施。不要像浮云一样，过去了就忘了。"9月，他在给张文裕、朱光亚的信中又提出："这件事不能再延迟了。科学院必须把基础科学和理论研究抓起来，同时又要把理论研究和科学实验结合起来。"随后，根据他的建议，召开了全国科技工作会议。会议提出了加强科学研究，努力赶上世界先进水平的号召。张春桥却说"会议的大方向有问题"，是"右倾回潮"，并要追后台。周恩来与张春桥进行了斗争，坚持不能在会议纪要中写入"黑线专政"，从而在一定程度上保护了科技领域免遭教育领域那样的破坏。

周培源根据周恩来的意见写出的文章《对综合大学理科教育革命的一些看法》，《人民日报》拒绝刊登；《光明日报》10月6日发表后，张春桥、姚文元却指使上海《文汇报》攻击这篇文章，并且要追查周培源的"后台"。8、9月间，周恩来两次指示《人民日报》的同志在机关内部批判极左思潮。10月14日，《人民日报》刊登《无政府主义是假马克思主义骗子的反革命工具》等三篇文章，批判极左思潮和无政府主义。张春桥、姚文元指使上海《文汇报》召开工人座谈会，假借工人群众的名义，整理了一个材料上报，说工人不同意批"左"的文章。张春桥、姚文元又在人民日报社内大批所谓"修正主义""右倾回潮"。11月28日，中联部、外交部在《关于召开外事会议的请示报告》中提出"彻底批判林彪反党集团煽动的极左思潮和无政府主义"。周恩来于11月30日批示"拟同意"。张春桥于12月1日却写道："当前的主要问题是否仍然是极'左'思潮？批林是否就是批极'左'和无政府主义？我正在考虑。"江青于12月2日写道："我个人认为应批林彪卖国贼的极右，同时批他在某些问题上的形左实右。在批林彪叛徒的同时也应着重讲一下无产阶级文化大革命的胜利。"

1972年12月5日，人民日报社王若水给毛泽东写了一封信，信中说："今年8月1日，总理在一次谈话中指出：人民日报等单位，极左思潮没有批透；'左'的不批透，右的东西也会抬头。我很同意总理这个提法。总理讲的是机关内部的运动，但我觉得对报纸宣传也是适用的"。他在信中还反映了张春桥、姚文元不同意批极左。12 月 17 日，毛泽东对张春桥、姚文元说：

"批极左，还是批右？有人写信给我，此人叫王若水。"

"极左思潮少批一点吧。"

"王若水那封信我看不对。是极左？是极右。修正主义，分裂，阴谋诡计，叛党叛国。"

毛泽东意见的精神，迅速传达到全国全党。此后，除外事工作外就只准批极右，不准再批极左。1973 年 1 月 1 日，《人民日报》、《红旗》杂志、《解放军报》发表《新年献词》，强调批林整风的重点是批判反革命修正主义路线的极右实质。

纠"左"深入发展的结果必然是否定"文化大革命"。毫无疑问，毛泽东赞成江青、张春桥的意见而反对周恩来的意见，是为了维护"文化大革命"。

四　在外交战线上

在 1971 年至 1973 年，我国在外交战线上取得胜利。

（1）我国在联合国合法权利的恢复

1971 年 10 月 25 日，第二十六届联合国大会以 76 票赞成、35 票反对、17 票弃权的压倒多数，通过了恢复中华人民共和国在联合国的一切合法权利和立即把蒋介石集团的代表从联合国的一切机构中驱逐出去的提案。我国在联合国长期被非法剥夺的权利得到恢复。11 月 15 日，以乔冠华为团长、黄华为副团长的中华人民共和国代表团出席了联合国大会第二十六届会议全体会议，受到热烈欢迎。在此前后，许多国家与我国建交。

（2）中美发表《联合公报》

1955 年 8 月 1 日，中美两国大使派代表开始进行谈判。经过十五年，先在日内瓦后在华沙谈判 136 次，毫无结果。中美谈判在约翰逊、尼克松交替前后中断近两年。尼克松就任美国总统后，企图以从越南撤军和走向同中国建立正常关系，缓和国内外的反对，并企图以此连任总统。1969 年 12 月 3 日，美驻波兰大使亲自在华沙的南斯拉夫时装展览会上找我翻译，约我代办会晤，表示愿恢复中美会谈。1970 年 1、2 月间进行了两次会谈，美大使表示：美国政府准备派代表到北京直接商谈，也愿在华盛顿接待中国代表。因美国在金边支持朗诺·施里玛达集团，出兵侵入柬埔寨，会谈中断。尼克松政府通过各条内线急于同我国进行接触。1970 年 11 月巴基斯坦总统叶海亚来访，转达了尼克松的口信，他准备派出高级人员甚至基辛格在第三国与中国高级人员对话，希望中国领导人了解美国是要走向同中国友好的。我通过叶海亚给予的回答是：如果尼克松总统真有解决台湾问题的愿望和办法，中国政府欢迎美国总统派特使来北京商谈。1970年12月18日，毛泽东同斯诺谈话的一个重要内容，是毛泽东明确表示欢迎尼克松访华。毛泽东说："我说如果尼克松愿意来，我愿意和他谈，谈得成也行，谈不成也行……总而言之，都行。"1971年4月初，美国乒乓球代表团表示，希望在参加第三十一届世界乒乓球锦标赛后访问我国。毛泽东指示我国有关方面立即发出邀请。美国乒乓球代表团于4月10日至17日访问了我国。周恩来于14日接见了美国乒乓球代表团全体成员，并谈了话。周恩来说："中美两国人民过去的来往是很频繁的，以后割断了一个很长的时间。你们这次应邀来访，打开了两国人民友好来往的大门。"毛泽东、周恩来的谈话，受到美国人民的热烈欢迎。4月21日，我给尼克松一个口信，提出要从根本上恢复中美关系，必须从中国的台湾和台湾海峡地区撤走美国一切武装力量；而解决这一关键问题，只有通过两国高级负责人直接商谈，才能找到办法。因此，中国政府重申愿意公开接待美国总统特使如基辛格博士，或美国国务卿甚至美国总统本人来北京直接晤谈。以后尼克松4月29日、5月17日、5月22日的三个口信传来。中央政治局于5月26日讨论了中美会谈问题，周恩来总理于5月29日给尼克松作出回答：欢迎基辛格来京举行一次秘密的预备性会议，为尼克松访问北京做准备工作，进行必要的安排。同日，中央政治局将5月26日讨论情况给毛泽东、林彪写了《关于中美会谈的报告》。这个报告对预备会议和尼克松的访问，作出估计，拟出对策。5月31日，经毛泽东批准，中共中央转发《毛主席会见美国友好人士斯诺谈话纪要》。7月9日至11日，周恩来和基辛格在北京进行了会谈。会谈公报说：获悉尼克松总统曾表示希望访问中华人民共和国，周恩来总理代表中华人民共和国邀请尼克松总统于1972年5月以前的适当时间访问中国。尼克松总统接受了邀请。公报指出：中美两国领导人会晤，是为了谋求两国关系的正常化，并就双方关心的问题交换意见。10月20日至26日，周恩来和基辛格在北京举行了第二次会谈，为尼克松访华进行具体安排。

　　1972年2月21日至28日，尼克松访问我国。毛泽东于21日会见了尼克松，认真、坦率地交换了意见。周恩来与尼克松、我外交部部长姬鹏飞与美国国务卿威廉·罗杰斯进行了会谈，并于28日在上海发表中美《联合公报》。公报说：中美双方认为有机会互相介绍彼此对各种问题的观点是有益的。两国社会制度和对外政策有着本质区别。但是，双方同意，各国不论社会制度如何，都应根据尊重各国主权和领土完整、不侵犯别国、不干涉别国内政、平等互利、和平共处的原则来处理国与国的关系。中美两国关系走向正常化是符合所有国家的利益的。"中国方面重申自己的立场：台湾问题是阻碍中美两国关系正常化的关键问题；中华人民共和国政府是中国的唯一合法政府；台湾是中国的一个省，早已归还祖国；解放台湾是中国内政，别国无权干涉；全部美国武装力量和军事设施必须从台湾撤走。""美国方面声明：美国认识到，在台湾海峡两边的所有中国人都认为只有一个中国，台湾是中国的一部分。美国政府对这一立场不提异议。它重申对由中国人自己和平解决台湾问题的关心。考虑到这一前景，它确认从台湾撤出全部美国武装力量和军事设施的最终目标。"双方声明反对任何国家在亚洲——太平洋地区谋求霸权，反对大国在世界划分利益范围。双方还讨论了扩大两国人民在经济、科学、文化等方面的交流问题。尼克松的访华和中美《联合公报》的发表，在美国引起强烈反响，在国际上震动也很大。3 月 7 日，中共中央发出《关于中美联合公报的通知》，在党内对有关中美《联合公报》的若干问题作了解释。

（3）中、日建交

1972 年 9 月 25 日至 30 日，日本国内阁总理大臣田中角荣应周恩来总理邀请访问我国，中日双方以两国邦交正常化问题为中心举行会谈。毛泽东于 27 日会见了田中角荣，双方进行了认真、友好的谈话。29 日发表《中日两国政府联合声明》。联合声明说：自本声明公布之日起，中日之间不正常状态宣告结束；日本国政府承认中华人民共和国政府是中国唯一合法政府；中华人民共和国政府重申台湾是中华人民共和国领土不可分割的一部分，日本国政府充分理解和尊重中国政府的这一立场；中日两国政府决定自 1972 年 9 月 29 日起建立外交关系；中日政府同意在互相尊重主权和领土完整、互不侵犯、互不干涉内政、平等互利、和平共处各项原则的基础上，建立两国持久的和平友好关系；两国政府反对任何国家在亚洲—太平洋地区谋求霸权；两国政府同意进行以缔结和平友好条约为目的的谈判，同意进行以缔结贸易、航海、航空、渔业等协定为目的的谈判。

（4）毛泽东关于对外宣传的批示

1973 年春，经毛泽东和中共中央批准，全国外事工作会议在北京召开。会议的任务是：以批林整风为纲，联系外事工作实际，彻底批判林彪集团煽动的极左思潮和无政府主义，研究和解决外事工作中的一些迫切问题。会议的主要精神是纠"左"。到会同志学习了毛泽东几年来关于外事工作的一系列有关批示和耿飙关于外事工作中存在的问题的调查报告。这次会议因为指导思想比较正确，开得比较成功。

到会同志学习的毛泽东关于对外宣传工作的批示，部分如下：

（一）澳大利亚人大卫·库普 1967 年在中国写了一张题为《让我们"治病救人"》的大字报，分析了西安市两派对立、由群众大会开除党员党籍、打砸抢和游街盛行等一系列情况，认为这是"左"倾机会主义的影响，并受坏分子的操纵。他提出："要把那些存心把我们引上背离无产阶级革命道路的人清除出去，然后我们才能搞造反派、革命干部和解放军的三结合。"3 月 20 日。毛泽东对这张大字报作了批示："这个外国人很能看出问题，分析得很不错。总理阅后，送文革小组一阅。"

（二）1967 年 8 月 14 日，毛泽东在《桑穆加塔桑就发表主席内部谈话问题的一封信》上批示："康生同志：这类事，不要去责备发表的同志。""一般谈话，公布也不要紧。"桑穆加塔桑在这封信中说："现在，有人告诉我，同毛泽东谈话的内容未经同意不得公布。"

（三）1967 年 11 月 27 日，毛泽东对中共中央对外联络部外宾简报《安斋等人认为日本不能走农村包围城市的道路》作批示："康生同志：这个问题值得注意。我认为安斋的意见是正确的。你的看法如何，望告。"

（四）1967 年 12 月 1 日，姚文元传达了毛泽东对安斋库治等人关于日本革命道路问题的意见。毛泽东说："我认为安斋等同志的意见是正确的。我在 1938 年对资本主义国家无产阶级政党的任务的论述，仍然有效。"

（五）1968 年 3 月 7 日，毛泽东在一个拟在援外物件上喷刷毛泽东语录的请示报告上批示："不要那样做，做了效果不好。国家不同，做法也不一样。"

（六）1968 年 3 月 10 日，毛泽东对关于开好 1968 年春季出口商品交易会的通知，作了修改。在"必须高举毛泽东思想伟大红旗，突出无产阶级政治，把宣传毛泽东思想，宣传我国无产阶级文化大革命和社会主义建设的伟大胜利，当作首要任务"之后，增加了"但应注意，不要强加于人"。

（七）1968 年 3 月 12 日，毛泽东删去了我援外机场移交问题的请示报告中的一段话："举行移交仪式时，应大力宣传战无不胜的毛泽东思想，说明我援 × 修建 ×××× 工程的成绩，是我们忠实地执行伟大领袖毛主席关于国际主义教导的结果，是伟大的毛泽东思想的胜利"。并批示："这些是强加于人的，不要这样做。"

（八）1968 年 3 月 17 日，毛泽东在关于答复新共威尔科克斯对我对外宣传工作的批评的请示报告上批示："此事我已说了多次。对外（对内也如此）宣传应当坚决地有步骤地予以改革。"

（九）1968 年 3 月 27 日，毛泽东对中联部起草的致 ×× 共产党武装斗争 ×× 周年的贺电，作了修改和批示。贺电中多次提到"毛泽东思想，"，毛泽东批示："有修改，请注意。以后不要在任何对外文件和文章中提出所谓毛泽东思想这样的自我吹嘘，强加于人。"毛泽东将"马克思列宁主义、毛泽东思想的伟大胜利"，改为"马克思列宁主义与 ×× 情况相结合的伟大胜利"；将无产阶级文化大革命"对于全世界被压迫人民和被压迫民族的革命斗争也具有伟大的意义"，改为"对于全世界被压迫人民和被压迫民族的革命斗争在某一方面也将具有一定的意义"。毛泽东将贺电中"经过无产阶级文化大革命锻炼的中国人民一定按照毛主席的伟大教导，坚决支持 ×× 人民和世界人民的革命斗争"这一段删掉，将口号中"战无不胜的马克思列宁主义、毛泽东思想万岁"这一句删掉，将"伟大领袖毛主席"的"伟大领袖"删掉。

（十）1968 年 3 月 29 日，毛泽东在发表关于 ×× 武装斗争 ×× 周年的声明的请示报告上批示："一般地说，一切外国党（马、列主义）的内政，我们不应干涉。他们怎样宣传，是他们的事。我们应该注意自己的宣传，不应吹得太多，不应说得不适当，使人看起来好象有强加于人的印象。"

（十一）1968 年 4 月 6 日，毛泽东在中央联络部、总参谋部起草的一个文件中，将"主要是宣传全世界革命人民的伟大导师毛主席和战无不胜的马克思主义、列宁主义、毛泽东思想"一句中的"全世界革命人民的伟大导师毛主席和战无不胜的"二十一字删掉，并批示："这些空话，以后不要再用。"

（十二）1968 年 5 月 16 日，毛泽东批评一个文件中"世界革命的中心——北京"这种提法。毛泽东再次指出："这种话不应由中国人说出，这就是所谓'以我为中心'的错误思想。"

（十三）1968 年 5 月 29 日，毛泽东对外交部关于加强宣传主席思想和支持 ××、×× 革命群众斗争的建议，作了重要批示："第一，要注意不要强加于人；第二，不要宣传外国的人民运动是由中国影响的，这样的宣传容易为反动派所利用，而不利于人民运动。"

（十四）1968 年 6 月 12 日外交部一个接待外宾的计划中规定，群众在同外宾接触时可"自发地分别地赠送毛主席像章"。毛泽东批示："不要"。

（十五）1968年7、8月间，毛泽东在中联部一个请示报告上批示："删去了几个字"。报告中两处提到希望外国某党"在马克思主义、列宁主义、毛泽东思想的原则基础上"解决党内分歧，"毛泽东思想"都删去了。

（十六）1968年8月，毛泽东在军委办事组《关于更改援外军事专家名称》的报告和电报稿上批示："名称问题关系不大，可以缓议。""资产阶级传下来东西很多，例如共和国、工程师等等不胜枚举，不能都改"。"此件缓发"。

（十七）1968年9月18日，毛泽东在《人民日报》社论《世界革命人民胜利的航向》初稿上批示："把离开主题的一些空话删掉。不要向外国人自吹自擂。"毛泽东删去的有："伟大的战无不胜的毛泽东思想，是马克思列宁主义在当代的新发展"；"毛泽东同志天才地、创造性地、全面地继承、捍卫和发展了马克思列宁主义，把马克思列宁主义提高到了一个新的阶段。毛泽东同志是理论联系实际的伟大和典范"；"毛泽东思想在日本得到日益广泛的传播"；"我们的时代，是以毛泽东思想为伟大旗帜的新的时代，是伟大的毛泽东思想和各国革命的实践相结合的新时代。毛泽东思想正在亚洲、非洲、拉丁美洲以及世界各地广泛地传播。毛泽东思想指引下的人民革命，是历史前进的火车头。在伟大的马克思主义、列宁主义、毛泽东思想的光辉照耀下，世界各国人民必将朝着胜利的航向，继续奋勇前进！"删去的还有"马克思主义、列宁主义、毛泽东思想"中的第一个"主义"和"毛泽东思想"等。

（十八）1968年9月，毛泽东对中央文革小组起草的《庆祝中华人民共和国成立十九周年的标语口号（送审稿）》批示："去掉第11条，不应用自己名义发出的口号称赞自己。"送审稿的第11条是："向立下丰功伟绩的中央文革致敬！"

（十九）1968年9月，外交部《关于巴基斯坦政府友好代表团访华接待计划的请示》中有"通过安排参观访问，突出宣传伟大的毛泽东思想和毛主席一系列最新指示，我无产阶级文化大革命全面胜利以及工农业生产的大好形势"。毛泽东将"伟大的毛泽东思想和毛主席一系列最新指示"删去了，并指示："对这些不应如此做。"原文所附迎送的标语口号十九条，毛泽东注："去掉三条"。去掉的三条是："毛主席的无产阶级革命路线胜利万岁！""战无不胜的马克思主义、列宁主义、毛泽东思想万岁！""毛主席万岁！万岁！万万岁！"

（二十）1969年6月，毛泽东对《人民日报》、《红旗》杂志、《解放军报》社论《中

大动乱的年代（1966—1976）

国共产党万岁——纪念中国共产党诞生四十八周年》送审稿批示："可发"。文中有
"二十年……把一个贫穷落后的旧中国，变成一个繁荣昌盛的社会主义强国"一句，
毛泽东在"繁荣昌盛"前加"有了初步"，将"强国"改为"国家"，并批示："请注意：
以后不要这种不合实际情况的自己吹擂。"

（二十一）1969 年 9 月，毛泽东将外交部《关于给日中友协（正统）各地组织
庆祝我国庆集会发感谢电》中的"使我们的国家发生了翻天覆地的变化"，改为"使
我们国家的面貌发生了重大的变化"。

（二十二）1970 年 12 月 6 日，毛泽东在中央联络部《关于邀请荷兰共产主义
统一运动（马列）派代表团访华的请示》上作了批示："对于一切外国人，不要求
他们承认中国人的思想，只要求他们承认马、列主义的普遍真理与该国革命的具体
实践相结合。这是一个基本原则。我已说了多遍了。至于他们除马、列主义外，还
杂有一些别的不良思想，他们自己会觉悟，我们不必当作严重问题和外国同志交
谈。只要看我们党的历史经过多少错误路线的教育才逐步走上正轨，并且至今还有
问题，即对内对外都有大国沙文主义，必须加以克服，就可知道了。"

（5）"三个世界"

1973 年，毛泽东开始提出了关于三个世界划分的理论。6 月 22 日，毛泽东
会见马里国家元首特拉奥雷时说："我们都是叫做第三世界，就是叫做发展中国
家。"1974 年 2 月 22 日，毛泽东会见赞比亚总统卡翁达时说："我看美国、苏联是
第一世界。中间派，日本、欧洲、加拿大，是第二世界。咱们是第三世界。""第三
世界人口众多。亚洲除了日本都是第三世界。整个非洲是第三世界，拉丁美洲是第
三世界。"

五　中共第十次全国代表大会

在党的十大以前，国内形势是：一方面，揭露和批判了林彪集团，清查了与林
彪集团阴谋活动有关的人和事，在若干具体问题上批判和改正了"左"的错误。另
一方面，没有触动林彪、江青集团赖以进行反革命活动的"左"倾的指导思想，也
没有清算林彪一伙诬陷迫害干部和群众的罪行；江青集团和林彪集团相互勾结的真
相没有揭露，江青一伙以"反林英雄"的假象保存下来，仍在党和国家政治生活中
起着十分恶劣的作用，仍在进行阴谋活动，个人崇拜、唯心主义、形而上学仍然

猖獗。

(1) 关于林彪集团的审查报告

1973 年 7 月 10 日，中央专案组提出《关于林彪反党集团反革命罪行的审查报告》。审查报告概述了林彪集团的罪行，分析了历史根源。重要段落如下：

"在党的九届二中全会上，林彪反党集团向党发动的突然袭击，是有预谋的。在林彪的直接指挥下，陈伯达、黄永胜、吴法宪、叶群、李作鹏、邱会作在会前和会中多次秘密开会，多方串连，阴谋策划，有计划有组织有纲领地向党进攻。从 1970 年 8 月 23 日林彪发表反党讲话，到 8 月 25 日上午林彪、陈伯达指使李雪峰炮制的反革命六号简报出笼，他们专了两天半的政。他们的反党纲领，就是'设国家主席'，就是唯心主义的'天才论'，就是反对'九大'路线，推翻九届二中全会的三项议程。林彪急于想当国家主席，要分裂党，向毛主席、党中央夺权。它的性质，是一次被粉碎了的反革命政变。"

"党的九届二中全会以后，林彪反党集团立即秘密进行发动反革命武装政变的准备。他们炮制了《'571 工程'纪要》反革命政变纲领，并从政治、军事、组织、情报等各方面加强进行反革命政变的阴谋活动。1971 年 9 月 8 日，林彪下达了发动反革命武装政变的手令。9 月 10 日，林彪给黄永胜一封亲笔密信。在林彪的直接指挥下，林彪死党用穷凶极恶的手段，妄图乘毛主席外出巡视的机会，在外地谋害毛主席，并策划于同一时间，在北京谋害中央领导同志，他们的阴谋未能得逞。林彪又通过吴法宪私调飞机，要与黄永胜、吴法宪、叶群、李作鹏、邱会作等人一道，南逃广州，另立中央，妄想造成所谓'南北朝'的局面。林彪还企图勾结苏修，对我实行南北突击，他们的种种阴谋，都遭到彻底的破产。"

"鉴于林彪反党集团发动反革命政变，叛党叛国，罪大恶极，中央专案组建议党中央：

(一) 永远开除资产阶级野心家、阴谋家、反革命两面派、叛徒、卖国贼林彪的党籍。

(二) 永远开除林彪反党集团主要成员、国民党反共分子、托派、叛徒、特务、修正主义分子陈伯达的党籍，撤销其党内外一切职务。

(三) 永远开除林彪反党集团主要成员、混进党内的阶级异己分子、特务、叛徒、卖国贼叶群的党籍。

（四）永远开除林彪反党集团主要成员黄永胜、吴法宪、李作鹏、邱会作、李雪峰①的党籍，撤销他们的党内外一切职务。

（五）对参与林彪反革命政变的其他骨干分子，由有关部门负责审查，按照党的政策，区别情况，提出处理意见，报中央审批。"

关于这个文件，中共中央于 1973 年 8 月 20 日作出决议。决议只有一句话："中共中央一致通过并批准中央专案组《关于林彪反党集团反革命罪行的审查报告》。"

作出这个决议，是为召开中共十大作准备的。这个审查报告有不符合实际情况之处。

（2）继承"左"倾错误的十大

1973 年 8 月 24 日至 28 日，中共十大在北京举行。九大通过的《中国共产党章程》规定："党的全国代表大会，每五年举行一次。在特殊情况下，可以提前或延期举行。"这回有了"特殊情况"了，中央副主席出逃并葬身荒漠，六个政治局委员成了"反党集团主要成员"，所以提前召开十大。各地选出的代表共 1219 名。大会正式开幕前，全体代表讨论了大会全部文件的草稿或草案。主要文件即政治报告和关于修改党章的报告，实际上是张春桥、姚文元主持起草并经毛泽东审定的。大会的议程是：（一）周恩来代表中央委员会作政治报告；（二）王洪文代表中央委员会作关于修改党章的报告，并向大会提出《中国共产党章程草案》；（三）选举中国共产党第十届中央委员会。大会一致通过毛泽东为主席团主席，周恩来、王洪文、康生、叶剑英、李德生为主席团副主席，张春桥为主席团秘书长。

8 月 24 日，周恩来代表中央委员会宣读政治报告。报告第一部分"关于九大路线"里，针对广大党员对九大路线的怀疑甚至否定，指出九大路线是正确的。报告说："党的九大是在毛主席亲自发动和领导的无产阶级文化大革命取得了伟大胜

---

① 认定李雪峰为林彪反党集团的主要成员，将他永远开除党籍，主要根据是：1970 年"8 月 25 日上午林彪、陈伯达指使李雪峰炮制的反革命六号简报出笼，他们专了两天半的政"。调查证明：在九届二中全会上印发的华北组二号简报（即全会六号简报），是按照会议的规定，由记录人员根据华北组同志的发言，如实整理的。简报写出后，经华北组负责人李雪峰、吴德、解学恭共同阅签，大会秘书组印发的。根据这一期反映小组讨论情况的简报，就认定李雪峰为林彪反党集团的主要成员，是不符合事实的。他本人以后遭到江青一伙的迫害。中共中央于 1982 年 4 月 1 日作出决定，撤销了把李雪峰定为林彪反党集团主要成员，永远开除党籍的决定，恢复李雪峰党籍。

利的时刻举行的。""毛主席的讲话和大会通过的中央委员会的政治报告，为我们党规定了一条马克思列宁主义的路线。""九大政治报告是毛主席亲自主持起草的。""在批林整风运动的推动下，九大路线更加深入人心。""九大以来的革命实践，主要是同林彪反党集团的斗争实践证明：九大的政治路线和组织路线都是正确的。以毛主席为首的党中央的领导是正确的。"这里有许多不符合实际的错误观点。报告第二部分"关于粉碎林彪反党集团的胜利"里，既有正确的论述，如指出林彪集团是一个"语录不离手，万岁不离口，当面说好话，背后下毒手"的集团，认为"我们这个党是有希望的"；也有不正确的论述，如认为"我们党经历了十次重大的路线斗争"，"要特别重视党的基本路线和政策"，林彪在我们党内"不是经营了十几年而是几十年"。报告的第三部分是"形势和任务"。这个报告的根本错误是肯定了"无产阶级专政下继续革命"的错误理论，肯定了"文化大革命"，肯定了九大的政治路线和组织路线。

同日，王洪文在大会上作了关于修改党章的报告。报告对九大党章总纲中关于林彪地位的规定，不作任何批评，不从中吸取教训，只是说："这次全部删去了"。报告指出："修改草案和九大党章比较主要是充实了两条路线斗争经验的内容"。具体说来，增写了如下内容：关于无产阶级文化大革命；坚持毛泽东提出的"三要三不要"的原则；要有敢于反潮流的革命精神；要在群众斗争中培养千百万无产阶级革命事业的接班人；加强党的一元化领导，发扬党的传统作风；坚持无产阶级国际主义。除删去关于林彪的一段话外，党章草案不仅是九大党章的继续，而且增加了新的错误。

8月28日，大会一致通过了周恩来代表中央委员会所作的政治报告、王洪文代表中央委员会所作的关于修改党章的报告，一致通过了《中国共产党章程》。同日，大会选出了中国共产党第十届中央委员会。195人当选为中央委员，124人当选为候补中央委员。邓小平、陈云被选为中央委员，还有一些老同志也进了中央委员会。

(3) 十届一中全会

8月30日，十届一中全会在北京召开。会议选举了中央机构。选举结果如下：中央委员会主席毛泽东，副主席周恩来、王洪文、康生、叶剑英、李德生。中央政治局委员毛泽东、王洪文、韦国清、叶剑英、刘伯承、江青、朱德、许世友、华国锋、纪登奎、吴德、汪东兴、陈永贵、陈锡联、李先念、李德生、张春桥、周恩来、姚文元、康生、董必武；候补委员吴桂贤、苏振华、倪志福、赛福鼎。中央政治局常务委员会委员毛泽东、王洪文、叶剑英、朱德、李德生、张春桥、周恩来、康生、董必武。

党的十大继续了九大的"左"倾错误。根据毛泽东的意见，王洪文1972年9月由上海调到中央工作，列席三个会议（中央政治局会议、国务院会议、中央军委会议）。事实上，毛泽东把王洪文作为自己的"接班人"。经过十届一中全会，他当上了党中央副主席。江青、张春桥、姚文元、王洪文在中央政治局内结成"上海帮"亦即"四人帮"，江青反革命集团的势力得到了加强。

第三篇
肯定与否定"文化大革命"的斗争

山东曲阜地区在孔庙内召开"批林批孔"现场会

第一章
所谓"批林批孔"运动

　　林彪集团的覆灭，客观上宣告了"文化大革命"的理论和实践的失败。毛泽东在理论上陷入严重的"左"倾错误之中，他没有认识到这个真理。他努力消除他已认识到的"文化大革命"造成的某些消极后果，但在全局上坚持"文化大革命"的错误，始终认为"文化大革命"的理论和实践是马克思主义的，是为巩固无产阶级专政所必需的。在他看来，如何巩固"文化大革命"的"成果"，防止和反对否定"文化大革命"，是首要问题。由于下面要说到的某种机缘，他提出了"批林批孔"问题。江青一伙就大做反革命文章。

一　奇特的由来

　　早在 1969 年 10 月 19 日，张春桥在上海召开的研究"革命大批判"的会议上，在谈到《红旗》杂志上海组稿小组撰写的《无产阶级专政下继续革命和孔家店的反动》一文时，就说过："孔夫子要批，不能开一二枪就算了。""郭老（按指郭沫若）是尊孔的，他不是一个人的问题，而是时代的一种代表，同他的交锋是不可避免的，他的书迟早是要批的。范老（按指范文澜）的《中国通史》也是尊孔的。你们可以按顺序写下去，在碰到他们的时期，也不必回避。"《无产阶级专政下继续革命和孔家店的反动》一文写了十七稿，张春桥认为"现实性不强"，把它搁置起来。

大动乱的年代（1966—1976）

"九·一三"后，江青一伙在林彪住处查到一些林彪肯定孔丘、孟轲某些言论的材料（为数不多），报给毛泽东。毛泽东由此想到了"批林批孔"。1973 年春，毛泽东在一首诗中批评郭沫若尊孔。这首当时流传很广的诗是：

> 郭老从柳退，不及柳宗元；
>
> 名曰共产党，崇拜孔二先①。

5 月间，中央工作会议传达了毛泽东关于要"批孔"的意见。7 月 4 日，毛泽东在同王洪文、张春桥谈话时说道：

> 郭老在《十批判》②里头自称人本主义，即人民本位主义，孔夫子也是人本主义，跟他一样。郭老不仅是尊孔，而且是反法。尊孔反法，国民党也是一样啊！林彪也是啊！我赞成郭老的历史分期，奴隶制以春秋战国之间为界。但是不能大骂秦始皇。

这次谈话，毛泽东批评了外交部对国际局势的看法，说："近来外交部有若干问题不大令人满意。""（我）经常吹什么大动荡、大分化、大改组。（外交部）忽然来一个什么大欺骗，大主宰。总而言之，在思想方法上是看表面，不看实质。""结论是四句话：大事不讨论，小事天天送。此调不改动，势必出修正。"并且提出："将来搞修正主义，莫说我事先没讲。"外交部一个内部材料提到美苏合作，欺骗世人，妄图主宰世界。毛泽东认为与他常说的"大动荡、大分化、大改组"不合，大为不满，曲折地指责主管外交部的周恩来。

1973 年 8 月 5 日，毛泽东给江青念了他写的《读〈封建论〉——呈郭老》：

> 劝君少骂秦始皇，焚坑事业要商量。
>
> 祖龙魂死秦犹在，孔学名高实秕糠。
>
> 百代都行秦政法，"十批"不是好文章。
>
> 熟读唐人《封建论》，莫从子厚③返文王。

又对江青说：历代政治家有成就的，在封建社会前期有建树的，都是法家。这些人都主张法治，犯了法就杀头，主张厚今薄古。儒家满口仁义道德，一肚子男盗女娼，都是主张厚古薄今的。8 月，江青在中央政治局会议上提出要将毛泽东评述

---

① 即孔二先生。孔丘行二，人们谑称之为孔二先生。这里因字数、韵律关系，略去"生"字。

② 即《十批判书》，为郭沫若在全国解放前所著。

③ "子厚"是柳宗元的字，即柳宗元。

中国历史上儒法斗争的谈话内容写入十大政治报告，主持会议的周恩来表示"要理解消化一段时间"，不必马上公布。8月7日，《人民日报》发表了毛泽东批发的广东中山大学历史系教授杨荣国的文章《孔子——顽固地维护奴隶制的思想家》。9月23日，毛泽东会见埃及副总统沙菲时又说道：秦始皇是中国封建社会第一个有名的皇帝，我也是秦始皇，林彪骂我是秦始皇，中国历来分两派，一派讲秦始皇好，一派讲秦始皇坏。我赞成秦始皇，不赞成孔夫子。9月8日至11日，国务院科教组召开了"全国教育系统批孔座谈会"。报刊上发表了不少"批孔"文章，如：9月4日，北京大学、清华大学"大批判组"在《北京日报》发表了《儒家和儒家的反动思想》；9月15日，上海市委写作组以"石仑"的笔名在《学习与批判》创刊号上发表了《论尊儒反法》；9月27日，中央党校写作班子以"唐晓文"的笔名在《人民日报》发表了《孔子是"全民教育家"吗？》；10月16日，上海市委写作组以"康立"的笔名在《学习与批判》第2期发表《读〈封建论〉》；11月1日，上海市委写作组以"罗思鼎"的笔名，在《红旗》杂志第11期发表了《秦王朝建立过程中复辟与反复辟的斗争——兼论儒法论争的社会基础》。

1973年11月，毛泽东依据不可靠的信息，误认为周恩来在一次外事活动中说了错话。根据毛泽东的意见，中央政治局开会错误地批评了周恩来。江青在会上提出这是"第十一次路线斗争"，诬陷周恩来"迫不及待"。姚文元也跟着这样说。12月9日，毛泽东在同周恩来、王洪文等人谈话中，一方面肯定这次会，认为"这次会开得好，很好"，另一方面批评了江青的提法，说："有人讲错了两句话。一个是讲十一次路线斗争，不应该那么讲，实际上也不是"，"一个是讲总理迫不及待。他（按指周恩来）不是迫不及待，她自己（指江青）才是迫不及待"。12月12日，毛泽东在讨论由他提出的关于大军区司令员对调的问题的中央政治局会议上讲了话，12月13日、14日和15日又同政治局有关同志和北京、沈阳、济南、武汉军区负责人谈了话，批评了"政治局不议政，军委不议军、不议政"，还说："准备打仗！内战外战都来！我还可以打几仗。""我还可以打一仗呢。要打就打嘛！天下大乱，包括中国嘛！我能吃饭，也能睡觉，所以要打，我最欢迎了。""一打来就可以分清，谁是真正愿意打的，谁是勾结外国人，希望自己做皇帝的。"毛泽东还提出邓小平当军委委员、政治局委员，说："现在，请了一个军师，叫邓小平。发个通知，当政治局委员，军委委员。""他呢，有些人怕他，但是办事比较果断。他一生大概是三七开。你们的老上司，我请回来了，政治局请回来了，不是我一个人请回来的。"

毛泽东在谈话中还肯定了福建李庆霖的信和辽宁张铁生的信，提出不要看不起"儿童团"，在北京要把八大学院的教授集中起来，出一批题目要他们考。12 月 21 日，毛泽东在接见参加中央军委会议同志的讲话中，提出："如果中国出了修正主义，大家要注意啊！""《水浒》不反皇帝，专门反对贪官。后来接受了招安。"在谈话中，毛泽东再次说朱德是"红司令"，还作了自我批评，说："我看贺龙同志搞错了。我要负责呢。""要翻案呢，不然少了贺龙不好呢。杨、余、傅也要翻案呢，都是林彪搞的。我是听了林彪一面之辞，所以我犯了错误。小平讲在上海的时候，对罗瑞卿搞突然袭击，他不满意。我赞成他。也是听了林彪的话，整了罗瑞卿呢。""有几次听一面之辞，就是不好呢。向同志们做点自我批评呢。"

根据毛泽东的意见，12 月 22 日中央军委发布了八个大军区司令员实行对调的命令，任命北京军区司令员李德生为沈阳军区司令员，沈阳军区司令员陈锡联为北京军区司令员；南京军区司令员许世友为广州军区司令员，广州军区司令员丁盛为南京军区司令员；济南军区司令员杨得志为武汉军区司令员，武汉军区司令员曾思玉为济南军区司令员；兰州军区司令员皮定均为福州军区司令员，福州军区司令员韩先楚为兰州军区司令员。同日，中共中央发出通知说：遵照毛泽东提议，中央决定：邓小平为中央政治局委员，参加中央领导工作，待十届二中全会开会时追认；邓小平为中央军委委员，参加军委领导工作。

毛泽东在林彪事件过去两年多以后，又提出注意中国出"修正主义"的问题，实际上是针对着怀疑和否定"文化大革命"的思潮的。

1974 年 1 月 1 日，《人民日报》、《红旗》杂志、《解放军报》社论《元旦献词》中说："国内外一小撮阶级敌人攻击无产阶级文化大革命，正说明这场革命是完全必要的，是非常及时的。我们一定要巩固和发展无产阶级文化大革命的成果。""批林，批判林彪路线的极右实质，就是批判修正主义。我们要充分利用林彪这个反面教员，向广大干部和群众进行反修防修的教育。要重温毛主席在无产阶级文化大革命中的一系列重要指示，吸取两条路线斗争的经验，正确对待无产阶级文化大革命，正确对待群众，正确对待自己。""要继续开展对尊孔反法思想的批判，在批判中建设马克思主义的理论队伍。中外反动派和历次机会主义路线的头子都是尊孔的，批孔是批林的一个组成部分。"批判"尊孔反法"，批判"修正主义"，正确对待"文化大革命"，这里都作为 1974 年的任务提出来了。提出这些相互关联的任务，是有针对性的。这里有一个错误批评周恩来的背景。我们不要离开这个背景来看待"批林批孔"运动。

二　假批孔　真批周

毛泽东批准了开展所谓"批林批孔"运动。江青一伙利用毛泽东的错误，打着"批林批孔"的旗号，把矛头指向周恩来。毛泽东在发现江青一伙走得过远以后，又对他们作了严厉批评，宣布他们是"上海帮"、"四人帮"。

（1）《林彪与孔孟之道》

1974年1月12日，王洪文、江青致毛泽东信：

主席：

　　我们看了北大、清华汇编的林彪与孔孟之道材料，觉得这份材料对当前继续深入批林、批孔会有很大帮助。各地也迫切需要这种简明扼要的材料。

　　我们建议是否可以把这份材料转发全国各省、市，各大军区、省军区、军委各总部、国务院各部，供批林、批孔时参考。现把材料呈上妥否请主席批示。

王洪文　江青

1974年1月12日

毛泽东在信上批："同意转发"。1月18日，中共中央将北大、清华"大批判组"汇编的《林彪与孔孟之道》（材料之一）[①]作为中共中央1974年第1号文件。这个文件未及时发下来，在下文要说到的1月25日大会上才第一次说到这个文件，1月25日以后才下发。看来周恩来在1月20日左右还不知道有这个文件。此后，"批林批孔"作为一场政治运动在全国开展起来。

《林彪与孔孟之道》（材料之一）在前言中说："资产阶级野心家、阴谋家、两面派、叛徒、卖国贼林彪，是一个地地道道的孔老二的信徒。他和历代行将灭亡的反动派一样，尊孔反法，攻击秦始皇，把孔孟之道作为阴谋篡党夺权、复辟资本主义的反动思想武器。"前言说：这个材料选编了"林彪的黑笔记、手书题词和住宅里的其他材料以及他的公开言论"。排列的方式是把这些材料与孔孟的言论相比较。这个材料的第一部分，（最重要的部分）林彪是"效法孔子'克己复礼'，妄图复辟资本主义"，全文如下：

[①]只下发过这个"材料之一"，从未发过"材料之二"。

大动乱的年代（1966—1976）

效法孔子"克己复礼"，
妄图复辟资本主义

林　彪	孔　孟
悠悠万事　唯此为大　克己复礼	克己复礼为仁。一日克己复礼，天下归仁焉。
<div align="right">书赠叶群同志</div>	
<div align="right">育容</div>	<div align="right">《论语·颜渊》</div>
<div align="right">一九六九·十·十九</div>	译文：克制自己，使自己的言行符合于周礼，这就是仁。一旦这样做了，天下的人就会归顺你的统治了。

（条幅，林彪卧室）

注：育容即林彪。同日林彪还写了内容相同的另一条幅赠叶群。

悠悠万事　惟此为大。克己复礼。

书赠育容同志
叶群
于六九年十月二十三日

（条幅，林彪卧室）

悠悠万事，

唯此为大。

克己复礼。

育容书赠宜敬
于苏州
一九七〇·元·

（条幅，林彪卧室）

注：宜敬即叶群。

按："克己复礼"是孔子复辟奴隶制的反动纲领。林彪和叶群从一九六九年十月到一九七〇年一月，在不到三个月内，连续写下了以上四条。这充分暴露了他们迫不及待地颠覆无产阶级专政的野心，把复辟资本主义作为万事中最大的事。

对过去……以莫须有罪名加以迫害的人，一律给予〔予〕政治上的解放。

《"571工程"纪要》

兴灭国，继绝世，举逸民……

《论语·尧曰》

要设国家主席，不设国家主席，国家没有一个头，名不正言不顺。

吴法宪交代林彪的话，
转引自中发〔1972〕
24 号文件

按：林彪对抗毛主席关于不设国家主席的多次指示，以孔子"名不正言不顺"的反动说教为根据，顽固地坚持反党政治纲领，妄图篡夺党和国家的最高权力。

译文：复兴灭亡了的〔奴隶制〕国家，接续断绝了〔世袭地位〕的〔贵族〕世家，起用没落的〔旧贵族〕人士……

必也正名乎！……名不正则言不顺；言不顺则事不成……

《论语·子路》

译文：必须正名分！……名分不正，讲起话来就不顺当合理；说话不顺当合理，事情就办不成……

"批林批孔"是借题发挥，实质是要解决现实问题。毛泽东批准开展运动，目的是肯定"文化大革命"的理论和实践，防止"右倾翻案"。这不仅是因为林彪在私下赞赏过孔孟的话，更因为毛泽东认为这对"反修防修"有普遍意义。他认为，"文化大革命"这一场深刻的历史变革，受到抵制，这与历史上法家坚持变革和儒家反对变革有相似之处；批孔和肯定法家的进步作用，可以进行一次"思想政治路线方面的教育"，使人们接受"文化大革命"的理论和政策。

1974 年 2 月 1 日，《红旗》杂志在短评《广泛开展批林批孔的斗争》中说：

只有通过对孔孟之道的批判才能进一步认清林彪反党集团搞复辟倒退的反革命罪行及其修正主义路线的极右实质，才能挖出林彪反动思想的老根，清除林彪和孔子的反动思想影响，也才能进一步认识无产阶级文化大革命的必要性，以巩固和发展无产阶级文化大革命的伟大成果。

《人民日报》2 月 2 日发表社论《把批林批孔的斗争进行到底》，2 月 20 日又发表社论《批"克己复礼"——林彪妄图复辟资本主义的反动纲领》，社论说：

"首先集中批判林彪效法孔老二'克己复礼'，妄图复辟资本主义的罪行。"

"要联系现实的阶级斗争和路线斗争，坚持革命，反对倒退，正确对待无产阶级文化大革命，满腔热忱地支持社会主义的新生事物。"

"批判林彪的'克己复礼'，要联系现实的阶级斗争、两条路线斗争的大是大非问题。要批判林彪反党集团否定无产阶级文化大革命，否定毛主席关于社会主义革命和社会主义建设的基本理论和基本实践，妄图复辟修正主义那一套的罪行，坚持党的基本路线，继续沿着社会主义道路前进。要批判林彪反党集团恶毒咒骂社会主义新生事物的种种谬论，坚持老、中、青三结合的原则，坚持无产阶级教育革命、文艺革命、卫生革命，坚持干部下放劳动，知识青年上山下乡。要批判林彪反党集团妄图投靠苏修社会帝国主义，搞投降主义、卖国主义的罪行，坚持独立自主、自力更生的方针，坚持无产阶级的国际主义和爱国主义。总之，要通过批判林彪的'克己复礼'，广泛深入地进行反修防修的教育，坚持无产阶级专政下的继续革命，使我们各项工作坚定地沿着毛主席的无产阶级革命路线前进。"

"我们党同林彪之间围绕着反孔还是尊孔的斗争，实质上是社会主义时期前进和倒退、革命和反对革命的两个阶级、两条道路的斗争。这个斗争还没有结束。"

《人民日报》3 月 15 日社论《再批"克己复礼"》说：

批判"克己复礼"的"重要内容之一，就是要解决正确对待无产阶级文化大革命的问题，揭发批判林彪及其死党阴谋复辟的罪行，巩固和发展无产阶级文化大革命的伟大成果"；"是巩固和发展这场革命的伟大成果，坚持社会主义道路，还是倒退回去，搞资本主义复辟？……一定要旗帜鲜明"。

以上所引，清楚地说明了毛泽东批准开展"批林批孔"运动的意图。由此看来，"批林批孔"从根本上说来是不正确的。

《林彪与孔孟之道》(材料之一) 说："克己复礼"是孔子复辟奴隶制的反动纲领；林彪和叶群反复地写"克己复礼"，"这充分暴露了他们迫不及待地颠覆无产阶级专政的野心，把复辟资本主义作为万事中最大的事"。这个说明很不确切。且不论"克己复礼"是不是孔子的反动纲领；就说林彪，如果这"充分暴露"了他的"野心"，他还会把写着"克己复礼"的条幅公然挂在那里吗？叶群还会把写着"克己"的条幅公然挂在那里吗？"克己复礼"无非是旧语新用，有"克制自己，遵守纪律"之类的意思。① 林彪、叶群挂在那里，是"假道学"。又，把"批林"与"批孔"联在一起，有不少牵强附会之处。如《林彪与孔孟之道》（材料之一）批判了林彪写给女儿的"笑一笑，十年少；愁一愁，白了头"，批判了林彪写给儿子的"学习韦编三绝的治学精神"，认为这些都是宣扬孔孟之道，于情理有悖。

---

① 参见郑昌淦：《克己复礼辨》，载《历史教学》1979 年第 2 期。

（2）"三箭齐发"

江青、张春桥、姚文元、王洪文乘机搞阴谋诡计。他们与"文化大革命"休戚相关，"文化大革命"是他们的"命根子"。党的十大加强了他们在中央政治局的势力，然而他们在国家机构中还没有掌握很多实权。这时正在酝酿召开四届人大，酝酿国家机构人事安排问题，江青企图由她来"组阁"，夺取权力。妨碍他们"组阁"的主要是周恩来。因此，江青集团在"批林批孔"运动中，打着毛泽东的旗号，一方面积极推动"批林批孔"运动，极力维护"文化大革命"；另一方面另搞一套，进行"反周"的阴谋活动。他们的指导思想是搞乱全国，乱中夺权。姚文元1974年1月14日在上海对上海市委写作组的头头说："中国近代史上詹大悲说：'大乱者，治中国之良药也'。大乱是大好事。"他们一伙又要"大乱"了。

江青一伙的主要活动之一是"三箭齐发"。

1974年1月24日，江青背着中央政治局、中央军委召开了驻京部队"批林批孔"动员大会。江青等人以中共中央1974年第1号文件为"王牌"，周恩来不得不于1月25日主持了中央、国务院直属机关的"批林批孔"动员大会。江青等人俨然以党中央"批林批孔"主要负责人的身份在会上出现，颐指气使，竟置周恩来等中央领导人于被领导、被指责的地位。会上，迟群、谢静宜按照事先商定的内容，发表了煽动性的长篇讲话。江青、姚文元不时插话。下面是讲话记录稿的摘抄。

迟群：这个材料[1]是在我们主席、江青同志直接关怀下编写的，是在江青同志直接地、具体地指导下编写的。

谢静宜：这个过程是这样的，就是当我们向毛主席汇报林彪也有孔孟之道的言论的时候，主席说，噢，凡是反动的阶级，主张历史倒退的，都是尊孔反法的，都是反秦始皇的。问到林彪有哪些孔孟的言论或者类似的语言，主席让我们，就是让我和迟群同志搞一个材料送主席看一看。所以我和迟群同志就召集了几个同志议了一下，整理了一个初稿，这个稿子只有两三页，当时只有两三页，送给了主席，也送给了江青同志。江青同志看了以后，立即找我们去了，就是说，给我们提了意见了，感到东西不多，江青同志指示啊，东西不多，有些不够准确，还有一些个别的是牛头不对马嘴的。

迟群：当时讲到了，抓这件事是非常重要的，是当前的一个大方向。

---

[1] 即《林彪与孔孟之道》（材料之一）。

大动乱的年代（1966—1976）

谢静宜：当时我们提议，我们想成立一个班子，专门下点功夫好好地搞一下。江青同志同意我们这个意见，而且指示我们要老中青三结合，还提议我们要到毛家湾去，找资料。所以这样一来，东西就多了，他们那个里头的大磁缸子里头的东西，条幅，还有挂的条幅、横幅，我们反正到那里翻箱倒柜呀，东西很多，材料这样就丰富了。后来，就编了一本，送给主席和江青同志，主席、江青同志看得非常细，连封皮标题，就是封面那个标题，前言、内容，一字一句地、不漏地看完，特别是在内容方面。

后来江青同志再让我们去毛家湾，看林贼大批的一些卡片，几十箱子，好多。就在这个基础上，我们又改动了。后来我和迟群同志在下边讲的时候，感到江青同志像抓样板戏一样这么认真啊。当然，样板戏江青同志抓了好多年了，但是专案工作江青同志也是有几年的经验了。最后，编写完了之后，送给主席、江青同志看了，最后定了稿，同意转发。

江青同志给我们看了一个军报的一个内参，就是讲了二十军的一个防化连的批孔批不下去了，遭到了一些抵制了，叫我们去了解一下情况。其中还有一个任务，就是说到河南去，有一个马振扶公社，唐河县的马振扶公社，有一个中学，出现了一些问题。

迟群：那个地方在反攻倒算，就是资产阶级向无产阶级反攻倒算，在翻文化大革命的案。

迟群：这是到的这个军，我们当天到了以后，军的领导同志，就是军长、政委，一起商量，当天晚上就和部队见了面，读了信①，并且把材料发给大家。他们认为，江青同志那封信，绝不是一个批孔的问题，绝不是单独的是一个批孔的问题，而是关系到上层建筑领域里一场革命的问题，是贯彻"十大"、执行主席关于抓大事、抓路线的问题，而且认为，也不单单是写给一个连队的，因为既然是一个整个上层建筑领域，就是包括文化领域和各个领域的阶级斗争，那么它就是一个全局性的问题，那就是一个全党全军全国人民的事情。

迟群：历次机会主义的头子，从陈独秀开始，像王明、刘少奇等等，他们都是推行孔孟之道的，他们用它来反对无产阶级革命和无产阶级专政。林彪是这些机会主义路线头子当中吹捧孔孟之道非常突出的一个，现在大量的材料证

---

① 指江青要迟群、谢静宜到浙江给二十军防化连送去的信。

明。什么叫"悠悠万事,唯此为大,克己复礼"呢?他们互相赠送这样的条幅,这样的话呢?就是说,世界上的万事万物,头等大事就是叫作复辟。在现在来讲,就是颠覆无产阶级专政,复辟资本主义。

迟群:还有材料上林贼有一句话,是六〇年在军委扩大会议上的讲话,叫两斗皆仇,两和皆友,这里正好对比着子曰,孔子讲的,"礼之用,和为贵","礼之用"就讲的周礼。"两和皆友"恰恰刻画出这一个右倾投降分子的一个面孔,他要谋害我们主席,要谋害我们其他中央领导同志,要砍我们的头,那里还有"和"呢?完全是骗人。后边一句话也是给他作了注解的,说"勉从虎穴暂栖身",后边的话就不读了,这是抄录了《三国演义》里的一句话。

江青:后边应该说,这一首诗呀,他用了,恰恰是刻画他这个反革命两面派,你得都读,因为到会的同志没有拿到这个。

迟群:"勉从虎穴暂栖身,说破英雄惊煞人",27页第六个问题。"勉从虎穴暂栖身,说破英雄惊煞人,巧借闻雷来掩饰,随机应变信如神"是一个条幅。

姚文元:这两句是搞反革命两面派的,"巧借闻雷来掩饰,随机应变信如神",林彪自我暴露他怎么搞反革命的两面派,他除了改了一个字之外,这两句是搞反革命两面派的。

江青:这一段要文元同志解释。

姚文元:"勉从虎穴暂栖身,说破英雄惊煞人"。他把这个"趋身"改为"栖身","栖身"就是暂时住一住,鸟啊栖在树上,就是说他是这里讲的对啊,分析得很好啊,不打自招地告诉他是睡在我们身旁的资产阶级野心家、阴谋家。他是"栖身"嘛,栖身之后到一定的时候他就要杀头啦,就要谋害毛主席,谋害党中央。运用什么手段呢?"巧借闻雷来掩饰,随机应变信如神",就是你看到什么气候要变,随机应变,这样子混过去之后呢,到一定的时候呢,他就搞反革命的政变,这又暴露了他是野心家,阴谋家,又暴露了他搞野心家、阴谋家的手段,是反革命两面派。我这个理解对不对啊?

江青:对。

迟群:当时江青同志叫我们去了,又到了林贼的黑窝去。我们去翻箱倒柜,查出了一些东西。首先看到有一层楼,就是他找了一伙子人专给他搜集这些卡片,搞阴谋诡计的那些东西的一层楼。我们看到了一个房间有四十七盒子卡片,其中搜罗了不少古今中外反动腐朽的一些东西,有些卡片是林彪、叶群他们批批划划，放了许多毒，极其恶毒。

江青：这个地方我们准备不足，我要再说一下。林彪啊，对秦始皇，他说秦始皇焚书坑儒。我们的主席说，秦始皇是一个厚今薄古的专家，厚今薄古的专家。我念一下，这个我们的主席当场驳了他这以后，接着说，秦始皇算什么，他只坑了460个儒，就是儒生啊，儒家，我们坑的比他多。我们在镇反运动中镇压了几十万反革命，我看有46000个反革命的知识分子就坑掉了。我跟民主人士辩论过，你骂我们是秦始皇，不对，我们超过了秦始皇一百倍。骂我们是秦始皇，是独裁者，我们一概承认，可惜的是他们说的不够，往往还要我们加以补充。

迟群：联系最大的实际，最本质的实际就是林贼他要改变我们党的基本路线，要颠覆无产阶级专政，要复辟资本主义，他们要妄图谋害我们伟大领袖毛主席和其他中央领导同志，他要叛党叛国，要当汉奸卖国贼。

迟群：还有些问题要不要联系实际呢？有的人成天在那儿讲批林批孔怎样联系实际啊，其实有的实际就在他的身上，就在他那个单位、那个地区，就在他的脑子里。举一个例子，我们有一个片子，是意大利拍的一个纪录片，叫作《中国》……我们有些个很好的一些个建筑，一些个场面，一些面貌吧，他不拍，专门突然地给你出来一个镜头，个别的我们有一个女同志和他们拉了一个车子，在那个胡同里头，他专门给你放大，一个特写镜头，他给搞你这个形象，所以像这样的片子，实际上就是一个间谍加汉奸搞出来的，难道不需要联系吗？我们有的人就在那里翻无产阶级文化大革命的案，搞五七干校执行主席的这样一个指示，他说要还给我青春。这样的人不应该联系吗？教育战线上出现的那些复辟的现象，譬如说这一次江青同志叫我们出去，同时叫我们顺路完成一个任务，就是河南的南阳地区唐河县马振扶公社一个中学所发生的事情，逼死了一个小女孩，十五岁，完全是修正主义教育路线逼死的，每天几乎是一次考试，考的那个学生简直是昏头胀脑。

迟群：还有那个走后门问题，批林批孔不要联系吗？那完全是对马克思列宁主义的背叛，对毛主席思想的背叛。至于走后门问题，不只是这一个问题了，现在还有的单位，问题比较严重。譬如说，外交部、一外，很值得检查。

我们认为这个信，写信人也不是孤立的，就是说，也不是江青同志一个人的意思。第二，写的信也不只是一个批孔问题，它涉及整个上层建筑，包括各个文化领域的阶级斗争的问题，一场革命的问题。它也不只是写给一个连队和一个部门、一个地区的问题，它是涉及我们全党全军全国的问题，它是体现和坚决贯彻执行我们主席革命路线，坚决贯彻执行主席关于抓大事、抓路线、抓思想政治工作，关于能文能武等一系列的指示的问题。修正主义仍然是当前的主要危险。

现在有些单位，有一种不正之风，风气不正，最大的不正之风是什么呢？就是不抓大事，或者是抓得不够。

谢静宜：迟群同志讲了。我再补充几点，也是我们议过的事了。主席教导，千万不要忘记阶级斗争，警惕出修正主义，修正主义仍然是当前的主要危险。主席叫我们抓大事，我们体会到就是抓国家大事，国际大事，党的大事，阶级的大事，一句话，就是抓阶级斗争、路线斗争。批林批孔就是两个阶级、两条路线的斗争，就是抓大事，就是要全党全军全国人民与林彪反党集团划清界限，肃清流毒，挖掉他的祖坟的一个大是大非的问题。江青同志写的信，送的材料，我们认为，这本身就是贯彻主席关于抓大事、抓路线、抓政治思想工作，把军队的政治思想工作提上纲来的大事，把全党的政治工作提上纲来的大事。

谢静宜：……就从考试一些教授来看，就破除了这个迷信了嘛，东北就考过嘛，而且这一次，北京市去年年底30号，当天国务院科教组、北京市科教组召集会议，上午，完了之后，就在清华出题，出完了下午5点钟到北京市集合20辆小车，同时到17所院校去考试，当时我们说的是开座谈会，到那个时候的时候啊，他们还真拿着笔记本，还认为开什么座谈会。我们说，今天就是来突然袭击，给你考试，你不是看不起学生吗？这么一考啊，613名教授、副教授参加的，及格的是53名，占8.6%，不及格的是560名，占91.4%，还有200名教授、副教授是交了白卷，打了零蛋的。其中还有两所学校都是考零的。还有些学校是平均0.1分、0.4分的，就是因为有那么一个教授大概考得好些，其他教授不好，那么一平均，还有0.1分、还有0.4分。

迟群：有一个单位是六个教授平均一个人一分，原来是有一个教授答了6分，其他是零分，所以一平均一个人1分。

江青：这个我还得要讲一下，有一些教授啊，他答不出来啊，是应该谅解的，因为他多年不搞了，多年不搞了，但是他经常用这种方法来整学生啊。我觉得是应该的。这个考教授，是从东北开始，就是张铁生。北京考了，这两次考都有缺点了，说是没有出社会科学的题目。

谢静宜：毛主席就是善于抓典型的典范。江青同志这次写信，送材料，就是贯彻执行主席抓典型的指示的。江青同志抓样板戏，我们感到这是抓典型，而且最近又抓了好多关于教育革命这方面的一些典型，把教育革命现在搞得轰轰烈烈的，这是抓典型。而对于这个，批林整风的问题，批林批孔的问题，我们认为这又是抓典型，是抓大事，就是要点起批林批孔的烈火……

谢静宜：总政宣传部根据总政首长的指示，拟了一个意见，已通知下去了。①……实际上他没有按"十大"精神办。……

江青：屁话！就是主席讲的屁话。

谢静宜：最后一点，就是要敢于反潮流，抗逆流……毛主席教导，与天斗，其乐无穷；与地斗，其乐无穷；与人斗，其乐无穷。共产党的哲学就是斗争哲学，革命的精神是斗出来的，革命的事业是在斗争中发展的。不斗则退，不斗则垮。

迟群：不斗则修。

谢静宜：不斗则修。就要敢于同阶级敌人斗，敢于同违背毛主席革命路线和政策的一切言行作斗争，要敢于同一切不正之风作斗争。譬如说，走后门，特殊化的歪风邪气作斗争。这个走后门等不正之风啊，是资产阶级思想，是封建士大夫阶级的特权思想，是孔老二的思想……走后门这与我们社会主义制度是格格不相容的，与文化大革命格格不相容的，这也是坚持不坚持要搞马克思主义，不要搞修正主义这一个基本原则的一个重大问题，走后门实际上就是对马列主义的背叛！

迟群：所以就说在一个人的身上失去了原则，将在千万人身上失去了说服力。所以我们就要在第一个人身上不要失去原则。如果在第一个人身上失去了原则，那么我们就要在第二个人身上去纠正过来。

（当中联部政工组宣传组李宪魁讲到部领导不让印北大的材料时）江青：给你们送去。

（在会场上，郭沫若几次被点名批判、罚站起来。）

江青一伙的讲话是别有用心的。意大利共产党员安东尼奥尼是周恩来批准来华

---

① 总政治部宣传部 1973 年 10 月 24 日发出《关于在部队中批判孔子的意见》(电话通知)，其中说道："注意阅读中央报刊发表的文章，充分认识批孔的重要意义"，"清除孔子反动思想的影响"。

的,他拍摄的《中国》并无错误。"五七干校"确实耽误了许多人的青春。河南省唐河县马振扶公社中学初二(一)班 1973 年 7 月 10 日举行英语考试,学生张玉勤交了白卷,并在试卷背面写道:"我是中国的人,何必要学外文,不学 ABCD,也能当接班人,接好革命班,埋葬帝修反"。为此,张玉勤受到班主任的批评,并要她作出检查。学校负责人在初中班学生大会上要求各班对此事讨论、批判。这些做法是不妥当的。张玉勤投水库自杀。一个中学死了一个女学生,是有严重教训的,但是并不存在什么"修正主义教育路线"。"走后门"当然是不对的,"走后门"最为严重的正是江青一伙。江青一伙提出"走后门"问题,故意混淆两类不同性质的矛盾,利用人们对"走后门"等不正之风的不满,攻击中央、地方和军队一些干部。如此等等,问题很多。

会后,迟群等人修改、整理讲稿,准备下发,为毛泽东所制止。毛泽东 2 月 15 日在叶剑英 1 月 30 日信上写了批语,其中说道:"开后门来的也有好人,从前门来的也有坏人。"又针对江青等人的言论说:"现在,形而上学猖獗,片面性。批林批孔,又夹着走后门,有可能冲淡批林批孔。小谢、迟群讲话有缺点,不宜向下发。"[①]2 月 20 日,中共中央根据毛泽东的意见发出通知:妥善解决领导干部"走后门"送子女入学等问题。中央认为:"当前,批林批孔刚刚展开,又夹着走后门,有可能冲淡批林批孔。"因此,对批林批孔运动中不少单位提出的领导干部"走后门"送子女参军、入学等问题,应进行调查研究,确定政策,放在运动后期妥善解决。

后来,毛泽东把"批林批孔"又夹着批"走后门"叫作"三箭齐发"。

(3)"放火烧荒"

在 1974 年 1、2 月间,江青到处写信,送材料,煽风点火。她给国务院文化组、外交部、中央联络部、中国科学院、四机部第十设计院、河南"广阔天地大有作为公社"等许多单位写信,鼓动"批孔"。特别值得注意的,是她插手军队,以个人名义给部队写信。

1974 年 1 月 13 日,亦即中共中央印发《林彪与孔孟之道》(材料之一)以前,江青给空军司令员马宁写信。

---

① 高皋、严家其对此有很好的意见:"毛泽东说了'走后门'的不见得都是坏人,虽然遏制了江青一伙借批'走后门'整老干部的企图,却为由'文化大革命'兴起的,'走后门'之风开了绿灯。"(《"文化大革命"十年史》,天津人民出版社 1986 年版,第 498 页。)

马宁同志：

听说，空军批林批孔有些困难，请苏元勋同志送上《林彪与孔孟之道》、《五四以来反动派、地主资产阶级学者尊孔复古言论摘录》各100本，可能有助于批林批孔。苏元勋同志一向受林彪死党吴法宪的压制，"九·一三"以后才引起大家重视，托他去传达，请指定一个连队，请苏元勋同志参加座谈，有什么问题和意见，请告苏元勋同志转告我。

江 青

1974年1月13日

同日，她又给二十军防化连写信，派迟群、谢静宜送到浙江。1月22日，她给海军政治委员苏振华写信。这两封信，与给马宁的信大同小异。1月24日，她竟给中央军委和全军指战员写信。

洪文、剑英、春桥、小平同志：

首先请代我问候全军同志们春节好！

相当长的时间了，从许多材料看来，全国范围内的批林整风运动的发展是很不平衡的，批孔则更是深入不下去，而林彪的思想体系和孔老二的关系，更是不清楚。北京大学、清华大学搞的《林彪与孔孟之道》和《名词简释》是可以帮助全体同志们解决这个问题的。因此我特请谢静宜、迟群二位同志向全军指战员宣读中央的通知。他们已下过连队蹲点，取得经验，可能对全军有所帮助。批林批孔是全党、全军、全国人民的大事，这是使国内外帝修反惊恐的事，全国党、政、军、民、学通过这个学习，会取得更大的团结和胜利！

现送上《林彪与孔孟之道》、《名词简释》各200份，《五四以来反动派、地主资产阶级学者尊孔复古言论辑录》20份、《鲁迅批判孔孟的言论摘录》和《反动阶级的圣人——孔子》各一份，供同志们参考。文件、文章的份数是不足的，但是可以翻印。有什么问题报中央，我们也要和同志们一起学习，我们将努力解答同志们提出的问题。

我相信同志们会努力学习，保持我军优良传统，破除迷信，解放思想，知难而进，没有攻不克的堡垒。只要坚决执行毛主席的革命路线，将批林批孔的斗争进行到底，胜利一定是属于我们的。任务是很艰巨的，但也是光荣的！

毛主席说要能文能武，常恨隋陆无武、绛灌无文。中国人民解放军是我国无产阶级专政的柱石,学得文武全才,方能完成毛主席、党中央交给我们的任务。

致

无产阶级革命的敬礼

江　青
1974.1.24.

1 月 28 日,江青又给"洪文、剑英、春桥、小平、锡联、振华同志"写信,并"请转世友、紫阳同志",信中说道:"请代我向广州军区全体指战员、海南岛、西沙群岛全体军民同志们致以无产阶级革命的敬礼……我身在北京,心逐南海,汹涌澎湃,虽不能与同志们一块持枪战斗,但在思想上、政治上正在进行着一场大斗争。"还有江青以个人名义给军队的其他的信,不必赘引。江青还派了没有军籍的"记者"驻军队一些领导机关,搜集"批林批孔"情况。中共中央 1 月 25 日转发了南京军区党委关于学习江青信的报告和二十军党委、二十军防化连给江青的信。

这些事颇为蹊跷。江青俨然凌驾于国务院、中央军委之上,指手画脚,说三道四。个人到处送信、送材料,而中共中央竟然以"中共中央文件"转发学习她的信的报告。尤其值得注意的是,她插手军队,横加干预。

还有更大的怪事:江青一伙要在军队"放火烧荒"。1974 年 1 月 13 日,江青把迟群、谢静宜等人找去谈话,说:"现在就把你们当炮弹放出去,去放炮。"派他们分别到军委总部、海军、空军等单位"点火放炮"。2 月 8 日,王洪文、张春桥在一次会议上说:总参领导"右倾手软,右得不能再右了";对总政"可以夺权";总后"垮得越彻底越好"。3 月 5 日江青、张春桥召集于会泳、陈亚丁等人开会,江青说:"今天我是斗胆,不敢得罪军队?今天把你陈亚丁也请来了,就是要整一整军队。""八一厂造孽了,军阀管你们。""看来要夺权,陈亚丁你去把权夺过来嘛!我看军队的文化工作还是让陈亚丁管起来。""放火烧荒,你们去三个人,去放火嘛。"3 月 17 日,陈亚丁擅自召集驻京部队文艺单位一些负责人开会,传达江青的讲话,布置在部队"放火"、"夺权"。他说:"江青同志要我回到总政就是要放火烧荒,今天叫你们来就是叫你们回去放火。"[1] 3 月 6 日,王洪文在总参一个部汇报时

---

[1] 详见《玩火者必自焚——"四人帮"篡军乱军的反革命"放火烧荒"事件始末》,载 1976 年 12 月 14 日《解放军报》。

说：总参的问题"盘根错节"，要"继续发动群众，把盖子揭开，搞总参领导的问题"。3 月 13 日，张春桥在听取总后勤部汇报时说："不要怕派性。打内战也可以，有些问题要靠打内战才能解决。"3 月 15 日，王洪文在总参作战部汇报时又说："如果苏联、美帝真的打来，我怀疑作战部会有'维持会'。真的打起仗来，会有维持会长、副会长，一套班子齐全。"3 月下旬，王洪文对王秀珍说："几个总部多次运动盖子没有揭，人换了路线没有换，修正主义路线没有变。"1 月 17 日，《解放军报》刊登了短文《既要讲批评又要讲谅解》。这篇文章符合毛泽东《党委会的工作方法》一文的精神，是根据周恩来 1973 年 4 月在接见空军党委第五次全会代表时的讲话精神写的。"四人帮"大为不满，组织对《解放军报》的围攻。3 月 1 日，中央政治局命令军报停止编发稿件，迫使军报变相停刊 178 天。①

这是怎么一回事呢？矛头怎么指向军队呢？从李德生所写的一篇文章②中，可以发现蛛丝马迹。李德生说：

"林彪叛逃事件发生后，叶帅重新以军委副主席身份主持军委日常工作。当时，军队建设受到严重破坏，亟待整顿，有大量工作要做，在做这些工作时，还必须同江青反革命集团作斗争。'投鼠忌器'，斗争形势复杂艰巨。我是军委办公会议成员和总政治部主任，负责承办清查林彪反革命集团的具体事宜，这时，我同叶帅有了密切的接触……"

"叶帅十分关心军队的政治工作，多次谈到政治工作如何消除林彪影响的问题。总政召开会议，请他参加，他总是爽快地应允到会讲话。1973 年 4 月，总政召开全军宣传部长会议，叶帅到会作了很长一篇讲话。他要求部队搞好批林整风，加强政治军事训练，整顿管理教育。他说，不管怎么样，首先要抓好军队，军队巩固了，不管敌人什么时候进攻，我们都可以对付。野心家想搞阴谋我们也不怕。"

"1973 年年底，经总政研究，决定八一电影制片厂取消'革委会'，恢复党委制。'四人帮'对此竭力反对，王洪文叫嚷：'革委会是新生事物，取消值得研究。'叶帅得知后坚定地支持我们的意见。他针锋相对地指出，八一厂是属于军队的建制，应当实行党委统一领导下的首长分工负责制。江青极为不

---

① 详见《"四人帮"勒令〈解放军报〉变相停刊事件真相》，载 1976 年 12 月 19 日《解放军报》。
② 《高风亮节大智大勇——沉痛悼念叶剑英同志》，载《国防大学学报》1986 年第 4 期。

满，先是借口八一厂没有给摄制样板戏提供最好的摄影机，深夜把叶帅、先念同志和我拉到八一厂，大吵大闹，继而又在翌年3月5日的一次讲话中说："八一厂改厂长制，我们不同意，政治局有四个人（即王洪文、张春桥、江青、姚文元）坚决不同意。'她还嚣张地说，就是要整一整军队，要'放火烧荒'。"

"经过周恩来、叶剑英同志的艰苦工作，军队建设逐步好转。这就为'四人帮'所不容。他们再次把矛头指向周总理和叶帅，终于借'批林批孔'，掀起了反对周、叶的恶浪。我在工作中，大事都是请示周总理、叶帅，他们便诬我为'大军阀'，进行批判斗争。叶帅在自己处于极端困难的情况下，处处给我以关心和保护。我调到沈阳军区工作后，叶帅亲自调飞机叫我去看地形。经常同我通电话了解情况。'批林批孔'中有人提出要把我揪回北京批斗。叶帅得知后，气愤地说：'德生同志是前线的司令，你们要把他揪回来斗，这不是要搞乱军队吗？'正是由于周总理、叶帅的保护，我才免遭'四人帮'的再次迫害。"

这又是正确与错误的斗争。大约在1973年12月毛泽东提出大军区司令员对调的意见时，他就注意军队了。军队对某些错误做法没有紧跟，为毛泽东所不满，江青一伙又利用了"左"倾错误，并且另搞一套。

(4)"影射史学"[①]

江青、姚文元等人直接控制的北大、清华两校"大批判组"，上海市委写作组，由康生指挥的中央党校写作组，他们主管的《红旗》杂志、《人民日报》写作班子，分别以梁效、罗思鼎、康立、唐晓文、池恒、柏青等几十个化名发表了大量的"批孔"文章，如《柳下跖痛骂孔老二》、《略论秦始皇的暴力》、《孔子和林彪都是政治骗子》、《孔丘其人》、《评〈吕氏春秋〉》、《从〈乡党〉篇看孔老二》、《论〈盐铁论〉》、《论秦汉之际的阶级斗争》、《有作为的女政治家武则天》、《赵高篡权与秦王朝的灭亡》、《坚持古为今用研究儒法斗争》等。这些文章大部分是江青、姚文元或康生点题授意，或根据他们的观点、意图撰写，并经过他们审查的。这些文章一方面假借"批孔"，大批"周公"、"宰相"、"宰相儒"，含沙射影，攻击以周恩来为代表的无产阶级革命家；另一方面以评价法家进步作用为幌子，吹捧"四人帮"，为江青"组阁"制造舆论。为了达到上述目的，采取了编造、歪曲、阉割历史等种种卑劣手段。

[①] 北京出版社1978年8月出版的《历史的记录——"四人帮"的影射史学与篡党夺权阴谋》中有丰富的资料和详尽的说明。

大动乱的年代（1966－1976）

1974 年 2 月 26 日，《人民日报》发表了唐晓文的《柳下跖痛骂孔老二》一文，臆造了一个与孔丘生不同时而又能"指着鼻子痛骂孔老二"的"奴隶起义英雄"柳下跖。4 月 1 日，《红旗》杂志发表江青点题授意并经过江青、姚文元审定的《孔丘其人》，文章通篇不批林彪，却说："孔丘出身的没落奴隶主贵族家庭，在这个社会大变革中急剧地衰落下来。""孔老二这个家伙却是'述而不作'，根本写不出什么东西。""在他七十一岁、重病在床的时期……"甚至把鲁国当时根本没有的"宰相"职务硬加在孔丘头上。文章的矛头分明是指向周恩来。同期还发表了姚文元电示上海市委写作组写的《评〈吕氏春秋〉》。根据姚文元的授意，文章特别点出《吕氏春秋》的所谓时代特色，即地主阶级力量壮大了，吕不韦尊儒反法不得不采取"折中主义"的办法，"用杂家的面目掩盖极右的儒家本质"。并且画龙点睛地指出："这种以折中主义形式出现的反动思潮在今天仍还可以看到。"4 月 20 日，《朝霞》第 4 期刊载史经的《李鸿章出洋》，文章伪造李鸿章买洋船洋舰的情节，影射攻击周恩来的适当向外国买船的主张是"崇洋媚外"，说什么："如果执迷不悟，甘当洋人的走狗，定必痛惩不贷"。5 月 17 日《北京日报》发表的柏青的《从〈乡党〉篇看孔老二》，以孔老二重病在床，影射身患重病的周恩来，把孔老二"张开胳膊"改为"端起胳膊"。对周恩来进行人身攻击。许多文章大批孔丘"克己复礼"、"兴灭国、继绝世、举逸民"的政治路线，影射让"文化大革命"中被打倒的干部重新工作是"举逸民"，暗喻周恩来等人"复辟倒退"、"开历史倒车"。6 月 14 日，江青在人民大会堂召开的"战士批林批孔汇报会"上，大讲所谓"儒法斗争史"，要求写文章批"现代的儒"。江青说："现在文章很少提到现代的儒。""难道我们现在没有儒了吗？没有，为什么反孔老二？现在有没有儒？有很大的儒。蒋介石是总代表。"张春桥在会上说：批林批孔"围绕一个克己复礼，牵涉到现实阶级斗争、两条路线斗争的许多问题"。6 月 15 日，江青对"梁效"、"唐晓文"成员再次重复说："现在的文章很少提到现代的儒，除了林彪、陈伯达以外……难道现在没有儒了吗？没有，为什么反孔老二？""现在有没有儒？有很大的儒"。他的亲信暗示："注意这个大儒不是指刘少奇，也不是林彪、陈伯达。"江青在天津指使亲信读一份吹捧江青是"激进派"、诬蔑周恩来是"温和派"的外国电讯，又暗示周恩来就是他们所说的"现代的大儒"，其罪恶用心，昭然若揭。江青授意两校"大批判组"撰写了《有作为的女政治家武则天》、《法家人物简介·吕后》，以评武则天、吕后为名，吹捧江青。江青还把《女儿经》、《改良女儿经》等六本书送给一些单位，借批判压迫妇女为名，为江青上台制造舆论。

（5）"复辟回潮"与"反潮流"

在"批林批孔"运动中，江青一伙制造所谓"复辟回潮"的典型和"反潮流"典型，为攻击周恩来等人提供"现实根据"。1973年10月至1974年1月，迟群、谢静宜在清华大学发动了三个月的"反右倾回潮运动"，上揪"代表人物"，下扫"社会基础"。全校有64人受到立案审查和重点批判，403人受到批判，一批干部被撤销工作。1973年12月，迟群、谢静宜发现一个小学生对教师不满的日记以后，说："你反映的问题，不是你和你老师之间的关系问题，这是两个阶级、两条路线斗争的问题。"将日记摘抄在《北京日记》刊出并加编者按，《北京日报》接着连续登载了几十篇文章和报道，把这个小学生吹捧为"反潮流典型"，掀起了批"师道尊严"、"反右倾回潮"的浪潮。1974年1月31日，迟群、谢静宜根据江青的意见，把"马振扶中学事件"说成是"修正主义教育路线进行复辟的严重恶果"，借以在全国教育领域掀起"反复辟"浪潮。在文化方面，开展了对晋剧《三上桃峰》、湘剧《园丁之歌》的批判，把"桃峰"硬说成王光美社教时蹲点的"桃园"，把《三上桃峰》打成为刘少奇鸣冤叫屈的"毒草"；不许把教育工作者称为"园丁"，把歌颂教育工作者的《园丁之歌》说成为"修正主义教育路线"张目。8月4日，根据江青、张春桥、姚文元的授意写成并经他们审定的《为哪条教育路线唱赞歌——评湘剧〈园丁之歌〉》的文章，在《人民日报》发表。文章说《园丁之歌》是"修正主义教育路线的旧调重弹"，是对"文化大革命"的"反攻倒算"。

（6）抵制

抵制"批林批孔"，大有人在。

1974年受到江青点名批判的著名学者梁漱溟[1]，写了一篇长达3万字的专文《我们今天应该如何评价孔子》，对孔子在中国文化上的地位大胆提出公正评价。梁老毫不含糊地在文中提出："目前批林批孔运动一般流行意见，我多半不能同意。"他说：孔子在中国四五千年文化史上为承先启后的关键性人物，孔子的功罪或价值如何，应视中国文化在世界上表现出的成功失败而定之……五四运动中有"打倒孔家店"的呼声，而以"赛恩斯"和"德漠克拉西"相标榜，大体是对的。但不能抄袭他人的文章，仍须走自己的路。在这篇文章中，梁老敢于写当时一般人不敢写的话："时下批孔运动是由批林批孔引起的。因'克己复礼'，便是林彪念念在心的大事，时论

---

[1] 江青在1974年1月25日大会上点名批判了梁漱溟。

便集中批判孔子'克己复礼'，认为孔子是要复周礼，林彪要复辟资本主义。其实林贼贼念念在心者不过是搞政变夺权，'克己复礼'是其私下一句暗号隐语；他何尝有爱于资本主义而立志为资本主义复辟。林贼搞复辟不搞复辟不足论，误以为孔子怀抱复古倒退思想则不容不辩。"这时梁老自知他的文章谁也不敢发表，在写完后特别在文末注明："1974 年 6 月 25 日改写稿，1974 年 11 月 8 日立冬撰写完成不发表"。梁老在政协学习会上说："你们非要我发言，我就讲：我的态度是不批孔，但批林。路线是公开的，可以见人的。不敢见人的，不是路线；从做人的角度说，光明是人，不光明是鬼，林彪就是一个鬼。刘少奇的主张很多，都是公开的。彭德怀给毛主席的也是公开信。"又说："多年来，我是一直与中国共产党求大同，存小异的。我的思想恐怕要比林彪复杂，不那么简单，但我是公开的、光明的，而林彪则是利欲熏心，专搞阴谋诡计的。我堂堂正正是个人，但林彪身败名裂，不够做人的资格。"[①]

　　国外也有抵制，很有意思。谢晋在《访美观感》第 6 节《唐人街印象》[②]中说："在纽约唐人街的入口处，迎着我的是一尊高大的耸立的孔子铜像，我仔细一看，下面基石上刻有造像的日期，正是国内'批林批孔'荒唐、疯狂的年月。华侨请夫子来纽约避难，倒也很幽默的。我侧面地问了一下，他们告诉我，在纽约的华侨，政治倾向，左、中、右都有，中间派占多数，'批林批孔'的时候，中间派对打倒孔夫子，也不以为然，美国一些研究东方文化的学者，觉得孔子的哲学，应该有他的地位。这样，许多华侨和一些美国学者，捐款铸了这尊铜像。极'左'政策某些粗暴、愚昧的举动，造成的坏影响，岂止仅仅在国内，'批林批孔'的错误，使我们失去了许许多多群众。""芝加哥的唐人街茶室酒楼，和旧金山相似，规模比较小一点。在芝加哥唐人街的入口处，有一座宏伟的牌坊，上面的匾额，一面是'天下为公'，一面是'礼义廉耻'。建造年月，也是在'文化大革命''批林批孔'时期。"

三　严重的后果

　　由于指导思想上的错误，更由于江青集团利用"批林批孔"为其反革命政治目

---

① 梁漱溟对"批林批孔"的抵制，详见《团结报》1986 年 5 月 3 日、5 月 10 日、5 月 17 日所载《梁
　漱溟先生在"批林批孔"运动中》。
② 载 1985 年 8 月 28 日《文汇报》。

的服务,在全国造成了政治上、思想上、理论上的严重混乱。"左"倾错误广泛地影响到历史、哲学、伦理道德等各个思想文化领域和社会生活的各个方面。第一,历史的本来面目被歪曲了。为了适应政治斗争的需要,把中国的历史歪曲为"儒法两条路线斗争史",以儒法斗争为标准画线排队:一切历史的进步都说成法家的功劳,一切历史的反动都说成儒家的罪过;一切有作为的历史人物都被封为法家,而历史上的所有反面人物都归为儒家。"批林批孔"中荒谬地描述的中国几千年文明史是:法家进步,儒家反动;法家坚持变革,儒家复古守旧;法家坚持团结和统一,儒家搞分裂;法家爱国、抗战,儒家卖国投降;法家总是适应历史发展的潮流,而儒家总是逆历史潮流而动。江青一伙的荒谬观点是:儒法两家势不两立,斗争了几千年,而且一直延续到现在。当时出版的中国历史书籍和其他有关书籍,都受到这种"理论"的影响。第二,以正确评价法家的历史进步作用为名,广为宣传封建主义的政治思想。对一些封建皇帝、王侯将相和士大夫,用现代的语言任意夸大和一味歌颂他们的"历史功绩"。毫无批判地赞扬封建专制主义,甚至把皇帝专权的中央集权制加以理想化。赞扬和肯定封建主义的统治经验和权术,宣扬所谓"法、术、势"(封建统治阶级的刑法、权术、权势)。借口评价秦始皇、曹操的历史作用,公开为他们的暴戾、残忍和滥施暴力作辩护。1974 年 4 月 12 日《人民日报》发表的《恃革命暴力者昌,恃反革命暴力者亡》,颂扬秦始皇说:"这种适应历史潮流的暴力行动好得很。""只要阶级仍然存在,我们决不放弃革命暴力。"第三,在社会伦理道德方面造成破坏。不仅否定了我国优秀的伦理道德传统,而且使社会主义社会建立起来的新的伦理道德规范也受到了严重的破坏。批判了"师道尊严",造成了师生之间的对立。批判了"宽厚"、"忠恕"、"己所不欲,勿施于人"等"人性论",使社会主义的人和人的关系准则受到了很大破坏。批判"中庸之道",鼓吹"斗争哲学",更是培养了一些人"头上长角,身上长刺"的极端好斗情绪。社会主义社会父子、母女、夫妻、兄弟、同志、朋友、领导与被领导之间的正常关系遭到践踏,素称礼仪之邦的中国的伦理道德水平大大下降,"文化大革命"在人们思想上造成的"内伤"加深了。第四,所谓"反潮流"的歪风在全国蔓延。凡是造领导的反就美其名曰"反潮流"。在学校,正常的教学秩序和教育制度被搞乱,一些学生把老师当作敌人,动辄贴大字报,以致许多学校开不成课。在社会上,一些地区又出现了联络站、上访团、汇报团一类组织。一些人不上班,散布"不为错误路线生产"等错误口号,进行跨行业、跨地区的串连,闹派性、拉山头、打内战,一些领导干部，或者重新被打倒，或者躺倒不干，或者支一派压一派。

经济上的后果也十分严重。一些企业领导班子重新瘫痪。"九·一三"以后经过几年艰苦努力刚刚趋向稳定的政治局势又遭到了破坏，许多地区和部门重新出现动乱的局面。国民经济重新下降。据 7 月 1 日中共中央发出的《关于抓革命、促生产的通知》和中共中央办公厅转发的《国家计划委员会向中央政治局关于当前工农业生产问题的汇报提纲》反映：1974 年上半年工业生产不少地区和部门没有完成国家计划。"主要问题是煤炭和铁路运输情况不好，钢铁、化肥等产品和一些军工产品也欠帐较多。"1 至 5 月工业产值比去年同期下降的有山东、湖南、贵州、内蒙古、江西、浙江、安徽、山西、湖北、新疆、四川等十一个省、自治区。贵州，1972、1973 年两年工业生产连续大幅度下降，1974 年 1 至 5 月又比去年同期下降 20.9%，全省工业基本上处于瘫痪、半瘫痪状态。煤炭"比计划欠产 835 万吨，比去年同期下降 6.2%"。铁路货运量"比计划欠运 2100 万吨，比去年同期下降 2.5%"。"全国二十个铁路局，完成和超额完成计划的只有七个。徐州、长沙、包头、贵阳等地段经常堵塞，津浦、京广、京包、贵昆四条干线不能畅通"，通过的列车比正常情况少三分之一左右。"严重影响了全国的货物运输，造成不少企业停工减产"。钢"比计划欠产 188 万吨，比去年同期下降 9.4%"。二十五个重点企业中，武钢、包钢、太钢等十二个企业欠产较多。化肥"比计划欠产 185 万吨，比去年同期下降 3.7%"。由于生产下降，财政收支不平衡。1 至 5 月与去年同期比，收入减少 5 亿元，支出增加 25 亿元。

1974 年这一年，全国工农业总产值为 4024 亿元，仅比上年增长 1.4%。其中，工业总产值 2796 亿元，仅比上年增长 0.3%；农业总产值 1228 亿元，比上年增长 4.2%。工农业产品产量：粮食 2.7527 亿吨，比上年（下同）增长 3.9%；棉花 246.1 万吨，下降 3.9%；钢 2112 万吨，下降 16.3%；原煤 4.13 亿吨，下降 0.96%；原油 6485 万吨，增长 21%。国家财政总收入 783.1 亿元，总支出 790.8 亿元，赤字 7.7 亿元。

毛泽东批准发动"批林批孔"运动，但不希望再度出现动乱局势。1974 年 3 月 20 日，毛泽东在致江青信中说："过去多年同你谈的，你有好些不执行，多见何益？有马列书在，有我的书在，你就是不研究。……你也是个大事不讨论，小事天天送的人。"4 月 10 日，中共中央发出通知，规定："批林批孔运动在党委统一领导下进行，不要成立战斗队一类群众组织，也不要搞跨行业、跨地区一类的串连。"7 月 1 日，中共中央发出《关于抓革命、促生产的通知》，重申"我们的干部，绝大多数是好的和比较好的",要求"擅离职守的领导干部""必须返回工作岗位"。又批评了所谓"反潮流"的歪风,指出:"那种不作阶级分析,笼统地讲什么'只要造领导的反就是反潮流'的说法,是错误的。有的人不批林,不批孔,不上班,不劳动……继续搞跨地区、跨行业的串连,拉山头,打内战,还把这种行为说成是'反潮流'的革命行动,这是对反潮流的严重歪曲。还有的人散布什么'不为错误路线生产'的谬论,公然煽动停工停产。对于这些错误言论,必须加以批驳。对于幕后操纵者,要发动群众揭发批判。"

1974 年 3 月,江青反对邓小平率代表团出席联合国大会第六次特别会议。毛泽东 3 月 27 日致江青信:"邓小平同志出国是我的意见,你不要反对为好。小心谨慎,不要反对我的提议。"毛泽东又于 4 月 4 日批准了邓小平在大会上的发言稿。4 月 10 日,邓小平在联大特别会议上发言。7 月,根据毛泽东的意见,中共中央为杨成武、余立金、傅崇碧平反,恢复名誉,重新安排了他们的工作。

毛泽东一方面对江青、张春桥、姚文元、王洪文等人继续信任,另一方面清醒地意识到"四人帮"特别是江青"积怨甚多"。他发觉江青等人利用"批林批孔"运动进行篡权活动,对他们进行了严厉地批评。7 月 17 日,毛泽东在中央政治局会议上告诫江青:"江青同志,你要注意呢!别人对你有意见,又不好当面对你讲,你也不知道。不要设两个工厂,一个叫钢铁工厂,一个叫帽子工厂,动不动就给人戴大帽子。""你也是难改呢。"当众宣布:"她不代表我,她代表她自己。""总而言之,她代表她自己。"并且说:"她算上海帮呢!你们要注意呢,不要搞成四人小宗派呢!"这是毛泽东第一次提出江青、张春桥、姚文元、王洪文"上海帮"的问题。不可低估毛泽东的批评的意义,它使政治局成员心中有数了。

四　为贺龙恢复名誉

在"批林批孔"运动中,1974 年 9 月 29 日,中共中央发出《关于为贺龙同志恢复名誉的通知》。文件上写明:"毛主席已圈阅。"《通知》全文如下:

贺龙同志原任党的八届中央政治局委员、中央军委副主席、国务院副总理。林彪要整贺龙同志蓄意已久,早在 1966 年就向中央提出,贺龙同志历史上曾向国民党反动派"请求收编",和"阴谋篡军反党"等问题,要进行审查。中央当时认为,把贺龙同志的问题搞清楚也是必要的,于 1967 年 9 月予以同

大动乱的年代（1966—1976）

意。在"九·一三"林彪事件发生以前，对贺龙同志问题的审查，一直为林彪、黄永胜、吴法宪、叶群、李作鹏等人所把持。他们捏造事实，隐瞒真象，以欺骗和封锁中央，诬陷贺龙同志历史上"通敌"和"篡夺军权"。"九·一三"以后，中央直接对贺龙同志的问题进行了审查。毛主席多次指示，要抓紧给贺龙同志作出结论，予以平反，恢复名誉。经中央查证甄别：

一、所谓"通敌"问题，完全是颠倒历史，蓄意陷害。事实是：1933年12月蒋介石曾派反动政客熊贡卿"游说"贺龙同志，企图"收编"。贺龙同志发觉后，报告了湘鄂西中央分局，经分局决定，将熊贡卿处决，并于1934年3月17日，将此事经过报告了中央。

二、所谓"阴谋篡夺军权"和支持军队一些单位的人"篡夺军权"的问题，经过调查，并无此事。

三、关于所谓贺龙同志搞"二月兵变"的问题，纯系讹传。

贺龙同志已于1969年6月9日病故。

贺龙同志是一个好同志，在毛主席、党中央的领导下，几十年来为党为人民的革命事业曾作出重大的贡献。在他的一生中，无论在战争年代，或在全国解放以后，他是忠于党、忠于毛主席革命路线、忠于社会主义事业的。

因此，中央决定，对贺龙同志予以平反，恢复名誉。

中央的这个通知，印发到县团级，并口头传达到党内外群众。

问题的症结在哪里呢？本书在前言中说到，苏联元帅马林诺夫斯基对贺龙说过，要他搞掉毛泽东，贺龙反驳了，此事会不会使毛泽东生疑呢？毛泽东1973年12月21日同参加中央军委会议的同志谈话时，说到"我看贺龙同志搞错了"，下面接着说："不过这个人经常身上有武器。"高级将领中一些人喜欢玩弄小手枪，本是司空见惯，而毛泽东在为他平反的时候竟加了这么一句话。从这里可不可以看出一点眉目呢？所谓"通敌"问题，1967年才有人提出，而林彪在1966年9月就奉毛泽东之命在小范围内打招呼说贺龙有问题了。林彪一伙无疑做了手脚，是不能辞其咎的。但是，他们往往是看"风"行事。

功勋卓著的元帅惨遭迫害致死，可痛也夫！

1975年6月9日，即贺龙的忌日，贺龙骨灰安葬仪式在北京举行。叶剑英主持仪式，身患癌症的周恩来致悼词。报纸上未发布消息。

　　1974 年 10 月 17 日，"四人帮"在中共中央政治局会议上借中国自行设计和制造的远洋货轮"风庆"号远航归来，攻击国务院领导批准适当买船、租船的做法是"崇洋媚外"，制造了"风庆"轮事件。图为"风庆"轮下水时的情景。

第二章
"组阁"风波

1974年10月4日，毛泽东提议邓小平任国务院第一副总理。10月11日，中共中央发出通知，决定在最近期间召开第四届全国人民代表大会。通知传达了毛泽东的意见："无产阶级文化大革命，已经八年。现在，以安定为好。全党全军要团结。"四届人大召开在即。在酝酿国家机构的人事安排期间，江青等人加紧了活动。江青妄图由她来"组阁"，她主演了一出闹剧。

一 "风庆"轮事件和长沙诬告

江青一伙还是用老办法：先制造舆论。《红旗》杂志1974年第10期发表了姚文元策划和修改定稿的《研究儒法斗争的历史经验》。从6月5日姚文元布置写这篇文章，到10月1日刊出，历时近四个月。《红旗》编辑部贯彻姚文元的意图，说文章的主题应放在"研究儒法斗争对无产阶级革命和专政的意义"上，文章的目的是"为了现实的阶级斗争"，所以要"针对当前的主要问题来写"，要着重写"复辟反复辟"的"经验教训"。姚文元8月5日说："索性改为儒法斗争对今天的意义"。文章借研究秦汉儒法斗争历史经验之名，借古喻今。文章说："新兴地主阶级能不能保持政权，关键在于能不能保证继续执行法家路线。"又说：秦始皇陶醉于"黔首安宁，不用兵草"这种太平景象的时候，奴隶主复辟势力的代表人物赵高已经披着法家的外衣钻进了秦王朝的心脏,对地主阶级政权进行"挖心战"。秦始皇一死,赵高立即发动沙丘反革命政变,用一条"收举余民,贱者贵之,贫者富之,远者近之"的儒家路线代替了秦始皇的法家路线,对地主阶级的政治代表实行血腥的阶级报复。文章说:"西汉王朝的前期和中期所以能在反复辟斗争中取得胜利",就是因为汉高祖死后"法家路线却历经吕后、文、景、武、昭、宣六代基本上得到了坚持"。"由于在中央有了这样一个比较连贯的法家领导集团,才保证了法家路线得到坚持。"而"清君侧"的策略就是要通过"搞垮中央的法家领导集团"改变法家路线。文章进而点明本意:"在无产阶级专政条件下,那些钻进党内的资产阶级代表人物,也往往采取这种'清君侧'的反革命策略","打击坚持毛主席正确路线的革命力量"。他们的用意,跃然纸上:一为影射攻击周恩来、邓小平等是钻进党内的赵高、刘濞;一为标榜他们是坚持毛主席革命路线的"中央法家领导集团",要让法家人物"在中央主持工作"。在这以后,上海市和两校等写作班子发表的多篇文章,为所谓"中央法家领导集团"鼓吹。这些文章,既是给老百姓看的,更是给毛泽东看的。他们向毛泽东进言:只有让"中央法家领导集团"主政,才能够坚持毛主席的革命路线。毛泽东心中有数,知道江青"积怨甚多",对此并不理睬。

1974 年 10 月 12 日,《文汇报》和《解放日报》在头版发表评论员文章,借国产万吨轮"风庆"号远航归来为题,影射攻击周恩来和中央有关领导同志。

"风庆"轮事件梗概如下[①]:

1974 年,中国远洋运输总公司组织处副处长李国堂和宣传干事顾广文,奉派遣到"风庆"轮协助首次远航欧洲的工作,李任政委,顾为政治干事。"风庆"轮开船后,某些人要李、顾批判所谓造船买船问题上的"崇洋媚外"、"卖国主义"。李、顾给以拒绝,并指出:国务院和交通部一向支持国内造船工业,但目前在国内造船工业尚不能满足远洋运输的情况下,利用一些有利条件,从国外适当买进一批船只,是完全必要的。这既有利于加速发展我国独立的远洋船队,也可以尽快地改变由于船只不够每年要用大量外汇租用外轮的局面。一些在这个问题上的谬论,矛头是直接指向周恩来和国务院其他领导的。他们还在船员中议论了"样板戏"。"四人帮"在上海的亲信据此写了一封 1 万多字的信,诬蔑李、顾是"假洋鬼子","代

---

① 参见新华社北京 1978 年 7 月 21 日电《"风庆"轮事件是反革命阴谋》,载 1978 年 7 月 22 日《人民日报》。

大动乱的年代（1966—1976）

表了一条修正主义的路线"。江青在信的批语中攻击交通部"崇洋媚外"，是"买办资产阶级思想专政"。张春桥、姚文元也诬蔑李国堂是"买办资产阶级的代表"。王洪文批示："先将李国堂留在上海，发动'风庆'轮船工进行彻底的揭发批判。""交通部必须对李国堂进行严重的处理，并将处理情况报中央。"国庆节前夕"风庆"轮返回上海后，李、顾两人被扣在上海批判，"李、顾事件"定为"反动的政治事件"。《文汇报》和《解放日报》的评论员文章，说什么："我国近代造船工业发展史，是一部充满尊孔崇洋与反孔爱国斗争的历史。""翻一翻中国造船工业发展史，就可以很清楚地看到近代尊孔派的头子都直接插手造船工业。"文章还说什么，曾国藩、李鸿章、袁世凯、蒋介石、刘少奇等都奉行"造船不如买船，买船不如租船"的洋奴哲学，推行了一条卖国主义路线。又说："历史的经验值得注意。"

不仅如此，江青一伙还在中央政治局挑起事端。6 月 1 日周恩来因病住院以后，江青、张春桥、姚文元、王洪文在中央政治局有预谋地对邓小平进行了多次挑衅。10 月 4 日，毛泽东提议邓小平任国务院第一副总理，实际上主持国务院的工作，"四人帮"更加紧了对邓小平的攻击。10 月 17 日晚，"四人帮"在中央政治局会议上，有预谋地提出所谓"风庆"轮事件"崇洋媚外"问题，要邓小平立即表态，对邓小平突然袭击。江青挑衅性地问邓小平：你对这个问题是什么态度？邓小平严正地回击江青：我要调查。江青等人大吵大闹。邓小平说，政治局讨论问题要平等嘛，不能用这样态度待人。江青等四人一拥而上说：早就知道你要跳出来，今天你果然跳出来了。邓小平蔑视他们，离开了会场。

江青、张春桥、姚文元、王洪文当晚在北京钓鱼台紧急策划，进行阴谋活动。18 日，派王洪文到长沙向毛泽东汇报。王洪文完全按江青等人的意图，诬陷周恩来、邓小平，偏袒江青，目的是阻止邓小平出任第一副总理。王洪文汇报说："北京现在大有庐山会议的味道。""在政治局会议上，为了这件事，江青同邓小平同志发生了争吵，吵得很厉害。""邓有那样大的情绪，是因最近在酝酿总参谋长人选一事有关。"他还说："总理现在虽然有病，住在医院，还忙着找人谈话到深夜。几乎每天都有人去。经常去总理那里的有小平、剑英、先念等同志。""他们这些人在这时来往得这样频繁和四届人大的人事安排有关。"他还吹捧江青、张春桥、姚文元，妄图由他们"组阁"。毛泽东当即告诫他："你回去多找总理和剑英同志谈，不要跟江青搞在一起，你要注意她。"

同日，江青把王海容和唐闻生找去，嘱她们报告毛泽东：在 10 月 17 日晚上，在中央政治局讨论"风庆"轮问题的会议上，邓小平和江青发生争吵，事后扬长而去，使得政治局的会议开不下去了。她还诬陷说，国务院的领导同志经常借谈工作搞串连，总理在医院也很忙，并不全是在养病。小平和总理、叶帅都是在一起的，总理是后台。当晚，江青、张春桥、姚文元又把唐闻生、王海容找去，张春桥说，国内财政收支和对外贸易中出现的逆差，是国务院领导同志"崇洋媚外"所造成的。他还把邓小平在"风庆"轮问题上的抵制比作"二月逆流"。10月19日，唐闻生、王海容到医院将谈话情况向周恩来作了汇报，周恩来说，他已知道政治局会议的问题，经过他的了解，事情并不像江青等人所说的那样，而是他们四个人事先就计划好要整邓小平，他们已多次这样搞过邓小平，邓小平已忍了他们很久。10月20日，毛泽东指示唐闻生、王海容回北京转告周恩来和王洪文：总理还是总理，四届人大的筹备工作和人事安排问题要总理和王洪文一起管。建议邓小平任党的副主席、第一副总理、军委副主席兼总参谋长。毛泽东还指示唐闻生、王海容转告王洪文、张春桥、姚文元，叫他们不要跟在江青后面批东西。

11月12日，江青写信给毛泽东提出，谢静宜任全国人大副委员长，迟群当教育部部长，乔冠华当副总理，毛远新、迟群、谢静宜、金祖敏列席政治局，作为"接班人"来培养。江青在这里野心毕露，要由她"组阁"。当天，毛泽东在信上批示："不要多露面，不要批文件；不要由你组阁（当后台老板），你积怨甚多，要团结多数。至嘱。人贵有自知之明。又及。"11月19日，江青又向毛泽东写信，说："一些咄咄怪事，触目惊心，使我悚然惊悟"，"自九大以后，我基本上是闲人，没有分配我什么工作，目前更甚"。这是一封伸手要官的信。11月20日，毛泽东再次批评她："你的职务就是研究国内外动态，这已经是大任务。此事我对你说了多次，不要说没有工作。此嘱。"江青不听劝诫，又托人向毛泽东提出要王洪文当全国人大副委员长。毛泽东立即尖锐指出："江青有野心。她是想叫王洪文作委员长，她自己作党的主席。"

二 "组阁"阴谋的破产

《关于建国以来党的若干历史问题的决议》指出：毛泽东"对江青、张春桥等人也进行过重要的批评和揭露，不让他们夺取最高领导权的野心得逞"。这是确确实实的。

大动乱的年代（1966—1976）

在毛泽东的支持下，周恩来带病主持国家人事安排工作。12 月 23 日，周恩来、王洪文到长沙向毛泽东汇报，23 日、24 日、25 日和 27 日，毛泽东同他们作了四次谈话。毛泽东再次告诫王洪文："不要搞四人帮，团结起来四个人搞在一起不好！"说他们"在批林批孔运动中立了功，但不要搞宗派，搞宗派要摔跤的"。毛泽东批评江青说："江青有野心，你们看有没有？我看是有。"又说：对江青"当然要一分为二，她在批刘批林问题上是对的，说总理的错误是第十一次路线错误就不对了"。又说："批林批孔，批走后门，成了三个主题，就搞乱了。搞乱了，也不告诉我。""说批林批孔是第二次文化大革命是不对的。"毛泽东再次提出："我看小平做个军委副主席、第一副总理兼总参谋长。"并对邓小平高度评价："人材难得"，"政治思想强。""政治比他（指王洪文）强，他没有邓小平强。"毛泽东还说："你们留在这里谈谈，告诉小平在京主持工作。"毛泽东还提名陈锡联为副总理，说张春桥有才干。1974 年 12 月末至 1975 年初，周恩来在政治局常委会上传达了毛泽东的上述谈话要点。在当时党和国家政治生活极不正常的情况下，毛泽东对"四人帮"的批评和对周恩来、邓小平的工作的支持，对于挫败"四人帮"的"组阁"阴谋，保证四届人大的召开，起了十分重要的作用。江青的"组阁"未成，把政治局的许多委员都骂了。毛泽东批示："她看得起的没有几个，只有一个，她自己。""将来她要跟所有的人闹翻，现在人家是敷衍她。""我死了以后，她会闹事。"

1975 年 1 月 5 日，中共中央发出第一号文件，任命邓小平为中共中央军委副主席兼中国人民解放军总参谋长，任命张春桥为中国人民解放军总政治部主任。1 月 8 日至 10 日，党的十届二中全会在北京召开，周恩来主持。会议讨论了第四届全国人民代表大会的准备工作，决定将《中华人民共和国宪法修改草案》、《关于修改宪法的报告》、《政府工作报告》和全国人民代表大会常务委员会、国务院成员的候选人名单，提请全国人民代表大会讨论。会议选举邓小平为中共中央副主席、中央政治局常务委员；批准李德生关于免除他所担任的中共中央副主席、中央政治局常委的请求。会议期间，毛泽东再一次提出，还是安定团结为好。还说："要把国民经济搞上去"。10 日深夜，江青到北京卫戍区某部一个连队"看望"指战员。在谈话中，她歌颂吕后，吟哦唐人李商隐的诗："宣室求贤访逐臣，贾生才调更无伦。可怜夜半虚前席，不问苍生问鬼神。"用以发泄她对中央人事安排的不满。1 月 13 日至 18 日，全国人民代表大会第四届第一次会议在北京举行。出席大会的代表 2864 人。大会议程是：（一）修改宪法；（二）审议政府工作报告；（三）选举和任命国家领导工作人员。朱德主持了大会，张春桥代表中共中央作《关于修改宪法的报告》，周恩来代表国务院作《政府工作报告》。周恩来在报告中重申了1965年初三届人大提出的"在本世纪（20世纪）内，全面实现农业、工业、国防和科学技术的现代化，使我国国民经济走在世界前列"的宏伟目标，重申了党和毛泽东关于以农业为基础、工业为主导等一系列经济建设的方针。大会通过了宪法，批准了政府工作报告。选举朱德继续担任全国人民代表大会常务委员会委员长，选举董必武、宋庆龄、康生、刘伯承、吴德、韦国清、赛福鼎、郭沫若、徐向前、聂荣臻、陈云、谭震林、李井泉、张鼎丞、蔡畅、乌兰夫、阿沛·阿旺晋美、周建人、许德珩、胡厥文、李素文、姚连蔚为副委员长，任命周恩来继续担任国务院总理，任命邓小平、张春桥、李先念、陈锡联、纪登奎、华国锋、陈永贵、吴桂贤、王震、余秋里、谷牧、孙健为国务院副总理。四届人大的召开，是党和毛泽东在"文化大革命"八年动乱之后，为了稳定政治局势，使国家的政治生活逐步转上正常轨道所作的一次努力。大会确定了以周恩来、邓小平为核心的国务院领导机构，使江青等人的组阁阴谋终于未能得逞。大会是在肯定"文化大革命"和"批林批孔"的不正常的情况下召开的，大会通过的文件中肯定了"文化大革命"的理论和实践。

论全党全国各项工作的总纲

　　党的十届二中全会和四届人大,遵照毛主席的建议,提出了我国今后二十五年国民经济发展的宏伟任务。第一步,在一九八〇年以前,建成一个独立的比较完整的工业体系和国民经济体系;第二步,在本世纪内,全面实现农业、工业、国防和科学技术的现代化,使我国国民经济走在世界的前列。

　　与此同时,毛主席提出了学习无产阶级专政理论的指示、促进安定团结的指示、把国民经济搞上去的指示。毛主席的这三项重要指示,不仅是当前全党、全军和全国各项工作的总纲,而且也是实现今后二十五年宏伟目标的整个奋斗过程中的工作总纲。执行毛主席的这三项重要指示,就是执行党的基本路线,执行党的团结胜利路线,执行党的社会主义建设总路线。

　　现在国际上革命的因素和战争的因素都在增长,不是革命制止战争,就是战争引起革命。国家要独立,民族要解放,人民要革命,已经成为不可抗拒的时代洪流。两个超级大国互相争夺,世界大战总有一天要打起来。苏修的战略重点在欧洲,但始终想要向我们动手。我们要提高警惕,保卫祖国,随时准备歼灭入侵之敌。我们执行毛主席的革命外交路线,

　　1975年10月,国务院政治研究室根据邓小平的讲话精神起草了《论全党全国各项工作的总纲》,提出将毛泽东关于学习无产阶级专政理论、促进安定团结和把国民经济搞上去的3项指示,作为"当前全党、全军和全国各项工作的总纲"。

第三章
邓小平主持"全面整顿"[①]

　　四届人大以后，周恩来身患重病，邓小平代总理主持国务院工作，并在实际上主持中央日常工作。在"文化大革命"以前，邓小平与中央第一线的其他同志一道，尽可能坚持八大的正确路线。"文化大革命"从反面教育了人们。邓小平重新工作以后，致力于对各个方面的工作的整顿，纠正"文化大革命"的错误。

一　受命于危难之时

　　当时，我国的政治局势十分严峻。毛泽东在全局上仍然坚持"文化大革命"的"左"倾错误，"四人帮"反革命集团仍然猖狂作乱。社会秩序混乱，生产下降。许多地区、部门和单位长期存在的派性，在"批林批孔"中重新泛滥。一些地区经常发生武斗，甚至仍然发生抢夺枪支、组织民兵进行武斗的严重事件。江青、张春桥、姚文元、王洪文等人插手这些地区，更增加了问题的复杂性。1975年6月2日中共中央批转的江苏省关于徐海地区问题的报告中反映："许多领导干部陷进了资产阶级派性的泥坑。在相当多的单位中，不是用党性掌权，而是用'派性'掌权。这一派上了台就整那一派；那一派掌了权又整这一派。几经反复，裂痕很深。""近

---

① 这一章的重要参考材料是张沱生的《1975年的全面整顿》，载《十年后的评说》一书。

几年来，那些用派性掌权的同志，又借各种运动之机整另一派的干部和群众。批林批孔运动一来，原来掩盖的矛盾爆发了。""坏人就趁机兴风作浪。混水摸鱼"，"打着'揭盖子'的旗号，欺骗、拉拢少数群众，向无产阶级专政进行疯狂进攻，妄图趁机推翻各级党的领导"。这个报告反映了当时全国一些地区的状况。

严峻局势下也出现了新的转机。"文化大革命"毕竟是走了下坡路。毛泽东看到了人民群众的不满，他对江青一伙的多次批评是有利于党和人民的变化。他在四届人大召开期间提出了要"安定团结"和"要把国民经济搞上去"的方针，符合广大人民的心愿。"四人帮"虽然仍然猖獗，但已无力再造成像"文化大革命"初期那样极度混乱的局面。"批林批孔"运动实际上已经进行不下去了。这些情况，为1975 年的全面整顿提供了一定的有利条件。

二 "全面整顿"

邓小平的女儿毛毛（邓榕）在《在江西的日子里》①说："在江西的这一段时间里，父亲有一个习惯，每天黄昏落日之前，总是十分规律地围着我们那个小小的院子散步。他沉思不语，步伐很快……就在这一步一步之中，他的思想、他的信念、他的意志，随着前进的每一步而更加明确，更加坚定起来。这些思想的孕育成熟，是否已为日后更加激烈的斗争做好了最充分的准备呢？"毛毛也知道，答案是肯定的。

现在，更加激烈的斗争开始了。从 1975 年 1 月起，邓小平坚定地、有步骤地狠抓全面整顿工作。

（1）**指导思想**

在邓小平的主持下，国务院从 2 月到 10 月先后召开了解决全国铁路问题的工业书记会议、钢铁工业座谈会、国防工业重点企业会议、南方十二省委书记会议和部分地委书记会议等一系列会议。邓小平在这些会议的讲话中，提出了全面整顿的思想。要点是：（一）要把国民经济搞上去。"从现在算起还有二十五年时间，把我国建设成为具有现代农业、现代工业、现代国防和现代科学技术的社会主义强国。

---

① 载 1984 年 8 月 22 日《人民日报》，《历史在这里沉思》第 1 卷收入。

全党全国都要为实现这个伟大目标而奋斗。这就是大局。"①"国内也有许多事情要做，特别是要把国民经济搞上去。"②（二）全国各方面存在着整顿问题。工业、农业、商业、财贸、文教、科技都要整顿，整顿的核心是党的整顿，关键是领导班子。现在的问题是有些班子"软"、"懒"、"散"。经过整顿，要建立一个强有力的、"敢"字当头的领导班子。（三）要安定团结，要坚决同派性作斗争。闹派性的人有大小野心。争权夺利，要阴谋诡计，弄得不得安宁。对派性要寸土必争，寸步不让，对闹派性的人，该调的就调，该批的就批，该斗的就斗。（四）在整顿中要落实政策。快些解放和使用老干部，发挥老干部的作用。中年干部有比较多的经验，要发挥他们的作用。青年干部的提拔要一个台阶一个台阶来，否则不是爱护他。对劳模、老工人，要注意落实政策。要发挥知识分子的作用，不能把他们叫臭老九。（五）要抓规章制度。这是保证产品质量所必要的，不能叫管、卡、压。工业整顿后，利润还是要抓。既要抓政治，又要抓利润。（六）要重视教育。学校教育总的要求以学为主，中心是教育，不能把整个现代化教育水平拉低。要提高教师地位。（七）要搞好科学技术。科研是生产力，科学落后要拖整个国民经济的后腿。（八）加强党的领导，发扬党的优良作风。"搞好安定团结，发展社会主义经济，需要加强党的领导，把我们党的优良作风发扬起来，坚持下去。这是一个非常重要的问题。""没有党的领导怎么行？党讲话不大灵怎么行？"③（九）学习毛泽东著作要学精神实质。要反对林彪把毛泽东思想庸俗化、割裂毛泽东思想的错误做法。"恐怕在相当多的领域里，都存在怎样全面学习、宣传、贯彻毛泽东思想的问题。……我们一定要全面地学习、宣传和实行"④。以上这些，是全面整顿的正确的指导思想和方针、政策。

（2）"全面整顿"的展开

全面整顿以铁路运输的整顿为起点。邓小平当时指出："怎样才能把国民经济搞上去？分析的结果，当前的薄弱环节是铁路。铁路运输的问题不解决，生产部署统统打乱，整个计划都会落空。所以中央下决心解决这个问题。"2月15日至3月8日，中央在北京召开了全国工业书记会议。根据会议反映的情况和讨论的意见，3月5日

① 《邓小平文选》第 2 卷，人民出版社 1994 年版，第 4 页。

② 《邓小平文选》第 2 卷，人民出版社 1994 年版，第 12 页。

③ 《邓小平文选》第 2 卷，人民出版社 1994 年版，第 12 页。

④ 《邓小平文选》第 2 卷，人民出版社 1994 年版，第 37 页。

大动乱的年代（1966—1976）

中央作出了《关于加强铁路工作的决定》（中央 9 号文件）。决定指出："全国所有的铁路单位，都必须坚决贯彻执行毛主席提出的'还是安定团结为好'的方针"。要改进铁路管理体制，"全国铁路必须由铁道部统一管理，铁路运输必须由铁道部集中指挥，铁路职工必须由铁道部统一调配，铁路的政治工作和运输指挥工作必须统一起来"。"建立健全必要的规章制度"，"首先把岗位责任制、技术操作规程、质量检验制度、设备管理和维修制度等建立和健全起来"。加强组织纪律性，确保运输安全正点，"对于少数资产阶级派性严重、经过批评和教育仍不改正的领导干部和头头，应该及时调离。不宜拖延不决，妨害大局。对严重违法乱纪的要给予处分"。同各种破坏行为作斗争，"任何人都不准以任何借口妨碍正在进行指挥、调度和各种勤务的工作人员的正常工作"。"阻拦火车、中断运输、损坏列车和铁路设施，都是违法的，必须坚决制止。情节严重的，要严肃处理。对少数职工利用职权，内外勾结，搞资本主义的行为，必须坚决反对，严肃批评。""对制造事故、杀人抢劫、煽动停工停产、煽动哄抢物资、盗窃铁路器材的现行反革命分子和坏分子，要坚决打击，依法惩办。"邓小平 3 月 5 日在全国主管工业的书记会议上讲话，着重强调了要坚持加强集中统一领导、建立健全必要的规章制度和增强组织纪律性、坚决反对派性这三条方针。他还明确指出："解决铁路问题的经验，对其他工业部门会有帮助。"会后，铁道部部长万里率领工作组，先后去了徐州、太原、郑州、长沙等地，对问题严重的路局进行了重点整顿。召开几千人、几万人、十万人的大会，反复宣传中央 9 号文件的精神，发动群众批判派性，落实党的政策，号召广大职工讲大局、讲党性、讲团结、讲纪律。集中解决领导班子问题，对派性特别严重的领导干部进行严肃的批判，限期改正，到期不改，采取撤职、调离原单位等果断的组织措施，重新配备领导班子。对于极个别煽动闹派性、武斗、停工停产的坏人坚决给予打击，逮捕法办。注意严格区分和正确处理两类不同性质的矛盾，防止打击面过宽。这些措施深得人心。经过一两个月的整顿，铁路运输的形势明显改观。到 4 月份，严重堵塞地段全部疏通，全国二十个路局除南昌外都超额完成了国家计划，全国铁路平均日装车数创造了历史最高水平，列车正点率也大为提高。问题最为严重的徐州铁路分局，二十一个月没有完成国家计划，4 月份提前三天完成了国家计划。铁路的整顿立竿见影，受到人民群众的热烈欢迎，对全国工交战线产生了重要的影响。

这时，中央在落实政策、解放干部方面采取了重大步骤。根据毛泽东关于尽快结束专案审查把人放出来的意见，在周恩来、邓小平的推动下，中央 4 月底作出决定：除与林彪集团有关的审查对象和其他极少数人外，对绝大多数被关押受审查者予以释放。其中属于敌我问题的，有劳动能力的分配工作或劳动，丧失劳动能力的养起来，有病的安排医院治疗。属于人民内部矛盾的，妥善安置，补发工资，分配适当工作，党员恢复组织生活。搞错了的进行平反。对于尚不能作结论的，问题在内部挂起来，分别由中组部和总政会同有关机关再作结论。待工作结束后，中央专案组自行撤销。根据这一决定，长期被关押的高级干部300多人被释放出来，其中一些人陆续分配了工作。这是在"文化大革命"中落实干部政策、"解放干部"的一次重大行动。这次落实干部政策是很不彻底的，但是毕竟放了人，对于促进形势继续朝着较为有利的方向发展，起了积极的作用。邓小平又将贺诚之女写给他要求给他父亲分配工作的信件转给毛泽东，并对贺诚的任职作了安排。5月17日，毛泽东在军委关于贺诚的任职报告上作了批示："贺诚无罪，当然应予分配工作，过去一切污蔑不实之词，应予推倒。""傅连障被迫死，呕应予以昭雪。贺诚幸存，傅已入土，呜呼哀哉！"毛泽东也是很痛心的。这一批示又推动了干部政策工作的落实。

毛泽东针对"文化大革命"中文艺萧条的境况，提出要调整文艺政策和知识分子政策。5月3日，他在中央政治局会议上的讲话中提出："教育界、科学界、文艺界、新闻界、医务界，知识分子成堆的地方，其中也有好的，有点马列的。"他针对"文化大革命"中把知识分子说成"臭老九"指出："老九不能走。"7月2日，毛泽东在林默涵的来信的批语中指出："周扬一案，似可从宽处理，分配工作，有病的养起来并治病。"7月初，毛泽东同邓小平谈话时指出："样板戏太少，而且稍微有点差错就挨批。百花齐放都没有了。别人不能提意见，不好。"7月14日，毛泽东作了关于文艺问题的书面谈话，指出："党的文艺政策应该调整一下，一年、两年、三年，逐步逐步扩大文艺节目。缺少诗歌，缺少小说，缺少散文，缺少文艺评论。""对于作家，要惩前毖后、治病救人，如果不是暗藏的有严重反革命行为的反革命分子，就要帮助。""鲁迅在的话，不会赞成把周扬这些人长期关起来。脱离群众。"他还说："处分人要注意，动不动就要撤职，动不动就要关起来，表现是神经衰弱症。林彪不跑，我们也不会杀他，批是要批的。"2月，江青、张春桥、姚文元对反映大庆工人艰苦创业的电影《创业》大加指责，指使文化部于3月10日提出报告，给《创业》加上了"在政治上，艺术上都有严重错误"等十条罪名，并且停止在全国放映，组织批判。7月18日，电影《创业》作者张天民给毛泽东和邓小平写信，对江青和文化部核心小组对《创业》的批判提出不同意见，并建议重新上演。7月24日，毛泽东在来信上批示："此片无大错，建议通过发行。不要求全责备，而且罪名有十条之多，太过分了，不利调整党的文艺政策。"这些讲话、批示，并不是每一条都完全正确（如周扬一案是错案，不存在"从宽处理"的问题）；但是从中可以看出，毛泽东在若干具体问题上能够纠正错误。

5月8日至29日，中央在北京召开了先后有十七个省、市、自治区和十一个大钢厂及国务院有关部委负责人参加的钢铁工业座谈会。万里在会上介绍了铁路整顿的经验。5月21日，邓小平在国务院会议上就钢铁整顿发表了重要意见。5月29日，邓小平、叶剑英、李先念在座谈会上作了重要讲话。邓小平的两次讲话，根据铁路整顿的经验和钢铁生产存在的严重问题，提出了整顿钢铁工业的四条办法：建立一个坚强的领导班子；坚决同派性作斗争；落实政策；建立必要的规章制度，建立强有力的独立的生产指挥机构。在5月29日讲话中，邓小平首次提出与"左"倾错误和"四人帮"作斗争的著名口号"三项指示为纲"。他说："毛主席最近三条重要指示，一条是关于理论问题的重要指示，要反修防修，再一条是关于安定团结的指示，还有一条把国民经济搞上去，这就是我们今后一个时期各项工作的纲。这三条重要的指示，是互相联系的，不能分割的，一条都不能忘记。"历史地看，当时不提关于理论问题的指示是绝对不可能的。实际上，邓小平以把国民经济搞上去为纲。6月4日，中央作出《关于努力完成今年钢铁生产计划的指示》，并批转了中共冶金工业部核心小组《关于迅速把钢铁工业搞上去的报告》。中央批示说：中央今年9号文件发出以后，整个工业战线的形势发生了显著的变化，石油工业一直领先，近两个月煤炭生产、铁路运输也上去了。钢铁生产虽然也有所进步，但上升缓慢。至今还没有改变月月欠产的状况，欠产多的，主要是包钢、武钢、鞍钢、太钢等几个大钢厂，这些企业的有关领导要认真检查：思想政治路线是不是端正？一个强有力的领导核心是不是建立起来？派性是不是克服了？党的政策是不是认真落实了？阶级敌人的破坏活动是否已予以有力的打击？批示要求各省、市、自治区党委必须加强对钢铁工业的领导，冶金工业部要帮助各地党委抓好重点企业，国务院应即充实和加强冶金工业部的领导班子。经过近一个月的整顿，钢铁生产的形势开始好转。6月份欠产严重的几个大钢厂的生产状况逐步向好的方面转变，全国钢的平均日产量超过了全年计划平均日产水平。

经过几个月的整顿，上半年的经济形势开始好转。10月17日中央转发的国务院《关于今年上半年工业生产情况的报告》指出："3月以来，工业生产和交通运输一个月比一个月好。原油、原煤、发电量、化肥、水泥、内燃机、纸及纸板、铁路货运量等,5、6月份创造了历史上月产的最高水平。军工生产情况也比较好。""全国工业总产值,上半年完成全年计划的47.4%。""上半年,全国财政收入完成全年计划的43%,收支平衡,略有结余。".5月至8月,教育部部长在周恩来、邓小平支持下,积极着手整顿教育工作。他多次召开部内外干部、教师座谈会、汇报会,听取意见,了解情况,针对林彪、江青一伙对教育的破坏,发表了一系列重要谈话。他指出:"到底在上层建筑对资产阶级全面专政怎么专法,专对了没有?为什么提出这个问题?""教育与经济基础,那些相适应,那些不相适应?现在一讲教育,好像一文不值了,成不成?""一讲就讲两个,一个是十七年,一个是1972年回潮,就是不讲林彪路线的干扰";"不能一提知识分子就骂一通,这样符合不符合主席的方针?""毛主席当时讲的500万,是指旧社会来的知识分子。现在我国有2500万知识分子……是否大多数都是资产阶级知识分子?""工农兵学员上了大学就不能当技术员,不能当干部,只能回去当工人农民,这样成不成?""我们现在学校有没有培养干部的任务?不培养干部办大学干什么?""根本不要文化,就讲培养有社会主义觉悟的劳动者,行吗?""老说过去是'智育第一',根本不是,不对。""贫下中农为革命种田,工人为革命做工,学校为什么就不能提为革命读书呢?""有知识的是私有,没有知识的就公有?那不要学校好了!""大学生上学还要不要改造?上管改捧那么高,还要不要讲世界观改造?""我们教育革命的片面性和形而上学的倾向很严重,非出问题不行。""总理的讲话(指加强基础理论)他们为什么不贯彻?""去年《教育革命通讯》上刊登的《破'因循守旧'》那篇文章中,要搬掉一座什么'其重无比的大山',究竟要搬掉哪座大山?"6月至10月,《教育革命通讯》连续发表《全面关怀青少年的成长》、《培养无产阶级革命接班人的正确道路》、《研究基础理论为社会主义建设服务》、《按照马克思主义认识论搞好基础理论研究》、《实用主义教育思想剖析》等文章和评论。这些文章和评论提出要使青少年"努力学习社会主义革命和建设所需要的科学文化知识",批评了那种"认为坚持以学为主的原则,努力学习社会主义文化科学知识,重视基础理论课教学,保证教学时间和质量,便是搞智育第一,便是走回头路"的错误认识;批判了"以干代学"的实用主义货色。并指出:不引导青少年学习科学文化知识,"就势必拖四个现代化的后腿"。

7月20日至8月4日又召开了国防工业重点企业会议,研究军工企业的整顿问题。军工企业自3月起已按中央9号文件精神开始整顿,国防工办也采取"调虎离山"

的办法，把各主要企业的造反派头头召到北京开会，办学习班，使生产形势发生了变化。8 月 3 日，邓小平、叶剑英、李先念到会讲了话。邓小平在讲话中，除了再次强调要建立敢字当头的领导班子外，又提出了发挥技术人员作用、坚持质量第一、关心群众生活等重要意见。叶剑英在讲话中指出现在有大大小小的野心家，要大家提高警惕。李先念在讲话中指出，要建立健全总工程师、总会计师的责任制，保证企业的正常生产秩序。这次会议后，经过努力，军工企业的生产情况全面好转。

6 月 24 日至 7 月 15 日，中央军委召开扩大会议。会议以毛泽东提出的"军队要统一"、"军队要整顿"为主题，讨论解决军队的整顿问题，即改正不正之风和压缩军队定额、调整编制体制、安排超编干部的问题。早在 1975 年 1 月，邓小平在总参机关团以上干部会上就提出了军队要整顿的问题。7 月 14 日，邓小平在这次会议上作了重要讲话，分析了当时的国际形势，提出要争取时间，抓紧经济建设和国防建设；要抓编制、抓装备，还要抓战略；要把训练放在战略问题的一个重要位置上。讲话分析了军队的状况，切中时弊地指出军队要解决"肿"、"散"、"骄"、"奢"、"惰"的问题，军队的领导班子要解决"懒"、"散"、"软"的问题。邓小平语重心长地指出："现在确实有些值得注意的现象，我们都担忧啊！""现在军队一些不好的现象能不能克服，几十年的优良传统能不能继承和发扬，主要靠我们这些老同志的传帮带。"7 月 15 日，叶剑英就国际形势问题、压缩军队定额、调整编制体制和安排超编干部等问题，作了总结讲话。7 月 19 日，经毛泽东批准，中央转发了中央军委《关于压缩军队定额、调整编制和安排超编干部的报告》和《叶剑英同志在军委扩大会议上的总结讲话》、《邓小平同志在军委扩大会议上的讲话》。会议受到全军上下的热烈拥护。会议最主要的成果有二：一是对军队各大单位的领导班子迅速作了调整，把一批追随"四人帮"、坚持派性的人调了下去；二是要军队一些负责同志警惕"四人帮"。会议的召开，对于消除林彪集团在部队的影响，抵制"四人帮"插手军队，有着十分重要的作用。

杨成武在一篇文章①中回顾了这次会议，从他的叙述中可以更清楚地看出这次会议的重大作用。杨成武说：

会上，邓小平同志发表了《军队要整顿》的重要讲话，对"四人帮"作了坚决有力的回击。叶剑英同志针对"四人帮"煽动派性，把全国搞得乌烟瘴气

---

① 《丹心向党功炳千秋》，载 1986 年 11 月 5 日《光明日报》。

的问题，作了重要的发言，叶帅尖锐地指出："现在搞资产阶级派性，就是搞资本主义，搞修正主义。"又说："军队要高度的集中统一，决不允许有资产阶级派性存在。要使广大干部战士认识资产阶级派性的反动性和危害性，警惕阶级敌人混水摸鱼，乘机进行反革命破坏。"叶帅在发言中，还非常气愤地脱稿讲话，揭露了反革命分子江青插手军队，妄图把军队搞乱的阴谋诡计。他对大家说：你们要注意，现在有的人到处送书、送材料、写信，把部队思想搞乱了。你们要抵制。以后没有军委的同意，任何人不得这么做。会上，徐帅、聂帅也都作了重要的讲话，一致赞同小平同志、剑英同志的意见。

接着，叶帅亲自给各大军区、军种的领导同志打招呼，他一个军区一个军区、一个军种一个军种地分别找司令员、政委谈话，传达毛泽东同志的指示。他跟同志们说：毛主席说现在有个"上海帮"，你们要注意警惕，稳定部队，把部队掌握好。

紧接着，叶剑英同志就全力贯彻军委扩大会议精神。头一项重要工作是根据毛泽东同志和军委的部署，调整配备全军各大单位的领导班子，这是为粉碎"四人帮"采取的强有力的组织措施。叶剑英同志亲自拟定了调整各大单位领导班子的"六人小组"人员，亲任组长。他还亲笔写了这个名单向毛泽东同志报告。毛泽东同志批准后，叶帅就带领"六人小组"紧张地进行工作，很快地对各大单位的领导班子进行了调整。

9月15日至10月19日，国务院在昔阳和北京召开了全国农业学大寨会议。参加会议的有省、市、自治区有关部门的负责人，各地区、各县和国营农牧场的负责人，农业、农业机械企业事业和科教单位的代表，财贸系统的代表，中国人民解放军和国务院有关单位的代表，共3700人。邓小平代表党中央和国务院在开幕式上讲话，华国锋在大会上作了题为《全党动员，苦战五年，为普及大寨县而奋斗》的总结报告，邓小平在讲话中着重强调了搞好农业的重要性。他说：要为实现四个现代化而奋斗。实现四个现代化，关键是农业现代化，如果农业搞得不好，很可能拖了我们国家建设的后腿。他明确提出，我们现在全国存在着各方面的整顿问题。10月19日，中共中央批转了华国锋在全国农业学大寨会议上的总结报告。这次大会的召开，积极的方面是由此掀起了大抓农业的高潮。由于历史的局限，大会肯定并宣传了大寨的所谓"大批促大干"等"经验"，也有消极的影响。

(3) 三个著名的文件

当时有三个著名的文件：一个是《关于加快工业发展的若干问题》，一个是《科学院工作汇报提纲》，一个是《论全党全国各项工作的总纲》。三个文件都未定稿下发，后来被"四人帮"诬为"三株大毒草"。

为了抓好整个工业的整顿，国务院决定制定一个全面整顿工业的文件。从 7 月中旬起，国家计委起草《关于加快工业发展的若干问题》。邓小平对这个文件极为重视。在国务院 8 月 8 日讨论这一文件时，邓小平指出要在《工业七十条》的基础上制定这个文件，提出以农业为基础、为农业服务、引进新技术和新设备、扩大进出、加强企业的科学研究工作、坚持按劳分配原则等重要意见。根据邓小平的意见，文件改写成二十条，对工作总纲、党的领导、依靠工人阶级、整顿企业管理、两个积极性、统一计划、以农业为基础、大打矿山之仗、挖潜革新改造、基本建设要打歼灭战、采用先进技术、增加工矿产品出口、各尽所能按劳分配、关心职工生活、又红又专、纪律、工作方法和工作作风、思想方法等十八个问题作了规定。主要内容是：（一）学习理论必须促进安定团结，促进生产发展。不能把搞好生产当作"唯生产力论"和"业务挂帅"来批判。（二）整顿企业，首先要整顿党的领导。用一年左右的时间把所有企业的领导班子整顿好，改变"软、懒、散"的领导班子，调整"勇敢分子"当权的领导班子，把坏人篡夺了的权力夺回来，建立起一个精干的而不是臃肿的、坚强有力的而不是松散软弱的、能打硬仗的而不是一拖就垮的领导班子。（三）整顿企业管理，严格遵守制度。所有企业，要建立强有力的能独立工作的生产管理指挥系统，要建立以岗位责任制为核心的生产管理制度（包括岗位责任制、考勤制度、技术操作规程、质量检查制、设备管理和维修制、安全生产制、经济核算制等）。要加强组织纪律性，同一切违反政策、制度、统一计划和违反财经、劳动纪律的现象作斗争。要全面完成主要的经济技术指标，长期完不成国家计划，要追究领导责任。（四）要落实党的政策。工人、技术人员、干部，凡是被戴上"保守派"、"站错队"等帽子的，一律摘掉。要信任科学技术人员，积极发挥他们的才能，不适当改行的，要加以调整。（五）对于"造反"、"反潮流"要进行具体分析。正确的要支持，错误的要批评，反动的要顶住。要划分"造反派"、"反潮流分子"和工人阶级先进分子的界限，凡是以"造反"和"反潮流"作为资本，向党伸手，要当党员、要做官的，一律不给，而且要批评。要坚决同派性作斗争，针锋相对，寸步不让。（六）坚持按劳分配的原则。不分劳动轻重、能力强弱、贡献大小，在分配上都一样，不利于发展生产。"限制资产阶级法权，决不能脱离现阶段的物质条件和精神条件。"要关心职工的生活。（七）虚心学习外国一切先进的东西。"世界上工业落后的国家赶上工业先进的国家，都要靠采用最先进的技术，我们也要这样做。""要坚持学习与独创相结合的方针，学习外国一切先进的优良的东西，有计划重点地引进国外的先进技术，为我所有，以加快国民经济的发展速度。""要多引进一点国外的先进技术，就必须增加出口，必须尽快提高工矿产品在出口物资中的比例。"（八）实现社会主义现代化需要大批政治觉悟高而又精通技术、精通业务的人才，干部、工人、科技人员都要走又红又专的道路。这些规定切中时弊，是当时扭转企业管理混乱、工业发展缓慢局面的积极可行的措施。它的基本精神实际上是对"文化大革命"混淆是非的纠正，对党的正确的经济建设方针、政策的恢复。这个文件在征求意见的过程中受到普遍的欢迎，对当时工业的整顿已经发生了积极的影响。

7月，中央批准了国务院关于中国科学院要整顿、要加强领导的报告，即派胡耀邦等三人到中国科学院工作。在调查研究的基础上，根据邓小平的多次指示，在胡乔木的协助下，胡耀邦9月间主持写出了《科学院工作汇报提纲》。汇报提纲分六个部分：关于充分肯定科技战线上的成绩问题；关于科技工作的组织领导问题；关于力求弄通主席提出的科技战线的具体路线问题；关于科技战线知识分子政策问题；关于科技十年规划轮廓的初步设想问题；关于院部和直属单位的整顿问题。主要内容是：（一）科技部门一定要做到既有坚强的政治领导，又有切实具体的业务领导。党政领导干部，应当朝又红又专的方向努力。（二）科学技术也是生产力，科研要走在前面，推动生产向前发展。没有现代化的科学技术，也就不可能有工业、农业、国防的现代化。（三）发展科学技术要靠两支队伍，一支是专业队伍，一支是群众队伍。必须充实和加强专业队伍，必须逐步建设一批新的专业科研机构。科学实践也是一种社会实践，生产斗争是不能代替它的。不能不加区别地要求任何科学研究工作都要实行"以工厂、农村为基地"，不宜笼统地提"开门办科研"这样的口号。（四）自力更生，又不闭关自守。我们的科学技术同世界先进水平比，还有不小的差距。为了争取时间，争取速度，有必要从国外引进一些先进技术、先进设备。（五）在搞好大量的应用研究的同时，要重视和加强理论研究工作。不能把理论研究与"三脱离"等同起来。在科技战线要大力加强学术活动，广泛开展学术交流，鼓励学术上不同意见的争鸣和讨论，改变学术空气不浓和简单地以行政方法处理学术问题的状况。(六)落实政策,把广大知识分子的积极性调动起来。邓小平充分肯定了这一文件。9 月 26 日,邓小平在听取胡耀邦汇报时指出:"这是一件大事,要好好议一下。国家么,科研不走在前面?我们在大寨会上说农业拖工业的后腿,科研是拖整个的后腿。"科技队伍"大大削弱了,接不上了","少数人秘密搞,像犯罪一样。陈景润是秘密搞的。这些还有点成绩。究竟算红专还是白专?中国有 1000 人就了不得"。"'白专',只要对中华人民共和国有好处,比只占茅房不拉屎的,比闹派性、拉后腿的人好得多。"老科学家改行教别的,"这种人是大量的,学非所用,应当发挥作用"。"给他配党委书记,配后勤人员。"他指出:"思想整顿关键是班子。""一不懂行,二不热心,三有派性,为什么留着?科研人员中有水平有知识的为什么不可提当所长。"他还指出:"后继要有人,中心是教育部门,究竟大学起什么作用?培养什么?如钢铁学院是中等技术学校水平,这何必办大学?""七·二一"大学是一种形式,也发展,但不能代替其他大学。"我们有个危机,可能发生在教育部门。把整个现代化水平拉住了。这不是复旧!教师地位问题,只挨骂,几百万教员,怎么调动积极性呢?"根据邓小平的意见,胡乔木等对汇报提纲作了多次修改,送交毛泽东,准备在他同意后再作进一步修改下发全国。这一文件由于毛泽东未表示同意而未能下发。

为了阐明和宣传整顿的指导思想,国务院政治研究室在邓力群主持下,从 8 月起起草《论全党全国各项工作的总纲》。这是根据邓小平多次讲话的精神起草的,原拟在以中国科学院哲学社会科学学部名义筹办的新刊物《思想战线》创刊号上发表。10 月上旬写出初稿,以后又作了较大修改。这篇文章以毛泽东提出的"学习无产阶级专政理论"、"还是安定团结为好"、"把国民经济搞上去"这三项指示为纲(9 月 16 日中共中央发出的《关于大力发展养猪业的通知》中提到三项指示为纲,这份文件经毛泽东圈阅),实际上以发展生产为纲,以实现四化宏伟目标为出发点和归宿,澄清了为"文化大革命"所混淆的一系列思想理论是非。文章指出:

> 我们要遵循毛主席的教导,辩证地理解政治和经济的对立统一关系,既要认识政治的统帅作用,又要认识政治工作是完成经济工作的保证,是为经济基础服务的。可是我们一些同志至今还是用形而上学来对待政治和经济、革命和生产的关系,总是把政治和经济互相割裂开来,把革命和生产互相割裂开来,只讲政治,不讲经济,只讲革命,不讲生产,一听到要抓好生产,搞好经济建设,就给人家戴上"唯生产力论"的帽子,说人家搞修正主义。这种观点是根

本站不住脚的。

事实上，这种观点并不是什么新东西，在第二次国内革命战争王明"左"倾机会主义路线占统治地位的时期，早就有人宣扬过。毛主席在《必须注意经济工作》一文中严肃地批判了这种错误观点。他说："过去有些同志认为革命战争已经忙不了，那里还有闲工夫去做经济建设工作，因此见到谁谈经济建设，就要骂为'右倾'。""这种认为革命战争的环境不应该进行经济建设的意见，是极端错误的。有这种意见的人，也常说一切应服从战争，他们不知道如果取消了经济建设，这就不是服从战争，而是削弱战争。只有开展经济战线方面的工作，发展红色区域的经济，才能使革命战争得到相当的物质基础，才能顺利地开展我们军事上的进攻，给敌人的'围剿'以有力的打击"。在艰苦的革命战争年代，毛主席都这样重视经济建设工作，这样重视增强革命战争的物质基础。现在我们的国家已经成为无产阶级专政的社会主义国家，有了进行和平建设的国内条件，而我们又面临着帝国主义和社会帝国主义颠覆和侵略的威胁，难道我们还不应当争取时间，加倍努力，尽快地把国民经济搞上去，增强社会主义的物质基础吗？

在抗日战争末期，毛主席在总结整风运动和大生产运动的经验时指出："1942和1943两年先后开始的带普遍性的整风运动和生产运动，曾经分别地在精神生活方面和物质生活方面起了和正在起决定性的作用。这两个环子，如果不在适当的时机抓住他们，我们就无法抓住整个的革命链条，而我们的斗争也就不能继续前进。"当整风运动和生产运动正在展开的时候，毛主席就批判了那种把整风和生产两个环子分割开来，忽视生产，轻视经济工作的错误倾向。在《经济问题与财政问题》一书中，毛主席一针见血地指出这种错误倾向的思想根源是："或则中了董仲舒们所谓'正其谊不谋其利，明其道不计其功'这些唯心的骗人的腐话之毒，还没有去掉得干净；或则以为政治党务军事是第一位的，是最重要的；经济工作虽然也重要，但不会重要到那种程度，觉得自己不必分心或不必多分心去管它。"指出整风和生产"两项工作中，教育（或学习）是不能孤立地去进行的，我们不是处在'学也禄在其中'的时代，我们不能饿着肚子去'正谊明道'，我们必须弄饭吃，我们必须注意经济工作。离开经济工作而谈教育或学习，不过是多余的空话。离开经济工作而谈'革命'，不过是革财政厅的命，革自己的命，敌人是丝毫也不会被你伤着的。"毛主席这些话说得多么好啊！说得多么准确、鲜明、生动啊！我们那些至今还轻视生产建设的同志，难道不应当对照毛主席的指示好好检查一下自己的言行吗？

文章又尖锐地指出：

这些反马克思主义的阶级敌人，继承林彪的衣钵，总是把我们的革命口号接过去，加以歪曲，加以割裂，塞进私货，来混淆黑白，颠倒是非，把我们一些同志、一些群众的思想搞乱，把一些地方、一些单位的党组织搞乱，分裂党，分裂工人阶级，分裂群众队伍。他们打着反修正主义的旗号搞修正主义，打着反复辟的旗号搞复辟，把党的好干部和先进模范人物打下台，篡夺一些地方和一些单位的领导权，在这些地方和单位实行资产阶级专政。

这篇文章又说：

列宁说过："政治教育的成果，只有用经济状况的改善来衡量。"毛主席也说过："中国一切政党的政策及其实践在中国人民中所表现的作用的好坏、大小，归根到底，看它对于中国人民的生产力是否有帮助及其帮助之大小，看它是束缚生产力的，还是解放生产力的。"区别真马克思主义和假马克思主义，区别正确路线和错误路线，区别真干革命和假干革命，区别真干社会主义和假干社会主义，区别干部所做工作的成绩是坏是好，是大是小，归根结底，只能也只应按照列宁和毛主席所提出的这个标准来衡量。

一个地方、一个单位的生产搞得很坏，而硬说革命搞得很好，那是骗人的鬼话。那种认为抓好革命，生产自然会上去，用不着花气力去抓生产的看法，只有沉醉在点石成金一类童话中的人才会相信。

这类言论，针对性极强。它既批评了"左"倾错误，又打击了江青一伙。文章不可避免地受到历史的局限，但从整体来看，它从理论上说明了整顿的指导思想和方针、政策，斗争矛头直指"四人帮"。

三　伟大意义

1975 年，邓小平主持党和国家的日常工作，坚持全面整顿，坚决同江青一伙作斗争，使国民经济由停滞、下降迅速转向回升。全年工农业总产值 4504 亿元，比上年（下同）增长 11.9%。其中，工业总产值 3219 亿元，增长 15.1%；农业总产值 1285 亿元，增长 4.6%。工农业产品产量：粮食 2.845 亿吨，增长 3.4%；

棉花 238.1 万吨，下降 3.4%；钢 2390 万吨，增长 13.2%；原煤 4.82 亿吨，增长 16.7%；原油 7706 万吨，增长 18.8%；发电量 1958 亿度，增长 16%。基建投资总额 409.32 亿元，增长 17.7%。铁路货运量 8.67 亿吨，增长 12.9%。社会商品零售总额 1271.1 亿元，增长 9.2%。国家财政总收入 815.6 亿元，总支出 820.9 亿元，赤字 5.3 亿元。

　　更重要的是，全面整顿是党和人民反对"左"倾错误和"四人帮"的一场重大斗争，唤起了全国人民的空前觉醒，加速了"四人帮"走向灭亡的进程。从某种意义上说，没有 1975 年的全面整顿，就没有 1976 年的伟大的"四五运动"。全面整顿又是后来党所进行的拨乱反正伟大斗争的前导，从思想和组织等方面做了重要的准备。它所提出的许多重要思想及其表现出的敢于斗争、善于斗争的精神，对于我们今后的工作有着长期的指导作用。

电影《决裂》贬低课堂教学和文化知识，鼓动广大学生同"修正主义教育路线"决裂。图为《决裂》剧照。

第四章
"左"倾的理论学习运动

1975 年实行了"双轨制"：在全面整顿的同时，全国开展了学习"无产阶级专政理论"运动。全面整顿与学习"无产阶级专政理论"运动，是正确思潮与错误思潮的斗争，是否定与肯定"文化大革命"的斗争。广大人民群众拥护全面整顿，从全面整顿中看到希望，但在特殊历史条件下也不同程度地违心地卷入了学习"无产阶级专政理论"运动。江青一伙对全面整顿恨之入骨，在学习"无产阶级专政理论"运动中气焰又嚣张起来。

一 毛泽东关于"理论问题"的谈话

1974 年 10 月 20 日，毛泽东在会见丹麦首相保罗·哈特林时说：

> 总而言之，中国属于社会主义国家。解放前跟资本主义差不多。现在还实行八级工资制，按劳分配，货币交换，这些跟旧社会没有多少差别。所不同的是所有制变更了。

12 月 26 日，毛泽东在听取关于四届人大筹备工作的汇报后，对周恩来、王洪文作了关于无产阶级专政理论问题的谈话。毛泽东说：

> 列宁为什么说对资产阶级专政，要写文章。要告诉春桥、文元把列宁著作中好几处提到这个问题的找出来，印大字本送我。大家先读，然后写文章。要

春桥写这类文章。这个问题不搞清楚，就会变修正主义。要使全国知道。

我同丹麦首相谈过社会主义制度。我国现在实行的是商品制度，工资制度也不平等，有八级工资制，等等。这只能在无产阶级专政下加以限制。

所以，林彪一类如上台，搞资本主义制度很容易。因此，要多看点马列主义的书。

列宁说，"小生产是经常地、每日每时地、自发地和大批地产生着资本主义和资产阶级的"。工人阶级一部分，党员一部分，也有这种情况。

无产阶级中，机关工作人员中，都有发生资产阶级生活作风的。

毛泽东关于无产阶级专政理论的谈话，是他长期以来一系列"左"倾观点的继续和发展。他对马克思关于"资产阶级权利"（旧译"资产阶级法权"）的论述和列宁关于小生产的论述作了误解，对我国社会主义制度作了违反实际的分析。我国的商品制度、货币交换、按劳分配、八级工资制等社会主义制度和原则，本来与资本主义制度性质根本不同，而他竟看成与资本主义差不多，并且认为这是产生资本主义和修正主义的条件，因此要在无产阶级专政下加以限制。毛泽东的谈话，是《五七指示》的理论化。他提出学习"无产阶级专政理论"，是从维护"文化大革命"出发的，再次反映了他对否定"文化大革命"的忧虑。他认为这些"左"倾理论观点是符合马克思列宁主义的，这是他的悲剧所在。

1975 年 2 月 9 日，《人民日报》发表社论《学好无产阶级专政的理论》，传述了毛泽东关于理论问题的指示精神。2 月 18 日，中共中央发出《关于学习毛泽东对理论问题指示的通知》，并印发了毛泽东关于理论问题的指示。中央通知说："毛主席的指示极为重要，弄清楚这个问题，对于反修防修，巩固无产阶级专政，防止资本主义复辟，坚定地执行党的基本路线，坚持无产阶级专政下的继续革命，具有极其重要的现实意义和深远的历史意义。"通知要求将毛泽东指示发至基层党支部，口头传达到群众。通知又说："根据毛主席指示摘编的马克思、恩格斯、列宁论无产阶级专政的语录，不久将在《人民日报》、《红旗》杂志上发表。也请你们认真学习"。通知发出后，全国掀起了学习"无产阶级专政理论"运动。

二　张春桥、姚文元的"两论"

张春桥、姚文元奉毛泽东之命，主持选编了马克思、恩格斯、列宁论无产阶级专政的语录，写了文章。他们对"左"倾理论作了淋漓尽致的发挥，还在阐述中夹杂私货。

(1)《三十三条》

1975年2月22日，《人民日报》发表了《马克思恩格斯列宁论无产阶级专政》(辑录语录33条，简称《三十三条》)①，并在以《人民日报》、《红旗》杂志编者名义写的按语中，公布了毛泽东关于理论问题的谈话②。《三十三条》举出几条：

> 在资本主义社会和共产主义社会之间，有一个从前者变为后者的革命转变时期。同这个时期相适应的也有一个政治上的过渡时期，这个时期的国家只能是无产阶级的革命专政。
>
> 马克思：《哥达纲领批判》(1852年3月5日)，《马克思恩格斯选集》第3卷，第21页。

> 这种社会主义就是宣布不断革命，就是无产阶级的阶级专政，这种专政是达到消灭一切阶级差别，达到消灭这些差别所由产生的一切生产关系，达到消灭和这些生产关系相适应的一切社会关系，达到改变由这些社会关系产生出来的一切观念的必然的过渡阶段。
>
> 马克思：《1848年至1850年的法兰西阶级斗争》(1850年1月—11月1日)，《马克思恩格斯选集》第1卷，第479—480页。

> 既然在消费品的分配方面存在着资产阶级的法权，那当然一定要有资产阶级的国家，因为如果没有一个能够迫使人们遵守法权规范的机构，法权也就等于零。

> 可见，在共产主义下，在一定的时期内，不仅会保留资产阶级法权，甚至还会保留没有资产阶级的资产阶级国家！
>
> 列宁：《国家与革命》(1917年8—9月)，《列宁选集》第3卷，第256页。

《三十三条》经中央政治局讨论，由毛泽东批发。它在实际上是对毛泽东关于理论问题的谈话进行理论论证。第1至第10条，讲无产阶级专政的必然性、重要性和它的历史任务。第11至第19条，讲按劳分配、商品制度和货币交换中所体现的"资

---

① 《红旗》杂志在1975年第3期(3月1日出版)发表。

② 文字略有删节，删去了"要写文章……要春桥写这类文章"和"我同丹麦首相谈过社会主义制度"。

产阶级权利"是产生资本主义和资产阶级的重要经济基础，必须对它们加以限制。第 20 至第 32 条，讲在社会主义社会还会不断地、大批地产生新的资产阶级分子，无产阶级专政主要是同新生资产阶级分子作斗争，要铲除产生资产阶级的土壤和条件。第 33 条，讲学习理论的重要性。《三十三条》是为了论证毛泽东的观点而摘编的，对马克思、恩格斯、列宁关于无产阶级专政的论述作了断章取义的、超时空的引证，如《三十三条》摘录列宁在十月革命胜利初期关于阶级斗争和无产阶级专政的一些论述，来说明在社会主义社会资产阶级的反抗比生产资料被剥夺之前还要凶猛十倍，阶级斗争越来越残酷和尖锐。《三十三条》讲无产阶级专政只摘录对敌人的镇压的语录，而不收逐步扩大和发展人民内部的民主的语录；讲历史任务只摘录坚持阶级斗争的语录，而不收无产阶级夺取政权以后必须逐步把重点放在发展社会生产力上的语录。它摘录马克思、恩格斯、列宁对社会主义社会的某些设想和关于"资产阶级权利"的某些论述，来论证所谓"资产阶级权利"是产生资本主义和资产阶级的土壤和条件；还用列宁在十月革命初期对世界和俄国小生产所作的论断，来说明社会主义社会在小生产中、在工人中、在国家机关工作人员中还会大批地每日每时地产生资本主义和资产阶级分子。《三十三条》选编的指导思想是完全错误的。由于《三十三条》毕竟是马克思、恩格斯、列宁的言论，由于宣传中作了片面的和教条化的解释。所以毛泽东关于无产阶级专政理论的"左"倾观点显得颇有"理论依据"。

（2）《论林彪反党集团的社会基础》

1975 年 3 月 1 日，姚文元的《论林彪反党集团的社会基础》在《红旗》杂志第 3 期上发表，《人民日报》全文刊载。文章经过中央政治局讨论，由毛泽东批准发表。文章说：

"资产阶级影响的存在，国际帝国主义、修正主义影响的存在，是产生新的资产阶级分子的政治思想根源。而资产阶级法权的存在，则是产生新的资产阶级分子的重要的经济基础。"

"社会主义社会中，还存在全民所有制和集体所有制这两种社会主义所有制，这就决定了我国现在实行的是商品制度。列宁和毛主席的分析都告诉我们，对于社会主义制度下在分配和交换方面不可避免还存在的资产阶级法权，应当在无产阶级专政下加以限制，以便在长期的社会主义革命过程中，逐步缩小三大差别，缩小等级差别，逐步创造消灭这种差别的物质的和精神的条件。如果不是这样，相反地，要求巩固、扩大、强化资产阶级法权及其所带来的那一部分不平等，那就必然会产生两极分化的现象，即少数人在分配方面通过某种合法及大量非法的途径占有越来越多的商品和货币，被这种'物质刺激'刺激起来的资本主义发财致富、争名夺利的思想就会泛滥起来，化公为私、投机倒把、贪污腐化、盗窃行贿等现象也会发展起来，资本主义的商品交换原则就会侵入到政治生活以至党内生活，瓦解社会主义计划经济，就会产生把商品和货币转化为资本和把劳动力当作商品的资本主义剥削行为，就会在某些执行修正主义路线的部门和单位改变所有制的性质，压迫和剥削劳动人民的情况就会重新发生。其结果，在党员、工人、富裕农民、机关工作人员中都会产生少数完全背叛无产阶级和劳动人民的新的资产阶级分子、暴发户。工人同志说得好：'你不限制资产阶级法权，资产阶级法权就要限制社会主义的发展，助长资本主义的发展。'而当资产阶级在经济上的力量发展到一定程度时，它的代理人就会要求政治上的统治，要求推翻无产阶级专政和社会主义制度，要求全盘改变社会主义所有制，公开地复辟和发展资本主义制度。新的资产阶级一上台，首先要血腥地镇压人民，并在上层建筑包括各个思想文化领域中复辟资本主义，接着，他们就会按资本和权力的大小进行分配，'按劳分配'只剩下一个外壳，一小撮垄断了生产资料的新资产阶级分子同时垄断了消费品和其他产品的分配大权。——这就是今天在苏联已经发生的复辟过程。"

"1959年反对彭德怀反党集团时，毛主席曾经指出，'现在，主要危险是经验主义'，因此要认真读书，这十几年来，毛主席多次重复了这个意见……"

《论林彪反党集团的社会基础》企图通过对林彪集团产生的社会阶级基础的分析来论证"文化大革命"的理论和政策的正确性。论证"对资产阶级的全面专政"的必要性。很清楚，林彪集团正是利用"文化大革命"的"左"倾错误，打着极左的旗号而产生和发展起来的。姚文元的文章却说："林彪反党集团不但代表了被打倒的地主资产阶级复辟的愿望，而且代表了社会主义社会中新产生的资产阶级分子篡权的愿望"，亦即"极右"的代表。姚文元用大量篇幅论述所谓"资产阶级权利"的存在"是产生新的资产阶级分子的重要的经济基础"，认为对在分配和交换中存在的"资产阶级权利"如果不加限制必然会产生两极分化，党员、工人、富裕农民、机关工作人员中会产生新的资产阶级分子、暴发户，它的代理人就会复辟资本主义。姚文元根本不懂得："按劳分配所带有的资产阶级法权，是必要的，必然的，正是适合于实际情况的。要消灭这种法权残余，就要经过按劳分配阶段。""对付资产阶级思想残余，就要有带有资产阶级法权的武器！""按劳分配为过渡到共产主义准备着物质的和精神的条件：提高劳动生产率，巩固自觉的自愿的劳动纪律，提高人民的文化、技术水平和他们的生活水平。按劳分配是一个伟大的共产主义学校。"① 姚文元的文章得出结论：要消灭产生资本主义的土壤和条件，造成资本主义既不能存在又不能再产生的条件，"就必须坚持无产阶级专政下的继续革命"，批判和限制资产阶级法权，"实现无产阶级对资产阶级的全面专政"。

（3）《论对资产阶级的全面专政》

1975 年 4 月 1 日，张春桥的《论对资产阶级的全面专政》在《红旗》杂志第 4 期发表，《人民日报》全文刊载。这篇文章也经过中央政治局讨论，也是毛泽东批准发表的。文章说：

"……'卫星上天、红旗落地'的历史经验，我们任何时候都不要忘记，在决心建设强大国家的时候特别不能忘记。"

"应当清醒地看到，中国仍然存在变修的危险。因为不但帝国主义、社会帝国主义念念不忘侵略和颠覆我们，不但老的地主资产阶级人还在，心不死，而且新的资产阶级分子正像列宁讲的那样每日每时地在产生着。"

"必须看到，我们的经济基础还不稳固，资产阶级法权在所有制方面还没有完全取消，在人们的相互关系方面还严重存在，在分配方面还占统治地位。在上层建筑的各个领域，有些方面实际上仍然被资产阶级把持着，资产阶级还占着优势，有些正在改革，改革的成果也并不巩固，旧思想、旧习惯势力还顽强地阻碍着社会主义新生事物的生长。随着城乡资本主义因素的发展，新资产阶级分子一批又一批地产生，无产阶级和资产阶级之间的阶级斗争，各派政治力量之间的阶级斗争，无产阶级和资产阶级之间在意识形态方面的阶级斗争还是长期的，曲折的，有时甚至还是很激烈的。就是老一代的地主资产阶级都死光了，这种阶级斗争也决不会停止，林彪一类人物上台，资产阶级的复辟，仍然可能发生。"

张春桥的《论对资产阶级的全面专政》，对所谓"全面专政"进行了论述。它把"全面专政"论强加给列宁，还给"全面专政"论制造了"现实根据"。它说：不仅因为存在部分私有制和两种公有制，而且因为"不论是全民所有制，还是集体

---

① 《张闻天选集》，人民出版社 1985 年版，第 507、512、514 页。

所有制，都有一个领导权的问题"，"领导权掌握在哪个阶级手里，决定了这些工厂实际上归哪个阶级所有"，而且因为存在商品生产、货币交换和按劳分配，所以"城乡资本主义因素的发展，新资产阶级分子的出现，也就是不可避免的"。由此得出结论："无产阶级能不能战胜资产阶级，中国会不会变修正主义，关键在于我们能不能在一切领域、在革命发展的一切阶段始终坚持对资产阶级的全面专政。"张春桥还把"全面专政"论比作"打土围子"，说："现在，资产阶级的土围子还很多，打掉一个还会长出一个，就是将来被消灭得只剩一个了，无产阶级专政的铁扫帚不到，它也不会自己跑掉。"如果"不是全部地打掉资产阶级的一切土围子，而是留下一些，让它再扩大队伍，那岂不是为资产阶级复辟准备条件吗？那岂不是把无产阶级专政变成保护资产阶级特别是保护新产生的资产阶级的东西了吗？""四人帮"在上海的余党把这篇文章奉为"张春桥思想"。他们说："张春桥思想"是对阶级关系变化的"新发现"，是批判资产阶级法权的"新贡献"，"超过了"列宁主义，"发展了"毛泽东思想，是"第四个里程碑"[1]。

张春桥、姚文元的文章对毛泽东的"左"倾观点作了充分的发挥，并且塞进自己的私货，从"左"的方面把它推向极端。这两篇文章是"四人帮"极左的思想理论体系的代表作，它的核心就是所谓"全面专政"论。这个理论体系的特征是只讲镇压，只讲残酷斗争，不讲民主，不讲发展生产，不讲党内和人民内部的团结。按照这种理论，在政治上，要不断地人为地制造不可调和的阶级斗争；在经济上，要批判和限制"资产阶级权利"，推行以平均主义为核心的一系列"左"倾政策；在思想文化方面，要实行专政和钳制。文章打着马克思主义的旗帜，违反马克思主义。"全面专政"、"打土围子"就是把老干部都当作"走资派"，当作资产阶级的"土围子"，把高级知识分子、民主党派人士和一切反对"左"倾错误的人都搞成专政对象，对他们实行专政。由于文章是打着宣传无产阶级专政理论的旗号，并得到毛泽东的支持，由于它带有浓厚的理论色彩，因此具有欺骗性和煽动性。

(4) 反"经验主义"[2]

在学习理论运动中，江青一伙大力鼓吹"经验主义是当前的主要危险"。姚文

---

[1] 转引自苏振华 1977 年 3 月 18 日在中央工作会议上的发言。

[2] 参见新华社记者述评：《"四人帮"上演反"经验主义"丑剧的前前后后》，载 1977 年 3 月 4 日《北京日报》。

元在《论林彪反党集团的社会基础》中突出地提出这个问题，如上所引。3 月 1 日，张春桥在全军各大单位政治部主任座谈会上的讲话中说："在延安整风当中，主要批教条主义。全国解放以后，也批教条主义，对经验主义没有注意批过。""对经验主义的危险，恐怕还是要警惕。"他还说："四届人大提出了一个很宏伟的目标，在本世纪（20 世纪）内，也就是本世纪（20 世纪）末，要把我们的国家建设得很强大，走在世界各国的前列，无非就是搞几千亿斤粮食，几千万吨钢。但是如果我们把理论问题搞不清楚，就会重复斯大林的错误。""他们是卫星上天，斯大林的旗帜落地。"3 月 21 日，《人民日报》在《领导干部要带头学好》的社论中，根据姚文元文章的口径，再次引用毛泽东关于经验主义是主要危险的语录，并说："十多年来的事实证明，经验主义是修正主义的助手。"4 月 4 日，江青给新华印刷厂电话指示中，尖锐地提出："现在我们的主要危险不是教条主义，而是经验主义。""现在我们应该按照毛主席的教导，擦亮眼睛，要认识清楚，保持高度警惕。经验主义是修正主义的帮凶，是当前的大敌。"4 月 5 日，江青对北大、清华两校"大批判组"的讲话中又提出："春桥同志的文章还有一个重点，全国的反映都没讲这个问题，党现在的最大的危险不是教条主义而是经验主义。"江青还在一次中央政治局会议上正式提出了这个问题。3、4 月，在《人民日报》、《光明日报》、《文汇报》、《解放日报》等报刊上，发表了许多"反经验主义"的文章。江青、张春桥等人提出"反经验主义"，显然是攻击具有丰富经验的老干部。4 月 7 日，《解放日报》发表的《历史的经验值得注意》说："他们轻视理论学习，醉心于无原则的实际主义，满足于没有远见的事务主义，以自己的局部经验，指挥一切，而不肯听取别人的意见。恰恰是这些同志，自觉地或不自觉地成了王明教条主义的合作者。"这里明显地影射攻击周恩来。在造成"反经验主义"的声势以后，为了取得毛泽东的同意，姚文元指使新华社向中央写了《关于报道学习无产阶级专政理论问题的请示报告》。报告说："特别要注意宣传各级干部通过学习，认识和批判经验主义的危害，自觉克服经验主义。"

（5）毛泽东的批评

邓小平与"四人帮"进行了坚决的斗争。4 月，他就江青、张春桥、姚文元提出的"反经验主义"问题向毛泽东请教，提出自己的看法。毛泽东 4 月 23 日在对新华社的上述报告的批示中指出："提法似应提反对修正主义，包括反对经验主义和教条主义，二者都是修正马列主义的，不要只提一项，放过另一项。各地情况不同，都是由于马列水平不高而来的。不论何者都应教育，应以多年时间逐渐提高马列为好。"毛泽东批评江青等人："我党真懂马列的不多，有些人自以为懂了，其实不大懂，自以为是，动不动就训人，这也是不懂马列的一种表现。"要求将"此问题请政治局一议"。4月27日，中央政治局召开会议，批评了江青等人"反经验主义"。5月3日，毛泽东召集在京中央政治局委员谈话，对江青等人再次作了批评。他反复强调要"安定团结"，要坚持"三要三不要"（要搞马克思主义，不要搞修正主义；要团结，不要分裂；要光明正大，不要搞阴谋诡计）。批评江青等人反经验主义、搞宗派活动、在"批林批孔"中"三箭齐发"（批林、批孔又批走后门）。毛泽东说："我自己也犯了错误，春桥那篇文章，我没有看出来……讲了经验主义的问题我放过了。"（按反经验主义问题是在姚文元文章中出现的。）"不要搞四人帮，你们不要搞了，为什么照样搞呀？为什么不和200多个中央委员搞团结，搞少数人不好，历来不好。""我看批经验主义的人，自己就是经验主义，马列主义不多。""我看江青就是一个小小的经验主义者。"又一次告诫江青："不要随便，要有纪律，要谨慎，不要个人自作主张，要跟政治局讨论，有意见要在政治局讨论，印成文件发下去，要以中央的名义，不要用个人的名义，比如也不要以我的名义"。然而毛泽东又说："我看问题不大，不要小题大作，但有问题要讲明白，上半年解决不了，下半年解决；今年解决不了，明年解决；明年解决不了，后年解决。"根据毛泽东的意见，邓小平又于5月27日、6月3日主持政治局会议，对"四人帮"进行批评。邓小平、叶剑英、李先念在发言中，主要就江青等人说批周恩来是第十一次路线斗争、"批林批孔"又批走后门和"反经验主义"三件事，对他们进行了批评和质问，还批驳了他们提出的会议是"突然袭击"、"围攻"的说法。政治局其他一些委员也作了批评发言。政治局连续开会批评江青一伙，这是"文化大革命"中的唯一的一次。王洪文、江青不得不做一点检讨，王洪文主持中央日常工作的空名也就此结束。会后，毛泽东在同邓小平一次谈话中，肯定了会议"有成绩"。

三 "评《水浒》"运动

1973年12月，毛泽东就评过《水浒》，上文已经说过。1975年8月，毛泽东采纳姚文元的提议，批准发动了"评《水浒》"运动。

1975年8月14日，毛泽东在同北大中文系教师芦荻谈话时说：

《水浒》这部书，好就好在投降。做反面教材，使人民都知道投降派。

大动乱的年代（1966—1976）

《水浒》只反贪官，不反皇帝。摒晁盖于108人之外。宋江投降，搞修正主义，把晁的聚义厅改为忠义堂，让人招安了。宋江同高俅的斗争，是地主阶级内部这一派反对那一派的斗争。宋江投降了，就去打方腊。

这支农民起义队伍的领袖不好，投降。李逵、吴用、阮小二、阮小五、阮小七是好的，不愿意投降。

鲁迅评《水浒》评得好，他说："一部《水浒》，说得很分明：因为不反对天子，所以大军一到，便受招安，替国家打别的强盗——不'替天行道'的强盗去了。终于是奴才。"（《三闲集·流氓的变迁》）

金圣叹把《水浒》砍掉了20多回。砍掉了，不真实。鲁迅非常不满意金圣叹，专写了一篇评论金圣叹的文章《谈金圣叹》（见《南腔北调集》）。

《水浒》百回本、百二十回本和七十一回本。三种都要出。把鲁迅的那段评语印在前面。

当天，姚文元闻讯后即给毛泽东写信说：关于《水浒》的评论，"对于中国共产党人、中国无产阶级、贫下中农中一切革命群众在现在和将来，在本世纪和下世纪坚持马克思主义，反对修正主义，把毛主席的革命路线坚持下去，都有重大的、深刻的意义。应该充分发挥这部'反面教材'的作用"。他提出将毛泽东的这次谈话和他的信"印发政治局在京同志，增发出版局、人民日报、红旗、光明日报，以及北京大批判组谢静宜同志和上海市委写作组"，并"组织或转载评论文章"。毛泽东予以批准。中共中央发出文件，转发了毛泽东关于《水浒》的谈话。

1975年8月28日，《红旗》杂志第9期发表短评《重视对〈水浒〉的评论》。评论说："运用马克思主义的观点，进行阶级分析，《水浒》所描写的宋江同高俅的斗争，其实质是地主阶级内部这一派反对那一派的斗争。宋江是地主阶级内部一个派别的代表人物，他不反对皇帝这个地主阶级利益的最高代表，他反对贪官，不过是为了效忠于皇帝，维护反动的封建统治，在统治阶级内部争得一席地位而已。认清宋江这一阶级本质，对于我们识破修正主义的欺骗性和危害性是很有意义的。为什么宋江能起到高俅所起不到的作用？为什么高俅的残酷镇压不能打垮梁山农民起义军，而宋江的投降主义路线却能很快瓦解这支队伍？这是因为，钻进农民革命队伍的宋江以他同高俅的'斗争'掩盖了他们同属地主阶级的实质，掩盖了他们之间的矛盾只不过是地主阶级内部一派反对另一派的矛盾。这样，宋江就有机可乘，使投降主义路线得逞。""充分开展对《水浒》这部书的批判，充分发挥这部反面教材的作用，使人民群众都知道投降派的真面目"。8月31日，《人民日报》转载了这篇评论，并发表署名"竺方明"的长文《评〈水浒〉》。这篇文章说："在社会主义历史阶段，要反修防修，坚持无产阶级专政下的继续革命，就必须知道投降派、识别投降派，反对投降派。"9月4日《人民日报》发表的《开展对〈水浒〉的评论》，更明确地提出：评论《水浒》"是我国政治思想战线上的又一次重大斗争，是贯彻执行毛主席关于学习理论、反修防修重要指示的组成部分"。评论《水浒》是学习"无产阶级专政理论"运动的一个组成部分，它的主题就是要批判否定"文化大革命"的"投降派"。

从1975年9月起，报刊上连篇累牍地发表评《水浒》、批判"投降派"的文章。《红旗》杂志从1975年第9期到第12期，四期中就发表了21篇。

关心国事的人们，对于毛泽东利用批判一篇文章、一本书、一出戏发动一场政治运动，已经比较熟悉了；但是对于评《水浒》大惑不解。人们的疑问是：又想干什么？古代的宋江怎么搞了"修正主义"？"投降派"是哪些人？……

在受到中央政治局批评后销声匿迹的江青，借评《水浒》之机又猖狂起来。评《水浒》运动的发动是"四人帮"开始反扑的标志。8月下旬，江青召集于会泳等人开会说："主席对《水浒》的批示有现实主义。评论《水浒》的要害是架空晁盖，现在政治局有些人要架空主席。"

1973年2月22日，江青还吹捧过宋江。那一天，她同中联部、外交部、对外友协的一些同志谈话，说："我们应该用历史唯物主义的观点来分析宋江等农民起义的领袖。对宋江首先应加以肯定，然后再分析他的阶级出身所带来的影响。他是一个了不起的历史人物，有智、有谋、有正义感，喜欢劫富济贫，能团结人，因此受人民群众的爱戴，人们称他作'及时雨'。在封建社会中，官逼民反，宋江被逼上梁山后，领导起义，同封建统治阶级坚决斗争，起了很大作用。这些积极方面，应充分予以肯定。"[①]江青讲过这些话，不成其为问题；因为评《水浒》不过是借鞭挞古人，演出当代之活剧，它不是什么学术讨论，而是政治斗争。

1975年9月12日，江青在大寨群众大会上讲话，强调评《水浒》"要联系实际"。她说："不要以为评《水浒》只是一个文艺评论"，"不单纯是文艺评论，也不单纯是对历史，对当前也有现实意义。因为我们党内有十次路线错误。今天还会有

---

① 引自林丽韫当时记录整理的材料。

的。敌人会改头换面藏在我们党内"。"所以这部书好好地读，看看这个叛徒的嘴脸，对照一下咱们党内的十次路线斗争的一些叛徒嘴脸。""我们党内的投降派，修正主义者，干的事情是公开的敌人做不到的。""现在我们批《水浒》，看看宋江如何排斥晁盖，架空晁盖。他把那些土豪劣绅、武将文吏请到梁山上去，把重要的领导岗位统统占领了。""所以主席说，搞修正主义很容易。"十分明显，她用十分拙劣的影射手段攻击周恩来、邓小平和国务院其他领导人。9 月 17 日，江青在大寨召集北影、长影、新影、新华社、人民日报、法家著作注释组、两校写作班子等共 100 余人谈话，她说："评《水浒》就是有所指的。宋江架空晁盖，现在有没有人架空主席呀？我看是有的。""有些文章不给主席送，是我批了送主席看。""三十三条语录政治局一遍都没有学完。""他们反对学理论，反对限制资产阶级法权。""党内有温和派，有左派，左派领袖就是鄙人。"她还把中央政治局对她的批评说成迫害她，造谣说："最近，有那么一些人，把主席批评我的一封信，江某人向政治局传达的，政治局没有讨论，给传出去了。""我这个人天天挨骂，修正主义骂我，共产党员还怕骂吗？""在北京我跟他们斗了半年多了。"江青在全国农业学大寨大会期间，要求在大会上放她的讲话录音，印发她的讲话稿。华国锋请示毛泽东，毛泽东批评江青"放屁，文不对题"，又说："稿子不要发，录音不要放，讲话不要印。"（这个批评是很严厉的。联系到毛泽东从 1974 年起对江青的其他揭露和批评，可以看出毛泽东在"文化大革命"后期对江青是十分厌恶的。因为她有特殊身份，更因为她与"文化大革命"联得太紧，所以没有把她从政治上搞掉。）

　　1975 年 9 月 20 日，身患绝症的周恩来在进入手术室时，大声说道："我是忠于党、忠于人民的！我不是投降派！"就在这次手术中，发现他身上的癌瘤已经全身扩散，无法医治。邓小平当即指示医疗组："减少痛苦，延长生命"。12 月间，他对前来看望他的叶剑英等人说：要注意斗争方法，无论如何不能把权落到"四人帮"手里。又说：邓小平比我干得好。

1975年11月，毛泽东对邓小平系统地纠正"文化大革命"的错误的做法提出批评，全国又兴起"反击右倾翻案风"运动。图为北京评剧团的"反击右倾翻案风"大字报栏。

第五章
"批邓反右"的逆风

正当全面整顿方兴未艾之时，1975 年冬，形势突然发生逆转。毛泽东的态度发生了重大变化：从支持邓小平主持中央日常工作，转向发动所谓"反击右倾翻案风"运动。人民惶惶然地注视着事态的变化与发展，关心着邓小平的政治命运——也就是关心着党和国家的命运。1975 年的冬天，是多么寒冷啊！

一 所谓"反击右倾翻案风"

1975 年 11 月初开始反击所谓"右倾翻案风"，到 1976 年 2 月发展为所谓"批邓、反击右倾翻案风"。对于江青一伙的严重问题，毛泽东认为"不要小题大作"，"上半年解决不了，下半年解决；今年解决不了，明年解决；明年解决不了，后年解决"。而对于所谓"右倾"，则毅然决然立即在全国范围内"反击"。对比之鲜明，说明毛泽东对于维护"文化大革命"之高度重视。毛泽东是不是小题大作呢？倒也不是。

（1）不可调和的矛盾

1975 年 9 月底到 11 月初，毛泽东的侄儿、毛泽东的联络员毛远新几次向毛泽东汇报说：

> "今年以来，在省里工作，感觉到一股风，主要是对文化大革命。1. 文化

大革命怎么看？主流、支流，十个指头，三七还是倒三、七，肯定还是否定。2.批林批孔运动怎么看，主流、支流，似乎迟群、小谢讲了走后门的错话干扰，就不讲批林批孔的成绩。口头上也说两句，但阴暗面讲得一大堆。3.刘少奇、林彪的路线还需不需要继续批，刘少奇的路线似乎也不大提了。"

"工业现代化主要强调加强企业管理，规章制度，但工交战线主要矛盾是什么？"

"农业、财贸战线也有类似问题，教育革命主流、成绩是什么？……文艺革命主流支流……总之，文化大革命中批判了刘少奇林彪的路线，批判了十七年中各条战线的修正主义路线还应不应该坚持下去。"

"对文化大革命，有股风，似乎比七二年批极左还凶些。"

"我很注意小平同志的讲话，我感到一个问题，他很少讲文化大革命的成绩，很少提批刘少奇的修正主义路线。"

"三项指示为纲"，"其实只剩下一项指示，即生产上去了。"

"担心中央，怕出反复。"

这些话很有分量。它对于在全局上坚持"文化大革命"的错误、防范否定"文化大革命"的毛泽东，有着很大的影响。肯定与否定"文化大革命"的矛盾，是不可调和的。毛泽东从支持邓小平主持中央工作转向发动"反击右倾翻案风"运动，这是在全局上坚持"文化大革命"的错误的必然结果。毛泽东支持邓小平主持中央工作，希望他在肯定"文化大革命"的前提下，恢复全党全国的安定团结，把国民经济搞上去。这是矛盾的。坚持"文化大革命"的错误就不可能安定团结和发展国民经济。邓小平主持各条战线的整顿，实质上是对"文化大革命"错误理论和一系列"左"倾政策的否定。这不仅遭到江青、张春桥、姚文元等人的强烈反对，也是毛泽东所不能容许的，毛泽东就站到支持江青等人反对邓小平的方面。

毛远新的上述看法，得到了毛泽东的肯定。毛泽东认为，这种态度，"一是对文化大革命不满意，二是要算帐，算文化大革命的帐"。他要毛远新找邓小平、汪东兴、陈锡联开会，把他的意见全讲出来。毛远新当即照办。邓小平提出异议说："说毛主席为首的中央搞了个修正主义路线，这个话不好说。""从9号文件以后全国的形势是好一点，还是坏一点，这可以想想嘛。对9号文件以后的评论，远新同志的看法是不同的。是好是坏实践可以证明。""昨天（按即11月1日）晚上我问了主席，这一段工作的方针政策是怎样，主席说对。"应该说邓小平的抗争是有说服力的，但是根据毛泽东的意见，中央政治局几次开会，讨论对"文化大革命"的评价问题，对邓小平作了错误批评。毛泽东仍希望在"文化大革命"问题上统一认识，提出由邓小平主持作一个肯定"文化大革命"的决议，总的评价是"三七开，七分成绩，三分错误"。邓小平婉拒。他说，由我主持写这个决议不适宜，我是桃花源中人，"不知有汉，无论魏晋"。邓小平在原则问题上是不让步的。中央政治局要停止邓小平工作，毛泽东则让他"专管外事"。

（2）"反右"的发动

毛泽东在1973年12月说过邓小平"办事比较果断"，1974年12月说过邓小平"人材难得"、"政治思想强"。邓小平主持工作大半年，成绩显著，深得民心。要发动"反右"，就采取了一个特别的办法。

1975年8月13日和10月13日，原清华大学党委副书记刘冰、惠宪钧、柳一安和原党委常委、政治部主任吕方正四位同志，先后给毛泽东写了两封信。信中报告了迟群和谢静宜在政治上、思想上、工作上和生活作风等方面的严重问题；揭露了他们狼狈为奸，争权夺利，跋扈专横，在清华大学大搞法西斯统治的罪行；特别是大胆揭发了迟群在党的十大和四届人大以后，由于没有当上中央委员和部长，对毛主席和周总理极端不满，公开攻击党中央和中央领导同志，在群众中造成恶劣影响等事实。信是请邓小平转的。与此同时，刘冰等还给当时的中共北京市委主要领导人写了两封内容基本相同的信，并且向市委科教组负责人作了同样内容的口头汇报，要求中央和北京市委调查处理。

10月25日，在迟群的指使和参与下，清华大学人事处负责人林钧万给毛泽东写了一封信。信中诬告周荣鑫"组织上任人唯亲，搞宗派"，想把迟群"从政治上搞臭，组织上搞倒，把他从教育部门领导班子中赶出去"，"千方百计地要否定科教组几年来的工作"，"已在全国特别是教育战线产生了很坏的影响"。同时，吹捧迟群"在文化大革命中，以自己的实际行动为教育革命做出了他应有的贡献"，"在教育战线上是有影响的，具有一定的代表性"，等等。毛泽东批示："先作调查、然后讨论一次。"

11月3日，清华大学党委召开常委扩大会议，传达毛泽东对刘冰等四人信件的批示。毛泽东说："清华大学刘冰等人来信告迟群和小谢。我看信的动机不纯，想打倒迟群和小谢。他们信中的矛头是对着我的。我在北京，写信为什么不直接写给我，还要经小平转。小平偏袒刘冰。清华大学所涉及的问题不是孤立的，是当前两条路线斗争的反映。"除了第一句话，这里每一句话都是错误的，而且错得显然很严重。以传达这个批示为起点，开始了所谓"反击右倾翻案风"。清华大学开展了所谓"教育革命大辩论"。11月8日，分管教育工作的副总理张春桥责令周荣鑫作检查。[①] 清华先是召开了有1300多人参加的党委扩大会议，11月18日又召开了全校大会，批判周荣鑫和刘冰等，实际上矛头对着邓小平。清华大学铺天盖地地贴出"反击右倾翻案风"的大字报，有关部门组织干部和群众去参观。12月1日，《红旗》杂志第12期发表北大、清华大批判组的《教育革命的方向不容篡改》，《人民日报》12月4日转载。文章说："在大好形势下，必须看到教育领域里的阶级斗争、路线斗争仍然是尖锐、复杂的。最近，教育界有一种奇谈怪论，说什么文化大革命以来，教育革命这也不行，那也不是，教育革命的方向'总没有解决好'，因而'就是要扭'。这无非是说，教育革命搞过头了，搞糟了，要把教育革命的方向'扭'回去。问题很明显，当前争论的焦点在于：是坚持教育要革命的方向，把无产阶级教育革命进行到底，还是为修正主义教育路线翻案，复辟资产阶级知识分子统治我们学校的旧教育制度？我们必须抓住问题的实质，批判否定教育革命的错误思潮，分清路线上的大是大非，继续巩固和发展教育革命的成果，加强无产阶级在上层建筑领域对资产阶级的全面专政。"这是第一篇有影响的"反击右倾翻案风"的文章。

(3)《打招呼的讲话要点》

1975年11月下旬，中央政治局根据毛泽东的指示，在北京召开了有130多名党政军机关负责的老同志参加的打招呼会议，宣读了毛泽东批准的《打招呼的讲话要点》。《讲话要点》转达了毛泽东关于刘冰信件的上述讲话，并且说："中央认为，毛主席的指示非常重要。清华大学出现的问题绝不是孤立的，是当前两个阶级、两条道路、两条路线斗争的反映。这是一股右倾翻案风。尽管党的九大、十大对无产阶级文化大革命已经作了总结。有些人总是对这次文化大革命不满意，总是要算文化大革命的帐，总是要翻案。"对此开展辩论"是完全必要的"。《讲话要点》还说："清华大学的这场大辩论必然影响全国。"这就正式提出了"反击右倾翻案风"的问

---

① 周荣鑫在被追查、批斗50多次后，于1976年4月12日上午昏厥在追查会上，当晚去世，终年59岁。人民将永远怀念这位好部长。

题，持续九个月的整顿工作为之中断。

11 月 26 日，中共中央向各省市自治区党委第一书记、各大军区党委第一书记、中央和国家机关各部委党的负责人、军委各总部和各军兵种党委第一书记，发出《关于转发〈打招呼的讲话要点〉的通知》，通报了打招呼会议情况，转发了《打招呼的讲话要点》，要求在党委常委中传达讨论。

12 月 14 日，中共中央转发了《清华大学关于教育革命大辩论的情况报告》，报告说："今年七、八、九三个月，社会上政治谣言四起，攻击和分裂以毛主席为首的党中央，否定无产阶级文化大革命，翻文化大革命的案，算文化大革命的帐，这是一股右倾翻案风。"这场斗争"是无产阶级文化大革命的深入和发展"。

12 月 20 日，中共中央又转发了一份《外交通报》，即张春桥向阿尔巴尼亚人士介绍当前"教育革命大辩论"的谈话。张春桥说："现在争论的头一个问题是对文化大革命以前十七年的教育怎样估计。"这十七年是"资产阶级专了我们的政"，"但是，有人说，这十七年很好，那个时候倒是马列主义的，相反，文化大革命以来，学校反而不好了，教育质量降低了，在课堂上课少了，大学生不如以前中学生读书多。"

人们日益感到中央内部发生了重大变化，惨雾愁云日益沉重地向人民开始豁亮的心头袭来。

（4）人民的好总理周恩来逝世

1976 年 1 月 8 日，中共中央政治局常委、副主席、国务院总理、全国政协主席周恩来逝世。周恩来是一个伟大的马克思主义者、伟大的无产阶级革命家、杰出的共产主义战士、久经考验的卓越的党和国家领导人。周恩来对党和人民无限忠诚、鞠躬尽瘁。他在"文化大革命"中处于非常困难的地位，顾全大局，任劳任怨，为继续进行党和国家的正常工作，为尽量减少"文化大革命"所造成的损失，为保护大批的党内外干部，作了坚持不懈的努力，费尽了心血。他同林彪、江青集团进行了各种形式的斗争。周恩来在"文化大革命"中说过错话，做过错事，但是正如匈牙利巴拉奇·代内什所说："周恩来是在明智地权衡各方面的利弊之后，才决定这样做的。""这位总理得出的结论是，如果他公开反对毛泽东，显然不利于国家的利益。只要他在其位，就可以在处理政府的日常工作中，保持某种明智，对受到威胁的干部给一定保护，可以减轻数百万人的痛苦。此外，他还可以阻止野心家篡夺最高权力的企图，防止爆发一场新的悲剧。如果他离职，内战局势势必更加恶化。如果他公开发表自己的看法，使自己成为英雄，其处境将更加困难、不堪设想。"①

周恩来的卓越的历史贡献和伟大的人格，使他在全党和全国人民心中享有崇高的威望，在世界上也享有崇高声誉。他的逝世引起了全党和全国人民的无限悲痛。1月12日至14日，首都群众4万人，在北京的外国朋友2000人，以及各国驻华使节和外交官员，在劳动人民文化宫举行隆重吊唁仪式。40多个国家、政党送了花圈，130多个国家、政党发来了唁电和唁函。

全国人民沉浸在悲恸之中，江青一伙却还在"反击右倾翻案风"，伤害人民的感情，与人民为敌。1月14日，即举行周恩来追悼会的前一日，《人民日报》在头版头条发表新华社记者、《人民日报》记者的报道《大辩论带来大变化——清华大学教育革命和各项工作出现新面貌》。报道说："1975年夏季前后，清华大学有那几个坚持修正主义路线的人，配合教育界的奇谈怪论，刮起一股右倾翻案风。在他们看来，文化大革命前十七年的教育制度本来很好，教育革命搞糟了，现在就是要'扭'回去。究竟应该怎样估计文化大革命前十七年的教育？怎样估计文化大革命以来的教育革命？我们的学校应该成为无产阶级专政的工具，还是资产阶级专政的工具？在这些路线斗争的大是大非问题上，广大干部、群众同极少数几个人产生了根本的对立和尖锐的斗争。"这篇报道奉命把内部打招呼的精神捅到了社会，在全国"反击右倾翻案风"。

1月15日，首都举行周恩来追悼会，王洪文主持，邓小平致悼词。周恩来逝世后，中央实行"丧仪改革"亦即丧仪从简（早不改，晚不改，这时"改革"了），江青一伙又千方百计地限制人们对周恩来作悼念的表示，还发表了《大辩论带来大变化》之类令人憎恶、痛恨的报道、文章，人民群众极度不满，自发地进行了各种形式的悼念活动，以寄托对周恩来的哀思。

毛泽东提议华国锋任国务院代总理，主持中央和国务院日常工作，并且提出在叶剑英生病期间由陈锡联主持中央军委日常工作。2月2日，中共中央发出了关于华国锋任代总理和陈锡联主持军委日常工作的通知。

①［匈］巴拉奇·代内什：《邓小平》，解放军出版社1985年版，第191—192页。

二 《毛主席重要指示》

2月5日，中央通知将《打招呼的讲话要点》扩大传达到党内外群众。2月6日，中共中央批转中央军委关于停止学习和贯彻执行1975年7月邓小平、叶剑英在军委扩大会议上的讲话的报告。2月25日，中共中央召集各省、市、自治区和各大军区负责人会议，会上传达了《毛主席重要指示》，即由毛远新整理的毛泽东自1975年10月至1976年1月多次关于"批邓、反击右倾翻案风"的谈话。《毛主席重要指示》，经毛泽东审阅批准。摘录如下：

> 社会主义社会有没有阶级斗争？什么"三项指示为纲"，安定团结不是不要阶级斗争，阶级斗争是纲，其余都是目。斯大林在这个问题上犯了大错误。列宁则不然，他说小生产每日每时都产生资本主义。列宁说建设没有资本家的资产阶级国家，为了保障资产阶级法权。我们自己就是建设了这样一个国家，跟旧社会差不多，分等级，有八级工资，按劳分配，等价交换。要拿钱买米、买煤、买油、买菜。八级工资，不管你人多人少。

> 文化大革命是干什么的？是阶级斗争嘛。

> 为什么有些人对社会主义社会中矛盾问题看不清楚了？……问题是自己是属于小资产阶级，思想容易右。自己代表资产阶级，却说阶级矛盾看不清楚了。
> 一些同志，主要是老同志思想还停止在资产阶级民主革命阶段，对社会主义不理解、有抵触，甚至反对。对文化大革命两种态度，一是不满意，二是要算帐，算文化大革命的帐。

> 做了大官了，要保护大官们的利益。他们有了好房子，有汽车，薪水高，还有服务员，比资本家还厉害。社会主义革命革到自己头上了，合作化时党内就有人反对，批资产阶级法权他们有反感。搞社会主义革命，不知道资产阶级在哪里，就在共产党内，党内走资本主义道路的当权派。走资派还在走。

> 对文化大革命，总的看法：基本正确，有所不足。现在要研究的是在有所

不足方面。三七开，七分成绩，三分错误，看法不见得一致。文化大革命犯了
两个错误，1.打倒一切，2.全面内战。打倒一切其中一部分打对了。如刘、林
集团。一部分打错了，如许多老同志，这些人也有错误，批一下也可以。无战
争经验已经十多年了，全面内战，抢了枪，大多数是发的，打一下，也是个
锻炼。

　　小平……他这个人是不抓阶级斗争的，历来不提这个纲。还是"白猫、黑
猫"啊，不管是帝国主义还是马克思主义。

　　小平……他还是人民内部矛盾，引导得好，可以不走到对抗方面去，如刘
少奇、林彪那样。……批是要批的，但不应一棍子打死。

《毛主席重要指示》在一系列问题上混淆了是非。"阶级斗争是纲"是不正确的。
限制和批判"资产阶级权利"是不正确的。"老同志思想还停止在资产阶级民
主革命阶段"这种现象总的说并不存在。对"大官们"要作分析，决不能一概否定。
有了"好房子"等等得不出"比资本家还厉害"的结论。"打倒一切"和"全国内
战"就不只是"三分错误"的问题。最为严重的错误，是在革命对象问题上作了这
样的论断："资产阶级""就在共产党内"，就是"党内走资本主义道路的当权派"。
毛泽东的这些谈话，反映了他发动"批邓、反击右倾翻案风"的根本原因——他不
能容忍邓小平系统地纠正"文化大革命"的错误。"批邓"不只是错误地批判一个人，
而且是错误地否定以邓小平为代表的正确主张。

当时许多同志思想不通。会上，根据毛泽东上述谈话精神，要求揭发、批判邓
小平，解决"转弯子"的问题。华国锋代表党中央在会上讲话，要求大家回去以后
把学习毛泽东的指示和中央文件放在首位，在学习基础上，"深入揭发批判邓小平
同志的修正主义路线错误"，"在揭发批判过程中转好弯子"，"把反击右倾翻案风
的斗争开展起来"。讲话提出了政策界限，说："毛主席说，错了的，中央负责。政
治局认为，主要是邓小平同志负责。"要求"注意不要层层揪邓小平在各地的代理
人"，对犯有错误的同志，不要揪住不放。运动要在党委领导下，不搞串连，不搞
战斗队。3月3日，中共中央发出《关于学习〈毛主席重要指示〉的通知》，转发
了毛泽东关于"批邓、反击右倾翻案风"的讲话，要求组织团以上干部学习。同日，
中共中央转发了华国锋在中央召集的各省、市、自治区和各大军区同志会议上的讲

话。"批邓"的问题正式在党内公开。

三 倒行逆施

江青集团利用毛泽东的错误决策，企图整倒邓小平。整倒党的一批老干部，夺取党和国家的最高领导权。他们首先集中攻击邓小平。在 1976 年 2 月中央召开的打招呼会议期间，张春桥多次攻击邓小平是"垄断资产阶级"、"买办资产阶级"、"对内搞修正主义，对外搞投降主义"。3 月 2 日，江青擅自召集十一省、区会议并发表长篇讲话，她说："邓小平是个谣言公司的总经理，他的谣言散布的很多"，"他是个大汉奸，现在已经走得很远了"，邓小平是"买办资产阶级，代表买办、地主资产阶级，中国有国际资本家的代理人，就是邓小平"。"要共同对敌，对着邓小平。"江青还表露她想当"女皇"的野心，说："有人写信给林彪说我是武则天，有人又说是吕后，我也不胜荣幸之至。""吕后是没有戴帽子的皇帝，实际上政权掌握在她手里"，"武则天，一个女的，在封建社会当皇帝啊，同志们，不简单啊"。"诽谤吕后，诽谤武则天，诽谤我，就是诽谤主席嘛。"3 月 10 日，毛泽东写下："江青干涉太多了，单独召开十一省谈话。"

为了大造舆论，江青一伙授意并亲自审定发表了一大批文章。1976 年 1 月 15 日，《人民日报》发表了梁效的《教育革命与无产阶级专政》，2 月 1 日出版的《红旗》杂志第 2 期发表了北京大学、清华大学大批判组的《回击科技界的右倾翻案风》和辽宁大学大批判组的《不许为修正主义教育路线翻案》，2 月 6 日《人民日报》发表了《无产阶级文化大革命的继续和深入》，2 月 29 日《人民日报》发表了梁效、任明的《评"三项指示为纲"》，3 月 1 日出版的《红旗》杂志第 3 期发表了初澜的《坚持文艺革命，反击右倾翻案风》，4 月 1 日出版的《红旗》杂志第 4 期发表了苗雨的《反击卫生战线的右倾翻案风》和程越的《一个复辟资本主义的总纲——〈论全党全国各项工作的总纲〉剖析》。连篇累牍，铺天盖地。这些文章把邓小平主持的各条战线的整顿都诬蔑为"右倾翻案风"，鼓动在各个方面开展所谓"反击右倾翻案风"。在《教育革命与无产阶级专政》中，把"文化大革命"前十七年的学校和教育说成为资产阶级统治效劳的"旧学校"、"旧教育制度"，提出要"粉碎这股复辟十七年旧教育的右倾翻案风，彻底摧毁旧学校"。在《回击科技界的右倾翻案风》中，把邓小平关于提拔著名科学家到领导岗位的正确意见批判为"专家治所"、

"否定党的领导的投降主义言论",提出要在科技界实行"专政"的荒谬主张。在《坚持文艺革命,反击右倾翻案风》中,把邓小平根据毛泽东关于调整文艺政策的意见提出的正确意见,攻击为文艺界"黑风"的风源,为十七年修正主义黑线和旧文化部"扬幡招魂"。在《无产阶级文化大革命的继续的深入》中,把"三项指示为纲"说成翻案复辟的政治纲领,把邓小平提出的以实现四个现代化作为全党今后二十五年内的一个根本任务批判为鼓吹"唯生产力论"和"阶级斗争熄灭论"。3月10日《人民日报》社论《翻案不得人心》说:"伟大领袖毛主席最近指出:'翻案不得人心。'""走资派就是社会主义革命时期党内的资产阶级。""由于社会主义社会还存在阶级、阶级矛盾和阶级斗争,还存在产生资本主义和资产阶级的土壤和条件,总会在党内出现走资派,出现新的资产阶级的代表,'走资派还在走'的现象将长期存在。煽起右倾翻案风的那个人,就是在文化大革命前追随刘少奇搞修正主义、对抗历次社会主义革命运动,在文化大革命中被批判过而不肯改悔的走资派。""毛主席亲自发动和领导的反击右倾翻案风的斗争,关系到我们党和国家的前途和命运。"社论要求"集中批判那个不肯改悔的走资派的修正主义路线"。

江青等人攻击的目标不只是一个人,而是一大批人。1976年2月3日,中共中央发出一号文件,任命华国锋为代总理。当天,张春桥写下了《一九七六年二月三日有感》:

> 又是一个一号文件。
>
> 去年发了一个一号文件。
>
> 真是得志更猖狂。
>
> 来得快,来得凶,垮得也快。
>
> 错误路线总是行不通的。可以得意于一时,似乎天下就是他的了,要开始一个什么新"时代"了。他们总是过高地估计自己的力量。
>
> 人民是决定性的因素。
>
> 代表人民的利益,为大多数人谋利益,在任何情况下,都站在人民群众一边,站在先进分子一边,就是胜利。反之,必然失败。正是:
>
> 爆竹声中一岁除,东风送暖入屠苏。
>
> 千门万户曈曈日,总把新桃换旧符。

这篇《有感》充分表露了他对毛泽东和中央政治局关于国务院总理人选决定的强烈怨恨和要搞掉华国锋的企图。为了攻击一大批老干部,江青一伙制造了一个

419

"老干部就是民主派，民主派就是走资派"的反动公式。江青在一次讲话中说："老干部75%都是民主派，民主派发展到走资派是客观的必然规律。"张春桥在2月中央打招呼会议期间私自召见上海亲信时提出：要研究社会主义革命的性质、对象、任务，研究现在的阶级关系；颠覆政权的不是老资产阶级，而是"党内走资派"；党内"有一批人根本是资产阶级"。2月底3月初，在徐景贤等人组织下，上海市委召开了大型的"理论工作座谈会"，讨论所谓"老干部变走资派"的问题。4月初，上海市委召开万人大会，经张春桥审阅批准，徐景贤作了《从民主派变成走资派》的长篇讲话。经姚文元审定的《从资产阶级民主派到走资派》，也在3月2日《人民日报》和《红旗》杂志第3期发表。文章从分析所谓"右倾翻案风"的"阶级根源和思想根源"入手，指出：老干部"如果思想还停止在旧阶段，用资产阶级民主派的立场和世界观来认识和对待社会主义革命，那就会代表资产阶级，就会成为走资派，成为社会主义革命的对象"。"从资产阶级民主派到走资本主义道路的当权派，从民主革命时期党的同路人到社会主义时期的反对派、复辟派，从思想停止在资产阶级民主革命阶段到搞修正主义，这不正是不肯改悔的走资派（按指邓小平）所走过的道路吗？"把民主派（即老干部）变成"走资派"说成是普遍规律，是"二十多年来我们党内反复出现的一种历史现象"，这个理论是极端荒谬的。它从根本上歪曲了党的斗争历史，丑化了党的一大批老干部的形象。

江青等人还向文艺界布置赶写与"走资派"作斗争的文艺作品。2月1日，江青对于会泳等人说，现在演的戏，一个也没有与走资派作斗争的，这怎么行？要他们赶快布置将"与走资派斗争"的电影改编为京剧，紧密配合"当前的斗争"。2月6日，张春桥又向于会泳下达写与走资派作斗争的有深度的作品的任务，他说：这是一项非常重要的政治任务，是当前迫切需要完成的任务；写这种题材，概括的广度大些，可以写一个地区、一个市、甚至一个省、一个部；要有思想深度，要写出走资派的特征。2月16日，江青对《人民日报》上吹捧《朝霞》丛刊《序曲》的文章作了批示，要求把该书一些写"走资派"的作品"改编为电影、戏剧"。于会泳等人立即召集各种会议加以落实。3月2日，反党影片《反击》由迟群筹建班子开始炮制（6月4日正式开拍，9月完成）。3月16日至23日，文化部召开了"创作座谈会"，于会泳传达了张春桥的指示，并且布置了二十部"与走资派斗争"的创作规划。其中写到中央部长、副部长或省委书记是"走资派"的有八部，写到地、县（包括工厂）领导干部是走资派的有十二部。6月，反党影片《盛大的节日》和《千秋业》开始拍摄。

"批邓、反击右倾翻案风"是完全错误的,是非完全颠倒。它是不得人心的,破坏了1975年经过各个方面的整顿刚刚出现的稳定局势。整顿中提出并施行的许多正确的政策和措施受到错误的批判,一批坚决执行这些政策的领导干部受到打击,而在整顿中被撤职或调离的派性严重的人和造反派头头又被重用。一些地区(如河北保定地区)的派性和武斗重新泛滥。工业完不成计划,一些地区停工停产,有的单位连工资都开不出来。一些铁路枢纽陷入瘫痪,交通堵塞,货物积压,列车晚点。全国再度陷入混乱。

北京红旗越剧团导演李铁华在天安门广场发表演讲，抨击时政。

第六章
伟大的"四五运动"

林彪事件的出现，使许多人开始觉醒江青等人在"批林批孔"中影射攻击周恩来，引起许多人的强烈不满。邓小平主持中央工作，进行各方面的整顿，深得人民拥护。毛泽东发动"批邓、反击右倾翻案风"，完全违背了全党和全国绝大多数人的愿望。"四人帮"利用这一错误，妄图重新打倒许多老干部，更是激起越来越多的人的强烈愤恨。人们心中长期积蓄和迅速发展着怀疑、不满和愤恨情绪。终于在1976年清明节前后，在全国范围内爆发了以天安门事件为代表的悼念周恩来、反对"四人帮"的强大抗议运动。

一　衷心爱戴与刻骨仇恨

这个运动的导火线是"四人帮"压制人民悼念周恩来，污蔑周恩来。

毛泽东说过："'搬起石头打自己的脚'，这是中国人形容某些蠢人的行为的一句俗话。各国反动派……对于革命人民所作的种种迫害，归根结底，只能促进人民的更广泛更剧烈的革命。"[1]"四人帮"的压制和污蔑，就是"搬起石头打自己的脚"。

---

[1]《毛主席语录》，第69页。

大动乱的年代（1966—1976）

（1）神州悲恸

1976年1月8日上午9时57分，人民的好总理周恩来在北京与世长辞。1月9日，中共中央、人大常委会、国务院发出讣告。噩耗传开，神州悲恸，举世哀悼。1月10日，党和国家领导人，党、政、军各部门负责人，爱国民主人士的代表，以及首都群众1万多人，怀着极其沉痛的心情，前往北京医院向周恩来遗体告别。1月11日，向周恩来遗体告别仪式继续举行。下午首都百万群众自动集聚在通往八宝山的数十里长街两侧，静默肃立，等待灵车通过。1月12日至14日，首都工农兵群众、机关干部、学生4万多人，怀着深厚的感情，在劳动人民文化宫举行隆重吊唁仪式。1月15日下午，党和国家领导人以及首都各界群众代表5000多人，在人民大会堂隆重举行追悼大会，沉痛悼念周恩来。1月16日遵照周恩来生前的遗言，周恩来的骨灰撒在祖国的江河大地。

全国人民衷心爱戴周恩来。在哀痛的日子里，未能参加正式追悼仪式的人民群众，自发地到人民英雄纪念碑前敬献花圈，表示哀悼。天安门广场上，日日夜夜汇集着悼念周恩来的如潮的人流，千千万万朵白花系满了苍松翠柏，密密层层的花圈陈放在纪念碑周围。多少鬓发苍苍的革命老战士，深深地鞠躬致敬；多少父母叮嘱偎在身边的孩子们，要像周恩来那样地热爱人民。宽阔的广场，处处浸染着人们的热泪；低垂的红旗，倾诉着人们无尽的哀思。从首都到全国的每一个工厂、农村、营房、机关、学校和院落，在天津、广州、上海、南昌、重庆、延安、南京，在周恩来工作、战斗过的每一个地方，在我们共和国的每一个角落，人们都在同心哀悼。

朱德得悉周恩来逝世后，眼泪夺眶而出，数日内吃不下、睡不着。郭沫若闻讯后木然呆坐，病情突然加重，以至无法行走、无法站立。1月13日，郭沫若作《怀念周总理》：

> 革命前驱辅弼才，
> 巨星隐翳五洲哀。
> 奔腾泪浪滔滔涌，
> 吊唁人涛滚滚来。
> 盛德在民长不没，
> 丰功垂世久弥恢。
> 忠诚与日同辉耀，
> 天不能死地难埋。

诗的后四句，是全国各族人民的心声。

梁漱溟是一个不随俗、不趋时、不媚上的人，他在谈到周恩来时说：

"周总理是好，周总理人真好！啊呀！周总理大家都说是人民的好总理，啧！我对他佩服，我佩服周总理。啊呀！啊呀！周总理是好人，啧，啊呀！立身干净得很！啧，啊呀，一心为公啊！（说到此处，梁老哽咽，唏嘘不已，眼睛发红，泪水盈眶，语不成声。）啊呀。周总理可是好人，他这个人有善可称，无疵可指。你指他的毛病，挑毛病，挑不出来。啧！（哽咽）啊呀，好啊！他就是始终忠于毛主席。他始终作第二把手。总理人好得很，私生活干净极了。啧！啊呀！（哽咽）昼夜忙啊，见外宾接头谈话，都是到深夜。回到中南海，休息一会，休息那么一个短的时间，又要出来，连早点都来不及吃。上了汽车了，在汽车上给他送点包子、馒头之类吃一吃。他是一直忙、一直忙，忙到死啊！说是累死的。有口皆碑！"

"谈到周恩来吗，我也都谈到了。总之，周公是一个完人，只有他的优点、长处。他一生没有毛病，指不出来，无疵可指。他人太好了，太好了！提到周总理忍辱负重，那是真的，真是委曲求全。哎呀，啧！总理，感人哪！啊呀，啧！总理人太好了。（梁老唏嘘不已。）"①

人民对周恩来的敬爱，就是对"四人帮"的鞭挞。人民的哀悼有强烈的政治内容，是对"反击右倾翻案风"的无声的谴责和抗议。"四人帮"对此是很清楚的。

（2）"四人帮"与民为敌

周恩来与"四人帮"在政治上确有严重分歧，他又是"四人帮"篡党夺权的巨大障碍。"四人帮"害怕人民悼念周恩来，他们蹂躏人民的感情，践踏人民的意愿。

1月9日，于会泳一伙通知文化部各单位在悼念期间不准戴黑纱，不准设灵堂，不准送花圈，并且要求文艺团体照常进行文艺演出活动。9日晚，他们竟以招待外宾为借口，强令中央乐团演出，外宾、观众纷纷退票，表示抗议。他们又从音乐学院强拉师生到剧场填空，说："一定演出，这是一个战斗，就是剩下一个观众也要演出。"演员万分悲痛，停止演出，刘庆棠声言要追查。工人、干部无比气愤，纷纷打电话抗议，于会泳等则说这是"阶级敌人的恐吓"，通知公安部追查。

1月9日，新华社向姚文元反映了首都新闻单位和许多省、市、自治区报社提

①《梁漱溟谈周恩来》，载1986年1月4日《团结报》。这是梁漱溟评论周恩来的全文，未加删节。

出的一个共同问题：怎样组织亿万人民悼念周总理的宣传报道，发表悼念周总理的文章？姚文元的回答是："悼词尚未发表，现在不组织。悼词发表后是不是组织反应，仍应再请示。"根据治丧委员会的规定，全国的悼念活动都是在追悼大会以前举行的。"现在不组织"人民悼念活动的报道，真是岂有此理！在姚文元的禁令下，从1月9日到15日追悼大会以前的六天当中，总共发表了党和国家领导人以及首都各界群众代表同周总理遗体告别和举行吊唁的两条消息。（这是不能不发表的。）除此以外，首都和全国各地悼念周总理情况的报道就根本没有了。被"四人帮"控制的《红旗》杂志，竟连讣告、悼词都不刊登。

新华社1月11日所发的首都人民向周恩来遗体告别的报道，本来记述了1月11日首都百万人民扶老携幼、泪洒数十里长街、为周恩来灵车送行的情景：下午，周恩来的遗体要送往八宝山去火化了。灰暗的天空压着沉沉的云层，整个北京城是那样肃穆宁静。从北京医院到八宝山，人们伫立在几十里大街的两旁，冒着严寒等候一个小时又一个小时……傍晚，悲壮的哀乐送来了总理的灵车。人民抑制不住悲痛，在寒风中哭泣着，从心底里呼喊着："周总理啊，我们离不开您啊！"总理灵车在泪雨纷纷的行列中缓缓行驶。灵车啊，你停一停，让我们再看一眼周总理亲切慈祥的面容！司机啊，你刹住车，让我们再向总理诉一诉衷肠！夜深了，风紧了，总理的灵车已经过去了几个小时，但伫立在数十里长街两旁的人群，依然在默默地等待着，等待归来的灵车。但是，只见灵车回，不见总理归。止不住的滚滚热泪再一次洒满几十里长街……这是古今中外从没见到过的送灵场景啊！——这是记者们含着眼泪写出来的。记者们要让全世界都知道人民对周恩来是多么爱戴，多么崇敬。而姚文元亲自把已经压缩得很短了的这段报道砍了个一干二净，只字不留！

1月13日，姚文元一天当中三次向新华社下达指示。指示之一是："不要因为刊登悼念总理的活动把日常抓革命促生产的报道挤掉了"。"四人帮"一向破坏生产，到处挥舞"唯生产力论"的大棒反对大干社会主义。如今姚文元居然大唱起"促生产"的调子来了，原来姚文元的文章是做在"挤掉"上，他正是要从报纸版面上"挤掉"人民悼念周总理的报道。指示之二是："这几天报纸登（外国的）唁电数量多，太集中，并且刊登在第一版上。"他急令各报，把"唁电版面往后放，从三版四版开始"，而且不准用大字号标题。与此同时，姚文元还强令新华社削减世界各国吊唁活动的消息，把原来每个国家发一条吊唁消息的计划压缩成把一个洲的许多国家的吊唁活动综合发一条消息。至于各国人民的悼念活动，各国报刊、电台发表的赞颂周总理的文章,更是一个字也不许发。这样,姚文元的砍刀就不仅砍向中国人民,而且也砍向全世界怀念和敬仰周恩来的人民。指示之三是:"采写吊唁消息时,要有工农兵学商几方面化悲痛为力量的内容,如学生化悲痛为力量反击右倾翻案风,在消息中要反映出来。"姚文元哪里是要什么化悲痛为力量,他明明是要把人民群众的悲痛"化"掉。"化"到哪里去呢?就是"化"到他们那一套批"右倾翻案风"的方向上去。1月14日,根据姚文元的指令,《人民日报》刊登《大辩论带来大变化》。文章第一句话就说:"近来,全国人民都在关心着清华大学关于教育革命的大辩论。"这是强奸民意,蹂躏民心党心。文章发出,群情激怒。有些读者气得把这页报纸撕个粉碎。无产阶级和劳动人民撕无产阶级自己的报纸,这是中国自有无产阶级党报以来从没有过的事,这是人民的愤怒抗争!许多读者纷纷打电话质问:"当前全国人民注视的、关心的大事是周总理逝世,是悼念周总理,怎能说都在'关心着'清华大学的大辩论呢?""为什么不宣传悼念周总理的活动?为什么不宣传周总理的丰功伟绩?登这篇文章究竟安的是什么心?"

1月16日追悼大会开过以后,姚文元下令:"治丧报道要立即结束!"新华社原定16日要发布的全国人民群众沉痛悼念周恩来的综合报道,就被姚文元一刀砍掉了。姚文元的指示显然不仅仅是他一个人的意见。大量报道的确会冲击"反击右倾翻案风","四人帮"利用"左"倾错误发泄他们对周恩来的刻骨仇恨。

1月18日,江青一伙违背全国人民心愿,如期举办全国舞蹈调演。1月28日,江青一伙扣压纪录影片《敬爱的周恩来总理永垂不朽》。2月6日,内部刊物《参考资料》刊登了一篇反动文章,在谈到1927年"四·一二"反革命大屠杀时,无中生有地诬陷周恩来。2月13日,《光明日报》头版刊登"高路"(即梁效)写的《孔丘之忧》,大批"忧"字,把悼念周恩来的人民污蔑为"哭丧妇"。文章恶毒地写道:"让旧制度的'哭丧妇'抱着孔丘的骷髅去忧心如焚,呼天号地吧。"

对"四人帮"的所作所为,人民看在眼里,恨在心中。愤怒的火焰就要升腾。

二 人民的怒吼

俗话说:"气不打一处来。"对"四人帮"压制哀悼周恩来的憎恶,对"文化大革命"的怀疑以至否定,对"批邓、反击右倾翻案风"的不满以至反对,汇成巨大的愤懑。人民的忍耐是有限度的,纷纷起而抗争。

大动乱的年代（1966—1976）

(1) 星星之火 [1]

1976 年 2 月 23 日，福建省刘宗利在福州市贴出大字报：《"阿斗"的呼声》，历数"四人帮"罪状，震动了福州。（3 月 8 日，王洪文亲自下令追查。）

2 月 26 日，福州大学机械系教师厉海清在福州市东街口贴出《天仙子·葬志》词一首，表达了对林彪、"四人帮"的痛恨。

3 月 2 日，武汉市街头出现"继承总理志，实现四个化"等大标语。署名"寒城牛"。

3 月 9 日，贵阳制药厂李洪刚等七名青年工人，在贵阳市贴出《对目前形势和新的任务的几点看法》的大字报，并油印 80 余份，自费前往郑州、长沙等地散发、张贴。

3 月 11 日，福建三明市农机公司赵大中在三明市贴出题为《论扩大共产主义思想宣传——批判党内走资本主义道路的当权派张春桥》的大字报，数日后又贴出了续篇。

3 月 19 日，北京市朝阳区牛坊小学红小兵在人民英雄纪念碑前，献了第一个悼念周总理的花圈。从此，悼念总理的人流首尾相接川流不息，献给周总理的花圈越来越多。

3 月 20 日，广东顺德县大良轧钢厂工人杨振汉写信给毛泽东，批判张春桥的谬论。3 月 26 日又发出一封。

3 月 25 日，武汉市出现了《绝不对资产阶级野心家卑躬屈膝》的油印传单，署名"寒城牛"。

3 月 26 日，武汉锅炉厂有 200 余人集会，指名批判江青、张春桥。

以上远不是完整的记载。在其他一些省、市、自治区，也出现了类似的大字报、大标语和传单。

(2) 南京事件

1976 年 3 月 5 日，《文汇报》刊登新华社一篇关于纪念雷锋、学习雷锋的新闻稿，将周恩来对雷锋的四句题词全部删去。3 月 25 日，《文汇报》在第 1 版发表的新闻稿《走资派还在走，我们就要同他斗》中，竟说："党内那个走资派要把被打倒的至今不肯改悔的走资派扶上台"。由于《文汇报》长期以来是"四人帮"

---

[1] 资料取自严家其等：《四五运动纪实》的附录《四五运动日志》。

的舆论工具，这两件事激起了人民的极大反感。数日之内，各地向《文汇报》发去的抗议信、电达421件，打去抗议电话达1000多次。人们纷纷指出："反周总理的人不得人心！"责问《文汇报》"成了谁家的报纸？"严正要求《文汇报》"向全国人民交代事件的真相！"

1976年3月24日，南京江苏新医学院师生员工抬着献给周总理的花圈到雨花台，隆重举行悼念活动。3月28日上午8时，南京大学数学系400余人在李西宁带领下，抬着周总理的巨幅遗像和大花圈，绕道新街口到梅园新村。沿途许多群众纷纷加入，成为南京市民反对"四人帮"的第一次大规模的示威。3月29日，南京大学数学系学生贴出大标语，指出要警惕野心家、阴谋家篡夺党和国家的最高领导权，要用鲜血来保卫红色江山。下午，南大300多名学生分成20多个小组，在全市主要街道张贴大标语。当晚去火车站，把大标语刷在过往南京的列车上。3月30日，南京大学学生在车站工作人员帮助下，用柏油和油漆在车厢上刷了"揪出《文汇报》的黑后台！""谁反对周总理就打倒谁！"等大字标语。

3月30日，王洪文对"四人帮"在《人民日报》的心腹鲁瑛说："南京事件的性质是对着中央的。"并说："那些贴大字报的是为反革命复辟制造舆论。"4月1日，中央政治局召开会议讨论南京和各地出现的悼念活动的问题。当天中央向各地发出关于"南京事件"的电话通知，错误地指出："最近几天，南京出现了矛头指向中央领导同志的大字报，大标语。这是分裂以毛主席为首的党中央、扭转批邓大方向的政治事件。"要求立即采取有效措施"全部复盖"，并且提出："要警惕别有用心的人"借机扩大事态，要追查这次事件的"幕后策划人"和"谣言制造者"。

(3) "四五运动"①

3月24日，北京市公安局指示天安门派出所把3月19日以来送花圈的单位、人数、花圈数汇总上报。

3月30日，北京市总工会工人理论组曹志杰等29人，在人民英雄纪念碑南侧贴出了第一张悼念周恩来、声讨"四人帮"的悼词。

3月31日，天安门广场纪念碑四周放满了花圈，数不清的悼词、小字报、诗词，出现在纪念碑上、花圈丛中。许许多多的单位和个人自发到广场举行悼念仪式。北京市公安局派出"便衣"观察动态，记录小字报、诗词。同日，南京汽车

---

① 部分资料取自严家其等：《四五运动纪实》的附录《四五运动日志》。

厂制泵分厂王运德、张精美、殷辉在南京中山东路贴出"打倒大野心家、大阴谋家——张春桥！"的大标语。

4月1日，天安门广场庄严肃穆。在万千花圈中，有一个巨大的长型花圈，黑底上用白字写着："深切怀念敬爱的周总理。"山西坞城路三局机电队共青团员王立山在纪念碑上贴出"欲悲闻鬼叫，我哭豺狼笑。洒泪祭雄杰，扬眉剑出鞘"一诗。（被列为"〇〇一号反革命案件"重点追查）北京市公安局局长刘传新在公安局会议上说：清明扫墓是"旧传统、旧习惯"，要阻止群众送花圈。还说："现在反革命破坏活动相当嚣张"，"凡是纪念碑前反动的东西，要坚决搞掉"。4月1日晚，中央政治局开会，讨论了当前势态。会议认为，全国各地流传的所谓"总理遗嘱"、"总理给主席的诗词"，欺骗了一些不明真相的人，干扰破坏当前反击右倾翻案风的斗争。南京已有人借故闹事，还要利用清明节（4月4日）搞什么扫墓活动，并要以纪念杨开慧烈士的名义送花圈。北京等地也有很多类似动向。这个动向值得注意。会议认为，除电话答复江苏等地外，中央可以发一文件，说明所谓"遗嘱"之类是敌人造的谣言，干扰破坏当前的斗争大方向，要追查。

4月2日，北京重型机械厂工人制作的第一个铁花圈送到天安门广场。中国科学院一〇九厂职工在人民英雄纪念碑上立起四块巨型诗牌。上写："红心已结胜利果，碧血再开革命花，倘若魔怪喷毒火，自有擒妖打鬼人。"十分引人注目。北京市各个单位传达关于"南京事件的电话通知"。首都民兵、警察、卫戍部队的"联合指挥部"成立。指挥部设在天安门广场东南角的三层小灰楼内。指挥部决定抽调民兵、公安干警各3000人和部分卫戍部队组成机动力量，随时准备出动镇压群众。姚文元对鲁瑛说："要分析一下这股反革命逆流，看来有个司令部。"同日，他在打给广播事业局的电话中说："现在天安门纪念碑前送花圈悼念总理，是针对中央的，是破坏批邓的。"下午，刘传新召开公安局常委会，拟定了《对天安门广场出现各种问题的处理办法》，提出了具体镇压群众的措施。"四人帮"在江苏的代理人开始对革命群众进行镇压。南京大学某教学楼的课桌上出现了署名"万万千作词，千千万抄写"的《捉妖战歌》。这首战歌指出"四人帮"的本质是"想当封建皇帝"。南京市街头仍有人贴批判《文汇报》的大字报、大标语。抬着花圈游行的队伍仍然不断。

4月3日，凌晨4点40分，王洪文到天安门广场，打着手电筒看了纪念碑周围的部分花圈和悼词。回去后，他打电话给他们在公安部的亲信说："你还在睡觉啊，我刚到天安门去看了一下，那些反动诗词你们拍下来没有？不拍下来怎么行呢？将来都要破案的呀。否则，到哪里去找这些人呢？你们应该组织人去把它拍下来，要考虑将来破案。"这一天天色阴沉，下着小雨。纪念碑上已被花圈堆满，但冒雨送花圈的队伍仍陆续不断。花圈向纪念碑周围的广场上扩展。参加悼念的人估计有几十万。纪念碑东侧贴出一篇署名"北京工人"的长篇悼词。这篇悼词道出了人们的心声，在这一天当中被朗诵了几十遍；纪念碑北侧的一排旗杆上悬挂了一个几十米长的黑布横幅，上面用白字写着："誓死继承总理志，深学马列识方向，若有妖魔兴风浪，人民愤起灭豺狼。"署名"北京西郊烟灰制品厂部分同志"。纪念碑第二层台阶的西北侧贴出了一张《关于建立周总理纪念馆的建议》的大字报。许多群众当即表示支持并自动献款。一二四中学学生还提出要求参加建馆义务劳动。国务院政工小组向国务院所属部门发出电话通知，要求大家不要去天安门前送花圈。姚文元看了《人民日报》编写的《情况汇编》，把群众的许多大标语定为"反动口号"。他在日记中写道："中国这个国家，激烈的斗争不断，但解决矛盾（某一方面，部分）却总是不彻底。为什么不能枪毙一批反革命分子呢？专政究竟不是绣花。"晚上，花圈比白天增加了几倍。9时半左右，广场中央聚集了几千人，反复朗诵着清华大学几个工农兵学员写的一篇悼词《献上一朵素洁的白花》。有人把悼念周总理的诗词谱成歌曲，在天安门广场教唱，出现了万人大合唱的动人场面。北京房修二公司工人韩志雄在纪念碑上贴出了《悲情悼总理，怒吼斩妖魔》的小字报，遭到"便衣"人员跟踪，晚10点多钟，在取自行车准备回家时被捕。至此，于天安门广场被抓捕的群众已达26人。

4月4日前后，杭州市人民大会堂和延安路、解放路等闹市区里，汇集了成千上万的人民群众，张贴标语、诗词，送来精心制作的花圈。许多单位的群众列队游行，高呼"坚决揪出化装成美女的毒蛇！""谁反对周总理谁就是人民的公敌！"等革命口号。这次活动被"四人帮"打成"杭州四四反革命事件"。河南郑州市广大群众在郑州二七广场等地悼念周总理，愤怒声讨"四人帮"。后被"四人帮"定为"反革命破坏活动"。与此同时，在山西太原、古城西安等许多地方的革命群众都举行了类似的活动。

4月4日，天安门广场的悼念活动达到了高潮。上空两束气球挂着"怀念总理""革命到底"的巨幅挽联。地上花圈摆满了广场。这一天到广场的人数达200万人次，秩序井然。上午，北京铁路分局的青年工人王海力在天安门广场展示血书，壮怀激烈。上午7时，青云仪器厂职工，分四列纵队，共275排抬着34个花圈，从西单来到天安门广场。绕场一周后，举行了隆重的悼念仪式。曙光电机厂3000多名职工的队伍，也浩浩荡荡从东单开进广场。北京重型机械厂工人制作的第二个铁花圈运到了广场。上午11时，首钢工人李铁华在天安门广场发表演说。"四人帮"在公安部的党羽亲自去广场部署"取证"和侦察。姚文元再次打电话给他在《人民日报》的心腹说："天安门人民英雄纪念碑的活动是反革命性质的。"纪念碑东侧接连贴出《清明节呐喊》、《叫人怎么办?》等诗词。用"三人十只眼"来暗指江青、张春桥、姚文元。晚9时许，纪念碑东南角出现《第十一次路线斗争大事记》的传单，有人在高声朗诵，吸引着许多人。这份传单公开点了江青的名。"四人帮"在《人民日报》的心腹，马上以《一个极为重要的情况》把传单抄报"四人帮"。北京市公安局的干将进行紧急部署，要求做到"车辆准备好，拘留所、收容所做好准备"。

4月4日晚，中央政治局开会，讨论天安门广场群众活动问题。有人在会上说："在纪念碑前送花圈2073个，单位1400多个单位次……诗词、悼词、小字报，有48起是恶毒攻击主席、中央的。"会议认为：这是反革命事件，文化大革命以来没有过像这次这样严重的逆流。"是反革命煽动群众借此反对主席、反对中央，干扰、破坏斗争的大方向。"江青等人提出，清明已过，要连夜把花圈转走，要抓发表"反革命"演说的人。华国锋说："很恶毒的""一批坏人跳出来了，写的东西有的直接攻击主席，很多攻击中央"。吴德说："看来这次是一个有计划的行动。邓小平从1974年至1975年他作了大量的舆论准备……今年出现这件事是邓小平搞了很长时间的准备形成的。""性质是清楚的，就是反革命搞的事件。"会议错误地决定：在全国揭露敌人的阴谋，发动群众追查政治谣言，在五一前搞一次大的反击；立即清理天安门广场的花圈和标语；抓"反革命"；调民兵和公安人员在广场周围，阻止群众送花圈和集会；调动卫戍部队在二线待命。毛远新向毛泽东报告了政治局会议所议，这个报告得到了毛泽东的批准。

4月5日凌晨1至2时，天安门广场上的花圈惨遭洗劫。北京卫戍区和汽车运输公司奉命出动200辆大汽车将花圈运往八宝山销毁，小部分放在中山公园留下当作"罪证"。在清理广场时，57名在场群众均遭审查，其中7人因抄诗或"可疑"被捕。5点10分，王洪文到联合指挥部小楼向头头们面授机宜。通往广场的路口已派人把守，不准送花圈的群众进入，还设了劝阻站。纪念碑由军队、警察、民兵组成封锁线层层围住。6 时左右，北京一七二中 30 多名学生在群众支持下，冲破了封锁线把花圈送到了纪念碑上。7 时半，一个军人发表反对群众送花圈的讲话，受到群众斥责。过了一会儿，有一个身穿蓝制服的人跳出来攻击周总理，引起众怒。两个"便衣"上前解围被群众认出，其中一个向大会堂方向逃去，群众涌向大会堂东门外。一辆广播车因诬蔑群众悼念活动，被群众砸扁了喇叭，推翻了车。9 时许，又一个持有清华大学机械系听课证的人攻击周总理，被群众惩罚后，扭送派出所。几十万人在大会堂东门口高呼："还我花圈，还我战友"的口号，同工人民兵和警卫战士发生冲突。中午，群众包围了联合指挥部（小灰楼），群众派出四名代表向指挥部交涉，提出归还花圈、释放被捕群众、保障群众有悼念总理的权利等三项要求，由于指挥部毫无诚意，谈判无结果。12 时 58 分，愤怒的群众烧着了指挥部头头乘坐的上海牌轿车一辆。下午 3 时许，又烧了指挥部的面包车一辆、吉普车两辆。联合指挥部先后调集卫戍部队一个营，警察 80 人，民兵 200 人，加强了小灰楼的警戒。部分群众冲入楼内。5 点零 4 分，小灰楼被群众点燃起火。下午 5 点 15 分，指挥部全体人员从楼南面窗户爬出，撤离了指挥部。联合指挥部头头们研究"反击"部署，决定在中山公园成立一个新的指挥点。下令晚上"要准备武器，可以带棒子、铐子"。

4 月 5 日，张春桥等人在人民大会堂注视着广场的事态。

（4）白色恐怖

4 月 5 日下午 6 点 25 分，天安门广场的高音喇叭开始播放吴德的广播讲话。讲话全文如下：

同志们：

近几天来，正当我们学习伟大领袖毛主席的重要指示，反击右倾翻案风，抓革命、促生产之际，极少数别有用心的坏人利用清明节，蓄意制造政治事件，把矛头直接指向毛主席，指向党中央，妄图扭转批判不肯改悔的走资派邓小平的修正主义路线，反击右倾翻案风的大方向。我们要认清这一政治事件的反动性，戳穿他们的阴谋诡计，提高革命警惕，不要上当。

全市广大革命群众和革命干部，要以阶级斗争为纲，立即行动起来，以实际行动保卫毛主席，保卫党中央，保卫毛主席的无产阶级革命路线，保卫我们社会主义祖国的伟大首都，坚决打击反革命破坏活动，进一步加强和巩固无产阶级专政，发展大好形势。让我们团结在以毛主席为首的党中央周围，争取更大的胜利。

今天，在天安门广场有坏人进行破坏捣乱，进行反革命破坏活动，革命群众应立即离开广场，不要受他们的蒙蔽。

话是吴德讲的，意思自然不仅仅是他个人的意思。下午 7 时许，民兵 1 万人、公安干警 3000 人、卫戍部队五个营分别在中山公园、午门、劳动人民文化宫、历史博物馆、二十八中学等地集结待命。晚 9 点 35 分，广场灯火通明，在吴德讲话和《三大纪律八项注意》的广播声中，民兵、公安干警、卫戍部队带着木棍包围广场，对广场上尚未撤出的群众进行毒打。38 人被捕（前三天逮捕 39 人），投入监狱。

4 月 6 日上午 9 时 10 分，北京海淀区感光材料厂几十名同志送来这天的第一个花圈。人们看着广场上的滩滩血迹，怒火中烧。《人民日报》发表社论《牢牢掌握斗争的大方向》，叫嚷对制造政治谣言、攻击和分裂党中央的，要严加追查，坚决打击。晚 6 时，几十辆卡车载着工人民兵开进天安门广场。广场一片沉寂，有百余群众在纪念碑前徘徊，没有人发出声音。纪念碑北侧那个唯一的花圈，不屈地在寒风中挺立。夜里广场戒严，调动警察冲洗地上的血迹。4 月 7 日，昆明市云南重机厂工人方策，在本厂附近的墙壁、电线杆上，贴出"打倒林、张、江贼！"等大标语。

三 错误的判断和决定

4 月 6 日凌晨，部分在京中央政治局委员开会，听取北京市公安局、北京卫戍区关于天安门事件的汇报，认为群众的行动是"反革命暴乱性质"，指出："不要以为事情完了，天安门前大表演是在造舆论，下一步是不是在广场不一定"；"公安局要侧重侦察线索，找到地下司令部"；"中央尽快通报全国"；"准备更大的事件发生"。决定组织 3 万名民兵集中在天安门广场附近待命，派出九个营的部队在市区内随时机动。毛远新于 4 月 6 日 3 时向毛泽东汇报了政治局会议情况，毛泽东于 4 月 6 日 11 时批示："士气大振，好，好，好。"

4 月 7 日，江青、张春桥、姚文元、王洪文在人民大会堂接见鲁瑛等人，要他们赶写一篇"天安门广场的反革命的政治事件"的报道。姚文元点出："要鲜明地点出邓小平"，"要快"，"粗点没有关系"。天安门广场继续戒严。有 20 余辆清洁车和洒水车，在广场内打扫"卫生"。中山公园和劳动人民文化宫大门紧闭，门外放着："因修理内部，暂停开放"的大木牌。北京市各单位传达市革委会于 4 月 5 日发出的《紧急通知》，它说："天安门广场事件"是"解放以来前所未有的最大的反革命事件。"刘传新在公安局会议上狂叫："已抓到的还不是大鲨鱼，要深下去，捞一大批"，"重点在党政军、党内走资派"。市公安局电话通知各分、县局，在照相馆查到凡有涉及天安门事件的胶卷和冲洗的照片，要没收并登记姓名、住址或工作单位。广州半导体材料厂青年工人庄辛辛写信给《人民日报》、《红旗》杂志，喊出了全国人民的共同呼声："支持邓小平，打倒张春桥、打倒姚文元、打倒江青！"为此，被司法机关以"反革命罪"判处有期徒刑十五年，刑满后剥夺政治权利五年。

4 月 7 日，毛泽东在听取毛远新的汇报时，指出要公开发表人民日报记者现场报道和吴德的广播讲话，并据此解除邓小平的一切职务，保留党籍，以观后效。又说：中央政治局作决议，登报。这次，一、首都，二、天安门，三、烧、打，这三件好。性质变了。毛泽东还提出华国锋任总理，一起登报。7 日下午，毛泽东补充说，华国锋任党的第一副主席，并写在决议上。当晚，中央政治局开会，宣读并通过了《关于华国锋任中国共产党中央委员会第一副主席、中华人民共和国国务院总理的决议》和《关于撤销邓小平党内外一切职务的决议》。后一决议说："中共中央政治局讨论了发生在天安门广场的反革命事件和邓小平最近的表现，认为邓小平问题的性质已经变为对抗性的矛盾。根据伟大的领袖毛主席提议，政治局一致通过，撤销邓小平党内外一切职务，保留党籍，以观后效。"一个小时后，中央人民广播电台向全国广播了这两个决议。同时广播了《天安门广场的反革命政治事件》的报道。（北京部队某部副营长王勤在听完广播之后，将一张题为《对当前形势的看法》的小字报，贴在营房附近十字路口的一棵白杨树上。他指出"张江等"是"假马列"，"邓副主席是我们的贴心人"，"向天安门广场的英雄们学习！"）

4 月 8 日，《人民日报》公布了两个决议，发表了吴德在天安门广场的广播讲话，并以《人民日报》工农兵通讯员、《人民日报》记者名义发表了《天安门广场的反革命政治事件》的报道，报道说："一小撮阶级敌人打着清明节悼念周总理的幌子，有预谋、有计划、有组织地制造反革命政治事件。"报道把人们对"四人帮"的声讨和对"左"倾错误的抗议说成要在中国"搞修正主义，复辟资本主义"，把人们拥护邓小平的领导说成"为邓小平歌功颂德，妄图抬出邓小平当匈牙利反革命

大动乱的年代（1966—1976）

事件的头子纳吉"。① （4月12日，人民日报社收到一封署名"一个现场的工人民兵"的来信。信封正面是"人民日报总编辑收"，背面是："戈培尔编辑收"。信封里装着一份4月8日《人民日报》的一、二版。上面批着："令人震惊！党报堕落了！成为一小撮法西斯野心家阴谋家的传声筒！"建议"从今日起改为：法西斯党机关报。""打倒野心家阴谋家江、张、姚！"）4月8日这一天清晨，上海市人民广场中心的旗杆上飘扬着一面白色绸旗，旗上一张周总理遗像，下书"沉痛悼念，恩来总理"。这一壮举吓坏了"四人帮"的余党，当即将升起旗帜的青年工人黄水生逮捕。

从4月8日到10日，各省市自治区、解放军各部队，奉中共中央之命，集会游行，表态拥护两个决议、谴责邓小平，向中央打电报表示支持两个决议和对天安门事件的处理。《人民日报》一篇又一篇地报道这类消息，造成全党、全国人民"拥护"的假象。北京和各地又根据中共中央的要求，追查所谓"政治谣言"，搜捕天安门事件和类似事件的参加者和"幕后策划者"。4月10日，《人民日报》发表题为《伟大的胜利》的社论，污蔑邓小平是"党内最大的不肯改悔的走资派"。

4月8日，文化部举行文艺晚会和组织慰问团对天安门事件中的工人民兵、警察、警卫战士进行慰问。4月24日，《人民日报》登载新华社消息：首都工人民兵指挥部、北京市公安局、北京卫戍区分别召开大会，表彰在粉碎天安门广场反革命政治事件斗争中立了功的先进集体和个人。

至6月17日，北京市公安局刘传新等人搜去悼文、诗词原件583件，强令群众交出悼文、诗词照片和现场照片10.8万多件；从中选出重点600余件编成《天安门广场反革命事件罪证集》，加上其他"重点线索"，总计立案追查的共1984件。北京共拘捕群众388人。至于以隔离、办学习班、谈话等方式审查的数量更大，全北京市被触及的群众数以万计。新华社1978年11月18日讯："本社记者报道：根据北京市公安部门提供的材料，1976年因参加天安门事件而被捕的300多名干部、群众中，没有一个是反革命分子。"

以天安门事件为中心的全国性的抗议运动虽然被镇压下去了，但是它为后来粉碎江青集团奠定了伟大的群众基础。这次运动是人民群众在党的长期教育和毛泽东思想长期熏陶下自发的行动，一方面出于对周恩来伟大人格的景仰和对周恩来的哀

---

① 参见《新闻战线》1978年第1期刊登的"本刊记者"写的《揭露"四人帮"及其心腹炮制天安门事件报道的阴谋》。

悼，另一方面以悼念周恩来和杨开慧等烈士的形式表示对"四人帮"的愤怒和对"左"倾错误的抵制。许多诗词、悼词和讲演指出江青、张春桥等人是祸国殃民的"野心家"、"阴谋家"，提出"打倒野心家、阴谋家"的口号。广场上出现了许多如"欲悲闻鬼叫，我哭豺狼笑。洒泪祭雄杰，扬眉剑出鞘"之类的诗词，表示坚决反对"四人帮"的决心，这些诗词迅速传遍全国。人们对"文化大革命"特别是对"批邓、反击右倾翻案风"的怀疑、不满总爆发。这次运动中的许多积极分子正是"文化大革命"初期的红卫兵，他们提出了反对专制主义和个人崇拜的要求，尖锐指出："中国已不是过去的中国，人民也不是愚不可及，秦皇的封建社会已一去不复返了。"他们强烈要求为实现我国的四个现代化而奋斗。明确提出："我们要的是真正的马列主义。为了真正的马列主义。我们不怕抛头洒血。四个现代化日，我们一定设酒重祭。"这个运动的实质，是拥护以邓小平为代表的党的正确领导。这次建国以来前所未有的抗议运动的爆发，给人以深刻的启示。它告诉我们：违背人民意愿的错误政策，终究要受到人民的反对而被抛弃；江青等人逆历史发展潮流而动，人心丧尽，为人民所唾弃。

贵州遵义市人民在遵义会议旧址前悼念毛泽东

第七章
在危难的日子里

一位外国人评论道："按照阴历，1976 年是龙年，但在中国历史上这是多么不幸的一年啊！"[1] 他以"周恩来逝世"、"邓小平再次下台"、"造成人类历史上最严重后果的地震"等一系列重大事件来说明"不幸"。

本章述评以天安门事件为中心的抗议运动被镇压以后的种种"不幸"。

一　人祸天灾和巨大损失

"人祸"指的是公开"批邓"和江青一伙的倒行逆施，"天灾"指的是唐山大地震。在那些日子里，灾祸接二连三，人民敬爱的朱德委员长又怀着深重的忧虑逝去，中国人民真是不幸啊！

（1）明批邓　暗攻华

天安门事件发生以后，在全国开展了更大规模的公开的"批邓"运动。

1976 年 5 月 16 日，《人民日报》、《红旗》杂志、《解放军报》编辑部联合发表了《文化大革命永放光芒——纪念中共中央 1966 年 5 月 16 日〈通知〉十周年》的文章，再次强调了"文化大革命"理论的正确性和"文化大革命"的必要性，攻击

---

① ［匈］巴拉奇·代内什：《邓小平》，解放军出版社 1985 年版，第 213 页。

邓小平，宣传"资产阶级就在共产党内"的错误理论。这篇文章说：

> "十年来，我们同刘少奇斗，同林彪斗，同邓小平斗，这一次一次的斗争都证明：资产阶级确实就在共产党内。党内走资派是资产阶级同无产阶级进行较量、搞资本主义复辟的主要力量。这里，关键的问题在于他们是混进无产阶级专政机构内部走资本主义道路的当权派。"

> "党内最大的不肯改悔的走资派邓小平，就是这次大刮右倾翻案风，直至天安门广场反革命政治事件的挂帅人物。文化大革命前，他是刘少奇资产阶级司令部的二号头目。……'三项指示为纲'，是邓小平翻案复辟的政治纲领。这个修正主义纲领，宣扬阶级斗争熄灭论和唯生产力论，反对以阶级斗争为纲，否定党的基本路线，否定文化大革命的必要性。邓小平妄图把它作为今后长时期'各项工作的总纲'，强加于全党、全国人民，为全面复辟资本主义开辟道路。"

> "'全面整顿'，是邓小平翻案复辟的行动部署。一声整顿令下，翻案妖风骤起。毛主席的革命路线和政策，文化大革命的成果，社会主义制度的优越性，他一律都要'整顿'掉。所谓整顿，其实质就是资产阶级整无产阶级，就是资本主义复辟。"

> "毛主席在今年年初说过：'不斗争就不能进步。''八亿人口，不斗行吗?!'无产阶级文化大革命的十年，就是我们在斗争中前进的十年，是我们国家发生巨大变化的十年。"

文章混淆了是非和敌我。"资产阶级确实就在共产党内"，是完全错误、危害极大的理论。"八亿人口"为什么就要"斗"呢？

6月18日，中央办公厅发出通知，将毛泽东1964年12月12日的一个批示印发全党。这个批示指出：

> "官僚主义者阶级与工人阶级和贫下中农是两个尖锐对立的阶级。"

> "管理也是社教。如果管理人员不到车间小组搞三同，拜老师学一门至几门手艺，那就一辈子会同工人阶级处于尖锐的阶级斗争状态中，最后必然要被工人阶级把他们当作资产阶级打倒。不学会技术，长期当外行，管理也搞不好。以其昏昏，使人昭昭，是不行的。"

> "这些走资本主义道路的领导人，是已经变成或者正在变成吸工人血的资产阶级分子，他们对社会主义革命的必要性怎么会认识足呢？这些人是斗争对

象，革命对象，社教运动绝对不能依靠他们。我们能依靠的，只有那些同工人没有仇恨而又有革命精神的干部。"

印发这个批示的目的，也是为了攻击邓小平。

中央报刊上先后发表了梁效的《邓小平与天安门广场反革命事件》（4月28日《人民日报》）、程越《一个复辟资本主义的总纲》（4月5日《人民日报》）、池恒的《无产阶级专政的伟大胜利》（《红旗》杂志第5期）、梁效的《党内确实有资产阶级》（5月18日《人民日报》）、方刚的《走资派就是党内的资产阶级》（《红旗》杂志第6期）、高路、常戈的《评邓小平的买办资产阶级经济思想》（《红旗》杂志第7期）等许许多多"大批判"文章。"批邓"运动实际上为江青一伙所掌握，他们按照他们的理论观点和政治意图进行。报刊上发表的上述带有全面指导性的批判文章，更是张春桥、姚文元直接组织、授意、审定的。这种批判狂热地宣传所谓"党内资产阶级"的理论，这个理论是根据毛泽东关于"资产阶级就在共产党内"的观点加以发挥的。这个理论认为：党内有走资派，走资派是党内的资产阶级，党内资产阶级是整个资产阶级的主体。这个理论认为：随着社会主义革命的深入，党外资产阶级在经济上政治上逐步削弱了，他们名声很臭，不可能公开聚集起来同无产阶级全面较量。因此，无产阶级同资产阶级斗争就越来越深刻地突出地表现在党内，走资派就作为整个资产阶级的核心力量在党内出现，成为颠覆无产阶级专政的主要力量。党中央推行修正主义路线的人就是党内外资产阶级和地、富、反、坏、右颠覆无产阶级专政、复辟资本主义的政治代表和挂帅人物。党内之所以会出现一个资产阶级，就是因为阶级关系发生了根本的变化，党内一部分人反对社会主义革命，从资产阶级民主派变成了走资派。显然，这个理论是混淆是非和敌我的理论。把党内反对"左"倾错误的人说成"资产阶级民主派"，说成搞"修正主义"，说成"党内资产阶级"，是荒谬的。

江青一伙特别强调：邓小平被打倒以后，阶级斗争并没有结束，"走资派还在走"，还会有新的政治代表和头面人物。他们不仅打倒邓小平，而且要整倒"一层人"，即正在台上的从中央到地方的党、政、军一些领导干部，特别是中央、国务院一些领导同志。迟群在几次讲话中露骨地提出："有一层人势力很顽固"，要特别警惕"中央出修正主义"，要"一级盯一级"，"一级一级往上盯"，"一直盯到中央政治局"；"仍然会有斗争，还会有别的机会主义头子，别的挂帅人物跳出来"。7月1日，姚文元审改的《清华大学党委在斗争中加强党的建设》特别强调，要警惕走资派篡夺各级领导权，要警惕中央出修正主义。

为了攻击中央和国务院领导同志，"四人帮"利用各种渠道，搜集和整理诬陷这些同志的大量材料。王洪文调阅了国务院、中央军委、国防工办等单位从 1975 年 6 月至 1976 年 1 月的部分文件和会议简报，拼凑材料。"四人帮"的亲信把持的上海市总工会，断章取义地整理印发了中央和地方领导同志的材料 43 种、25 万多份，被点名的中央政治局同志、副总理、副委员长 15 人。1976 年 7 月，中央召开全国计划工作座谈会。"四人帮"策动上海市委常委黄 ×、辽宁省委书记杨 ×× 在会上发难。根据王洪文的指使，黄 × 整理了 20 份材料，涉及国家计委、建委、外贸部、交通部等 12 个部委。7 月 16 日，黄 × 在会上首先提出："当前，广大干部和群众认真学、深入批，同邓小平对着干。但是，他们担心上边有些人'批归批，干归干，还是照老样子干'。""去年的经济工作'务虚会'，在邓小平的指挥棒下，究竟务的是什么'虚'？务的是哪个阶级的'虚'？搞的是哪个阶级的政治？名曰规划国民经济，实为策划右倾翻案。有的同志，同邓小平那一套货色，岂止是共鸣？分明是合唱了！经济领域里右倾翻案风的风源，盖出于此吧？"7 月 20 日，杨 ×× 也在会上说："国家机关的领导权，是不是都掌握在真正的马克思主义者手里啊？我看不是。务虚会是资本主义泛滥，计划会议是掩护邓小平退却。""这么大的一件事情，总得对大家有个交代吧！"会议期间，王洪文四次到京西宾馆向黄 × 了解会议情况。20 日下午，杨 ×× 发言以后，王洪文在京西宾馆将上海小组和辽宁小组的人找在一起听取汇报，说："辽宁小组的发言看到了，批得很好，问题提得很尖锐，批判就要直捅，不要不痛不痒，怕什么？""国务院务虚会的问题很值得研究，看务的什么虚，'二十条'、'十八条'，同一个时间各部门都搞这种东西，搞'管、卡、压'。"又说："要斗，不斗就不能取胜，在这可以斗，回去还可以斗。不斗，修正主义老爷就拆你的台。"按照王洪文的旨意，黄 × 和杨 ×× 等人串连在一起，追"风源"，批"邓小平为头子的少数人对多数人专政"。张春桥则在政治局会议上说："有意见让大家讲嘛，要允许人家讲话嘛！"在会议结束时，中央领导人接见会议代表，这时王洪文公开支持黄 × 等人的发言，说："有的同志在这次会议上开了一炮，开的好！"由此可见，黄 ×、杨 ×× 在计划会议上发难，是一次有计划、有预谋地向华国锋和中央其他领导人的进攻。

(2) 朱德逝世

1976 年 7 月 6 日，中共中央政治局常委、全国人民代表大会常务委员会委员长、伟大的无产阶级革命家朱德逝世。在周恩来逝世后，朱德深切怀念周恩来，忧党忧国忧民，健康状况日益恶化，终于逝世。这是中国人民的巨大损失。人民无限悲痛，哀悼这位立场坚定、爱憎分明、功勋卓著、热爱人民的领导人。

朱德在十年逆境中的高风亮节，鲜为人知。解放军报社纪学写了《最后的十年——康克清谈朱德同志》[①]，这是迄今为止唯一的系统地记叙朱德在"文化大革命"中的情形的文章。全文照抄如下：

尽管十年前的 7 月 6 日，朱德同志就怀着深重的忧虑，离开了他为之奋斗终身而又正处在劫乱中的人民，但他和蔼的形象，他光辉的业绩，却一直活在人民的心里。对康克清同志来说，自然更是如此。

朱总诞辰百周年前夕，我又一次见到令人尊敬的康克清大姐。我曾有幸听她讲过她和朱总一起走过的战斗历程，知道在将近半个世纪的时间里，他们始终相随相依。然而，在康大姐的心目中，他们最后十年的共同生活，却占有特殊重要的位置。因为那是"文化大革命"的十年，朱总和我们的许多老革命家一样，受到了不公正的对待。而她，最了解朱总在十年逆境中所表现出来的鲜为人知的高风亮节。

谈到"文化大革命"中的朱老总，康大姐说："运动刚开始时，朱总很少说话，常常一个人独坐默想。可以看得出来，他的心情是十分苦闷的。"

显然，对于那历史性灾难的突然降临，朱总虽然是中共中央政治局常委，是全国人大常委会委员长，也不能理解。但由于种种复杂的政治原因，他只能默默地思考，无言之中偶尔流露出心中的怀疑。一次，他突然问道："戚本禹怎么成了中央文革小组的成员？"还有一次，他参加中央的会议回来，将林彪那个大谈"政变"的讲话交给秘书，转身就走。以往，凡是中央的文件，或毛泽东、刘少奇、周恩来同志的讲话，他交给秘书时都要坐下来讲讲该怎样理解。而这次却不屑一提。他这种卑视态度，不正反映出他的心境吗？

当林彪和江青相互勾结，煽动造反，点名批判、关押从中央到地方的一大批领导同志，攻击刘少奇、邓小平及彭德怀、贺龙、陈毅、徐向前、聂荣臻、叶剑英等老帅的大字报贴上街头的时候，朱总坐不住了。他挂着手杖，在中南海里看大字报，到北京大学去看大字报。面对那些造谣和诬陷，他要么脸上

---

① 载 1986 年 11 月 29 日《解放军报》。

露出一丝冷笑，要么无言地愤懑，实在气愤极了，才说："心怀叵测，心怀叵测呀！"

1966年12月的一天，戚本禹奉江青之命，开会布置揪斗朱老总。就在这天晚上，一伙人闯到朱总住处。正巧这晚朱总不在家，那些人就在门前和墙上贴满"朱德是黑司令"、"朱德是大军阀"、"炮轰朱德"等大字报。接着，北京街头也出现了"打倒朱德"的大标语，还成立了"揪朱联络站"，策划召开"批斗朱德大会"。对此，朱总一笑置之。当有人问他时，他坦然地说："历史终归是历史。历史是最公正的！"

有一天，康大姐回到家里，见朱总正看一张传单，传单上说：成立了一个"中国（马列）共产党"，在一个地方开过会，朱总当了中央书记，还有其他负责人的名单。朱总看过后笑了。康大姐问他笑什么，他说："根本没有这回事，这是造谣嘛！让他们造去，将来一定会弄清楚的。"康大姐还是有些不安，说："现在，你成了'黑司令'，我成了'走资派'，往后不知还会怎么样呢？"朱总充满信心地说："只要有主席、恩来在，就没有关系，他们最了解我。你不要怕，'走资派'多了也好。都成了'走资派'，就都不是'走资派'了。形势不会总这样下去的。"

不久，毛泽东同志在中央军委的一次碰头会说：朱德还是要保。但林彪和江青一伙仍把朱总上纲成"资产阶级军事路线的代表"。一天，康大姐在外边开会回到家里，拿这个问题问朱总。朱总不慌不忙地说："这是党内的事情，我不能给你说。"康大姐着急了，大声说："人家说你是资产阶级军事路线的代表，到底是不是？"朱总看着康大姐着急的样子，笑了笑说："急啥子嘛！做什么事总有个代表，是就是，不是想代表也代表不了。"又接着说："当时不少部队刚从国民党军队起义过来，资产阶级军事思想是存在的，他们要找我代表，那就找吧。"从容的态度，显示出坦荡的胸怀。

1969年4月，党召开"九大"，八十三岁的朱总抱病参加。那几天，他正患气管炎，喘得很厉害。林彪、江青一伙仍然不肯放过他，在会上多次对朱总进行围攻，逼他作检讨。康大姐回忆当时的情景说："一次朱总开会回来，问我认识不认识吴法宪、邱会作。我说不认识。他又说，你总该认识李作鹏吧。我想了想说，就是过去在你警卫班里当战士的那个李作鹏吧？他'嗯'了一声。我感到他突然提起这几个人必有原因，就问他是什么意思。他叹了一口气，说：'这几个人，都左得不可收拾罗！'"

"九大"闭幕不久，朱总就接到一个"勒令"，要他和董必武、李富春、聂荣臻、陈毅、叶剑英、李先念、徐向前等人交代反党罪行。朱总说："不要理它！"到了10月，林彪擅自发出所谓"第一个号令"，扬言"要准备打仗"。康大姐怀疑地问朱总："真的要打仗吗？"朱总淡然一笑，说："现在毫无战争迹象。战争不是凭空就能打起来的，打仗之前会有很多预兆，不是小孩子打架。现在看不到这种预兆、迹象。'醉翁之意不在酒'啊！"

康大姐告诉我，"文革"开始不久，她就听说要把朱总赶出中南海。她当时问朱总会不会这样，朱总说，有这个可能。他不幸而言中了。

根据林彪的"第一个号令"，朱总要被"疏散"离开北京。① 当时，他身边没有人，就对康大姐说："你得跟我一起走啊！"正在被"专政"的康大姐为难地说："对呀，我是该跟你一起走。可是，军代表要是不点头，我想走也走不了啊"。朱总沉思一会，无奈地说："那我只好打电话给恩来，让恩来去跟他们说了。"

指挥千军万马的总司令，让妻子跟自己一起到外地去，竟然需要一个小小军代表的批准。那是怎样一个是非颠倒的年月啊！

就这样，朱总由康大姐陪同到了广东（朱总从广东回来，再没有住进中南海）。关于在那里的生活，康大姐不愿多说。但我看到过一个材料上是这样记载的：当朱总坐了三个多小时飞机到达广州时，连广州市也不许进，被直接送到了从化。从化虽然风景优美，但朱总在那里实际上是被软禁的。不准他到附近的工厂、农村去，甚至散步也不能超过"桥头警戒线"。终日陪伴他的，只有康大姐。但即使在这样的境遇中，朱总仍然对前途充满信心，坚信那些为非作歹的人不会长久。他最担心的，还是工农业生产。

是的，人民的生活疾苦，时时萦绕在朱总的心头。从"文革"一开始，他就在中央的一些会议上说，今年是第三个五年计划的第一年，我们应该使工农业生产有大幅度的增长。他反复强调，现在"文化大革命"运动搞到破坏生产的程度，要注意解决。后来，虽然他的活动受到限制，仍时时关心着生产，担

---

① "疏散"是中共中央部署的，并非"根据林彪的'第一个号令'"。林彪无权把许多老革命家"疏散"到外地。参见《中共党史大事年表》，人民出版社1987年版，第372页。

大动乱的年代（1966—1976）

心生产受到破坏。1972年9月以后，他以八十六岁的高龄，先后视察了七机部，一些工厂和农村。针对"四人帮"一伙把抓生产当成是"唯生产力论"的观点，他说："别听他们'革命'口号喊得比谁都响，实际上就是他们在破坏革命，破坏生产。不讲劳动，不搞好生产，能行吗？粮食不会从天上掉下来。没有粮食，让他们去喝西北风！"

康大姐说："1974年1月，我到首都体育馆参加'批林批孔'会，回到家对朱总说，我刚才听了江青的讲话，一个突出的印象就是她把手伸到军队里去了。朱总沉思一会说：你不要害怕。军队的大多数是好的，地方干部大多数是好的，群众也是好的。'文化大革命'以来，军队里虽然出了几个败类，但从整个军队来说，他们是拉不走的。干部中，也有少数人被他们拉了过去。但广大干部战士是不会跟着他们跑的。江青这人是打旗子，又有一部分人捧她。她的本事有多大，你不知道吗？去问问工人、农民、战士和知识分子，谁愿回到那种半封建半殖民地的社会中去？"

周总理逝世后，朱总万分悲痛，经常两眼直直地望着天空，热泪一滴滴顺着脸颊往下流，不时地念叨："恩来，恩来在哪里？"康大姐说："我和他一起生活了那么多年，还是第一次看到他掉泪。"

从周总理患病住院后，朱总就经常向身边的人询问周总理的身体状况，亲自到医院里去看望。那一晚，人们从电视屏幕上看到扶着手杖的朱老总，举起颤抖的右手，向周总理遗体行了一个庄严的军礼。可是人们没有看到，在向遗体告别往返的路上，朱总一直在流泪。那些天，朱总吃不好饭，睡不好觉，健康状况进一步下降，但仍然执着地投入国事活动。别人劝阻时，他说："总理去世了，毛主席身体也不大好，我应该更多地做些工作。"他以九十岁的高龄，带着病开会，看文件，找人谈话，会见外宾，处理日常事务。当"四人帮"大肆诬陷和攻击邓小平同志时，他在不同场合多次说，在毛主席领导下，由邓小平同志主持中央的日常工作很好，这个班子不要变动。一天，他收到揭发"四人帮"的一封群众来信，毫不迟疑地转呈毛泽东同志并郑重附笔："收到人民来信一件，事关重大，请主席酌处。"他接到成仿吾同志寄来的新校译的《共产党宣言》，急忙把老译本找出来，对照着阅读了一遍……

由于过度的紧张和劳累，朱总的肺炎复发了。但他毫不在意，照样工作，照样会见外宾。直到生命的最后一息，想的还是人民，还是革命。

6月12日，朱总会见马达加斯加民主共和国总统迪迪埃·拉齐拉卡。

6月21日，朱总病重了。按照原来安排，他要会见外宾。人们劝他休息，改由其他中央首长代替会见。他没有同意，坚持会见了澳大利亚联邦总理马尔科姆·弗雷泽。由于这次会见时间的改变，朱总在没有空调的房间里等得太久，加重了他的病情。

6月25日，医生会诊后，建议立即住院治疗。朱总想到次日要会见外宾，说："不要紧嘛，等到明天我见完了外宾，再去住院也不晚。"

6月26日，病情突然恶化，朱总才不得不住医院治疗。

7月1日，除肺炎之外，又并发了肠胃炎和肾病，高烧一直不退。这天，朱总把秘书叫到床前，问道："今天是党的生日，报纸该发表社论了吧，念给我听听。"

7月初的一天，朱总对到医院看他的李先念同志说："我看还是要抓生产，哪有搞社会主义不抓生产的道理呢？"

弥留之际，朱总对周围人员断断续续地说："革——命——到底！"

"他是抱着深深的遗憾和不安离开人世的。因为他没有看到祸国殃民的'四人帮'被粉碎，因为他希望看到第五个五年计划实现。可是都没有能够如愿……"

说到这些的时候，康大姐的语调更加沉痛。这不难理解，失去亲密伴侣的创伤，是时间无法平复的。但大姐是一位坚强的女性，她很快就控制住了自己的感情，语重心长地说："对先行者最好的怀念，不能只是泪水，只是誓言，而是把他们的事业推向前进，把他们的理想变为现实！"

你说得对，大姐！朱总和其他所有先行者一样，永远是一种巨大的精神力量，将长久激励我们朝着他们为之奋斗的目标，奋勇前进！

（3）唐山大地震

1976年7月28日，河北省唐山、丰南地区发生了一次强烈的地震，并波及天津、北京等地。伤亡24万人，损失重大。中共中央当天向灾区人民发出慰问电。8月4日，中共中央派出以华国锋为总团长的中央慰问团到受灾地区慰问受灾群众，转达党中央、毛泽东对灾区人民的关怀。在全国人民和解放军的大力支援下，灾区人民奋起抗灾，重建家园。"四人帮"却丧心病狂地认为"抹掉个唐山算得了什么"，攻击党中央抓抗震救灾是"以救灾压批邓"。姚文元以"全国还有其他的大事、学习、批邓、抓革命、促生产等"为由，限制发表抗震救灾的稿件。8 月 11 日《人民日报》发表的《深入批邓，抗震救灾》的社论，根据姚文元在一次编前会上的讲话，说什么："解放以来的历史事实证明，每当出现严重自然灾害的时候，也是两个阶级、两条道路、两条路线斗争激烈的时候，党内机会主义路线的头子，总是妄图利用自然灾害造成的暂时困难，扭转革命方向。复辟资本主义。"姚文元抄了太平天国时的一首诗："地转实为新地兆，天旋永立新天朝"。他指使别人写进文章里。上海《学习与批判》第 9 期发表的《山崩地裂视若等闲》，引用了这首诗，影射攻击中央领导人利用地震"复辟资本主义"。

8 月，江青等人把未定稿的《论全党全国各项工作的总纲》、《关于加快工业发展的若干问题》、《科学院工作汇报提纲》作为反面材料，诬之为"三株大毒草"，在全国发动批判运动。根据江青等人的意图，北京大学、清华大学大批判组编辑出版了《评〈论全党全国各项工作的总纲〉》、《评〈关于加快工业发展的若干问题〉》、《评〈关于科技的几个问题〉》三个小册子在全国各地发行。出乎江青等人的意料，三个文件受到很多人的赞许。许多单位以不同形式抵制了对三个文件的批判。

二 巨星陨落

毛泽东在病情加重的时候，召见华国锋、王洪文、张春桥、江青、姚文元、王海容等人，对他们作了重要谈话。[①] 他说：

> 人生七十古来稀，我八十多了，人老总想后事，中国有句古话叫"盖棺定论"，我虽未"盖棺"也快了，总可以定论了吧！我一生干了两件事。一是与蒋介石斗了那么几十年，把他赶到那么几个海岛上去了；抗战八年，把日本人请回老家去了。打进北京，总算进了紫禁城。对这些事持异议的人不多，只有那么几个人，在我耳边叽叽喳喳，无非是让我及早收回那几个海岛罢了。另一件事你们都知道，就是发动文化大革命。这事拥护的人不多，反对的人不少。这两件事没有完，这笔"遗产"得交给下一代。怎么交？和平交不成就动荡中交，搞不好就得"血雨腥风"了。你们怎么办，只有天知道。

从这个重要谈话中可以看出，毛泽东清醒地知道反对"文化大革命"的人不少，

---

① 具体时间不详，一说 1976 年 1 月 13 日，一说 1976 年 6 月 15 日。

他深为未来忧虑。他对华国锋等人诉说衷肠，希望他们维护"文化大革命"。毛泽东是很清醒的。他悲观了。

1976 年 9 月 9 日零时 10 分，中共中央主席、中央军委主席、政协名誉主席毛泽东逝世。毛泽东是伟大的马克思主义者，伟大的无产阶级革命家、战略家和理论家。全党和全国人民为失去自己的领袖沉浸在悲痛之中。同时，人们为党和国家的前途深切担忧。当日，中共中央、全国人大常委会、国务院、中央军委发布《告全党全军各族人民书》。这个文献宣告毛泽东逝世，又说：

> 毛泽东主席是当代最伟大的马克思主义者，半个多世纪以来，他根据马克思列宁主义的普遍真理和革命具体实践相结合的原则，在同国内外、党内外阶级敌人的长期斗争中，继承、捍卫和发展了马克思列宁主义，在无产阶级革命运动的历史上写下了极其光辉的篇章。他把自己毕生的精力，全部贡献给了中国人民的解放事业，贡献给了全世界被压迫民族和被压迫人民的解放事业，贡献给了共产主义事业。他以无产阶级革命家的伟大毅力，同疾病进行了顽强的斗争，在病中继续领导了全党全军和全国的工作，一直战斗到生命的最后一息。他为中国人民、为国际无产阶级和全世界革命人民立下的丰功伟绩，是永存的。他赢得了中国人民和全世界革命人民衷心的热爱和无限的崇敬。

> 毛泽东主席的逝世，对我党我军和我国各族人民，对国际无产阶级和各国革命人民，对国际共产主义运动，都是不可估量的损失。他的逝世，定将在我国人民和各国革命人民的心中，引起极大的悲痛。中共中央号召全党全军全国各族人民，一定要化悲痛为力量：

> 我们一定要继承毛主席的遗志，坚持以阶级斗争为纲，坚持党的基本路线，坚持无产阶级专政下的继续革命。

9 月 11 日至 18 日，首都隆重举行吊唁仪式。参加吊唁和守灵的有党和国家领导人，各省、市、自治区代表和首都群众 30 多万人，全国 29 个省、市、自治区，台湾、港澳同胞，解放军各部队分别发来唁电和送来了花圈。60 多个国家、政党送来了花圈。200 多个国家、政党、组织以及著名人物发来了唁电或唁函。18 日，首都百万群众在天安门广场隆重举行毛泽东主席追悼大会。王洪文主持，华国锋致悼词。会后，全国县以上地区召开了追悼大会。朝鲜等 30 多个国家和政党也先后举行了追悼大会。

毛泽东没有看到，也不可能看到"天下大治"。

三　危难之秋

毛泽东逝世以后，"四人帮"加紧了夺取党和国家最高领导权的阴谋活动。华国锋、叶剑英、李先念等中央政治局多数成员与江青、张春桥、姚文元、王洪文的矛盾和斗争越来越尖锐。毛泽东刚逝世，王洪文就背着中央政治局，布置他身边工作人员以中央办公厅的名义通知各省、市、自治区，在吊唁期间发生的重大问题要及时向王洪文报告。9 月 11 日晚和 12 日上午，按照王洪文的指示，向全国各省、市、自治区打了电话。王洪文此举企图切断中央政治局与各省、市、自治区党委的联系，由他们指挥全国。江青多次要看毛泽东的文稿和手迹，并骗取了毛泽东与杨得志、王六生的两次谈话记录稿，并加以篡改。"四人帮"指使一些人写"效忠信"、"劝进信"，为江青的上台大造舆论。9 月 12 日，迟群、谢静宜盗用清华、北大两校全体师生员工和革命家属的名义，向江青写了"效忠信"。10 月 4 日，迟群又在清华布置各系发动群众写信。9 月 23 日，姚文元布置新华社给江青写信。江青一伙四处游说，煽动反对华国锋和党中央。毛泽东逝世的当天，迟群在清华大学讲话，说："砍头不要紧，只要主义真"，"大家要坚定、镇静。要特别警惕还在走的走资派的破坏和捣乱"。9 月 9 日和 10 日，张铁生在辽宁省团委和省知识青年办公室作了反动讲话，说："现在，我们国家好像一个大家庭一样，父亲去世了，家里有老大、老二、老三，只能靠老大领着过日子。现在的问题是，老大是不是可靠！我说的充满着担心就在这里。""华现在是第一号人物了，已经是很显赫了，但不知他到底要干什么？""总之一句话，目前，我对国家的领导人，对国家的命运和前途很担心，尤其是对军队充满了担心。""我真担心，这样一个思想路线是右的，满脑子旧的东西，大搞唯生产力论的人，是不是在政治局也有一些他这样的人在支持拥护他。"张铁生的讲话记录送给毛远新。10 月 1 日，江青到清华大学讲话，诬蔑邓小平"迫害毛主席"，说："我在主席逝世后的第一次中央会上，就控诉了邓小平，要开除他的党籍。"还说："我也向你们年轻人宣誓，一定要锻炼好身体，和他们斗。"10 月 2 日，王洪文让新华社记者给他照标准像。"四人帮"还特意照了"历史性纪念"的彩色合影。10 月 3 日，王洪文跑到平谷县讲话，说："中央出了修正主义，你们怎么办？打倒！""最好是不出修正主义，但这只是个人愿望，实际上是不可能的。""今后还可能出什么唐小平、王小平之类，要警惕！不只是邓小平搞修正主义，出是可能的，不出是奇怪的。""要把眼睛睁的大大的看着修正主义。"

"四人帮"加紧了与上海的亲信的秘密串连，企图以上海为据点反对党中央。9月21日，张春桥在北京单独会见徐景贤，听取了8月间丁盛（南京军区司令员）与马天水、徐景贤、王秀珍密谈的情况汇报，以及他们控制的上海民兵突击发枪的情况汇报。张春桥对徐景贤说，上海还没有经历过如林彪上台那样的考验，如果我有什么事情总是要连累你们的。要谨慎小心，要注意阶级斗争的动向。9月23日，王洪文在电话中对王秀珍说："要提高警惕，斗争并未结束，党内资产阶级他们是不会甘心失败的，总有人会抬出邓小平的。"9月28日，张春桥又派他的秘书肖木去上海向上海市委常委传话："一方面要提高警惕，一方面要提高信心"，要"看到资产阶级还有力量，问题是谁挂帅"；现在有人要"整上海"，"上海还没有真正受过严重考验"，"上海有大考验，要打仗"。

9月19日，江青要求召开中央政治局常委紧急会议，讨论"重大问题"，并提出她和姚文元、毛远新要参加会议，而不要中央副主席叶剑英参加会议的荒唐要求。9月29日，在中央政治局会议上，江青与王洪文、张春桥一唱一和，张春桥要求安排江青的工作，公然觊觎党的最高领导权。他们还拒绝叶剑英、李先念等要毛远新回辽宁的意见，提出要毛远新"准备三中全会的报告"。这些无理的要求当即遭到多数政治局委员的拒绝，江青逼着汪东兴要毛泽东的文件。汪东兴问叶帅怎么办，叶剑英回答说，要坚决顶住！

"四人帮"有计划、有预谋地伪造了一个"按既定方针办"的所谓毛主席的临终嘱咐。在中央讨论《告全党全军全国各族人民书》和华国锋致的悼词时，"四人帮"并未提出在这两个文件上写上"按既定方针办"，但是他们在9月16日的两报一刊社论中抛出了这句话。从9月17日起，姚文元不断给新华社打电话，一再强调要反复宣传"按既定方针办"的所谓临终嘱咐，中央报刊把它作为当时的宣传中心连篇累牍地加以宣传。"四人帮"伪造并大肆宣传"按既定方针办"的临终嘱咐，是要争夺毛泽东这面旗帜，标榜他们是毛泽东的忠实继承人，并以此作为武器打击其他领导人；同时也是打着毛泽东的旗号，继续坚持"文化大革命"和"批邓、反击右倾翻案风"等一系列"左"倾方针和决策，保护他们自己的地位和利益，进而夺取最高领导权。10月2日，华国锋在审批乔冠华在联合国大会发言稿时，把原稿中"按既定方针办"这句话删掉，并且指出，原话是"照过去方针办"，"按既定方针办"六个字错了三个。张春桥以"免得引起不必要的纠纷"为理由，阻止华国锋的上述批语的下达。10 月 4 日，梁效在《光明日报》头版头条发表《永远按毛主席的既定方针办》的文章。文章说：

> "在这全党全军全国各族人民决心化悲痛为力量，继承毛主席的遗志，誓把无产阶级专政下的继续革命进行到底的庄严时刻，学习毛主席'按既定方针办'的嘱咐，我们信心满怀，斗志更坚。毛主席的这一嘱咐，金光闪闪，字字万钧。"

> "'走资派还在走。'这个'走'的基本内容，就是反对党在整个社会主义历史时期的基本路线，颠覆无产阶级专政，复辟资本主义，也就是篡改毛主席的既定方针。"

> "篡改毛主席的既定方针，就是背叛马克思主义，背叛社会主义，背叛无产阶级专政下继续革命的伟大学说。"

> "任何修正主义头子胆敢篡改毛主席的既定方针，是绝然没有好下场的。"

显然，它把矛头指向华国锋，指向中央政治局多数同志。它从反面告诉人们，"四人帮"加快了夺权步伐。

江苏南京市群众游行，庆祝粉碎"四人帮"的胜利。

第八章
人民的胜利

　　江青集团要篡权了，矛盾已经发展到无可调和的程度，党和国家的前途面临着严重的危机。10月6日，中央政治局执行党和人民的意志，采取断然措施，粉碎了江青集团。消息传开，举国欢腾。这是全党全军和全国各族人民长期斗争取得的伟大胜利，这是十亿人民的盛大节日。

一　粉碎"四人帮"

　　粉碎"四人帮"未费一枪一弹，未流一滴血，更没有血雨腥风。"四人帮"作恶多端，天怒人怨。华国锋、叶剑英、李先念等密切合作，作出了正确的决策。

　　(1)"以快打慢"的决策

　　10月，中央政治局中的多数人和"四人帮"之间的斗争白热化。华国锋与叶剑英等来往频繁，磋商对策。在要为党为人民除害上，他们的想法完全一致。事实上，一些老革命家们早有考虑，"投鼠忌器"而已；毛泽东已经逝去，情况就不同了。叶剑英去看望华国锋，华国锋等又来到玉泉山，共同商议粉碎"四人帮"的行动方案和部署。他们分析了党同"四人帮"斗争的形势、性质和特点，一致认为，江青、张春桥、姚文元和王洪文一伙是一个反革命阴谋集团；党同"四人帮"的斗争是捍卫党的团结统一，捍卫马列主义和毛泽东思想的重大斗争。这个斗争已超出党内思想斗争的范围，不宜采用党内思想斗争的一般方法来解决。为了避免引起动乱，又要尽量做到合法解决，"上兵伐谋"，最好的办法是智取。他们根据在政治局委员和老同志中间酝酿的意见，决定以召开会议的形式对"四人帮"实行隔离审查的断然处置，然后立即召开政治局会议，通过这一决定。

计议甫定，叶剑英又与汪东兴在玉泉山进一步商量采取行动的时间、地点、执行人员名单等事宜，进行具体部署。

这时，"四人帮"夺取最高领导权的部署已经就绪。他们大肆活动，制造舆论，准备动手。他们插手军队，突然调换了北京郊区某装甲兵部队的两个师参谋长，准备随时指挥坦克车从东南、西北方向开进北京城，造成犄角夹攻之势。与此同时，"四人帮"的追随者们大肆散布"10月7、8、9日将有特大喜讯"，蛊惑人心。在上海，"四人帮"的帮派骨干为了迎接这个"特大喜讯"，要求各单位购买鞭炮和红纸，准备庆祝。种种迹象表明，"四人帮"就要动手，一场反革命政变已经迫在眉睫。

在这紧急关头，华国锋、叶剑英认为不能再等待了。"见而不发，人将先发，发而不敏，人将先收。"他们果断决定：先发制人，以快打慢，提前采取行动。

(2) 粉碎"四人帮"的若干细节

范硕在《叶剑英在粉碎"四人帮"斗争中》[1]披露了粉碎"四人帮"的一些细节。

粉碎"四人帮"是在非常形势下采用特殊方式进行的一场重大斗争。为了取得这场斗争的胜利，叶剑英等同志事先充分考虑到各种可能发生的复杂情况，进行了周密的准备。他根据已经商定的方案，与有关同志一起反复筹划，周密部署，严格检查，从警卫人员的挑选到隔离审查的地点，一个个细节都不放过，力求精确缜密，万无一失。

10月6日13时，发出召开政治局常委会议的通知。会议内容有三项，其中一项是讨论《毛泽东选集》第5卷出版问题。会议除了王洪文、张春桥外，扩大姚文元参加。

10月6日晚，月轮将圆，金风送爽。叶剑英从玉泉山乘车来到中南海怀仁堂。这位在战争年代协助毛泽东、周恩来、朱德运筹帷幄、决胜千里的老革命家，为了处置祸国殃民的"四人帮"，胸有成竹，指挥若定，等待着这个执

---

[1] 载《党史通讯》1986年第12期。

行人民意志的庄严时刻。晚上8点钟，王洪文、张春桥、姚文元按照通知来到怀仁堂，参加会议。当他们依次来到会场时，叶剑英、华国锋已经等候多时了。华国锋代表党中央对王洪文、张春桥、姚文元一一宣布了隔离审查的决定，之后，王、张、姚三人由监护人员送往他们受审查的隔离处所。与此同时，党中央还对江青、毛远新、迟群、谢静宜等人也采取了隔离审查的措施。耿飚奉命带领一些人接管了新华社、中央电台等宣传机关。这样，在前后不到一个小时的时间里，党中央就顺利地处置了"四人帮"。以此为标志，全国人民深受灾难的"文化大革命"终于结束了。

玉泉山会议室的灯光彻夜通明，政治局会议开到凌晨。会议刚一结束，即开始分片分口传达。叶剑英将粉碎"四人帮"的喜讯迅即通知给一直被软禁的邓小平和其他老同志。邓小平为党和人民的胜利由衷地感到高兴。叶剑英还派人去看望胡耀邦。胡耀邦对为党和国家立下不朽功勋的叶剑英表示衷心祝贺，他讲了"中兴伟业，人心为上"的三句名言：第一条，停止批邓，人心大顺；第二条，冤案一理，人心大喜；第三条，生产狠狠抓，人心乐开花。

(3) 叛乱阴谋顷刻瓦解

10月7日，中央政治局作出关于华国锋任中共中央主席、中共中央军委主席的决议，立即传达到全党。10月8日，中共中央、人大常委、国务院、中央军委决定建立毛泽东主席纪念堂，中共中央决定尽快出版《毛泽东选集》第5卷，并筹备出版《毛泽东全集》。两个决定同时在《人民日报》上公布。10月8日至15日，中央政治局分批召集各省、市、自治区及各大军区主要负责人会议，宣布粉碎了"四人帮"，揭露了"四人帮"篡党夺权阴谋罪行。10月8日，华国锋在会上说，这一次就是解决"四人帮"的问题，批"四人帮"一定要按毛主席的指示办。对文化大革命要肯定，现在我们着重解决有所不足。这次解决"四人帮"的问题，不要算他们在文化大革命中的老帐。搞"四人帮"，不是因为在文化大革命中的缺点、错误，他们的核心问题是篡党夺权。由此可见，华国锋在要粉碎"四人帮"这个重大问题上与一些老革命家们的意见是一致的，在对待"文化大革命"的态度上则不同。他是要"照过去方针办"的。①

中共中央采取了坚决果断措施，制止和粉碎了"四人帮"在上海的亲信徐景贤、

---

① "照过去方针办"与"按既定方针办"，其实并无什么不同。

王秀珍等策动的反革命武装叛乱。10月8日，徐景贤、王秀珍派人到北京刺探消息，很快得知江青等人找不到了。徐景贤、王秀珍立即召开紧急会议，实行紧急动员，决定"要干"，"拉出民兵来，打一个礼拜不行，打五天，三天也好，让全世界都知道"。徐景贤下达手令，调集和部署民兵33500名，组织了指挥班子，设立了两个秘密指挥点。他们还研究了武装叛乱的初步方案，准备叛乱，责成《文汇报》、《解放日报》、上海人民广播电台在宣传上配合。10月9日，上海民兵指挥部召集十个区、五个直属民兵师负责人开会进行部署。10月12日，准备发表《告全市、全国人民书》，拟定了二十一条反革命标语。当晚，王少庸、朱永嘉等人开会策划停产罢工，游行示威，控制电台，封锁中央发布的消息，提出"还我江青"、"还我春桥"、"还我文元"、"还我洪文"等口号，要"决一死战"。中央政治局对解决上海问题作了周密的部署。先将马天水召到北京，随后又通过马天水将徐景贤、王秀珍召到北京，陷"四人帮"在上海的势力于群魔无首的困境。同时，派苏振华、倪志福、彭冲等率领一批领导干部到上海，控制事态的发展。人民解放军做了应付事变的准备。徐景贤等人在上海策动反革命武装叛乱，遭到上海广大干部、群众的强烈抵制和反抗。10月14日，中央正式宣布粉碎"四人帮"的消息，人们纷纷起来声讨"四人帮"，武装叛乱阴谋顷刻瓦解。10月27日，上海市召开党员大会，苏振华宣读了中共中央的决定：撤销张春桥、姚文元、王洪文在上海的一切职务，任命苏振华兼任上海市委第一书记、革委会主任，倪志福兼任上海市委第二书记、革委会第一副主任，彭冲任上海市委第三书记、革委会第二副主任。这就彻底粉碎了武装叛乱，稳定了上海的局势。党中央还对"四人帮"在其他各地的骨干分子采取果断措施，保证了全国政治局势的稳定。

二 关于粉碎"四人帮"的通知

1976年10月18日，中共中央向党内发出通知，列举了王洪文、张春桥、江青、姚文元反党篡权的罪行和毛泽东1974年2月以来对他们的批评，宣布了对其进行隔离审查的决定。这个通知是一个重要文献，第一部分全文如下：

王洪文、张春桥、江青、姚文元进行反党篡权的阴谋活动，罪行极为严重。

他们不听毛主席的话，肆意篡改马克思主义、列宁主义、毛泽东思想，在国内国际一系列问题上反对毛主席的无产阶级革命路线，打着马克思主义的旗号，搞修正主义。

他们结成"四人帮"，进行分裂党、篡党夺权的宗派活动。1974年10月，"四人帮"背着中央政治局，私自派王洪文去见毛主席，告周恩来总理的状，妄图利用十届二中全会和四届人大组织他们的"内阁"，遭到毛主席的痛斥。1976年2月3日，在中央发出一号文件的同一天，张春桥亲笔写了一个《1976年2月3日有感》，疯狂反对伟大领袖毛主席亲自提议华国锋同志为国务院代总理。他们对毛主席亲自提议任命华国锋同志为中共中央第一副主席、国务院总理极端不满，妄图取而代之。

他们大搞阴谋诡计，私立秘密联络点，私整中央负责同志的黑"材料"，到处插手，煽风点火，企图打倒一大批中央和地方的党政军负责同志，篡夺党和国家的领导权。

他们利用手中控制的舆论工具，歪曲事实，颠倒是非，制造谣言，欺骗群众。在宣传报导中，突出地宣扬他们自己，为他们篡党夺权大造舆论。

他们崇洋媚外，里通外国，大搞投降主义和卖国主义，在同某外国作家进行的几十小时的谈话中，出卖党和国家的重要机密。

他们动不动就训人，给人戴大帽子，捏造罪名，陷害同志，顺我者昌，逆我者亡。他们破坏毛主席的战略部署，另搞一套，在党内自成体系，为所欲为，称王称霸，把自己凌驾于毛主席、党中央之上。

在伟大领袖和导师毛主席病重期间和逝世以后，王、张、江、姚以为时机已到，无所顾忌，更加猖狂地向党进攻，迫不及待地妄图篡夺党和国家的最高领导权。"四人帮"加紧秘密串连，阴谋策划。他们四出游说，标榜自己是"正确路线的代表"，自封为"无产阶级钢铁公司"，提出蛊惑人心的口号，公然煽动反对党中央。他们有计划有预谋地伪造了一个"按既定方针办"的所谓毛主席的临终嘱咐，在9月16日的两报一刊社论中发表，并连篇累牍地加以宣扬。10月2日，华国锋同志在一个文件上的批示中指出，毛主席1976年4月30日亲笔写的指示是"照过去方针办"，"按既定方针办"六个字错了三个，戳穿了他们的伪造。10月4日，他们在光明日报头版头条发表用"梁效"名义写的《永远按毛主席的既定方针办》的反党文章，肆意攻击党中央。文章说："篡改毛主席的既定方针，就是背叛马克思主义，背叛社会主义，背叛无产阶级专政下继续革命的伟大学说。""任何修正主义头子胆敢篡改毛主席的既定方针，是绝然没有好下场的。"这就清楚地表明，他们加快了步伐，要推翻以华国锋同志为首的党中央，篡夺党和国家的最高领导权，颠覆无产阶级专政，复辟资本主义。

为了粉碎这个将给中国人民带来严重灾难的反革命复辟阴谋，中央不得不采取断然措施。10月6日，中央决定，对王洪文、张春桥、江青、姚文元实行隔离审查。

这个通知的第二部分，大量引用了毛泽东在1974年2月以后对"四人帮"的批评，然后说："对待毛主席、党中央的批评教育，王洪文、张春桥、江青、姚文元采取阳奉阴违的反革命两面派态度。当着毛主席的面，他们表示'按照主席的指示办'，背着毛主席，他们仍然抱成一团，继续搞他们的'四人帮'。他们不仅不作自我批评，毫无悔过之意，反而变本加厉，在错误的道路上越走越远，终于背叛马克思主义、列宁主义、毛泽东思想，堕落成为阴谋家、野心家的反党集团。王洪文、张春桥、江青、姚文元就是党内资产阶级的典型代表，是不肯改悔的正在走的走资派。他们中一些人的历史，也是极为可疑的。"第三部分说：粉碎"四人帮"，"这是毛主席关于无产阶级专政下继续革命的伟大理论的一次伟大实践"。全党要"坚持无产阶级专政下的继续革命，把毛主席开创的无产阶级革命事业进行到底"。第四部分说："在揭发和批判王、张、江、姚反党集团的斗争中，要注意政策。要坚定地相信群众的大多数。""要继续批邓、反击右倾翻案风。要注意正确对待文化大革命，正确对待群众，正确对待自己。对那些态度不端正的同志，要进行教育。"第五部分说："反对王张、江、姚反党集团的斗争，一律在党委一元化领导下进行。要提高革命警惕，严防国内外阶级敌人造谣惑众，破坏捣乱。"第六部分提出了几项要求，如："坚持党的基本路线，以阶级斗争为纲，反修防修，'抓革命、促生产、促工作、促战备'，'深挖洞、广积粮、不称霸'，关心群众生活，限制资产阶级法权，努力把各个方面的工作做好"。

全党拥护这个通知。

这个通知充分说明，粉碎"四人帮"的理论还是所谓"无产阶级专政下继续革命的理论"。它宣称王、张、江、姚是"党内资产阶级的典型代表"、"不肯改悔的正在走的走资派"，号召"坚持无产阶级专政下的继续革命"，要求"继续批邓"、"正确对待文化大革命"、"坚持党的基本路线"，充分说明了除粉碎"四人帮"外，它还是"照过去方针办"。

全党拥护这个通知是拥护粉碎"四人帮"。在要不要"照过去方针办"上，党内是有分歧的。这个分歧当时不明显，为粉碎"四人帮"的胜利所掩盖；后来就突出了。

三　举国同庆

中央政治局粉碎"四人帮"，得到了全党和全国绝大多数人的热烈拥护。从 10 月 21 日至 30 日，全国二十九个省、市、自治区及人民解放军各部队先后举行盛大集会和游行，庆祝粉碎"四人帮"篡党夺权阴谋的伟大胜利。香港、澳门各界爱国同胞也举行了庆祝会。10 月 24 日，首都 100 万军民，在天安门广场举行集会，庆祝华国锋任中共中央主席、中央军委主席。庆祝粉碎"四人帮"的伟大胜利。吴德在大会上讲了话。除王洪文、张春桥、江青、姚文元以外的在京中央政治局委员，国务院、人大常委会、全国政协的领导人，以及在京的党、政、军其他领导人和群众组织的负责人都参加了这次大会，充分说明了全党全军全国各族人民在拥护粉碎江青集团这一重大决策上的一致性。

10 月 25 日，《人民日报》、《红旗》杂志、《解放军报》发表社论《伟大的历史性的胜利》。社论说："粉碎这个反党集团，为党锄奸，为国除害，为民平愤，党心大快，军心大快，民心大快。"10 月 21 日，八十五岁的郭沫若作《水调歌头·粉碎"四人帮"》[1]，表达了人民的心声：

大快人心事，　　　　　　阴谋毒，

揪出"四人帮"。　　　　　诡计狂。

政治流氓，文痞，　　　　真是罪该万死，

狗头军师张，　　　　　　迫害红太阳！

还有精生白骨，　　　　　接班人是俊杰，

自比则天武后，　　　　　遗志继承果断，

铁帚扫而光。　　　　　　功绩何辉煌！

篡党夺权者，　　　　　　拥护华主席，

一枕梦黄粱。　　　　　　拥护党中央。

野心大，

---

[1] 载 1976 年 11 月 1 日《解放军报》。这首词诗味不多，还有其他缺点，但确实反映了当时人们的心情。

江青集团是我党历史上存在时间最长、危害最大的一个集团。它与林彪集团一样，是"文化大革命"这一特定历史条件的产物，是利用毛泽东发动"文化大革命"的错误，在党和国家一切正常秩序与正确原则遭到严重破坏的情况下形成的。它具有地位高权力大、有些犯罪活动是利用了毛泽东的错误、组成了反动帮派体系、犯罪行为涉及面广和后果严重等特点。他们赖以存在的条件就是"文化大革命"的"左"倾理论和政策，以及毛泽东在一个时期对他们的信任和重用。他们是"文化大革命"中依靠"造反"起家和狂热"左"倾的政治势力的代表。他们利用和助长"文化大革命"的错误，把"左"倾错误推到极端，陷害党和国家领导人，镇压群众，践踏社会主义民主和法制，极力阻止对"文化大革命"错误的纠正，在党中央进行宗派活动，阴谋夺取党和国家的最高领导权，操纵一些地区的派性斗争，为全国人民所痛恨。粉碎"四人帮"具有极其广泛的群众基础，这是粉碎"四人帮"十分顺利的根本原因。在粉碎"四人帮"的斗争中，华国锋、叶剑英、李先念等起了重要作用。粉碎江青反革命集团的胜利，从危难中挽救了党，挽救了革命，从而结束了延续十年之久的"文化大革命"的灾难，使我们的国家进入了新的历史发展时期。

结束语

在这个结束语里，我们准备说明两大问题："文化大革命"造成的灾难；"文化大革命"理论的谬误。本拟列出教训。鉴于《关于建国以来党的若干历史问题的决议》和许多文献已经说明，上文也已说到，不再赘述。

一 "文化大革命"给党、国家和人民带来严重灾难

"文化大革命"在所谓"无产阶级专政下继续革命的理论"指导下，以"天下大乱"为方针，以所谓"革命的左派"即造反派头头为依靠力量，以所谓"走资派"和所谓"资产阶级的反动学术权威"为革命对象，以摧毁所谓"资产阶级司令部"和铲除所谓"反革命的修正主义路线"为目标，采取"四大"的方法，开展全国全面夺权斗争，进行所谓"一个阶级推翻一个阶级的政治大革命"。这一切都是完全错误的，它为反革命集团所利用。"左"倾错误在各个方面急剧发展，"左"的思想、理论观点、方针、政策和做法在实际工作中大泛滥，给党、国家和各族人民带来严重灾难，是我们党和中华人民共和国历史上空前的大动乱、大灾难、大悲剧。

（一）在思想上，"文化大革命"混淆了是非，使唯心主义猖獗、形而上学泛滥，造成严重的思想混乱

1.把毛泽东思想庸俗化、教条化，又把毛泽东思想与马克思列宁主义对立起来。

"文化大革命"中的所谓"毛泽东思想的大普及",实际上是对毛泽东思想的大歪曲、大破坏。林彪、江青等人大搞所谓"活学活用"活动,鼓吹所谓"走捷径",只把"老三篇"、"老五篇"叫作毛泽东思想,又把毛泽东在"文化大革命"中的言论当作"最高指示"、"最新指示",来取代毛泽东思想的科学体系,对革命理论采取实用主义、教条主义的态度,严重地败坏了革命学风。林彪"言必称毛泽东思想",事实证明这是极大的欺骗。"红色宝书"满天飞,用毛泽东语录来打派仗的行径则全国到处盛行。毛泽东思想被糟蹋得面目全非,一切倒行逆施、祸国殃民的勾当假借毛泽东思想的名义肆无忌惮地进行。学习马克思、恩格斯、列宁、斯大林的著作反而受到指责,马克思列宁主义遭到严重损害。

2.对毛泽东的个人崇拜被鼓吹到了狂热的程度。

林彪、江青等人在"文化大革命"中别有用心地极力鼓吹天才决定论,把无产阶级革命领袖当作无所不知、无所不能、句句话都是真理的神,从根本上否定了历史唯物主义和党的集体领导、民主集中制原则。1967年1月23日,林彪在接见军委碰头会扩大会议全体人员时正式宣称:反对领袖,"就是反对一切"。"什么唯物论,什么辩证法,什么历史唯物论,什么自然科学,不学也行",唯有学会忠于领袖,才是"超过一切、高于一切"的最大学问。林彪、江青等人把人民群众对领袖人物的爱戴和信赖,变成了宗教式的顶礼膜拜。他们把无数革命先烈用鲜血建树的历史功勋一笔勾销,把领袖人物神化为"几百年""几千年才产生一个"的普度众生的历史主宰。他们把对待领袖个人的态度作为"左"和"右"、"革命"和"反革命"的唯一标准。他们把忠于领袖个人说成共产党员党性的最高表现,把对领袖个人意见的微小异议(包括历史上曾经有过的意见分歧)都说成反党反革命的大罪。在"文化大革命"中,"三忠于"、"四无限"被强行普及到全国的城镇和农村。农民在锄地以前要面向东方致敬,工人在车床旁要朝着画像行礼,到处风行"早请示、晚汇报",数百、数千、数万、数十万群众为一句"最新指示"的发表进行通宵达旦的"庆祝"和"欢呼"。有的省委书记,参加九大后率代表团回到省会,带头跳"忠字舞",从车站一直跳到省委机关。一个老工人由于打扫领袖塑像上的灰尘,变成了"现行反革命",被"专政"多年,因为他的手抓过座像的颈部,那姿势有"谋杀之嫌"。一个五岁的孩子在游戏中误把一枚像章挂到了小猫的头上,母亲就不得不抱孩子一起接受"革命"的批斗。印刷工人无意排错了一个铅字,贫农社员不慎喊错了一句口号,机关干部粗心地把印有照片的废纸丢进了废纸篓,都毫无例外地成了"阶级敌人"。江青等人不仅利用个人崇拜为自己夺取党和国家的最高权力铺设阶梯，而且利用个人崇拜在社会生活中制造了一条封建法西斯的政治逻辑：反对林彪、江青等人就是反对领袖本人，反对林彪、江青等人的爪牙就是反对林彪、江青等人，统统都是"现行反革命"。

3. 在一系列重大理论和政策问题上混淆了是非。

建国以来十七年中大量的正确方针、政策和成就被否定了，许多被当作修正主义或资本主义批判的东西实际上正是马克思主义原理和社会主义原则，其中很多是毛泽东自己过去提出或支持的，而很多错误的东西则被当成社会主义新生事物加以肯定、传播和颂扬。林彪、江青等人在思想上更是完全颠倒了主观和客观、精神和物质的关系，极端夸大社会意识对社会存在、上层建筑对经济基础、生产关系对生产力的反作用，认为人们可以随心所欲地对上层建筑和生产关系进行所谓变革或改造。"文化大革命"中把社会主义改造基本完成以后不应再以阶级斗争为纲的正确论断，作为"阶级斗争熄灭论"加以挞伐，断言在已经消灭了剥削制度的社会主义社会中仍然充满着并且永远充满着阶级斗争，甚至宣称阶级斗争依然是并且永远是社会主义社会发展的唯一动力，要用它来统帅一切、决定一切、代替一切、冲击一切，要用承认不承认这个观点作为划分马克思主义和修正主义的标准。把生产活动对人类历史发展具有决定意义的历史唯物主义原理，当作"唯生产力论"加以批判，把发展生产、繁荣经济攻击为"修正主义"或"资本主义"，把关心群众生活当作"物质刺激"、"福利主义"加以斥责，把实行经济核算、提高劳动生产率当作"利润挂帅"加以讨伐，把有利于发展社会主义经济的"三自一包"当作"走资本主义道路"加以围剿，把抓好学生的学业当作"智育第一"加以贬斥。用应该抛弃的平均主义批判"资产阶级权利"，用无政府主义的"群众运动天然合理论"批判所谓"群众落后论"，用"斗、斗、斗"的所谓"斗争哲学"否定和破坏党的团结，用否定一切人性的极左观点批判所谓"地主、资产阶级的人性论"。所有这些，严重地搞乱了马克思主义的基本原理，使党的正确的指导思想遭到极严重的破坏。

4. "左"倾思想渗透到学术、思想和社会生活的各个方面。

"文化大革命"前就已存在但属于支流的"左"倾思想，在"文化大革命"中恶性发展。在哲学方面，由过分夸大主观能动作用发展到唯意志论，"权力即真理"、"有权即有真理"的权力实用主义盛行，"斗、斗、斗"的所谓"斗争哲学"歪曲、篡改了对立统一规律。在政治经济学方面，否定生产力最终决定一切社会关系，极端夸大生产关系对生产力的反作用，杜撰出所谓"走资派所有制"，把按劳分配说成"资本主义的旧事物"，否认物质利益的动力作用。在科学社会主义方面，无视社会发展的客观规律，坚持"阶级斗争为纲"，认为"富则修"——把社会主义同贫穷混为一谈。在历史学方面，鼓吹中国几千年文明史是儒法两家斗争的历史，从根本上取消了历史科学。在文化方面，《林彪同志委托江青同志召开的部队文艺工作座谈会纪要》对所谓"黑八论"①的指责从根本上扼杀了文学艺术。其他学术领域，也无一不遭到"左"的毒害。在"文化大革命"中，正确和错误、合法和非法、文明和野蛮、高尚和卑劣、光荣和耻辱、真善美和假恶丑，几乎统统被混淆、被颠倒了。坚持党的领导成为罪孽，实事求是成为过错。"向右看齐"的口令曾经被认为极不妥当，据说应该改为"向左看齐"；交通管理的红灯示意车辆、行人停止前进，也曾经被认为极不妥当，据说红灯应该由绿灯来代替；甚至有人提出在天安门前游行不该由东向西，应该由西向东。今天看来这些是违背常识的、荒唐可笑的、不可思议的，正说明当时一些人的思想混乱到何等程度。在所谓"批林批孔"运动中，我国伦理道德传统的优秀部分遭到否定，尊老抚幼、尊师爱生等新的伦理道德规范也受到严重的破坏，所谓"造反有理"、"反潮流"的歪风在全国蔓延，在社会生活中的消极影响至深且巨。

（二）在政治上，"文化大革命"严重地混淆了敌我，严重地损害了国家政权、社会主义民主和法制

1.严重地混淆了敌我。

"文化大革命"把斗争矛头指向所谓"走资派"和所谓"反动学术权威"，因而在政治上严重地混淆了敌我。林彪鼓吹"现在的革命是革我们原来革过的命的命"，"四人帮"进而抛出"老干部是民主派，民主派就是走资派"的反革命公式。大批忠于党和人民的领导干部，上至国家主席，下至生产队长、车间主任，被打成"走资派"，遭到批斗、抄家、毒打、关押或囚禁，受尽了非人的折磨。中央和国家机关副部长以上、地方省级以上的高级干部，被立案审查的占百分之七十五！许多人被整得妻离子散、家破人亡。像刘少奇、彭德怀、陈毅、贺龙、陶铸、罗瑞卿等老一辈无产阶级革命家，在战争年代出生入死，在建设时期呕心沥血，为党和人民立下了

---

① 所谓"黑八论"是："写真实"论、"现实主义广阔的道路"论、"现实主义的深化"论、反"题材决定"论、"中间人物"论、反"火药味"论、"时代精神汇合"论、"离经叛道"论。"八论"不是"黑"的，有些完全正确、有的基本正确。

不朽的功勋，却被加上许多莫须有的罪名，受到非人的折磨，有些人含冤死去。因为刘少奇同志的问题受株连而被判刑的就达 2 万多人，被批斗、关押的就难以计数了。一些功勋卓著的领导干部在战场上历经枪林弹雨，在敌人的囚室中备受严刑拷打，身上留下累累伤痕，没有死去，却死于自己参加建造的人民共和国的监狱！一些久有盛名的革命烈士，在"文化大革命"中也蒙受屈辱。广大拥护社会主义的有才能有成就的知识分子，被斥为"反动学术权威"、"臭老九"，遭到打击和迫害，受到压抑和歧视。许多劳动模范、先进人物被诬蔑为"混进工人阶级队伍的工贼"、"修正主义的驯服工具"而受到迫害。成千上万的爱国民主人士、爱国华侨也被加上"特务"、"间谍"的罪名。据统计，公安部门、检察院、法院在 1978 年至 1984 年 3 月平反案件 1090748 件，其中大部分是"文化大革命"期间的案件。又据统计，北京市在"文化大革命"中共有 9830 名干部、职工、学生、农村社员、城市居民由于受到残酷迫害而非正常死亡，其中干部 1917 人。十年内乱中全国上下受打击迫害和株连的干部、群众达 1 亿人。①

林彪、江青两个集团在"文化大革命"中诬陷、迫害党和国家领导人，迫害、镇压广大干部和群众，罪恶累累。据《北京晚报》1980 年 11 月 21 日发表的《触目惊心的统计》，林彪、江青反革命集团共诬陷迫害 729511 人，其中 34800 人被迫害致死。

2. 严重地损害了人民民主专政的国家政权。

"文化大革命"号召在全国夺权，使人民民主专政的各级人民政府受到极大的损害。全面夺权严重地破坏了政府的机构，严重地妨碍了政府的工作，严重地破坏了公安保卫机关、检察院和法院。从所谓上海"一月风暴"到实现所谓"全国山河一片红"的二十个月中，各省、市、自治区的人民政府被诬为"旧政权"而被夺了权。在所谓"群众专政"的名义下，私自关押干部和群众、私设公堂、刑讯逼供甚至草菅人命的现象在全国各地普遍发生。

3. 严重地损害了社会主义民主和法制。

"大民主"严重地损害了社会主义民主和法制，林彪、江青等人更是扼杀社会主义民主和法制。在社会主义的中国，竟敢随心所欲地囚禁国家领导干部和人民群

---

① 1978 年 12 月 13 日，叶剑英在中央工作会议闭幕会上说："包括受牵连的在内受害的有上亿人，占全国人口的九分之一，这个教训是极其惨痛的。"

众，公然冒天下之大不韪实行封建法西斯的独裁专政。林彪杀气腾腾地把"无产阶级政权"解释为"镇压之权"，张春桥穷凶极恶地叫嚣要对人民群众实行"全面专政"。江青毫不掩饰地供称，她就是"和尚打伞——无法（发）无天"；陈伯达也供认"文化大革命"就像"发疯"一样，他们把社会主义民主当成自己任意玩耍的摆设，给社会主义法制强加上"阶级调和"的罪名。就这样，中国人民用生命和鲜血换来的第一部社会主义宪法变成了一堆废纸，由一伙反革命野心家、阴谋家把持的"中央文革"变成了社会主义中国的"绝对权威"。只要他们一句话、几个字、画个圈，深受人民拥戴的党和国家领导人一夜间就会销声匿迹，劣迹多端的政治流氓一夜间就会飞黄腾达。一个肆意践踏社会主义和法制的典型事例，就是国家主席刘少奇的被迫害致死。江青一伙擅自"批准"中南海造反派对国家主席进行"批斗"和"抄家"，张春桥之流公然"指示"北京红卫兵掀起"打倒刘少奇"的运动。剥夺国家主席的职权、囚禁国家主席的人身，根本无视宪法规定的程序。就凭一批"大字报"、几本假材料，亿万人民选举的国家元首就被"盖棺定论"了。正是在这种超法律的"镇压之权"的统治下，蓬勃发展的社会主义中国被拉回到了黑暗的深渊。

在"文化大革命"中，"打砸抢"成风，诬陷成风，刑讯逼供成风，社会主义民主和法制荡然无存。

（三）在经济上，"文化大革命"以阶级斗争为纲，严重地破坏了生产，给国民经济带来重大损失

1.用所谓阶级斗争代替生产斗争。

"文化大革命"中提出了"抓革命、促生产"的口号，这里的"革命"是"无产阶级专政下继续革命"造成"天下大乱"，也就乱了生产。在"打倒一切、全面内战"的恶浪中，当权派（包括工厂企业的当权派）普遍被揪斗，工厂企业"停工停产闹革命"，派性猖獗，武斗不止，全国有相当多的工矿企业生产瘫痪或半瘫痪，有的企业停工停产数年之久。机器设备被毁坏，原材料被浪费，使社会生产大幅度下降，给国民经济造成极大的损失。

1977年12月20日，李先念同志在全国计划会议上说过："文化大革命"动乱十年，在经济上，只是国民收入就损失人民币五千亿元。这个数字相当于建国30年全部基本建设投资的百分之八十，超过了建国30年全国固定资产的总和。

2.推行了一整套"左"的经济政策。

在实际工作中推行了一整套"左"的经济政策，违背了客观经济规律，极大地挫伤了广大职工建设社会主义的积极性，严重地阻碍了生产的发展。由于片面地夸大社会意识对社会存在、上层建筑对经济基础、生产关系对生产力的反作用，完全不顾生产力水平的客观要求，随心所欲地搞所谓"一大二公"、"穷过渡"。在经营管理上大批"专家治厂"、"技术第一"、"利润挂帅"、"物质刺激"，生产不讲成本，经济不讲效益；把在实践中行之有效的必要的规章制度，统统说成是"管、卡、压"而予以废弃，造成生产秩序混乱，大批科研人员受到歧视而被迫改行、靠边站，企业管理干部被打倒，由不懂业务的造反派头头或宣传队瞎指挥，使企业技术水平降低，产品质量下降，损失浪费达到惊人的程度。在农村，大批"小生产"，大割"资本主义尾巴"，取缔家庭副业和集市贸易，经营管理上"大呼隆"，分配关系上吃"大锅饭"，致使农业经济遭到破坏，农民生活长期得不到改善，有的地方甚至连农民的温饱问题也没有解决。在经济指导上，片面地强调"以粮为纲"、"以钢为纲"，使各生产部门之间的比例严重失调。江青一伙把党和人民期望并为之奋斗的四个现代化诬蔑为"西方化"、"资本主义化"，把发展生产、繁荣经济、改善群众物质文化生活都攻击为"修正主义"或"资本主义"，把学习外国先进经验、引进先进技术和发展对外贸易攻击为"崇洋媚外"，"卖国主义"。他们甚至鼓吹社会主义制度的巩固和发展不需要物质基础，并且提出了"不为错误路线生产"、"宁要社会主义的草，不要资本主义的苗"等一系列荒谬口号，污蔑工人农民的辛勤劳动是"替走资派涂脂抹粉"，罪恶地破坏生产。

3.耽误了极可宝贵的时间。

"文化大革命"时期，正是世界上进行新的技术革命和"经济起飞"的时期，许多国家就是在这一时期国民经济成倍增长而一跃成为发达国家的。日本1957年同我国经济水平相差无几，到了20世纪70年代中期已成为人均产值五千美元以上的世界上最富的国家之一，而我国却落在了人均产值四百美元以下的贫穷国家的行列里。这场大动乱使我国同世界上某些国家之间本来已缩小了的距离拉大了，落后了几十年，这个损失是无法用数字来估量的。

（四）在文化上，"文化大革命"大革文化的命，文化遭到极大破坏

1.大规模地毁灭文化。

《五·一六通知》提出了实行"无产阶级在上层建筑其中包括在各个文化领域的专政"的"左"倾论点，林彪、江青一伙把它发展为实行文化毁灭主义。在科学技术界，摧毁所谓"资产阶级一统天下"，大批科研机构被撤销，科研仪器设备被

毁坏，文献资料被焚烧，科研工作被迫中断。在教育界，"停课闹革命"，学校关闭，校舍、教具遭到破坏，有的图书资料被洗劫一空。全国高等学校和中学直到1970年下半年才恢复招生，江青一伙别有用心鼓吹"宁要没有文化的劳动者"，宣称"知识越多越反动"，颂扬"交白卷"的"反潮流英雄"，散布"读书无用"的谬论。教育质量下降，文盲大量增多。据1982年全国人口普查提供的可靠资料，全国文盲和半文盲竟有二亿二千五百八十多万人之多！在出版界，冷落萧条，常常处于无书可出的困境。在新闻界，除中央和省市报纸、极少数刊物外，报纸、刊物都停办了。仍在出版的报刊变成千篇一律，甚至后来发展到"小报抄大报，大报抄梁效"的地步。在文艺界，取消了"百花齐放"的正确方针，取消了人民的创作、表演的自由，大批"文艺黑线专政"，大批"大、洋、古"，造成文艺园地百花凋零、万马齐暗的局面。几乎一切文学艺术都被打入"冷宫"，焚毁书籍，停演节目，封存影片，八亿人口的大国只能上演"八个样板戏"。十年动乱期间，我国的珍贵文物和名胜古迹遭受了一次洗劫。大量有历史意义的庙宇、寺院、佛像、牌坊、古墓被当作"四旧"砸毁、拆除；许多有价值的古籍、古画、经卷、档案资料被当作封建残余付之一炬；还有不少名胜古迹被夷为平地，或者修房盖楼，弄得面目全非。中华民族的灿烂文化遭到难以估计的损失。在批判所谓"城市老爷卫生部"和所谓"锦标主义"的口号下，卫生事业和体育事业也受到严重的摧残。教育科学文化事业在这场所谓的"文化大革命"中遭到了空前未有的大破坏。

2. 残酷地迫害知识分子。

在江青反革命集团的煽动或指挥下，知识分子遭到体罚、蒙受凌辱。多少素负盛名的学者、教授和科学家们，脸上被涂了墨汁，头上套着纸帽，任人侮辱；多少作出杰出贡献的作家、戏剧家、诗人、音乐家，身体被毒打，心理被摧残，呻吟于囚室。多少文化名人含冤受屈而死！吴晗家破人亡，他的夫人袁震被送进"劳改队"，不久双腿瘫痪，有病得不到认真治疗，与世长辞。他的女儿小彦精神失常，死于狱中。蜚声中外的伟大作家老舍，惨遭拷打，被迫害致死。举世闻名的伟大作家巴金，被污蔑为上海滩上的"黑老K"，几年中失去自由。世界上第一流的生物学家童第周，长期被"勒令"打扫厕所。著名的作家、文学史家冯沅君，垂垂老矣，且系女性，在被批斗时却被人踢来踢去。中国昆虫学会理事长刘崇乐在一夜之间变成了"反动学阀"。这位年近七旬的昆虫学家患有严重的糖尿病，全身浮肿、步履蹒跚，但仍被押解去农村参加三秋劳动。这位病弱的老人长期食不果腹，被一种他从未研究过的"毒虫"折磨死了。动物研究所还有一位副所长，在浩劫来临前就离开人世，但仍逃脱不了死后受蹂躏的厄运，他的骨灰盒从八宝山被搬出来"杀鸡儆猴"：当着许多科学家的面给用铁锤砸碎，浇上汽油点火焚烧。正如穆青等同志在《历史的审判》一文中说："如果把他们遭受迫害的经历汇集成书，这部巨著的篇页不知有多么浩繁！"江青一伙把知识分子称为"臭老九"。张春桥等人甚至把现代物理学的基础理论"相对论"说成哲学上的"相对主义"，把爱因斯坦打成"反动学术权威"，又把现代生物学的基础理论遗传学说成"龙生龙、凤生凤的反动血统论"，把孟德尔划为"剥削阶级的代表"，荒谬绝伦。

中国的知识分子经过党的长期教育，就总体来说是特别优秀的。他们有的在厕所里进行科研，有的在牛棚里从事创作，有的在监狱里学习外语，有的在"专政队"苦练台步……尽管他们作了艰苦卓绝的奋斗，仍然无法填补"文化大革命"在中国文化史上造成的大段空白。

（五）在组织上，"文化大革命"全面地破坏了党的组织建设

"文化大革命"大搞"踢开党委闹革命"，号召夺取各级党委的领导权，党的组织普遍受到冲击，党的组织原则和纪律遭到破坏。各级党委和基层党支部长期处于瘫痪状态，广大党员长期被迫停止组织生活。在对毛泽东同志的个人崇拜被鼓吹到了狂热的程度的情况下，毛泽东同志的"左"倾错误的个人领导实际上取代了党中央的集体领导。在中央政治局多数老一辈革命家的正确意见被诬为"二月逆流"受到批判后，江青一伙控制的"中央文革小组"实际上取代了中央政治局和中央书记处。在所谓"吐故纳新"的过程中，一些党员被诬为"叛徒"、"特务"、"死不改悔的走资派"而清除出党；而那些"头上长角"、"身上长刺"的造反派头头却被当作"新鲜血液"拉入党内。有些甚至没有入党就先当上了"支部书记"、"党委成员"，空前规模的派别斗争，使派别活动在党内合法化。在帮派分子篡夺权力的地方，帮派林立，以帮代党，以帮代政，实行以派划线的组织路线和干部政策，严重地分裂了党政军组织和人民群众，至今还留下严重的创伤。"文化大革命"根本没有像当初所宣称的那样要解决"接班人"问题。党内一再发生以罪恶的阴谋手段篡权的事件。是我党历史上的耻辱，是"文化大革命"否定党的一系列基本原则造成的一个严重后果。"文化大革命"不但没有"造就一代革命接班人"，反而在动乱中让大大小小的野心家、阴谋家、打砸抢分子篡夺了从中央到地方的一部分权力。总之，党在组织上受到了空前未有的严重损害。

以上所说，就是"文化大革命"的总的结果。这种给党、国家和各族人民带来严重灾难的"文化大革命"，显然不能肯定。邓小平指出："实际上，现在这次决议①对'文化大革命'错误性质的分析，超过了过去所谓路线错误的概念。"②又说："毛主席在去世前一两年讲过，文化大革命有两个错误，一个是'打倒一切'，一个是'全面内战'。只就这两点讲，就已经不能说'文化大革命'是正确的。毛主席犯的是政治错误，这个错误不算小。"③

"文化大革命"给党、国家和人民造成巨大灾难，它的流毒至今还发生着恶劣的影响。如邓小平所指出："'文化大革命'同以前十七年中的错误相比，是严重的、全局性的错误。它的后果极其严重，直到现在还发生影响。"④我们讲彻底否定"文化大革命"，就是要彻底否定指导"文化大革命"的所谓"无产阶级专政下继续革命的理论"，就是要彻底否定"文化大革命"在各个方面的全部实践。

"文化大革命"的全部历史证明，它没有任何可以肯定的东西，不能"三七开"、"二八开"，也不能"一九开"，而是必须彻底否定。胡耀邦1980年12月14日会见希腊共产党（国内派）机关报《黎明》报主编瓦希利斯·康斯坦丁尼迪斯时说："'文化大革命'是一场灾难，没有什么正确的，没有什么积极作用，都是消极的东西。'文化大革命'使我国经济、文化、教育、政治思想、党组织都遭受很大破坏。"⑤1984年5月，邓小平同志会见南共联盟代表团时指出："很难说'文化大革命'有哪一点是正确的，吃的苦头大了。"

二 "文化大革命"理论的错误

"文化大革命"不是盲目的运动，而是有理论指导的运动。"文化大革命"的错误从根本上说来源于指导它的理论的错误。列宁在论述政治错误和理论错误的关系时指出："如果一个人从他自觉运用的一定原理出发犯了错误，那么不找出他犯错

---

① 指《关于建国以来党的若干历史问题的决议》。
②《邓小平文选》第2卷，人民出版社1994年版，第308页。
③《邓小平文选》第2卷，人民出版社1994年版，第346页。
④《邓小平文选》第2卷，人民出版社1994年版，第303页。
⑤1980年12月16日《人民日报》。

误的理论根源，就无法完全弄清他的任何错误，包括政治错误在内"①。要彻底否定
"文化大革命"，必须弄清它的理论错误。

"文化大革命"的理论即"无产阶级专政下继续革命的理论"，是毛泽东晚年在
关于社会主义社会的阶级斗争问题上的"左"倾错误观点的总概括。《历史决议》指出：
"……毛泽东同志发动'文化大革命'的主要论点既不符合马克思列宁主义，也不
符合中国实际。"

（一）这个理论不符合马克思列宁主义

1.这个理论的前提是：认定在生产资料私有制的社会主义改造基本完成以后，
我国社会的主要矛盾仍然是无产阶级和资产阶级的矛盾；认定在社会主义的整个历
史阶段始终存在着无产阶级和资产阶级两个阶级、社会主义和资本主义两条道路的
矛盾，存在着资本主义复辟的危险性。没有这个前提，就没有这个理论，而这个前
提是违背马克思列宁主义的。

判定在三大改造基本完成以后我国社会的主要矛盾仍然是无产阶级和资产阶级
的矛盾，它的理论支柱，是认为社会主义改造只消灭了经济上的剥削阶级，"政治
上思想上的地主、资产阶级"还会长期存在。这个理论支柱是不符合马克思列宁主
义的。按照马克思列宁主义的原理划分阶级，是以人们对生产资料的占有和由此而
来的在一定社会生产体系中所处的地位为依据的。阶级赖以存在的基础，划分阶级
的唯一科学标准，是生产关系，是生产资料归谁所有，是经济制度，而不是什么政
治思想。随着我国土地改革的完成和农业合作化运动的决定性胜利，作为农村的剥
削阶级即地主阶级和富农基本消灭了。随着资本主义工商业社会主义改造的基本完
成，资产阶级虽然在一定时间内还拿定息，但已经基本上失去了对生产资料的所有
权，失去了剥削工人的手段和奴役工人的条件，作为完整的阶级也已不复存在。问
题在于反右派斗争严重扩大化。反右派斗争严重扩大化本身就是十分错误的；不自
觉其为错误而把"右派"定为"政治上思想上的剥削阶级"，就更是理论上的严重
失误。

以资产阶级思想的存在来说明资产阶级的存在，这不是历史唯物主义的观点。
按照这种观点，对一个人，今天说他正确，他就是无产阶级的一员；明天说他错
误，他就是资产阶级的一员；后天说他改正了，就又是无产阶级的一员了。以政治

---

① 《列宁选集》第 4 卷，人民出版社 1995 年版，第 415 页。

思想划阶级，没有明确的标准，极易为林彪、江青之流用来给坚持马克思主义观点和党性立场、反对他们的革命同志随心所欲地戴上政治帽子，加以打击。

马克思列宁主义告诉我们，在生产资料私有制的社会主义改造基本完成以后，剥削制度消灭了，剥削阶级作为阶级已经不再存在，阶级矛盾就不再是社会的主要矛盾，所谓"两个阶级、两条道路的斗争"就不再成为支配社会生活的主题。当然，这与阶级斗争的完全消灭，是两个不同的问题。由于国内国际的种种因素，阶级斗争还会在一定范围内存在一个很长时间，有时候还可能激化。无产阶级政党对此不能丧失警惕。但这种阶级斗争已经根本不同于社会主义改造胜利以前的情况，而是历史上的阶级斗争在社会主义条件下的特殊形式的遗留。如果把只是在一定范围内存在的阶级斗争现象看作大量的、支配全局的现象，作为我们社会的主要矛盾，就必然会把阶级斗争扩大化。

社会主义社会始终存在阶级和阶级斗争的观点，背离马克思列宁主义关于"过渡时期"的理论。马克思在《哥达纲领批判》中提出："在资本主义社会和共产主义社会之间，有一个从前者变为后者的革命转变时期。同这个时期相适应的也有一个政治上的过渡时期，这个时期的国家只能是无产阶级的革命专政。"[①] 这里说的"共产主义社会"，是带有"旧社会的痕迹"、存在"资产阶级权利"，实行按劳分配的共产主义，即共产主义低级阶段社会主义社会。[②] 列宁明确指出，所谓过渡时期，是"实现向社会主义的过渡"[③]，是"从资本主义到社会主义的过渡"[④]。列宁把从资本主义社会到共产主义社会的发展过程，区分为三个阶段：过渡时期——共产主义的低级阶段社会主义社会——共产主义的高级阶段共产主义社会。这三个不同发展阶段都有其特殊性。过渡时期与社会主义社会具有不同的性质和特征，不能相提并论。而"无产阶级专政下继续革命的理论"把"过渡时期"划为从资本主义社会到进入共产主义的高级阶段共产主义社会以前，又把马克思、列宁关于过渡时期（从资本主义到社会主义的过渡）的矛盾的大量论断（如：资产阶级因为自己被推翻而凶猛十倍，无产阶级和资产阶级进行你死我活的斗争。小生产每日每时不断产生资产阶级），统统搬用于社会主义社会，作为发动一次比一次激烈的政治运动的理论

---

① 《马克思恩格斯选集》第 3 卷，人民出版社 1995 年版，第 314 页。

② 在马克思、恩格斯的著作里，常把共产主义低级阶段社会主义社会称为共产主义社会。

③ 《列宁选集》第 3 卷，人民出版社 1995 年版，第 521 页。

④ 《列宁选集》第 3 卷，人民出版社 1995 年版，第 835 页。

根据，显然大错而特错。

2.这个理论的中心内容是：中央出了修正主义，无产阶级专政的根本任务是反对修正主义，防止资本主义复辟。

根本问题是在理论上混淆了马克思列宁主义和修正主义。把马克思列宁主义原理和社会主义原则看作修正主义。修正主义产生于十九世纪末，它的主要代表人物是伯恩施坦。什么是修正主义？按照列宁在《马克思主义和修正主义》等著作中和斯大林在《季诺维也夫所理解的修正主义》中所作的准确解释，从根本上说来，用资产阶级的思想体系，否定马克思主义的思想体系（或者说马克思主义的世界观），全面推翻马克思主义的三个组成部分，抛弃马克思主义的立场、观点和方法，否认根据历史唯物主义能够论证社会主义的必然性，否认资本主义矛盾日益尖锐化，否定无产阶级，否定无产阶级采取革命手段去夺取政权和实行无产阶级专政，否定无产阶级政党必须为实现共产主义这一最终目的而奋斗。这些观点成为完整的思想体系，而且采取修改马克思主义的形式，才是修正主义。修正主义是绝不容许滥用的。如果不是以修正马克思主义的形式，不是有意识地以资产阶级思想体系否定马克思主义的思想体系，主观上并不抛弃马克思主义的立场、观点和方法，虽然有个别的甚至较多的非马克思主义的错误观点，都不能说这是修正主义。"无产阶级专政下继续革命的理论"从来没有对修正主义作过准确的解释，而把党内同志间不同意见当作所谓"修正主义路线"，把党内不同意"左"倾主张的人视为所谓"反革命的修正主义分子"，把坚持八大路线判定为推行所谓"阶级斗争熄灭论"，混淆是非和敌我，完全离开了列宁、斯大林对修正主义的准确解释。确凿的事实证明，党内根本不存在所谓推行"修正主义路线"的"资产阶级司令部"。

"无产阶级专政下继续革命的理论"所确定的无产阶级专政的根本任务，背离了马克思列宁主义关于无产阶级专政根本任务的理论。马克思、恩格斯在《共产党宣言》中指出："工人革命的第一步就是使无产阶级上升为统治阶级，争得民主"；"无产阶级将利用自己的政治统治，一步一步地夺取资产阶级的全部资本，把一切生产工具集中在国家即组织成为统治阶级的无产阶级手里，并且尽可能快地增加生产力的总量"。[①] 这是马克思、恩格斯关于无产阶级专政及其任务的经典论述。

列宁也明确指出："在任何社会主义革命中，当无产阶级夺取政权的任务解决

[①]《马克思恩格斯选集》第 1 卷，人民出版社 1995 年版，第 293 页。

以后，随着剥夺剥夺者及镇压他们反抗的任务大体上和基本上解决，必然要把创造高于资本主义社会的社会结构的根本任务提到首要地位，这个根本任务就是：提高劳动生产率"①。

不仅如此，列宁还反复强调要把工作重心转到经济建设上，提出"夺取了俄国"以后应当"管理俄国"②。列宁在打退外国武装干涉、结束国内战争后立即指出："经济任务、经济战线现在又作为最主要的、基本的任务和战线提到我们面前来了"，重申要"把全部注意力转到这一经济建设上去"③。又说："我们不得不承认我们对社会主义的整个看法根本改变了。这种根本的改变表现在：从前我们是把重心放在而且也应该放在政治斗争、革命、夺取政权等等方面，而现在重心改变了，转到和平的'文化'组织工作上去了。"④毛泽东同志在 1959 年年底至 1960 年年初评苏联《政治经济学教科书》时也说：首先制造舆论，夺取政权，然后解决所有制问题，再大大发展生产力，这是一般规律。由此可见，各国无产阶级都需要依次解决以下三个基本问题：无产阶级夺取政权——消灭生产资料私有制——大力发展生产力。我们经过二十八年的奋斗，在 1949 年夺取了政权。建国后用了七年时间，基本上完成了对生产资料私有制的社会主义改造，进入了社会主义社会。尔后的根本任务，显然就是大力发展生产力，正如邓小平所说："社会主义阶段的最根本的任务就是发展生产力"⑤。这是由社会主义社会的主要矛盾决定的，因为社会主义社会的主要矛盾不再是阶级对抗与冲突，而是人民日益增长的物质文化需要同落后的社会生产之间的矛盾。只有把发展生产力作为最根本的任务，才能创造出比资本主义高得多的劳动生产率，充分发挥社会主义制度的优越性，获得最终战胜资本主义的强大的物质力量。也只有把发展生产力作为最根本的任务，才能逐步创造条件向共产主义的高级阶段过渡。"无产阶级专政下继续革命的理论"以主观臆造的反对修正主义、防止资本主义复辟为无产阶级专政的根本任务，不但只字不提大力发展生产力这个至关重要的任务，反而大批特批所谓"唯生产力论"，显然是不符合马克思列宁主义的。

---

① 《列宁选集》第 3 卷，人民出版社 1995 年版，第 490 页。

② 《列宁选集》第 3 卷，人民出版社 1995 年版，第 477 页。

③ 《列宁选集》第 4 卷，人民出版社 1995 年版，第 346 页。

④ 《列宁选集》第 4 卷，人民出版社 1995 年版，第 773 页。这里加引号的"文化"是广义的文化，指的是经济建设和文化建设。

⑤ 《邓小平文选》第 3 卷，人民出版社 1993 年版，第 63 页。

3. 这个理论的要害是：在无产阶级取得政权，社会主义制度建立之后，还要进行一个阶级推翻一个阶级的政治大革命，而且还要进行多次（甚至臆断出"过七八年又来一次"的所谓规律性）。

这是背离马克思列宁主义关于政治革命的理论的。政治革命就是一个阶级推翻一个阶级的统治。马克思说："一般的革命——推翻现政权和废除旧关系——是政治行动。"[1] 又说："只有在没有阶级和阶级对抗的情况下，社会进化将不再是政治革命。而在这以前，在每一次社会全盘改造的前夜，社会科学的结论总是：'不是战斗，就是死亡；不是血战，就是毁灭。问题的提法必然如此。'（乔治·桑）"[2] 恩格斯说："革命就是一部分人用枪杆、刺刀、大炮，即用非常权威的手段强迫另一部分人接受自己的意志。"[3] 列宁说："无论从革命这一概念的严格科学意义来讲，或是从实际政治意义来讲，国家政治从一个阶级手里转到另一个阶级手里，都是革命的首要的基本的标志。"[4] 显然，无产阶级的政治革命是推翻剥削阶级的统治，夺取政权。无产阶级的政治革命仅仅是无产阶级推翻剥削阶级统治这一阶段的任务。在我国，政治革命的任务早就已经完成了。在社会主义条件下却要进行"一个阶级推翻一个阶级"的"政治大革命"，去革谁的命呢？不可能是别的，只能是革领袖、干部和人民群众的命，只能是损害人民民主专政和社会主义制度，只能是无产阶级自己搞乱自己。用"一个阶级推翻一个阶级"的"政治大革命"来解决党内问题，对付党内有不同意见的人，是极端错误的。毛泽东在 1959 年年底至 1960 年年初评苏联《政治经济学教科书》时说过，社会主义制度下，没有一个阶级推翻另一个阶级的革命。又说，向共产主义过渡，当然不是一个阶级推翻另一个阶级的统治。"无产阶级专政下继续革命的理论"违反这个正确思想。

这又是背离马克思列宁主义关于不断革命的理论的。马克思、恩格斯、列宁都提出过"不断革命"的口号。马克思、恩格斯总结 1848 年欧洲革命的经验，曾经明确指出无产阶级的不断革命思想，指出"不断革命"是"无产阶级的战斗口号"。列宁说过："我们将立刻由民主革命开始向社会主义革命过渡，并且正是按照我们的力量，按照有觉悟有组织的无产阶级的力量开始向社会主义革命过渡。我们主张

---

① 《马克思恩格斯全集》第 3 卷，人民出版社 2002 年版，第 395 页。
② 《马克思恩格斯全集》第 4 卷，人民出版社 1958 年版，第 198 页。
③ 《马克思恩格斯全集》第 2 卷，人民出版社 1957 年版，第 554 页。
④ 《列宁选集》第 3 卷，人民出版社 1995 年版，第 25 页。

不断革命。我们决不半途而废。"① 他们说的"不断革命",含义很明确,是说无产阶级在参加资产阶级民主革命的时候,不能忘记无产阶级的历史使命,不能以实现了民主革命的要求而停顿下来,应该把革命推向前进,由资产阶级民主革命转变为社会主义革命,建立无产阶级专政。"无产阶级专政下继续革命"一语有特定的含义,与马克思列宁主义关于无产阶级在民主革命完成后向社会主义革命过渡的不断革命思想完全不同。既然是在"无产阶级专政下",就没有也不应该有"一个阶级推翻一个阶级的政治大革命"!这样的"继续革命"就根本不是马克思列宁主义的不断革命!这样的"继续革命"只能给党、国家和人民带来灾难!

"一个阶级推翻一个阶级的政治大革命"集中表现了"无产阶级专政下继续革命的理论"的谬误,所以说它是这个理论的要害。有些论著说它是这个理论的"核心",意思是一样的。

(二)这个理论不符合中国实际

1. 在我国社会主义条件下,根本不存在进行"一个阶级推翻一个阶级的政治大革命"的经济基础和政治基础。

从经济方面说:在1956年三大改造基本完成后,人剥削人的制度已经取消,社会主义的按劳分配原则已经确立,生产力发展的基本障碍已经扫除。虽然生产关系同生产力之间仍然存在矛盾,但是这种矛盾同旧社会、同三大改造基本完成以前是不一样的,是可以通过社会主义制度本身不断得到解决的。三大改造基本完成以后的中国,并不存在代表旧的生产关系的社会力量阻碍社会主义生产关系的调整,阻碍生产力的发展。早在1956年三大改造基本完成时,我国社会的经济结构就发生了根本的变化,工业总产值中,国营经济占百分之六十五点五,合作经济占百分之二,公私合营占百分之三十二点五。在农业总产值中,国营经济占百分之一,合作社经济占百分之九十四,个体经济占百分之五。在商业机构零售总额中,国营和供销社经济占百分之六十八点四,公私合营和合作社经济占百分之二十八点六,私营经济占百分之三。社会主义的经济成分不论是在城市还是农村,都确立了统治地位。从1957年开始,我国的社会主义建设全面展开,取得了巨大的成绩。在前进中发生了"大跃进"、"人民公社化"运动的严重失误,但是这种失误是由于经验不足和工作指导上的"左"倾失误造成的,不是社会主义制度本身的问题。对"大跃进"和"人

---

① 《列宁选集》第1卷,人民出版社1995年版,第650页。

大动乱的年代（1966—1976）

民公社化"运动的失误，党中央已经努力作了纠正。到1966年，工农业总产值达到2327亿元，比1956年增长百分之八十点九。全国工业固定资产达1549.7亿元，比1956年增长三倍。国家财政收入达558.7亿元，比1956年增长百分之九十四点四。国民收入达到1586亿元，比1956年增长百分之七十点八。全国人均收入达到216元，比1956年增长百分之五十。市场繁荣，人民生活安定，社会主义建设事业在克服三年经济困难后，走上健康发展的轨道。这说明，在"文化大革命"发动时，我国根本不存在进行"一个阶级推翻一个阶级的政治大革命"的经济基础。

从政治方面说：在"文化大革命"前的十七年中，我国人民民主专政的国家政权是巩固的，能够有效地镇压各种反革命、反社会主义的势力，能够有效地抵御帝国主义侵略，能够组织领导我国全面的社会主义经济建设和文化建设。我国的社会主义民主和法制的建设，虽然还不完善，但在不断地得到加强，全国各族人民在政治上是完全平等的。党、国家和广大人民的根本利益是完全一致的。虽然还存在大量不属于阶级斗争范围的各种社会矛盾，但能够经过社会主义制度本身进行各方面的调整、改革来解决。在三大改造以后残存的一定范围的阶级斗争，也只是我国社会诸矛盾中的一部分，不是我国社会的主要矛盾。我国社会大量存在的经济、政治、思想文化和其他社会矛盾已经失去了根本利益对立的阶级对抗的性质，不属于阶级斗争的范围。对一定范围的阶级斗争，无产阶级和人民群众完全可以运用政权和法律的力量来解决。至于党和国家各级领导中某些人违法乱纪，利用职权谋取私利，或官僚主义作风造成对国家和人民利益的损害等问题，党和人民应用批评教育和党纪国法来解决。在"文化大革命"前十七年中，党和国家解决这方面存在的问题是有力量、有效果的，人民对党和国家的各级领导是信任的。就是在三年严重经济困难时期，广大人民（包括各民主党派、民主人士、知识分子）都能与党同心同德，同甘共苦，克服困难，渡过难关。当时大量精减下放城镇人口，党发出号召全国立即行动。毛泽东对此给予高度的评价，他说："二千万人呼之则来，挥之则去。不是共产党当权，哪个能办到。"可见，在我国根本不存在人民同党和政府的政治对立，不存在要进行夺权、推翻党和政府的各级领导的政治基础。

2. 对党和国家政治状况的估计严重违反实际。

认为党内出了"走资本主义道路的当权派"，中国面临"资本主义复辟"的危险，是完全违反实际的。问题出在对什么是"资本主义"没有作出正确的解释。在"左"倾思想指导下，把大力发展生产力、坚持按劳分配原则、重视物质利益原则、尊重知识和尊重人才等一系列正确主张视为"走资本主义道路",从根本上混淆了是非。"走资派"这个概念是虚构的,实际上并不存在。一度被称为"走资派"的人,并没有哪个主张过中国不能实行社会主义,只能走资本主义道路。事实上,什么是"走资派",从来没有说清楚过,从来没有正确的解释。在中共八届十一中全会等会议上有人要求明确一下什么叫"走资派",中央和毛泽东都没有回答。"走资派"概念不正确,含义不清,界限不明。林彪、"四人帮"乘机打倒一切,毛泽东感到打击面太宽,在 1968 年 12 月说:"不要一提起'走资派',就认为都是坏人。"这还是没有说清什么是"走资派"。从不正确的概念出发,作出形势估计,显然是主观臆断,不符合我国实际。

认为党中央内部有所谓"资产阶级司令部",也是毫无根据的,是毛泽东对党内状况的估计严重脱离实际而作出的错误判断。他认为中央有"资产阶级司令部",主要指三件事:一是指"文化大革命"开始后,刘少奇、邓小平等决定向部分学校派工作组的问题。派工作组去人民日报社和北京大学,报告过毛泽东并得到了他的同意。当时大中学校领导瘫痪,秩序混乱,广大师生一致要求派工作组。派工作组是党中央集体从防止运动中出现动乱的考虑作出的决定,是正确的。二是指所谓"1962 年的右倾"。1962 年 2 月、5 月,由刘少奇主持召开的两次中央会议对形势作了实事求是的估计,认为经济还很困难,是"非常时期"。从这个估计出发,采取了一些克服经济困难的具体措施。毛泽东认为右了。事实上这两次会议的决定和会后采取的措施是完全正确的,是党中央集体决定的。三是指"1964 年下半年形'左'而实右的错误倾向"。1964 年下半年,刘少奇主持制定《中共中央关于农村社会主义教育运动中一些具体政策的规定(修正草案)》。这个文件有"左"的错误,刘少奇有责任。但是,这属于工作问题,而且文件是经中央讨论通过并经毛泽东审定的。毛泽东在《炮打司令部——我的一张大字报》中以上述三件事为根据,认为党中央有个"资产阶级司令部",是完全违反事实的。

历史已经证明,所谓"资本主义",所谓"走资派",所谓"资产阶级司令部",都是在对客观情况作出错误判断的基础上主观臆造出来的。所谓"资本主义",相当大的一部分实际上是马克思主义原理和社会主义原则。所谓"走资派",是党和国家各级组织中的领导干部。所谓"资产阶级司令部",是力图贯彻八大正确路线的中央第一线。"左"倾思想的发展,混淆了是非和敌我。

总之,"无产阶级专政下继续革命的理论"明显地脱离了作为马克思列宁主义普遍原理和中国革命具体实践相结合的毛泽东思想的轨道，必须把它们同毛泽东思想完全区别开来。

当然，我们彻底否定"无产阶级专政下继续革命的理论"，这绝对不是说革命的任务已经完成，不需要坚决继续进行各方面的革命斗争。《历史决议》特别强调这个问题。这里的"革命"，用的不是革命的本义，不是指政治革命（即一个阶级推翻一个阶级的革命），而是革命的转义，指的是继续用革命精神为社会主义和共产主义的目的而进行的斗争。进行这样的革命斗争不仅在内容上同过去的政治革命有根本的区别，而且所采用的方法也有根本不同，这是不能忽视的。

邓小平说："最根本的一条经验，就是要弄清什么叫社会主义和共产主义，怎么样搞社会主义。"[①] 这是历史的总结论。

社会主义是前所未有的伟大事业，要走出一条中国式的社会主义道路，绝不可能没有失误和挫折。"文化大革命"是一场悲剧，是全党全军全国人民的不幸。但正是"文化大革命"这场灾难使我们的缺点和错误彻底暴露，使我们明白了许多道理。我们党的错误毕竟与敌人的错误具有不同的性质。从历史发展的长远观点看问题，我们党的错误和挫折终究只是一时的现象，而我们党和人民由此得到的锻炼，我们党经过长期斗争形成的骨干队伍的更加成熟，我国社会主义制度优越性的更加显著，要求祖国兴盛起来的党心、军心、民心的更加奋发，则是长远起作用的决定性的因素。我国的社会主义事业有伟大的前途，我国各族亿万人民有伟大的前途。

"文化大革命"的发生有其特定的历史条件，这个特定的历史条件已经不复存在，而我们伟大的党已经吸取了"文化大革命"的教训，正在认真建立社会主义的民主制度和社会主义法制，中华民族正在腾飞，我们完全有力量有信心防止历史悲剧的重演。让我们沉痛地告别过去，勇敢地面向未来。

[①]《邓小平同志重要谈话》（1987 年 2 月—7 月），中央文献出版社 1987 年版，第 21 页。

责任编辑：吴继平

装帧设计：曹　春

图书在版编目（CIP）数据

大动乱的年代／王年一 著 . — 北京：人民出版社，2009.5

（《1949—1976 年的中国》丛书）

ISBN 978 - 7 - 01 - 007863 - 2

I.①大…　II.①王…　III.①文化大革命－研究 ②中国－现代史－

　1966—1976　IV.① D652　K27

中国版本图书馆 CIP 数据核字（2009）第 054572 号

大动乱的年代

（1966—1976）

DADONGLUAN DE NIANDAI

王年一　著

人民出版社 出版发行

（100706　北京市东城区隆福寺街 99 号）

环球东方（北京）印务有限公司印刷　新华书店经销

2009 年 5 月第 1 版　2025 年 8 月北京第 24 次印刷

开本：710 毫米 × 1000 毫米 1/16　印张：32

字数：500 千字

ISBN 978 - 7 - 01 - 007863 - 2　定价：59.80 元

邮购地址 100706　北京市东城区隆福寺街 99 号

人民东方图书销售中心　电话（010）65250042　65289539